LITTÉRATURE ET CENSURE
sous la direction de Jean-Baptiste Amadieu
2

Censure et critique

Ouvrage publié avec le soutien du CÉRÉdI (université de Rouen),
de l'IRHIS (université de Rouen), et de la République des savoirs
(CNRS, Collège de France, ENS)

Censure et critique

Sous la direction de Laurence Macé,
Claudine Poulouin et Yvan Leclerc

PARIS
CLASSIQUES GARNIER
2015

Laurence Macé est maître de conférences en littérature française du XVIIIe siècle à l'université de Rouen (CÉRÉdI). Spécialiste de Voltaire dont elle édite les *Œuvres complètes* (Oxford, depuis 2014), elle a étudié le corpus des censures romaines du philosophe et publié l'anthologie *Voltaire. Textes interdits* (Paris, 2010).

Claudine Poulouin est professeur de littérature française du XVIIe siècle à l'université de Rouen (CÉRÉdI). Auteur du *Temps des origines. L'Éden, le déluge et les temps reculés de Pascal à l'Encyclopédie* (Paris, 1998), elle dirige les *Œuvres complètes* de Fontenelle (Paris, depuis 2013), publie la *Revue Fontenelle* et travaille, avec Carole Dornier, à la publication en ligne des *Œuvres* de l'abbé de Saint-Pierre.

Yvan Leclerc est professeur de lettres modernes à l'université de Rouen et directeur du centre Flaubert. Il a édité le tome V de la *Correspondance* de Flaubert (Paris, 2007) et collaboré à ses *Œuvres complètes* (Paris, 2013). Responsable du site Flaubert, il est le directeur scientifique des éditions en ligne des manuscrits de *Madame Bovary* (2009) et du volume I de *Bouvard et Pécuchet* (2012).

ISBN 978-2-8124-6033-3 (livre broché)
ISBN 978-2-8124-6034-0 (livre relié)
ISSN 2493-691X

INTRODUCTION

Depuis l'ouvrage de Reinhart Koselleck, *Le Règne de la critique* (1959 ; Minuit, 1979) et envisagées sur la longue durée de la fin de l'époque moderne et de l'époque contemporaine, la censure et la critique apparaissent comme deux concepts a priori irréconciliables. Pour les spécialistes de la pensée classique, la critique serait née des guerres de Religion et de la dichotomie opérée par la raison d'État entre le for intérieur et l'action extérieure. Elle se serait développée chez les élites contre les lois de l'État, considérant tout pouvoir de ce dernier – la censure la toute première – comme un abus. Pareil schéma tend à faire apparaître censure et critique comme deux notions radicalement antagonistes, et les hommes qui les pratiquent comme des étrangers et des adversaires, inaccessibles aux logiques les uns des autres.

Censure et critique ne sont pas seulement des notions. Ce sont des actes dont la portée idéologique ne doit pas être esquivée et qui ne sont en aucun cas assimilables. Mais ce sont aussi des activités – activités interprétatives précisément – mettant en œuvre des méthodes proches, relevant d'une commune nature discursive et produisant également, en puissance sinon toujours en acte, deux métadiscours. Or cette proximité, qui relève parfois d'une forme de porosité, est historiographiquement passée quasi inaperçue, même si elle n'a pas tout à fait échappé à ce grand spécialiste de la relation critique qu'est Jean Starobinski[1]. Ou pour le dire autrement, les liens entre censure et critique demeurent un impensé de l'histoire de la littérature. Comme le montre ici Nicolas Schapira à partir des « approbations » consignées dans les livres dévots de

1 De la critique, Jean Starobinski écrit : « C'est une faculté de discernement qui s'y exerce. Comme cet art s'employa plus souvent à blâmer des défauts qu'à louer des beautés, la critique fut prise en mauvaise part et s'entendit souvent dans le sens de la seule réprobation. Critiquer, c'est "censurer, trouver à redire". Un critique, c'est un connaisseur averti des ouvrages de l'esprit, et c'est aussi un "censeur"… » (*La Relation critique* [1970], Paris, Gallimard, 2001, p. 16, citée plus loin par T. Hochmann).

la fin du XVIIe à la fin du XVIIIe siècle, l'idée de censure a complètement « recouvert » et finalement occulté le discours sur les livres que ces approbations présentaient (aussi).

Or depuis quelques années, les historiens ont apporté de nouveaux éclairages sur la censure, rappelant qu'il existe non pas *une* censure mais *des* formes de censure, ecclésiastique/laïque(s), et rappelant surtout que diachroniquement, les règlements et les pratiques évoluent, lesquels modifient marginalement ou parfois considérablement l'esprit même de cet acte[1]. D'autres études[2] ont avancé que, dans la France des Lumières, cet outil de l'État « moderne » contribua à la structuration de l'espace public au moment où celui-ci émergeait, la censure laïque s'imposant finalement dans la France du XVIIIe siècle – à certains moments au moins – comme l'alliée objective des Lumières. Pour le XIXe siècle et le XXe siècle, en revanche, des travaux plus récents situés au croisement de la littérature, de la sociologie et de la science politique ont interrogé la « responsabilité » de l'écrivain dans l'histoire de la liberté d'expression, et plus généralement les rapports entre littérature, morale et droit[3].

Le temps semblait donc venu de réinterroger les relations entre censure et critique à partir du lien lexicographiquement attesté entre les deux activités. Comme le rappelle plus loin Lorenzo Bianchi, pour Bayle comme pour Jean Le Clerc au XVIIe siècle, au moment même où la censure d'État prend sa forme moderne, « censurer » signifie encore « critiquer », « blâmer » ; pour une époque à peine postérieure, Judith le Blanc repère la porosité entre les deux termes dans les titres des parodies dramatiques et Jean-Christophe Abramovici montre qu'il faut attendre

---

1 On renvoie notamment aux ouvrages de synthèse des historiens italiens M. Infelise, *I libri proibiti*, Roma-Bari, Laterza, 1999 ; S. Landi, *Stampa, censura e opinione pubblica in età moderna*, Bologna, Il Mulino, 2011 et la même année, E. Tortarolo, *Invenzione della libertà di stampa. Censura e scrittori nel Settecento*, Roma, Carocci, 2011.

2 Sur le système de la censure française au XVIIIe siècle, voir B. de Negroni, *Lectures interdites. Le travail des censeurs au XVIIIe siècle 1723-1774*, Paris, Albin Michel, 1995 ; S. Weil, *Livres interdits, livres persécutés : 1720-1770*, Oxford, Voltaire Foundation, 1999 ; R. Birn, *La Censure royale des livres dans la France des Lumières*, Odile Jacob, 2007. Pour une approche analogue de la censure toscane dans l'Italie des Lumières, voir S. Landi, *Il governo delle opinioni. Censura e formazione del consenso nella Toscana del Settecento*, Bologne, Il Mulino, 2000.

3 G. Sapiro, *La Responsabilité de l'écrivain. Littérature, droit et morale en France, XIXe-XXIe siècles*, Paris, Seuil, 2011, même si le concept peut prêter à équivoque dans la mesure où il est susceptible de désigner à la fois l'intériorisation de la morale légale et l'adhésion personnelle à une éthique supposée légitime.

l'*Encyclopédie* qui enregistre encore la quasi équivalence entre les deux termes pour les voir commencer à se distinguer par leurs objets, la censure désignant une activité relative aux ouvrages théologiques tandis que la critique s'applique de plus en plus clairement à ceux qu'on qualifierait aujourd'hui de littéraires.

De nos jours, de fait, critique comme censure ont plusieurs sens plus ou moins spécialisés et même parfois radicament opposés, qui ont varié au fil du temps où une acception a pu lentement et selon les circonstances se substituer à une autre jusqu'à l'occulter complètement. Ainsi, comme on l'a vu avec Jean Starobinski et comme le rappelle ici Thomas Hochmann, la critique est à la fois exercice de réprobation mais aussi exercice de jugement, « art de juger d'un ouvrage d'esprit ». Elle met en jeu une forme de rapport à la norme que le juge ne choisit pas, par opposition au critique. Pour utiliser des catégories mises en évidence par Gisèle Sapiro, la critique littéraire d'évaluation apparaît comme une activité « autonome » par opposition à la critique judiciaire qui relève d'une « hétéronomie ». On retrouve cette opposition, qui divise l'idée même de critique de manière synchronique, dans les débats esthétiques du tournant du XIXe siècle, où deux manières de critiquer se font face : d'un côté, une critique hétéronome, celle de Proust selon Muhlfeld, fondée sur des critères non pertinents et que Mallarmé qualifie d'« obscure » ; de l'autre la critique autonome que promeut le poète, critique participante exercée de l'intérieur (Pascal Durand). Une même scission apparaît à l'œuvre, diachronique cette fois, dans l'activité de censure pour laquelle on peut distinguer deux moments : d'abord l'activité d'évaluation d'un texte, le jugement au sens d'appréciation, de séparation du bon grain et de l'ivraie ; ensuite la sentence, l'arrêt, la mesure judiciaire d'interdiction, qui découle de l'évaluation judiciaire. La comparaison entre censure et critique apparaît surtout pertinente par rapport à la censure comme activité d'évaluation, même si on peut aussi s'interroger sur l'analogie entre l'effet de la critique sur le public – s'agit-il de persuader ou de dissuader ? – et la sentence de censure. Quoi qu'il en soit, les lieux de la rencontre entre l'idée/la pratique de la censure et le discours sur les livres sont manifestement nombreux : soit que la critique débouche sur la censure, comme pour l'abbé de Saint-Pierre chez qui l'examen des écrits des « bons auteurs » pour en tirer des règles générales dans les statuts de l'Académie (dont l'objectif moral et politique est étendu) aboutisse à une forme de censure (Carole Dornier), soit que la critique en vienne plus ou moins à légitimer la censure (José-Luis Diaz, Sophie Mentzel, Odile Krakovitch). À travers l'exemple des *Mémoires secrets*, Christophe Cave montre l'importance du « modèle » que constitue la censure pour la presse du XVIIIe siècle. Importance tellement grande que la presse « se donne le rôle de censeur ou inversement tente de définir sa tâche critique en la séparant d'un travail de censure », et c'est un phénomène un peu analogue qu'observe Bruno Curatolo qui évoque les réseaux de la NRF. En outre, le rapport n'est pas seulement de l'ordre du reflet mais également de l'emboîtement, puisque « la censure engage un double processus de définition de la critique en lui étant à la fois interne et externe », puis, dans le cas de la censure externe, en s'appliquant ou non à l'espace de la critique (Christophe Cave).

Du reste, si l'on déplace la question de la censure et de la critique à celle du personnel et des pratiques censoriales et critiques, la convergence possible (mais pas toujours effective) entre les deux activités apparaît plus clairement encore. Si dans son troisième *Mémoire sur la librairie* – « l'élaboration la plus aboutie de la pensée suscitée par la responsabilité de la censure » –, Malesherbes se moque de ceux qui confondent censure et critique (Dinah Ribard), il existe un risque réel de confusion des rôles qu'illustrent les jansénistes des *Nouvelles ecclésiastiques* (Catherine Maire) comme des auteurs tels que Grenier et Arland, qui publient leurs textes et critiquent l'œuvre d'autrui dans les revues de l'époque de l'Occupation (Bruno Curatolo). Cette convergence est même théorisée chez les tenants de la critique comme magistrature et « sentinelle vigilante » – une forme de *potestas* comme une autre – qui à l'instar de Sainte-Beuve proclament : « Faisons maintenant le juge » (José-Luis Diaz). *Potestas* revendiquée par des hommes désireux de prouver, dans l'activité de censure comme dans celle de critique, le rôle indispensable de ceux qui exercent ce pouvoir (Barbara de Negroni). Le XVIIIe siècle pose ainsi la question de la distinction entre le corpus critique et apologétique janséniste (Catherine Maire), d'autant que comme le montre Barbara de Negroni, les interférences en termes de prérogatives entre censure et critique sont alors nombreuses. Au XVIIIe comme au XVIIIe ou au XIXe siècles, il n'est pas rare que la censure relaie la critique et inversement, selon un mouvement de balancier que Sophie Mentzel repère par exemple de 1820 à 1840 dans les représentations du pouvoir royal sur la scène romantique.

En termes de procédures et de méthodes, les deux activités présentent également des proximités troublantes. Censeurs et critiques pratiquent ainsi l'exercice de l'extrait, dénoncé par Clémenceau (Thierry Roger). Ils peuvent les uns comme les autres avoir recours à une démarche philologique, en décrivant une édition ou en commentant des variantes. Le style et l'éloquence des censeurs et des juges révèle parfois un effort – décalé – d'élégance et de style comme dans le cas du juge Woolsey (Thomas Hochmann) tandis que l'approbation comme dispositif, qui fait éclater la césure entre le texte et le péritexte, met en lumière une véritable « pensée du livre » (Nicolas Schapira). Enfin, la discursivité de certains jugements ou de certaines approbations tire la censure du côté de la critique littéraire et même, dans certains cas, sous l'Ancien Régime notamment, du côté du texte tout court comme le montre dans l'espace de l'objet livre la proximité entre approbation et éloge des poètes amis (Nicolas Schapira). Mais cette proximité n'est pas seulement formelle. En étudiant le genre des ana, Karine Abiven souligne qu'il existe une forme de censure proprement critique, qui distingue le vrai du faux ; et le motif de l'erreur (par rapport au critère de raison, conçue comme une nouvelle forme de vérité) apparaît comme un critère discriminant dans le premier projet de *Dictionnaire historique et critique* de Bayle, un dictionnaire des erreurs qui serait « la chambre des assurances de la République des Lettres » (Lorenzo Bianchi).

Ce volume se propose donc d'interroger la proximité entre les deux activités, mais aussi leurs différences, en testant la possible application de ce postulat au corpus des textes français modernes, de la seconde moitié du XVIIe siècle à la mitan du XXe siècle, c'est-à-dire en traversant des conceptions de la « littérature » très différentes, du sens le plus large que le terme possède encore à la fin du XVIIIe siècle à la définition étroite qu'en donne la modernité mallarméenne. De cette définition de la littérature comme des tournants lexicographiquement repérables dans celle des termes de censure et de critique, le regard que nous portons sur la censure et la critique est largement héritier, et tributaire.

Comment dès lors renouveler notre regard sur ces deux notions ou l'infléchir assez pour mettre en évidence les points communs et les différences entre ces deux activités ? On peut d'abord prendre conscience qu'il existe, sous l'Ancien Régime notamment, une pluralité d'instances de censure, que l'approbation n'équivaut pas à un privilège. Ces discours produits par la censure obéissent à des fonctions distinctes : garder le dogme *vs* éclairer le public, garantir économiquement le système de la librairie. Du fait de ces fonctions, d'importantes tensions opposent du reste les institutions (la censure laïque contre les censures ecclésiastiques), passant parfois au sein même des institutions comme le montrent les conflits de la censure royale. Cette réflexion sur l'institution qui s'autogénère en même temps qu'elle s'autodétruit a peut-être trop rarement été appliquée aux institutions de censure, nimbées dans la toute-puissance de leur légende noire. Il convient donc de se déprendre d'une vision monolithique des institutions en général : à Paris, les Jésuites s'opposent à la Sorbonne ; à l'Académie Royale des Sciences, les pensionnaires – les vrais savants – prennent le pas sur les honoraires de haut lignage (Suzanne Mazauric) ; à la marge de l'Église, au siècle suivant, les jansénistes « condamnent la voie des Lumières religieuses comme la plus grande perversité du complot des philosophes » (Catherine Maire).

D'autres approches peuvent permettre d'infléchir notre regard comme l'étude des variations quasi infinies et parfois infimes autour de l'expression de la conformité ou encore le déplacement de ce regard : des idées vers le livre comme objet (Nicolas Schapira), ou encore des œuvres/auteurs majeurs vers des corpus et des formes mineures comme la parodie, où le théâtre de Polichinelle censure les autres théâtres et où le brouillage axiologique met de manière inattendue la censure du côté de la parodie (Judith le Blanc). Et l'on peut aussi étudier la censure comme un engagement (un acte) ou comme une rhétorique – sans l'y réduire bien sûr – interroger la publicité des censures, les approbations éloquentes du livre dévot *vs* les censures discrètes des philosophes (Barbara de Negroni) ou encore cartographier les usages, notamment politiques de ces censures, dès la Ligue qui marque un premier temps fort.

De fait, la question du lien entre censure et critique pose la question de sa périodisation sur la longue durée prise en compte. Sur le plan juridique, les contributions de ce volume, dont le plan n'est délibérément pas chronologique, confirment certes la force de la césure révolutionnaire. Au double système constitué par l'attelage de la censure préalable et de la censure *a posteriori* caractéristique de l'Ancien Régime se substitue (sauf pour le théâtre et les périodes de guerre) la seule censure *a posteriori* qu'on aurait tort de minimiser tant elle est lourde économiquement, comme le rappelle Alain Vaillant. De ce point de vue, il existe bel et bien un ancien et un nouveau régime de la censure, dans la droite ligne duquel se situent certaines condamnations susceptibles de frapper encore – sous certaines conditions – les publications qui n'obéissent pas aux termes de la loi. De la censure préalable relève l'approbation du livre dévot au XVIIe siècle mais la contribution de Karine Abiven relative au genre des ana – des recueils d'anecdotes plus ou moins autorisés relatifs à la vie des hommes de lettres – montre que des formes d'opération critique d'ordre privé peuvent prendre parfois le relais de la censure préalable officielle quand celle-ci n'est plus possible.

Pourtant une périodisation plus fine peut encore être proposée. Dans des cadres connus d'abord. Le XVIIe siècle manifeste l'intériorisation du pouvoir de la censure ecclésiastique et surtout dès le milieu du siècle, comme l'a montré Léo Strauss, une opposition entre une diffusion ésotérique fondée sur l'oralité et le manuscrit et une diffusion exotérique, qui suppose une censure préalable. Le long règne de Louis XV, étudié ici par Barbara de Negroni, permet en revanche d'observer à l'œuvre les phénomènes de laïcisation dans la critique au sein de la République des Lettres, la cité de Dieu se transformant lentement en celle des hommes comme le montre Lorenzo Bianchi à partir du *Dictionnaire historique et critique* de Bayle. Mais de manière plus subtile encore, un tournant « moderne » (au sens de la célèbre querelle qui court dans toute l'Europe des années 1690 aux années 1730) apparaît peut-être pour la première fois dans les contributions de Suzanne Mazauric et de Carole Dornier, où derrière l'armée des poètes citoyens imaginée par Castel de Saint-Pierre se dessine une autre conception de la création littéraire (dans laquelle prévaudrait le modèle des sciences) et une évolution vers le contrôle social des masses *via* leur éducation morale, idée que le XIXe siècle développera avec l'étendue qu'on connaît.

Ainsi, même les évolutions les mieux connues apparaissent ici, non pas remises en question mais nuancées. Certes, au XIXe siècle, on assiste à une professionalisation mais il faut, nous dit Gisèle Sapiro, « se garder des interprétations fonctionnalistes ». Certes, c'est bien une solution de continuité forte qu'introduit l'article 11 de la Déclaration des droits de l'homme et du citoyen (août 1789) qui pose que « tout citoyen peut donc parler, écrire, imprimer librement, sauf à répondre de l'abus de cete liberté, dans les cas déterminées par la loi » mais l'ambiguité de l'article apparaît vite précisée par le décret du 22 août 1791, lequel fixe les bornes à ne pas franchir. Décliné dans le domaine du théâtre, l'un des domaines qui a de tout temps le plus inquiété les autorités et sollicité la police, la nouvelle législation, malgré ses ambiguités, ouvre pratiquement un « champ des possibles » de l'été 1789 à l'été 1792 (Michel Biard), pendant trois années qui constituent un moment exceptionnel pour le monde des spectacles et contigument pour celui de la critique des théâtres (en fort contraste avec le monde des parodies du début du XVIIIe siècle étudié par Judith le Blanc). Au-delà de la césure révolutionnaire indéniable, le volume met cependant en lumière de manière assez impressionnante les rapports complexes et non linéaires de la censure et de la critique, la période révolutionnaire se révélant ici un observatoire privilégié des rapports entre censure et critique, notamment sur le plan des effets, à savoir de ce que la censure – ou l'absence de censure – fait à la critique lorsqu'avec la Révolution le critique se transforme en journaliste catéchiste.

L'une des questions sous-jacentes que pose en effet le lien entre censure et critique est celle de l'émergence de la « littérature » comme champ, de son autonomisation et de son institutionnalisation par le pouvoir. Dès le XVIIe siècle, celui-ci a donné la littérature comme un spectacle (ou fait comme si) et c'est aussi le travail de définition du champ littéraire – au sens fort du mot travail, celui d'élaboration par la performation) – que le dialogue entre Malesherbes, Fréron et son censeur au XVIIIe siècle (Dinah Ribard), comme plus largement le volume, permet d'observer. Il existe un problème de concurrence des champs : la censure peut se développer comme interne au champ journalistique (Christophe Cave) de même que la critique croît dans l'espace laissé libre par la censure. Comme le résume Christophe Cave à partir de l'exemple des *Mémoires secrets*, « la censure est à la fois une extériorité qui [...] menace [la critique] et la constitue en champ spécifique ». Toutefois, censure et critique doivent aussi se positionner par rapport aux champs extérieurs, et notamment par rapport à la politique et à la morale. Et sur ce plan, les objets et les séquences politiques tendent à faire éclater toute tentative de périodisation simpliste. Car si Dinah Ribard observe une politisation congénitale de la censure et de la critique au XVIIe et encore au XVIIIe siècle – politisation soulignée encore par Odile Krakovitch pour les textes de théâtre de la Monarchie de Juillet –, Sophie Mentzel relève un retrait du politique dans la critique dramatique romantique qui se laisse éblouir par le spectaculaire. Dans le contexte des lois d'exception postérieures aux attentats anarchistes de 1893, Thierry Roger constate quant à lui chez Elysée Reclus une stratégie défensive de dépolitisation au profit de la science, alors que dès 1884 Gustave Geffroy avait refusé la coopération de la critique avec la justice.

Sur le plan théorique enfin, les liens entre censure et critique semblent particulièrement riches d'enseignements. Certaines questions importantes comme celle de la norme et du jugement ont déjà été évoquées dans les lignes qui précèdent mais d'autres méritent qu'on s'y arrête tant elles structurent la pensée de la censure et de la critique.

La première, que nous avons déjà entrevue à plusieurs reprises sans la mettre à jour encore, concerne la question de l'autorité. La censure, comme la critique, a évidemment affaire à la figure de l'auteur comme en témoigne l'approbation des livres dévots étudiés par Nicolas Schapira, qui portent témoignage sur la personne de l'auteur. Mais censure et critique révèlent surtout une « pensée de l'auteur » et de sa « responsabilité » mise par exemple en lumière dans l'attitude très complexe de Zola qui refuse de reconnaître ses pièces de théâtre (Clélia Anfray). Sous l'Ancien Régime particulièrement, des rencontres singulières ont lieu, qui peuvent aller jusqu'à certaines formes (potentiellement terrifiantes) de collaboration voire de co-écriture du texte – phénomène attesté par les historiens dès les débuts de la censure ecclésiastique sous la Contre-Réforme italienne et jusqu'aux censeurs de l'ex-RDA à l'époque la plus contemporaine[1]. Nicolas Schapira évoque des auteurs sollicitant eux-mêmes les docteurs de la Sorbonne et des censeurs agis par le livre au point de devenir eux-mêmes écrivains. Le mimétisme qui pousse le censeur à se rêver en co-auteur du texte incite même fréquemment les censeurs à la réécriture, comme l'illustrent d'une certaine manière l'*Émile chrétien* évoqué par Barbara de Negroni, mais aussi les critiques de

1 E. Pierazzo, « Nel laboratorio del censore : Girolamo Giovannini da Capugnano editore della Zucca del Doni », *Storia della lingua e filologia. Per Alfredo Stussi nel suo sessantacinquesimo compleanno*, éd. M. Zaccarello et L. Tommasin, Firenze, Edizioni del Galluzzo, 2004, p. 291-311 et R. Darnton, *De la censure. Essai d'histoire comparée*, Paris, Gallimard, 2014. Voir encore N. Schapira, *Un Professionnel des lettres au XVIIe siècle. Valentin Conrart : une histoire sociale*, Seyssel, Champ Vallon, 2003 et O. Krakovitch, *Hugo censuré. La liberté au théâtre au XIXe siècle*, Paris, Calmann-Lévy, 1986.

Fréron réécrites par son censeur laïc, l'abbé Trublet, et par Malesherbes lui-même peut-être. Cette « irruption du [censeur] sur la scène du livre » montre, nous semble-t-il, à quel point comment, à la fin de l'époque moderne, c'est la question de l'autorité, plus que le texte peut-être, qui travaille la censure (et la critique), et ce en contradiction avec les évolutions institutionnelles de la censure qui prétend mettre le texte au centre (la réforme *Sollicita ac provida* portée par Benoît XIV à la mitan du XVIIIe siècle par exemple). Dans les périodes de grande tension, le livre apparaît volontiers « condensé autour de la personne de son signataire, réduite pénalement à la fonction-auteur » mise en évidence par Michel Foucault (Thierry Roger). Et l'on note la même construction « positive » d'un *ethos* auctorial dans le glissement du geste épidictique vers le discours critique observé dans le cas de la censure amicale étudiée par Karine Abiven dans le genre des ana. Celle-ci signale en effet un « souci croissant de l'intégrité de la parole auctoriale dans les nouvelles pratiques de l'imprimé, et dans le champ littéraire en cours de constitution » dans la seconde moitié du XVIIe siècle, au point qu'on assiste même à une sorte de retournement. Alors que théoriquement la censure serait l'application de l'autorité doctrinale sur un livre, une double inversion semble intervenir. D'une part, la censure produit une autorité destinée à contrecarrer l'autorité croissante des écrivains, comme en témoigne la quarantaine d'approbations qui lestent *La Fréquente communion* dans une entreprise de fortification des appartenances. Nicolas Schapira, au sujet des textes mystiques de la seconde moitié du XVIIe siècle, parle joliment du « tissage » des approbations, qui fabriquent de la légitimité et construisent une autorité mais une autorité faible. C'est un phénomène assez analogue que l'on observe dans le traitement que Fontenelle (par ailleurs censeur laïc) réserve au botaniste Vaillant dans l'*Histoire de l'Académie Royale des Sciences* : il n'y est pas proprement « censuré » dans la partie Mémoires, mais il est absent de la partie Histoire de sorte que c'est bien une autorité affaiblie que construit l'autorité fontenellienne (Suzanne Mazauric). Et c'est encore d'une certaine manière ce que fait Lucien Muhlfeld au sujet de Proust lecteur mondain : « il dit ce qu'on dit », écrit-il, comme le rapporte Pascal Durand.

L'autre inversion, théoriquement intéressante elle aussi, regarde la pensée du lecteur car de fait, la critique judiciaire telle que pratiquée par les tribunaux du Saint-Office et du Second Empire n'est juridiquement pas une critique axée sur l'auteur – qu'elle peut placer rhétoriquement au cœur de l'activité censoriale ou critique cependant – mais une critique à la recherche de la compréhension du lecteur moyen. Ainsi s'il y a conflit d'autorité, il y a dans la censure comme dans la critique, en théorie du moins, une « pensée du lecteur moyen » par rapport auquel, pour le droit, le comportement litigieux est établi via la norme et la méthode non empirique mais herméneutique que le juge – autrefois le censeur – met en place (Thomas Hochmann). En théorie, donc, le juge/le censeur recherche la réception du lecteur moyen comme une « stratégie d'interprétation du texte et d'estimation de ses effets possibles ». Ce qui n'empêche pas qu'on trouve aussi dans les mêmes discours censoriaux ou juridico-critiques la pensée d'un lecteur actif visé par exemple par l'*Anti-Émile* de Formey – une réfutation classique de l'*Émile* de Rousseau construite sur le modèle de la controverse par opposition à *L'Émile chrétien* qui requiert un lecteur passif, donc plus exposé que celui du texte de Formey aux insinuantes idées de Rousseau (Barbara de Negroni). C'est l'autre aspect de cette rhétorique du « public » si caractéristique de la censure religieuse qui prétend toujours défendre les esprits faibles, femmes et jeunes gens. On la repère aussi le domaine des parodies dramatiques étudiées par Judith le Blanc, dans lequel la censure (au sens de critique) est posée implicitement comme l'écho du parterre, selon une référence métathéâtrale qui pointe les enjeux théoriques de cette réflexion.

Le critique et, dans certaines conditions, le censeur sont d'autant plus accessibles à cette pensée du lecteur qu'ils sont des lecteurs eux-mêmes, atteints – fût-ce négativement – par les effets du texte qu'ils examinent. Sous l'Ancien Régime tout particulièrement, les censeurs apparaissent paradoxalement comme une première communauté de lecteurs, institutionnalisée (l'Académie Royale des Sciences, la censure mise en place par Malesherbes). Même rhétorique, même destiné à faire condamner l'ouvrage car le style vaut généralement circonstance aggravante (Jean-Baptiste Amadieu), le plaisir de la lecture est un motif qu'on trouve fréquemment dans les censures, chez l'évêque d'Amiens chargé d'examiner les œuvres de l'abbé d'Heuville en 1684 comme chez Castel de Saint-Pierre où il apparaît « comme un aiguillon susceptible de servir l'intérêt collectif et de favoriser l'harmonie sociale » (Carole Dornier). Il y a par exemple un danger particulier des vers, proportionnel à leur capacité à s'insinuer durablement, par leur musicalité, dans la mémoire des auditeurs chez qui cette faculté est beaucoup plus développée jusqu'à la fin du XIXe siècle qu'elle ne l'est chez nous aujourd'hui. Ce qu'Elisabeth Ladenson appelle ce « soupçon de littérarité », qu'elle refuse par ailleurs à Pinard, semble de moins en moins sensible à mesure que progresse la distinction des champs, que la définition moderne de la littérature s'affirme et que la censure devient de plus en plus exclusivement juridique. Sénard comme Pinard sont des juristes, qui ne pensent plus le lecteur dans les termes qui étaient ceux de la République des Lettres finissante.

Il faut pourtant souligner un dernier paradoxe. Car au bout du parcours, non linéaire on l'a dit mais qui reste orienté historiquement, ce public que les censeurs et les critiques invoquent puis finalement promeuvent, est la cause même de l'effondrement de la censure – et peut-être, à l'ère d'Internet, de la critique telle qu'elle a pu être conçue jusqu'à très récemment. En effet, comme l'affirme clairement Clélia Anfray, si la responsabilité du public croît, la censure s'effondre. L'émergence du public-roi mise en lumière par Sophie Mentzel à partir du corpus de la représentation du roi sur la scène romantique consacre la suprématie du public-spectateur qui fait échec au contrôle de l'image royale. Á l'absorption de tout jugement, moral ou esthétique, dans la sphère politique chez Castel de Saint-Pierre (Carole Dornier) succède le primat de la question morale envisagée comme moyen de conservation de la société. Et une fois encore, il faut se garder sans doute des périodisations hâtives. Le corpus des parodies dramatiques du tout début du XVIIIe siècle étudié par Judith le Blanc montre à quel point la défense de la censure (au sens de critique) s'appuie déjà sur un discours axiologique et moral. Et l'arrêt du Parlement de Paris contre l'*Émile* de Rousseau demande avec effroi quels hommes deviendraient des enfants élevés selon les principes du philosophe (Barbara de Negroni).

Pensée du public d'un côté, pensée du livre-bombe, conçu non plus seulement comme un produit matériel et un discours, mais comme un acte pur de l'autre. Sur nombre de points, les débats restent ouverts. Les contributions qui suivent en font implicitement ou explicitement état, qui échangent et se répondent, en une infinité de nuances et de variations qui nous requièrent en tant qu'historiens, historiens de la littérature... mais bien sûr aussi en tant que citoyens et nous obligent à sortir du confort. Certes, comme l'affirme à bon droit Elisabeth Ladenson, il ne s'agit pas d'oublier Pinard, c'est-à-dire d'oublier ce que la censure fait à la littérature et aux hommes, et la manière dont elle a baillonné et baillonne les écrivains, dont elle bride les esprits et les discours, dont elle fait parfois taire toute voix (dissidente, car il n'est évidemment pas de censure plus efficace et plus perverse que celle qui recouvre les voix dissidentes par d'autres voix).

Mais l'article d'Elisabeth Ladenson même montre que la figure du censeur relève aussi d'une *construction* qui peut être le fait du censuré – sa seule arme parfois, celle de Flaubert mais déjà celle de Montesquieu, de Beccaria (Girolamo Imbruglia) ou de Voltaire. Elle retourne – fût-ce symboliquement – la faiblesse en force et tente de réinventer dans des contextes politiques et idéologiques labiles les conditions de possibilité d'une parole libre, malgré les contraintes. Traîné en justice par de vrais gens qui croient voir leur identité attaquée et dissoute dans les personnages de *Pot Bouille*, Zola y apparaît au moins aussi proche de Christine Angot que de Voltaire.

Plutôt que la censure comme mentalité – approche qui ne manque pas d'intérêt –, ce volume interroge donc aussi le *geste de la censure* (Nicolas Schapira), geste technique dont Thomas Hochmann et Elisabeth Ladenson envisagent par exemple les spécificités, dans une conception finalement assez foucaldienne des rapports à l'écrit partagés entre pouvoirs – de l'auteur, du lecteur, des institutions.

Ce parti pris n'installe pas dans la position de surplomb qui serait celle de purs historiens du fait censorial mais précisément parce qu'il est question de critique, donc de discours, prend le risque de montrer que la censure relève aussi de l'interprétation. Certes, il y a des actes de censures dont on peut dresser la liste, faire l'inventaire (les vingt-neuf condamnations romaines de Voltaire par l'Index et le Saint-Office par exemple) mais il y a aussi quantité de gestes et de pratiques censoriales qui requièrent une interprétation, des pratiques et des gestes qu'on ne peut parfois que conjecturer (comme le montre la contribution de Suzanne Mazauric sur l'*Histoire de l'Académie Royale des Sciences*). Et il n'est pas certain que ces pratiques plus discrètes, sans doute plus nombreuses, ne dessinent pas moins efficacement les contours d'une parole qu'on appellera maîtrisée ou contrainte, selon le contexte et le jugement qu'on portera sur ce geste. Épistémologiquement, la censure et l'étude des liens qu'elle entretient avec la critique nous apprennent beaucoup, par exemple sur *la manière* dont, entre XVIIe et XVIIIe siècles, l'histoire conquit son nouveau statut, ses vérités apparaissant désormais plus certaines que les vérités géométriques (le fait lui-même est bien connu).

Évidemment, il ne s'agit pas de nier le poids de négativité de la censure et ses conséquences : la contrainte de l'autocensure dont Lorenzo Bianchi offre ici un triste exemple en présentant le constat du projet inaccompli de clarté et de vérité de Bayle au sein de la République des lettres ; l'intériorisation de la censure par les acteurs de celle-ci, jusqu'au paradoxe, Daillé se résignant à critiquer les *Scaligerana* à défaut d'avoir pu faire agir la censure préalable pour contrôler la parole du maître. L'autocensure parcourt tout ce volume, notamment au théâtre : dans la pratique des sifflets consignée dans le répertoire pourtant peu censuré du théâtre musical (Judith le Blanc), dans l'autocensure suggérée début 1792 par le rédacteur de critiques théâtrales Le Vacher de Chernois, qui va effectivement se développer avant la réapparition d'une censure de fait en janvier 1793 (Michel Biard) ou plus tard encore, chez Victor Hugo dans la préface de *Marion de Lorme* (Clélia Anfray), chez Mallarmé dans *Le Mystère dans les lettres* qui réfléchit aux effets de censure de toute sorte, préventive comme subie (Pascal Durand), ou plus tard encore, dans le silence de la presse d'occupation sur les pamphlets de Céline (Bruno Curatolo).

L'autocensure, qui est peut-être l'effet le plus pervers de la censure, n'est pas abordée directement ici. C'est une question d'abord éminemment difficile, puisqu'elle est par essence même quasi indémontrable, participant d'un régime de l'absence, et en outre d'une complexité particulièrement inconfortable comme le montre ici l'exemple de Giono dont la première version des *Deux cavaliers de l'orage* fut récupérée par la propagande collaborationniste (Bruno Curatolo).

Dans cette approche, censure et critique apparaissent techniquement semblables parfois, par certains des processus et des mécanismes qu'elles mettent en œuvre, mais elles se distinguent bien sûr profondément dans leur nature, la lecture du censeur relevant de cette « lecture pénale » qu'Yvan Leclerc a bien mise en lumière dans ses *Crimes écrits*, lecture largement fondée sur le déni de fiction mais surtout, plus généralement, lecture faisant un usage *stratégique* de la notion de genre envisagée dans son rapport à la fiction et à la vérité (Thierry Roger, Jean-Baptiste Amadieu). Car c'est bien le rapport de la littérature à la

Vérité (la sienne) que la censure met en jeu, ce qui est bien différent du rapport esthétique que la critique noue avec les textes. La relation entre censure et vivacité de la critique n'en demeure pas pour autant moins complexe : si Christophe Cave démontre que, pour les *Mémoires secrets*, « trop de censure tue la critique », le volume laisse à plusieurs reprises apparaître des considérations troublantes quant à la corrélation entre force de la censure et force des œuvres, sous la plume de Michel Biard, à propos des créations théâtrales révolutionnaires (mais c'est le discours d'une critique qui reprend complètement à son compte les « missions » de l'ancienne censure). C'est pourtant aussi plus généralement, l'affirmation des tenants du pôle autonome de la censure, Mallarmé et Gide qui de son côté soutient non sans provocation : « L'art meurt de liberté » (Thierry Roger).

Concernant la censure, donc, il faut se garder de tout schéma déterministe et simpliste : la censure ne résulte pas forcément seulement d'une contrainte purement extérieure ; l'envisager selon une certaine périodisation ne permet en outre pas de dégager une évolution linéaire, encore moins irréversible comme le suggèrent discrètement les contributions de Thierry Roger et de Bruno Curatolo – ce dernier à propos de la gestion de la pénurie de papier sous l'Occupation – qui ouvrent implicitement sur les formes contemporaines de la censure économique en régime capitaliste.

Dans la préface de son recueil intitulé *J'aurais voulu être Égyptien*, Alaa El Aswany s'attarde longuement sur ses relations avec ses censeurs. Cette préface s'ouvre sur le récit de la projection de l'arrivée du train en gare de Sète qui eut lieu au Caire en novembre 1896, un an seulement après la première séance de cinéma organisée au Grand Café des Capucines, à Paris. Il y rapporte sur un mode burlesque la parade trouvée par le propriétaire cairiote, Dillo Astrologo, aux réactions d'effroi des premiers spectateurs égyptiens : « – Cet écran n'est rien d'autre qu'un morceau d'étoffe, pas très différent d'un drap de lit. Les images que vous allez voir se reflètent sur cet écran. Elles n'en proviennent pas. Dans quelques instants vous allez voir un train rapide. Souvenez-vous, mesdames et messieurs, que c'est simplement l'image d'un train et que, par conséquent, il n'y a pas de danger pour vous[1]. »

1 A. El Aswany, *J'aurais voulu être Égyptien* [2004], Arles, Actes Sud, coll. « Babel », 2009, p. 8.

La littérature inquiète, par sa puissance et son opacité. Dans les pages qui suivent, Lorenzo Bianchi propose d'y voir la trace de la faiblesse de la raison humaine. Elle ferait de la tentation de la censure – celle des textes mais aussi potentiellement celle du théâtre, du cinéma et de toute œuvre d'art – comme le revers de l'angoisse pyrrhonienne si sensible au cœur du *Dictionnaire historique et critique*. De même, comme le montre Jean-Baptiste Amadieu, c'est l'opacité de l'œuvre d'art qui fascine les censeurs, arrête/irrite leur regard et condamne leur lecture à l'échec.

Laurence MACÉ
Université de Rouen
CÉRÉdI – EA 3229

PREMIÈRE PARTIE

LES INSTITUTIONS COMME LIEUX DE JUGEMENT

UNE RELECTURE DE KOSELLECK

Pourquoi inscrire une réflexion collective sur les rapports entre censure et critique sous l'égide ou dans le lignage des premiers travaux de l'historien et penseur Reinhart Koselleck ? Si ses travaux portent sur l'émergence et le développement d'une pensée critique, principalement au XVIIIe siècle, ils s'appuient surtout sur une réflexion théorique née également du rapprochement de deux termes sémantiquement proches, de surcroît paronymes, qu'effaça le titre *Le Règne de la critique* choisi en 1979 pour l'édition française[1]. Vingt-cinq ans plus tôt en effet, le 20 novembre 1954, Koselleck avait soutenu une thèse intitulée *Kritik und Krise. Eine Untersuchung der politischen Funktion des dualisten Weltbildes im 18. Jahrhundert (Critique et crise. Recherche sur la fonction politique de l'image dualiste du monde au XVIIIe siècle).* Elle fut publiée cinq ans plus tard dans une version partiellement remaniée, au sous-titre modifié : *Kritik und Krise. Eine Beitrag zur Pathogenese der bürgerlichen Welt* (*Critique et crise. Contribution à la pathogénèse du monde bourgeois*[2]).

Les deux couples conceptuels ne sont pas sémantiquement équivalents. Chez Koselleck, « Kritik » et « Krise » présentent une proximité autant conceptuelle que sonore. La crise, qu'il qualifie dès les premières pages de son essai de « permanente », est résultée pour lui de l'exercice, par la bourgeoisie montante, de l'activité critique depuis la fin du XVIIe siècle. La Révolution française en fut une manifestation éclatante, mais non la résolution, puisque Koselleck considère cette crise comme toujours ouverte au moment où il écrit. Est-elle identique à celle que, trente ans plus tard, nous ne finissons pas de traverser ? J'y reviendrai en conclusion. Censure et critique, en revanche, sont dans un rapport conflictuel en

1 R. Koselleck, *Le Règne de la critique*, trad. H. Hildenbrand, Paris, Éditions de Minuit, coll. « Arguments », 1979. L'éditeur précise à la fin de la présentation biographique de Koselleck qu'« il a revu lui-même la traduction française ».

2 Si c'est cet essai qui sert de base à la traduction française, on ne trouve pas trace dans cette dernière du concept de parthogénèse.

partie corroboré par l'opposition établie par Koselleck entre critique intellectuelle et lois de l'État. C'est l'évidence a priori de cet antagonisme que les études du présent recueil cherchent à interroger : la censure est-elle un acte purement répressif ou peut-elle être envisagée, parfois et dans quelles conditions, comme une forme indirecte de « réception » ?

Dans quelle mesure *Le Règne de la critique* peut-il nous aider à réfléchir aux rapports entre critique et censure ? D'emblée, on butte sur une difficulté de taille : comme le remarque aussi Jean-Dominique Mellot[1], Koselleck ne dit rien des institutions étatiques de la censure. Quand il se sert du mot ou de ses dérivés, c'est toujours comme synonyme de *critique*, pour décrire le droit que s'arrogea l'intellectuel bourgeois d'instruire le Tribunal de la raison universelle. De la loi de l'opinion publique théorisée par Locke, Koselleck note par exemple que « c'est seulement dans l'exercice constant de la censure morale que la censure a force de loi. [...] Le jugement des citoyens se légitimant soi-même comme juste et vrai, la censure, la critique, deviennent pouvoir exécutif de la nouvelle société[2] ». Quel que soit le poids symbolique des « jugements du public » au XVIIIe siècle, quelle que fût la réalité de leur influence sur l'opinion générale, il est difficile de leur attribuer un quelconque « pouvoir exécutif » qui, en France, restait l'apanage du seul pouvoir monarchique ou de ses représentants. L'histoire de la censure d'État comme possible résistance de l'absolutisme à la « prise de pouvoir » (indirectement politique) de la bourgeoisie intéresse d'autant moins Koselleck qu'elle aurait pu brouiller sa démonstration : pour lui en effet, l'absolutisme signa sa perte quand il autorisa, enregistra, favorisa la division entre homme particulier et homme public. C'est en son sein et dans celui du for intérieur de chaque citoyen que grossit le monstre Critique qui devait le faire tomber : les Lumières « sont nées dans l'absolutisme, d'abord comme sa logique immanente, ensuite pour la détruire[3] ».

À défaut de savoir ce que Koselleck aurait pu dire de la censure d'État, il est possible de considérer plusieurs aspects de cette dernière à la lumière de certaines idées-forces du *Règne de la critique*. On connaît,

1 Voir plus loin l'article de J.-D. Mellot, p. 33.
2 *Le Règne de la critique*, éd. citée, p. 46 et 47.
3 *Ibid.*, p. 13.

en particulier depuis l'ouvrage de Barbara de Negroni[1], la dimension « secrète » et duplice d'une censure étatique qui, au cours du XVIIIe siècle, se servit de manière croissante des permissions tacites pour autoriser les ouvrages « de basse fiction », à la condition qu'ils paraissent « sous pavillon étranger », solution pragmatique et libérale qui entretenait le fantasme d'un extérieur menaçant. En ce sens, ne pourrait-on dire qu'un des premiers traits de la censure d'État est cette hypocrisie qui pour Koselleck caractérise la pratique de la critique par l'intellectuel bourgeois ? Le mot recouvre sous sa plume un sens certes plus complexe. Il désigne tout à la fois le goût et la pratique du secret des penseurs (paradigme maçonnique), leur inconscience quant aux possibles conséquences politiques de leur critique radicale (« Pour le philosophe hypocrite des Lumières, le pouvoir est toujours abus de pouvoir[2] »), hypo-crites dénonciateurs d'une situation de crise que leurs écrits avaient en partie provoquée. D'une manière analogue, on pourrait dire que les permissions tacites furent pour le pouvoir une « soupape de sécurité » libérale par laquelle, dans le même temps, il s'est lui-même délégitimé, en autorisant la diffusion d'un discours critique qui devait finir par l'abattre. Hypocrisie et inconscience caractériseraient l'alliance objective et complexe de la Monarchie et des Lumières, contre les nombreuses institutions d'Ancien Régime qui se servirent de la censure *a posteriori* comme une forme de défense identitaire.

Pas plus que de la censure étatique, *Le Règne de la critique* n'évoque les productions clandestines qui, elles, échappaient au contrôle des censeurs et des responsables de la librairie. Romans et brochures pornographiques[3] étaient écrits, fabriqués puis vendus « sous le manteau », traqués à chacune de ces étapes par l'autorité policière. Le fait qu'ils n'étaient encore guère étudiés à la fin des années 1950 peut expliquer le silence

1 B. de Negroni, *Lectures interdites. Le travail des censeurs au XVIIIe siècle (1723-1774)*, Paris, Albin Michel, coll. « Bibliothèque Albin Michel Histoire », 1995.

2 *Le Règne de la critique*, éd. citée, p. 100.

3 Pourraient être également évoqués les manuscrits philosophiques clandestins dont la chronologie et le mode de circulation recoupent ceux des opuscules pornographiques (daté de 1659, le *Theophrastus Redivivus* est contemporain de *l'École des filles*). Les deux traditions se mélangeront qui plus est sous les plumes du marquis d'Argens puis de Sade. La grande diversité des positions idéologiques exprimées dans ces manuscrits continûment recopiés, transformés, puis radicalisés ou affadis quand imprimés, rend cependant difficile la proposition d'une hypothèse synthétique.

de Koselleck à leur égard, étonnant néanmoins au regard de la place que l'historien consacre à la culture du secret chez les francs-maçons. La dimension « critique » de ces ouvrages est de surcroît indéniable, au point que Roland Mortier put les désigner, dans un article pionnier, comme « les voies obliques de la propagande philosophique[1] ». Oblique en effet car la critique qu'ils recèlent ne s'appuie sur ni ne se réclame d'aucun magistère, d'aucune valeur morale transcendante. D'inspiration carnavalesque, elle se veut subversive, s'adresse moins à une opinion publique qu'au lecteur individuel qui a pris des risques et dépensé de son argent pour acquérir l'objet interdit. Mais tout autant que les « ténors » des Lumières étudiés par Koselleck, philosophes matérialistes comme pornographes sapèrent l'assise politique et idéologique de l'Ancien Régime : de la fausse « Bulle orthodoxe » fulminant anathème, en 1655, contre ceux qui liront *L'École des filles* « sans spermatiser ou être stimulés de quelque émotion spirituelle ou corporelle[2] » jusqu'aux pamphlets révolutionnaires exploitant l'impuissance supposée du Roi, la nymphomanie supposée de la Reine, les productions clandestines attaquent de front l'Église et l'État, mais par ricochet la bonne conscience des nouvelles élites bourgeoises qui, drapées dans leur vertu nouvelle et leur bonne conscience critique, préparaient la relève. La préparaient d'une manière « indirectement politique[3] » n'a de cesse de répéter Koselleck ; chez la majorité des auteurs clandestins, cette conscience politique est encore plus douteuse : « Foutez donc, foutez à triples mesures, braves révolutionnaires », invite un auteur anonyme de 1788 ; « mais ne vous égorgez pas pour l'aristocratie, et encore moins pour la démocratie[4] »…

On pourrait à juste titre nous faire grief d'amendements par défaut au texte de Koselleck, soulignant ce dont *Le Règne de la critique* ne parle pas. Pour en revenir donc à l'analyse de la censure morale qui est au cœur de l'essai, on peut dire qu'elle est à la fois éclairante et perturbante

1 Roland Mortier, « Les voies obliques de la propagande philosophique » [1985], dans *Le Cœur et la raison. Recueil d'études sur le XVIIIe siècle*, préf. R. Pomeau, Oxford, The Voltaire Foundation/Bruxelles, Éditions de l'Université de Bruxelles/Paris, Universitas, 1990, p. 414-426.

2 *L'École des filles ou la philosophie des dames*, 1655, Paris, Fayard, coll. « L'Enfer de la Bibliothèque Nationale », vol. 7, 1988, p. 183.

3 L'expression se rencontre entre autres dans *Le Règne de la critique*, éd. citée, p. 183.

4 *Décrets des sens sanctionnés par la volupté*, 1788, Paris, Fayard, coll. « L'Enfer de la Bibliothèque Nationale », vol. 6, 1988, p. 285.

pour qui désire revendiquer l'héritage des Lumières. La filiation Bayle-Voltaire-Diderot examinée au second chapitre du *Règne de la critique* traduit pour Koselleck un *crescendo* dans les prétentions morales de la Raison critique et la dépersonnalisation d'un jugement prétendument apolitique. Pareille interprétation peut gêner en ce qu'elle identifie une parole à un nom propre, postule ou suppose une transparence de la pensée. Rappelons qu'à partir d'une analyse de Locke, Koselleck suggère que le for intérieur privé se serait à l'époque classique dilaté en espace public, jusqu'à prétendre se faire le porte-voix de l'opinion de tous. Or par-delà la distinction entre le citoyen (soumis aux lois de l'État) et la personne privée qui, par la parole, s'arrogea de fait un pouvoir nouveau, il convient de prendre en compte la scission que toute parole adressée opère entre l'auteur qui la produit et la personne privée qui en a endossé le masque. *A fortiori* aux XVIIe et XVIIIe siècles, où le filtre de la censure, la diversification des moyens de publication multiplièrent les discours du moi et, par-là, les formes possibles de discours critique. En d'autres termes, en associant chaque auteur analysé à un unique discours supposé être le reflet fidèle de ses convictions, Koselleck retira à ces pensées leur dimension inquiète.

Comme le montre Lorenzo Bianchi, toute prise de parole est chez Bayle stratégique, modulée en fonction du destinataire et du moment. Après avoir fait amende honorable auprès du Consistoire de l'Église wallonne à la suite de la parution du *Dictionnaire historique et critique*, reconnu ses fautes, promis de s'amender, il fit paraître en 1701 une seconde édition où il ne corrige rien mais développe les passages censurés et justifie ses choix en quatre longs « Éclaircissements[1] ». Dans le cas de Voltaire, n'est guère satisfaisante la distinction entre un discours public et imprimé et une parole privée, que donneraient à entendre les lettres privées écrites aux initiés, aux « frères » de combat. Les masques se superposent tant chez lui qu'il est bien difficile de cerner une parole qui lui serait propre : Voltaire toujours « échappe[2] », reste insaisissable. À aucun de ses plus proches confidents, par exemple, il ne reconnut par écrit être l'auteur du

1 Sur la fonction des éclaircissements, voir aussi plus loin l'article de L. Bianchi, p. 90-92.

2 Pour marcher dans les pas de l'analyse célèbre et toujours lumineuse de Roland Barthes : « sur le plan du système dénominatif, Voltaire échappe » (« Le dernier des écrivains heureux », *Essais critiques*, 1958, *Œuvres complètes*, éd. É. Marty, Paris, Seuil, 1993-1995, t. I, p. 1239).

Sentiment des citoyens[1], même si plusieurs des allusions qu'il y fait bruissent de rires et de clins d'œil. On sait enfin aujourd'hui que le point de vue de Diderot peut difficilement être réduit, comme le fait trop Koselleck, aux prises de position tranchées du Directeur de l'*Encyclopédie* : dans son œuvre à tiroirs, l'authenticité se mesure bien au contraire au degré d'autocritique et de mise à distance de la critique parfois hautaine et mystificatrice qu'il réserva à ses contemporains.

Si les apports des trente dernières années des recherches dix-huitièmistes invitent à nuancer certaines affirmations et postulats du *Règne de la critique*, l'essai de Reinhart Koselleck demeure un livre dense, complexe mais jamais confus, parfois lumineux, comme dans les pages incisives consacrées au *Contrat social*. C'est aussi – qualité rare aujourd'hui – un livre incarné, porté par un point de vue critique affirmé, dressant une analyse à charge de la prise du pouvoir par l'intellectuel bourgeois, de sa prétention et de sa bonne conscience, même s'il est plus difficile, à la lecture du seul *Règne*, de déterminer précisément le lieu idéologique à partir duquel cette critique est énoncée : critique « de gauche », mais qui évite de recourir à une grille d'analyse clairement marxiste ; critique avivée par le sentiment de Koselleck de vivre toujours dans la « crise » ouverte au XVIIIe siècle, dont son essai retrace la genèse. La « crise permanente » de la fin des années 1950, résulte pour l'historien allemand de la diffusion planétaire de l'utopie bourgeoise, dans un monde à l'« unité politiquement coupée en deux[2] ». En d'autres termes, le monde sur lequel Koselleck jette un regard pessimiste est celui de la guerre froide, à la fois instable et figé, guetté par le spectre de la « fin de l'Histoire ».

Bien que le paradigme de la « crise » soit encore plus assourdissant dans les discours du temps présent, elle paraît être d'une nature différente de celle décrite par Koselleck il y a un demi-siècle, même si elle en est, en partie du moins, la fille… *Le Règne de la critique* dresse la genèse de l'outrecuidance d'une bonne conscience bourgeoise, critique et utopique, qui s'est progressivement mondialisée. Il semble qu'aujourd'hui, la mondialisation instituée, ce discours critique soit devenu lui-même obsolète ou inutile, comme si s'accomplissait sous nos

1 Libelle qui, révélant à toute l'élite européenne des Lumières que Rousseau avait abandonné ses cinq enfants, précipita les dérèglements psychiques de l'auteur de l'*Émile*.

2 *Le Règne de la critique*, éd. citée, p. 8.

yeux le mouvement symétrique et inverse de celui décrit par Koselleck. En rendant possible l'émergence des Lumières, l'absolutisme avait créé les possibilités de sa propre disparition ; régi par les lois anonymes du libre-échange, le monde contemporain n'a plus que faire des idéologies. L'outrecuidance contemporaine est celle d'un absolutisme économique qui transcende les États, doué d'une rationalité autonome indifférente aux peuples, aux manifestations culturelles comme à toute forme de critique, au bénéfice moins d'une classe que d'une caste cosmopolite et anonyme... À l'ère de l'hypocrisie diagnostiquée par Koselleck, a sans doute succédé l'ère du cynisme.

Jean-Christophe ABRAMOVICI
Université Paris-Sorbonne

LA CENTRALISATION CENSORIALE ET LA CRITIQUE À LA FIN DU RÈGNE DE LOUIS XIV

> Nul genre de censure n'était reçu, pas même l'éloge.
> Émile Chartier dit ALAIN, *Propos d'un Normand* (1906-1914)

On se doit de saluer la judicieuse initiative des responsables de cette publication, qui ont pour ainsi dire placé *Censure et critique* sous l'invocation de Reinhart Koselleck et de son *Règne de la critique*[1]. L'exposé de Jean-Christophe Abramovici[2] ne manque pas de rappeler lui aussi combien la relecture de Koselleck peut être éclairante et stimulante.

L'ABSOLUTISME ET SA CENSURE, POINT AVEUGLE DU *RÈGNE DE LA CRITIQUE* ?

Il n'en est pas moins vrai qu'en relisant *Le Règne de la critique*, on s'aperçoit que Koselleck, s'il nous apprend beaucoup sur la montée en puissance de la critique aux deux derniers siècles de l'Ancien Régime, ne dit en revanche pas grand-chose de la censure. Quand il parle de « censure », ce n'est d'ailleurs jamais au sens institutionnel du terme

1 On se référera ici à la version française de cette thèse publiée en langue allemande en 1959 : R. Koselleck, *Le Règne de la critique*, trad. de l'allemand par Hans Hildenbrand, Paris, éd. de Minuit, 1979.

2 Voir plus haut l'article de J.-C. Abramovici, p. 25-31.

– autrement dit de : « pratique consistant à examiner des œuvres de l'esprit avant ou après publication, en vue de les autoriser, de les retoucher ou de les réprouver ». Il emploie plutôt le mot censure dans son acception ancienne et morale, à savoir : « fait de reprendre ou de blâmer des propos ou des actions ». Encore n'introduit-il ce mot qu'en analysant l'*Essai sur l'entendement humain* (1689) de John Locke, d'où il tire l'idée que « la société civile moderne » va s'épanouir « dans l'alternance continuelle entre la critique intellectuelle et la censure morale », « sans en appeler aux lois de l'État, mais sans disposer davantage d'un pouvoir exécutif propre[1] ».

Autant dire que nous sommes là bien loin de la censure qui nous occupe, celle qui précisément émane de l'État. Du reste, Koselleck s'intéresse fort peu dans *Le Règne de la critique* aux institutions qui assurent le fonctionnement de cet État soumis à son analyse, en l'occurrence la monarchie d'Ancien Régime. On est même parfois surpris de trouver sous sa plume des expressions aussi peu pertinentes institutionnellement que « parlements d'états » ou « parlements féodaux » pour évoquer le réseau des parlements du royaume de France[2] – ce qui naturellement prête à sourire, mais peut-être faut-il en l'occurrence incriminer au moins en partie la traduction. Plus généralement, si, en puisant notamment dans Hobbes, Koselleck identifie de façon lumineuse les principales conditions politiques et théoriques qui ont assuré la légitimité de la monarchie absolue – à savoir l'extinction des guerres civiles et religieuses et la pacification intérieure –, il ne définit guère par quoi se caractérisent le pouvoir et le fonctionnement du régime absolutiste. Il en reste sur ce point à des formulations très générales et abstraites : « raison d'État » bien sûr, mais aussi « autorité » (p. 25), lois qui sont « l'expression de la volonté absolue du souverain » (p. 27 et 29), guerres extérieures conçues comme une « institution permanente pour éviter la guerre civile » (p. 36), sujets privés de toute responsabilité politique, « morale formelle de l'obéissance [...] subordonnée à une politique absolutiste » (p. 47-48). Si l'on devait partir de ces caractéristiques de base énoncées par Koselleck, il faudrait alors concevoir la censure institutionnelle émanant d'un régime absolutiste comme une pratique régalienne autoritaire et tranchante, une machine à exclure ou à réprimer la « désobéissance » et les expressions déviantes, une institution visant à conformer voire à

1 R. Koselleck, *Le Règne de la critique*, *op. cit.*, p. 46-47.
2 *Ibid.*, p. 118 et 119.

sacrifier la vie culturelle à la raison d'État. Or, comme nous allons le voir dans le cas de la censure royale sous le règne de Louis XIV, on est assez loin de ce schéma.

Cela dit, Koselleck identifie aussi dans l'introduction du *Règne de la critique* un principe-clé de l'absolutisme qui doit particulièrement retenir notre attention : « Du point de vue politique, écrit-il, [... les monarchies absolues de l'Ancien Régime] cherchaient à éliminer ou neutraliser toutes les institutions autonomes[1] ». Et de fait, la centralisation du pouvoir et des procédures, l'éviction en corollaire d'instances concurrentes ou centrifuges, est un trait fondamental du processus absolutiste, particulièrement abouti en France – au point que la Révolution et les régimes successifs ont recueilli sans état d'âme et largement développé cet héritage[2]. Or la censure au sens institutionnel du terme n'échappe évidemment pas à ce tropisme centralisateur. Elle en fournit même l'une des meilleures illustrations.

LA CENTRALISATION CENSORIALE
Une conquête majeure de l'absolutisme au plan institutionnel

Si l'on résume en effet l'histoire de la censure en France aux XVIe et XVIIe siècles, on s'aperçoit qu'elle ressemble fort à l'histoire d'une centralisation progressive entre les mains du pouvoir royal. Pour cela, la monarchie a disposé d'une légitimité de moins en moins contestable. Le souverain, tendant à devenir l'unique mécène et protecteur de la vie culturelle dans son royaume, au détriment des grands féodaux, de l'Église et des institutions provinciales, il a semblé parfaitement logique qu'il ait un droit et un devoir de regard sur tout ce qui était destiné à s'y publier.

Le processus de centralisation censoriale repose sur un principe simple. En exigeant de plus en plus de contrôle *en amont de la publication* des

1 *Ibid.*, p. 14.

2 Apparent paradoxe dont Alexis de Tocqueville a fait une clef de voûte de *L'Ancien Régime et la Révolution* (Paris, 1856).

écrits, en faisant dépendre directement ce contrôle préventif de la Grande Chancellerie de France, on vise à limiter l'exercice d'une autre forme de censure : la censure répressive ou *a posteriori*, celle qui condamne des écrits déjà publiés – une censure souvent bruyante voire spectaculaire, disproportionnée, généralement peu experte et qualifiée, et surtout dispersée et difficilement contrôlable, car elle est entre les mains des cours souveraines, de la douzaine de parlements et de leurs centaines de juridictions subalternes[1], à quoi il faut ajouter les possibles condamnations émanant de la vingtaine d'universités, de l'Assemblée du clergé de France ainsi que des évêques dans chacun des quelque 130 diocèses d'Ancien Régime.

Pour imposer le primat de la censure préalable centralisée, le pouvoir royal table adroitement sur la généralisation du *privilège* de librairie[2]. Le privilège, en matière d'édition, n'est initialement qu'une mesure de protection temporaire, accordée par le roi (mais aussi éventuellement par les parlements ou certaines juridictions subalternes dans l'étendue limitée de leur ressort), à certains auteurs ou libraires qui en font la demande pour garantir pendant quelques années leurs œuvres vis-à-vis de la contrefaçon. À partir de 1566, l'ordonnance de Moulins rend obligatoire le privilège de librairie scellé du grand sceau de la Chancellerie pour tous livres nouveaux – ce qui implique l'examen centralisé de chacun de ces livres candidats à l'obtention d'un privilège. Cours souveraines et juridictions locales ne sont théoriquement plus autorisées à délivrer des privilèges – même si en province, et particulièrement à Rouen, les parlements vont continuer à en octroyer jusqu'au tout début des années 1680[3]. De même, à partir du règne de Louis XIII (1624,

1 La carte des juridictions compte en France, à la veille de la Révolution : en matière de cours souveraines (dites seulement « supérieures » sous le règne personnel de Louis XIV), 13 parlements institués entre le XIIIe siècle (Paris) et 1775 (Nancy), 4 conseils supérieurs créés entre 1640 (Artois) et 1768 (Corse), 9 chambres des comptes, 4 cours des aides (juridictions fiscales), un Grand Conseil (1497) et une cour des Monnaies (1552) ; et pour les juridictions subalternes ordinaires : 100 présidiaux et plus de 400 bailliages et sénéchaussées, sans compter un grand nombre de prévôtés ou équivalents (vicomtés, châtellenies, vigueries...) ; ce à quoi il convient d'adjoindre plusieurs réseaux de juridictions d'exception comme les maîtrises des Eaux et forêts, les amirautés, les prévôts des maréchaux, etc.

2 Sur le privilège de librairie et son histoire, voir J.-D. Mellot, article « privilège » du *Dictionnaire encyclopédique du livre*, sous la dir. de P. Fouché, D. Péchoin, Ph. Schuwer, et la responsabilité scientifique de J.-D. Mellot, A. Nave et M. Poulain, Paris, éd. du Cercle de la Librairie, 2002-2011, 3 vol., t. III, p. 378-387.

3 J.-D. Mellot, *L'Édition rouennaise et ses marchés (vers 1600-vers 1730) : dynamisme provincial et centralisme parisien*, Paris, École des chartes (Paris, H. Champion ; Genève, Droz), 1998,

puis *Code Michau* de 1629), les examinateurs « commis » par la Grande Chancellerie sont, sauf exception, seuls habilités à viser les livres aspirant à l'octroi d'un privilège – et ce principalement aux dépens des docteurs en théologie de la Sorbonne à qui était confié depuis 1521 l'examen préalable des ouvrages religieux.

La réorganisation des services de la censure royale à l'époque du chancelier Louis Phélypeaux de Pontchartrain, entre 1699 et 1714, ajoute en quelque sorte la dernière pierre à cet édifice. Pontchartrain, comme l'ont bien établi les travaux de Raymond Birn[1], vient à bout dès 1700-1702 des dernières prétentions de la Sorbonne, de l'épiscopat et du parlement de Paris en matière de censure préalable. Sur le plan des principes, le triomphe de la centralisation censoriale est total. Et ce d'autant plus que des lettres patentes d'octobre 1701 imposent que non seulement les nouvelles éditions mais aussi toutes les réimpressions, relevant jusque-là du domaine public, soient soumises dorénavant à la censure royale. En 1707, Pontchartrain envisage même de contraindre à cette procédure centralisée les « livrets » de moins de deux cahiers imprimés, qui font l'objet de permissions délivrées par les juridictions locales en province ou par le lieutenant général de police à Paris. Et si le chancelier finit par renoncer à cette nouvelle extension, c'est surtout devant l'ampleur de la tâche que cela occasionnerait à ses services[2] !

Mais l'objectif principal a été atteint : l'exclusivité de la censure royale préalable est désormais d'autant plus effective qu'elle réduit à peu de chose, à la fin du règne de Louis XIV, les velléités de censure répressive d'autres institutions, parlements au premier chef. Et comme si cela n'était pas suffisant, la majeure partie des décisions de censure

---

p. 304-306.

1 Notamment R. Birn, *La Censure royale des livres dans la France des Lumières*, Paris, Odile Jacob, 2007, p. 42-43 (dont le contenu a été enrichi dans la version anglaise : *Royal Censorship of books in eighteenth-century France*, Stanford, Stanford University Press, 2012) et sa contribution plus ancienne, « Book production and censorship in France, 1700-1715 », *Books and society in history*, éd. Kenneth E. Carpenter, New York, R. R. Bowker, 1983, p. 145-171. Voir aussi l'article de John D. Woodbridge, « Censure royale et censure épiscopale : le conflit de 1702 », *Dix-huitième siècle*, VIII, 1976, p. 333-355.

2 J.-D. Mellot, *L'Édition rouennaise…*, *op. cit.*, p. 489, note 109 : lettre circulaire de Pontchartrain à tous les procureurs généraux des parlements du royaume, 29 octobre 1707 (BnF, ms. fr. 21126, fol. 880-881 v°). Voir aussi la lettre qu'il adresse en particulier à Henri-François d'Aguesseau, procureur général du Roi au parlement de Paris, le 20 octobre 1707 (BnF, ms. Joly de Fleury 1682, fol. 49-50 v°).

a posteriori est dorénavant assumée, à l'échelle de l'ensemble du royaume, par des arrêts du Conseil d'État du Roi, institution emblématique de la centralisation. On est à l'apogée institutionnel de la monarchie absolue. Les contre-pouvoirs potentiels ont été mis au pas ou court-circuités et, sur le plan institutionnel du moins – car nous n'avons pas encore parlé de contenus –, la censure centralisée remplit parfaitement le programme absolutiste tel que Koselleck l'imaginait en creux, à savoir fondé sur les maximes d'ordre et d'obéissance.

CRITIQUE, RÉPUBLIQUE DES LETTRES… ET MONARCHIE ABSOLUE

Et la critique dans tout cela ? Où la situer ? Fonctionne-t-elle face à la censure absolutiste comme un principe antagoniste, ainsi que la lecture du *Règne de la critique* nous inclinerait à le croire ? En y regardant de près, à l'époque ici concernée, c'est plutôt l'impression du contraire qui se dégage. Et ce pour au moins deux raisons qu'il nous faut envisager successivement.

Qu'est-ce d'abord que la critique, à l'époque en question ? La définition formulée par Koselleck lui-même[1] est claire : la critique est en premier lieu une méthode consistant à peser le pour et le contre ; c'est « *un art du jugement*, son activité consiste à interroger un fait donné pour en connaître la vérité, la justesse ou la beauté pour, à partir de la connaissance, porter un jugement ». Et cette méthode s'inscrit dans une dynamique historique. Le mouvement de fond de la critique, issu des milieux érudits et du travail philologique et exégétique sur les textes anciens, trouve son maître à penser avec le huguenot Pierre Bayle (1647-1706) et son *Diction[n]aire historique et critique* (1re éd., Rotterdam, Reinier Leers, 1697, 2 tomes en 4 volumes). Bayle légitime l'extension de la critique comme méthode à tous les domaines du savoir, traquant partout les multiples « erreurs » qui ont pu se propager et s'ancrer. Ce faisant, il légitime aussi l'existence d'une communauté sans frontières formée de savants doués de raison, la République des lettres. Le portrait qu'il en brosse dans son *Diction[n]aire* est passé à la postérité : « Cette

1 R. Koselleck, *Le Règne de la critique*, *op. cit.*, p. 87.

Republique, proclame-t-il en effet, est un État extremement libre. On n'y reconnoît que l'empire de la verité & de la raison [...] Chacun y est tout ensemble souverain & justiciable de chacun[1]. » Or cette République idéale présente, dans l'esprit de Bayle et de ses pairs, une garantie d'autonomie majeure. Elle est protégée du discrédit comme de la persécution par le fait qu'elle est apolitique : elle ne cherche pas à soumettre la politique à ses jugements et considère même que l'État – qui assure l'ordre et éteint la guerre civile – est une manifestation de la raison[2]. De même la critique préserve-t-elle son sérieux et son indépendance en s'interdisant « satires » et « libelles diffamatoires ». Et Bayle opère à cet égard un *distinguo* particulièrement utile à notre propos :

> La Puissance souveraine a [... laissé] à chacun le droit d'écrire contre les auteurs qui se trompent, mais non pas celui de publier des satires. C'est que les satires tendent à depouiller un homme de son honneur, ce qui est une espece d'homicide civil, & par conséquent une peine, qui ne doit être infligée que par le souverain ; mais le critique d'un livre ne tend qu'à montrer qu'un auteur n'a pas tel ou tel degré de lumière [...] On n'usurpe rien de ce qui depend de la majesté de l'Etat en faisant con[n]oître au public les fautes qui sont dans un livre[3].

En fait, non seulement on n'usurpe rien de ce qui dépend de la majesté de l'État en pratiquant la critique ainsi conçue, mais on peut même servir le crédit et le rayonnement de cet État – et ce même si l'on n'approuve pas par ailleurs sa politique, la Révocation de l'édit de Nantes ou les guerres de conquête par exemple. Une monarchie absolue qui a créé un réseau envié d'académies et d'institutions culturelles centralisées, une monarchie qui encourage la vie des arts et des lettres et le progrès des sciences, une monarchie qui se flatte de protéger et pensionner les gens de lettres et les savants les plus éminents de son royaume comme de l'étranger, a-t-elle quelque chose à craindre de l'activité critique de ces

1 Article « Catius » du *Diction[n]aire historique et critique*, 2e éd. revue et augmentée, Rotterdam, Reinier Leers, 1702, 3 vol., t. I, p. 859, note (d). Voir aussi R. Koselleck, *Le Règne de la critique*, *op. cit.*, p. 92, et la contribution de L. Bianchi (« Critique et République des lettres : critique et censure dans le *Dictionnaire* de Bayle ») dans le présent volume, p. 81-94.

2 R. Koselleck, *Le Règne de la critique*, *op. cit.*, p. 93. Sans que Bayle considère pour autant la politique comme « quelque chose de raisonnable », note judicieusement Koselleck.

3 Article « Catius » du *Diction[n]aire historique et critique*, *op. cit.*, t. I, p. 859, note (d). Et R. Koselleck, *Le Règne de la critique*, *op. cit.*, p. 94-95.

« républicains des lettres » – laquelle se garde de toute diffamation et de toute remise en cause politique – ? Une telle monarchie n'a en fait qu'à se féliciter de cette activité critique, pourvu que celle-ci s'exerce dans le cadre d'institutions que contrôle la puissance souveraine.

Et c'est ici que se rejoignent très clairement les problématiques qui sont celles à l'époque de la censure préalable et de la critique. Au sommet de l'État absolutiste évoluent des responsables qui estiment Bayle et – c'est évident pour l'abbé Bignon et pour son éminent collaborateur Fontenelle – partagent une grande partie de ses vues sur le bon usage de la critique et de ses méthodes[1]. À leurs yeux, la censure royale centralisée porte une ambition plus large que le fait d'exclure les forces institutionnelles centrifuges et le simple contrôle du caractère inoffensif des écrits publiés dans le royaume. Elle vise à assurer, par les jugements critiques les plus incontestables du monde lettré, la qualité de ces écrits, et à les mettre ainsi au service de la gloire du souverain français protecteur des lettres, des arts et des sciences. Pour réaliser un tel dessein, l'abbé Jean-Paul Bignon (1662-1743), à qui son oncle le chancelier Pontchartrain a confié en 1699 la direction de la librairie et la réorganisation des services de censure, poursuit en fait l'œuvre de Jean-Baptiste Colbert. Il complète la « direction des lettres[2] » en achevant de connecter la censure royale avec les institutions culturelles de la capitale qui sont des phares de la monarchie : académies – celles notamment des sciences et des inscriptions et belles-lettres que Bignon préside depuis 1691 et 1693 –, *Journal des sçavans* – dont il prendra la direction en 1701 –, Collège royal, Bibliothèque du Roi – qu'il dirigera à partir de 1719 –, censés fournir des examinateurs indiscutables chacun dans sa spécialité.

1 Sur les relations du directeur de la librairie, l'abbé Jean-Paul Bignon, neveu du chancelier Pontchartrain, avec les plus grands noms du Refuge huguenot dont Pierre Bayle, voir en particulier Fr. Bléchet, « Pouvoir et censure à la Librairie et à la Bibliothèque du Roi : règles et exceptions », *Siècle des Lumières. II. Censure et statut de l'imprimé en Russie et en France au siècle des Lumières*, sous la dir. de J.-D. Mellot et S. Karp, Moscou, Académie des sciences, éd. Naouka, 2008, p. 26-53. On sait également que Bernard Le Bovier de Fontenelle, académicien et l'un des principaux censeurs royaux à partir de 1699-1714, a collaboré avec les « gazettes du Nord », dont la *Nouvelle République des lettres*, périodique fondé et rédigé par son ami Bayle à Amsterdam à partir de 1684, et l'*Histoire des ouvrages des sçavans*, lancée à partir de 1687 à Rotterdam par son autre ami huguenot Henri Basnage de Beauval (1657-1710), originaire de Rouen comme lui.

2 Selon le mot d'H.-J. Martin dans *Livre, pouvoirs et société à Paris au XVIIe siècle (1598-1701)*, Genève, Droz, 1969, 2 vol., notamment t. II, p. 667-670.

1699-1715
Un personnel censorial recruté parmi les professionnels de la critique lettrée et experte

Le recrutement des censeurs est éloquent à cet égard. Dans les registres de la censure royale qui ont été conservés pour la période 1699-1715[1], on relève les noms de plus de 120 examinateurs[2] qui ont eu à viser plus de 6 000 présentations de manuscrits. Aucun de ces censeurs n'a le profil d'un obscur gratte-papier ou même d'un officier de la Chancellerie. Tous sont au contraire des experts dans leur domaine, même si beaucoup parmi eux sont très peu sollicités[3]. Entre 1699 et 1704, sur 58 noms d'examinateurs désignés, 24 (41,4 %), n'apparaissent qu'à moins de 5 reprises, dont 12 seulement une fois. De 1699 à 1711 inclus, c'est 69 noms sur 122 (soit 56,5 %) dont on relève moins de 5 occurrences, 40 noms ne figurant qu'une seule fois. En revanche, c'est une équipe restreinte d'académiciens[4] et de

1 BnF, ms. fr. 21939-21942 : quatre registres microfilmés sous les cotes mfm 9365-9368 et numérisés dans Gallica en mode image (http://gallica.bnf.ark:/12148/btv1b90620596 ; http://gallica.bnf.ark:/12148/btv1b9062058s ; http://gallica.bnf.ark:/12148/btv1b90620618 ; http://gallica.bnf.ark:/12148/btv1b9062060v). Le premier s'intitule très significativement *Registre de monsieur l'abbé Bignon contenant les ouvrages presentés à Mgr le chancelier Phelypeaux [de Pontchartrain] par les auteurs ou les libraires, la distribution desd. ouvrages à Mrs. les examinateurs avec les approbations ou motifs de reprobation, &c.*

2 Nous avons dénombré exactement 122 examinateurs entre novembre 1699 et décembre 1711, années pour lesquelles nous avons entièrement dépouillé les registres. Pour la période 1710-1715, R. Birn (*La Censure royale…*, *op. cit.*, p. 47) en recense de son côté 117.

3 Parmi les grands noms contemporains auxquels on ne recourt alors que très ponctuellement : l'architecte Jules Hardouin-Mansart (1646-1708 ; une seule occurrence), le généalogiste Charles-René d'Hozier (1640-1732 ; deux occurrences), l'archiviste Pierre de Clairambault (1651-1740 ; trois occurrences), les philologues François Charpentier (1620-1702 ; une seule occurrence) et André Dacier (1651-1722 ; trois occurrences), l'astronome Jean-Dominique Cassini (1625-1712 ; deux occurrences), le commissaire au Châtelet Nicolas Delamare (1639-1723 ; une seule occurrence), le chimiste hollandais et académicien Willem Homberg (1652-1714 ; une seule occurrence), le médecin du Roi et de la famille royale Guy-Crescent Fagon (1638-1718 ; une seule occurrence), les botanistes et médecins Joseph Pitton de Tournefort (1656-1708 ; une seule occurrence) et Pierre-Jean-Baptiste Chomel (1671-1748 ; une seule occurrence), l'historien dom Michel Félibien (1665-1719), l'orientaliste et professeur au Collège royal François Pétis de La Croix (1653-1713 ; une seule occurrence), et le graveur et premier peintre du Roi Antoine Coypel (1661-1722 ; une seule occurrence).

4 Sur la forme de censure exercée au sein même de l'institution académique par Fontenelle dans son *Histoire de l'Académie royale des Sciences*, voir plus loin l'article de S. Mazauric, p. 95-109.

rédacteurs du *Journal des sçavans*, tous proches de l'abbé Bignon – directeur du *Journal des sçavans* à partir de 1701, rappelons-le –, qui s'acquitte de l'essentiel du labeur censorial. Entre novembre 1699 et décembre 1711, d'après les registres que nous avons dépouillés, les 12 principaux censeurs (moins de 10 % de l'ensemble du personnel censorial) ont à eux seuls examiné la bagatelle de 1 231 manuscrits, soit près de 30 % de la masse d'ouvrages présentés pendant cette période.

L'abbé Pierre-François Bigres (16..-1715), qui totalise 215 examens de livres de février 1703 à décembre 1711 (soit 23,9 par an), est docteur de Sorbonne et collabore activement au *Journal des sçavans* à partir de 1702-1703[1]. Auteur « moderne » déjà bien connu et ami de Bayle, Bernard Le Bovier de Fontenelle (1657-1757) apparaît dès 1699 comme un véritable bras droit de Bignon en matière de censure, avec pas moins de 184 examens jusqu'en décembre 1711 (15,3 par an); on sait qu'il est par ailleurs secrétaire perpétuel de l'Académie des sciences (1699), membre de l'Académie française (1691) et de celle des Inscriptions et belles-lettres (1701), et siège aussi au bureau du *Journal des sçavans* à partir de 1702[2]. Quant au bénédictin Gilles-Bernard Raguet (1668-1748), ami de Bignon, premier secrétaire de son bureau de la librairie, membre du bureau du *Journal des sçavans* à partir de 1705, plus tard « rechercheur de livres » à la Bibliothèque du Roi, il est le troisième censeur en nombre d'occurrences, avec 163 manuscrits visés entre juillet 1703 et décembre 1711[3]. Parmi les autres examinateurs assidus, plus d'un est à la fois membre d'une académie royale et collaborateur régulier du *Journal des sçavans*. C'est le cas notamment de Julien Pouchard (1656-1705 ; 84 occurrences entre août 1701 et novembre 1705), employé à la Bibliothèque du Roi, membre de l'Académie des inscriptions (1701), professeur de grec au Collège royal et secrétaire de rédaction du *Journal des sçavans* à partir de 1702[4]. Les censeurs Joseph Saurin (1659-1737 ; 52 occurrences d'avril 1703 à

1 Voir J.-P. Vittu, article « Bigres, Pierre », *Dictionnaire des journalistes, 1600-1789*, sous la dir. de J. Sgard, Oxford, Voltaire Foundation, 1999, 2 vol., t. I, p. 103-104.

2 Pour une mise au point sur le rôle de censeur de Fontenelle, voir J.-D. Mellot, « Fontenelle censeur royal ou approbateur éclairé ? », *Revue Fontenelle*, n°s 6-7, 2008-2009 [*i. e.* 2010], p. 51-72.

3 Sur Gilles-Bernard Raguet et les autres censeurs d'ouvrages religieux à la même époque, voir J. Le Brun, « Censure préventive et littérature religieuse en France au début du XVIIIe siècle », *Revue d'histoire de l'Église de France*, t. 61, n° 167, 1975, p. 201-225, et J.-P Vittu, article « Raguet, Gilles », *Dictionnaire des journalistes…*, *op. cit.*, t. II, p. 819-820.

4 J.-P. Vittu, article « Pouchard, Julien », *Dictionnaire des journalistes…*, *op. cit.*, t. II, p. 806-807.

septembre 1711), Pierre-Jean Burette (1665-1747 ; 37 occurrences de mai 1705 à décembre 1711), professeur de médecine au Collège royal bientôt employé à la Bibliothèque du Roi, l'abbé Eusèbe Renaudot (1646-1720 ; 29 occurrences d'août 1699 à juillet 1711), orientaliste, l'astronome Philippe de La Hire (1640-1719 ; 16 occurrences de septembre 1700 à mai 1711), professeur au Collège royal, le père jésuite Claude-François Fraguier (1660-1728 ; 15 occurrences de mars 1706 à juin 1709), et l'abbé René Aubert de Vertot (1655-1735 ; 8 occurrences de février 1700 à juin 1711), historien et ami de Fontenelle, présentent le même type de profil, mi-académicien, mi-journaliste.

Certains en revanche siègent dans une ou plusieurs académies sans être impliqués directement dans la rédaction du *Journal*, ainsi le librettiste Antoine Danchet (1671-1748 ; 71 occurrences de mars 1705 à octobre 1711), ami et confrère de Fontenelle à l'Académie française et aux Inscriptions, futur officier de la Bibliothèque du Roi[1], l'éclectique oratorien Jean-Marie de La Marque de Tilladet (1650-1715), membre de l'Académie des inscriptions (1705)[2] et le jésuite Pierre Varignon (1654-1722 ; 10 occurrences entre octobre 1700 et janvier 1711), mathématicien, membre de l'Académie des sciences et lui aussi ami de Fontenelle.

D'autres censeurs récurrents, *a contrario*, exercent des responsabilités à la rédaction du *Journal des sçavans* sans être académiciens, tels Nicolas Andry de Boisregard (1658-1742 ; 51 occurrences de mars 1702 à décembre 1711), professeur de médecine au Collège royal, Étienne Rassicod (1646-1718 ; 74 occurrences de mars 1702 à juin 1711), avocat et docteur en droit, Jean-Antoine Pastel (1670-1724 ; 66 occurrences de juin 1704 à octobre 1711), théologien, chanoine de Paris et principal du collège des Quatre Nations, ou Louis-Elliès Du Pin (1657-1719 ; 19 occurrences de juillet 1702 à juillet 1703), théologien, historien et professeur de philosophie au Collège royal.

Rares sont donc les piliers de la censure royale qui échappent à cette sorte d'osmose obligée avec le réseau académique, le *Journal des sçavans* (lui-même organe officieux de l'Académie des sciences) et les autres

1 Voir notamment à son propos Fr. Bléchet, « Un poète riomois entre l'Académie et l'Opéra ou l'irrésistible ascension d'Antoine Danchet (1671-1748) », *Éclectisme et cohérences des Lumières. Mélanges offerts à Jean Ehrard*, textes recueillis et publiés par J.-L. Jam, Paris, Nizet, 1992, p. 271-279.

2 L'abbé de Tilladet est le quatrième censeur par le nombre de manuscrits examinés entre janvier 1701 et décembre 1711 : 125, soit 11,3 par an.

institutions culturelles centralisées. La plupart du temps, ce sont des théologiens, docteurs de Sorbonne et fervents gallicans – parfois même proches du jansénisme ou au moins indulgents à son égard[1] –, qui font exception à cette « règle[2] ».

Mais tous en revanche présentent au moins deux points communs d'intérêt majeur :

1. Il s'agit de professionnels fiables, loyaux vis-à-vis de la monarchie, dévoués à l'abbé Bignon, souvent liés entre eux, et aussi éloignés que possible des polémiques.
2. Ils évoluent dans un milieu où l'exercice du jugement critique occupe déjà une place centrale – qu'il s'agisse des procédures et rapports des académies, des soutenances de thèses universitaires ou encore des comptes rendus de livres destinés au *Journal des sçavans* ou à d'autres revues savantes[3].

LE DÉFI CRITIQUE DE LA CENSURE ROYALE

En fait, l'exercice de la censure pour eux n'est bien souvent que le prolongement logique d'une activité scientifique, universitaire ou journalistique inscrite dans une démarche à la fois critique et savante. Cette démarche est certes exigeante et sélective, mais pas opposée pour

1 Sur les sympathies de l'abbé Bignon lui-même vis-à-vis du jansénisme, on se reportera à F. Bléchet, « Pouvoir et censure… », art. cité.

2 Relevons dans cette « catégorie » (ni académiciens ni journalistes) les docteurs de Sorbonne : Pierre Berthe, bibliothécaire de Sorbonne (68 occurrences de 1699 à 1711), Philippe Anquetil (67 occurrences de 1699 à 1711), Edme Pirot, professeur au Collège royal, syndic de Sorbonne, vicaire général de l'archevêque de Paris (1631-1713 ; environ 62 occurrences de 1696 à 1711), Jacques Pinsson(n)at (1653 ?-1723 ; 48 occurrences de 1705 à 1711), professeur d'hébreu au Collège royal, principal du collège des Grassins et curé de Saint-Sauveur, Claude de Précelles (45 occurrences de 1698 à 1711), reçu docteur de Sorbonne en 1676, théologien proche de l'archevêque de Cambrai Fénelon, M. de Régery (44 occurrences de 1705 à 1711), et Charles Le Rouge, syndic de Sorbonne (25 occurrences de 1702 à 1706). Sur ces personnages, voir notamment J. Le Brun, « Censure préventive… », art. cité, p. 207-210, qui comptabilise en tout 36 censeurs religieux pour cette période.

3 Sur la permanence de cette osmose entre censeurs et journalistes tout au long du XVIIIe siècle, voir dans le présent volume l'article de C. Cave, p. 141-143.

autant « à l'innovation en tant que telle », comme l'a relevé à juste titre Raymond Birn[1]. Elle ne s'affiche pas non plus comme particulièrement absolutiste et dogmatique. D'ailleurs, la République des lettres ne s'y trompe pas. En mars 1700, à l'annonce de la nouvelle organisation censoriale, les *Nouvelles de la République des lettres*, fondées précisément par Pierre Bayle et publiées à Amsterdam, ne cachent pas leur satisfaction (p. 354) :

> On prétend qu'il ne paraîtra plus ici [en France] désormais tant de méchants livres [...] Car [M. le chancelier] a chargé l'abbé Bignon, son neveu [...] de faire examiner tous les manuscrits que les libraires ont entre les mains, afin d'en retirer ceux qui ne vaudront pas la peine d'être imprimés[2].

Ce *satisfecit* incline à penser que la censure royale est alors en train de relever un double défi : en faisant siennes les exigences critiques de la République des lettres, elle s'acquiert une légitimité précieuse auprès des élites savantes de l'Europe, et, dans le même temps, elle réussit à unifier, monopoliser par la centralisation et tirer vers le haut l'exercice de la censure au-dedans du royaume.

On se doit de garder ces deux considérations à l'esprit lorsqu'on étudie, à trois siècles de distance, les jugements des censeurs tels que les registres nous les ont conservés. On se rend vite compte, en particulier, que l'innocence ou l'innocuité des écrits présentés ne saurait suffire aux yeux de cette censure royale réformée. En effet, elle n'a pas seulement à écarter ce qui est hérétique, subversif ou immoral – et que l'on risque fort de ne pas lui soumettre, de toute façon. Elle doit aussi, d'une part

---

1 R. Birn, *La Censure royale...*, *op. cit.*, p. 63.

2 Cité par J.-D. Mellot, *L'Édition rouennaise...*, *op. cit.*, p. 496, note 151. Ce commentaire ne fait que confirmer une réflexion de Bayle lui-même dans une lettre adressée le 10 février 1696 à l'abbé diplomate et futur académicien Jean-Baptiste Dubos (1670-1742), au sujet de l'*Histoire secrète du connétable de Bourbon* : « Il me semble que les examinateurs de livres qui ont ordre de Mr. le chancelier de ne laisser rien passer que d'utile devroient empêcher la plupart de ces petites historiettes » (cité par H.-J. Martin, *Livre, pouvoirs et société...*, *op. cit.*, t. II, p. 768, note 50). Écho analogue chez le père Léonard de Sainte-Catherine, érudit bibliothécaire des augustins déchaussés de Paris, dès novembre 1699 : « L'abbé Bignon, neveu de M. le chancelier, a envoyé chez tous les libraires de Paris leur dire qu'ils eussent à luy apporter un estat de tous les ouvrages manuscrits qu'on veut faire imprimer [...] On prétend que c'est pour avoir connoissance de ceux qui méritent estre donnez au public [...] et faire rendre les autres aux auteurs sans espérance de privilège [...] Le chancelier de France est dans la résolution de n'accorder de privilège qu'aux bons ouvrages » (cité par Br. Neveu, *Érudition et religion aux XVIIe et XVIIIe siècles*, Paris, Albin Michel, 1994, p. 43).

être irréprochable vis-à-vis des critères de la République des lettres (en éliminant notamment les erreurs, les inexactitudes, les faits non prouvés, l'ignorance et le manque de recherche, les puérilités, la partialité trop voyante...) et, d'autre part, s'assurer que les écrits soient à la hauteur de la caution souveraine par la dignité, la bienséance, l'élévation du style, etc. En somme, un empilement de critères qui place la barre très haut et rend compte du taux relativement important de rejets des premières années du système. Entre 1699 et 1715, cette proportion se situe en moyenne à 11,5 % (13 % pour les ouvrages religieux)[1]. Mais en 1699 et 1700, première année complète du nouveau dispositif censorial, sur 330 manuscrits présentés, pas moins de 81 – soit 24,5 % – sont explicitement réprouvés[2].

À LA RECHERCHE D'UNE CENSURE ABSOLUTISTE

Dans la majorité des cas, il ne s'agit pas de refus inspirés par un absolutisme frontal et politique. Lorsque les réprobations sont motivées – ce qui est loin de se produire systématiquement –, on y lit assez rarement : « doctrine dangereuse » comme pour *La Difference de la veritable voie interieure & de la fausse voie de Molinos*, anonyme, en 1700[3], ou « délicat et dangereux », comme pour les *Reflexions politiques sur les conspirations...*, d'Eustache Le Noble, en 1702[4], ou bien « injurieux au Conseil du Roi et dangereux pour la religion », comme pour la *Suite du voyage de l'Amerique ou Dialogue de M. le baron de La Hontan et d'un sauvage de l'Amerique*, présentée en 1707 sur une « copie » d'Amsterdam,

1 Voir R. Birn, *La Censure royale...*, *op. cit.*, p. 50. En ce qui concerne par exemple les 314 titres présentés à la censure par des auteurs ou des libraires de Rouen entre 1702 et 1715, seuls 40 (soit 12,7 %) ont été explicitement réprouvés (voir J.-D. Mellot, *L'Édition rouennaise...*, *op. cit.*, p. 491).

2 BnF, ms. fr. 21939, fol. 2-22. Sans inclure dans ce comptage ni les quelques manuscrits retirés par leur auteur ni les rares privilèges refusés par le chancelier après approbation censoriale (cas notamment de la réédition du *Dictio[n]naire françois* de Pierre Richelet, qui se voit opposer un refus en Chancellerie après approbation du censeur Gilles Filleau des Billettes le 28 février 1700, *ibid.*, fol. 11, n° 121).

3 *Ibid.*, fol. 2, n° 4.

4 *Ibid.*, fol. 46 v°.

1704[1], ou encore : « contient des choses contraires aux bonnes maximes et aux intérêts de la Maison royale », comme pour l'*Abregé de l'histoire de France par demandes et par réponses* en 1708[2].

Tout soupçon de protestantisme est évidemment réprimé en cette période de l'après-Révocation. Ainsi *Les Consolations de l'ame fidelle contre les frayeurs de la mort*, ouvrage du pasteur Charles Drelincourt (1595-1669) présenté sans nom d'auteur, est-il facilement démasqué : « Les principes calvinistes y sont trop marqués[3]. » Mais un cas aussi flagrant demeure isolé. Ne font exception en matière religio-politique que la série de « demandes d'entrée » d'éditions hollandaises présentées par les syndic et adjoints de la communauté parisienne et toutes refoulées en 1706 par la censure, qui y repère des « railleries sur la religion catholique » (*Voyages de M. Dumont*), des « choses beaucoup trop libres par rapport aux m[o]eurs et à la religion » (*Nouveau Voyage autour du monde* de William Dampier), des « calomnies contre la religion et les Jesuites » (*Histoire de l'île Formose...*), des « medisances et des satyres contre le gouvernement et contre le clergé » (*Entretiens des voyageurs sur mer*) et des « traits contre la religion et contre la France » (*Histoire de la rebellion et des guerres civiles d'Angleterre*[4]...).

Peu de manuscrits sont rejetés pour cause de satires agressives ou de diffamations plus ou moins évidentes. C'est tout de même le cas en 1702 d'une *Politique universelle ou Entretiens curieux sur le ministere du cardinal de Richelieu*, au motif que plusieurs de ces entretiens s'en prennent « trop durement » à la mémoire de ce puissant ministre et « trop librement » à la religion[5]. C'est aussi ce qui arrive en 1715 à l'anonyme *Passe-tems*

1 BnF, ms. fr. 21941, n° 43, 3 février 1707.

2 BnF, ms. fr. 21941, fol. 39, 26 janvier 1708.

3 BnF, ms. fr. 21942, n° 347, 17 décembre 1711.

4 BnF, ms. fr. 21940, n° 760-776, 14 janvier 1706. Aucun des 16 ouvrages présentés à cette occasion n'est déclaré recevable.

5 BnF, ms. fr. 21939, fol. 53, 10 août 1702. L'ouvrage, « dressé sur les Memoires de feu MM. de Campion et de Feugueré & presenté [...] par M. l'abbé de Garambourg, chanoine d'Evreux », fera néanmoins l'objet d'un nouvel examen et obtiendra approbation et privilège général pour 8 ans le 18 août de la même année. Les poèmes *Noctes Gallicae* d'Alexandre Silvestre (1672-17..) ont été eux aussi réprouvés en 1700 comme « trop satyrique[s] » (*ibid.*, fol. 4, n° 26), de même que l'*Idée d'un regne doux et heureux ou Relation du voyage du prince de Montberaud...* (*ibid.*, fol. 126, décembre 1704), due à Pierre de Lesconvel (1650 ?-1722) et déjà publiée sous fausse adresse (probablement à l'étranger) en 1703, censée contenir « quelques traits de satire un peu violente ». L'ouvrage sera réimprimé en 1705, 1706 et 1709 au moins, sous adresse fictive et sous les titres *Nouvelle Relation du voyage du prince*

agreable ou Nouveau choix de bons mots..., réputé « trop libre et injurieux à diverses personnes respectables[1] ». Le *Diction[n]aire françois* de Pierre Richelet, présenté pour une réimpression en France en 1703, est qualifié quant à lui de « mauvais livre, injurieux à plusieurs personnes » et « contraire aux bonnes mœurs[2] ».

Mais l'essentiel des réprobations à caractère « politique » ne tient pas à ces dernières motivations. La défense du gallicanisme et du pouvoir du roi sur l'Église de France contre les prétentions ultramontaines est un enjeu autrement capital – dont Jacques Le Brun a souligné à juste titre l'importance[3] et que Koselleck a discerné lui aussi, le rattachant au fait que la religion a été traitée par l'absolutisme « en fonction de son utilité pour l'État[4] ». Sur ce sujet, les censeurs théologiens ou canonistes se montrent plus intraitables encore que vis-à-vis des controverses jansénistes-jésuites pour lesquelles il leur arrive d'avoir à imposer silence, de préférence d'ailleurs à l'avantage des premiers[5]. En 1701, la *Synopsis totius cursus theologici* du jésuite Jacques Platel (1608-1681), publiée précédemment à Douai et à Cologne, est sèchement repoussée « parce qu'il [l'auteur] soutient avec trop d'opiniâtreté l'infaillibilité du pape, qu'il fait sup[erieu]r au Concile[6] ». En 1703, le bouillant abbé Pierre-Valentin Faydit (1644-1709) tente en vain de faire approuver sa *Tradition des Eglises de France sur le droit et le pouvoir de nos rois dans la nomination aux évêchés...*, ouvrage épinglé comme « très ennuyeux, hors du sujet » et qui « doit plutost être regardé comme une censure du droit de nomination de nos rois que comme une preuve de leur droit car l'auteur insinue qu'ils ont

de Montberaud dans l'isle de Naudely... ou *Relation historique et morale du voyage du prince de Montberaud dans l'isle de Naudely...*

1 BnF, ms. fr. 21942, n° 311, présentation du 17 mars 1715 par l'imprimeur-libraire de Rouen Robert Machuel sur une « copie » de Rotterdam, 1715. On apprend toutefois à la même rubrique que l'ouvrage a été « corrigé depuis par M. [Antoine] Danchet » et qu'une « permission tacite » a fini par lui être « accordée le 1er avril 1716 », après approbation avec éloge.

2 BnF, ms. fr. 21939, fol. 80, n° 1190, censure du 6 septembre 1703.

3 J. Le Brun, « Censure préventive... », art. cité, p. 216 notamment.

4 R. Koselleck, *Le Règne de la critique*, *op. cit.*, p. 14.

5 Ainsi réprouve-t-on le 17 août 1702 l'*Histoire des V. propositions de Jansenius revue, corrigée et augmentée* du théologien de Sorbonne « Dumetz » [*i. e.* Hilaire Dumas (16..-1742)], déjà publiée à Trévoux, « parce que l'auteur a pris trop ouvertement parti contre les defenses precises du Roi par son arrest de 1669, [et qu']il qualifie en mille endroits MM. de P[ort] R[oyal] de jansenistes » (BnF, ms. fr. 21939, n° 816).

6 BnF, ms. fr. 21939, fol. 33.

presque tous été simoniaques[1] » ! En 1713, on condamne les *Opera omnia* du théologien Franciscus Sylvius, publiées peu avant à Anvers, « comme contenant plusieurs choses [contraires] aux lois et usages du royaume et à la doctrine du clergé de France[2] ». En juillet 1715, les *Œuvres* d'Yves de Chartres (v. 1040-v. 1116) sont jugées plus sévèrement encore : après une première approbation restée en suspens, elles sont censées contenir « des propositions injurieuses à la puissance royale et contraires aux libertés de l'Eglise gallicane[3] ».

Cela dit, nos censeurs veillent aussi à ce qu'on ne déconsidère tout de même pas la papauté. Si bien que des *Eclaircissemens généraux sur l'Apocalypse où l'on defend l'Eglise catholique…*, présentés par le père d'Entragues, dominicain, sont réprouvés en 1701 au motif que l'auteur, « quoiqu'il pretend refuter [le protestant] Jurieu […], soutient cependant qu'un pape sera l'Antechrist[4] ».

UNE QUÊTE BAYLIENNE D'EXACTITUDE, DE RATIONALITÉ MAIS AUSSI DE TENUE

En fait, du point de vue quantitatif au moins, la censure louis-quatorzienne se montre décidément moins absolutiste, moins accaparée par la défense de la raison d'État et des fondements du pouvoir monarchique, que lestée des préoccupations critiques qui sont celles de la République des lettres. Une chasse est même ouverte aux superstitions, visions (dites éventuellement « monacales ») et autres « faits peu croyables », « fabuleux », « apocryphes » ou « ridicules », chasse qui aboutit à un véritable tir de barrage vis-à-vis de la production courante voire populaire. C'est dans ce tout-venant profane ou religieux que les censeurs traquent principalement les fameux « méchants livres » évoqués par les *Nouvelles de la République des lettres*.

L'abondante littérature dévote produite dans la lignée du « siècle des saints » s'attire à cet égard les réprobations les plus sévèrement

1 *Ibid.*, n° 1186, 27 octobre 1703.
2 BnF, ms. fr. 21942, p. 192.
3 *Ibid.*, p. 328.
4 BnF, ms. fr. 21939, fol. 22 v°, janvier 1701.

argumentées[1]. Il est dit par exemple de la *Vie de Catherine Cardone, sœur du tiers ordre de Notre-Dame du Mont-Carmel*, présentée en 1703 par le père carme Bertholde, de Toulouse : « Ce n'est guère qu'un tissu de miracles plus fabuleux les uns que les autres, honteux à la religion, préjudiciables à l'instruction des peuples dont on abuse de la simplicité et qui sont la raillerie des hérétiques[2]. » On peut lire aussi à propos d'une vie abrégée de saint Antoine de Padoue soumise la même année pour une réimpression : « Ce livret est plein de faits fabuleux, de miracles non suffisamment autorisés, de pratiques de dévotion superstitieuses, de louanges outrées et par-dessus tout cela le style en est pitoyable[3]. » De même une *Devotion au Sacré Cœur de Nôtre Seigneur* est censurée en 1701 « à cause des puerilités, redites et visions[4] ». En juin 1704, *Le Triomphe de la Croix en la personne de… mere Marie-Elisabeth de la Croix…*, de feu Henri-Marie Boudon (1624-1702), archidiacre d'Évreux, présenté dès février 1702 – du vivant même de l'auteur – pour une réimpression, est rejeté « à cause du grand nombre de details miraculeux sans preuves et peu croyables et de propositions d'une pieté peu éclairée dont il est rempli[5] ». En cette même année, *La Regle et les statuts du tiers ordre de la Penitence* du récollet Odilon de Brioude essuient une sévère rebuffade : « … cet ouvrage n'est bon qu'à deserter les paroisses, à avilir les sacrements, à renverser l'ordre de la hierarchie, à immoler la religion de J. C. à la risée des libertins[6]… ». En mai 1708, un anonyme *Chemin du Ciel ou la Devotion à la Vierge* est qualifié de « pitoyable ecrit, plein d'absurdités et de choses contre la foy[7] ». En 1710, un traité *Du Paradis et de ses merveilles* ne serait « propre qu'à donner aux peuples des idées burlesques sur la religion[8] ». L'année précédente, des *Fleurs des exemples*, tirées prétendument de vies de saints et « contenant diverses histoires ridicules », ne seraient « bonnes qu'à deshonorer la religion[9] », etc.

1 Sur le sort réservé par la censure à la littérature dévote, voir aussi ci-après l'article de N. Schapira, p. 61-79.
2 BnF ms. fr. 21939, fol. 93 v°, 13 décembre 1703.
3 *Ibid.*, fol. 77 v°, 2 août 1703. Précédente édition à Douai en 1692.
4 *Ibid.*, n° 456, 24 mai 1701.
5 *Ibid.*, n° 663, 12 juin 1704.
6 *Ibid.*, fol. 114 v°, 27 juillet 1704.
7 BnF, ms. fr. 21941, n° 553, 24 mai 1708.
8 BnF, ms. fr. 21941, n° 1310, 10 juillet 1710.
9 *Ibid.*, n° 1120, 19 décembre 1709. Quantité d'autres exemples sont cités dans J. Le Brun, « Censure préventive… », art. cité, notamment p. 220-225, et J.-D. Mellot, *L'Édition*

Dans le domaine profane, on ne pourchasse pas moins la diffusion des superstitions et croyances populaires. Almanachs et livrets de colportage de la Bibliothèque bleue[1] sont particulièrement visés. Ainsi un *Almanach journalier pour les années 1705 et suivantes* n'est déclaré « bon qu'à entretenir la superstition dans l'esprit des peuples[2] ».

Mais les « faits historiques faux et douteux » que contiennent certains ouvrages apparemment plus sérieux n'échappent pas non plus à la censure, ainsi en 1701 les *Tables historiques* d'un sieur Rou, avocat au parlement de Paris[3], ou en 1706 l'*Abregé de l'histoire d'Angleterre...*, que le censeur ne trouve « ni assez desinteressé ni assez equitable[4] ». En 1714, on rejette également le traité *De l'injustice des hommes envers les femmes*, dédié à madame de Maintenon par la femme de lettres Louise (-Hélène) de Bazin, ouvrage où la vérité ne serait « pas assez ménagée[5] ».

Enfin n'oublions pas que les censeurs sont supposés donner leur approbation à des écrits destinés à recevoir un privilège scellé du sceau royal. Les qualités d'écriture elles aussi doivent par conséquent être prises en compte. Plus d'un ouvrage est ainsi écarté faute de la dignité qui convient à son sujet, et l'expression « non digne d'être imprimé » revient à maintes reprises. À plus forte raison lorsqu'il s'agit d'une œuvre de propagande comme l'*Apologie de Louis le Grand sur l'aneantissement du calvinisme*, lequel aurait mérité, note le censeur, « plus de justesse et d'elevation » et moins d'« érudition confuse[6] ». On ne juge pas non plus à la hauteur, en 1704, un *Testament theologique du R. P. J. Armand Le Bouthillier de Rancé, abbé de N. D. de La Trappe*, réputé « si mal écrit, avec tant d'ignorance pour le langage et pour la theologie qu'il ne paroîtroit pas vraisemblable qu'il soit de l'auteur dont il porte le nom et feroit tort à sa reputation[7] ».

Les réprobations peuvent même, pour d'inoffensives pièces, prendre un tour humiliant : « La versification est d'un ignorant et la prose ne

rouennaise..., *op. cit.*, en particulier p. 491.

1 Par exemple sept livrets présentés le 20 février 1710 par l'imprimeur-libraire de Rouen Jean-Baptiste I Besongne et consistant en quatre romans de chevalerie, une *Civilité puerile*, un *Tiel Ulespiegle* et des *Quatrains* de Pibrac sont réputés « remplis de libertez trop grandes » (BnF, ms. fr. 21941, n° 1190, 1er mars 1710).

2 BnF, ms. fr. 21939, fol. 119, 18 septembre 1704.

3 *Ibid.*, fol. 32 v°.

4 BnF, ms. fr. 21940, fol. 77, 14 janvier 1706.

5 BnF, ms. fr. 21942, fol. 196, 4 janvier 1714.

6 BnF, ms. fr. 21939, fol. 68 v°.

7 *Ibid.*, n° 1445, 10 avril 1704.

vaut pas mieux », est-il dit en 1701 d'une nouvelle galante intitulée *Les Amours convertis*[1]. On lit la même année à propos de *Cantiques au Saint-Esprit* : « Il n'y a dans ce poème ni rime, ni raison, ni orthographe[2] » ; en 1703, en face d'une *Explication du Château de l'âme de sainte Therese* : « L'auteur est quelque disciple de Ste Therese, mais d'un esprit obscur et confus [...] Le moindre defaut de son livre est [...] la barbarie du langage qui marque un homme qui parle peu et qui ne sauroit mieux faire que ne pas écrire davantage[3] » ; en 1705, à l'égard d'une *Recherche methodique de la cause, symptomes et guerison de chaq'une des fievres...* due à un médecin nommé Vivien : « Il n'y a rien que de tres commun dans cet ouvrage, et le style en est barbare[4]. » En 1706, un recueil d'hymnes reçoit ce trait cuisant : « Le langage de ces hymnes m'a paru gothique, la poésie fade et la pieté patibulaire[5]. » En 1715, pour un *Traité de la santé et de la prolongation de la vie*, le commentaire est lapidaire : « Ouvrage informe d'un homme sans lettres[6]. »

Enfin, comble de la condescendance de la part de nos censeurs, membres des académies parisiennes : qualifier de « provincial » un auteur et son ouvrage. En 1702, on répond par exemple à un sieur Forteville, qui a présenté la *Vie d'un cavalier religieux*, que c'est « l'essai de quelque jeune provincial qui ne sait pas encore ce que c'est que d'écrire[7] ». En 1703, on objecte à un docteur Dufour, auteur d'une *Critique de la medecine ancienne et moderne...*, que c'est « l'ouvrage d'un vieux medecin de province qui, sachant à peine l'anatomie et point du tout de chimie, ne produit que des r[h]apsodies et rien qui ne soit tiré que de méchants auteurs[8] ». Aussi bien le monopole culturel d'une monarchie centralisée s'impose-t-il jusque dans les critères implicites de sa censure : hors de

1 *Ibid.*, fol. 35.

2 *Ibid.*, fol. 35 v°.

3 *Ibid.*, fol. 70, 19 avril 1703. En 1709 paraîtra néanmoins une anonyme *Explication du Château de l'âme de sainte Therese, ou l'on découvre l'image de Dieu dans la personne de l'homme ; ouvrage qui combat, par la conduite que Dieu a gardée à l'endroit des hommes et de sainte Therese...*, [s. l.] in-8°.

4 BnF, ms. fr. 21940, fol. 40, 26 mai 1705.

5 *Ibid.*, fol. 75, 14 janvier 1706.

6 BnF, ms. fr. 21942, fol. 308, 8 mai 1715.

7 BnF, ms. fr. 21939, fol. 47 v°.

8 *Ibid.*, fol. 50. Ce même médecin s'est vu refuser en 1701 des *Fondements de la medecine ancienne, nouvelle ou reformée*, au motif qu'il s'agissait d'un « ouvrage inutile qui ne contient rien de nouveau que l'auteur n'ait pillé » (*ibid.*, fol. 27 v°).

Paris point de formation ni de carrière dignes de la consécration par l'imprimé.

Même la réitération subreptice et « commerciale » de contenus identiques n'est pas épargnée par la vigilance bibliographique de nos censeurs. Ainsi des *Reflexions sur l'agriculture* du fameux jardinier et agronome Louis Liger (1658-1717) sont-elles écartées en mars 1702, « parce que ce n'est qu'une repetition de ce que l'auteur a don[n]é dans son *Œconomie generale de la campagne* », publiée à Paris en 1700[1].

LA LEÇON DES APPROBATIONS

Que nous apprennent, de leur côté, les nombreuses approbations délivrées ? Dans la grande majorité des cas, il s'agit d'approbations simples, dites parfois « sans qualification » ou de formulations de type *nihil obstat*, avec simplement quelques variantes : « Je n'y ai rien trouvé de contraire à la foi ni aux bonnes mœurs », « Je n'y ai rien trouvé qui dût empêcher l'impression si Mgr le chancelier a agreable d'en accorder le privilege », etc. Mais il s'y ajoute parfois une appréciation se référant à l'utilité : « … l'ouvrage peut être (trés) utile », « … pourra être utile au public », ou « … paroît de quelque utilité et digne d'être imprimé », « … l'impression m'a paru devoir être utile au public » – le censeur peut même aller jusqu'à écrire : « Ce livre est tres excellent & le public en recevra une tres grande utilité », en l'occurrence à propos de *Coutumes generales des pays et duché de Berry*[2]… La « dignité » est un autre mot-clé récurrent (ainsi dans la formule « Rien ne peut être plus digne d'être don[n]é au public[3] »). Pour certains ouvrages religieux, le censeur a pu également souligner, en faisant usage de diverses formules, le caractère édifiant de l'ouvrage : « Il n'y a rien dans ces meditations […] qui n'aille à edification », est-il écrit à propos de *Pensées chretiennes en forme*

1 *Ibid.*, n° 692.

2 *Ibid.*, fol. 15 v°, 31 août 1700. Une formule analogue accueille les *Questions et maximes de droit* dues à un avocat du parlement de Provence resté anonyme : « Ce livre est excellent et il y a lieu d'esp[erer] q[ue] le pub[lic] en tirera de l'utilité, et qu'il sera d'un gr[an]d usage d[an]s les parlem[ents] du droit écrit » (*ibid.*, fol 20, 18 janvier 1701).

3 *Ibid.*, fol. 20, 13 octobre 1700.

de meditations pour tous les jours..., composées et présentées par l'abbé Jean-Baptiste Morvan de Bellegarde (1648-1734)[1] ; « elles m'ont paru pouvoir contribuer à l'edification des fideles » lit-on en face d'*Heures latines et françoises*[2]... ; « ce livre ne peut être qu'utile, édifiant & merite l'imp[ressi]on », conclut de son côté le censeur de *L'Abstinence de la viande rendue aisée*[3]...

En cas d'éloge plus développé, ce sont sans surprise la netteté, l'exactitude, l'ordre, le soin, la clarté et la solidité qui émergent, séparément ou non. « L'auteur en a don[n]é une idée nette et exacte [et] je n'y ai rien tr[ouvé] de cont[raire] [...] aux droits du Roi », est-il dit par exemple d'un *Traité de la Chambre des comptes* anonyme, présenté en 1701[4]. *L'Appareil commode, en faveur des jeunes chirurgiens*, dû à Charles-Gabriel Le Clerc, médecin du Roi, est accueilli quant à lui par un éloge de son caractère particulièrement clair et ordonné : « Cet auteur connu par d'au[tr]es ouvr[ages] a pris soin dans celui-ci d'expliquer nettem[en]t et d'arranger avec b[eau]c[ou]p d'ordre toute la mat[iere] des bandages et des appareils, qui d[an]s la pluspart des autres liv[res] ne se trouve que confuse et embrouillée[5]. » Le traité *Des droits et prerogatives des princes du sang & de la succession à la Couronne*, dû à l'historiographe Pihan, est loué de son côté comme une « compilation faite avec beaucoup de soin et d'exact[itude], [qui] ne peut qu'être utile & agr[eable] au public[6] ».

Mais la solidité, pour nos critiques/censeurs, apparaît comme la pierre de touche des « bons livres ». Sur un sujet épineux, le *Traité de l'infaillibilité de l'Eglise* du théologien Léonor-Antoine Langevin est ainsi particulièrement apprécié : « C'est un ouvrage solide dont l'auteur est un d[octeu]r de la fac[ulté] de Paris, bon th[eolog]ien[7]. » Il en va

1 *Ibid.*, fol. 22, 24 décembre 1700. On en connaît au moins une édition publiée en 1715 à Paris par Jean Barbou sous le titre *Pensées edifiantes et chretiennes pour tous les jours du mois*.

2 *Ibid.*, fol. 21 v°, 2 février 1701.

3 *Ibid.*, fol. 10 v°, 18 février 1700. L'ouvrage, dû à Barthélemy Linand, sera publié à Paris chez le libraire Pierre Bienfait à la date de 1700.

4 *Ibid.*, fol. 23 v°, 26 juillet 1701. L'ouvrage, dû à Jean Leufroy, sera publié à Paris chez le libraire Jean Morel à la date de 1702. Sur l'importance du critère d'exactitude, voir aussi J. Le Brun, « Censure préventive... », p. 218-220.

5 *Ibid.*, fol. 10, 17 février 1700. L'ouvrage sera publié la même année à Paris chez Jean-Baptiste Delespine.

6 *Ibid.*, fol. 18, 20 novembre 1700.

7 *Ibid.*, fol. 5, 4 mai 1700. L'ouvrage sera publié à Paris chez Louis Roulland en 1701, sous le titre *L'Infaillibilité de l'Eglise dans tous les articles de sa doctrine, touchant la foi et les mœurs*,

pareillement, sur un autre thème délicat, avec une *Instruction pour les nouveaux réunis tirée de l'Ecriture, des conciles, des SS. PP. & autres auteurs avoués par les protestans*, composée par « un curé de Clairac au dioc[ese] d'Agen », dont la doctrine est réputée « saine, solide et tres propre à persua[der] les protest[ants] de retourner à l'unique veritable Eglise[1] ». De même, dans un autre registre, *La Vie de saint François de Sales* dont l'auteur, le chanoine d'Uzès Jacques Marsollier (1647-1724), est qualifié de « parfait historiographe », qui procure « une foule [...] de faits [...] fort solid[emen]t établis [...] à son ouvrage[2] ».

Les qualités d'écriture, en revanche, ne font apparemment l'objet d'éloges que pour des auteurs déjà consacrés voire décédés. Examinant une nouvelle édition des *Amours de Psyché et de Cupidon* de Jean de La Fontaine en 1701, le censeur – Fontenelle – constate y avoir « tr[ouvé] l'agrement commun à t[ou]s les ouvr[ages] de cet inimit[able] auteur & une parfaite retenue par ra[p]ort aux mœurs[3] ». Du côté des auteurs vivants, la même année, l'examinateur des *Conversations chrétiennes* du père Nicolas Malebranche (1638-1715) souligne le « genie sublime » et « la haute reputation de l'auteur[4] », dont les écrits sont au demeurant approuvés systématiquement avec éloge par le censeur Joseph Saurin[5]. Quant au père Gabriel Daniel (1649-1728), jésuite, son *Traitté theologique touchant l'efficacité de la grace*, est salué en 1706 comme « precis, *bien ecrit*, exact pour la doctrine[6] ». Mais de telles appréciations sur la forme sont rares. Dans la plupart des cas, l'attention portée aux qualités d'écriture ne va pas jusqu'à se traduire par des éloges explicites.

Au total, la censure royale redéployée par Pontchartrain et Bignon à partir de 1699 a certes joué le rôle exclusif, dissuasif et anticipateur que l'on attendait de cette réforme ambitieuse, face aux formes jusque-là concurrentes de censure. Mais contrairement à ce que l'on serait en

---

pour servir de réponse au livre de M. Masius... intitulé Défense de la religion luthérienne contre les docteurs de l'Eglise romaine.

1 *Ibid.*, fol. 22 v°, 15 janvier 1701.

2 *Ibid.*, fol. 5 v°, 21 novembre 1699.

3 *Ibid.*, fol. 23, 23 janvier 1701.

4 *Ibid.*, fol. 33 v°, 5 septembre 1701.

5 Par exemple sa *Recherche de la verité* (BnF, ms. fr. 21942, n° 29, 16 avril 1711).

6 BnF, ms. fr. 21940, 17 juin 1706. Nous soulignons. Il s'agit ici du tome II du *Traité theologique touchant l'efficacité de la grâce, où l'on examine ce qui est de foy sur ce sujet et ce qui n'en est pas...*, Paris, Nicolas Le Clerc, 1705-1706, 2 vol.

droit d'attendre après avoir lu *Le Règne de la critique*, le contenu même de la censure, en cette période la plus absolutiste de l'Ancien Régime, ne s'inscrit pas dans la dialectique de la critique et du pouvoir absolu telle qu'identifiée par Koselleck. On a plutôt le sentiment que la censure préalable, en même temps qu'elle se trouvait unifiée et centralisée de façon indiscutable, intégrait et même systématisait l'idéal exigeant de partage critique du savoir qui était celui de Bayle et de la République des lettres, mais aussi celui de l'abbé Bignon et de ses plus proches collaborateurs, au premier rang desquels Fontenelle. Académiciens, rédacteurs du *Journal des sçavans*, piliers des institutions culturelles parisiennes, les nouveaux censeurs formaient une docte communauté qui tendait à réaliser, sous les auspices de la monarchie absolue, les objectifs d'une République des lettres libre et sans frontières. En s'attirant les applaudissements de cette République, Paris se posait en point focal pour l'accomplissement de ses idéaux et exigences critiques, tout en affirmant la légitimité de la royauté française à encadrer la vie culturelle. Et ceci rejoint tout à fait le constat de Raymond Birn, pour qui « l'exactitude, la raison et la validité empirique » pesaient au moins « aussi lourd, dans les décisions critiques des censeurs royaux, que la tradition et l'autorité[1] ».

Rigoureuse, on l'a vu, la censure de la fin du règne de Louis XIV n'est pas une agence de répression absolutiste ni un frein systématique à l'innovation. La rigueur de ses jugements est rarement mise au service de la pure raison d'État ou du conservatisme autoritaire. Cette rigueur semble au contraire réservée à tout ce qui peut faire obstacle au progrès et à la circulation des connaissances solides et « utiles » : les satires et diffamations, assurément, mais surtout les superstitions, les inexactitudes, les faits non vérifiés, le surnaturel, la partialité, la crédulité, le manque de tenue de l'expression... La purge à cet égard n'épargne ni les lettres et sciences profanes, ni la littérature dévote et spirituelle. En cherchant ainsi à imposer à toute force une hausse du niveau de la production, la censure sacrifie d'ailleurs la prospérité de la librairie française – au moins dans les premières années, avant que l'abbé Bignon lui-même n'inaugure à Rouen en 1709 le système des *permissions tacites*[2] – à la

1 R. Birn, *La Censure royale...*, *op. cit.*, p. 63.

2 Voir notamment A. Berstein, article « permission tacite », *Dictionnaire encyclopédique du livre*, *op. cit.*, t. III, p. 193-195, et J.-D. Mellot, *L'Édition rouennaise et ses marchés...*, *op. cit.*, p. 596-602.

satisfaction des élites lettrées et au bénéfice du lustre de la monarchie. On pourrait finalement résumer la « ligne » de cette censure en disant qu'elle fonctionne pour l'essentiel comme une déclinaison souveraine de l'activité critique promue par la République des lettres. Le règne de la Raison, sinon celui de la Critique, n'est pas loin. Et l'éminente position censoriale de Fontenelle témoigne, s'il en était encore besoin, que, dans la genèse des Lumières, il ne faudrait certes pas oublier, aussi paradoxal que cela puisse paraître de prime abord, le travail pionnier et assidu des censeurs de la monarchie absolue. Et ainsi rejoindre *in fine*, par des voies quelque peu inattendues, Koselleck lui-même qui concluait, invoquant Alexis de Tocqueville : les Lumières « sont nées dans l'absolutisme, d'abord comme sa logique immanente[1] ».

Jean-Dominique MELLOT
Bibliothèque nationale de France
École pratique des Hautes Études

1 Cité par R. Koselleck, *Le Règne de la critique*, *op. cit.*, p. 13.

ANNEXE
Censeurs royaux les plus sollicités (novembre 1699-décembre 1711)

1. Pierre-François BIGRES (16..-1715)
   215 occurrences, fév. 1703-déc. 1711
2. Bernard Le Bovier de FONTENELLE (1657-1757)
   184 occurrences, nov. 1699-déc. 1711
3. Gilles-Bernard RAGUET (1668-1748)
   163 occurrences, juillet 1703-déc. 1711
4. Jean-Marie de La Marque de TILLADET (1650-1715)
   125 occurrences, janv. 1701-déc. 1711
5. Julien POUCHARD (1656-1705)
   84 occurrences, août 1701-nov. 1705
6. Étienne RASSICOD (1646-1718)
   74 occurrences, mars 1702-juin 1711
7. Antoine DANCHET (1671-1748)
   71 occurrences, mars 1705-oct. 1711
8. Pierre BERTHE (16..-17..), bibliothécaire de Sorbonne
   68 occurrences, 1699-1711
9. Philippe ANQUETIL (16..-17..), docteur de Sorbonne
   67 occurrences, 1699-1711
10. Jean-Antoine PASTEL (1670-1724)
    66 occurrences, juin 1704-oct. 1711
11. Edme PIROT (1631-1713)
    62 occurrences, 1696-1711
12. Joseph SAURIN (1659-1737)
    52 occurrences, avril 1703-sept. 1711
13. Nicolas ANDRY de Boisregard (1658-1742)
    51 occurrences, mars 1702-déc. 1711
14. Jacques PINSSON(N)AT (1653 ?-1723)
    48 occurrences, juin 1705-déc. 1711

15. Claude de PRÉCELLES (16..-17..), docteur de Sorbonne
    45 occurrences, 1698-1711
16. De RÉGERY (16..-17..), docteur en théologie
    44 occurrences, déc. 1705-déc. 1711
17. Pierre-Jean BURETTE (1665-1747)
    37 occurrences, mai 1705-déc. 1711
18. Pierre COURCIER (16..-17..), chanoine et théologal de Paris
    au moins 32 occurrences, 1696-nov. 1711
19. Eusèbe RENAUDOT (1646-1720)
    29 occurrences, août 1699-juillet 1711
20. Claude-Charles CAPON (16..-1746)
    29 occurrences, avril 1706-oct. 1711
21. Charles LE ROUGE (16..-17..), syndic de Sorbonne
    25 occurrences, janv. 1702-1706
22. Joseph-Jean-Baptiste QUINOT (16..-17..), syndic de Sorbonne
    25 occurrences, juin 1706-oct. 1711

APPROBATION DES CENSEURS ET POLITIQUE DÉVOTE PAR LE LIVRE (XVIIe SIÈCLE)

Au XVIIe siècle, l'approbation trouve sa justification dans l'examen préalable des livres religieux par des docteurs ; elle consiste en une appréciation, tantôt lapidaire, tantôt circonstanciée et élogieuse, portée sur l'ouvrage dans lequel elle est insérée. Voilà donc un objet qui conjoint d'emblée idée (et parfois pratique) de censure et discours sur les livres. Mais la première dimension a presque totalement recouvert la seconde dans l'historiographie, au point que ces petits textes – de quelques lignes à une page – n'ont guère été étudiés pour eux-mêmes jusqu'ici[1]. Ils sont considérés d'ordinaire comme des sous-produits de l'activité censoriale, comme la simple traduction d'un mécanisme institutionnel – et non comme des écrits.

Or si l'on déplace le regard de l'institution de censure vers les livres, on s'aperçoit que l'approbation n'est pas la simple traduction d'une autorisation, mais une pièce qui compose avec tous les éléments du livre qu'elle commente, et ceci avec une grande liberté. Au-delà des apparences, les approbations ne sont pas des textes figés en formules immuables, mais des écrits d'une grande diversité de ton et de composition – un jeu infini de variations autour de l'expression de la conformité – et ceci d'autant plus qu'un même livre pouvait recevoir de très nombreuses approbations. Elles mériteraient bien d'être classées parmi les péritextes, si cette notion inventée pour faire voir et analyser des objets de ce type ne produisait pas leur cantonnement a priori – par le geste de séparer

1 Sur le système de la censure sous l'Ancien Régime, les travaux fondamentaux restent la thèse d'H.-J. Martin, *Livres, pouvoir et société à Paris au XVIIe siècle* (1969), 3e éd., Genève, Droz, 1999, et les contributions de B. Barbiche, « Le régime de l'édition », d'H.-J. Martin « La direction des lettres » et de D. Roche, « La censure », « la police du livre » dans les tomes I et II de R. Chartier, H.-J. Martin (dir.), *Histoire de l'Édition française*, Paris, Fayard/Cercle de la Librairie, 2e éd., 1989.

texte et péritexte, et de constituer le second en périphérie au service du premier[1]. Or les approbations, on va le voir, bousculent cette césure. Elles peuvent être le foyer d'opérations qui ont leur logique propre mais qui pour cela ne s'en appuient pas moins et n'en retentissent pas moins sur le livre dans toutes ses composantes.

En effet, observée dans les ouvrages imprimés, l'approbation des docteurs n'apparaît pas tant comme un instrument de contrôle ou de normalisation des discours que comme un dispositif propice à tout un ensemble d'actions menées avec des livres. Il en découle, pour l'historien, des possibilités d'investigations qui s'écartent de différentes traditions d'études de la censure. Le phénomène observé n'est bien sûr pas sans rapport avec des mécanismes institutionnels, et livre beaucoup d'informations sur les différents acteurs impliqués dans la censure. Alors que, s'agissant des XVIIe et XVIIIe siècles, la censure royale a focalisé toute l'attention des chercheurs, l'approbation invite à considérer à nouveaux frais le rôle de l'Université et des docteurs de Sorbonne, et à s'intéresser aussi aux procédures censoriales mises en œuvre par la plupart des ordres religieux. Néanmoins regarder les approbations dans les livres rend difficile de concevoir ce qui serait une action générale de la censure découlant d'un mécanisme institutionnel. On a bien plus affaire à des interventions diversifiées dans leurs enjeux et qui reconfigurent à chaque fois le geste de censurer. De ce fait aussi, on s'écarte de travaux qui visent à saisir par l'étude de la censure une mentalité, une conception des rapports à l'écrit partagée par pouvoirs, auteurs et lecteurs[2].

Le constat de l'intense discursivité des approbations pourrait conduire à les requalifier du côté de la critique littéraire ; ce serait retrouver la démarche qui a inspiré plusieurs travaux sur la censure au siècle des Lumières[3]. Jacques Lebrun, dans un article fondamental centré sur le livre de religion, a ainsi désigné la direction de la librairie au début du XVIIIe siècle, où un petit ensemble de censeurs travaillait sous l'égide de l'abbé Bignon, comme l'un des lieux de fabrication des mutations de la

---

1 N. Schapira, « Le monde dans le livre, le livre dans le monde : au-delà du paratexte. Sur le privilège de librairie dans la France du XVIIe siècle », *Histoire et civilisation du livre. Revue internationale*, VI, 2010, p. 79-96.

2 B. de Negroni, *Lectures interdites. Le travail des censeurs au XVIIIe siècle 1723-1774*, Paris, Albin Michel, 1995.

3 J. Le Brun, « Censure préventive et littérature religieuse en France au début du XVIIIe siècle », *Revue d'histoire de l'église de France*, 1975, p. 201-225 ; R. Birn, *La Censure royale des livres dans la France des Lumières*, Paris, Odile Jacob, 2007.

littérature au temps de la « crise de la conscience européenne », les censeurs jouant moins le rôle de rigides gardiens du dogme que d'hommes de lettres ou de savants soucieux d'éclairer le public en bannissant les ouvrages jugés dépassés – notamment ceux qui relevaient de la spiritualité populaire – et propres à encourager la crédulité des lecteurs. Face à une telle analyse fondée sur des documents non publiés – les registres de censure – et l'analyse d'interdictions, l'usage que l'historien peut faire des approbations du XVIIe siècle, publiées dans des livres qu'elles louangeaient, et émanant d'approbateurs très variés, est assez différente. À les considérer comme le lieu où se négocient les rapports entre monde des auteurs et autorités doctrinales, on ignore leur nature d'objet imprimé. Car avec les approbations, l'institution censoriale se trouve happée par l'univers des livres, et de là découlent des possibilités d'action qui ne relèvent à proprement parler ni de la critique littéraire ni de la censure ; mais qui ont à voir avec ce qu'il était possible de faire avec les livres[1].

Aussi cet article vise-t-il, à partir d'analyses localisées, à effectuer un premier repérage du type d'usage qui pouvait être fait des approbations au XVIIe siècle, et à faire apparaître ainsi leur virulence spécifique, et les lieux privilégiés où celle-ci s'exerçait. On proposera ensuite des hypothèses sur les transformations que ces opérations, réitérées de livres en livres, produisent sur les institutions au nom desquelles elles sont menées – institution de la censure et corps de l'Église.

UNE MULTIPLICITÉ D'APPROBATEURS

Prolongeant son magistère médiéval, la faculté de théologie s'est saisie à la Renaissance de la censure des livres imprimés concernant la religion, et le pouvoir royal a reconnu son autorité en la matière en lui confiant le soin d'examiner les ouvrages « concernant la saincte écriture », pour reprendre la formule d'un édit d'Henri II de 1547, avant leur publication[2].

1 Dinah Ribard, Nicolas Schapira, « Histoire du livre, histoire par le livre », *Revue de Synthèse*, tome 128, n° 1-2 2007, p. 19-25.

2 Cité dans J. M. de Bujanda (dir.), *Index de l'Université de Paris, 1544, 1545, 1547, 1549, 1551, 1556*, Genève, Droz, 1985, p. 72 ; voir aussi F. M. Higman, *Censorship and the Sorbonne :*

Dans la première moitié du XVIIe siècle, chaque ouvrage faisait l'objet d'un examen par deux docteurs de la faculté de théologie de Paris[1]. En pratique, il arrivait fréquemment que l'auteur sollicite lui-même des docteurs mais ceux-ci devaient faire agréer l'approbation par l'assemblée des docteurs – on trouve même parfois mention dans les livres de cette procédure[2]. Il y avait là matière à conflit : quand des docteurs délivraient une approbation sans solliciter l'accord de l'assemblée.

Les ordres religieux disposaient de leurs propres procédures d'autorisation pour les auteurs de leur obédience. Certains d'entre eux avaient obtenu du pouvoir royal un privilège général qui dispensait leurs auteurs du contrôle royal sur les ouvrages *via* les privilèges de librairie. Par exemple, en vertu d'un privilège royal, aucun livre jésuite ne pouvait être publié sans autorisation du Général, à qui la tâche d'examiner l'ouvrage se trouvait ainsi déléguée. Les auteurs jésuites n'en étaient pas pour cela dispensés de demander une attestation aux docteurs de Sorbonne.

Au-delà de ces mécanismes institutionnels, rien n'interdisait à un ecclésiastique de donner une approbation, qu'il soit prêtre, évêque, moine ou membre d'une congrégation. Si bien que nombre d'ouvrages se trouvaient lestés, outre de l'approbation officielle de deux docteurs de Sorbonne, de bien d'autres approbations. Un livre célèbre, *La Fréquente communion* d'Arnauld (1643), comporte ainsi une quarantaine d'approbations par des docteurs ou des évêques[3]. Autre exemple, la quatrième édition de l'*Exposition de la doctrine catholique* s'ouvre sur un « Avertissement au lecteur » d'une soixantaine de pages qui est un récit centré sur les approbations reçues par le livre[4]. Bossuet entend réfuter des controversistes

---

A bibliographical Study of Books in French Censured by the Faculty of Theology of the University of Paris, 1520-1551, Genève, Droz, 1979.

1 J. M. Gres-Gayer, *Jansénisme en Sorbonne 1643-1656*, Paris, Klincksieck, 1996, p. 12-13.

2 *Histoire de la fondation de l'ordre Nostre Dame de la Mercy pour la redemption des captifs... par le RPF Jean Latomy*, Paris, Sébastien Huré, 1618. Au-devant du livre se trouvent des approbations émanant de l'ordre Notre Dame de la Mercy, puis une autre signée de deux docteurs de Sorbonne, et une dernière, intitulée « Autre approbation », et ainsi libellée : « Je soussigné docteur en theologie de la mesme faculté, certifie les dessus nommez Docteurs avoir esté nommez & chargez par ladite faculté pour lire, examiner & approuver le livre ci-dessus mentionné. Fait ce 22 sept 1618. I. Filesac »

3 *De la fréquente communion, ou les sentiments des peres, des papes et des Conciles touchant l'usage des sacremens de Pénitence et d'Eucharistie, sont fidelement exposez...* par M. A. Arnauld, Paris, Antoine Vitré, 1643.

4 *Exposition de la doctrine de l'Eglise catholique sur les matieres de controverse, par Messire Jacques Bénigne Bossuet... avec un avertissement sur cette nouvelle édition*, Paris, S. Marbre-Cramoisy, 1680.

protestants arguant que son livre ne pourrait jamais être approuvé par l'Église catholique en raison de la proximité de la doctrine qui y est exposée avec celle des réformés ; à la suite de l'« Avertissement » il produit au long de cinquante nouvelles pages les approbations commentées dans la section précédente de son livre. Ces textes constituaient donc des objets massivement présents dans l'espace de l'imprimé, et parfois rendus très visibles.

À vrai dire dans nombre d'ouvrages l'approbation était très courte, sans éloge, et se réduisait à une formule plus ou moins standardisée. Voici par exemple celle qui a été délivrée à Jean-Pierre Camus pour l'un de ses nombreux ouvrages de spiritualité :

> Approbation des docteurs / Nous soubsignez Docteurs en la faculté de théologie de Paris, certifions avoir veu & leu un livre intitulé, *Homélies spirituelles sur le cantique des cantiques. Par Messire IEAN PIERRE CAMUS, evesque & seigneur de Belley* : où nous n'avons trouvé aucune chose qui soit contraire à la foy & Religion Catholique, Apostolique & Romaine, ny aux bonnes mœurs. Faict ce 19. d'Octobre 1619. / F.P. Le Franc Profess en Theol. Fr M. Doles Doct & Lect en Theol[1].

La grande diversité d'usages observés ne saurait cependant être réduite à une dichotomie entre des approbations nombreuses et éloquentes, et d'autres strictement formelles. Ainsi le même Jean-Pierre Camus a-t-il reçu l'année suivante, pour son *Agatonphile ou les martyrs siciliens*, une approbation presque semblable à celle qui a été reproduite ci-dessus, à ceci près que la mention « ny aux bonnes mœurs » a disparu, mais que les nouveaux approbateurs ont ajouté qu'ils avaient trouvé le livre « utile à embrasser l'Amour sainct et divin[2] ».

Il ne serait pas inutile de cerner, dans les ouvrages du XVIe siècle, les premiers usages des approbations dans les livres, en remontant en deçà de

1 *Homélies spirituelles sur le cantique des cantiques Preschees à Paris en l'Eglise de la Congrégation de l'Oratoire, par Jean Pierre Camus Evesque & Seigneur de Belley*, Paris, Claude Chappelet, 1620.

2 *Agatonphile ou les martyrs siciliens… Par Messire Jean-Pierre Camus evêque de Belley*, C. Chappelet, 1620, « approbation des docteurs » : « Nous soubsignez Docteurs en la Faculté de Théologie en l'Université de Paris, certifions avoir veu & leu le Livre intitulé, *Agatonphile… [titre au long]* par Messire Iean Pierre Camus, Evesque & Seigneur de Belley, Conseiller du Roy en ses Conseils d'Estat & Privé. Auquel livre n'avons rien trouvé contraire à la Foy Catholique Apostolique & Romaine, ains l'avons trouvé utile à embrasser l'Amour sainct & divin. Faict à Paris ce quinzième Decembre 1620. Le Creux. A Soto »

la période de la Ligue, qui a incontestablement constitué un temps fort dans leur instrumentalisation politique[1]. Peut-être des habitudes décisives pour l'avenir se sont-elles prises à ce moment-là ; dès l'orée du XVIIe siècle, mais non sans lien avec la politique dévote, on trouve des approbations éloquentes[2]. Les tentatives de mainmises de la chancellerie sur la censure des livres religieux à partir de 1624 et le conflit avec la Sorbonne qui en a résulté n'ont pas diminué l'intérêt des auteurs pour ces petits textes[3]. Sur le long terme, la censure royale a rendu secondaire celle de la Faculté : les chanceliers ont de plus en plus ouvertement nommé des docteurs chargés d'examiner les livres de religion préalablement à la délivrance d'un privilège de librairie. Cette évolution aurait pu conduire à une sorte de résorption de l'approbation dans le privilège, dévitalisant la première. Mais il n'en a rien été, bien au contraire. Tout d'abord l'établissement de censeurs royaux n'empêchait pas la Faculté de délivrer ses propres approbations. En outre, l'expansion de la censure royale a été jalonnée de conflits qui ont sans doute contribué à attirer le regard des auteurs sur les possibilités offertes par le dispositif de l'approbation. Au-delà de 1629 et du code Michau qui, par son article 52, confère au chancelier le pouvoir de nommer deux docteurs pour examiner les livres de religion, le conflit latent entre pouvoir royal et Sorbonne sur ce sujet s'est ravivé durant la Fronde et les années qui ont suivi dans le contexte des affrontements polémiques autour de Port-Royal, autour du cardinal de Retz et de l'effort du pouvoir pour le chasser de son siège d'archevêque de Paris, et autour de la « Fronde des curés » – lesquels ont fait un usage massif des approbations dans leurs luttes[4]. Enfin, au tout début du XVIIIe siècle, un

1 D. Pallier, *Recherches sur l'imprimerie à Paris pendant la Ligue (1585-1594)*, Genève, Droz, 1976, p. 67-73. Les travaux sur la censure ecclésiastique ou l'Université au XVIe siècle font peu de place aux approbations. Voir Fr. Higman, *Censorship and the Sorbonne*, *op. cit.* ; J. K. Farge, *Le Parti conservateur au XVIe siècle. Université et Parlement de Paris à l'époque de la Renaissance et de la Réforme*, Paris, Collège de France, 1992.

2 Par exemple *Le Chemin de perfection composé par la mere Terese de Jesus… nouvellement traduicte d'Espagnol en Françoys Par IDBP & LPCDB…*, Paris, Guillaume de la Noue, 1601. Dans l'approbation les traités sont déclarés « plein de piété, & de doctrine haute & sublime, plus divine qu'humaine, & neantmoins deduits avec un stile bas & simple, & avec tant d'énergie qu'un chacun non seulement y pourra trouver le vray chemin de perfection, mais aussi (s'il ne met empeschement à la grace de Dieu) se sentira fort aydé & porté à l'ambrasser… »

3 H.-J. Martin, *Livre, pouvoir et société à Paris au XVIIe siècle*, (1969), Genève, Droz, 1999, tome I, p. 441-444.

4 Sur l'affaire de 1624, voir *ibid.*, p. 440-444. Sur les rapports entre polémique sur la censure et polémique janséniste, voir Y.Noro, « L'institution travaillée par l'obéissance : deux

différend opposant le chancelier Pontchartrain au cardinal de Noailles et à Bossuet à propos du droit de censure des évêques a de nouveau porté sur la place publique la question des approbations[1].

En deuxième lieu la rédaction d'une approbation, comme on l'a vu, n'était pas strictement indexée sur une procédure censoriale : n'importe quel clerc pouvait prétendre délivrer une approbation imprimée, et il faut bien constater que ce droit a été largement utilisé tout au long du siècle. Enfin, à partir des années 1620, les privilèges de librairie, rédigés à la grande chancellerie de France par des secrétaires du roi souvent proches d'auteurs ou de libraires, ont commencé à être intensément mobilisés pour tenir discours sur l'auteur et son œuvre, et ce phénomène a lui aussi attiré l'attention sur l'usage possible des approbations[2]. Dans les ouvrages de religion, il y avait donc deux lieux spécifiquement dévolus à la manifestation d'une autorité où se tenaient des discours sur le livre.

FABRIQUER DE LA LÉGITIMITÉ À UN AUTEUR OU À UN ÉCRIT

Telle est bien sûr la vocation de l'approbation, qui fournit la caution d'une autorité. La présence d'un appareil nombreux ou soigné de tels textes dans un livre peut signaler, paradoxalement, que son auteur ou son sujet ne forment pas consensus au sein de l'Église ; qu'il y a matière à polémique. Mais semblable déploiement renvoie toujours aux enjeux précis d'une action de publication, et aux possibilités de légitimation offertes par les approbations au sein de dispositifs à l'échelle du livre.

---

censeurs et leurs adversaires entre Sorbonne et chancellerie royale (1650) », à paraître dans le livre collectif du Grihl, *Écriture et action* ; sur l'usage des approbations lors de la Fronde des curés et dans les années 1660, voir D. Ribard, « La doctrine des curés de Paris au XVIIe siècle », à paraître dans Ph. Büttgen, Th. Kaufmann, U. J. Schneider, H. J. Selderhuis (dir.), *Sacra doctrina. Lehre, Konfession und Gesellschaft – Doctrine, confession et société, 1500-1800*, Wiesbaden, Harrassowitz (Wolfenbütteler Beiträge) ; du même auteur, voir aussi « Radicales séparations. Ermitages et guerres de plume en France à la fin du XVIIe siècle », *Archives de sciences sociales des religions*, 2010/2, n° 150, p. 117-133.

1 J. D. Woodbridge, « Censure royale et censure épiscopale : le conflit de 1702 », *Dix-Huitième siècle*, VIII, 1976, p. 333-355.

2 N. Schapira, *Un Professionnel des lettres au XVIIe siècle. Valentin Conrart : une histoire sociale*, Seyssel, Champ Vallon, 2003, p. 122-151.

Prenons un exemple. *L'Année benedictine ou les vies de saints de l'ordre de Saint Benoist Pour tous les jours de l'année*, paru chez Louis Billaine en 1667 est un recueil de Vies de saints bénédictins dû à une religieuse de cet ordre. La publication d'un livre par une moniale – et plus encore l'exposition de son nom qui pouvait en résulter – n'allait pas de soi, et la question est affrontée par l'auteure dans l'épître dédicatoire et l'avant-propos, où elle présente son travail comme le fruit de l'obéissance (entre autres à la supérieure de son couvent, dédicataire de l'ouvrage, et qui lui aurait commandé de le rédiger). Dans ces deux pièces, l'auctorialité de la religieuse est fortement mise en scène, et l'anonymat est un élément clé de cette figure de religieuse modeste qui n'aurait pas souhaité faire un livre à partir d'un travail entrepris pour son édification personnelle. Mais l'anonymat affiché en page de titre, conservé dans les deux pièces liminaires, est levé dans l'approbation, qui indique que l'ouvrage a été « composé par la Mere Jacqueline Bouette de Blemur, Religieuse Benedictine de l'Abbaye de la Sainte Trinité de Caën ». Le nom de l'auteur d'un livre était en principe mentionné dans l'approbation, même s'il y a quelques cas où de tels certificats étaient donnés à des ouvrages anonymes. L'apparition du nom de la religieuse semble dès lors commandée par le lieu où il prend place, et ne peut donc être considéré comme relevant de la vanité mondaine. L'approbation participe donc du cisèlement d'une figure d'auteur soumise à des contraintes spécifiques.

Le flou qui entourait la catégorie « livres de religion » permettait de conférer de l'autorité à des ouvrages très divers en les lestant d'approbations. Ainsi l'*Histoire de Barbarie et de ses corsaires divisee en six livres. Ou il est traisté de leur Gouvernement, de leurs Mœurs, de leur cruautez, de leurs Brigandages, de leurs Sortileges, & de plusieurs autres particularitez remarquables ensemble des grandes miseres & des cruels tourments qu'endurent les Chrestiens Captifs parmy ces Infideles* paraît-elle en 1636 flanquée de deux approbations : celle du supérieur de l'ordre auquel appartient l'auteur, Pierre Dan, « Ministre & Superieur du Convent de la Sainte Trinité & Redemption des Captifs, fondé au Chasteau de Fontainebleau », et aussi une approbation de docteurs de Sorbonne. L'ouvrage est dédié au roi, et acquiert, par cet appareil d'approbations, une dimension de geste officiel de l'ordre tout entier à destination du monarque, à un moment où les Trinitaires, suspects de sympathie pour les Espagnols, et à nouveau en butte à la concurrence à la fois des Trinitaires réformés et de leur rival traditionnel pour le rachat des captifs, l'Ordre de Notre-Dame de la Merci, devaient manifester leur proximité à la politique royale[1].

Semblables certificats pouvaient aussi donner une autorité théologique à des auteurs d'ouvrage de morale qui n'étaient pas des clercs. Ainsi François de Grenaille, domestique de plume de Gaston d'Orléans, auteur d'une petite dizaine d'ouvrages de morale à destination d'un public mondain entre 1639 et 1643, fait-il autoriser presque tous ces livres par des approbations, parfois dithyrambiques[2]. La même mobilisation se retrouve dans les derniers ouvrages d'un poète mystique, Claude Hopil. Fortement mises en valeur dans l'espace du livre, les approbations prennent la place des poèmes d'éloge des poètes amis qui entouraient l'auteur dans ses premiers recueils. Elles participent de la construction d'une figure d'auteur caractérisée par une « autorité faible », comme l'a montré Sophie Duru dans un article récent. Le nom d'auteur sans qualité, « Claude Hopil parisien », renvoie ici à l'anéantissement de l'état civil dans l'union avec Dieu. Mais ce nom se trouve bordé par d'autres : une famille de parlementaires à qui sont dédicacés tous les ouvrages, un éditeur spécialisé dans la spiritualité, des docteurs qui attestent de la conformité de l'œuvre, voire la louangent[3].

RASSEMBLER

Le dispositif de l'approbation – rassemblement d'autorités autour d'un livre – découpe des collectifs dans l'ensemble mouvant des institutions qui constituent l'Église. Elle met en visibilité des corps, ou produit des associations inédites d'individus ou de communautés. Elle est un instrument d'intervention dans des rivalités institutionnelles au

1 E. Le Fur, « La renaissance d'un apostolat. L'Ordre de la Trinité et la rédemption des captifs dans les années 1630 », *Cahiers de la Méditerranée*, 66/2003, p. 201-214. P. Deslandres, *L'Ordre des trinitaires pour le rachat des captifs*, Toulouse, Privat/Paris, Plon, 1903, vol. 1, p. 225-251.

2 Sur Grenaille, voir la « présentation » d'A. Vizier en ouverture de l'édition critique qu'il a procurée de *L'Honnête fille où dans le premier livre il est traité de l'esprit des filles*, Paris, Champion, 2003, p. 7-13.

3 S. Duru, « L'équivoque mystique chez Claude Hopil. Être autorisé sans faire autorité (de 1603 à 1633) », *Revue d'Histoire Littéraire de la France*, 2013/1, p. 14-44.

sein du clergé mais participe aussi, paradoxalement, de la fortification des appartenances au temps de la relativisation des dogmes, selon une évolution décrite par Michel de Certeau[1].

La *Perfection séraphique*, publication posthume d'un recueil de traités inédits du père Joseph en 1646 offre par exemple le spectacle d'un rassemblement de l'ordre des Capucins autour de l'un de leurs plus éminents confrères[2]. L'ouvrage s'ouvre sur une lettre du Général de l'ordre à celui qu'il désigne comme le maître d'œuvre de l'entreprise, le père Ange de Mortagne, ancien secrétaire du père Joseph[3]. La lettre accompagne l'expédition de la permission d'imprimer du général, accordée au vu de l'approbation donnée par deux « réviseurs » de l'Ordre. Le général loue l'entreprise, souhaite qu'elle ait le résultat annoncé par les réviseurs – la conversion des hérétiques – et demande à ce que l'ouvrage lui soit envoyé une fois paru. La lettre est suivie de sa permission, en latin, puis de l'approbation de trois docteurs de Sorbonne, suivie par trois autres émanant de capucins. La série se termine par la permission du provincial de la province de Touraine auquel le père Joseph appartenait. Le dispositif opère ici comme un renchaînement de tous les maillons de l'ordre, devenu plus fort et plus solidaire dans sa communion autour de l'œuvre du père Joseph.

La série d'approbations vient du reste conforter le discours tenu dans les autres péritextes. L'auteur anonyme de l'« advis au lecteur » raconte qu'on l'a fortement sollicité de rechercher les écrits inédits du père Joseph, mais qu'il n'a trouvé que des fragments qui lui paraissent cependant mériter d'être édités. L'épître dédicatoire, signée des pères capucins de la province de Touraine, est adressée à René de Voyer d'Argenson, « Intendant General des Provinces, & Isles d'entre Loire et Garonne ». Il y est dit que cet ouvrage, inachevé, fragmentaire (et néanmoins admirable) a particulièrement besoin de la protection de Voyer d'Argenson

1 M. de Certeau, « L'inversion du pensable. L'histoire religieuse du XVIIe siècle » dans *L'Écriture de l'histoire*, Paris, Gallimard, 1975, p. 131-135.

2 *La Perfection seraphique. Fragmens d'une explication mystique sur la regle du seraphique P. S. François. Ou est traité des trois vies, Purgative, Illuminative, & Unitive. Traité des trois veux de religion Par le R. P. Joseph de Paris, Predicateur Capucin Provincial pour la seconde fois en la Province de Touraine, Commissaire Apostolique des Missions étrangères, & de Poictou, Fondateur des Religieuses Benedictines de la Congrégation de N. dame sur le Calvaire…*, Paris, Veuve J. Bureau, 1646.

3 B. Pierre, *Le Père Joseph. L'éminence grise de Richelieu*, Paris, Perrin, 2007, p. 291-292.

– à la fois homme d'État, dévot et mystique[1]. Or c'est là également le thème de deux des trois approbations émanant de capucins. Joseph de Morlais, provincial de la province de Bretagne, déclare ainsi :

> Ce témoignage ne permet pas la longueur de plusieurs rapports assez naïfs de l'Autheur avec ce Legislateur [Moïse], quoy que tres-faciles à faire. Celuy-cy me semble neantmoins necessaire : Que comme Moyse n'acheva pas le dessein qu'il avoit de conduire son peuple à la terre promise, pour ce qu'il mourut lors qu'il estoit prest d'y entrer, l'Autheur de ces traités n'a pas mis la derniere main à son ouvrage, qu'il faut que le Lecteur ne reçoive qu'à demy [...]. Toutesfois il y en a assez dans les cahiers que i'ay veu, pour faire cognoistre la profondeur de sa doctrine toute Orthodoxe, la sublimité de sa contemplation, la longueur de ses travaux continuels, & la largeur de son amour & zele pour son Ordre, pour la perfection des ames, pour l'étendüe des bornes du royaume de Iesus Christ nostre Seigneur. C'est pourquoy ie pense qu'on doit publier ces écrits, quand ce ne seroit que pour ne priver pas les Aigles du Liban de la moüelle du Cedre[2].

Un « témoignage » : l'approbation est ici non un acte qui prend sens par rapport à une autorité, mais un engagement qui participe de la manifestation des vérités chrétiennes. On est donc au plus loin d'une rhétorique du jugement extérieur sur l'œuvre. Un autre approbateur justifie plus précisément encore le geste qui a présidé à la naissance du recueil :

> mais comme dans la personne de l'Autheur il y avoit quelque chose d'extraordinaire, & qui surpassoit le commun, aussi estime-je que tous ces ouvrages meritent du respect, & que toutes les pieces en doivent estre recueillies avec grand soin, de peur qu'elles en soient perduës, & que les bonne ames ne soient privées du fruict qu'elles en pourroient tirer[3] [...]

Dans les deux textes, l'attestation est indissociable d'un témoignage sur la personne de l'auteur. La question de l'orthodoxie est recouverte par l'affirmation de la concordance entre des écrits et l'œuvre admirable d'une vie. Un tel mouvement n'est pas un cas isolé. Ainsi l'un des approbateurs de la biographie de Madame Acarie, devenue carmélite sous le nom de Marie de l'Incarnation

1 M. de Certeau, « Politique et mystique : René d'Argenson (1596-1651) », dans *Le Lieu de l'autre. Histoire religieuse et mystique*, Paris, Gallimard/Le Seuil, 2005, p. 265-300.

2 « Approbation des théologiens de l'ordre », dans *La Perfection seraphique...*, *op. cit.*, n. p.

3 *Ibid.*

> certifie de n'y avoir rien trouvé que conforme à la croyance de l'Eglise Catholique Apostolique & Romaine : & en outre atteste qu'en plusieurs parties de l'Histoire, i'ay esté tesmoin oculaire de ce qui y est rapporté. Jugeant le tout digne d'estre imprimé & mis en lumiere pour l'edification de l'eglise, & pour exciter les ames fideles à loüer & benir le nom de Dieu[1].

La personnalité de l'approbateur fait irruption sur la scène du livre, sans que soient pourtant éclaircies les circonstances par lesquelles il a été témoin de ce qui y est raconté. Un tel investissement de l'espace conventionnel de l'approbation par un témoignage donne une grande force à l'histoire de Marie de l'Incarnation, comme si le rayonnement de l'entreprise carmélite avait d'emblée lié à elle des personnages qui occupaient dans l'Église des positions très diverses[2]. En outre, se trouve réalisé ici dans le même élan le double mouvement réciproque d'autorisation qui court, comme l'a montré Jacques Lebrun, entre la vie et la Vie : « le biographe autorise la sainteté du héros, et la sainteté définie ou présumée du héros autorise le travail du biographe[3]. »

L'appareil péritextuel de la Vie et des écrits d'une contemporaine de Madame Acarie, sœur Catherine de Jésus, autre mystique des débuts du Carmel français, réalise une mise en relation complexe de différentes institutions ou communautés dans et hors de l'Église. La première édition toulousaine de *La Vie de sœur Catherine de Jésus* à Toulouse en 1625 ne comportait ni approbation ni privilège, tout comme sa réédition parisienne l'année suivante chez Fiacre Dehors[4]. L'édition de 1628, toujours chez Fiacre Dehors, est véritablement un nouveau livre, dans lequel les approbations jouent un rôle crucial[5]. Le contraste entre les

1 *La Vie admirable de sœur Marie de l'Incarnation : religieuse converse en l'ordre de Nostre-Dame du Mont-Carmel et fondatrice d'iceluy en France : apelée au monde la demoiselle Acarie... Par M. André Du Val Docteur en Theologie, l'un des Superieurs dudit Ordre en France*, cinquième édition reveue et augmentée, Paris, Adrien Taupinart, 1622. Approbation de T. Desmay, Docteur de Sorbonne & Doyen de nostre Dame d'Ecoüis, n. p.

2 Sur cet ouvrage qui met en représentation le Carmel français, voir S. Houdard, *Les Invasions mystiques. Spiritualités, hétérodoxies et censures au début de l'époque moderne*, Paris, Les Belles lettres, 2008, p. 101-105.

3 J. Le Brun, « La sainteté à l'époque classique et le problème de l'autorisation », dans J. Breyer et *alii*, *Confessional sanctity (c. 1500-c. 1800)*, p. 151.

4 *La Vie de sœur Catherine de Jesus...*, Toulouse, Jean Boude, 1625.

5 *La Vie de sœur Catherine de Jesus, religieuse de l'ordre de Nostre Dame du Mont-Carmel, estably en France, selon la Réformation de saincte Terese de Jesus. Decedee au Convent du mesme ordre, dit de la mere de Dieu, en la ville de Paris, le 19. Fevrier 1620. Avec un recueil de ses lettres & pieux escrits. Par le commandement de la Reyne Mere du Roy*, Paris, Fiacre Dehors, 1628.

deux premières éditions et la troisième fait mesurer combien la mise en évidence d'approbations dans l'espace du livre ne relève pas d'un souci réglementaire, mais bien du type d'opération réalisé avec celui-ci. L'ouvrage de 1628 débute par une épître de Bérulle, directeur de conscience de Catherine de Jésus, à Marie de Médicis, laquelle aurait exigé que le fondateur de l'Oratoire fasse réaliser cette Vie. Bérulle aurait alors à son tour pressé l'auteur anonyme – Madeleine de Saint-Joseph, première prieure du couvent des Carmélites à Paris, et grande figure de l'Ordre, dont le nom est officiellement dévoilé dans une édition ultérieure – de rédiger son œuvre. Deux évêques, deux docteurs de Sorbonne, un prédicateur de la reine mère et un chanoine approuvent le livre, en justifiant amplement le fait que deux religieuses, dans des contextes différents, aient ainsi pris la plume et que leurs œuvres soient sorties des murs du couvent.

Mais frappe surtout le tissage ainsi réalisé par les approbations : elles agrègent tout le corps de l'Église au Carmel ainsi qu'à la figure dévote de Marie de Médicis. En outre le privilège du roi est signé Senault. Il s'agit de Pierre Senault, secrétaire de Michel de Marillac, fils du greffier de la Ligue, et frère de l'oratorien qui est alors l'aumônier de Bérulle[1]. Il y a là comme une exposition glorieuse du parti dévot, réuni autour de Catherine de Jésus et de sa langue mystique – et néanmoins nette et claire. Cette langue est du reste adoptée par les approbateurs dans leurs certificats. L'un d'eux en particulier – il s'agit de Jean Daultruy, professeur de théologie – a livré une approbation spectaculaire par sa longueur et la rhétorique qui y est déployée ; il y évoque le Carmel français comme « ce Paradis de Nard, de Cypre & de Grenade de l'espoux », où l'Esprit de Dieu « prend plaisir d'y faire ses plus agreables demeures[2] ». On savait de longue date que l'introduction du Carmel en France avait cristallisé les énergies dévotes après la Ligue[3], mais avec ce livre quelque chose de plus apparaît : le souci de représenter cet effort dans l'espace de

1 R. Descimon, « Marillac et ses hommes : reconstruire l'activisme catholique après la Ligue » *Les Dossiers du Grihl*, *La Vie de Michel de Marillac et les expériences politiques du garde des sceaux*, mis en ligne le 11 juillet 2012, consulté le 28 février 2014. URL : http://dossiersgrihl.revues.org/5431 ; DOI : 10.4000/dossiersgrihl.5431.

2 *La Vie de sœur Catherine de Jésus…*, *op. cit.*, approbation de Monsieur Daultruy, Docteur de Sorbonne & Professeur de theologie, n. p.

3 J.-D. Mellot, *Histoire du Carmel de Pontoise, I. 1605-1792*, Paris, Desclée de Brouwer, 1994 ; S. Houdard, *Les Invasions mystiques…*, *op. cit.*, p. 100-106 et 174-175.

l'imprimé, non sans lien peut-être avec la nouvelle conjoncture politique de la fin des années 1620. Le livre de religion, parce qu'il doit comporter des approbations, offre ici la possibilité de représenter ensemble une série de noms propres – auteurs, dédicataires, approbateurs mêlés – sans que ce rassemblement ne puisse être dénoncé comme manifeste politique.

FAIRE ÉVÉNEMENT

L'approbation peut aussi servir à faire du livre un événement inscrit dans d'autres. Par exemple le privilège de la *Vie de sœur Catherine de Jésus* est dit avoir été « donné au camp devant La Rochelle, le 7. Jour d'Aoust 1628 ». Bien d'autres actes royaux ont été ainsi datés du siège de La Rochelle, devenu l'épicentre de l'action royale en 1627-1628. Néanmoins le rappel discret de cet événement dans un livre à la gloire de la catholicité n'est sans doute pas anodin. Privilèges et approbation introduisent dans le livre une factualité spécifique qui tient au processus de leur fabrication, lequel peut faire signe vers d'autres événements qui se trouvent alors intégrés à l'événement constitué par la parution du livre.

Édité à Paris en 1629, les *Elans amoureux et saints entretiens d'une ame devote, tirez des cantiques*, une paraphrase des cantiques sous la forme de versets d'abord destinée à des religieuses, est un cas très parlant à cet égard[1]. Son auteur, Philippe d'Angoumois, est un capucin très introduit dans les milieux dévots parisiens – et l'un des fondateurs de la compagnie du Saint-Sacrement. Il a publié plusieurs ouvrages tournés vers l'édification d'un public mondain, d'abord à Lyon, puis à Paris, en plaçant son œuvre sous la protection du cardinal de La Rochefoucauld, dont il est un familier, de Gaston d'Orléans et de Marie de Médicis[2].

1 *Elans amoureux et saints entretiens d'une ame devote, tirez des cantiques. Tres-utiles à une ame qui desire aimer parfaitement Dieu & s'unir à luy. Dédié aux reynes. Par F. Philippe d'Angoumois Prestre Capucin. Avec un petit discours de la Mort du R P Ierome de Condrieu Gardien des Capucins de Valence & Approbateur de ce livre, arrivée ces jours passez aupres de Privas par les Huguenots*, Paris, Veuve Buon, 1629.

2 J. Mauzaize, *Le Rôle et l'action des capucins de la province de Paris dans la France religieuse du XVIIe siècle*, Atelier de Reproduction des Thèses, Université de Lille III, 1978, III, p. 1355-1362 ; J.-Fr. Dubost, *Marie de Médicis. La reine dévoilée*, Paris, Payot, p. 713-717 ; N. Oddo,

Le livre, dont l'épître dédicatoire « aux reines » comporte un éloge de Louis XIII pour sa lutte contre l'hérésie, contient la permission du général des Capucins, ainsi que deux approbations, l'une signée de trois docteurs de Sorbonne, l'autre de trois capucins. Puis vient un « Avis à ceux qui liront ce livre touchant la mort bien-heureuse du RP Ierome de Condrieu aprobateur dudit livre, & martirizé ces iours passez à Privas durant le siege », qui débute ainsi :

> Ie ne pensois pas, à la derniere feuille de l'impression de ce petit livre, le grossir de ce peu de lignes : mais la mort du RP Jerome de Condrieu, un des Peres Lecteurs en Theologie, qui l'a appreuvé il y a un an, par le commandement de nôtre tres RP General, tenant son chapitre à Lion, me contraint de parler à l'avantage de ce bien-heureux père[1].

Le siège de Privas, du 14 au 28 mai 1629 fut un événement crucial dans la réduction à l'obéissance du Midi protestant après la prise de La Rochelle. Ayant refusé d'ouvrir ses portes au roi, la ville une fois vaincue fut livrée au pillage et ses habitants massacrés par les soldats ou pendus sur ordre – une violence d'autant plus impressionnante qu'elle pouvait être rapportée à la volonté du roi lui-même, présent lors du siège.

Mais la violence évoquée par Philippe d'Angoumois est tout autre : il raconte la vie et le martyre de ce capucin qui avait été son élève à Lyon, avant d'entrer au couvent de Valence, non loin de Privas où il s'est trouvé pris au piège au moment du siège – il a été assassiné par les habitants de la ville. Sur le martyre de Jérome de Condrieu, Philippe d'Angoumois allègue deux témoignages : une lettre du cardinal de Richelieu, présent lors du siège, à la reine mère, dans laquelle il relate l'épisode comme un exemple de la cruauté des protestants, et une lettre d'Ange de Mortagne, le capucin secrétaire du père Joseph, aux capucins de Lyon, qui porte la parole d'un témoin de l'Ordre qui se trouvait lui aussi à Privas. Dernière pièce du dossier : le privilège de librairie, signé également Senault et imprimé en entier sur deux pages, a été « donné à Valence le 18 jour d'Avril 1629 », soit moins de trois semaines après la fin du siège.

Le récit de Philippe d'Angoumois agrège les *Elans amoureux* à l'événement du siège de Privas. L'édification des fidèles, la réforme de

---

« 'Pensez que je parle à des esprits profanes' : Philippe d'Angoumois et la dévotion pour mondains », *Littératures classiques*, n° 79, 2012/3, p. 33-52.

1 *Elans amoureux*..., *op. cit.*, n. p.

l'Église, la conversion des hérétiques – les trois objectifs principaux de l'œuvre – se trouvent rechargés en signification par l'intrusion dans la vie du livre d'un événement qui met dramatiquement en lumière l'actualité du propos de son auteur – une intrusion très organisée comme on l'a vu. En outre, le livre se trouve profondément justifié par le fait que l'un de ses approbateurs se révèle un héros de la foi, dont le martyre se trouve garanti par de hauts personnages – Richelieu et le père Joseph – à l'autorité construite à la fois dans l'Église et dans le Monde. Notons enfin que le dispositif de l'ouvrage rassemble la presque totalité des figures du pouvoir de ce moment-là, témoignant de la capacité de l'auteur à organiser leur coprésence harmonieuse. Utiliser les ressorts spécifiques du livre pour produire cette capacité n'était pas dénué d'enjeu dans la conjoncture de 1629, et a peut-être compté dans l'emploi ultérieur de Philippe d'Angoumois, fidèle de Marie de Médicis mobilisé par la cour pour une mission de bons offices auprès de la reine-mère après la journée des Dupes[1].

APPROBATION, AUTORITÉ ET PENSÉE DU LIVRE

Il ne nous semble pas possible d'assigner cet usage sociopolitique des approbations à certains corps ou courants au sein de l'Église plutôt qu'à d'autres – d'autant que le dernier cas a mis en évidence la variété des types d'usage auxquels ils pouvaient se prêter. On pourrait penser que les Jésuites, dont les relations avec la Sorbonne (cœur du système des approbations) étaient délicates comme on sait, ont moins utilisé cet instrument que d'autres communautés, mais dans les années 1620, plusieurs ténors parmi les auteurs jésuites demandent et obtiennent des approbations de docteurs de la Faculté. Il serait sans doute fructueux de cartographier cet usage de l'approbation pour l'ensemble du XVIIe siècle : on verrait alors apparaître, autant que des institutions, des conjonctures, parmi lesquelles figurerait en bonne place – comme le suggèrent la plupart des cas examinés ici – la politique dévote des années 1620, laquelle se révèle par là-même dans sa dimension d'action de recomposition de différents secteurs de l'Église. L'action par l'approbation utilise l'autorité

1 B. Pierre, *Le Père Joseph…*, *op. cit.*, p. 292.

de la faculté de théologie, mais aussi le fait que cette institution, du fait de son fonctionnement collégial, est vulnérable à une dissémination de son autorité qui se trouve appropriée par différents corps.

Si l'on se situe maintenant à un niveau plus général que les opérations localisées, on constate qu'il y a un grand écart entre ce que l'approbation est censée vérifier (la « doctrine », les « bonnes mœurs ») et des éloges qui portent largement sur la langue et le style, à l'exemple de Daultruy évoquant les lettres de Catherine de Jésus :

> [...] l'on ne peut parler des mouvemens sacrez de l'esprit de dieu, des voyes occultes & inscrutables, qu'il decouvre aux ames d'eslite, des Mysterieux entretiens de l'Espoux & de l'Espouse du Cantique des cantiques plus Catholiquement, plus eminemment, & avec un stile plus net, plus intelligible & plus convenable à la dignité du sujet que fait ce petit miracle de grace[1] [...]

Cette présence du style ou des modèles de l'éloquence est parfois très poussée, par exemple sous la plume du « tres-reverend pere François Suarez, Docteur en theologie, & prédicateur de la Reyne » à propos d'un ouvrage de Grenaille paru en 1640, *L'Honneste fille première partie, dédiée à Mademoiselle :*

> Vn Ciceron chrestien, un Seneque françois, & un Grenade en nostre langue, n'ont point besoin de censure puisqu'ils sont dignes de toute admiration. On trouve ici l'éloquence du premier, l'efficace du second, & la piete du troisiesme, qui sont les trois qualitez requises pour persuader les honnestes filles à la perseverance de la vertu, & convier les autres à l'acquérir. L'éloquence delecte, l'efficace incite, & la piété édifie. I'ay ressenti ces effets en lisant ce livre, & ie remets les Censeurs envieux à la lecture de cet ouvrage, afin que leur propre suffrage demeure pour ma defense, & que leur jugement se conforme à mon advis. Les filles qui n'auront pas toujours le bonheur de regarder les belles actions de Mademoiselle qui est l'exemplaire de toute sorte de rares qualitez dont le Ciel & la Nature l'ont ornée, trouveront icy le moyen de les pratiquer, comme faict sans cesse cette incomparable Princesse. Les courtisans y apprendront à joindre parfaictement l'honnesteté avec la devotion & les Dames le modele pour maintenir leurs filles en une retenue modeste, & en une bienseance chretienne. On ne pouvoit moins esperer d'un genie si fecond, d'un stile si elegant, & d'un Autheur si pieux, qui nous promet beaucoup davantage à l'advenir. Faict à Paris ce 5 novembre 1639 / Frere François Suarez[2].

1 *La Vie de sœur Catherine de Jésus…*, *op. cit.*, approbation de Monsieur Daultruy, Docteur de Sorbonne & Professeur de theologie, n. p.

2 *L'Honneste fille premiere partie dediee a mademoiselle…par le sieur de Grenaille*, Paris, Jean Paslé, 1640, approbation, n. p.

Cette approbation peut bien être qualifiée de critique littéraire, mais avec tout ce que suppose cet exercice au XVIIe siècle, et notamment l'éloge du grand personnage protecteur de l'œuvre – en l'occurrence Mademoiselle, fille de Gaston d'Orléans – dont la place ordinaire est l'épître dédicatoire.

Comment comprendre ce qui se joue ici ? L'approbation est bien en son principe l'application de l'autorité doctrinale sur un livre. Mais c'est en réalité l'inverse qui se passe : la doctrine se trouve saisie par la pensée que l'on applique à cet objet singulier qu'est le livre : une pensée de l'efficacité sur un lectorat. On comprend alors que c'est de cette efficacité que traitent en réalité massivement les approbateurs. L'approbation se situe ainsi à la croisée des deux types d'autorité qui existent dans l'Église, tels que les a définis Yves Congar : l'autorité doctrinale, qui renvoie à une pratique savante au sein d'institutions savantes, et l'autorité pastorale, qui tient à la mission des clercs vis-à-vis du peuple des fidèles[1]. Mieux elle opère la conversion permanente de la première en la seconde. Travailler sur les approbations est donc une autre manière de considérer le rôle du livre dans la transformation de l'autorité au sein de l'Église.

Cette conversion ne se voit pas mieux que dans la position de l'approbateur, qui est loin d'être seulement un garant de la conformité et de l'excellence morale ou dogmatique de l'ouvrage pour lequel il s'engage. Bien des approbateurs, à l'exemple de Suarez, se déclarent touchés par le livre qu'ils ont eu à approuver ; ils se trouvent transformés en lecteurs atteints par les effets du texte – certains évoquent même leur « plaisir » de lecture[2]. Dans le cas des ouvrages qui comportent de nombreuses approbations, celles-ci figurent une première communauté

1 Y. Congar, « Pour une histoire sémantique du terme "Magisterium" » et « Bref historique des formes du "magistère" et de ses relations avec les docteurs », *Revue des Sciences Philosophiques et Théologiques*, 60, 1976, p. 85-97 et 99-112 ; Ph. Büttgen, « Yves Congar et la sémantique du magistère », *BUCEMA*, n° 7, 2013 2013, mis en ligne le 23 avril 2013, consulté le 06 mars 2014. URL : http://cem.revues.org/12870 ; DOI : 10.4000/cem.12870.

2 « Nous avons lu avec grande application & beaucoup de plaisir, les Opuscules Poëtiques de Monsieur l'Abbé d'Heauville », approbation de François évêque d'Amiens pour *Les Œuvres spirituelles en vers françois de M. l'abbé d'Heauville. Où sont contenuës les Devoirs du Chrestien, & l'Histoire des Misteres de Nostre-Seigneur Jesus-Christ, & de la Sainte Vierge, en forme de Cantiques, pour le temps de l'Avent. Et Tres-utiles aux Enfants pour leur apprendre facilement tous les principes de la Doctrine Chrestienne. Dediees à Monseigneur le Dauphin*, Paris, Helie Josset, 1684, n. p.

de lecteurs, qui a eu accès au texte plus tôt mais qui n'est pas dans une position bien différente des autres lecteurs, puisque la délivrance du certificat repose sur le fait que des docteurs ont été touchés par le texte. D'autres prédisent que le livre rencontrera le succès, qu'il sera *approuvé* par le public, ce qui revient à faire dépendre leur propre jugement de celui des lecteurs ordinaires[1].

Mais il y a plus : dans de nombreux cas, le discours, la langue, le style, l'écriture reprennent celui de l'ouvrage ; les approbations tendent à adopter la langue du livre qu'elles évoquent. De ce fait, elles réalisent une démultiplication de l'énonciation du livre, elles transforment le censeur en écrivain agi par le livre. On retrouve ici l'approbation comme témoignage au sens fort : l'engagement de l'auteur se reflète dans celui de ses premiers lecteurs qui se trouvent attirés à leur tour sur le chemin de l'écriture par la force de ce qu'ils lisent. Si l'approbation révèle le livre comme instrument privilégié de l'action ecclésiastique au Grand Siècle, elle est aussi un ferment actif de la pénétration de la doctrine par une pensée du livre : une pensée de la virulence spécifique du livre à la croisée d'institutions, de Grands et du lectorat ; une pénétration qui s'explique aussi par le fait qu'épîtres, préfaces, et avis au lecteur sont peuplées de multiples figures d'approbateurs, autorités politiques ou spirituelles, pairs, figures de lecteurs. Voilà qui incite à ne pas considérer l'activité de la critique sous l'Ancien Régime indépendamment des contextes d'action qui lui donnent sens.

Nicolas SCHAPIRA
Université Paris-Est Marne-la-Vallée
ACP – EA 3350

1 « Nous ne doutons pas qu'un si excellent Ouvrage, où la Poésie parle si purement le langage des Saints, ne trouve l'approbation qu'il mérite, & que la Charité qui en a fourny les plus riches idées, n'échauffe le cœur de ceux qui auront la piété de le lire avec application », approbation de Gaulde et R. Le Cornier pour *L'Imitation de Jesus-Christ Traduite & Paraphrasée en Vers François. Par P. Corneille*, Paris, Robert Ballard, Louis Billaine, 1665 (1re édition 1656).

CRITIQUE ET RÉPUBLIQUE DES LETTRES

Critique et censure dans le *Dictionnaire* de Bayle

« République des lettres » renvoie au terme latin « Respublica literaria » qui remonte au début du XVe siècle et qui pourrait être rendu en français par « bien commun littéraire européen[1] ». Il s'agit de l'ensemble des textes classiques que les humanistes italiens ont retrouvés, édités et commentés. Ce bien commun littéraire qui, à partir de l'Italie, se répand partout en Europe, fait des lecteurs de toutes les nations les « citoyens » d'une république transcendant les frontières nationales ou les différences religieuses. Le syntagme « République des lettres », bien vivant du XVIIe au XVIIIe siècle, disparaît presque entièrement par la suite, pour revenir à nouveau au centre de l'attention des historiens des idées dans la deuxième moitié du XXe siècle.

L'idée de lettres (*litterae*) qui réunit ces hommes est très vaste et recouvre tous les domaines de la culture : la philosophie, la littérature, la poésie, l'histoire ou les sciences. Ce patrimoine de culture qui rapproche des hommes de différentes nations et de diverses confessions religieuses a permis de distinguer dans la culture européenne une République des lettres transnationale, sous-jacente aux États et aux Églises, dont les représentants emblématiques pourraient être, du XIVe au XVIIIe siècle, Pétrarque et Érasme, Montaigne et Bayle, Leibniz et Voltaire. Dans ce cadre culturel et politique, les guerres et les conflits religieux produisent des effets inattendus. Ils font naître l'idée de tolérance, d'universalisme religieux ou de christianisme raisonnable au cœur des débats de la

1 Voir M. Fumaroli, « Préface », dans *Les Premiers Siècles de la République européenne des lettres*, dir. M. Fumaroli, Paris, Alain Baudry, 2005, p. IX-XVIII, en particulier p. X. Sur le sujet de la République des lettres, voir H. Bots et F. Waquet, *La République des lettres*, Paris, Belin, 1997 ; H. Bots et F. Waquet (éd.), Commercium litterarium *: la communication dans la République des lettres, 1600-1750*, Amsterdam/Maarssen, APA/Holland University Press, 1994.

République des lettres européenne qui, à la fin du XVIIe siècle, compte des interlocuteurs tels que John Locke et Leibniz, Francesco Turrettini et Jean Barbeyrac, Pierre Bayle et Jean Le Clerc. Ainsi cette République des lettres est d'une certaine façon la cité de Dieu qui se transforme en celle des hommes.

Bayle est le protagoniste de la construction d'une République des lettres idéale qui trouvera ses bases juridiques au siècle des Lumières, il participe à la diffusion de cette notion en publiant les *Nouvelles de la République des lettres*, périodique littéraire mensuel rédigé de mars 1684 à février 1687 et dont le titre justement renvoie à cette république internationale. Cette vocation cosmopolite émerge aussi de sa correspondance riche de plus de 1600 lettres écrites entre 1662 et 1706[1]. L'évolution de ses correspondants nous montre les changements qui incitent l'enfant du Carla à devenir « citoyen du monde[2] ». Le réseau de ses correspondants s'élargit progressivement de sa famille aux érudits, aux philosophes et aux hommes de science de l'Europe entière ; ainsi la correspondance de Bayle est le volet personnel et privé d'une République des lettres qu'il était en train d'édifier par son activité d'écrivain, de journaliste ou de polémiste.

Dans une lettre de jeunesse envoyée de Genève en 1671 par Pierre (qui avait alors 24 ans) à son frère Jacob, on trouve l'expression « histoire de la république des muses » qui montre, *in nuce*, cet idéal culturel que

---

1 Sur la correspondance de Bayle voir É. Labrousse, *Inventaire critique de la correspondance de Pierre Bayle*, Paris, Vrin, 1960 ; *Lettres de M. Bayle, publiées sur les originaux avec des remarques par M. Desmaizeaux*, Amsterdam, Aux dépens de la compagnie, 1729, 3 vol. ; *Lettres de Bayle avec des remarques par M. Des Maizeaux membre de la Société Royale*, dans P. Bayle, *Œuvres Diverses*, La Haye, P. Husson, 1727-1731, vol. IV, 1731, p. 521-884. Voir la nouvelle édition de la correspondance de Bayle, *Correspondance de Pierre Bayle*, publiée et annotée par É. Labrousse, A. McKenna *et alii*, Oxford, Voltaire Foundation, 1999 (dont ont paru 12 volumes), désormais cité *Correspondance de Bayle*, suivi du numéro du volume et de la page. Déjà Paul Dibon avait montré le rôle déterminant de la communication épistolaire dans la République des lettres. Voir P. Dibon, « Communication épistolaire et mouvement des idées au XVIIe siècle », dans G. Canziani et G. Paganini (éd.), *Le Edizioni dei testi filosofici e scientifici del '500 e '600. Problemi di metodo e prospettive di ricerca*, Milano, Franco Angeli, 1986, p. 80-81 : « Le terme de communication [...] se révèle au XVIIe siècle comme l'un des mots-clés du vocabulaire de la République des lettres [...]. Communiquer, se communiquer, dans le sens de s'ouvrir à autrui, devenu si rare aujourd'hui, c'est participer activement à la vie de la République des lettres. Promouvoir la communication, tel est le premier devoir du citoyen de cette république ».

2 Sur Bayle « citoyen du monde », voir *Pierre Bayle, citoyen du monde. De l'enfant du Carla à l'auteur du Dictionnaire*, actes du colloque du Carla-Bayle (13-15 septembre 1996) réunis par H. Bost et Ph. de Robert, Paris, Champion, 1999.

notre auteur développera dans la décennie suivante. Dans cette lettre, Bayle parle des livres qu'il a lus, dont les *Epistolae* de Gabriel Naudé publiées à Genève en 1667, et il narre les vicissitudes de cet érudit, d'abord bibliothécaire de Mazarin puis de Christine de Suède. Il souligne le rôle de trait d'union culturel que Naudé exerça dans l'Europe de son temps, dont témoignent ses lettres : « Comme il [Naudé] avoit connaissance et commerce avec tous les savants de l'Europe on p[e]ut dire que ses lettres sont comme l'histoire de la république des muses[1] ». Treize ans séparent cette première formulation d'une « histoire de la république des muses » de la rédaction des *Nouvelles de la République des lettres*, qui a « le dessein de faire savoir au Public, par une espèce de Journal, ce qui se passe de curieux dans la République des lettres[2] » et de satisfaire la curiosité de différents lecteurs[3] ; ce qui montre la continuité d'une hypothèse et son évolution.

L'idée de République des lettres est donc au cœur de la pensée de Bayle et elle renvoie à l'exercice de la critique, littéraire ou philosophique. Mais si ces deux termes se recoupent chez Bayle, comment le concept de critique se relie-t-il à celui de censure et comment la critique elle-même est-elle l'objet de censure ? Le *Dictionnaire historique et critique* de Pierre Bayle nous aide à parcourir cette trajectoire intellectuelle ; en effet ce *Dictionnaire*, axé sur l'idée de critique, devient aussi l'objet de la censure portée contre son auteur par le consistoire de l'Église Wallonne de Rotterdam.

Le sens étymologique du terme *censure* au XVIIe siècle nous autorise à relier la signification des deux mots *critique* et *censure*. Au Grand Siècle, censurer signifie aussi critiquer, blâmer et l'on retrouve chez Bayle cette acception dans des syntagmes tels « censurer un auteur » ou « censurer

1 *Correspondance de Bayle*, I, p. 72. Et voir la continuation de ce passage : « en effet on y voit tous les desseins des bonnes plumes, les differens qui les brouilloient ensemble, et les livres qu'ils composoient, et comme il gardoit copie de ce qu'il écrivoit à ses amis, on peut juger dés là que ses épitres sont aussi élaborées que s'il les eut données au public ».

2 P. Bayle, *Nouvelles de la République des lettres*, mars 1684, « Préface », dans P. Bayle, *Œuvres diverses*, *op. cit.*, vol. I, 1727, p. 1.

3 Voir P. Bayle, *Nouvelles de la République des lettres*, mars 1684, « Préface », p. 3 : « On avertit seulement en particulier, que pour complaire à deux sortes de Lecteurs de different goût, dont les uns se plaignent que le Journal leur donne trop en abregé l'idée d'un Livre, & les autres au contraire, qu'il ne leur parle pas d'un assez grand nombre d'Ouvrages à chaque fois, l'on a résolu de diviser chacune de ces Relations en deux parties. La premiere sera pour ceux qui veulent qu'on leur rende raison d'un Livre un peu amplement, & la seconde pour ceux qui ne demandent qu'une idée superficielle de beaucoup de Livres ».

les anciens ». Ce même sens du mot *censure* apparaît ainsi dans une lettre de Jean Le Clerc à Bayle du 8 juin 1684 :

> Du reste c'est à vous de juger si l'on a raison ou non, et si l'on critique mal à propos vos *Nouvelles*, il est aisé de laisser parler les censeurs. Ce qui sera de bon sens plaira toujours aux gens de bon goût, quoi qu'en puissent dire les critiques et nous sommes dans un siecle assez éclairé pour espérer que le degoût de ces Messieurs ne servira pas de regle à la pluspart des lecteurs[1].

Et censure est toujours synonyme de critique dans une lettre de Bayle à Jean Le Clerc du même mois de juin 1684 : « J'avouë que la plus part des choses qu'on a censurées sont elles-mêmes dignes de censure[2] [...] ».

Mais le sens du mot *censure* change avec le nouveau siècle et dans l'*Encyclopédie* la signification de ce mot est différente. La censure est associée à une action d'interdiction ou d'expurgation faite par l'autorité politique ou religieuse et est ordinairement ecclésiastique. On peut lire au tome second (Paris, 1751) les entrées dédiées à « censeur *des livres* », « censure », « censures ecclésiastiques » ou « censure *de livres ou de propositions* » :

> CENSEUR *des livres* (*Littérature*) nom que l'on donne aux gens de lettres chargés du soin d'examiner les livres qui s'impriment. Ce nom est emprunté des *censeurs* de l'ancienne Rome, dont une des fonctions étoit de réformer la police et les mœurs[3].
>
> CENSURE (*Droit canonique*) se prend ordinairement pour un jugement, par lequel on condamne quelque livre, quelque personne ; & plus particulièrement pour une réprimende faite par un supérieur, ou une personne en autorité[4].
>
> CENSURES ECCLÉSIASTIQUES, sont des menaces publiques que l'Église fait, d'infliger des peines qu'on a encourues, pour avoir désobéi à ses ordres, ou plutôt encore ces peines ou ces punitions elles-mêmes. Le Droit canonique en reconnoît de trois sortes, qui sont l'excommunication, la suspense, & l'interdit[5].
>
> CENSURE *de livres ou de propositions*, c'est une note ou une qualification, qu'on donne à tout ce qui blesse la vérité, soit dans un livre, soit dans une proposition [...] la note d'*hérésie* est la plus infamante de toutes[6] [...].

1 *Correspondance de Bayle*, IV, p. 162.
2 *Correspondance de Bayle*, IV, p. 184.
3 *Encyclopédie ou Dictionnaire raisonné des sciences, des arts et des métiers*, Paris, 1751-1772 (désormais abrégé *Encyclopédie*), t. II, Paris, 1751, p. 818a.
4 *Ibid.*, p. 819b.
5 *Ibid.*
6 *Ibid.*

Et au tome quatrième (Paris, 1754) à l'entrée « critique, censure » on distingue entre l'ordre littéraire et celui théologique et la critique se relie au premier, le censure au deuxième :

> CRITIQUE, CENSURE (*Synonymes*) *Critique* s'applique aux ouvrages littéraires ; *censure* aux ouvrages théologiques, ou aux propositions de doctrine, ou aux mœurs. Voyez CENSURE[1].

Chez Bayle, par contre, censurer un auteur équivaut à critiquer un auteur, même si le mot *censure* prend aussi le sens de censure ecclésiastique ou de censure inquisitoriale. On peut à ce propos renvoyer à l'article « Baius (Michel) », remarque (G)[2] du *Dictionnaire* qui parle de la censure ecclésiastique ou à l'article « Anglus (Thomas) », remarque (E) où il est question des interdictions de la congrégation de l'Index et des « censeurs des diverses académies[3] ».

De toute façon, l'idée de critique est au centre de l'approche de Bayle qui l'exerce dans tous ses textes, des *Nouvelles de la République des lettres* au *Dictionnaire historique et critique* qui devait initialement se nommer *Dictionnaire critique.*

L'exercice de la critique, propre du penchant sceptique et cosmopolite de Bayle, se réalise donc dans la République des lettres. Dans cette république qui n'accorde aucun privilège à une nation ou à une religion particulière, sont critiqués toutes les erreurs et tous les préjugés au nom de la raison et de la vérité. Bayle réaffirme cette idée à l'article « Catius », remarque (D) de son *Dictionnaire historique et critique* :

> Cette République est un État extrêmement libre. On n'y reconnoît que l'empire de Vérité et de la Raison, et sous leurs auspices on fait la guerre innocemment à qui que ce soit. Les amis s'y doivent tenir à garde contre leurs amis, les pères contre leurs enfants, les beaux-pères contre leurs genres : c'est comme au siècle de fer [...]. Chacun y est tout ensemble souverain, et justiciable de chacun. Les lois de la Société n'ont pas fait de préjudice à l'indépendance de

1 *Encyclopédie*, t. IV, Paris, 1754, p. 490a.

2 P. Bayle, *Dictionnaire historique et critique*, cinquième édition, Amsterdam, P. Brunel *et alii*, 1740 (désormais abrégé *DHC*), « Baius (Michel) », remarque (G) : « Nous avons remarqué ailleurs [dans la remarque (E) de l'article"(Thomas) Anglus"] l'inconvénient des censures qui tombent sur un tas de propositions d'une manière si vague, que le *respective* qu'on met au bout n'apprend à rien distinguer. »

3 P. Bayle, *DHC*, « Anglus (Thomas) », remarque (E) : « Quelques-uns de ses ouvrages ont été flétris par la congrégation de l'Index et par les censeurs de diverses académies. »

> l'état de nature, par rapport à l'erreur et à l'ignorance : tous les particuliers ont à cet égard le droit de glaive, et le peuvent exercer sans en demander la permission à ceux qui gouvernent[1].

Dans cette république on peut donc se faire la guerre « innocemment » pour combattre les erreurs et chaque auteur a le droit de faire connaître « au public les fautes qui sont dans un livre » au nom « du parti de la Raison, et par le seul intérêt de la Vérité ».

Critique, raison, liberté, vérité : cette république de personnes libres et égales se bâtit donc grâce à une guerre intellectuelle et un conflit permanent axés sur l'idée de critique. Mais cet idéal de critique n'est pas simple à réaliser. Bayle souligne « combien la critique est un travail périlleux ; car si l'on ignore certains faits particuliers, toutes les autres connaissances n'empêchent pas qu'on ne juge mal des choses[2] ». Ce « travail périlleux » est toutefois nécessaire et son exercice est indispensable.

Bayle nous rappelle aussi comment la censure peut causer de funestes effets quand elle n'est pas bien ménagée[3] et il affirme également que les censeurs doivent se préparer à leur tour à être censurés et qu'« il ne faut point faire le Caton et le censeur, lorsqu'on est tout plein de défauts[4] ». Ou encore, dans le *Projet*, il souligne les caractères communs des censeurs et des apologistes « c'est-à-dire qu'ils ne voyent l'un et l'autre qu'une partie des manquemens de leur Adversaire, et qu'ils font des fautes chacun à son tour[5] [...] ».

Pour Bayle, l'idée de critique est par conséquent indissociable de celle de raison ; il y a donc une analogie méthodique entre la manière que le philosophe de Rotterdam a de concevoir la République des lettres et le programme scientifique qu'il élabore dans son *Dictionnaire historique et critique*. Le *Dictionnaire* avance le propos – qui émergeait déjà dans le *Projet d'un Dictionnaire critique*, publié à Rotterdam en 1692 – de composer un texte utile à tous les hommes des lettres européens. Dans son premier dessein, Bayle visait à mettre en lumière les erreurs cachées dans les

1 P. Bayle, *DHC*, « Catius », remarque (D).
2 P. Bayle, *DHC*, « Livinéius ou Livinéus (Jean) », remarque (A).
3 P. Bayle, *DHC*, « Hipponax », remarque (F).
4 P. Bayle, *DHC*, « Alcméon » remarque (B).
5 P. Bayle, *Projet d'un Dictionaire Critique*, dans *Projet et fragmens d'un Dictionaire Critique*, Rotterdam, Reinier Leers, 1692, paragraphe 3 (désormais abrégé *Projet*).

livres les plus connus et il se proposait de composer un dictionnaire qui « outre les omissions considérables des autres, contiendra un recueil des faussetez qui concernent chaque article ». Le *Projet* souhaitait donc « qu'il y eût au monde un dictionnaire critique auquel on pût avoir recours pour être assuré si ce que l'on trouve dans les autres dictionnaires, et dans toute sorte d'autres livres, est véritable ». Ce livre « serait la pierre de touche des autres livres » et l'on pourrait appeler « l'ouvrage en question, *la chambre des assurances de la république des lettres*[1] ».

Comme l'on sait, après l'accueil peu favorable reçu par son *Projet*, Bayle changea d'avis et, du *Projet* au *Dictionnaire*, il modifia sa conception. Le *Projet d'un dictionnaire critique* devait être un simple dictionnaire des erreurs, alors que Bayle composa un *Dictionnaire historique et critique* divisé en deux parties : « l'une est purement historique, un narré succinct des faits : l'autre est un grand commentaire, un mélange de preuves et de discussions » où on fait entrer « la censure de plusieurs fautes, et quelquefois même une tirade de réflexions philosophiques ; en un mot, assez de variété pour pouvoir croire que par un endroit ou par un autre chaque espèce de lecteur trouvera ce qui l'accommode[2] ».

Le thème de l'erreur, propre aux œuvres de critique, s'associe chez Bayle à celui de la faiblesse de la raison humaine. Il s'agit d'une idée qui émerge déjà dans une lettre du 28 décembre 1672 – il avait alors 25 ans – à Jacques Basnage :

> N'est-il pas vray Mr, – écrit-il – que les meilleurs livres sont ceux qui ont le moins de fautes, et qu'il ne faut pas pretendre[,] dans la foiblesse où est encore notre raison[,] d'en trouver qui n'en ayent point du tout[3].

Ce thème est repris dans un passage au deuxième paragraphe du *Projet* qui utilise la métaphore d'une « partie de chasse ». Bayle y parle de la quantité d'erreurs qui se cachent dans tous les écrits, même dans ceux des plus grands hommes ; à son avis la chasse aux erreurs non seulement pourrait « fournir de quoy dresser un bon volume », mais elle serait aussi assez simple. En effet,

> il n'y a point de Prince, quelque soin qu'il prenne de faire tendre des toiles, et d'ordonner tout ce qu'il faut pour une fameuse partie de chasse, qui puisse

1 P. Bayle, *Projet*, paragraphe 4.

2 P. Bayle, *DHC*, « Préface de la première édition », paragraphe 1.

3 *Correspondance de Bayle*, I, p. 152.

> être plus certain de la prise d'un tres-grand nombre de bêtes, qu'un Savant Critique qui va à la chasse des erreurs, doit être assûré qu'il en découvrira beaucoup[1].

La recherche des erreurs pourrait ainsi apporter matière à composer beaucoup de volumes très instructifs dénonçant les limites de la connaissance humaine. Chez Bayle, on le voit, l'attitude critique découle d'une conception pyrrhonienne ; toutefois ce pyrrhonisme, dans le *Projet* comme dans le *Dictionnaire*, devient plus prudent et moins radical par rapport aux textes précédents.

Même si Bayle restera toujours convaincu, comme il l'affirme à l'article « Esope », remarque (E) du *Dictionnaire*, que « le pyrrhonisme est le parti de la sagesse », dans le *Projet*, ce parti prend la forme d'un préalable critique et méthodique qui permet de parvenir à un certain degré de certitude dans l'histoire. Pour cette raison, on a interprété cet « éclectisme » historique de Bayle comme « une transposition réfléchie de la méthode cartésienne dans le domaine de l'histoire[2] ». Dans un passage du paragraphe 9 du *Projet*, Bayle oppose aux fondements des mathématiques la critique sceptique, qui remonte à Pierre Gassendi et à Pierre-Daniel Huet, et il en conclut que « les vérités historiques peuvent être poussées à un degré de certitude plus indubitable que ne l'est le degré de certitude à quoi l'on fait parvenir les vérités géométriques » et que l'« on est donc délivré des importunes chicaneries que les pyrrhoniens appellent *moyens de l'époque* ; et quoiqu'on ne puisse rejeter le pyrrhonisme historique par rapport à une infinité de faits, il est sûr qu'il y en a beaucoup d'autres que l'on peut prouver avec une pleine certitude : de sorte que les recherches historiques ne sont point sans fruit de ce côté-là[3] ».

Bayle attribue donc un nouveau statut à l'histoire et il confie à l'historien des règles pour accomplir son travail. Mais le labeur de l'historien, pour être valable, doit éviter toute influence subjective et personnelle et celui qui écrit l'histoire doit avoir recours à la critique et

1 P. Bayle, *Projet*, paragraphe 2.

2 É. Labrousse, *Pierre Bayle. Hétérodoxie et rigorisme*, Paris, Albin Michel, 1996 [1re édition, La Haye, M. Nijhoff, 1964], chapitre 2 « La transposition de la méthode cartésienne en histoire », p. 50.

3 P. Bayle, *Projet*, paragraphe 9. Pour l'analyse du *Projet* je renvoie à L. Bianchi, « Bayle, i dizionari e la storia », dans P. Bayle, *Progetto di un dizionario critico*, éd. L. Bianchi, Napoli, Bibliopolis, 1987, p. 11-156.

se placer au cœur de la République des lettres, une république transcendant les frontières nationales et religieuses.

La liberté de critique et de censure est donc au centre de la pensée de Bayle, mais notre philosophe doit lui-même se confronter avec la censure : Pierre Jurieu le met en accusation pour des motifs politiques et philosophiques devant le consistoire de l'Église wallonne de Rotterdam. Du point de vue politique, Jurieu est convaincu que Bayle est l'auteur de l'*Avis aux réfugiés* (1690), le texte qui réexamine le rôle de la tolérance chez les protestants et qui dépeint le protestantisme comme un parti semblable aux autres et cherchant à imposer son pouvoir. Du point de vue religieux et philosophique, Jurieu n'accepte de Bayle ni la défense de l'athéisme proposée dans les *Pensées diverses*, ni celle de la tolérance développée dans le *Commentaire philosophique*.

Cet affrontement, qui dure de 1691 à 1699 et qui aboutit en 1693 à la destitution de Bayle de son poste de professeur à l'École Illustre de Rotterdam, reprend vigueur après la publication en 1697 du *Dictionnaire historique et critique* dont le consistoire entreprend l'examen en exigeant du philosophe certains changements[1].

Un « Memoire succinct des principales choses auxquelles Mr. Bayle doit avoir égard, pour les corriger dans la seconde édition de son Dictionnaire » publié par Pierre Des Maizeaux dans sa *Vie de Monsieur Bayle* nous informe des sujets qui, selon le consistoire, étaient susceptibles d'être censurés et que Bayle aurait dû corriger dans la deuxième édition de son *Dictionnaire*. Il s'agissait d'éviter « avec soin toutes les obscénités » et de « prendre garde à ne pas favoriser le libertinage », et il « reformera entièrement l'article de "David" [...] et pour cela il se conformera à ce que l'Écriture sainte nous dit de ce grand prophète[2] ».

Les objections les plus importantes concernent le manichéisme et le scepticisme, deux conceptions qui semblent renverser les fondements de la religion chrétienne. À l'égard du premier,

1 Sur l'opposition entre Bayle et Jurieu, voir « *L'Affaire Bayle* ». *La bataille entre Pierre Bayle et Pierre Jurieu devant le consistoire de l'Église wallonne de Rotterdam*, texte établi et annoté par H. Bost, introduction par A. McKenna, Saint-Étienne, Université Jean Monnet, 2006, en particulier l'« Introduction » de A. McKenna, p. 7-94. Voir aussi l'édition critique de l'*Avis aux réfugiés* : P. Bayle, *Avis aux réfugiés. Réponse d'un converti*, introduction et édition critique par G. Mori, Paris, Champion, 2007.

2 P. Des Maizeaux, *Vie de Monsieur Bayle*, in P. Bayle, *DHC*, t. 1, p. I-CXXV, p. CXIX.

> au lieu de faire voir les sophismes des Manichéens, & de leur prêter des raisons & des objections nouvelles qu'ils n'ont pas alleguées, comme aussi de tâcher de décharger leur hypothése des difficultez qui la rendent ridicule, Mr Bayle les refutera, & se gardera bien de donner gain de cause à une hérésie si détestable & si monstrueuse. Pour cet effet il corrigera les articles Manichéens, Marcionites, Pauliciens, comme aussi divers endroits de son Livre qui semblent favoriser leur opinion, ou les difficultez qu'on allègue contre la permission du mal.
> 4. Il en usera de même à l'égard des Pyrrhoniens, & du Pyrrhonisme qui est l'extintion de toute Religion, & reformera l'article Pyrrhon, prenant bien garde & là & par-tout ailleurs de donner atteinte à nos Mysteres[1].

Les autres objections portées contre le *Dictionnaire* abordent le problème de l'athéisme et celui de la Providence. Dans son texte, Bayle a donné des « louanges outrées aux Athées et aux Épicuriens » ; ainsi il devra corriger « les endroits qui peuvent contenir quelque affectation en leur faveur, & n'affoiblira point la nécessité de croire un Dieu & une Providence, & même une Vie à venir, par rapport à l'avantage de la Société civile, & à la reformation des mœurs ». Il prendra aussi garde « en parlant de la Providence, de ne pas exagérer & grossir les difficultez des prophanes, & de ne pas donner un air de supériorité à leurs objections sur nos réponses en réfutant même celles qui sont conformes à l'Écriture » et il corrigera à l'article « Xénophanes » les passages dans lesquels « il exaggere les victoires du Démon[2] ».

Devant le consistoire, Bayle se limita à déclarer sa soumission à l'autorité de l'Église et à promettre des changements du texte qu'il ne fit jamais. En 1702, dans la deuxième édition du *Dictionnaire*, Bayle publie une série de quatre « éclaircissements » où il justifie ses choix et se défend contre les accusations portées contre lui[3]. Dans ses éclaircissements, Bayle reprend les critiques que le consistoire lui a adressées et il développe une réponse qui se compose d'une « observation générale et préliminaire » et de quatre parties relatives aux points les plus critiqués, c'est-à-dire les athées, les manichéens, les pyrrhoniens et les obscénités[4]. Bayle met en œuvre une stratégie rhétorique et philoso-

1 *Ibid.*, p. CXIX-CXX.
2 *Ibid.*, p. CXX.
3 Sur les éclaircissements, voir plus haut l'article de J.-C. Abramovici, p. 29 et plus généralement, sur les justifications présentées 'par anticipation' à la censure par Giannone, Montesquieu et Beccaria, l'article de G. Imbruglia dans le présent volume, p. 333-351.
4 Voir la nouvelle édition moderne : les *« Éclaircissements » de Pierre Bayle. Édition des Éclaircissements du « Dictionnaire historique et critique »*, études recueillies par H. Bost et A. McKenna, Paris, Champion, 2010, p. 11-141 (désormais abrégé *Éclaircissements*).

phique dont l'interprétation n'est pas simple. Il se déclare membre de l'Église de Rotterdam et, comme croyant, avance une position fidéiste. Mais comme philosophe, il revendique la liberté de philosopher et il a recours à toutes les armes de la critique. Ainsi le scepticisme le plus outré et la critique la plus radicale accompagnent le fidéisme.

Il est difficile, ou presque impossible, pour l'historien, de parvenir à connaître la véritable pensée de Bayle ; on doit s'arrêter à ce qu'il écrit et à ce qu'il affirme. Mais on peut quand même s'interroger sur la signification de ces éclaircissements. Y a-t-il des contradictions entre l'attitude fidéiste et celle critique ? Et s'agit-il d'un alibi ou d'une tactique pour éluder la censure ?

L'« observation générale et préliminaire » aux éclaircissements nous offre plusieurs exemples de circonspection. Comme historien, Bayle en appelle au droit de « discuter les choses et comparer ensemble les raisons du pour et du contre avec tout le desintéressement d'un fidelle rapporteur[1] ». Certes, on peut retrouver « parmi de vastes recueils historiques et de littérature quelque erreur de religion ou de morale » dont son auteur s'excuse mais, comme Michel de Montaigne, il n'est pas un théologien et il fait passer ces maximes « sans suivre aucun systême, aucune méthode, aucun ordre[2] ». Ainsi Bayle affirme qu'il « n'avance jamais sur le pied de [s]on opinion particuliere aucun dogme qui combatte les articles de la Confession de foi de l'Église réformée où [il] [est] né & dont [il] fai[t] profession » et il soutient « que notre raison, étant aussi foible qu'elle l'est, ne doit pas être la régle ou la mesure de notre foi ». Voilà les raisons pour lesquelles il s'est servi « quelquefois de ce que l'on nomme liberté de philosopher » et il se déclare prêt à supprimer quelques pages, à changer quelques expressions et à écrire ces éclaircissements auxquels il s'est « engagé [...] sans aucune répugnance, et comme doivent faire tous les écrivains qui ne sont point entêtez de leurs pensées, et qui en font agréablement un sacrifice à l'édification du lecteur[3] ».

Cela dit, dans les quatre éclaircissements, Bayle réfute avec une grande adresse dialectique les accusations portées contre son *Dictionnaire* et il y répond par de nouvelles objections, ce qui nous conduit à considérer

1 P. Bayle, *Éclaircissements*, p. 11.
2 *Ibid.*, p. 12.
3 *Ibid.*, p. 13.

les stratégies rhétoriques – et philosophiques – mises en place par notre penseur.

Bayle amplifie l'opposition entre raison et foi, entre philosophie et religion, et met son lecteur devant des alternatives radicales. Cette alternative est explicitement affirmée dans un passage de l'*Éclaircissement sur les Pyrrhoniens* qui, au nom du fidéisme, oppose philosophie et christianisme :

> Il faut nécessairement opter entre la philosophie & l'Évangile : si vous ne voulez rien croire que ce qui est évident & conforme aux notions communes, prenez la philosophie, & quittez le christianisme ; si vous voulez croire les mysteres incompréhensibles de la religion, prenez le christianisme, & quittez la philosophie[1].

Mais dans ces mêmes éclaircissements, Bayle nous donne aussi de nombreux exemples de prudence, tandis que dans le *Dictionnaire historique et critique*, il affirme que le « ménagement[2] » est nécessaire à son époque, conduite adoptée par tous ses contemporains et qu'il utilise à son tour. Pareillement, il loue la « méthode des anciens maîtres » qui, à propos de la religion, « avaient des dogmes pour tout le monde et des dogmes pour les disciples initiés aux mystères[3] » et il se sert d'une écriture ésotérique et allusive par laquelle il s'adresse à une élite de penseurs libres. Il apprécie également la prudence de Pierre Charron qui, dans la deuxième édition de *La Sagesse*, dut atténuer certaines expressions pour échapper aux censeurs. Ainsi, à l'article « Charron » il énonce une véritable stratégie de la dissimulation :

> Ôtez certains mots qui semblent être trop crus, employez-en d'autres qui signifient la même chose, mais qui sont moins brusques, vous passerez de la réputation d'hérétique à celle d'un vrai fidèle : l'impression de votre ouvrage ne sera plus interdite, on en permettra le débit[4].

Il s'agit de conseils que Bayle lui-même a mis en pratique dans ses éclaircissements et dans son *Dictionnaire*, où il se sert d'une écriture

1 *Ibid.*, p. 69.
2 Se référant à Richard Simon qui critique saint Augustin, Bayle écrit (*DHC*, « Augustin », remarque (G)) : « Mais pouvoit-il, écrivant en France, ne pas se servir de quelque ménagement ? ».
3 P. Bayle, *DHC*, « Aristote », remarque (X).
4 P. Bayle, *DHC*, « Charron », remarque (O).

parfois ambiguë et équivoque en réponse à ses censeurs. Philosophe persécuté, poursuivi par les catholiques en France et censuré par les protestants aux Pays-Bas, Bayle est convaincu que l'« Inquisition » n'est pas un phénomène propre à la seule église de Rome mais un péril continuel inhérent aux religions dominantes, une attitude constante de toutes les orthodoxies en face des dissidents. Comme il l'écrit dans une lettre à Pierre Silvestre du 17 décembre 1691, « Dieu nous garde de l'Inquisition protestante[1] ».

De plus, Bayle se place parmi « les auteurs qui se cachent », comme il l'écrit à son frère Jacob dans une lettre du 9 janvier 1684 à propos des *Pensées diverses sur la comète*[2]. En effet, il compose son texte sur les comètes en « catholique romain », il se camoufle dans le *Commentaire philosophique* sous un pseudonyme qui renvoie aux noms de quelques hérétiques anglais[3] et son écriture est influencée par des préoccupations religieuses ou politiques qui comportent des formes de « dissimulation » ou d'autocensure[4].

Mais ce thème de la censure et des « ménagements » que Bayle utilise fait problème et pose la question d'une duplicité irrésolue chez

1 *Correspondance de Bayle*, VIII : « Dieu nous garde de l'Inquisition protestante : elle serait dans cinq ou six ans si terrible, qu'on soupirerait après la romaine comme après un bien ». Voir aussi la lettre de Bayle du 28 décembre 1693 à son cousin Naudis, *Correspondance de Bayle*, IX, p. 206 : « Cela mon cher cousin, doit diminuer vos regrets de n'etre point sorti de France ; vous serez cent fois meilleur réformé si vous ne voiez notre religion qu'où elle est persécutée. Vous seriez scandalisé si vous la voiiez où elle domine ».

2 *Correspondance de Bayle*, IV, p. 10 : « Je rencontre encore sur mon chemin des endroits qui concernent la *Lettre des cometes*. La preface est de l'auteur même, et n'est qu'un tour qu'on a pris comme il est ordinaire à tous les auteurs qui se cachent ; il faut faire le meme jugement des autres endroits. Quant aux expressions qui sentent le catholique romain, elles y ont été mises expres afin qu'on ne reconnut pas que l'auteur etoit protestant, ce qui etoit necessaire pour donner plus de poids aux reflexions semées deça, dela. »

3 Selon l'avis de J.-M. Gros le nom Jean Fox de Bruggs, le « traducteur » du *Commentaire philosophique*, renverrait, sous un « déguisement anglais » à George Fox, quaker défenseur de la tolérance et à David Joris, fondateur d'une secte anabaptiste aux Pays-Bas, qui se réfugia à Bâle sous le nom de Jean de Bruges. Voir J.-M. Gros, « Note sur la page de titre », dans P. Bayle, *De la tolérance. Commentaire philosophique sur ces paroles de Jésus-Christ « Contrains-les d'entrer »*, préface et commentaires de J.-M. Gros, Paris, Presses Pocket, 1992, p. 43-44.

4 Sur le thème de la « dissimulation » et sur les stratégies de communication chez Bayle, voir G. Mori, « Anonymat et stratégies de communication : le cas de Pierre Bayle », dans *La Lettre clandestine*, n° 8, 1999, p. 19-34 et Id., « Persécution et art d'écrire : Strauss, Skinner et Pierre Bayle », dans *Leo Strauss : art d'écrire, politique, philosophie*, Paris, Vrin, 2001, p. 197-219.

notre auteur. En effet, l'idée « extrêmement libre » d'une République des lettres où chaque auteur exerce la critique au nom de la raison et de la vérité semble s'opposer aux diverses formes de dissimulation et aux stratégies d'écriture mises en œuvre en raison de problèmes de censure et d'autocensure. Et tout compte fait, les thèmes de la critique et l'idéal de la République des lettres – au cœur de la pensée de Bayle – composent une perspective imposante mais demeurée inaccomplie.

Lorenzo BIANCHI
Università degli Studi di Napoli
« L'Orientale »

CENSURE ET CRITIQUE DANS *L'HISTOIRE DE L'ACADÉMIE ROYALE DES SCIENCES*

Se proposer de mettre en évidence les effets de censure dans les quarante volumes annuels de l'*Histoire de l'Académie royale des sciences*[1] composés par Fontenelle est une entreprise qui ne va pas de soi ; et qui va encore moins de soi si l'on a pour ambition d'interpréter ces effets de censure comme relevant d'une intention critique. Les difficultés de l'entreprise tiennent à différentes raisons. Cependant, avant d'exposer ces raisons, il convient de préciser que cet article ne poursuit que des objectifs limités. Il ne va pas s'agir en effet d'analyser le rôle qu'a pu jouer Fontenelle dans sa fonction officielle de censeur royal, ce que fait Jean-Domique Mellot dans ce volume même[2]. Il ne va pas s'agir davantage d'évoquer le rôle qu'a joué au sein de l'Académie des sciences et surtout au niveau de ses communications le comité de librairie, qui était chargé de contrôler toutes les publications de l'Académie. Ce rôle a déjà été remarquablement analysé par McClellan[3]. Ce comité, en outre, n'a véritablement été formalisé qu'à partir de 1731. Dans la mesure, il est vrai, où Fontenelle a fait partie de ce comité, il convient certainement d'imputer d'éventuelles pratiques de censure au comité de librairie, plus qu'à Fontenelle lui-même ou à Fontenelle tout seul. Pour autant, la personnalisation opérée par le fait de citer exclusivement le nom de

1 *Histoire de l'Académie royale des sciences, avec les Mémoires de Mathématiques et de Physique. Tirés des registres de cette Académie.* Le premier volume est paru en 1702. Le dernier, dans la série de 92 volumes qui concernent les années 1699 à 1790, est paru en 1797. Cette *Histoire* est traditionnellement désignée par abréviation par le sigle *HARS*.

2 Voir plus haut, p. 33-60.

3 J. E. McClellan, « Les *Mémoires* de l'Académie royale des sciences, 1699-1790 : bilan public et processus privés » dans *Règlement, usages et science dans la France de l'absolutisme, actes du colloque international organisé par l'Académie des sciences de l'Institut de France, avec le concours du Centre international de synthèse, Paris, 8-10 juin 1999*, réunis par Ch. Demeulenaere-Douyère et É. Brian, Londres-Paris-New-York, 2002.

Fontenelle n'est pas illégitime : elle se justifie essentiellement par des raisons de commodité, et par le fait que c'est Fontenelle qui signe les volumes de l'*HARS*. La période que cet article va couvrir précède en outre pour l'essentiel la mise en place officielle de ce comité de lecture[1] et les pratiques qui vont être analysées peuvent sans doute être considérées comme une préfiguration des pratiques ultérieures du comité de lecture.

Ces remarques préliminaires étant faites, on peut ensuite, avant de partir à la recherche des effets de censure à vocation critique dans les volumes de l'*HARS*, se demander au nom de quoi et dans quel but Fontenelle aurait, ou a véritablement exercé cette censure. On peut forger l'hypothèse, déjà exposée et argumentée dans un autre ouvrage[2], que Fontenelle, dans sa tâche de secrétaire perpétuel d'une institution créée par la monarchie dans le but de contribuer au progrès des sciences, s'est situé en panégyriste de l'institution et simultanément en porte-parole et défenseur de ce que l'on peut désigner sous le terme global de « politique de la science », en entendant à la fois par-là un certain nombre d'orientations scientifiques précises, et une certaine conception du rôle que les sciences, certes encore émergentes mais dont le progrès annoncé paraissait assuré, devaient désormais jouer au sein de la société. Or cette défense n'est jamais allée sans une contrepartie critique à l'égard des orientations concurrentes, critique qui a pu s'exprimer notamment par le moyen de ces effets de censure. Loin d'être en effet, comme on pourrait être tenté de le penser, un lieu unifié, ordonné autour du seul objectif que ses fondateurs lui avaient assigné : contribuer au progrès des sciences, l'académie des sciences n'a cessé d'être traversée par des tensions qui tiennent à des raisons diverses. Sur le plan théorique, on connaît les divergences, voire les conflits qui ont opposé, au sein même de l'Académie, partisans et adversaires du calcul de l'infini ; ou partisans et adversaires du système du monde de Newton et plus particulièrement de la théorie de l'attraction universelle ; ou encore partisans des Anciens et partisans des Modernes[3]. Sur le plan institutionnel, l'Académie est composée de quatre classes de savants : les honoraires, les pensionnaires, les associés, les élèves (devenus en 1716 les adjoints). Ces quatre classes

1 Selon McClellan, le Comité de lecture n'est formalisé qu'à partir de 1731.

2 S. Mazauric, *Fontenelle et l'invention de l'histoire des sciences à l'aube des Lumières*, Paris, Fayard, 2007.

3 Sur ce sujet, voir également S. Mazauric, *ibid.*

contribuent à la constituer en dispositif fortement hiérarchisé, lui aussi source de tensions potentielles. En outre, on ne doit pas perdre de vue la singularité de la place qu'occupe l'Académie royale des sciences au sein de la société d'Ancien Régime : quand bien même elle bénéficie d'une autonomie au moins relative par rapport au dispositif curial[1], elle reste toujours sous le contrôle de la monarchie, dont la présence est tangible en son sein même : le règlement de 1699 a créé en effet la classe des académiciens honoraires qui, pour la plupart d'entre eux, sont issus de l'aristocratie foncière ou militaire. Choisis en raison de l'intérêt qu'ils portent aux sciences, leur fonction principale est cependant d'incarner et de faire respecter l'ordre monarchique dans les assemblées de l'Académie. Ils se distinguent nettement des « vrais » savants, les pensionnaires, (et les associés) pour beaucoup issus de la bourgeoisie d'offices voire du monde des marchands et qui incarnent les valeurs et les aspirations nouvelles, inédites d'un monde que tout oppose, du moins dans la rhétorique de Fontenelle, à celui des courtisans, objet également fréquent de sa critique, discrète certes mais très réelle[2].

Toutefois, si censure il y a eu, et tout ce qui précède porte à penser que les raisons et les occasions de l'exercer ont été suffisamment nombreuses pour que tel ait bien été le cas, on ne dispose d'aucun moyen de s'en assurer véritablement : l'affirmation de ces pratiques censoriales relève presque toujours de ce que l'on est en droit de tenir pour une interprétation et demeure par conséquent conjecturale. Quelques cas très précis sont cependant susceptibles, avec une forte probabilité, de fournir des illustrations concrètes de ces pratiques d'un genre très particulier.

1 Autonomie attestée par sa séparation géographique d'avec la cour : celle-ci est installée à Versailles, l'Académie est installée à Paris.

2 Sur ce sujet, voir S. Mazauric, « Sciences et politique sous l'Ancien régime : les académiciens honoraires de l'Académie des sciences (1699-1740) », dans *L'Homme au risque de l'infini. Mélanges d'histoire et de philosophie des sciences offerts à Michel Blay*, éd. par M. Malpangotto, V. Julien, E. Nicolaidis, Belgique, Turnhout, 2013.

L'*HARS* ET SA COMPOSITION

L'article XL du règlement de 1699 imposait au secrétaire perpétuel de l'Académie la tâche de produire chaque année « une histoire raisonnée de ce qui se sera fait de plus remarquable dans l'académie ». C'est cette injonction qui a donné naissance aux différents volumes de l'*HARS*, sorte de « vitrine » de l'institution. Fontenelle ayant été choisi pour exercer cette fonction de secrétaire perpétuel, c'est à lui qu'a incombé la tâche de composer les volumes correspondant aux années de son secrétariat, c'est-à-dire de 1699 jusqu'en 1740, et ce sont uniquement ces volumes qui seront pris en compte dans cet article.

Tous les volumes de l'*HARS* sont composés de trois parties. La première est intitulée « Histoire », la deuxième, « Mémoires ». Entre les deux, ou plus exactement à la fin de la première partie, mais on peut considérer qu'il s'agit d'une partie indépendante des deux autres, se trouvent les éloges des académiciens décédés durant l'année correspondant à chaque volume. Ces trois parties sont très différentes les unes des autres : la censure n'a pu par conséquent s'exercer ou se pratiquer au sein de chacune de ces parties que de façon différentielle, ce qui ne facilite pas son éventuel repérage.

La partie « Mémoires » est la plus longue[1]. Elle est composée d'une sélection de quelques-uns des travaux présentés au cours de l'année par les académiciens, les travaux, comme le spécifiait le règlement, estimés les plus « remarquables », les plus à même d'attester l'excellence de l'institution, et elle s'adresse explicitement aux lecteurs les plus savants. Ces mémoires sont reproduits *in extenso*, tels qu'ils ont été composés par les académiciens, sans être introduits ou accompagnés par le moindre commentaire. La tâche du secrétaire perpétuel, en ce qui les concerne, consistait en effet uniquement à les sélectionner. On admet généralement que Fontenelle ne procédait pas seul à cette sélection, à laquelle participait également le directeur de l'Académie, l'Abbé Bignon, mais aussi les huit autres membres du comité de lecture, du moins quand celui-ci sera définitivement organisé. On peut donc parler d'un contrôle collectif des productions de l'Académie des sciences. Il va de soi que

1 La longueur varie bien sûr d'un volume à l'autre, mais elle tourne autour de quatre cents pages.

cette tâche de sélection paraît offrir tout particulièrement l'occasion d'exercer une censure : il suffit pour cela de s'abstenir de publier certains mémoires. Toutefois, il est assez incertain d'aller chercher dans cette direction des effets de censure, et notamment d'imaginer que tous ou beaucoup ou la plupart des mémoires qui n'ont pas été publiés ont été censurés, au sens propre du terme. La nécessité d'opérer une sélection parmi les mémoires présentés devant l'Académie au cours des séances bi-hebdomadaires était en effet impérative pour des raisons purement matérielles et seul un tiers environ des mémoires présentés en séance était choisi pour faire partie du volume annuel de l'*HARS*. Le critère mis en avant pour justifier la sélection ainsi opérée était un critère de qualité, qui jouait d'ailleurs positivement : ce sont les meilleurs mémoires qui étaient sélectionnés, dans la mesure où cette partie des volumes de l'*HARS* était destinée, rappelons-le, à un public très informé, et que sa fonction consistait à attester au regard de ce public savant, qu'il soit français ou étranger, l'excellence scientifique de l'Académie et des académiciens. Même s'il reste toujours possible que l'Académie ait choisi d'écarter et de ne pas publier certains mémoires pour des raisons autres que des raisons de qualité scientifique, cette éventualité paraît peu réaliste, dans la mesure où l'on imagine mal Fontenelle et Bignon garder sous le boisseau des travaux dont, même s'ils n'en partageaient pas l'orientation scientifique, ils évaluaient parfaitement l'importance : une telle censure aurait été en effet très préjudiciable à la renommée de l'Académie. L'exemple du botaniste Sébastien Vaillant, exemple qui sera développé plus loin, confirme cette hypothèse. Il en est de même pour les mémoires de ce partisan des conceptions astronomiques de Newton qu'était Maupertuis, conceptions qu'était loin d'approuver intégralement Fontenelle, demeuré jusqu'au bout fidèle à la cosmologie cartésienne. Néanmoins, ces mémoires ont été régulièrement publiés dans l'*HARS*.

Les deux autres parties de l'*HARS* offrent davantage de possibilités de censure. La partie « Histoire », plus courte que la précédente (elle occupe moins de la moitié de la partie « Mémoires »), ouvre les volumes. Elle est destinée à un autre public que la partie « Mémoires » : elle s'adresse en effet aux amateurs, non aux professionnels de la science, et a pour fonction de permettre à un lectorat beaucoup plus large que le précédent d'être informé des développements les plus récents de la « recherche » dans les différents domaines de l'activité scientifique. Cette partie, rédigée par Fontenelle, consiste pour l'essentiel à présenter, sous une forme résumée et simplifiée, non seulement quelques-uns des mémoires contenus dans la seconde partie mais aussi des mémoires qui n'avaient pas été sélectionnés. Elle couvre donc un champ plus large que la partie « Mémoires » et, par sa plus grande diversité, elle témoigne mieux qu'elle de l'étendue et de la diversité des travaux des académiciens, qui ne se réduisent donc pas aux mémoires sélectionnés pour être publiés.

La composition et la rédaction de cette partie étaient, rappelons-le, sous la seule responsabilité de Fontenelle. On peut penser qu'il lui était plus aisé d'y pratiquer une forme de censure que dans la partie précédente. Il ne pouvait certainement pas, dans la mesure où il disposait d'un nombre limité de pages, parler de tout, même s'il en parlait beaucoup plus brièvement, résumant en quelques lignes des mémoires de plusieurs pages. Il était par conséquent contraint d'opérer, en ce cas également, une sélection entre les mémoires dont il choisissait ou non de parler. Toutefois, le critère de qualité ne pouvant, en ce cas, que difficilement jouer (tous les mémoires sélectionnés étaient sur le plan scientifique de valeur à peu près égale), on peut imaginer que, dans certains cas au moins, le fait de passer sous silence certains mémoires publiés dans l'autre partie peut être interprété comme l'indice d'une possible censure opérée à l'encontre de certaines théories, ou de certaines orientations méthodologiques, hypothèse qu'il convient évidemment, dans chaque cas particulier, d'étayer par des arguments précis. Cela a certainement été le cas des mémoires du botaniste Sébastien Vaillant ; cela a été sans doute en partie le cas des mémoires de Maupertuis, que Fontenelle n'a pas toujours pris la peine de résumer, mais la critique de ce dernier ou plus exactement de ses théories astronomiques s'est le plus souvent exprimée ouvertement, plutôt que par le biais de la censure.

Les « Éloges » des académiciens décédés durant l'année écoulée constituent la troisième partie de l'*HARS*. C'est de loin la partie plus courte, mais sans aucun doute la partie la plus importante stratégiquement. C'est, en ce cas encore, le secrétaire perpétuel qui avait pour tâche de les rédiger et de les prononcer lors des séances publiques de l'Académie. Il est évident que Fontenelle ne choisissait pas ceux qui allaient faire l'objet de cet hommage officiel. Il disposait, en revanche, de nombreux moyens d'exercer en ce domaine une véritable censure.

DES ÉLOGES « OUBLIÉS »

En effet, dans ces éloges, dans la rédaction desquels il a excellé, Fontenelle ne s'est pas contenté, loin de là, de rendre hommage aux académiciens décédés. Il a outrepassé le rôle de simple historien, qu'il revendique cependant, pour prendre parti dans les débats, ce que la rédaction des éloges lui permettait d'aborder plus aisément que les autres parties de l'*HARS*. Il s'agit de débats portant sur des questions qui faisaient alors l'objet de controverses, qu'il s'agisse de débats comme ceux que j'évoquais plus haut – autour du calcul de l'infini, autour des théories astronomiques de Newton, ou concernant la méthode des sciences – ou encore de débats concernant le rôle et l'importance des sciences dans la société. C'est par conséquent dans les « Éloges » qu'il est le plus aisé de repérer, avec quelque chance de ne pas se tromper, ces pratiques censoriales à intention critique, pratiques qui, au demeurant, ont pu revêtir des formes diverses.

La forme la plus simple a été apparemment celle de l'omission. D'Alembert, qui a rendu un hommage appuyé au talent dont Fontenelle a fait preuve en rédigeant ses éloges, a cependant, le premier, constaté que ce dernier n'avait pas rédigé l'éloge de tous les académiciens morts durant son secrétariat. Selon lui, ces « oublis » s'expliquaient, sur le plan institutionnel, par le fait que « les Académies des Sciences et des Belles Lettres n'imposent point au secrétaire la loi rigoureuse de faire l'éloge de tous les académiciens[1] ». Mais, plus profondément, convaincu que l'appartenance à une académie n'était pas toujours la sanction du talent et pouvait être l'effet d'une faveur injustement accordée, D'Alembert en concluait implicitement que Fontenelle avait profité du manque de rigueur de la loi académique pour s'octroyer la liberté de ne pas rédiger l'éloge de tous les académiciens dont la présence dans l'Académie ne se justifiait pas par un talent particulier[2]. Fontenelle aurait bien ainsi exercé une censure, résultant d'une appréciation critique portée sur la

1 Entendons : à la différence de l'Académie française (dont D'Alembert était alors le secrétaire). À l'évidence, D'Alembert enviait Fontenelle d'avoir pu disposer d'une liberté dont lui-même ne pouvait jouir.

2 *Mercure de France*, 5 février 1779, p. 20, note a.

valeur des travaux de certains des académiciens, en s'abstenant de prononcer l'éloge de ces derniers. Dit plus simplement, Fontenelle n'aurait tout simplement pas prononcé l'éloge de tous les académiciens dont il jugeait les travaux particulièrement médiocres.

Cependant, si, de toute évidence, d'Alembert approuvait dans son principe cette pratique, et même enviait Fontenelle d'avoir pu la mettre en œuvre, dans les faits, il lui semblait que Fontenelle avait « quelquefois trop usé de la liberté que l'Académie lui laissait à cet égard[1] ». D'Alembert a pris la peine en effet de relever les noms de tous les académiciens dont Fontenelle n'a pas prononcé l'éloge. Or la liste ainsi composée est impressionnante[2] : alors que Fontenelle a prononcé soixante-neuf éloges, la liste de D'Alembert comprend quarante et un noms, ce qui représente une proportion considérable d'éloges non prononcés. On peut, il est vrai, relever quelques erreurs de sa part : sur les quarante noms de la liste, il faut en retirer une dizaine qui correspondent soit aux noms d'académiciens exclus de l'Académie, le plus souvent pour absentéisme, ou qui ont démissionné, ou qui sont morts après 1740[3], etc. Il s'agit autrement dit, d'académiciens dont Fontenelle ne pouvait pas, institutionnellement, prononcer l'éloge. Le chiffre des académiciens négligés, potentiellement ou possiblement censurés, demeure cependant non négligeable, et il faut tenter d'en proposer une explication.

UNE CENSURE SCIENTIFIQUE ?

L'hypothèse selon laquelle ces « oublis » relèvent d'une volonté de censure destinée à sanctionner la médiocrité des travaux de certains académiciens peut être en partie retenue. Beaucoup de noms figurant sur la liste de D'Alembert sont en effet peu connus : je pense à Beaufort, Langlade, Imbert, Morin de Toulon, Marius, Trant, Valhebert, Rezay : d'ailleurs, sur les registres de l'Académie, on ne trouve pour certains

---

1 *Id.*

2 Cette liste existe sous la forme d'une note manuscrite. Je remercie Pierre Crépel de me l'avoir communiquée.

3 L'année, il faut peut-être le rappeler, où Fontenelle cesse d'exercer les fonctions de secrétaire perpétuel de l'Académie.

d'entre eux mention ni de leur prénom, ni de leur date de naissance, preuve de leur « obscurité ». Une autre explication peut se conjuguer avec la précédente. Le règlement de 1699 distinguait, rappelons-le, quatre classes d'académiciens : les honoraires, les pensionnaires, les associés (douze régnicoles, huit étrangers) et les élèves, tous attachés à un pensionnaire. Le règlement de 1716 supprime la classe des élèves et la remplace par celle des adjoints. Entre ces classes, existe une véritable hiérarchie, au sommet de laquelle se tiennent les honoraires. Il en sera question plus précisément ensuite, mais on peut souligner simplement dès à présent que les motifs de la place prééminente qu'occupent les honoraires dans l'Académie ne sont pas d'ordre scientifique, même s'ils étaient tous, du moins en principe, et en vertu du règlement, « recommandables par leur intelligence dans les mathématiques ou dans la physique » (article III). Les raisons de leur présence dans l'Académie, le rôle qu'ils y jouent, sont de nature essentiellement politique et tiennent à leur proximité, qui se vérifie pour la plupart d'entre eux[1], avec le pouvoir monarchique. Les honoraires sont en effet des nobles (tels le duc de la Force et le marquis de Dangeau), d'anciens ministres (d'Argenson), des maréchaux (Vauban), des cardinaux (Polignac). En ce qui concerne les trois autres classes, qui rassemblent les « vrais savants », la hiérarchie est bien cette fois d'ordre scientifique et va des pensionnaires aux élèves (devenus adjoints avec le règlement de 1716) en passant par les associés.

On peut donc se demander si Fontenelle a tenu compte de cette hiérarchie et répondre : « sans doute, oui ». On constate en effet que parmi les académiciens oubliés, très peu sont des honoraires, très peu également sont des pensionnaires. La plupart des oubliés sont des associés et ce relatif oubli ne vaut d'ailleurs que pour les associés français : les associés étrangers sont en revanche très bien représentés. L'Académie se flattait en effet d'agréger les savants étrangers les plus renommés, comme en témoignent les noms de Jacques Bernoulli, de Viviani, de Leibniz, de Newton, etc. Fontenelle pouvait difficilement les ignorer et, en règle

1 Elle ne se vérifie pas en effet pour un petit nombre d'honoraires. C'est que ceux-ci font partie de ceux que l'on peut appeler les « faux » honoraires. L'article XII du règlement, en effet, interdisait aux réguliers d'être pensionnaires. Les réguliers ne pouvaient prétendre qu'au seul titre d'honoraire. Dans les premières années de l'Académie, le seul moyen d'y faire entrer des réguliers a donc consisté à les nommer honoraires. Cela a été le cas du père Gouye et du père Malebranche (membre de l'Oratoire). La modification du règlement, en 1716, entraînera la disparition de ces « faux » honoraires.

générale, non seulement il ne les oublie pas, mais il leur consacre les éloges les plus longs et les plus dithyrambiques[1].

On peut donc admettre que la médiocrité des travaux de certains académiciens autant que la place qu'ils occupent dans la hiérarchie de l'institution (les deux étant le plus souvent liés) peuvent rendre compte de certains oublis, si l'on admet que la tâche du secrétaire perpétuel de l'Académie royale des sciences consistait à valoriser l'institution autant qu'il le pouvait. Toutefois, on peut se demander si, dans ces cas, l'on est en droit de parler de censure au sens propre du terme. Surtout, on constate aisément que cette explication ne saurait jouer pour l'ensemble de ces oublis. D'Alembert lui-même remarquait que l'explication qu'il proposait ne pouvait valoir « universellement » car Fontenelle a « oublié » aussi des savants ou des académiciens renommés tels Vaillant, Vieussens, le Maréchal d'Estrées, etc. Condorcet qui a rédigé, en 1772, quelques-uns des éloges des académiciens morts entre 1666 et 1699[2], s'étonnait lui aussi de certaines absences : de celles du duc d'Escalone[3], du « fameux Law » et du « père Gouge [*sic*], seul jésuite qui ait été de l'Académie des sciences[4] ». L'argument de la médiocrité n'est donc pas toujours pertinent et l'on s'achemine peut-être, alors, vers des formes de censure à proprement parler. C'est le cas sans doute pour le botaniste Sébastien Vaillant, c'est le cas également pour les rares honoraires dont Fontenelle n'a pas rédigé l'éloge.

Le cas du botaniste Sébastien Vaillant (1669-1722), signalé par D'Alembert, est particulièrement significatif. Vaillant est un élève du botaniste Joseph Pitton de Tournefort, lui-même membre de l'Académie, mort en 1708 et auquel Fontenelle a consacré un hommage appuyé. Il a succédé à Fagon à la direction du Jardin du roi. Sur le plan scientifique,

1 À l'exception, il est vrai, du danois Ole Roemer, dont Condorcet a ultérieurement composé l'éloge.

2 Condorcet, *Éloges des académiciens de l'Académie royale des sciences morts depuis 1666 jusqu'en 1699*, Paris, 1772. Condorcet, qui n'exerçait pas alors encore les fonctions de secrétaire perpétuel de l'Académie des sciences, a précisément rédigé ces éloges afin de prouver qu'il était apte à remplir cette fonction. Tous les académiciens dont Condorcet a ainsi rédigé l'éloge sont bien morts entre 1666 et 1699, à l'exception justement de Roemer, mort en 1710.

3 Nommé correspondant de Régis le 4 mars 1699, associé étranger surnuméraire le 6 février 1715, associé étranger le 14 novembre 1716. Il a été le fondateur de l'Académie des sciences de Madrid.

4 Condorcet, *Arithmétique politique. Textes rares ou inédits (1767-1789)*, éd. B. Bru et P. Crépel, Paris, INED, 1994, p. 9.

Vaillant fut, non le premier à émettre l'hypothèse d'une sexualité des plantes car l'hypothèse avait été depuis longtemps envisagée, mais le premier à fonder cette hypothèse sur des arguments probants qu'il avait pu utiliser comme critères de classification. Linné lui a rendu hommage sur ce point. Mais Vaillant, par ce geste, remettait en question le système de classification de Tournefort et l'Académie, où la réputation de Tournefort restait immense, était divisée sur cette question. Dès 1718, puis en 1719, 1720, 1721 et 1722, Vaillant avait présenté les parties successives d'un mémoire intitulé *Établissement de nouveaux genres de plantes à fleurs composées*. En 1722, il y ajoute des *Remarques sur la méthode de M. Tournefort* qui sont des remarques critiques. Selon Roger L. Williams[1], l'Académie recommande alors à Vaillant d'éviter d'attaquer de nouveau Tournefort. Vaillant acquiesce, mais ne reparaît plus à l'Académie pour des raisons qui pourraient être, simplement, de santé, puisque il meurt la même année. Que Fontenelle n'ait pas rédigé l'éloge de Vaillant n'est donc certainement pas fortuit et cette omission est susceptible de relever clairement, cette fois, de cette censure à finalité critique dont nous cherchions des exemples. En même temps, il importe d'en souligner les limites ou, du moins, les modalités spécifiques d'exercice qui renvoient à la distinction de deux parties « Mémoires »/« Histoire » au sein de l'*HARS*. On observera en effet que l'Académie (représentée par Fontenelle et Bignon) n'a pas censuré les mémoires de Vaillant qui ont parus dans les différents volumes des années 1718, 1719, 1720, 1721 et 1722. Ses *Remarques critiques* n'ont pas davantage été censurées. Il faut croire, ainsi qu'on en a formulé l'hypothèse précédemment, que ces mémoires, même s'ils attaquaient Tournefort et s'en prenait à son système de classification des plantes, ont été jugés suffisamment importants sur le plan scientifique pour mériter d'être publiés. De là à leur assurer une publicité supplémentaire, en les valorisant à l'aide d'un commentaire particulier, il y avait certainement un pas que Fontenelle ne souhaitait pas franchir puisque, dans la partie « Histoire », il n'est fait aucune mention des travaux de Vaillant.

Cette première forme de censure se trouve confirmée et prolongée par l'omission de l'éloge du botaniste, qui a donc été opérée selon toute probabilité, pour des motifs essentiellement scientifiques.

1 R. L. Williams, *Botanophilia in Eighteenth-Century France. The spirit of Enlightenment*, Dordrecht, Kluwer Academic Publishers, 2001. Voir tout particulièrement le chapitre 1, « Sébastien Vaillant and the Sexuality of Plants ».

UNE CENSURE POLITIQUE ?

Certains autres oublis, ceux qui concernent, notamment, les académiciens honoraires, relèvent en revanche, très probablement, d'une forme de censure proprement politique. Ces honoraires sont au nombre de cinq. Il s'agit du Cardinal Dubois (mort en 1723), du père Gouye, S. J. (mort en 1725), d'Henri Jacques Nompar de Caumont, duc de la Force (mort en 1726), de John Law (mort en 1729)[1], et du maréchal d'Estrées (mort en 1737). Le cas de John Law est un peu particulier. Le financier fait partie de ceux dont Condorcet s'étonnait que Fontenelle les ait « oubliés ». Law a été nommé académicien honoraire en 1719. Quand il meurt, en 1729, alors qu'il vit en exil à Venise depuis 1720, Fontenelle s'abstient de rédiger son éloge, pour deux bonnes raisons, semble-t-il : Law avait quitté la France depuis plusieurs années, et n'assistait donc plus aux séances de l'Académie des sciences ; il était difficile de considérer qu'il en fût véritablement toujours membre[2]. Il était encore plus difficile de le considérer comme tel du point de vue du droit. L'historien Joseph Bertrand rappelle en effet que Law, qui avait siégé plusieurs fois à l'Académie, fut victime pour les raisons que l'on sait d'une impopularité croissante. On s'aperçut alors, un peu tardivement, qu'il n'était pas français mais écossais, ce qui permit, par décision du régent, de déclarer son élection nulle (le règlement précisant que les honoraires devaient être « régnicoles », c'est-à-dire nés en France). En réalité, Law avait bien obtenu ses lettres de naturalité, mais il avait oublié de les faire enregistrer par le Parlement[3]. Il n'était donc plus officiellement membre de l'Académie à sa mort, ce qui évidemment dispensait *de facto* Fontenelle de composer son éloge. Mais on peut soupçonner que c'est très probablement sa banqueroute et la volonté de faire silence à son sujet qui constituent le motif le plus crédible du silence de Fontenelle.

En ce qui concerne le duc de la Force, il s'agit d'un proche du régent, vice-président du Conseil des finances en 1716, puis membre

1 Il est très étonnant que Fontenelle n'ait pas rédigé l'éloge de Thomas Gouye, très actif dans l'Académie. Nous avouons n'avoir pour l'instant aucune hypothèse à proposer pour tenter d'expliquer cette omission.

2 Même si les honoraires n'étaient pas tenus à une présence régulière comme les pensionnaires, et ne pouvaient donc pas être démissionnés pour absentéisme.

3 J. Bertrand, *L'Académie des sciences et les académiciens de 1666 à 1793*, Paris, 1869, p. 53-54.

du Conseil de régence. C'était aussi un ami de Law, et il s'était enrichi grâce à son système. Quant au maréchal d'Estrées, il avait été sous la régence, président du Conseil de la marine, puis membre du Conseil de régence. Co-directeur de la Compagnie des Indes, il s'était, lui aussi, considérablement enrichi grâce au système de Law[1]. Les raisons politiques des omissions de Fontenelle sont ici hautement probables. Tous ces académiciens, auxquels il faut ajouter le Cardinal Dubois, sont proches à la fois du régent et de Law. Composer l'éloge de Dubois n'était sans doute pas plus facile. Ce n'était pas seulement ses rapports avec Law qu'il convenait de passer sous silence, c'était aussi sa proximité avec le régent et avec Fontenelle lui-même qui, dans plusieurs éloges, avait défendu sa politique de la science[2]. Plutôt que la politique du régent, qui n'était certainement pas en cause, c'est donc sans doute le scandale lié aux noms de ces académiciens qui a suscité le silence de Fontenelle.

L'omission n'a certainement pas été le seul moyen dont il disposait pour pratiquer une forme de censure à vocation critique et l'on peut également aller chercher des modes de manifestation de censure dans la forme de l'éloge autant que dans son contenu. Si, en effet, on compare les différents éloges, on relève entre eux de fortes disparités. Sur le plan purement quantitatif d'abord, on constate que le nombre de pages dévolues à chaque savant est très variable : cela va d'une page – c'est le cas de l'un des trois premiers éloges composés par Fontenelle, qui tous trois sont très brefs (respectivement une, deux et trois pages) – à quarante et une pages (il s'agit de l'éloge du Tsar Pierre Ier qui avait été élu en 1717 académicien « hors de tout rang »). En moyenne, on compte vingt-quatre éloges de moins de dix pages, trente-quatre qui font entre dix et vingt pages, et dix qui font entre vingt et quarante pages. Les éloges les plus longs concernent, outre celui du Tsar Pierre, ceux de l'astronome Cassini, de Newton, de Malebranche, de Hartsoeker et de Leibniz.

Il va de soi que le nombre limité de pages consacrées à un académicien peut s'expliquer pour des raisons qui ne relèvent pas d'une volonté

1 Saint-Simon a stigmatisé son indifférence pour la culture en soulignant que s'il avait bien acquis d'importantes collections d'art et de livres, ce n'était certainement pas en raison d'un intérêt particulier pour les arts et les sciences, puisqu'il ne se souciait ni de les regarder ni de les ranger et s'était contenté de les accumuler.

2 Voir à ce sujet S. Mazauric, *Fontenelle* ..., *op. cit.*, notamment chapitre V.

de censure. Certains de ces académiciens meurent très jeunes et n'ont produit que des travaux quantitativement peu importants : la matière manque pour leur consacrer un très long éloge. C'est le cas par exemple du botaniste Pierre Blondin, entré à l'académie en 1712, comme élève de Michel-Louis Reneaulme de Lagaranne (qui fait partie, lui aussi, des académiciens « oubliés » de Fontenelle), et mort en 1713, à l'âge de trente et un ans. Il n'a eu le temps, dit Fontenelle, que de produire un seul écrit. Toutefois, cette raison a très bien pu se conjuguer avec une autre, très différente : Blondin, qui marquait à l'égard de Tournefort tout le respect qu'un disciple doit à son maître, méditait de modifier, lui aussi, son système de classification. En résumé, simple élève de Reneaulme, mort fort jeune et auteur d'une œuvre forcément réduite, mais aussi désireux de substituer au système de Tournefort un système différent, Blondin cumulait les raisons de faire l'objet d'une sorte de semi-censure et de ne se voir consacrer qu'un très court éloge.

La brièveté de l'éloge de l'abbé de Louvois[1] s'explique sans doute également par des raisons mêlées, qui conjuguent motifs scientifiques et motifs politiques. Fontenelle n'hésite pas en outre à manier l'ironie dans ce texte consacré au fils d'un ministre dont il n'a cessé de dénoncer la politique[2], et qu'il a également traité par abstention dans la plupart des éloges où il aurait pu figurer, dans celui l'éloge de Vauban par exemple. Académicien honoraire, l'abbé de Louvois n'était certes pas tenu d'avoir produit une œuvre scientifique remarquable. Il était toutefois censé s'intéresser aux sciences. Or on ne peut nier que Fontenelle s'emploie à minimiser autant que possible ses prétentions en ce domaine[3].

1 Il n'occupe que cinq pages, ce qui est fort peu.

2 Louvois s'était déchaîné contre l'abbé de Saint Pierre, dont Fontenelle était l'ami et qui condamnait lui aussi sévèrement la politique de Louvois, trop occupé à faire la guerre et à ruiner le pays.

3 Depuis le rappel de l'octroi qui lui a été fait, à l'âge de neuf ans, de la charge de Maître de la librairie, de celle de Garde de la bibliothèque du Roi et de celle d'intendant et de garde du cabinet des médailles et qui permet à Fontenelle de constater ironiquement que « tout le tournait, du côté des sciences ». Plus tardivement, souligne-t-il encore, « son talent des sciences se tourna principalement du côté de la bibliothèque du Roy, qu'il s'appliqua fort à embellir ». Mais un bibliothécaire n'est pas un savant. Et Fontenelle justifie son entrée en qualité d'honoraire dans l'académie en 1699 uniquement par le fait « qu'il n'y était pas étranger après les leçons qu'il avait reçues de quelques-uns des principaux sujets de la compagnie ». L'abbé de Louvois avait en effet reçu dans sa jeunesse les leçons des académiciens de la Hire et Du Verney. Tout ceci ne constitue pas pour autant de grands mérites scientifiques.

Ces quelques exemples, trop peu nombreux, et sans doute trop rapidement exposés, attestent cependant que les volumes de l'*HARS* composés par Fontenelle ont bien été le lieu d'exercice d'une censure revêtant des formes diverses et pratiquée dans le but de défendre une certain idée de l'institution, de son mode de fonctionnement, du rôle qu'elle est susceptible de jouer au sein d'une société en mutation, du rôle que doivent également y jouer les savants et d'une certaine idée de la science, celle notamment qui a motivé la longue résistance de l'Académie aux théories newtoniennes, par le moyen de la critique, fût-elle silencieuse ou implicite, de tout ce qui, de près ou de loin, pouvait paraître susceptible d'y contrevenir.

Simone MAZAURIC
Université de Lorraine

CENSURE, CRITIQUE ET PARODIE DANS LE THÉÂTRE MUSICAL DE LA PREMIÈRE MOITIÉ DU XVIIIe SIÈCLE

> Mars réveille en sursaut
> Une valeur endormie ;
> *Le censeur forme l'esprit*,
> Sans un grain de jalousie
> L'amour s'assoupit[1].

Ces quelques vers chantés par la Muse lyrique dans le prologue d'*Arlequin Dardanus*[2], parodie du *Dardanus* de Rameau et La Bruère, mettent au jour la porosité des frontières entre la parodie et la censure, entendue dans son sens de critique. Dans ce prologue, l'allégorie de Parodie est légitimée par Apollon lui-même, et la Muse lyrique reconnaît la nécessité proprement vitale pour elle de la critique.

---

1 Favart, Pannard et Parmentier, Bibliothèque de l'Opéra, Fonds Favart, III, 1, f° 7-11. Nous soulignons.

2 Preuve de son succès, cette scène sera reprise par Favart dans *La Parodie au Parnasse* (Paris, Duchesne, 1759) le 20 mars 1759. Dans la scène 1, Apollon constate que tous ses auteurs sont endormis. L'enchaînement de Parodie en est la cause. Il ordonne à sa suite de la détacher afin de relancer la création et lui rend un vibrant hommage sur l'air de *Pour faire honneur à la noce* : « Son innocent badinage / A toujours prouvé le succès. / Qu'elle exerce sur vous ses traits ; / Son mépris serait un outrage ». La comédie est une revue où la Parodie, érigée en « Suisse du Parnasse », examine un certain nombre de pièces personnifiées.

POROSITÉ DES FRONTIÈRES ENTRE PARODIE, CRITIQUE ET CENSURE

Dans la première moitié du siècle, la porosité des frontières entre censure et critique est perceptible dans le titre de comédies allégoriques métathéâtrales, qui jouent le rôle de critique théâtrale à l'heure où celle-ci en est encore à ses premiers balbutiements : *Momus, censeur des théâtres*[1], opéra-comique de Bailly à la Foire Saint-Laurent 1725 ; *L'Amour censeur des Théâtres*[2], de Romagnesi et Laffichard, au Théâtre Italien le 2 avril 1737, et une semaine plus tard, *Polichinelle, censeur des théâtres*[3], prologue de Carolet à *Polichinelle Persée*[4], parodie de *Persée* de Lully et Quinault qui venait d'être repris le 14 février 1737. Dans *Momus, censeur des Théâtres*, les théâtres personnifiés apparaissent sous la houlette de Momus, dieu de la raillerie. *L'Amour censeur des Théâtres* renferme la critique de six comédies représentées à la Comédie-Française et au Théâtre Italien[5]. Dans *Polichinelle censeur des Théâtres*, Polichinelle accueille tour à tour l'Opéra, la Comédie-Française, la Comédie-Italienne et l'Opéra-Comique personnifiés. Carolet propose un renversement des valeurs traditionnellement attachées à la censure, puisque le théâtre de Polichinelle, le plus bas dans la hiérarchie des genres, se trouve dans la position dominante de corriger les autres théâtres. Ce brouillage axiologique qui met la censure du côté de la parodie est récurrent, et le verbe « censurer » est utilisé par les parodistes eux-mêmes pour défendre la légitimité et l'utilité morale de leur pratique. Les deux termes « parodie » et « critique » sont en

1 Bailly, *Théâtre et œuvres mêlées*, Paris, Nyon, 1768, t. I.
2 BnF, Ms. fr. 9319.
3 BnF, Ms. fr. 9315, f° 424.
4 BnF, Ms. fr. 9313.
5 *Les Deux Nièces*, (comédie en 5 actes en vers, Boissy, 24 janvier 1737, Comédie-Française) ; *L'Enfant prodigue* (comédie en 5 actes en vers, Voltaire, 10 octobre 1736, Comédie-Française) ; *La Famille* (opéra-comique en 1 acte, Pannard, Laffichard et Parmentier, 17 septembre 1736, Théâtre Italien) ; *Les Fées* (comédie en 3 actes en prose suivie d'un divertissement, Romagnesi et Procope-Couteaux, 14 juillet 1736, Théâtre Italien) ; *La Fille arbitre* (comédie en 3 actes en prose suivie d'un divertissement, Romagnesi et Laffichard, musique de Mouret, 14 janvier 1737, Théâtre Italien) ; et *Lucas et Perrette* (comédie en 1 acte en prose avec un divertissement, Fagan, musique de Gillier, ballet de Antoine-François Botot dit Dangeville, 17 novembre 1735, Comédie-Française).

outre largement interchangeables et souvent synonymes sous la plume des auteurs de l'époque[1].

La parodie, comme la critique, s'inscrit dans un rapport métatextuel vis-à-vis d'une œuvre source et demeure un ouvrage de circonstance. Mais si, dans la première moitié du siècle, la critique est consubstantielle à la parodie, l'inverse n'est pas vrai : toute parodie contient de la critique, mais toute critique n'est pas nécessairement parodique. Le genre polémique de la critique remonte à *La Critique de l'École des Femmes* de Molière (1663)[2] et trouve des échos à travers de nombreuses comédies dont le titre contient le terme « critique ». Il est présent sur toutes les scènes parisiennes. La critique d'opéra contenue par exemple dans *Momus censeur des théâtres*[3], se distingue du genre de la critique *stricto sensu* (lequel relève davantage de l'autocritique), puisqu'elle est jouée sur une scène différente de celle de l'opéra incriminé, que son auteur diffère de celui de l'ouvrage critiqué et qu'elle ne contient dans son titre, ni le terme générique de « critique », ni le titre de l'ouvrage mis en examen. En effet, dans la plupart des cas, ces comédies métatextuelles font la critique de plusieurs pièces ou opéras parus depuis peu et s'apparentent au genre voisin de la revue. Mais ce qui distingue surtout la critique, c'est qu'elle sanctionne le plus souvent des échecs, alors que la parodie consacre des succès. En ce sens, la critique exerce davantage une fonction de *censure*. La parodie dramatique, qui décalque l'intrigue de sa cible tout en la dégradant, est de son côté une forme d'hommage paradoxal

1 On trouve par exemple sous la plume de Maupoint le terme « parodie » pour désigner ce qui s'apparente davantage à une « critique » : « M. de Boissy fit une parodie de cet opéra [*Les Amours des Déesses* de Fuzelier] pour le Théâtre Italien sous le titre de *Melpomène vengée* qui n'eut qu'une représentation », *Bibliothèque des Théâtres, contenant le catalogue alphabétique des pièces dramatiques, opéras, parodies et opéras-comiques ; et le temps de leurs représentations. Avec des anecdotes sur la plupart des pièces contenues en ce recueil, et sur la vie des Auteurs, Musiciens et Acteurs*, Paris, Prault, 1733, p. 26. Voir aussi ce qu'écrit Léris à propos du *Procès des Sens* : « C'est une critique, ou si l'on veut, une parodie de l'opéra des *Sens* », *Dictionnaire portatif historique et littéraire des théâtres*, Paris, Jombert, 1763, p. 367.

2 Voir D. Quéro, « La fidèle infidélité : de *La Critique de l'École des Femmes* à *La Critique du Philosophe marié* et à *La Critique de la Fausse Antipathie* », *La Chaussée, Destouches et la comédie nouvelle au* XVIII*e siècle*, éd. J. Dagen, C. François-Giappiconi et S. Marchand, PUPS, 2012, p. 243-256. Selon l'auteur, la série des critiques qui s'inscrivent dans le sillage de celle de Molière s'arrête en 1734.

3 La pièce contient une critique d'un ballet de Fuzelier et Aubert, *La Reine des Péris*, créé le 10 avril 1725. Ce ballet n'avait pas obtenu de succès et c'est la raison pour laquelle il est « censuré » c'est-à-dire « critiqué ».

– tout comme la critique autographe – et procure même à sa cible une publicité importante[1].

La parodie cultive néanmoins, par sa dimension critique, des affinités avec la censure. Cette porosité entre critique, parodie et censure, est sensible sous la plume d'auteurs qui tendent à assimiler ces pratiques de réception des œuvres. Dans *La Rencontre des opéras*, « espèce d'[auto] parodie[2] » de son prologue des *Fêtes grecques et romaines*, Fuzelier ouvre les coulisses de la création de son œuvre. C'est le trait novateur du ballet, l'intégration d'un sujet historique dans le répertoire de l'Académie royale de musique, qui est mis en débat. Les créations, *a fortiori* lorsqu'elles comportent une dimension novatrice, ont davantage de mal à s'imposer d'emblée auprès du public et sont donc davantage critiquées qu'elles ne sont parodiées *stricto sensu*. Dans le même temps, il s'agit également d'une pièce d'autojustification, un plaidoyer en faveur de la parodie du ballet. Fuzelier se livre à une réflexion générique sur les conditions de possibilité de parodier une œuvre privée d'unité d'action. En effet, le ballet, contrairement à la tragédie en musique, est composé d'entrées autonomes plus ou moins reliées entre elles par une thématique commune. La scène est dans l'école d'Erato. Chriseis, esclave d'Erato, reproche à Clio de faire travailler les musiciens le jour de la fête des Saturnales. Un débat oppose Chriseis à un député qui est le porte-parole de Fuzelier et qui prône la légitimité des parodies de ballets. Or pour désigner l'activité de parodiste, Fuzelier utilise les deux termes, « critiquer » et « censurer » :

> CHRISEIS. – Et moi je vous soutiens qu'il est impossible qu'elle [la parodie du ballet] soit seulement tolérable. Comment *critiquer* l'action d'une pièce qui n'en a point ? D'une pièce où chaque acte est composé de personnages nouveaux qui expédient deux petites scènes pour céder le terrain à la danse ? Vous êtes réduit à ne *censurer* que des mots et des expressions, cela ne fait rire que des grammairiens[3].

---

1 Voir J. le Blanc, *Avatars d'opéras. Pratiques de la parodie et circulation des airs chantés sur les scènes parisiennes*, Paris, Classiques Garnier, 2014.

2 « [...] C'est aussi *une espèce de parodie* du prologue du Ballet des *Fêtes grecques et romaines* qui fut représenté dans la même année au mois de juillet et *qui est de l'auteur même de la critique* », BnF, Ms. fr. 9333, f° 56. Nous soulignons. La récurrence de l'expression « espèce de parodie » sous la plume de Fuzelier illustre l'indétermination générique qui caractérise ces petites pièces.

3 BnF, Ms. fr. 9333, f° 63. Nous soulignons.

On retrouve en outre ces termes dans les écrits théoriques sur la parodie. Selon l'abbé Sallier, « c'est en inspirant aux poètes une honte salutaire que la parodie peut les inviter à se corriger, surtout lorsqu'elle sait tempérer la sévérité de ses *censures* par un goût de plaisanterie qui n'ait ni amertume, ni aigreur, et qu'elle s'attache à plaire en instruisant[1] ». Le « Discours » de Fuzelier « à l'occasion d'un discours de M. de La Motte sur les parodies » est une réponse quasiment terme à terme au discours de La Motte :

> Les auteurs de ces pièces n'ignorent pas combien elles perdent lorsqu'elles sont éloignées de l'objet de leur critique ; ils savent fort bien que tout ce qui est relatif, ne peut être senti qu'à proportion de la connaissance des rapports ; mais la résolution était prise de les imprimer, ils n'ont pu se dispenser de subir leur destinée ; ainsi, que le public et M. D. L. M. (tout différents qu'ils sont d'opinion) s'accordent aujourd'hui, s'ils le jugent à propos, pour condamner l'édition des parodies, leur censure ne regardera point du tout les auteurs de ces bagatelles [...]. Venons-en au fait. M. D. L. M. s'efforce par des raisonnements plus artificieux que solides, d'insinuer à ses lecteurs, que les parodies tournent la vertu en paradoxe, et essayent souvent de la rendre ridicule. Si cela était démontré, les parodies seraient certainement très condamnables ; mais si les parodies, bien loin de tourner la véritable *vertu en paradoxe*, ne discréditent seulement que la vertu chimérique et romanesque ; si, bien loin d'essayer de rendre la vertu ridicule, elles n'apostrophent que la vertu véritablement ridicule, alors ces ouvrages ne doivent pas être regardés comme une espèce de bouffonnerie, mais comme une critique sensée et même utile pour les mœurs : ils ne doivent plus être regardés comme les ennemis de la vertu, mais comme ses défenseurs ; n'est-ce pas la défendre que d'attaquer ce qui la contrefait[2] ?

Fuzelier combat les censeurs de la parodie en vantant les qualités de censeur moral de la parodie elle-même. Il inscrit le genre parodique dans la lignée du *castigat ridendo mores*. Loin d'être un simple genre burlesque, la parodie remplirait un rôle salutaire de critique démystifiante. Fuzelier entend par là se défendre des accusations portées contre lui, comme il l'explique dans un recueil manuscrit conservé à l'Arsenal et dédié à Mlle P. d'A. [Pajot d'Ardivilliers[3] ?] :

---

1 « Discours sur l'origine et sur le caractère de la parodie », *Histoire de l'Académie Royale des Inscriptions et Belles-Lettres*, vol. 7, 1733. p. 407-408. Nous soulignons.

2 Discours de Fuzelier « à l'occasion d'un discours de M. D. L. M. sur les parodies », *Parodies du Nouveau Théâtre Italien*, Paris, Briasson, 1738, vol. I, p. 5.

3 On trouve à la bibliothèque de l'Arsenal, dans les *Pièces fugitives en vers de monsieur Fuzelier*, Ms. 3286, une ode dédiée à Mlle Pajot d'Ardivilliers, f° 138.

> Je crois mademoiselle, découvrir la source du fatal préjugé qui m'a déclaré auteur satirique, c'est d'avoir donné sur la scène diverses parodies. Mais quel rapport a la *censure* d'un ouvrage avec la satire personnelle ? Le droit de *critiquer* les auteurs est en usage non seulement parmi les poètes mais encore parmi les écrivains les plus grands et même les plus sacrés. [...] Quand je fus associé en 1721 au privilège du *Mercure de France*, je renonçai volontairement à un commerce littéraire [en marge : * Les Nouvelles à la main], très lucratif et autorisé par le ministère, qui produisait à l'abbé Bucher de son arrêt plus de quatre-mille livres de rente et j'y renonçai pour n'être pas exposé aux malignes interprétations, et au mécontentement des particuliers qu'on est obligé de nommer dans ces manuscrits[1].

Même s'il convient de faire la part d'une certaine mauvaise foi de Fuzelier si l'on songe aux attaques personnelles retrouvées sous sa plume[2], on voit que la dimension critique mais non satirique est difficile à défendre. Fuzelier semble en avoir fait les frais puisque comme il le dit plus loin, il a été « censuré » par les éditeurs du Théâtre Italien : « [...] ils louent des auteurs qui n'ont jamais été loués que par eux, et on se console aisément de leur *censure* quand on obtient l'approbation du Journal des Savants[3] ». Ces confessions pourraient expliquer pourquoi la majeure partie de son œuvre est restée à l'état de manuscrit : il aurait été en quelque sorte « boycotté » par les éditeurs. Mais qu'en est-il réellement des attaques *ad hominem* dans le corpus des parodies d'opéras et trouve-t-on des cas de censure provoqués par ce type d'attaques ?

1 Fuzelier, *Cantates, Bouquets, Poésies diverses*, 1720. Arsenal, Ms. 9577, « À Mlle P. d'A. », p. XII-XIV. Nos italiques.

2 Voir notamment les « Pièces de vers adressés à des acteurs, chanteurs et danseurs du XVIIIe siècle », BnF, Rondel, Ms. 301 *bis* : à propos de La Serre : « Connaissez-vous sa langue surannée, / Obstinément chicaneuse, acharnée, / Et qui vous traite en lyrique avorton / Tantôt *Atys* et tantôt *Phaéton ?* [...] Mais laissons-là cet oison décrépit : / Votre goût fin me demande répit ; / Trop bien savez, sans qu'on vous les indique / Trier rimeurs de la bonne fabrique ».

3 Fuzelier, *Cantates, Bouquets, Poésies diverses*, *op. cit.*, p. XVI-XVIII.

LES ATTAQUES *AD HOMINEM* AUX PRISES AVEC LA CENSURE

L'abbé Pellegrin, pourtant auteur de parodies et même d'autoparodies, apparaît particulièrement chatouilleux sur le sujet des attaques *ad hominem*, *a fortiori* lorsqu'elles mettent en jeu la fonction ecclésiastique, comme en témoigne cette lettre à M. d'Harnoncourt :

> Vous savez, Monsieur, qu'on m'attribue l'opéra de *Télégone*[1]. M. Piron, votre ancien commis, fondé sur l'erreur publique, prétend me désigner dans le prologue d'une critique ou parodie de *Télégone* par Scaramouche en petit collet. Je ne doute point, monsieur, qu'une pareille insulte ne fût rayée de la pièce si monsieur le lieutenant de police ou celui qu'il commettra à l'examen en étaient instruits, mais on trompera leur religion et on leur cachera que ce Scaramouche qui distribuera les rôles sera un petit collet et voudra me désigner. En faut-il davantage pour faire rire à mes dépens un public qui me soupçonne d'être l'auteur de la pièce parodiée ? Je dis bien plus ; quand cela ne regarderait personne en particulier, on ne devrait pas faire cet affront à l'habit ecclésiastique et le prostituer sur un théâtre ; je suis persuadé, monsieur, que vous l'épargnerez à la robe et à la personne si vous voulez bien en dire un mot à monsieur le lieutenant de police dont la sagesse irait au-devant de pareils affronts, s'il en était instruit[2].

D'après Victor Hallays-Dabot, d'Harnoncourt voulut bien intervenir et la parodie de *Télégone* « ne fut pas jouée[3] ». Cette lettre montre les précautions prises par Pellegrin pour progresser masqué dans la carrière d'auteur d'opéra. Faut-il pour autant prendre au sérieux les scrupules religieux de celui qui « dînait de l'autel et soupait au théâtre / Le matin catholique et le soir idolâtre » (Rémi) ? Ne craint-il pas davantage pour lui-même[4] que pour « l'habit ecclésiastique » ? Rappelons qu'il sera le premier, en 1732, à adapter l'Histoire Sainte à l'Opéra dans *Jephté*, réconciliant ainsi les deux versants de sa vie. Or *Jephté* est précisément

1 *Télégone* de Pellegrin et La Coste est créé le 6 novembre 1725.

2 Bibliothèque de l'Arsenal, Ms. 3534. Lettre de l'abbé Pellegrin à M. d'Harnoncourt, receveur général des finances, à son hôtel, rue de Vendôme, vendredi 7 septembre 1725. Cette lettre autographe est publiée dans le *Messager des Théâtres et des Arts*, n° 47, daté du dimanche 14 juin 1857, Arsenal, Ms. 7117.

3 V. Hallays-Dabot, *Histoire de la censure théâtrale en France*, Paris, E. Dentu, 1862, p. 56.

4 Pellegrin s'est caché quasiment jusqu'à la fin de sa vie de son activité lyrique, pratiquant une forme d'autocensure.

l'un des rares cas de censures d'opéra dans la première moitié du siècle : des voix crient au scandale, ce qui provoque l'interruption des représentations. Le prologue des *Désespérés* de Lesage et d'Orneval, représenté le 7 juillet 1732 à la Foire Saint-Laurent, se fait l'écho de la censure dont fut victime *Jephté* lors de sa création :

> Avant cette pièce, on n'avait point encore vu l'Histoire Sacrée monter sur le Théâtre de l'Opéra. Elle avait le plus grand succès, lorsque, par le crédit de M. le Cardinal de Noailles, on en interrompit les représentations. On déplora ainsi le sort de cet ouvrage dans le prologue des *Désespérés* à l'Opéra-Comique. Air : *Or écoutez petits et grands* : C'est celui du pauvre Jephté, / Si digne d'être regretté ; / Hélas ! à la mort on le livre, / Quand il ne demande qu'à vivre ! / Tout Paris dit d'un ton plaintif : / Fallait-il l'enterrer tout vif[1] ?

Autre cas d'attaque *ad hominem* qui provoque un risque de censure, celui de La Serre. Au lendemain de la première de la parodie de *Pyrame et Thisbé* de Romagnesi et Riccoboni fils, La Serre tente d'obtenir la suspension de la pièce :

> [...] Je fus hier à la parodie de *Pyrame et Thisbé*. Je ne me plains point du bas et fade plaisant jeté dans ce déguisement de mon opéra, mais je me plains, monsieur, du divertissement qu'ils ont mis hors-d'œuvre après la pièce, divertissement où ils y a plusieurs couplets qui n'ont rien de commun avec la parodie ni la critique, mais où l'on a voulu mettre du ridicule personnel. Je suis Gascon, mais j'ai l'honneur d'être d'une noblesse connue de toute la France. Ainsi le mot de Gascon, de souplesse, d'astuce, de magotin, car le refrain est : « c'est un magotin », et quantité d'autres impertinences ne me vont point. Voici, monsieur, l'effrénée licence de l'ancienne comédie grecque que les sages magistrats d'Athènes punirent sévèrement : tous les couplets, après qu'Arlequin Pyrame s'est poignardé, sont tous calomnieux, et j'ai d'autant plus lieu de croire qu'ils ne vous ont pas été lus, que les acteurs les lisaient en les chantant ; ces messieurs sont sujets à fourrer des lardons de ce genre, sauf à les ôter si l'on s'en aperçoit. L'impunité est le fondement de leurs entreprises journalières. [...] Je suis sûr, monsieur, que monsieur le comte de Maurepas, qui aime, protège un ouvrage reçu généralement bien, qui d'ailleurs me connaît, et me fait l'honneur de m'accueillir d'une manière distinguée, vous saura gré de ce que vous ferez à ce sujet. J'irai tantôt à la Comédie-Italienne et j'ose espérer que je m'apercevrai de votre prompte justice[2].

---

1 Laporte et Clément, *Anecdotes dramatiques*, Paris, Duchesne, 1775, t. I, p. 479. Il ne s'agit probablement pas du Cardinal de Noailles car celui-ci est mort en mai 1729.

2 Arsenal, Ms. 3534, Lettre de La Serre, dimanche 10 novembre 1726. Citée par Gustave Desnoiresterres, *La Comédie satirique au XVIIIe siècle, histoire de la société française par l'allusion,*

La Serre préjuge quelque peu de l'avenir en se mettant sous la protection du ministre Maurepas car celui-ci écrivit sur le rapport du censeur ces trois mots sans appel : « Rien à faire ».

FACE À LA CENSURE[1]

Pour choisir les traits qu'il va épingler, le parodiste se fait « l'écho du parterre » et ce parterre, comme instance de censure, est un motif récurrent du répertoire métathéâtral de la première moitié du siècle. Le prologue de la parodie d'*Armide*, antichambre métathéâtrale qui dresse une poétique du genre parodique, évoque en guise de *captatio benevolentiae* le risque de censure, c'est-à-dire de critique, manifestée notamment par les sifflets auxquels les comédiens s'exposent :

> SYLVIA
> [...]
> En faveur de l'auteur, en faveur de moi-même,
> Pour qui votre bonté chaque jour est extrême,
> Messieurs, j'implore votre appui,
> Comme nous allons aujourd'hui
> L'exposer à votre censure,
> À vous seuls appartient le droit de le juger,
> Son sort est dans vos mains, c'est à vous de conclure[2].

Les instances de censure, que celles-ci soit officielles ou spontanées, peuvent donc intervenir pendant le cours des représentations. Les mesures de censure préalables quant à elles, peuvent s'appliquer à quelques scènes ou à quelques vers, mais aussi toucher l'ensemble de l'œuvre. *Les Ennuis*

---

la personnalité et la satire au théâtre, Paris, Perrin, 1885, p. 23-24. Cette lettre, le rapport de police au comte de Maurepas, ainsi qu'une seconde lettre de La Serre datée du 23 novembre 1726, sont reproduits par F. Rubellin, dans *Pyrame et Thisbé, un opéra au miroir de ses parodies 1726-1779*, Montpellier, Espaces 34, 2007, p. 303-306.

1 Rappelons que la censure dramatique fut instaurée en 1702 à l'occasion des représentations du *Bal d'Auteuil* de Boindin représenté à la Comédie-Française. Voir l'introduction de J. Dunkley à son édition de *Quatre comédies* de Boindin parue à la STFM, 1997.

2 Voir J. Bailly, *Théâtre et Œuvres mêlées*, Paris, Nyon, 1768, t. I, « Prologue de la parodie d'*Armide* », p. 6-9.

de Thalie[1], parodie de Pannard et Sticotti représentée le 12 juillet 1745 au Théâtre Italien, fait l'objet d'une mesure de censure ponctuelle de Crébillon père, lequel a « effectué et fait effectuer dans le texte de nombreuses suppressions (près de cent vers) et corrections (plus de dix vers), de nature morale, politique et stylistique[2] ». *Les Jardins de l'Hymen ou La Rose*, opéra-comique composé pour la Foire Saint-Laurent de 1726 « quoique revêtu de l'approbation des censeurs, essuya néanmoins beaucoup de difficultés, lorsqu'il fut question de le jouer[3] ». Piron adressa alors au comte de Maurepas une lettre pour lui demander la « protection » de sa *Rose :*

> [...] Un Abbé, commis à l'examen des pièces, qui se conforme aux scrupules et à la rigidité de la Police, envoya *La Rose* à M. Hérault, avec son approbation, et sans avoir fait aucune rature. Il y a plus, Monseigneur ; j'ai lu *La Rose* devant une compagnie où il y avait deux évêques sexagénaires [...] Les mots Rose, Rosier, Houlette et Jardin leur ont bien fait penser quelque petite chose ; mais ils convinrent tous, comme a fait l'examinateur, que le voile de l'allégorie était si heureusement tissu, qu'il n'y avait pas le plus petit trou, par où l'on pût voir la nudité. [...] Un Roi très-chrétien, ne dédaigna pas de secourir Molière dans un pareil cas, à l'occasion du *Tartuffe* ; et cependant, la même différence, qui se trouve à mon désavantage entre les deux auteurs, se trouve à mon avantage entre les matières et les conséquences des deux pièces[4].

Cette lettre eut tout le succès escompté mais il fallut attendre le 5 mars 1744 pour voir *La Rose* éclore sur scène. Parfois, il suffit de changer le titre d'une pièce pour qu'elle passe le rempart de la censure. Ainsi le 3 février 1737, *Le Prince nocturne ou Le Normand Dupé ou La Pièce sans titre*, opéra-comique de Favart et Pannard, ouvre la Foire Saint-Germain :

> Cette pièce fut faite à l'occasion d'un bruit qui courait alors à Paris, qu'il y avait un voleur de nuit, qui, seul de sa bande, faisait des vols très considérables. On disait qu'il se nommait le Prince et le public y ajouta l'épithète de nocturne ou ténébreux. La police ne permit pas que la pièce fut représentée sous ce nom ni sous celui du *Normand dupé*, qu'on y avait substitué au premier, elle ne passa que sous celui de la *Pièce sans titre*[5].

---

1 BnF, Ms. fr. 9324, f° 387-426. Il s'agit d'une parodie des *Fêtes de Thalie* de La Font et Mouret créées en 1714 et reprises le 29 juin 1745.

2 Christian Albertan et Anne-Marie Chouillet, « Autographes et documents », *Recherches sur Diderot et sur « L'Encyclopédie »*, n° 33, 2002, p. 238-239.

3 Avertissement en tête de *La Rose* de Piron, *Œuvres complètes*, éd. Juvigny, Paris, Lambert, 1776, t. III, p. 349.

4 *La Rose, op. cit.*, p. 350-351.

5 BnF, Ms. fr. 9325, f° 194.

Autre procédé pour contourner la censure, l'usage du sifflet-pratique[1] par les marionnettes. Le 28 février 1742, *La Prise d'une troupe de Comédiens par un corsaire de Tunis* (Ms. fr. 9313) est représentée par les marionnettes de Nicolet. L'autorisation signée par Crébillon figure en ces termes sur le manuscrit : « J'ai lu par ordre de Monsieur le lieutenant général de police une pièce qui a pour titre *Prise d'une troupe de Comédiens par un corsaire de Tunis* et je crois qu'on peut en permettre la représentation ce 28 février 1742 [...]. Vu, permis de représenter, cela à charge de ne parler qu'avec le sifflet ou la pratique, à Paris, 28 février 1742 ». Parfois, en dépit du sifflet pratique, les pièces pour marionnettes sont rejetées par la police et n'accèdent pas à la représentation. C'est le cas du *Sénat Calotin*, pièce de Carolet qui devait être représentée à la Foire Saint-Germain de 1731 mais qui « fut rejetée à la Police[2] » ou de *La Prise du fort de Kelle* (1734, Ms. fr. 9294).

Dans l'ensemble du corpus des parodies d'opéras de la première moitié du siècle, le seul texte interdit par la police qui soit parvenu jusqu'à nous, est une parodie manuscrite de la première entrée des *Fêtes d'Hébé* de Rameau et Montdorge par Favart. C'est le caractère sexuel et grivois des *Amours de Gogo* (la première entrée, « la Poésie », est aussi nommée « Les Amours de Sapho », d'où le titre choisi par Favart pour sa parodie), qui dut alarmer les censeurs. Amême (pour Thélème), intendant d'Amasse (pour Hymas), surprend Gogo, éprise de Timbré (pour Alcée), seule dans le bois et la soupçonne d'être venue « pour voir *incognito*, / Dans ces lieux déserts, / hom, hom ! la feuille à l'envers[3] ». Gogo se défend et prétend y être pour faire des vers dont elle tient le canevas, « sur la Béquille du Père Barnabas ». Une note d'Albert Rouxel, dans son édition des *Mémoires secrets du XVIIIe siècle*, éclaire l'origine de cette chanson grivoise : « Il y avait cinquante ans que l'on chantait, parmi le peuple, la chanson de la *Béquille du Père Barnabas*, faite à l'occasion d'un capucin qui avait été chez des filles et y avait laissé sa béquille, lorsqu'elle se répandit parmi les gens du monde et devint à la mode[4] ». La parodie comporte un

1 Il s'agit d'un accessoire vocal permettant au marionnettiste de déformer sa voix.
2 BnF, Ms. fr. 9315, f° 115.
3 *Les Amours de Gogo*, Bibliothèque de l'Opéra, Fonds Favart, III, 5, p. 7.
4 S.-H. Dubuisson, *Lettres du commissaire Dubuisson au marquis de Caumont (1735-1741), Mémoires secrets du XVIIIe siècle*, éd. A. Rouxel, Paris, Arnould, 1882, n. 1 p. 391. La chanson du père Barnabas fut composée vers la fin du XVIIe siècle et revint à la mode en 1737.

spectacle enchâssé qui est une fête allégorique intitulée « Les amours du Jet d'eau et de la Cascade » présentée par Gogo. Dans l'œuvre originale, la scène 4 est en effet une « fête allégorique » chantée par les esclaves de Sapho, dont le décor représente une « campagne agréable. Le point de vue est terminé par le cours d'un fleuve, et l'on aperçoit sur le devant, une naïade couchée sur son urne ». Cascade chante un couplet parodié de l'air du divertissement aquatique d'*Atys* « l'eau qui tombe goutte à goutte » (IV, 5) dont le caractère sexuel est manifeste :

Les Amours de Sapho, Montdorge et Rameau	*Les Amours de Gogo*, Favart
LA NAÏADE Le Ruisseau que j'aimais, infidèle et parjure, Méprise mes soupirs, il détourne son cours. Je n'entends plus que le murmure Qu'il me jurait, que j'entendrais toujours.	CASCADE Mon amant n'est qu'un parjure Il méprise mes amours Je n'entends plus son murmure Il a détourné son cours Ah ! qu'à mon cœur il en coûte ! Ce Jet d'eau mon favori Ne va plus que goutte à goutte, Ou plutôt il est tari.

On entend alors dans la cible « un bruit souterrain » qui est le Fleuve agitant « son onde », et dans la parodie, une symphonie qui imite le bruit d'un torrent. Le chœur parodique s'enfuit en chantant sur l'air des Tritons d'*Isis*, *C'est le Dieu des eaux qui va paraître* : « C'est le réservoir qui se débonde ! / Fuyons, crainte qu'il ne nous inonde ». Ce timbre, par le biais de son intertexte, réactualise le référent aquatique et contribue à filer la métaphore. Cascade veut fuir à son tour à la nage, mais le Réservoir la retient et chante sur l'air d'*Atys*, dont le sens connoté par l'hypotexte sous-jacent « L'eau qui tombe goutte à goutte » vient démentir la promesse de « grossissement des eaux » de l'amant :

Calmez-vous ma claire amie
Je viens finir vos tourments ;
Je me sens l'âme attendrie,
De vos doux gazouillements.
N'allez pas tomber malade
Avec vos soupçons jaloux
Votre amant belle Cascade

Grossira ses eaux pour vous.
Air : *Pinbiberlopinlorelobinet*
Ignorant qu'il fut votre fait,
Pinbiberlopinlorelobinet,
J'ai détourné son robinet,
Pinbiberlopinlorelobinet.
Air : *Amis sans regretter Paris*
Vous plaire en tout est mon dessein :
Votre amant belle blonde,
Va porter dans votre bassin,
Le tribut de son onde.

Le Jet d'eau parodique retrouve la Cascade. Ils se réunissent et souhaitent « même lit ». La métaphore sexuelle et aquatique est filée par les amants :

LE JET D'EAU
Air : *Tout le long de la rivière les mariniers vont tour à tour*
Pour vous mon onde s'empresse
De reprendre son premier cours,
Elle s'élèvera sans cesse.
LA CASCADE
Pour vous je coule
Pour vous je coulerai toujours.

Ils finissent par chanter un duo d'amour dans lequel la Cascade chante « Je ne tomberai que pour vous » et le Jet d'eau « Je ne jaillirai que pour vous ». Dans le ballet, la scène 4 se termine sur le passage obligé du duo amoureux, point culminant de la sensualité musicale de Rameau, entonné par la Naïade et le Ruisseau réunis :

Je vous revois ; tout cède à la douceur extrême
De retrouver l'objet qu'on aime.
J'ai vu troubler mes eaux des pleurs que j'ai versés :
Perdons le souvenir de nos tourments passés,
Je vous revois ; tout cède à la douceur extrême
De retrouver l'objet qu'on aime.

En composant une parodie érotique, Favart révèle que cette dimension est déjà à l'œuvre dans *Les Amours de Sapho*. Cette parodie est une invitation à écouter l'érotisme latent dans la musique de Rameau en rendant manifestes des traits qui sont déjà présents dans la cible. La redécouverte de cette pièce permet en outre de nuancer le tableau d'un

Favart qui passe souvent pour celui grâce auquel le langage forain gagne en morale et en réalisme – notamment par le biais de l'insertion massive des paysans dans le répertoire forain[1].

Au terme de ce parcours, on a vu la parodie se réclamer de la censure morale au nom de ses vertus critiques, et on l'a vue aux prises avec la censure lorsqu'elle s'aventurait sur le terrain de la religion, de la politique, des attaques *ad hominem* ou de la sexualité. Les cas de censure restent relativement rares pour le répertoire du théâtre musical et concernent davantage le répertoire resté à l'état de manuscrit ou non-officiel, comme celui des marionnettes, paradoxalement plus libre mais également peut-être plus sujet aux dérives subversives que le répertoire officiel doté de privilège. La parodie d'opéra ne pouvait pas se permettre d'être un genre subversif et ne porte pratiquement jamais atteinte aux autorités politiques ou religieuses. Le fait que les prologues des opéras de Lully et Quinault à la gloire de Louis XIV ne soient quasiment jamais parodiés est à ce titre éloquent. Pour ce qui est du répertoire de l'Académie royale de musique, outre le cas de *Jephté* et celui de *Samson* de Voltaire et Rameau[2], interdits par la censure en tant que sujets bibliques, il n'y a guère que *Les Amours de Mars et de Vénus* de Danchet et Campra, interdits par Louis XIV en 1712, en raison de trop larges concessions au comique. Selon Dominique Quéro, il s'agit d'un « cas unique de censure dans l'histoire de l'Académie royale de musique[3] ».

Reste que c'est toujours le texte et jamais la musique que les censeurs incriminent ; la musique, volatile et immatérielle, échappe dans une certaine mesure à la censure. Jusqu'en 1786, en France, les œuvres musicales sans paroles ne nécessitent aucune permission royale et ne sont soumises à aucune forme de censure explicite[4]. Et pourtant, ce n'est pas un hasard si Bossuet condamne les petits airs des divertissements d'opéra et leur pouvoir d'insinuation durable dans la mémoire

1 Voir par exemple A. Font, *Favart, l'opéra-comique et la comédie-vaudeville aux* XVII*e et* XVIII*e siècles*, Paris, Fischbacher, 1894 ; Genève, Slatkine, 1970.

2 Voir Béatrice Ferrier, « Un chef-d'œuvre inconnu de Voltaire et Rameau : l'opéra de *Samson* », *Voltaire à l'opéra*, études réunies par François Jacob, Paris, Classiques Garnier, « L'Europe des Lumières », n° 7, 2011, p. 51-79.

3 Dominique Quéro, *Momus philosophe. Recherches sur une figure littéraire du* XVIII*e siècle*, Paris, Champion, 1995, p. 274.

4 Voir Peter Szendy, *Tubes. La Philosophie dans le juke-box*, Paris, Éditions de Minuit, 2008, p. 72.

des auditeurs[1] : ce sont eux qui demeurent dans la tête et circulent avec d'autres paroles, dans d'autres lieux et jusque dans les couvents et les églises[2]. Ainsi « L'Art de F*** ou Paris F*** sur la musique du prologue de *L'Europe galante* », est un ballet parodique représenté aux Porcherons dans le B*** de Mademoiselle de la Croix, le premier janvier 1741[3]. C'est peut-être finalement sur la scène des théâtres de société que l'on trouve une liberté de ton à l'abri de toute censure, mais là encore, l'usage des étoiles est une forme d'autocensure dont les usages restent à décrypter.

Judith LE BLANC
Université de Rouen
CÉRÉdI – EA 3229

1 « Cessez et songez encore, si vous jugez digne du nom de chrétien ou de prêtre, de trouver honnête la corruption réduite en maximes dans les opéras de Lully, avec toutes les fausses tendresses, et toutes ces trompeuses invitations à jouir du beau temps de la jeunesse, qui retentissent partout dans ses poésies. Ses airs, tant répétés dans le monde, ne servent qu'à insinuer les passions les plus décevantes, en les rendant les plus agréables et les plus vives qu'on peut par les charmes d'une musique, qui ne demeure si facilement imprimée dans la mémoire, qu'à cause qu'elle prend d'abord l'oreille et le cœur », Bossuet, *Maximes et Réflexions sur la Comédie*, Paris, Jean Anisson, 1694, p. 6-8.

2 Voir J. le Blanc, « Derrière les murs du couvent. Parodies (anti)spirituelles », dans *De la conversation au conservatoire*, éd. A. Zygel-Basso et K. Gladu, Paris, Hermann, 2014, p. 217-240.

3 L.-C. de La-Baume-le-Blanc de La Vallière, *Ballets, Opéras, et autres ouvrages lyriques par ordre chronologique depuis leur origine* avec une table alphabétique des ouvrages et des auteurs, à Paris, Quai des Augustins, Chez Cl. J. Baptiste Bauche, Libraire, à l'Image Sainte Geneviève et à St Jean dans le Désert, 1760, p. 198-199. Les Porcherons sont un « hameau hors les murs de la capitale, dans le quartier parisien actuel de la Trinité, où se trouvait aussi le "couvent profane" où les pensionnaires interprétaient des pièces obscènes », F. Moureau, « Échos des scènes privées dans les nouvelles à la main du XVIIIe siècle », *Ris, masques et tréteaux. Aspects du théâtre du* XVIIIe *siècle. Mélanges en hommage à David Trott*, éd. M.-L. Girou-Swiderski, S. Massé et Fr. Rubellin, Laval, Presses de l'Université de Laval, 2008, n. 27 p. 299.

LA CRITIQUE ACADÉMIQUE AU SERVICE DU CONTRÔLE SOCIAL[1] DANS LES PROJETS DE L'ABBÉ DE SAINT-PIERRE

Pour Reinhardt Koselleck, l'abbé de Saint-Pierre, membre actif du club de l'Entresol, serait « l'un des premiers et des plus célèbres représentants de la nouvelle société qui dirigeaient leur critique contre l'état absolutiste[2] ». Sa faute aurait été de suggérer au cardinal de Fleury l'officialisation de cette académie privée vouée à la critique politique, de vouloir sortir de la séparation entre for intérieur, jugement de la conscience, critique privée d'une part, espace public et rôle politique d'autre part. La recherche récente, en particulier les travaux de Nannerl O. Keohane, Thomas Kaiser, Simona Gregori, ont souligné que l'auteur du *Projet de paix perpétuelle*, ardent sectateur des Modernes, avait au contraire élaboré une audacieuse et systématique tentative de redressement de la monarchie absolue, pour répondre à la grave crise qu'elle traversait[3]. L'abbé de Saint-Pierre ne s'oppose pas à l'absolutisme : il le radicalise en renforçant une autorité unique rationalisée, au service du plus grand nombre, appuyée sur un appareil technocratique constitué par une sélection des talents par

---

1 Expression introduite en anglais (« social control ») en sociologie par les travaux d'E. A. Ross (*Social Control, A Survey of the Foundation of Order*, New York, MacMillan Company, 1901), dont la traduction française a fait débat, car l'auteur désignait par cette expression la capacité d'une société à se réguler elle-même en fonction des principes et des valeurs souhaités (autorégulation par influence) et non un contrôle coercitif, en faisant l'économie d'une analyse de la place et du rôle de l'État. Aujourd'hui l'expression française désigne à la fois le contrôle formel étatique, les institutions pénales et les pratiques sociales imposant implicitement des normes progressivement intériorisées, comme celles étudiées par Norbert Elias.

2 R. Koselleck, *Le Règne de la critique*, Paris, Éditions de Minuit, 1979 [1re éd. en allemand 1959], p. 55.

3 N. O. Keohane, *Philosophy and the State in France – The Renaissance to the Enlightenment*, Princeton, Princeton University Press, 1980, chap. 11-13 ; Th. Kaiser, « The Abbé de Saint-Pierre, Public Opinion, and the Reconstitution of the French Monarchy », *Journal of Modern History*, LV, 1983, p. 618-643 ; S. Gregori, *L'Enfance de la science du gouvernement, Filosofia, politica e istitutioni nel pensiero dell'abbé de Saint-Pierre*, Macerata, EUM, 2010.

scrutin, une véritable formation à la « science du gouvernement ». Il fait intervenir l'opinion publique en mettant en débat la science politique qui doit être constamment perfectionnée, en concevant la transparence des nominations et des décisions. La critique est chez lui, en faveur du progrès, du perfectionnement mais aussi du renforcement de l'état et de la cohérence du for intérieur et de l'extérieur, de l'absorption de tout jugement, moral et esthétique, dans la sphère politique. On examinera ici l'évolution de sa conception de la critique littéraire, depuis son premier projet, au sein de l'Académie française, jusqu'à ses projets plus tardifs, élaborés dans le cadre d'un vaste de plan de gouvernement.

L'abbé de Saint-Pierre, grâce à l'appui des Modernes dont il défendait la cause, fut élu à l'Académie française en 1695. Son *Discours de réception*, prononcé le 3 mars 1695 contenait une conception affirmée du rôle de l'Institution qui l'accueillait. Il prônait la diffusion des Lumières de la raison et des connaissances, la paix en Europe, et une utilisation du plaisir produit par une éloquence perfectionnée en faveur de la vérité et de la vertu. La culture de l'esprit et des lettres, la recherche de leur perfectionnement par la critique des ouvrages de goût étaient déjà subordonnées à des finalités morales, religieuses et politiques[1]. Son *Discours sur le sujet des conférences futures de l'Académie française*, imprimé d'une centaine de pages qui porte la date du 29 octobre 1712[2] va relancer un débat sur les occupations de l'académie qui s'était, entre 1694 et 1705, focalisé sur le *Traité de grammaire française*[3]. Dans les statuts de l'académie, il était prévu, à côté de la rédaction du dictionnaire et d'une grammaire, l'examen des écrits des bons auteurs pour en tirer des règles générales, et l'élaboration d'une poétique et d'une rhétorique. Mais comme on le sait, l'essentiel de l'activité de l'Académie avait porté sur le premier point du programme. La deuxième édition du *Dictionnaire* allait être publiée ; il convenait donc de définir de nouvelles priorités. C'est vers l'activité critique et la fixation de normes de goût que Castel

1 « Discours prononcé par M. l'Abbé de Saint-Pierre le jour de sa Réception à l'Academie françoise, à la place de feu M. Bergeret », dans *Recueil de plusieurs pièces d'éloquence et de poésie présentées à l'académie française*, Paris, J.-B. Coignard, 1695.

2 Brochure conservée à la Bibliothèque de Genève sous la cote Ac. 53 (4), s. l. n. d., in-4°, 99 pages, avec des corrections manuscrites de l'abbé de Saint-Pierre, y compris l'inscription de la date à la p. 99 : « À Paris, 29 octobre 1712 ».

3 Sur ces débats, voir A. François, *La Grammaire du purisme et l'académie française au* XVIII*e siècle*, Paris, G. Bellais, 1905 (reprint Slatkine, 1973).

de Saint-Pierre proposa d'orienter les occupations de l'institution. Il envisageait un journal d'observations portant sur des auteurs morts qui avaient été membres de l'académie, dont on relèverait les qualités et les défauts pour former le goût. Certains de ses confrères, Valincour, l'abbé Genest, Fénelon, répondirent par d'autres propositions. Ce sont celles de Valincour en faveur d'éditions commentées d'auteurs classiques, sur le modèle de celle de Malherbe par Ménage, ou de Boileau par Brossette qui l'emporteront, sans cependant que le débat lancé par Saint-Pierre ait eu une réelle influence ; seule la contribution de Fénelon eut une diffusion un peu élargie avec la publication posthume de sa *Lettre à l'Académie* (1714). En 1712 et dans la version de 1717[1], Saint-Pierre présentait de la critique une image conforme à ce que l'institution avait déjà produit et proposerait encore comme modèle au cours du XVIIIe siècle : les *Sentiments sur le Cid* de Chapelain et Conrart. Après 1718, l'abbé, exclu de la noble institution pour ses critiques contre la politique de Louis XIV, à l'occasion de son *Discours sur la Polysynodie*, exprimera ses idées sur le fonctionnement académique, mais en dehors de l'académie où il ne peut plus siéger[2]. Il va infléchir sa conception de la critique dans une direction qui fait de l'objectif moral et politique et du fonctionnement académique des caractéristiques englobantes qui vont s'étendre à l'ensemble des domaines d'activité qu'il importe de régler pour assurer un perfectionnement général. Une comparaison des variantes de son projet est à cet égard éclairante :

En 1712 et 1717, dans les deux versions du projet proposé à l'Académie française il écrivait :

> Il me semble que l'observateur ne doit pas avoir en vue de montrer ni la fausseté d'une opinion, ni ce qu'il y aurait de répréhensible dans un sentiment, il laissera aux philosophes, aux théologiens, aux prédicateurs, aux historiens à désabuser le public de semblables erreurs, il s'attachera bien moins au fonds des choses qu'ils traitent, qu'à la manière de les expliquer, et à l'effet qu'elles peuvent produire par rapport à la persuasion, qui est le but de l'Auteur [...]

1 Dans *Histoire de l'académie française* par M. Pellisson, continuée par d'Olivet, Amsterdam, J.-F. Bernard, 1717.

2 Alexandre Dupilet suggère que le discours de l'abbé de Saint-Pierre est le coup de grâce donné à la polysynodie car son projet serait une critique du gouvernement par conseils tel qu'il a fonctionné depuis septembre 1715 et dans un contexte où le régent souhaitait mettre un terme à l'expérience, décriée par l'opinion (*La Régence absolue, Philippe d'Orléans et la polysynodie (1715-1718)*, Seyssel, Champ Vallon, 2011).

> L'Observateur ramènera donc toujours autant qu'il pourra, ses réflexions à l'art de bien écrire en toutes sortes de genres, sur toutes sortes de sujets : ainsi il ne mettra point comme on dit, sa faux dans la moisson des autres espèces de savants[1].

En d'autres termes, la critique qu'il promeut à ce moment-là exclut toute forme de censure religieuse ou de réfutation philosophique pour s'attacher à la qualité rhétorique et poétique des écrits, à l'appréciation des effets produits au regard des objectifs de l'auteur, dans le cadre conventionnel du *docere/placere*. La critique est ainsi conçue comme l'appréciation de « l'art de bien écrire ». Il existerait un domaine particulier de compétences propre aux membres de l'Académie française, qui ne sauraient se confondre avec le travail des censeurs, au sens général du terme, qui débusquent les opinions hétérodoxes, les raisonnements mal fondés ou la fausse érudition. De ce point de vue, les *Sentimens de l'Académie française, sur la tragi-comédie du Cid*, publiés par Chapelain et Conrart[2] constituent pour Castel de Saint-Pierre un modèle pour les occupations futures de l'institution. La rédaction des observations sur les ouvrages des bons auteurs vise donc à ce moment de sa carrière « à former dans les gens du monde un discernement juste et délicat, [...] à faire éviter aux Écrivains les fautes les plus cachées contre la pureté du langage et la netteté du style, et particulièrement contre la délicatesse du goût et la justesse du raisonnement[3] ».

Les modifications apportées au texte en 1740, dans une version manuscrite conservée à Neuchâtel, sont très significatives : ainsi il convient de relever avec les fautes « contre la délicatesse du goût et la justesse du raisonnement » celles « contre la justice et les devoirs du bon sujet du bon citoyen » ; il importe non seulement de formuler des « règles de bien juger des Ouvrages d'esprit », mais aussi de ce « qui est juste ou injuste, vertueux ou méprisable[4] ».

En revenant au passage cité plus haut sur le partage des compétences entre savants, qui permet de définir la critique propre à l'Académie

1 Bibliothèque de Genève, cote Ac. 53 (4), s. l. n. d., p. 24 ; *Histoire de l'académie française* par M. Pellisson, éd. citée, p. 36.

2 Paris, J. Camusat, 1638. Voir l'édition de J.-M. Civardi, *La Querelle du Cid (1637-1638)*, édition critique intégrale, Paris, Honoré Champion, 2004.

3 *Histoire de l'académie française* par M. Pellisson, éd. citée, p. 13.

4 BPU Neuchâtel, Ms 140, p. 7.

française, on constate que l'abbé a modifié sa conception de la critique des ouvrages d'esprit, qui doit, selon lui, dorénavant, s'intéresser « au fonds des choses » et à l'utilité :

> Par exemple, l'observateur dira quand les philosophes, les historiens, n'apporteront que des opinions douteuses, ainsi il s'attachera quelquefois au fonds des choses qu'ils traitent, et à la manière dont ils les traitent, par rapport au dessein qu'ils ont de persuader. L'Observateur examinera s'il emploie les moyens les plus propres pour arriver à son but ; [...] il ramènera donc toujours, autant qu'il pourra, ses réflexions à l'art de bien écrire en toutes sortes de genres, sur toutes sortes de sujets et avec le plus d'utilité pour ses Lecteurs[1].

À l'appui de cette comparaison entre les deux versions du projet, on invoquera aussi cette addition, qui après un développement sur l'appréciation des qualités rhétoriques et poétiques d'un ouvrage, affirme :

> [...] L'Académie vise encore à rendre ses lecteurs bons citoyens et par conséquent plus justes et plus bienfaisants, ce qui vaut mieux que bons grammairiens, que bons poètes et beaux discoureurs[2].

On pourrait multiplier les exemples de variantes qui mettent en évidence l'évolution du projet vers des préoccupations morales et politiques visant le bonheur public. En 1726, l'auteur a fait paraître dans le *Mercure de France* un écrit qui est un jalon très significatif dans sa conception de la critique : son « Mémoire de M. l'abbé de Saint-Pierre pour rendre les spectacles plus utiles à l'état[3] ». Sa position consiste à assumer pleinement des objectifs moraux et politiques dans le jugement des spectacles et œuvres qui relèvent des belles-lettres. Mais il rompt délibérément avec la réprobation qui pèse sur le théâtre et avec le discrédit jeté sur tout roman, ignorant aussi bien la condamnation traditionnelle du genre dramatique pour raisons religieuses, que le mépris pour la fiction narrative au nom de l'absence de modèles antiques présentables. Dans une position inspirée de Hobbes et de Nicole, l'abbé de Saint-Pierre veut orienter les comportements en utilisant le plaisir comme un aiguillon susceptible de servir l'intérêt collectif et de favoriser l'harmonie sociale. Son « Mémoire [...] pour rendre les spectacles plus utiles à l'état » illustre pleinement cette conception :

1 *Ibid.*, p. 28-29.
2 *Ibid.*, p. 30.
3 *Mercure de France*, Paris, G. Cavelier, avril 1726, p. 715-731.

> Les hommes n'ont rien de solide et de durable à opposer au furieux désir des plaisirs des sens si nuisibles dans leur excès à la société, que le ressort ou le désir des plaisirs de la distinction la plus précieuse qui tend toujours au plus grand bonheur de cette même société[1].

Or le théâtre peut utiliser le désir de se distinguer, le plaisir d'être admiré, pour conduire à la vertu. Les genres sérieux permettent d'« inspirer, [d']entretenir et [de] fortifier l'amour pour la patrie et des sentiments de courage, de justice, et de bienfaisance », pour les genres comiques d'inspirer du dégoût pour les vices, reprise du traditionnel *ridendo corrigere mores*[2]. Plus significative que ces arguments assez convenus, est la traduction politique que donne immédiatement l'abbé de ces objectifs. L'utilisation du théâtre à des fins morales doit rentrer dans la machine administrative du pouvoir par une Compagnie d'une quinzaine de citoyens, les uns nommés, les autres élus, dirigeant les spectacles pour produire des mœurs désirables dans la société :

> [...] Pour diriger les poètes eux-mêmes et leurs ouvrages vers la plus grande utilité publique, il est à propos 1°. que le Conseil établisse une Compagnie de douze ou quinze bons citoyens connaisseurs, qui aient la direction des Spectacles uniquement par rapport aux bonnes mœurs, c'est-à-dire, aux mœurs désirables dans la Société, le Roi nommera les quatre premiers, ces quatre nommeront le cinquième au scrutin, les cinq nommeront le sixième, les six nommeront le septième, et ainsi de suite[3].

Le Ministère sera chargé d'inciter le public à aller nombreux aux spectacles et les financera. Saint-Pierre considère ainsi que l'État doit payer par des pensions une partie des frais des spectacles. Les poètes chargés d'écrire ce théâtre vertueux seront choisis par la Compagnie affectée à la direction des spectacles parmi ceux qui « auront fait plus de Pièces, qui soient en même-tems plus agréables aux spectateurs, et plus utiles aux bonnes mœurs ». Pour les encourager, on fera ces poètes Officiers, c'est-à-dire qu'on créera des charges qui leur apporteront « du revenu, de l'illustration et même une noblesse héréditaire attachée à la qualité de *premier*[4] ». Voici donc pour les instruments administratifs et politiques. L'abbé examine ensuite en quoi doit consister la tâche de ces Officiers

1 *Ibid.*, p. 722.
2 *Ibid.*, p. 715-716.
3 *Ibid.*, p. 716.
4 *Ibid.*, p. 717.

poètes. En sectateur résolu des Modernes, l'auteur croit au progrès de l'esprit humain et au perfectionnement infini, y compris dans le domaine des ouvrages de goût. Son raisonnement est simple : certaines pièces ont été appréciées du public par le passé mais elles mériteraient d'être perfectionnées par rapport aux mœurs et parce que la langue change, que « la raison croît et [que] le goût se raffine[1] ». Pourquoi ne pas profiter de leurs qualités qui suscitent l'attrait du public, tout en les débarrassant des défauts qui nuisent à l'objectif de la direction des spectacles et en leur ajoutant des qualités supplémentaires ? Ce réductionnisme qu'on ose à peine qualifier de cartésien ne recule devant aucune hypothèse. Sans barguigner, l'abbé imagine de perfectionner les succès de Molière, Corneille et Racine, dans le sens de l'utilité publique. Derrière cette conception de la création littéraire se laisse apercevoir le modèle des sciences. En effet du côté des philosophes modernes partisans de Descartes, l'idée d'une accumulation des savoirs permettant une constante amélioration des connaissances était la réponse aux accusations de plagiat lancé contre le maître par les anticartésiens, auxquelles répondit en particulier Adrien Baillet dans sa biographie de l'auteur du *Discours de la méthode*[2]. Les idées d'amélioration, de perfectionnement réfutent les griefs des Anciens en même temps qu'elles légitiment la science nouvelle. C'est ce parallèle avec la question des conditions de l'invention et du progrès scientifique, qui conduit l'abbé de Saint-Pierre, auteur d'une lettre à Huet en faveur de Descartes, à penser qu'« il est bien plus facile au même auteur de perfectionner un ouvrage qui a déjà plusieurs beautés et de le faire excellent que d'en faire un tout neuf qui soit exempt de défauts, et rempli de plus grandes beautés et en plus grand nombre que l'ancien qui était déjà fort bon ». Bien que le droit d'auteur ne soit pas fixé, l'abbé perçoit les difficultés de cette position : comment trouver un poète qui accepterait d'être *perfectionneur* plutôt qu'auteur, de risquer de passer pour plagiaire s'il reprend les plus belles scènes et les plus beaux vers de prédécesseurs ? À cela l'abbé répond qu'il faut créer un prix pour le perfectionnement de telle pièce déterminée à l'avance et qu'il faut récompenser par une pension le sacrifice fait au public, « de donner son tems et son talent à

1 *Ibid.*, p. 718.

2 *Vie de Descartes*, Paris, D. Horthemels, 1691, seconde partie, liv. VIII, chap. 10, p. 530-537 ; voir J.-R. Armogathe, « Une ancienne querelle », postface à *La Querelle des Anciens et des Modernes, XVIIe-XVIIIe siècles*, éd. A.-M. Lecoq, Paris, Gallimard, 2001, p. 820-823.

perfectionner l'ouvrage d'autrui et à préférer ainsi l'utilité publique à sa réputation particulière[1] ». Dans les procédés qui aident à diriger le théâtre par l'intermédiaire du Bureau des spectacles, l'abbé de Saint-Pierre s'attarde sur l'intérêt moral du ridicule. Il approuve les parodies d'opéras qui discréditent les maximes lubriques[2], et voit dans Don Quichotte un moyen efficace de faire cesser la folie des valeurs chevaleresques « qui faisait mépriser les devoirs ordinaires de la vie pour courir après une réputation chimérique et mal entendue ». Mais il met en garde contre la propension à ridiculiser les pièces sérieuses dans lesquelles « la vertu est honorée et le vice puni[3] ». On comprend vite, à la lecture, que la compagnie perpétuelle qu'il imagine, composée de connaisseurs et de bons politiques, chargée de promouvoir les spectacles visant à « augmenter le bonheur de la Nation », ne se contentera pas de mettre en œuvre des mécanismes d'incitation à produire un théâtre vertueux. Elle devra aussi mettre bon ordre aux égarements des œuvres originales quelle que soit la notoriété de l'auteur. C'est dans la nature de l'examen des grands auteurs que se rejoignent assez nettement critique et censure :

> Je doute que de pareils connaisseurs [*ceux qui composeraient cette compagnie perpétuelle*] eussent jamais passé à Corneille l'approbation tacite du duel que l'on trouve dans *Le Cid*. Je doute qu'ils eussent souffert à Racine d'employer tout son art à diminuer l'horreur naturelle que nous devons avoir du crime de Phèdre, [...]. Je crois même qu'ils eussent aperçu et qu'ils eussent condamné dans les ouvrages de Molière un grand nombre d'endroits où quelques sentiments de justice et de bienfaisance sont dans la bouche de gens d'ailleurs odieux et méprisables.
> En effet, si le poète doit diriger le sens moral des spectateurs, il doit à son tour être dirigé :
> Et voilà pourquoi il faut une compagnie de Censeurs moralistes et politiques qui ait soin de diriger suffisamment le poète vers le but de l'utilité publique, tandis que son intérêt le dirige suffisamment vers l'agréable, c'est-à-dire, vers son utilité particulière[4].

La compagnie imaginée par Saint-Pierre aurait corrigé Corneille pour son apologie du duel dans le *Cid*, Racine pour la passion incestueuse de Phèdre, Molière pour avoir par le comique brouillé les frontières de la vertu et du vice. Cette censure ne s'exercera pas seulement sur les œuvres

1 *Mercure de France*, *op. cit.*, avril 1726, p. 719.
2 Voir plus haut dans le présent volume l'article de J. le Blanc, p. 122-123.
3 *Ibid.*, p. 725-726.
4 *Ibid.*, p. 727.

mais aussi sur les représentations afin de « contenir les Auteurs et les Comédiens dans les règles des bienséances et des bonnes mœurs » par le biais de deux commissaires disposant de places de droit à l'amphithéâtre et jouant le rôle de « censeurs publics ». Finalement grâce à cette académie pour diriger les spectacles, les parents pourraient conduire leurs enfants au théâtre comme on les emmène au sermon. « Et l'on verra ainsi le plaisir devenir très avantageux au bon gouvernement, ce qui est le sublime de la politique[1]. »

De 1712 à 1717, Castel de Saint-Pierre envisage donc la critique à travers le modèle des *Sentiments de l'Académie française, sur la tragi-comédie du Cid*. En 1726, l'abbé peut déployer son système en faisant de la critique l'une des branches de la construction politique qu'il imagine pour le plus grand bonheur du plus grand nombre. On a vu qu'en la subordonnant à son projet de réorganisation politique, il envisage l'institution académique, composée de connaisseurs, comme une instance de censure.

Ce que Saint-Pierre a imaginé pour les spectacles, il l'imagine aussi pour les livres : en 1733 il fait paraître dans le deuxième tome de ses *Ouvrages de politique et de morale* un *Projet pour rendre les livres et les autres monuments plus honorables pour les auteurs futurs et plus utiles pour la postérité*[2], dont le titre initialement prévu et transcrit dans une version manuscrite conservée à Rouen comporte le néologisme *Bibliomètre*[3].

Dans cet ouvrage l'abbé de Saint-Pierre édicte les règles selon lesquelles on peut mesurer la valeur d'un ouvrage d'esprit, comme celle d'un monument ou d'une institution. Cette critique des ouvrages au sens de jugement ou d'examen est sous-tendue par une conception utilitariste avant la lettre des critères d'appréciation :

> RÈGLE
> La valeur d'un livre, d'un règlement, d'un établissement ou autre monument public est proportionnée au nombre et à la grandeur des plaisirs actuels qu'il procure et des plaisirs futurs qu'il doit procurer au plus grand nombre d'hommes.
> EXPLICATION
> La valeur d'une chose c'est le résultat de l'estime qu'en font les hommes ; or les hommes n'estiment et ne doivent estimer les ouvrages qu'à proportion que ces ouvrages contribuent à augmenter leur bonheur, c'est-à-dire à proportion

1 *Ibid.*, p. 729-730.
2 *Ouvrages de politique*, tome II, Rotterdam-Paris, Beman-Briasson, 1733, p. 231-268.
3 *Bibliomètre ou méthode pour comparer la valeur des monuments humains*, BM de Rouen, Ms 948, t. I, p. 973-991.

> qu'ils leur procurent de plaisirs actuels plus grands et plus durables, ou à proportion qu'ils les délivrent de maux plus grands et plus durables, soit pour le présent soit pour l'avenir[1].

Dans une perspective à la fois eudémoniste et quantitativiste, le plus grand bonheur du plus grand nombre est le critère décisif pour juger les œuvres. L'abbé soutient ainsi que l'invention de l'imprimerie peut valoir bien davantage que les œuvres de Newton et de Leibniz par le caractère extensif de son utilité. Il faut donc non seulement diriger les auteurs pour les inciter à produire des ouvrages utiles mais il convient également de diriger l'opinion du public afin de l'aider « à rectifier son estime sur la règle immuable de ce qui est plus ou moins estimable[2] ». Puisque la quantité de plaisirs éprouvés ou de souffrances évitées est le critère essentiel de cette critique, l'abbé n'hésite pas à comparer une comédie qui soulage 1 800 familles riches à une réforme fiscale (la sienne en l'occurrence) qui peut soulager 18 000 familles pauvres[3]. L'abbé imagine donc de convertir en valeur monétaire les plaisirs procurés et les souffrances évitées. Dans ce calcul les ouvrages d'agrément souffrent d'un sérieux handicap. Castel de Saint-Pierre place au sommet de la hiérarchie des livres ceux qui formulent des lois et règlements, qui visent à perfectionner le gouvernement des états, de loin les plus utiles. Ces ouvrages sont donc bien supérieurs, dans ce calcul, aux livres d'histoire, aux romans, aux comédies et aux opéras. Ces critères de jugement vont tout naturellement conduire l'abbé à se féliciter de la censure d'État appliquée par la direction de la librairie et à ajouter en 1738 une addition concernant les mesures de proscription du roman prises en 1737, dont il se félicite :

> De-là il suit, que M. le Chancelier Daguesseau fait sagement de refuser aux auteurs la permission d'imprimer des Romans qui gâtent les mœurs pour obliger les auteurs à se rendre capables de faire de bons ouvrages solides qui rendent la conduite plus raisonnable et plus vertueuse[4].

Le recours à la censure est invoqué non seulement au sein de l'appareil d'état imaginé par l'abbé mais dans sa condamnation sans équivoque

1 *Ouvrages de politique*, tome II, éd. citée, p. 236-237.
2 *Ibid.*, p. 232.
3 *Ibid.*, p. 243.
4 Archives départementales du Calvados, série F, Chartrier de Fontaine-Étoupefour, manuscrits de l'abbé de Saint-Pierre, liasse 4, manuscrits 4, p. 18-19.

d'ouvrages jugés dangereux. Dans un opuscule paru en 1737, Castel de Saint-Pierre s'en prend à Madame Deshoulières dont les *Idylles*, par leur contenu d'inspiration gassendiste, sont jugées pernicieuses. Les opinions de l'anéantissement de l'âme et de l'impuissance de la Raison sont jugées d'autant plus nuisibles qu'elles sont soutenues par les charmes de la poésie. Selon des métaphores convenues dans le langage des partisans de la censure, les auteurs, comme madame Deshoulières, ne devraient pas cacher « le serpent sous des fleurs et mêler du poison dans un breuvage délicieux[1] ».

Pour concilier le plaisir de lire avec la valeur des ouvrages relatifs aux lois et à la science du gouvernement, sa grande idée est d'occuper les écrivains à perfectionner le modèle des *Vies illustres* de Plutarque pour créer ainsi un réservoir d'exemples à suivre pour diriger les conduites. Dans le tome IV de ses *Ouvrages de politique* qui paraît en 1733[2], il rebaptise l'Académie française « académie des bons écrivains » et il ajoute aux missions définies par les statuts de l'institution une nouvelle occupation : imiter et perfectionner Plutarque en usant du plaisir de la lecture d'une biographie autrement plus efficace pour inculquer des principes de morale que les traités. Là encore la démarche est double : imitative et créatrice en ce qu'il envisage la rédaction de suites ou compléments aux biographies plutarquéennes en imaginant les *Vies* que Plutarque a omis d'écrire, celles qu'il a écrites et qui ont disparu, celles de personnages qu'il n'a pas pu connaître ; mais démarche aussi critique dans le projet de perfectionner les vies composées par l'historien grec. À partir de ce travail les écrivains pourraient rédiger des observations sur les qualités et sur les défauts de leur modèle afin de permettre l'infini perfectionnement de l'écriture biographique.

En 1712, l'abbé de Saint-Pierre souhaitait que les travaux des académiciens s'adressent à un large public qu'il convenait de séduire par la nouveauté et la brièveté : l'instruction des gens du monde dont il fallait former l'esprit et le goût était pour lui un enjeu majeur de l'activité académique. Dans les années qui suivent et après son éviction, l'abbé donne libre cours à son ambition de devenir le Descartes de la politique. La moralisation et la politisation de la critique des ouvrages d'esprit

1 *Ouvrages de morale et de politique*, tome XIII, Rotterdam, J. D. Beman, 1737, p. 76.

2 *Projet pour rendre l'Académie des bons écrivains plus utile à l'État*, *Ouvrages de politique*, t. IV, Rotterdam/Paris, Beman/Briasson, 1733, p. 165-195.

vont s'opérer à travers des projets qui permettent de percevoir le lien entre critique et contrôle des œuvres. Le souci de l'abbé de Saint-Pierre va être d'intégrer sa réflexion sur la critique dans un système de pensée qui conçoit une organisation administrative au service de buts définis à partir du droit naturel et inspirés par l'économie politique. Les œuvres d'agrément, qui procurent du plaisir par l'imagination et les procédés de langage, sont des vecteurs puissants de messages adressés aux consciences. Contrairement aux condamnations rigoristes, l'abbé de Saint-Pierre veut s'appuyer sur les plaisirs procurés par les ouvrages d'esprit pour les orienter dans le sens de l'utilité publique. Le contenu esthétique est alors placé dans une position ancillaire. La paix et l'harmonie sociale, la bienfaisance, pour viser le plus grand bonheur du plus grand nombre ici et maintenant, doivent être encouragées par le message délivré par des œuvres et des spectacles. Critique, censure et mesures d'incitation sont destinées à favoriser une littérature moralisante, une science perfectionnée de la politique et une morale collective qui s'émancipe des cadres religieux et tire sa force de l'opinion. Jugée souvent utopique, cette volonté de diriger l'écriture pour la faire servir au bien collectif connaîtra une forme de réalisation ultérieure dans les débuts de la littérature pour la jeunesse, avec Berquin, dans les biographies du *Magasin pittoresque* dirigé par Édouard Charton ou dans des compilations comme les *Paysans illustres* d'Alphonse Karr, dont le sous-titre est « Plutarque des campagnes[1] ». Ainsi, avec l'abbé de Saint-Pierre, la critique littéraire et la critique politique se rejoignent, non pour être dirigées « contre l'État absolutiste » mais dans la conception d'une vaste entreprise de contrôle social, dont les adaptations littéraires moralisantes du siècle suivant, destinées à éduquer les masses, constituent des tentatives de réalisation[2].

Carole DORNIER
Université de Caen Basse-Normandie
CNRS/CRHQ – UMR 6583

1 Paris, 1838, Au Bureau central de la Société des dictionnaires.

2 Pour une analyse plus poétique de ce type de proposition, voir dans un tout autre contexte la contribution de P. Durand, p. 446.

LE « CENSEUR PÉRIODIQUE »

Censure et critique dans la presse au XVIIIe siècle

La censure, en ce qu'elle est un dispositif institutionnel qui filtre les textes et les passe au crible de ses critères de jugement, est critique. Mais si l'on peut la considérer ainsi comme instance critique de réception des textes, elle se trouve de plus opérer sur la presse[1], qu'elle doit, comme les livres, censurer, un travail qui redouble celui de son objet, puisque la presse périodique a cette même fonction d'instance de réception des textes et de « sélectionneur[2] ». L'« instrument périodique » opère des tris, et organise une cartographie du lisible en fonction de critères qui relèvent du jugement, de l'évaluation. Au point que la presse se donne souvent le rôle de censeur ou bien, inversement, tente de définir sa tâche critique en la séparant d'un travail de censure, tant elle est persuadée de la proximité des deux. Mais la presse, en tant qu'elle est soumise à la censure, peut-elle prétendre opérer le travail critique qu'elle revendique ? Si la contradiction est objective, il n'en reste pas moins que l'essor de la presse, riche de ses centaines de titres, a clairement contribué à la naissance d'une certaine critique de nature esthétique. Ce n'est pas aux modalités de cette critique que je voudrais m'attacher, mais plutôt aux modes de relation entre critique et censure dans le cadre du périodique.

La notion de censure engage un double processus de définition de la critique, en lui étant à la fois interne et externe. Penser la censure comme interne au champ journalistique implique d'examiner le travail de dissociation ou de confusion lexicale entre les termes proches et concurrents de censure et de critique. Nous commencerons par là. Sur le plan d'une censure externe, c'est-à-dire d'une action de la censure officielle sur la presse, on peut distinguer deux cas : soit la censure est

1 Je prendrai souvent ici le terme « presse » au sens moderne, et non au sens du XVIIIe siècle, d'imprimé.

2 Comme le dit Cl. Labrosse dans *L'Instrument périodique*, Lyon, Presses universitaires de Lyon, 1985, p. 51

extérieure à l'espace de la critique et s'applique à elle (c'est la majorité de la presse), et oblige la critique à se définir en intériorisant des normes critiques restrictives (« littéraires ») ; soit la censure est extérieure mais ne s'appliquant pas à l'espace de la critique (il s'agit de la presse non autorisée, clandestine), elle devient l'objet d'une critique réflexive qui fait d'elle l'élément structurant d'un espace public critique. Dans ce deuxième cas, la censure n'est pas seulement présente du fait de la nécessité de son contournement, mais aussi dans la représentation qui en est donnée par des contenus critiques qui en explicitent les contraintes.

Après un détour rapide par la notion de « censeur » périodique, j'en viendrai au conflit qui oppose critique et censure : si la critique se définit contre la censure, il faut plutôt envisager ses réalisations en terme d'espace ou de cadre qui lui est consenti par la censure, et qui est théorisé (dans la seconde moitié du siècle, qui nous intéresse ici) par Malesherbes lui-même[1]. La définition réciproque de cette critique strictement littéraire et soustraite à l'idéologie nous occupera d'abord. Puis je verrai comment les journaux qui se sont soustraits à la censure, tels la *Correspondance littéraire* de Grimm ou les *Mémoires secrets*, donnent à lire une représentation du fait littéraire dans son rapport conflictuel avec la censure : la critique de presse se caractérise dans ces cas par une intense conscience critique des faits de censure pensés comme structurant l'espace public. On risque alors de devoir opposer à cette presse clandestine des exemples de journaux autorisés, qu'ils soient officiels et relativement muselés comme le *Mercure de France*, ou en transaction perpétuelle avec la censure, telle l'*Année littéraire* de Fréron[2].

---

1 Sur l'œuvre de Malesherbes en la matière, voir dans ce volume la contribution de B. de Negroni, p. 187-188.

2 Nous prendrons pour exemple privilégié de ce type de presse les *Mémoires secrets pour servir à l'histoire de la République des lettres en France*, parus entre 1777 et 1788 et attribués (à tort) à Louis Petit de Bachaumont, qui en est le prête-nom et un des points d'origine (lié de très près au salon de Mme Doublet, auquel appartiennent aussi les rédacteurs Pidansat de Mairobert et Moufle d'Angerville). L'édition des 36 volumes est en cours (éd. C. Cave et S. Cornand, Champion, série 1, 2009 ; série 2, 2010 ; séries 3 et 4, 2015).

UN DÉBAT INTERNE AU CHAMP JOURNALISTIQUE
Le périodique peut-il définir sa critique (culturelle, littéraire) autrement que comme censure ?

Nous voudrions commencer rapidement par un débat qui permet provisoirement de cerner la nature de la critique dans les périodiques « culturels » du XVIIIe siècle.

La presse qui voit le nombre de ses titres, leur plus ou moins grande spécialisation, et son lectorat croître exponentiellement au fil du XVIIIe siècle, est un espace *critique* essentiel à l'avènement du nouvel espace public – cet espace de l'opinion publique en voie de formation. Critique, la presse l'est parce que c'est sa mission, sa fonction (évaluer les productions culturelles, en fonction de critères de goût, mais pas seulement ; en fait la chose est loin d'être fixée) ; mais elle l'est aussi, et malgré sa soumission à la censure, parce qu'en elle (et même censurée) s'exerce la puissance de réfraction des paroles publiques, c'est un des vecteurs de la nouvelle ère *médiatique* en train de se constituer.

Le débat entre critique et censure est lié à la définition de l'objet et de la mission de l'outil périodique. Il peut y avoir légitime confusion : l'abbé de La Porte, qui fut un journaliste actif du XVIIIe siècle, parle de l'emploi de « censeur littéraire » à propos du métier de critique de presse.

Critique et censure sont dans un certain rapport de synonymie depuis le XVIIe siècle. D'après la définition en vigueur, le terme de « censeur » s'emploie en effet aussi pour « un critique savant qui doit faire l'examen d'un livre sans passion, pour y remarquer ce qu'il y a de mauvais et de condamnable[1] ». La critique érudite peut ainsi être définie comme un type de censure en ce qu'elle juge en relevant les fautes, les erreurs, en fonction de normes préalables. L'évolution majeure au cours du XVIIIe siècle est constituée par le processus de dissociation entre critique (littéraire) et censure (s'appliquant au domaine religieux ou aux mœurs). En témoigne l'*Encyclopédie*, lorsqu'elle définit « Critique, Censure, (*Synonymes.*) *Critique* s'applique aux ouvrages littéraires ; *censure*

1 *Dictionnaire de l'Académie française*, 1762, d'après une citation de l'abbé de Saint-Réal.

aux ouvrages théologiques, ou aux propositions de doctrine, ou aux mœurs. *Voyez* Censure. *(O)*[1] ». Voltaire ou l'*Encyclopédie* feront tout pour séparer les deux notions, en voulant soustraire la critique (de presse en particulier) à une pure logique du jugement pour ou contre[2], selon la catégorie du bon ou du mauvais[3]. L'*Encyclopédie* précise : « *Critique*, Le second point de vue de la *critique*, est de la considérer comme un examen éclairé et un jugement équitable des productions humaines[4] ». La critique tenterait donc de se définir contre la censure, par un examen mesuré et raisonné des productions culturelles. Or il me semble que ce mouvement vers une progressive dissociation, qui est entériné par la définition que la Censure officielle donne du champ « littéraire », nous y reviendrons, n'est pas sans être compliqué par une certaine confusion terminologique, qui reflète l'ambiguïté de la mission critique que la presse entend se donner. Ainsi lorsque le journaliste Fréron, en guise de profession de foi pour son *Année littéraire*, affirme : « Le plaisir malin de critiquer, uniquement pour critiquer, entre si peu dans ma façon de penser, que tout Lecteur désintéressé s'aperçoit aisément de mon attention à renfermer la censure littéraire dans les bornes qu'elle doit avoir[5] », il semble surtout dire l'autonomie d'un certain type de critique, de type « littéraire ». Mais l'ambiguïté de cette déclaration, qui dit se refuser à considérer la critique comme censure (critique sans raison, ou critique intéressée, « pour le plaisir malin de critiquer ») tout en affirmant qu'ainsi bornée la critique reste une censure (c'est-à-dire une opération de jugement et de tri), est bien représentative d'un travail critique souvent fondé sur l'opinion et sur le préjugé, et qui peine à se détacher d'une opération de jugement conçu selon le partage entre l'éloge ou le blâme, c'est-à-dire un jugement moral. L'ambiguïté n'est-elle pas structurelle ? Juger peut signifier évaluer ou bien condamner ou interdire. Le système de valeurs sous-jacent à l'« honnête critique » défini par Fréron est tel qu'il fait

1 Diderot et d'Alembert, *Encyclopédie*, art. « Censure », t. 4, p. 490. Voir aussi plus haut dans ce volume la contribution de L. Bianchi, p. 83-85.

2 L'abbé Prévost fonde à Londres en 1733 un périodique de langue française, le *Pour et contre* (1733-1740). Voir le *Dictionnaire des journalistes*, sous la dir. de Jean Sgard, notice n° 659, « Prévost », p. 810-812.

3 Voir Voltaire, *Conseils à un journaliste*, dans *Œuvres complètes de Voltaire*, Voltaire Foundation, Oxford, 2003, t. 20A.

4 Diderot et d'Alembert, *Encyclopédie*, art. « Critique », t. 4, p. 490.

5 *Année littéraire*, 1755, t. 1, avertissement.

souvent du critique qui se targue du bon goût et des bonnes règles celui qui condamne aussi au nom de la décence, et pour tout dire parle d'un point de vue « conservateur » (ici catholique, contre la modernité philosophique). L'ambiguïté est alors présente dans les titres même de la presse, le *Censeur hebdomadaire*[1] *(1759-1762)*, le *Censeur universel anglais*[2] *(1785-1788)*, puis un *Censeur dramatique* (1797), ainsi qu'un *Censeur ou Caractères des Mœurs de la Haye* (1715), qui s'inscrivent tous dans une certaine tradition moraliste. Les « censeurs » littéraires entendent ainsi souvent écrire au nom de la dégénérescence du goût et des mœurs : leur travail critique est bien une censure.

Mais plus généralement, ce qui se joue dans tous les propos théoriques est la définition réelle de la critique, au-delà du champ d'application qu'elle se donne (par restrictions successives : les biens culturels, la littérature, l'écriture et le bon goût), qui se trouve aussi être celui que lui laisse la Censure en tant qu'institution étatique de contrôle des textes.

Car il faut maintenant relier cette première difficulté (définir la critique autrement que comme censure) à une autre question qui est celle du *cadre que la Censure définit pour la critique des périodiques.* Or la Censure est très effective, au point de menacer la possibilité même de critiquer, comme le montrerait souvent le *Mercure de France.* Même l'exceptionnel Fréron, qui passe son temps à se battre contre elle et en paie aussi le prix régulièrement, nous rappelle avant tout les bornes que la Censure fixe à la critique et la définition qu'elle en donne.

---

1 Le journal change plusieurs fois de formule ou de ton. L'un de ses créateurs est Abraham-Joseph de Chaumeix, fervent adversaire des encyclopédistes. Si un tel *Censeur* relève de la tradition de censure morale, dans le contexte tout autre de la presse du XIXe siècle, un *Censeur* peut être pourtant d'obédience libérale.

2 Le *Censeur universel anglais ou revue générale critique et impartiale de toutes les productions anglaises sur les sciences, la littérature, les beaux-arts, les manufactures, le commerce*, « ouvrage périodique tiré et traduit de différents Journaux, magasins et autres papiers publics anglais et qui paraît régulièrement le samedi de chaque semaine, dédié et présenté à Madame par M. le Chevalier de Sanseuil et une Société de Gens de Lettres ».

LE CADRE DÉFINI POUR LA CRITIQUE DES PÉRIODIQUES PAR LA CENSURE

Rappelons que les périodiques sont soumis à la censure préalable, comme une très grande partie de la production du livre. Les ouvrages de Barbara de Negroni ou de Raymond Birn font bien le point sur les processus à l'œuvre pour le livre en général[1]. Eugène Hatin, François Moureau et quelques autres le précisent pour le domaine de la presse[2]. Les périodiques font l'objet d'une censure préalable précise et régulière, pour la grande majorité d'entre eux. Pour ce faire, un censeur est affecté à un périodique ; c'est à celui-là que l'auteur de celui-ci doit rendre des comptes (lorsqu'on lui demande des suppressions, ou qu'on lui suggère des modifications). La presse, censurée (pour l'essentiel de ses titres) dans le système de l'imprimé d'Ancien régime, l'est souvent pour avoir censuré/critiqué. Mais elle est du coup ligotée. Elle l'est dès son origine et le système des privilèges qui partagent les champs d'application entre le journalisme politique (*La Gazette de France*) le journalisme scientifique (*Le Journal des savants*) et le journalisme littéraire (*Le Mercure de France*), le renforce. Si ces trois journaux et quelques autres restent dans une grande dépendance, l'ensemble des périodiques est sous étroit contrôle étatique. La presse indépendante, en politique surtout, est étrangère. Pour les domaines des textes, des arts et des idées, la liberté vient parfois d'un journalisme souterrain, manuscrit et par souscription, ou à publication différée ou étrangère (*Correspondance littéraire*, *Mémoires secrets*, *Correspondance littéraire secrète* de Mettra par exemple).

Aussi ne sera-t-il pas surprenant de voir régulièrement la plume acérée des *Mémoires secrets* (publiés à l'étranger, sans permission ni tolérance) faire la critique du *Mercure de France*, très contrôlé, symbole du journalisme d'état corseté. Parmi des dizaines de notices très critiques (datées, comme elles le sont dans ce périodique étrange, paru à partir

1 B. de Negroni, *Lectures interdites : le travail des censeurs au XVIIIe siècle, 1723-1774*, Paris, Albin Michel, 1996 ; R. Birn, *La Censure royale des livres dans la France des lumières*, Paris, Odile Jacob, coll. « Collège de France », 2007.

2 E. Hatin, *Histoire politique et littéraire de la presse en France*, Paris, Poulet-Malassis et De Broise, 1859 ; Fr. Moureau, *La Plume et le plomb. Espaces de l'imprimé et du manuscrit au siècle des Lumières*, Paris, PUPS, 2006.

de 1777, mais relatant des informations au jour le jour bien antérieures, selon la logique des nouvelles à la main, lesquelles furent en effet une partie de ses matériaux originels), je n'en retiens que deux ou trois en guise d'exemple :

> *15 janvier 1762. ADD.* Nous avons lu le *Mercure* du mois, qui continue à être aussi insipide qu'il l'était. C'est toujours M. de La Place qui en est titulaire ; les abbés Le Blanc et de La Garde sont ses acolytes[1] : les pensionnaires et les coopérateurs ne cessent d'enrichir cet ouvrage de leur productions. Malgré la réunion de tant d'hommes de lettres, ce journal, sans doute, mauvais par essence, se discrédite de jour en jour, et ne peut fournir aux charges auquel il est imposé.
>
> *4 septembre 1762d. ADD.* Depuis longtemps on se plaint de la fadeur du *Mercure*, il est surtout d'un dégoût insupportable lorsqu'il rend compte du jeu des acteurs. Les plus mauvais ont droit à ses éloges ; tout est admirable, merveilleux, c'est une intelligence infinie, une vérité unique, une grandeur, un sublime, des grâces, etc. Ce jargon revient sans cesse et se prodigue si mal à propos et si indistinctement, qu'il ne doit flatter personne. Aujourd'hui, l'auteur s'est trouvé en bile, et il la décharge sur ceux qui blâment cette indulgence générale ; il promet qu'il ne se corrigera point, et qu'il prodiguera sans relâche son encens à toutes les divinités du théâtre ; rien n'est si plaisant que cette protestation.
>
> *4 juillet 1768. ADD.* Le nouveau *Mercure* est en effet supérieur à tous ceux qui paraissent depuis longtemps par le choix des pièces qu'on y a insérées, et la variété répandue dans l'ouvrage. Mais, outre que ces fugitives, très bonnes en elles-mêmes, ont déjà paru dans différents journaux et autres papiers publics, c'est qu'il est moralement impossible de remplir 14 volumes par an de morceaux d'élite. Un des défauts de l'ancien journaliste était de prodiguer des éloges à tout propos, et d'enivrer de son fade encens le moindre cuistre littéraire, le plus petit histrion. Celui-ci[2], plus modéré sur les louanges, aura peut-être peine à s'expliquer librement sur quantité de gens qu'il aura intérêt de ménager, et surtout sur les comédiens dont il tient ses entrées aux spectacles, suivant l'usage. Ajoutez à cela les entraves de toute espèce qu'a nécessairement en France un auteur couvert d'un privilège du Roi, et toujours sous la main directe du gouvernement. Concluons que le *Mercure* est par essence une rapsodie tronquée, monotone et fastidieuse, et ne sortira jamais du rang où l'a placé, il y a longtemps, un critique judicieux (La Bruyère), c'est-à-dire immédiatement au-dessous de rien[3].

1 Antoine de La Place a dirigé le *Mercure* de 1760 à 1768 ; il a été aidé par quatre autres journalistes.

2 Il s'agit de Lacombe, dont la notice du 21 mai 1768 annonçait qu'il avait remplacé La Place à la tête du *Mercure*.

3 La Bruyère, *Les Caractères*, partie « Des Ouvrages de l'esprit », 46 (I) : « Le H** G** [*Hermès* (à savoir *Mercure*) *Galant*] est immédiatement au-dessous de rien. Il y a bien

Ce que notent les *Mémoires secrets*, c'est que *trop de censure tue la critique*. Les diverses contraintes de ce journal un peu à part (c'est un des plus officiels parmi des centaines de journaux bientôt, c'est un des plus diversifiés et des plus réputés, donc des plus consensuels) rendent visibles une sorte d'état idéal de la critique sous régime de censure, dans lequel se neutralisent toutes les polémiques, tous les débats, la plupart des opinions, sinon celles des lecteurs, des épistoliers, et de quelques points de vue atypiques. Si c'était le lieu, on devrait préciser que si le *Mercure de France* est en effet globalement un des périodiques les plus décevants, et en majeure partie pour cette raison, cela ne vaut ni pour toute période, ni pour tout secteur d'activité (le théâtre et l'opéra sont trop contrôlés, mais la critique musicale par exemple y sera à certains moments excellente). Une telle relativisation vaut pour toute la presse, qui draine des masses textuelles colossales, de qualité et de densité variable, et qui ne peuvent être soumises intégralement à une censure omnipotente. Mais en comparaison de journaux rédigés à l'étranger ou soustraits à toute censure, la majorité du corpus de presse autorisé du XVIIIe siècle peut paraître fade.

Prenons pour autre exemple de soumission à la censure le journal de Fréron, l'*Année littéraire*[1]. Car l'un des journaux français qui est resté polémique alors qu'il était sous le feu constant de la vigilance de la censure, fut celui de Fréron, le journaliste antiphilosophe et anti-voltairien, qui fut le pôle journalistique majeur d'opposition aux philosophes des Lumières, et fut énormément lu entre 1754 et 1776. Le reproche souvent formulé à son encontre, à savoir qu'il déchire tout ce qui compte dans la République des lettres et sauve tout ce qui ne vaut rien, n'est pas exact, mais le journaliste se trouve en effet en guerre contre tout ce qui est nouveau et qui se trouve relever de la nouvelle Philosophie, à un titre ou un autre (drame, essais, l'*Encyclopédie*). Les dépassements plus ou moins légitimes dont on l'accuse sont nombreux, ses séjours en prison ou l'interruption de son journal fréquents, les transactions avec les censeurs constantes. Sa nature polémique a sans doute contribué à rendre plus claire l'expression des positions respectives dans l'échange

d'autres ouvrages qui lui ressemblent. Il y a autant d'invention à s'enrichir par un sot livre qu'il y a de sottise à l'acheter : c'est ignorer le goût du peuple que de ne pas hasarder quelquefois de grandes fadaises. »

1 Fréron, *L'Année littéraire* (1754-1776). Voir dans le *Dictionnaire des journaux*, dir. J. Sgard, la notice n° 0118.

nécessaire entre l'auteur et ses censeurs. On possède à son propos un des plus gros fonds d'archives composé des échanges entre le critique journaliste, son censeur et le directeur de la librairie, occasionnellement le libraire Lambert[1]. L'exemple parmi d'autres des échanges entre Trublet, censeur de Fréron pendant quelques années, et le directeur de la librairie Malesherbes, comme entre Fréron lui-même et Malesherbes, permet de suivre les réécritures hebdomadaires des cahiers de Fréron (soumises par le censeur à l'auteur, et à Malesherbes souvent) et la constante nécessité de négociations entre la liberté d'expression « littéraire » et les contraintes, entre les soutiens idéologiques de Fréron et ceux de ses ennemis.

La définition par les censeurs d'un espace de critique « littéraire » (dans le cadre d'un périodique littéraire) soustraite à l'idéologie s'opère selon une délimitation qui confirmerait la définition par Reinhardt Koselleck d'un espace public soustrait à la politique, ici pratiquée et théorisée[2].

J'aimerais partir d'un exemple qui montre comment le directeur de la librairie Malesherbes (favorable aux philosophes) rend compte à son censeur de la nature de la critique de presse, dans le cas d'un ouvrage condamné par la censure, l'*Encyclopédie*. Dans une de ses feuilles du 6 juin 1756, Fréron désigne l'*Encyclopédie* comme un ouvrage scandaleux. Malesherbes écrit alors au censeur de l'*Année littéraire* responsable de ce qui paraît, à ce moment-là l'abbé Trublet (qui a remplacé Morand, et que la tâche de censeur de feuilles aussi polémiques rebute) :

> Les auteurs de l'*Encyclopédie* se plaignent avec raison Monsieur de ce que l'auteur de l'*Année littéraire* a affecté de parler d'eux dans sa feuille 13, page 193, dans les termes les plus injurieux. Il me semble que le sieur Fréron devrait être bien content de ce qu'on tolère la liberté avec laquelle il s'explique toutes les semaines sur le mérite des ouvrages littéraires et au moins serait-il juste qu'il se contienne dans les bornes qu'on lui a prescrites, qui consistent à respecter le personnel des auteurs[3].

Trublet s'excuse, et rappelle que :

> La citation en dit beaucoup moins que l'arrêt du conseil d'État qui a supprimé les deux premiers volumes de l'*Encyclopédie*, précisément à cause de l'endroit

1 Relevé par J. Balcou dans *Le Dossier Fréron : correspondances et documents*, Genève, Droz, 1975 et analysé pour certains aspects par B. de Negroni, *op. cit.*, chap. 2, p. 59-61.

2 R. Koselleck, *Le Règne de la critique*, Paris, Minuit, 1979. Sur cette définition et sa possible mise en discussion, voir la contribution de J.-C. Abramovici dans ce volume p. 25-31.

3 Malesherbes à Trublet, 28 juin 1756, *Dossier Fréron*, n° 86, p. 170.

> censuré dans cette citation, mais qui porte de plus que cet ouvrage « contient plusieurs maximes tendantes à élever le fondement de l'erreur, de la corruption des mœurs, de l'irreligion et de l'incrédulité[1] ».

Malesherbes répond alors à Trublet :

> L'arrêt du conseil contre l'*Encyclopédie* ne me paraît point du tout propre à justifier Fréron. Le Conseil est fait pour qualifier et punir les ouvrages scandaleux et *on permet à Fréron de critiquer les ouvrages mal écrits ou mal composés*, et par la même raison qu'il n'y a point d'arrêt du Conseil ni du Parlement qui condamne un livre comme plat, comme diffus, comme mal raisonné, il ne doit pas y avoir de journal littéraire qui accuse les auteurs d'impiété et de scandale[2].

C'est très clairement donner des limites précises à l'exercice critique : limiter la fonction d'une critique de presse à une censure de goût, à une critique de « forme », sans jugement de valeur sur le « fond » ou sur le système de valeurs ; par ailleurs interdire les jugements sur les auteurs, ou bien toute saillie nominative qui impliquerait une personne vivante. C'est la question des personnalités : en général la censure vise à gommer les noms, les identifications possibles au présent. Elle se doit encore d'éviter tout scandale, notion assez vaste pour être étendue à souhait.

Les débats de Fréron avec la censure sont donc révélateurs du contexte de censure dans lequel s'écrit la critique « littéraire », et précisément du *fait que seul l'espace « littéraire » a été laissé à la critique.* « Bon » ou « mauvais » ne peut ici s'appliquer qu'au texte. L'axiologie est réduite à une stylistique, sans possibilité d'inférer, de déduire, de remonter à l'auteur ni à son intention. Fréron en jouera d'ailleurs intelligemment, en transformant ses attaques sur le fond en exécutions stylistiques[3].

---

1 Trublet à Malesherbes, juin 1756, *Dossier Fréron*, n° 87, p. 171-172.

2 Je souligne. Malesherbes à Trublet, 30 juin 1756, *Dossier Fréron*, n° 88, p. 174.

3 Voir tel compte rendu des *Mémoires secrets* qui rend bien compte de ses méthodes critiques : « *28 janvier 1766.* Fréron, dans sa quarantième Lettre, finit par un coup de tonnerre : il tombe sur le *Siège de Calais*, et renverse ce colosse dramatique. Il ne fait que répéter et mettre en ordre les critiques judicieuses que tous les connaisseurs avaient déjà faites *in petto* de cette tragédie. Il tempère même l'amertume de sa censure par quelques éloges, qu'on juge arrachés plutôt par égard pour l'enthousiasme des spectateurs, que pour M. de Belloy, dont on sait qu'il fait peu de cas. Il tombe à bras raccourcis sur sa préface, en fronde les assertions fausses, le ton pédantesque et dogmatique qu'affecte l'auteur. Dans le courant de la critique, il n'épargne pas Mlle Clairon, contre laquelle il conserve toujours une dent. »

Mais on relève aussi dans notre exemple le fait que la critique ne peut pas se substituer à une instance de censure, et n'a pas les mêmes prérogatives que l'État pour louer ou condamner, pour désigner ce qui est licite ou illicite. Un critique de presse ne peut d'ailleurs se garantir d'une censure étatique, en s'autorisant d'une condamnation de l'État, pour relayer ces mêmes condamnations, sans tomber sous le coup de la loi qui s'applique à son champ spécifique.

Du coup, on peut voir parfois l'auteur se débattre avec Malesherbes, afin de ne pas cesser d'être polémique, de répondre aux attaques, ou d'opérer une critique qui ne s'en tiendrait pas au style. Fréron argumente souvent pour avoir le droit de s'amuser de ses ennemis en prétextant un jeu, un exercice de style plutôt qu'une calomnie ou une satire injurieuse[1]. Il indique aussi à ses lecteurs les faits de censure (retards, lacunes) en les présentant de manière vague et comme de son fait (« j'ai changé d'avis », « j'ai réfléchi que »), ce qui suppose une fois encore la capacité au décodage des faits de censure par son lectorat – au contraire des *Mémoires secrets* qui peuvent rendre ostensible le fait de la censure.

Mais inversement, lorsque Malesherbes doit répondre à d'Alembert qui se dit attaqué par Fréron, le directeur de la librairie refuse d'être partisan et défend la liberté d'expression (si l'on peut dire) en raison du cadre de la censure, fondé sur une critique de nature littéraire. Il y définit sa manière d'agir et sa conception de la critique : « Mes principes sont qu'en général la critique littéraire est permise et que tout critique qui n'a pour objet que le livre critiqué et dans laquelle l'auteur n'est jugé que d'après son ouvrage, est critique littéraire[2] ». Au-delà de cela, il y affirme une ligne de conduite qu'il tente d'appliquer dans sa fonction en balançant les intérêts contradictoires de l'État et des particuliers qui prennent la plume, des auteurs entre eux, des critiques et des critiqués en général.

D'un côté donc, ce que la censure a laissé à la critique de presse se réduit à la critique « littéraire » voire « textuelle » (formelle). Mais

1 À la suite de la représentation de *L'Écossaise* par Voltaire, Fréron demande à Malesherbes ce droit au « ridicule léger », au « badinage », à la « pure plaisanterie » contre ses adversaires philosophes et en réponse à Voltaire, par exemple dans la lettre 176 du *Dossier Fréron* (Balcou, p. 285), où il souligne que « mes feuilles sont mon théâtre, mon champ de bataille » (31 juillet 1760). L'enjeu est la publication ou non de la « relation d'une grande bataille ».

2 Lettre de Malesherbes à d'Alembert, Ms. fr. 22191, f° 136-137, citée par B. de Negroni, *op. cit.*, p. 60.

simultanément, sur les injonctions de Malesherbes et de sa conception tolérante de la censure dans les années 1750, *la censure elle-même se pense selon des modalités textuelles d'une critique littéraire* (limitée qui plus est à la critique de goût), qui doit se retenir d'aller chercher les intentions de l'auteur, le sens caché du texte, pour lui en faire procès[1]. Au contraire, c'est finalement de manière assez cohérente et convergente que la critique des censeurs doit se tenir au texte, et se doit d'être littérale[2] ; tandis que, comme on l'a vu plus haut, sous la plume de Malesherbes, « il n'y a point d'arrêt du Conseil ni du Parlement qui condamne un livre comme plat, comme diffus, comme mal raisonné[3] ».

Au fond, ce que propose Malesherbes pour lutter contre une critique suspicieuse et rigoureuse du double sens (pourtant bien nécessaire dans un siècle qui l'a systématisé sous toutes ses formes, dénégation, ironie, persiflage, ambiguïté, doubles sens), qui fut en œuvre précédemment, c'est d'aligner ses censeurs sur le champ qu'il laisse aux auteurs de périodiques[4]. Ce qui est contrainte d'un côté (pour les périodiques) est tolérance pour les ouvrages.

---

1 Conception tolérante de la censure rappelée par R. Birn, *op. cit.*, p. 72-73.

2 Ch.-G. de Lamoignon de Malesherbes, *Mémoires sur la librairie, Mémoire sur la liberté de la presse*, éd. R. Chartier, Paris, Imprimerie nationale Éditions, 1994, p. 101, propose que le censeur s'en remette « aux lumières de la raison », plutôt qu'à une lecture suspicieuse : « il serait très dangereux de lui donner des instructions ultérieures qui l'obligeraient à pénétrer dans l'intention de l'auteur, et deviner les allusions cachées » (cité dans R. Birn, *op. cit.*, p. 92).

3 Malesherbes à Trublet, 30 juin 1756, *Dossier Fréron*, n° 88, p. 174 (BNF, n. acq. fr. 3531, f° 65-66). C'est à propos d'une critique de Fréron, contre lesquelles se plaignent les philosophes, que le censeur Trublet doit affronter le rappel par Malesherbes de ses principes consistant à séparer la critique littéraire autorisée à un journal littéraire par opposition aux matières d'orthodoxie, relevant elles d'autres types de censeurs.

4 Critique du double sens, comme le prouverait abondamment la capacité des censeurs de Voltaire, à l'occasion des *Lettres philosophiques* en 1734, à décoder très bien les jeux de double énonciation.

LA CRITIQUE DE PRESSE (LORSQU'ELLE EST SOUSTRAITE À LA CENSURE) SE CARACTÉRISE PAR UNE INTENSE CONSCIENCE CRITIQUE DES FAITS DE CENSURE PENSÉS COMME STRUCTURANT L'ESPACE PUBLIC

La capacité de périodiques soustraits à la censure, tels les *Mémoires secrets* ou la *Correspondance littéraire*, à *rendre ostensible les faits de censure* les situe dans un espace littéraire que l'on pourrait dire « politisé ». Ils en tiennent la chronique très informée, et surtout en font une grande part de l'événement littéraire qu'est le livre ou le spectacle de théâtre. Parler de tout ce qui est prohibé dans le domaine culturel ou souligner les dysfonctionnements de la monarchie, est le privilège de tels journaux (si on excepte les gazettes politiques étrangères) qui non seulement échappent aux compromis nécessaires en régime de censure mais de plus font de celle-ci un des objets de leur discours. Cette conscience explicite, exposée et mise en scène, des éléments constitutifs de la liberté de la presse donne une tout autre puissance critique à la critique, qui cesse de n'être que « littéraire ».

Pour ce faire, les *Mémoires secrets* tiennent une chronique régulière des pièces censurées, *construisant une mémoire de l'hétérodoxie* : on y lit tout ce qui a compté en fait de matérialisme, de déisme, ou de textes jansénistes ou pro-parlementaires, et bien entendu de Lumières en général. Au fil des notices au jour le jour, ils constituent de vrais dossiers sur les textes censurés, leur critique relevant alors moins de la revue esthétique que du commentaire de « médiation politique » sur des cas les plus emblématiques de la censure – en particulier religieuse, comme le montrerait par exemple l'affaire *Bélisaire* en 1767[1]. Mais leur démarche se caractérise aussi par des manières de garder trace des faits de censure, de restituer les textes cartonnés, de vanter les textes interdits, de présenter en tout les coulisses de ce qui se dit et se montre officiellement. Cette archive de la censure, que l'on retrouve à des degrés divers dans les autres périodiques manuscrits clandestins, correspond à la fois à un marché de l'information secrète et à une nécessité politique des contre-discours.

1 La censure par la faculté de théologie du *Bélisaire* de Marmontel provoqua un contre feux des encyclopédistes et de Voltaire, et fut l'occasion d'un large débat sur la censure, dans la lignée de ceux qu'entraînèrent les condamnations de l'*Esprit* d'Helvétius.

Ainsi, une telle démarche *en opposant critique et censure*, constitue la censure en figure du *despotisme* et fait inversement du journalisme le symbole de la liberté critique. Une telle position (qui pense la censure comme le signe du despotisme politique) est assez commune aux philosophes et aux discours pro-parlementaires du temps[1]. Rousseau dénoncera pour sa part l'hypocrisie d'un système de censure et de tolérance ambigu.

Mais les différents journaux qui s'écrivent dans le *secret* (et se vendent sous son emblème) se pensent et se présentent comme une garantie de pouvoir *faire circuler* de nouveau une information bloquée, faussée, interdite : ils restituent la vérité en montrant le dessous des cartes, d'où leurs titres, leurs programmes, leur publicité – car c'est aussi un marché de l'information[2]. À ce jeu-là, les *Mémoires secrets* sont redoutables, en particulier au niveau politique, et par le moyen spécifique de l'instrumentalisation politique de la critique esthétique[3]. On peut ainsi lire un certain nombre de leurs chroniques et comptes rendus « littéraires », ou de critique d'art ou d'opéra ou de théâtre, comme la construction d'un beau simulacre démystifiant (on peut songer à la première d'un opéra de Glück en présence de la dauphine, par exemple). Louis-Sébastien Mercier, dans les *Tableaux de Paris*, partage une telle lecture, développant comme les *Mémoires secrets* une lecture souvent paranoïaque du réel, toujours affutée à chercher les signes derrière les signes, et envisageant inversement avec mépris le journalisme qu'il considère comme une gigantesque manipulation gouvernementale :

> Le ministère protège et soudoie les petites feuilles satiriques, où les auteurs sont déchirés à belles dents, afin d'entretenir la rivalité, la haine et la jalousie, entre les membres de la république littéraire ; il s'oppose par ce moyen à la paix et à l'union de la littérature.

---

1 À titre d'exemple, voir la préface du livre posthume d'Helvétius *De l'homme* citée par les *Mémoires secrets* le 7 janvier 1774, qui lui aussi parle de despotisme : « *7 janvier 1774a* : L'auteur n'a donné cet ouvrage après sa mort que pour échapper aux persécutions. Celles que lui avait suscitées son livre *De l'Esprit*, en l'aigrissant, l'avaient rendu plus circonspect. Dès la préface, on trouve des choses qui n'auraient pu plaire à notre gouvernement. "Ma patrie, dit-il, a reçu enfin le joug du despotisme ; elle ne produira donc plus d'écrivains célèbres. Le propre du despotisme est d'étouffer la pensée dans les esprits et la vertu dans les âmes". »

2 Comme cela a pu être montré par R. Darnton, *Édition et sédition. L'univers de la littérature clandestine au XVIIIe siècle*, Paris, Gallimard, 1991, ou F. Moureau, *op. cit.*

3 C. Cave, « Instrumentalisation politique de l'esthétique et critique de la politique-spectacle », dans *Le « Règne de la critique »*, sous la dir. de C. Cave, Champion, 2010, p. 95-114.

> Le public oisif retient les injures et les épigrammes, et oublie les talents et les vertus de l'auteur. Le ministère sent bien quelle prépondérance aurait la république littéraire sur les esprits, si l'estime universelle répondait à ses travaux : il tâche de lui ravir cette estime précieuse ; et une foule d'aboyeurs, doués d'un esprit médiocre, et d'une rage incurable, servent le ministère au-delà de ses espérances[1].

Mais c'est là une *construction un peu mythique du rapport de forces*, comme on a pu le voir à partir de la tolérance voulue par Malesherbes, même si elle ne vaut pas pour toutes les censures, ni pour toutes les périodes, celle du « coup d'État » de la réforme Maupeou en 1771 étant précisément exceptée. Comme mythe politique, assez partagé, il fut plutôt efficace. Peu de journaux eurent la possibilité de construire un tel mythe cependant, puisque soumis au régime de la censure…

BIEN QUE LA CRITIQUE MISE EN ŒUVRE PAR LES JOURNAUX NON AUTORISÉS SOIT SOUSTRAITE À LA CENSURE, COMMENT COMPRENDRE QU'Y SUBSISTE UNE STYLISTIQUE DE L'INDIRECT PROPRE AU RÉGIME DE LA CENSURE ?

Nous aimerions, pour finir, souligner une caractéristique paradoxale de cette presse « littéraire » non autorisée, dont la méthode de présentation critique des textes hétérodoxes (textes matérialistes, athées, clandestins ou interdits) reste souvent étrangement subtile voire ambiguë, pour un périodique qui n'est pas soumis à la censure. Comment interpréter ce fait de style, ou cette précaution ? Pourquoi des textes critiques écrits en dehors de la pression de la censure conservent-ils (partiellement) une *stylistique du mode indirect*, si souvent utilisée dans le cadre de la censure[2] ? Pourquoi installer la censure à l'intérieur du champ journalistique libéré de sa pression ? Est-ce pour protéger malgré tout le texte de saisies toujours possibles, et d'autant plus vraisemblables si le ton

1 L.-S. Mercier, *Les Tableaux de Paris*, « Feuilles périodiques », éd. J.-Cl. Bonnet, *Mercure de France*, chap. 629, t. 2, p. 347-348.

2 Partiellement seulement car la critique y est souvent directe, les individus sont souvent nommés (pas toujours, des astérisques étant parfois substitués), et en particulier le roi et la reine eux-mêmes…

avait été plus directement agressif ? Rappelons que le texte des *Mémoires secrets*, interdit, fut poursuivi souvent et les bulletins de nouvelles à la main à son origine saisis chez leur rédacteur Pidansat ou ensuite chez Moufle d'Angerville, comme le montrent les documents des archives et les saisies[1]. Mais on croit aussi, et malgré cela, pouvoir soupçonner une certaine tolérance de la part des autorités, qui gagnait peut-être à être ménagée ?

Peut-on invoquer un argument sociologique ? Raymond Birn souligne une connivence sous Malesherbes entre une certaine proportion des censeurs et le personnel journalistique, en tous cas pour les plus officiels des journaux (*Mercure de France*, *Journal des Savants*, etc.)[2]. On pourrait remarquer que Pidansat de Mairobert, une des figures de la presse « clandestine » et rédacteur des *Mémoires secrets*, fut lui aussi censeur (parmi différentes positions de pouvoir qu'il a pu exercer) ! Les *Mémoires secrets* eux-mêmes citent d'ailleurs le travail de censeur de Mairobert, de telles indications étant sans doute le fait du rédacteur Mairobert lui-même (qui ne publie cependant qu'après la fin de son mandat de censeur, en 1777)[3]. Peut-être ce facteur pourrait aussi permettre d'expliquer une certaine pratique de la critique littéraire propre aux *Mémoires secrets* : ne serait-ce pas au fond au même exercice que se livrerait Mairobert en tant que censeur et en tant que rédacteur des notices critiques des *Mémoires secrets*, au même maniement d'un certain discours indirect ? On retrouverait une certaine pratique, identifiée par Raymond Birn, de la *critique stylistique comme critère de censure* (à défaut d'un critère idéologique plus explicite)[4]. Mais ici cette proximité de méthode critique pourrait n'être qu'un « à la manière de », fait pour être décodé.

Quoi qu'il en soit, il conviendrait sans doute d'envisager la censure *comme un cadre stylistique et comme une stratégie d'optimisation critique* : l'entre-deux de la censure (c'est-à-dire le discours critique sous régime

1 Voir par exemple les arrestations régulières de feuilletistes autour de Mairobert ou bien les saisies importantes chez Mouffle en 1781, dont il reste des traces à l'Arsenal et un reliquat des saisies sous forme d'un manuscrit lié aux *Mémoires secrets* à la BHVP.

2 R. Birn, *op. cit.*, p. 107-108.

3 Cette dimension métatextuelle est d'ailleurs classique à ce pseudo-périodique qui cite des nouvelles rendant régulièrement compte de la parution des *Mémoires secrets*. On peut analyser la fonction de censeur comme une position de pouvoir qui pourrait permettre de contester dans une certaine mesure le secret des *Mémoires secrets*, y voir une tolérance, et des connivences avec la police.

4 R. Birn, *op. cit.*, p. 111-112.

de censure, même s'il n'est pas directement soumis à celle-ci) donne sa *vis critica* aux textes chroniqués. De la même manière que de grands écrivains comme Voltaire qui publient anonymement ou sous pseudonyme (donc sans trop de réel danger) des écrits dangereux et usent de l'ironie et du double langage, les journalistes critiques utilisent un langage indirect. Ainsi trouve-t-on dans les *Mémoires secrets* par exemple un art de la publicité indirecte, de la fausse condamnation ou de réticences, des jeux sur les registres ou sur un écart fond/forme, qui sont autant de méthodes d'atténuation apparente mais qui relèvent en fait autant de l'ironie ou du persiflage.

Ce type de journalisme combine donc la dénonciation directe, l'information critique, et le mode indirect. La censure comme cadre légal contraignant extérieur et la censure « intériorisée » comme pratique réelle de la critique littéraire selon les modalités du discours indirect, sont intégrées au dispositif critique pensé comme l'espace de discussion publique d'un tel type de journalisme. Au-delà d'une explication sans doute réductrice de la manière stylistique des critiques littéraires des *Mémoires secrets* par la position (qui ne fut que temporaire) de censeur de l'un de ses rédacteurs, on pourrait ainsi invoquer une *poétique généralisée de l'indirect*, manipulée par tous les acteurs de la chaîne de la parole publique, auteurs, censeurs, lecteurs : tous savent coder et décoder de même façon, du fait même du cadre de la censure et de ses degrés de tolérance et d'implicite, qui contraint à devenir critiques et interprètes textuels.

Concluons. Soumise à la censure pour l'essentiel, la presse n'opère sa critique que sous contrôle. La censure est à la fois une extériorité qui la menace et la constitue comme champ spécifique (littéraire). Le cadre contraignant qui exténue cette critique ou l'oblige à renégocier sans cesse, lui confère aussi une certaine liberté – une liberté surveillée. La partie de la presse qui se soustrait à la censure se charge explicitement de ce qui est refusé à la presse autorisée : la critique des enjeux idéologiques des produits culturels ordinairement maintenus dans leur sphère « littéraire ». Cette presse, par la représentation de la censure et sa possible mise en cause explicite ou par une critique sans cesse positionnée par rapport à elle, réfléchit l'état du « champ littéraire », qui est ainsi défini dans la dépendance de la censure (et précisément pas comme champ littéraire autonome). Mais au-delà de la frontière qui est ainsi tracée par la censure, nous voulions suggérer à quel point la censure est une donnée omniprésente qui traverse tout. Elle impose une herméneutique du codage et du décodage qui subsiste jusque dans la presse non officielle, et permet peut-être ainsi, paradoxalement et non sans une certaine complexité, de produire via les faits de censure la possibilité de la critique.

Christophe Cave
Université Stendhal Grenoble 3
UMR LIRE/CNRS

CENSURE ET CRITIQUE

Quelques pistes de recherche en droit

Le droit dans la littérature, la littérature dans le droit, et le droit de la littérature sont traditionnellement présentés comme les trois grands champs d'investigation suscités par le binôme « Droit et littérature[1] ». De manière similaire, l'association des termes « censure » et « critique » évoque trois pistes qui méritent d'être explorées sous un angle juridique. La place manque ici pour approfondir ne serait-ce qu'une seule de ces questions, aussi se contentera-t-on d'en indiquer les grands traits. Ces domaines de recherche concernent la critique de la censure, la censure de la critique, et la censure comme critique.

CRITIQUE DE LA CENSURE

En droit, le terme de « censure » revêt une acception précise. Il désigne une restriction préventive de la liberté d'expression, c'est-à-dire l'interdiction d'une expression avant qu'elle soit diffusée, par opposition à une mesure répressive qui sanctionne l'expression *a posteriori*. Mais très souvent, le terme est employé, y compris par des juristes, dans un sens beaucoup plus large, et péjoratif. La « censure » est alors une limitation de la liberté d'expression qui n'obtient pas l'assentiment du commentateur. Avec le « délit d'opinion », la « censure » est ainsi l'une des catégories infamantes qui ponctuent le débat politico-juridique sur les justes limites de la liberté d'expression.

Dès lors, « critiquer la censure » tombe sous le sens, puisque ce qui définit la censure est précisément qu'elle est perçue comme critiquable.

1 Voir par exemple Richard Posner, *Law and Literature*, 3e éd., Cambridge, Harvard University Press, 2009, p. xi *sq.*

Nombreuses sont les études de juristes qui vitupèrent les jugements ou les lois dirigés contre des comportements expressifs, en particulier lorsque ces comportements sont des écrits littéraires. Ce champ d'investigation est donc le mieux balisé, mais il n'est pas certain qu'il soit le plus intéressant. Militer contre certaines restrictions de l'expression en raison de préférences morales ou politiques personnelles n'est guère susceptible de faire progresser la connaissance du droit. Au contraire, cette entreprise tend à s'effectuer au détriment de la description du droit en vigueur[1].

La dénonciation des jugements, cependant, n'épuise pas le champ de ce qui peut être appelé la « critique de la censure ». Le mot « critique » revêt en effet, lui aussi, plusieurs acceptions. Dans son sens aujourd'hui le plus courant, la critique est un exercice de réprobation. Mais dans un sens plus large et plus ancien, la critique est « l'art de juger d'un ouvrage d'esprit », elle est l'examen minutieux un texte[2]. En ce sens, la « critique de la censure » est l'analyse des jugements qui restreignent la liberté d'expression. Cette critique sera littéraire si l'attention porte sur le style du jugement, sur la manière dont il est rédigé, sur les techniques utilisées pour présenter les divers arguments. De telles études existent aux États-Unis[3], mais semblent plus difficiles à mener à l'égard des jugements français, qui sont souvent beaucoup plus secs et laconiques[4].

La possibilité de tels travaux ne doit cependant pas être complètement écartée. En effet, la motivation jurisprudentielle « à la française » ne souffre pas systématiquement de la comparaison avec les décisions de justice anglo-saxonnes. Un excès de fioritures littéraires peut nuire à la qualité du jugement. En 1933, le juge américain Woolsey apporta un soin tout particulier à la rédaction de sa décision relative à l'*Ulysse* de James Joyce. Il était conscient que son jugement était très attendu et ferait l'objet d'une large diffusion. La décision, qui permettait l'importation de l'ouvrage sur le territoire américain, fut acclamée pour le fond, mais

1 Voir Th. Hochmann, « L'interprétation juridictionnelle d'un texte fictionnel », dans Christine Baron (dir.), *Transgression, littérature et droit*, Presses universitaires de Rennes, coll. « La Licorne », 2013, p. 23-34.

2 J. Starobinski, *La Relation critique*, édition revue et augmentée, Paris, Gallimard, 2001, p. 16 *sq.*

3 Voir, avec de nombreuses références, R. Posner, *op. cit.*, p. 329 *sqq.* Évidemment, personne n'a jamais entrepris de limiter cette « critique » des jugements aux seules décisions qui restreignent la liberté d'expression (la « censure »).

4 Voir F. Malhière, *La Brièveté des décisions de justice*, Paris, Dalloz, 2013.

aussi pour la forme par certains. D'autres critiquèrent cependant cet effort d'élégance et de style. Le célèbre juge Learned Hand, qui examina l'affaire en appel, avait peu de sympathie pour cette démarche de distinction littéraire au sein d'une décision de justice[1].

Une opinion similaire fut défendue par Albert Thibaudet, qui défendait la sécheresse des jugements français face aux envolées lyriques des avocats. Les juges du siège, expliquait-il, « n'imagine[nt] pas qu'un arrêt, un jugement motivé, puisse avoir la valeur littéraire extra-judiciaire à laquelle prétend une plaidoirie ». Et pourtant, ajoutait Thibaudet, « [i]l me souvient [...] d'avoir lu assez fréquemment des arrêts qui étaient des chefs-d'œuvre d'analyse, de clarté, de raison, d'équité et de style. Tout esprit qui a le goût de l'intelligence et de la mesure les préfère, du simple point de vue de la beauté, à des plaidoiries tumultueuses, artificielles et grossièrement passionnées[2] ». Aussi l'illustre critique appelait-il à la réalisation d'une anthologie littéraire des jugements français. De nombreux recueils rassemblent aujourd'hui les « grands arrêts », mais ceux-ci sont choisis pour leur postérité jurisprudentielle ou leur caractère paradigmatique, plutôt que pour leur élégance littéraire[3]. Il existe des études du style ou de la rhétorique des avocats, des procureurs ou encore des rapporteurs publics devant le Conseil d'État[4]. Mais une telle analyse des jugements français reste à faire.

1 Sur le procès américain d'*Ulysse*, voir E. Ladenson, *Dirt for Art's Sake, Books on Trial from* Madame Bovary *to* Lolita, Ithaca, Cornell University Press, 2007, p. 94 *sqq.* ; G. Gunther, *Learned Hand, The Man and the Judge*, New York, Alfred Knopf, 1994, p. 333 *sqq.* Sur la réaction du juge Hand à l'égard du jugement de première instance, voir *ibid.* p. 338.

2 A. Thibaudet, « Anthologie des avocats français contemporains, par Fernand Payen » (1914), dans A. Thibaudet, *Réflexions sur la littérature*, Paris, Gallimard, 2007, p. 235 *sq.*

3 Voir G. Braibant, « Qu'est-ce qu'un grand arrêt ? », *Actualité juridique Droit Administratif*, 2006, p. 1428 *sqq.* L'auteur, qui collabore aux *Grands arrêts de la jurisprudence administrative* (le fameux GAJA connu de tous les étudiants de droit), précise que « [l]es discussions sur le choix des arrêts sont parfois longues et tendues. Peut-être autant que celles des jurys des prix littéraires » (*ibid.*, p. 1430).

4 Voir I. De Silva, « Les conclusions, fragments d'un discours contentieux », dans *Le Dialogue des juges, Mélanges en l'honneur du président Bruno Genevois*, Paris, Dalloz, 2009, p. 359 *sqq.*

CENSURE DE LA CRITIQUE

Si l'on entend par « censure » un effort de limiter la liberté d'expression, la « censure de la critique » se compose des poursuites intentées, et éventuellement des condamnations prononcées, contre l'auteur d'une critique. Sur ce point, les tribunaux français appliquent les mêmes principes que ceux exprimés en son temps par Malesherbes[1] : la critique de l'œuvre est libre, seule la critique de la personne de l'auteur peut éventuellement être réprimée[2]. Ainsi, le critique qui assassine un ouvrage littéraire ne devrait pas être condamné s'il se borne à porter des appréciations, même vigoureuses, sur le livre, du moment qu'il n'attaque pas la personne de l'auteur. Bien entendu, cette idée n'est pas toujours facile à appliquer à des propos concrets. Bertrand de Lamy la résume ainsi : « les libertés d'expression et d'opinion restent entières tant que l'attaque vise l'œuvre dans sa valeur, ses qualités ou ses mérites, les propos pouvant être sévères ». En revanche, une condamnation peut intervenir « lorsque ce n'est plus l'œuvre qui est la cible de l'attaque mais son auteur : ce sera le cas lorsque l'on dit d'un directeur de théâtre que dans ses mises en scène "éclatent la médiocrité, la prétention, la vulgarité d'âme, l'absence totale de culture et de goût" et qu'il est plutôt "l'homme des entreprises que des créations", l'article s'est ici manifestement écarté de la critique de l'œuvre pour devenir celle de l'homme[3] ».

Il arrive, assez rarement, mais cela mérite d'être signalé, que des poursuites en injure ou diffamation soient intentées dans le milieu académique. En général, les discussions universitaires demeurent dans les revues idoines, mais à l'occasion, un ego blessé essaie d'obtenir réparation

1 Voir les extraits d'une lettre à d'Alembert, cités par P. Grosclaude, *Malesherbes, témoin et interprète de son temps*, Paris, Fischbacher, 1961, p. 149 : « Mes principes sont qu'en général la critique est permise et que toute critique qui n'a pour objet que le livre critiqué et dans laquelle l'auteur n'est jugé que d'après cet ouvrage, est critique littéraire ». Malesherbes a en revanche peu de patience à l'égard de « tout homme qui, sous prétexte de disserter sur les ouvrages nouveaux, insulte la personne des citoyens et attaque leur honneur » (cité dans *ibid.*, p. 175). Sur la position de Malesherbes, voir dans ce volume les contributions de C. Cave, B. de Negroni et D. Ribard, respectivement p. 139, p. 185 et p. 315.

2 Voir par exemple B. de Lamy, *La Liberté d'opinion et le droit pénal*, Paris, L.G.D.J., 2000, p. 171.

3 *Ibid.*, p. 173.

devant les tribunaux. Des accusations infondées de plagiat ou de négationnisme pourront donner lieu à une sanction. Mais la liberté de critiquer la faiblesse des idées exposées dans un ouvrage est protégée. Un jugement récemment rendu par la dix-septième chambre du tribunal de grande instance de Paris en atteste. Le professeur américain Josef Weiler était poursuivi par une universitaire israélienne, Karin Calvo-Goller, pour avoir publié sur Internet une recension de son ouvrage rédigée par Thomas Weigend, un pénaliste de l'Université de Cologne. Le commentaire n'était certes guère élogieux[1]. Néanmoins, soulignait le tribunal, il ne blessait pas la personne de l'auteur : la recension « ne contient aucun propos portant atteinte à son honneur et à sa considération, et ne fait qu'exprimer, en termes d'ailleurs modérés, une opinion scientifique sur un ouvrage, sans jamais excéder les limites de la libre critique à laquelle s'expose tout auteur d'une œuvre intellectuelle[2] ».

La censure de la critique n'est pas chose aisée. On se gardera néanmoins de confondre le champ des expressions juridiquement permises et celui des propos effectivement exprimés. Une poursuite en diffamation, voire la simple menace d'une telle action, peut parfois suffire à empêcher la publication d'un auteur. La perspective d'un procès peut effrayer un éditeur, et conduire ainsi à une censure au sens strict.

1 Les extraits suivants sont issus de la traduction communiquée par la plaignante au tribunal : « le livre est particulièrement décevant pour ce qui a trait à la théorie procédurale [...]. Karin Calvo-Galler a sans doute investi beaucoup de temps et d'effort dans ce livre qui – sauf pour une édition regrettablement mal soignée – peut bien servir comme une première introduction systématique aux questions de procédure confrontant la [Cour pénale internationale]. Ce qui manque encore est un livre qui peut aider pour résoudre ces questions ». Le jugement du 3 mars 2011 est accessible à l'adresse http://www.ejiltalk.org/in-the-dock-in-paris-%E2%80%93-the-judgment-by-joseph-weiler-2/.

2 *Ibid.* Le tribunal se considéra incompétent pour connaître de cette affaire, aucun lien avec la France n'étant établi, et condamna la plaignante à verser 8 000 € en réparation du caractère abusif de son action. En vertu d'une stratégie appelée le *forum shopping*, K. Calvo-Galler s'était adressée aux tribunaux français en pensant que ce système juridique permettrait plus facilement d'obtenir une condamnation en diffamation.

LA CENSURE COMME CRITIQUE

Le critique, explique Jean Starobinski, a très tôt été assimilé au censeur[1]. Les ressemblances entre censure et critique ne sont plus à démontrer. Dans une démarche intéressée par le droit, l'étude de la censure comme critique consiste à examiner en quoi l'activité du juge[2], lorsqu'il doit examiner une publication litigieuse, et particulièrement lorsqu'un écrit littéraire est poursuivi devant lui, ressemble ou se distingue de celle du critique.

Une différence majeure, que l'on hésite à rappeler tant elle est manifeste, s'attache aux conséquences de la critique. La critique judiciaire peut conduire directement à une interdiction, une peine d'amende voire de prison. La critique littéraire peut avoir des effets néfastes, mais ils ne seront que contingents et indirects[3]. En dépit de cette divergence essentielle, l'office du juge et celui du critique présentent un certain nombre de ressemblances, qui pour certaines sont également évidentes. D'abord, il s'agit dans les deux cas d'« activité[s] de langage qui [doivent leur] existence à une précédente activité langagière[4] ». Lorsqu'un juge ou un critique traite d'un livre, il produit un « discours sur un discours[5] ». Une seconde évidence saute immédiatement aux yeux : si les sens du mot « critique » sont multiples, ils partagent une caractéristique commune : « la priorité, dans la succession des significations [du mot "critique"] jusqu'au XXe siècle, appartient à l'acte du jugement[6] ». La critique consiste à l'origine à départager, à évaluer les textes, les performances. De ce point de vue, elle ressemble à la tâche du juge. Mais,

1 J. Starobinski, *op. cit.*, p. 16.

2 Par commodité, il sera question dans les développements qui suivent du « juge ». Mais ces réflexions valent pour tous les organes chargés de concrétiser les limites de la liberté d'expression, lesquels organes ne sont pas forcément juridictionnels. Il peut par exemple s'agir d'une autorité administrative, telle la Commission chargée d'appliquer la loi du 16 juillet 1949 sur les publications destinées à la jeunesse.

3 Cela ne revient pas à dire que ces conséquences seront forcément bénignes. La métaphore juridique est d'ailleurs fréquente : la critique condamne, elle exécute…

4 J. Starobinski, *op. cit.*, p. 50 (Starobinski ne traite que de la critique littéraire).

5 R. Barthes, « Qu'est-ce que la critique ? » (1963), dans R. Barthes, *Essais critiques*, Paris, Seuil, 1971, p. 264.

6 J. Starobinski, *op. cit.*, p. 17.

bien sûr, la critique ne se limite pas à cela : elle peut chercher les sources d'inspiration d'un texte, commenter une variante, chercher à expliquer une œuvre par l'histoire de son auteur, réfléchir sur certains problèmes moraux à partir d'une œuvre… Toutes ces ambitions critiques, inégalement partagées, sont complètements indifférentes au juge. Plutôt que d'identifier les similitudes entre l'activité du juge et « la » critique, il paraît sage d'examiner les affinités que le juge partage avec l'une ou l'autre des multiples démarches qui existent, et parfois s'affrontent, au sein de la critique littéraire.

Une première approximation permet d'affirmer que l'activité critique du juge est une critique d'évaluation, au sens où il s'agit de confronter le texte à une norme. Néanmoins, à la différence du critique littéraire d'évaluation, le juge ne choisit pas les normes par rapport auxquelles il va apprécier la conformité de l'œuvre. Ce n'est pas le juge qui décide d'examiner si une œuvre est diffamatoire, ou si elle incite à la violence contre certains groupes de personnes (et seulement contre les groupes de personnes définis en vertu de critères précisés par la loi). Ces normes lui sont indiquées par une autre autorité : le législateur, ou le pouvoir réglementaire. La critique littéraire, lorsqu'elle est une critique d'évaluation, est autonome, tandis que la critique judiciaire est hétéronome[1].

Différents types de critiques peuvent donc être plus ou moins proches de la critique judiciaire. Si un critique d'évaluation choisit de confronter l'œuvre à une norme qui est également imposée au juge, la seule différence s'attachera aux conséquences de l'appréciation. Le critique le plus célèbre, Sainte-Beuve, illustre une telle situation[2]. Sainte-Beuve évalue notamment les œuvres par rapport à un critère de consolation : la littérature ne doit pas décrire la réalité, ou en tout cas pas seulement, elle doit aussi en proposer un tableau réconfortant, et donc moral[3]. C'est précisément la même idée qui apparaît dans l'opinion dissidente jointe à l'arrêt d'appel relatif à l'*Ulysse* de Joyce : « Le peuple mérite et a besoin d'un standard moral, dont le maintien devrait être un point d'honneur

1 Sur les catégories d'autonomie et d'hétéronomie, voir l'article de G. Sapiro dans ce volume, p. 272-276.

2 Des exemples encore plus frappants apparaissent au sein de la « critique réactionnaire » étudiée par J.-L. Diaz dans le présent volume, p. 237.

3 Voir M. Brix, « L'avocat du public », dans Charles-Augustin Sainte-Beuve, *Mes chers amis…*, Grasset, 2006, p. 10 *sqq.* ; W. Lepenies, *Sainte-Beuve, au seuil de la modernité*, trad. fr. J. Étoré et B. Lortholary, Paris, Gallimard, 2002 (1997), p. 107.

pour les hommes de lettres. [...] Une bonne œuvre littéraire doit avoir le but de réconforter, consoler, purifier ou ennoblir la vie des gens[1]. »

L'offense à la morale publique et aux bonnes mœurs, pour laquelle fut poursuivi Flaubert, n'est pas très différente de l'exigence de consolation. « [L]a mission de la littérature », expliquait le juge de *Madame Bovary*, « doit être d'orner et de recréer l'esprit en élevant l'intelligence et en épurant les mœurs plus encore que d'imprimer le dégoût du vice en offrant le tableau des désordres qui peuvent exister dans la société[2] ». Certes, les normes ne sont pas tout à fait les mêmes, et la lecture de *Madame Bovary* par Sainte-Beuve est beaucoup plus bienveillante que celle effectuée par le procureur Pinard[3]. Le dernier veut une œuvre morale, une condamnation explicite de l'adultère, tandis que le premier demande juste un peu de consolation, un peu de bonté humaine pour le lecteur. Mais les exercices demeurent similaires, et l'on n'est pas obligé de suivre Sainte-Beuve lorsqu'il assure que l'audience tenue au tribunal constitue un débat complètement différent du débat littéraire[4]. Ce n'est que du point de vue de leurs conséquences possibles que les deux analyses diffèrent fondamentalement. On ne sera d'ailleurs pas surpris de trouver immédiatement après, dans le texte de Sainte-Beuve, une métaphore judiciaire, fréquente sous sa plume : *Madame Bovary*, écrit-il, n'est désormais « justiciable que de la critique[5] ».

Si, en revanche, un critique d'évaluation choisit de confronter l'œuvre à une norme qui n'est pas applicable devant le juge, le seul point commun sera la nature de l'entreprise, qui consiste à contrôler la conformité de l'œuvre à une norme. Par exemple, aucune norme, en tout cas en droit français, ne demande au juge de contrôler la grammaire et l'orthographe d'un auteur. Un juge ne peut être conduit, comme Émile Faguet avec Flaubert, à réaliser l'inventaire des fautes de grammaire ou de vocabulaire d'un auteur[6].

1 Cité dans G. Gunther, *op. cit.*, p. 339.

2 Tribunal correctionnel de Paris, 9 février 1857, publié dans G. Flaubert, *Madame Bovary*, Paris, Flammarion, 1986, p. 518. Sur le procès de *Madame Bovary*, voir Y. Leclerc, *Crimes écrits. La littérature en procès au* XIX*e siècle*, Paris, Plon, 1991.

3 Tous deux admirent le style de Flaubert, l'un pour l'en féliciter, l'autre pour l'en blâmer. Sur Ernest Pinard, voir la contribution d'E. Ladenson dans ce volume, p. 255-265.

4 Sainte-Beuve, « *Madame Bovary* de Gustave Flaubert » (1857), dans Sainte-Beuve, *op. cit.*, p. 135.

5 *Ibid.* Sur la métaphore judiciaire chez Sainte-Beuve, Voir W. Lepenies, *op. cit.*, p. 439 *sqq.*

6 É. Faguet, *Flaubert*, Paris, Hachette, 1899, p. 147 *sqq.*

Mais la critique judiciaire s'écarte encore davantage des études critiques qui n'entendent pas procéder à une évaluation. Or il semble bien que, de nos jours, la « critique universitaire[1] » ne soit plus tellement une critique d'évaluation. Une telle entreprise, explique Gérard Genette, est « aujourd'hui tenue pour naïve, voire vulgaire[2] ». « À l'heure actuelle », assure Michel Brix, « on n'ose plus guère avancer de jugement, même argumenté[3] ». Ce rejet de la critique d'évaluation semble découler du caractère subjectif du choix de la norme par rapport à laquelle la conformité de l'œuvre sera examinée.

Or, ce subjectivisme ne peut pas être reproché au juge, puisque la norme de référence lui est imposée. Cependant, le problème de l'évaluation personnelle d'une œuvre, particulièrement sensible pour la critique judiciaire, dès lors qu'elle peut conduire à des sanctions juridiques, ne disparaît pas pour autant. Si la norme est donnée au juge, c'est à lui, et à lui seul, qu'il revient de décider si l'œuvre litigieuse est diffamatoire, si elle incite à la violence contre certains groupes de population, si elle est pornographique ou encore, autrefois, si elle porte atteinte aux bonnes mœurs.

Comment le juge doit-il procéder pour s'acquitter de cette tâche ? Jean Starobinski explique qu'il faut à la critique des « principes régulateurs [...], qui la guident sans la contraindre », lesquels principes doivent être fixés par le critique lui-même, dès lors qu'ils « ne s'inscrivent pas dans un code préexistant[4] ». Or, le juge dispose d'un tel code, car le système juridique lui impose une certaine méthode, qui n'est pas propre à la lecture juridictionnelle d'une œuvre mais apparaît dans de nombreuses normes : lorsqu'il est prévu que les ouvrages publics, les routes par exemple, doivent faire l'objet d'un entretien *normal* ; ou qu'un contrat est nul si

1 Ce mot n'est pas ici employé dans le sens péjoratif que lui donne Roland Barthes, mais pour désigner ce que Gérard Genette appelle la « critique d'essai », par opposition à la critique de « compte rendu », c'est-à-dire journalistique. Voir R. Barthes, « Les deux critiques » (1963), dans R. Barthes, *op. cit.*, p. 255 *sqq.* ; G. Genette, « Ouverture méta-critique », dans G. Genette, *Figures V*, Paris, Seuil, 2002, p. 8. Voir aussi A. Thibaudet, « Les trois critiques » (1922), dans A. Thibaudet, *op. cit.*, p. 725.

2 G. Genette, *op. cit.*, p. 11. Il ajoute que « le seul fait de consacrer quelques pages ou dizaines de pages à une œuvre est un hommage implicite à son mérite, ou pour le moins à son intérêt ». Cette dernière remarque, évidemment, ne vaut pas pour le juge, qui n'a pas choisi le texte qui lui est soumis.

3 M. Brix, art. cité, p. 20.

4 J. Starobinski, *La Relation critique*, 1re éd., Gallimard, 1970, p. 12.

une partie a commis une erreur sur son objet, mais que cette erreur ne doit pas être *inexcusable* ; ou encore que le responsable d'un dommage voit sa responsabilité atténuée si la victime a eu un comportement fautif, par exemple une inattention *déraisonnable*. Dans tous ces cas et dans bien d'autres, il s'agit pour le juge d'apprécier le comportement litigieux en se référant à l'individu moyen, à l'individu normal. De la même manière, examiner si un texte est diffamatoire, ou pornographique, c'est rechercher si un lecteur moyen l'aurait considéré comme tel[1].

La recherche de la réception du lecteur moyen n'est pas une recherche empirique, semblable à celle que proposait Gustave Lanson : « on pourrait faire le recueil et le classement des impressions subjectives, et peut-être s'en dégagerait-il un élément permanent et commun d'interprétation, qui pourrait s'expliquer par une propriété réelle de l'ouvrage, déterminant à peu près constamment une modification à peu près identique des esprits[2]. » Certes, il arrive que des juges procèdent ainsi. Dans le procès américain de l'*Ulysse* de Joyce, le juge pria deux de ses amis qui, selon lui, correspondaient au lecteur moyen, de lire le livre. Il leur expliqua la définition de l'obscénité au sens de la jurisprudence américaine, et leur demanda si, de leur point de vue, l'ouvrage correspondait à cette définition. « Il est remarquable », explique le juge dans son jugement, « que chacun des deux ait eu la même opinion que moi[3]. »

De tels efforts d'identification d'un véritable « individu normal » demeurent cependant rares. En effet, la recherche de la réception du lecteur moyen est davantage une stratégie d'interprétation du texte, et d'estimation de ses effets possibles. Le lecteur ordinaire, c'est évidemment le juge, mais un juge auquel la norme qu'il applique impose de respecter une certaine méthode. Bien sûr, celle-ci ne s'apparente pas au « déroulement quasi automatique d'un mécanisme remonté d'avance[4] » : elle requiert des appréciations, des évaluations. Mais elle encadre la

1 L'existence de l'obligation de suivre cette méthode ne signifie pas que tous les juges la respectent toujours : on ne saurait déduire l'être du devoir-être. Les juges doivent appliquer une certaine méthode, mais cela n'implique pas qu'ils le font toujours effectivement, de la même manière que l'interdiction du meurtre ne signifie pas qu'aucun meurtre n'est jamais commis.

2 Cité par A. Compagnon, *Le Démon de la théorie*, Seuil, Paris, 1998, p. 169.

3 Voir la traduction française du jugement par P. Mbongo, *La Liberté d'expression en France*, Paris, Mare et Martin, 2011, p. 330. Voir aussi E. Ladenson, *op. cit.*, p. 97.

4 J. Starobinski, *op. cit.*, 1re éd., p. 13.

démarche du juge, ne lui octroie pas une entière liberté d'interprétation des écrits poursuivis.

Cette méthode rapproche et éloigne la critique juridictionnelle de la critique littéraire, ou du moins de certains types de critiques. Elle l'éloigne, d'abord, parce que le critique littéraire n'est nullement tenu de s'efforcer de combattre sa propre subjectivité. Il n'a pas à refuser de juger en se cachant derrière une prétendue objectivité, attitude que certains ont pu reprocher, quelque peu injustement, à Sainte-Beuve[1]. Starobinski a écrit de belles pages sur l'apport personnel de chaque critique, sur la relation chargée de réciprocité qu'il engage avec l'œuvre[2]. La critique judiciaire, de son côté, n'est pas une critique créatrice, qui produit une nouvelle œuvre subjective à partir de l'œuvre étudiée. Elle ne relève pas de la critique que Todorov appelle « dialogique[3] ».

Mais la critique littéraire ne se réduit pas à une réaction personnelle à l'œuvre. La recherche de la compréhension du lecteur moyen rapproche le juge de l'activité critique telle que l'exercent les auteurs qui refusent de considérer que chaque lecteur peut comprendre absolument n'importe quoi dans un texte. Dès lors que le droit lui demande de rechercher la réception du lecteur moyen, le juge ressemble à ce critique décrit par Thibaudet, qui entend « exprimer moins son propre sentiment que le sentiment du public, ou plutôt éprouver son sentiment comme un accord avec celui du public[4] ». Or, nombreux sont les critiques qui peuvent aider le juge dans cette entreprise. Sceptiques face au relativisme absolu, ils admettent une composante objective de l'œuvre. Starobinski, encore lui, s'il insiste sur l'apport subjectif du critique, n'exclut pas l'étude objective, les « procédés vérifiables » dans le texte : après la réaction spontanée, vient la recherche des structures objectives qui l'ont provoquée[5]. Si la critique a pour mission de « professionnaliser [le comportement interprétatif], de mettre en évidence ce qui n'est ailleurs que pratique inconsciente[6] », alors non seulement elle présente une similitude avec la tâche du juge confronté à un roman, mais elle peut aussi l'aider à l'accomplir.

---

1 Wolf Lepenies rapporte cette affirmation de Nietzsche dans W. Lepenies, *op. cit.*, p. 92, note 1.

2 J. Starobinski, *op. cit.*, éd. revue et augmentée, p. 54.

3 T. Todorov, *Critique de la critique*, Paris, Seuil, 1984, p. 185.

4 A. Thibaudet, « Les trois critiques », art. cité, p. 722.

5 J. Starobinski, *op. cit.*, éd. revue et augmentée, p. 39 *sq.*, 51, 53.

6 T. Todorov, *op. cit.*, p. 7.

Nous disposons ainsi d'un critère pour identifier ce qui, dans l'activité critique, ressemble à l'examen juridictionnel de l'œuvre, voire, dans une optique pragmatique, ce qui pourrait être utile au juge[1]. Ce critère est très réducteur, c'est-à-dire qu'il ne correspond qu'à une version très appauvrie de la critique littéraire : celle-ci ressemble à la critique judiciaire lorsqu'elle s'efforce d'identifier l'interprétation raisonnable de l'œuvre. Lorsqu'elle poursuit, et c'est souvent le cas, une autre ambition, elle s'éloigne du travail du juge.

Ainsi, la critique judiciaire, dans sa recherche de la compréhension du lecteur moyen, ne correspond nullement à une critique axée sur l'auteur. Elle n'est pas une critique historique, ou psychanalytique, elle ne s'apparente pas à ce que Barthes appelait la « critique universitaire[2] ». Mais la critique judiciaire n'est pas pour autant strictement « immanente » : elle ne s'intéresse pas au seul texte[3]. D'abord, évidemment, le juge confronte le texte à des normes qui lui sont extérieures. « Rousseau, père de la révolution française, et Gobineau, père du racisme, nous ont envoyé des messages l'un et l'autre. Et le critique les considère avec une égale sympathie », expliquait Jean-Paul Sartre[4]. Il en va évidemment autrement du juge : l'article 24 de la loi du 29 juillet 1881 interdit certains propos racistes, tandis que plusieurs idées de Rousseau ont été adoptées sous la forme de normes juridiques que le juge doit respecter.

Ensuite, le juge peut se référer à des éléments extérieurs à l'œuvre pour éclairer la compréhension du lecteur moyen. Barthes vilipendait les critiques qui se demandaient si le baron de Charlus avait été inspiré par le comte de Montesquiou[5], et cette question est également indifférente au juge. En revanche, saisi d'une poursuite pour atteinte à la vie

1 Certains juges ont explicitement appelé à l'aide de la critique, ou de ce que les allemands appellent la science de la littérature (*Literaturwissenschaft*). Voir l'opinion dissidente de deux membres de la Cour constitutionnelle allemande, BVerfGE 119, 1 *Esra* (13 juin 2007), p. 45.

2 R. Barthes, « Les deux critiques », art. cité, p. 255 *sqq.*

3 Sur la critique « immanente », et pour une mise en doute de la possibilité même d'une critique strictement cantonnée au seul texte, Voir G. Genette, *op. cit.*, p. 12 *sqq.*, en particulier p. 36.

4 Cité dans T. Todorov, *op. cit.*, p. 184. Todorov remarque : « Renonçant à chercher la vérité [...] au sens de sagesse et non d'adéquation aux faits), le critique "immanent" s'interdit lui-même toute possibilité de juger ; il explicite le sens des œuvres mais, en quelque sorte, ne le prend pas au sérieux : il ne lui répond pas, il fait comme s'il ne s'agissait pas d'idées concernant la destinée des hommes ».

5 R. Barthes, « Les deux critiques », art. cité, p. 258.

privée, un tribunal peut être amené à rechercher si l'ouvrage confère l'impression qu'il décrit Montesquiou sous les traits de Charlus[1]. Il est en effet essentiel pour le juge de déterminer si le lecteur moyen aurait considéré le texte comme un récit fictionnel, si le pacte fictionnel était raisonnablement susceptible d'être conclu, ou si au contraire le lecteur était conduit à percevoir une prétention référentielle dans l'écrit litigieux[2].

La critique judiciaire est donc « transcendante », si l'on désigne ainsi le contraire de la critique « immanente[3] ». Seuls seront néanmoins pris en compte les éléments extérieurs à l'œuvre considérés comme connus par le lecteur moyen. Par exemple, le lecteur ordinaire n'est pas un critique cultivé. Il ne perçoit pas forcément une allusion à Horace ou un clin d'œil à la *Divine Comédie.* Le juge, même s'il a identifié l'allusion, spontanément ou sur la suggestion de l'avocat de l'auteur, devra l'écarter de l'analyse s'il considère qu'elle n'était pas susceptible d'être comprise par le lecteur moyen. Ce lecteur ordinaire n'est cependant pas non plus un imbécile. Une riche jurisprudence a ainsi conduit, pour juger de l'obscénité d'un écrit dans tous les systèmes anglo-saxons, à substituer la perspective du lecteur raisonnable à celle de l'individu particulièrement sensible et influençable par une phrase isolée de son contexte[4].

Lorsqu'il fait office de critique, le juge examine donc la conformité de l'œuvre, telle qu'elle serait lue par un lecteur moyen, à une norme qui lui est imposée. Bien sûr, cette directive de lecture demeure vague, tant il peut exister de « lecteurs ordinaires » variés, plus ou moins cultivés, plus ou moins attentifs aux subtilités du texte. Les normes applicables, en exigeant la recherche de la perception du lecteur moyen, n'imposent pas une unique solution au juge, elles tracent seulement un cadre à l'intérieur duquel il lui revient de choisir. Recommander une

1 Montesquiou hésita fortement à poursuivre Proust devant la justice. Voir R. Nerson, « Les noms des personnages de romans », dans *Études offertes à Pierre Kayser*, Presses universitaires d'Aix-Marseille, 1979, p. 308, note 24.

2 Sur cette question, Voir É. Treppoz, « Pour une attention particulière du droit à la création : l'exemple des fictions littéraires », *Recueil Dalloz*, 2011, p. 2487 ; Th. Hochmann, « Fiction et liberté d'expression », dans N. Amrouche et *al.*, *Censures, Les violences du sens*, Aix-en-Provence, Presses de l'Université de Provence, 2011, p. 147 *sqq.* (également accessible à http://vox-poetica.org/t/articles/hochmann.html, 2009).

3 Voir G. Genette, *op. cit.*, p. 13.

4 Voir par exemple H. Kalven Jr., « The Metaphysics of the Law of Obscenity », *Supreme Court Review* (1960), p. 3 ; G. Gunther, *op. cit.*, p. 331 ; E. Ladenson, *op. cit.*, p. 96.

interprétation plutôt qu'une autre ne relève plus de la description mais de la proposition, et cette entreprise peut être laissée à d'autres personnes. Par ailleurs, on ne saurait oublier que, s'il est occasionnellement confronté à des ouvrages littéraires, le juge procède quotidiennement à la lecture et à l'interprétation d'un autre type de texte : les énoncés des normes juridiques qu'il lui faut appliquer. À cet égard, la réflexion des juristes gagnerait certainement à s'enrichir des nombreuses études consacrées à la critique littéraire. Cette tâche-là doit cependant être laissée à un autre jour.

Thomas HOCHMANN
Université de Reims
Champagne-Ardenne

DEUXIÈME PARTIE

DISCOURS CENSORIAL ET DISCOURS CRITIQUE

PUBLICATION POSTHUME ET CENSURE BIENVEILLANTE

L'exemple des Ana (1666-1715)

Si la censure est généralement associée, en des termes négatifs, à une action externe sur un contenu intellectuel, il arrive qu'elle apparaisse comme une opération constructive. C'est le cas exemplaire de la publication posthume d'un écrit : l'amendement, la correction, la critique du texte par autrui peuvent être menées dans un esprit fidèle à l'auteur, et surtout à l'image discursive de ce dernier, telle que les œuvres qu'on lui attribue la construisent. Cette question de la censure ou de l'intervention critique sur des écrits non soumis à validation auctoriale s'est posée sous une forme toute particulière à la parution des premiers Ana, ces recueils d'anecdotes et de pensées attribuées à un savant célèbre, qui sont imprimés avec un succès certain à partir des années 1660. Les premiers recueils du genre, les *Scaligerana*, *Perroniana* et *Thuana*, sont considérés comme la mise à l'écrit des paroles d'un maître – respectivement donc Scaliger, du Perron et de Thou[1]. Ces bribes prononcées à l'oral ou jetées sur un cahier, mais non pas préparées pour l'impression, constitueraient un brouillon de la parole auctoriale telle qu'elle existerait avant toute phase d'autocritique ou de critique éditoriale. Or il ne va pas de soi de publier, et surtout d'imprimer[2], ce qui est conçu pour être seulement dit dans un cadre privé, et c'est sur ce point que nous allons revenir.

1 Ce dispositif est considérablement transformé par la suite, au point que le titre d'Ana, promis à un long avenir, perd assez vite toute spécificité, servant à étiqueter les recueils les plus divers, et de plus en plus, des collections de plaisanteries ou des anthologies morales ou littéraires. Même parmi les premiers volumes de cette sorte de « collection » éditoriale, le titre en *-ana* est récupéré par des auteurs souhaitant confectionner eux-mêmes leur recueil de propos choisis. Le procédé de la collecte des mots mémorables d'un auteur par un tiers est donc finalement assez exceptionnel, mais est pourtant longtemps donné comme le principe du genre.

2 On sait qu'au XVIIe siècle, l'imprimé n'est qu'une des formes possibles du processus de publication – la lecture publique ou semi-publique en constituant une autre, par exemple.

Pourtant, le prestige accordé à l'oralité et à la parole vive est alors tel, que ces recueils, même si l'auteur n'y a aucune responsabilité, sont rapidement annexés à la bibliographie du savant en question. Le contexte spécifique de la culture encore jeune de la publication imprimée, en un temps où, en outre, le droit d'auteur et la propriété intellectuelle n'ont pas les mêmes contours qu'à partir du XVIIIe siècle, confère sans doute aux problèmes de censure et de critique textuelle des enjeux singuliers. À partir de l'exemple des deux recueils les plus connus dans ce genre (le *Scaligerana* de 1666-1667 et le *Menagiana* de 1693), il s'agit d'envisager les liens entre publication d'écrits privés et pratique de la *censure*, au sens de contrôle et de rétention aussi bien que d'intervention critique, dans une période de transition entre Renaissance et Lumières.

ARCANA PRODERE OU LE MANUSCRIT TRAHI
Désir de censure chez les héritiers des humanistes

En 1666 paraît le premier Ana, le *Scaligerana*, constitué de simples notes de travail élaborées à la fin du XVIe siècle, rédigées dans les années 1610 par des disciples, et publiées seulement cinquante ans plus tard. Le livre est imprimé en Hollande, sans privilège, comme l'entreprise de quelques savants qui avaient eu la main sur le manuscrit et souhaitaient le diffuser. L'enjeu mémoriel est de faire revivre au milieu du XVIIe siècle une parole d'autorité de la Renaissance : Joseph Juste Scaliger, héritier intellectuel de Jules César Scaliger, son père, et de Juste Lipse, est un des plus grands savants de l'Europe humaniste. Pourtant, le *Scaligerana* n'est pas le tombeau ou la statue épidictique qu'on aurait pu attendre. Le recueil, particulièrement décousu, est un amas d'annotations de lecture de Scaliger ou de notes de cours prises par ses élèves :

> ESPAGNOLS. Ignorants et barbares [...].
> Les ESSEENS ne chioient point le jour du Sabbat ; nos Hollandois n'y eussent pas été bons.

Voir Ch. Jouhaud et A. Viala (dir.), *De la publication : entre Renaissance et Lumières*, Paris, Fayard, 2002.

> ESTANGS. Il n'y en a point en Guienne, nec olores ; il y a quelques étangs en Beausse.
> H. ESTIENNE. C'est ignorance grande de médire de Henry Estienne, qui a tant servy aux lettres. Monsieur Casaubon même reconnoit sa rusticité, mais de la mépriser pour cela dans les lettres, *quid hoc ad rem*? Rittershufius en ayant médit, n'est pas aimé de Casaubon. H. Estienne ne voulut point voir sa fille femme de Casaubon. Il n'aymoit point son gendre[1].

Ce qui motive la collection de ce genre d'extraits, qu'on pourrait juger insignifiants en eux-mêmes, c'est le fantasme de la restitution d'une voix du passé dans le livre. On pense à la métaphore topique des *voces paginarum*, les voix sortant du livre – le livre capable de capturer les voix réelles[2] :

> Outre l'utilité qu'on peut tirer de *ces entretiens domestiques*, on a encore le plaisir de voir que ces Savans s'y montrent *dans leur naturel.* Ils nous disent ce qu'ils pensent sur toutes sortes de sujets : il semble que *nous les entendons parler*, que nous vivons avec eux, [...] dans les Recueils qu'on donne ici, c'est toujours l'Auteur qui parle, c'est Scaliger, c'est Mr. de Thou ; *on n'a fait que repeter leurs paroles en les jettant sur le papier*[3].

Les rédacteurs des premiers Ana poursuivent ainsi l'idéal de la parole vive – en même temps qu'ils souhaitent exhiber le privilège d'y avoir eu accès. À moins que des motifs moins vertueux aient poussé de faux disciples jaloux à nuire à l'image posthume du maître, en déformant ses dires ou simplement en gravant dans le marbre des propos insignifiants qui auraient dû rester paroles en l'air. C'est en tout cas ce qu'insinuent les admirateurs de Scaliger lorsque le premier recueil paru sous le nom de *Scaligeriana* sort en 1666[4]. On crie au scandale : quel est ce fatras qui donne une image si détestable du maître ? Le grand homme – du moins son *ethos*, l'image discursive reflétée par ses dires – se voit diminué

1 *Scaligeriana sive Excerpta ex ore Josephi Scaligeri. Per F.F.P.P.* [*fratres Puteanos*], Genève, P. Colomiès, 1666, p. 109.

2 R. Chartier, « Livres parlants et manuscrits clandestins. Les voyages de Dyrcona », *Inscrire et effacer : culture écrite et littérature, XIe-XVIIIe siècle*, Paris, Gallimard/Seuil, 2005, p. 101-125, ici p. 101.

3 *Scaligerana, Perroniana, Pithoeana et Colomesiana, ou Remarques historiques, critiques, morales et littéraires de Jos. Scaliger, J.-Aug. De Thou, et P. Colomiès*, éd. Des Maizeaux, Amsterdam, Covens et Mortier, 1740. Épître, n. p. Nous soulignons.

4 Sur l'histoire éditoriale complexe de cet ouvrage, voir J. Delatour, « Pour une édition critique des *Scaligerana* », *Bibliothèque de l'École des Chartes*, n° 156/2, 1998, p. 407-450.

par des propos prétentieux, caractérisés par l'ostentation naïve de son savoir, les opinions à l'emporte-pièce ou le goût scatologique. Si c'est la parole vive qu'il s'agit de restituer, faut-il opérer un tri, ou se contenter de « repeter leurs paroles en les jettant sur le papier[1] » ? Du point de vue des défenseurs de Scaliger, des séquences comme celle citée plus haut discréditent le savant éponyme, et auraient évidemment dues être censurées. On jugea nécessaire de produire une deuxième édition du texte pour ne pas laisser ternir ainsi l'image du maître. Le responsable de cette deuxième édition, Adrien Daillé, exprime dans sa préface un véritable désir de censure, dans des termes véhéments :

> Ce que des savants, devisant dans leur chambre avec des amis proches, leur confient à l'oreille, ce qu'ils répandent dans l'air sans aucun choix, sans y avoir pensé à l'avance, sans suite [...] et souvent en badinant ou en pensant à autre chose ; cela dis-je, *y a-t-il rien de plus injuste que de le publier, de le confier au papier qui dure, pour le faire passer entre toutes les mains* ? Qu'est-ce donc que trahir un secret, si ce n'est cela[2] ?

Ne pas censurer ce qui aurait dû l'être, c'est véritablement « *arcana prodere*[3] », « trahir un secret ». Selon cette préface, la censure posthume aurait ici été la juste restitution du stade de l'autocensure que l'auteur n'a pas pu exercer sur un livre qu'il n'a ni souhaité ni anticipé. Puisque Daillé ne peut remonter le temps et entreprendre une telle censure préalable, la seule solution est de procéder à une opération moins radicale : la critique, au sens d'opération accomplie par un éditeur scientifique. On peut ainsi distinguer trois types de corrections prônées par cet éditeur vengeur. D'abord, une critique textuelle, à savoir les amendements formels propres à tout travail éditorial ; la première édition avait été faite sur une version très fautive du manuscrit, et de fait, le livre est cousu de fautes, d'approximations. Ensuite, un remaniement de la disposition, un classement de paroles simplement prononcées « sans y avoir pensé à l'avance, sans suite ». Enfin, sur le plan de l'élocution, une réfection de l'expression négligée, voire grossière (Scaliger parlait souvent « en

1 *Scaligerana*, éd. 1740, *op. cit.* Épître, n. p.

2 Préface d'A. Daillé au *Scaligerana. Editio altera, ad verum exemplar restituta, & innumeris iisque foedissimis mendis, quibus prior illa passim scatebat, diligentissimè purgata*, Coloniae-Agrippinae, [i. e. Rouen], G. Scagen, 1667 (reproduite et traduite du latin par F. Wild, *Naissance du genre des Ana (1574-1712)*, Paris, Champion, 2001, p. 630).

3 *Ibid.*, p. 625.

badinant ») : une critique interventionniste aurait le devoir de corriger activement jusqu'au style de l'ouvrage.

Une entreprise éditoriale célèbre, préparée à partir de 1666, au moment même du petit scandale du *Scaligerana*, entre singulièrement en résonance avec ces questions de publication posthume, de censure et d'auctorialité : c'est la première édition des *Pensées* de Pascal[1]. La préface de cette édition dite de Port-Royal[2], évoque clairement le procédé éditorial des Ana, tout en repoussant ce modèle. La matière des *Pensées* aurait été livrée lors d'une intime « conférence », prononcée à Port-Royal devant les proches de l'auteur, c'est-à-dire exactement le type d'entretiens entre particuliers qui font le dispositif des Ana originels. L'entourage de Pascal, en éditant ce texte, souligne à plusieurs reprises que le maintien du désordre conversationnel conforme aux liasses retrouvées (c'est à mots couverts le modèle des Ana) aurait été une manière de dégrader sa pensée. On sait l'interventionnisme de ces premiers éditeurs, que ce soit dans la mise en ordre des fragments ou dans l'expurgation des mots d'esprit jugés trop vifs[3]. Éditer un entretien savant en étant fidèle au génie de l'auteur, pour l'entourage de Pascal, c'est corriger, expurger, recomposer, et non pas céder à la « facil[ité][4] » du désordre – entendons : la composition vicieuse des Ana. Cette description soignée du protocole éditorial dans les *Pensées* de Port-Royal éclaire le procédé concomitant d'Adrien Daillé pour le *Scaligerana :* il a pour enjeu, à défaut de reconstituer les intentions de l'auteur, du moins d'en préserver l'*ethos.*

---

1 La famille de Pascal a d'abord renoncé à imprimer des papiers si désordonnés, mais elle change d'avis en décembre 1666, date à partir de laquelle est préparée l'édition *princeps* des *Pensées*. Le rapprochement entre la composition de cette édition par des tiers et le principe des Ana est frappant, et a déjà été fait par M. Escola, *La Bruyère, t. II : Rhétorique du discontinu*, Paris, Champion, 2001, p. 151-170.

2 *Pensées de M. Pascal sur la religion et sur quelques autres sujets, qui ont esté trouvées après sa mort parmy ses papiers*, Paris, G. Desprez, 1670. Voir la préface à cette édition dite de Port-Royal dans les *Œuvres complètes*, t. II, éd. Michel Le Guern, Paris, Gallimard, coll. « Bibliothèque de La Pléiade », 2000, p. 901-914.

3 Pour des exemples de corrections de bons mots ou de raillerie par les éditeurs de Port-Royal, voir L. Susini, *L'Écriture de Pascal. La lumière et le feu. La « vraie éloquence » à l'œuvre dans les* Pensées, Paris, Champion, 2008, p. 457-465.

4 « Il y avait plusieurs manières de l'exécuter [la mise en ordre pour l'édition] » : « La première qui vint dans l'esprit et celle qui était sans doute la plus facile, était de les faire imprimer tout de suite dans le même état qu'on les avait trouvés. Mais l'on jugea bientôt que de le faire de cette sorte, c'eût été perdre presque tout le fruit qu'on en pouvait espérer ; [...] l'on ne considérerait ce volume grossi inutilement de tant de pensées imparfaites que comme un amas confus, sans ordre, sans suite, et qui ne pouvait servir à rien » (*Œuvres complètes*, *op. cit.*, p. 908-909).

Sous ces enjeux éthiques et rhétoriques, deux raisons non explicitement revendiquées motivent sans doute cette réédition, et éclairent deux conditions décisives de la censure des manuscrits dans cette culture humaniste tardive. Des motifs idéologiques expliquent la révolte de Daillé face à la publication sauvage du manuscrit de Scaliger, protestant comme lui : les sujets de controverse religieuse sont affichés sans prudence dans le texte, en des invectives gratuites contre les dignitaires ecclésiastiques, par exemple. On se doute que les protestants qui s'occupent de cette publication au milieu du XVIIe siècle – Daillé ainsi que l'imprimeur-libraire Tanneguy Lefebvre – mesurent le danger de telles paroles qu'on lançait peut-être entre soi au temps des ligues, mais qu'il était plus prudent, un demi-siècle plus tard, de passer sous silence. Il convient d'édulcorer les audaces idéologiques dès lors que les écrits sortent du secret du cabinet du savant, comme si les acteurs de la république des lettres eux-mêmes avaient intériorisé le pouvoir de la censure ecclésiastique[1]. Cette dimension confessionnelle n'est qu'une des manifestations de la forte valeur positive accordée au secret du manuscrit chez les érudits héritiers de la Renaissance. Le deuxième enjeu du débat autour de la censure du premier Ana concerne ce caractère réservé de la transmission savante. On connaît le partage du monde du savoir dans la culture érudite ancienne, entre un savoir ésotérique qui privilégie la diffusion manuscrite des idées et un savoir exotérique qui suppose une censure préalable. Léo Strauss, par exemple, rappelle combien l'attitude envers la liberté de discussion publique et à la diffusion des idées change à partir de la deuxième moitié du XVIIe siècle : « les philosophes prémodernes étaient moins audacieux sur ce point que les philosophes modernes[2] », écrit-il. À partir des années 1650, l'existence de « philosophes hétérodoxes persécutés » prouve qu'on croit qu'il est possible de diffuser vers le peuple, vers le vulgaire, des idées nouvelles, audacieuses, complexes, même si la censure et la persécution rendent cette opération dangereuse. Au contraire, le régime de diffusion du savoir philosophique ou érudit sous l'humanisme, et encore au début du XVIIe siècle, est

1 Nous ne développerons pas ce point, déjà examiné par F. Wild, « Les protestants et les ana », *Bulletin de la Société de l'Histoire du protestantisme français*, t. 138, avril 1992, p. 49-75, et « Les ana et la divulgation de l'intimité », dans R. Duchêne et P. Ronzeaud (dir.), *Ordre et contestation au temps des classiques, colloque du C.M.R. 17*, Paris-Seattle-Tübingen, Narr, *PFSCL*, coll. « Biblio 17 », 1992, vol. 2, p. 33-42.

2 L. Strauss, *La Persécution et l'art d'écrire* [1952], Paris, Presses Pocket, 1989, p. 67.

fondamentalement conçu pour les *happy few* : cette diffusion se limite à l'instruction orale d'un groupe de disciples soigneusement choisis, ou alors il convient de ne « publier que des opinions telles qu'elles conviennent à la majorité des non-philosophes, [dans des] écrits [qui] devront à strictement parler être exotériques[1] ». Le premier *Scaligerana* fait ainsi figure de lapsus échappé du cabinet du savant, partagé qu'il est entre ces deux cultures, en raison du décalage entre sa date de rédaction et celle de son impression : tradition orale et ésotérique du petit cercle de disciples, et diffusion plus large grâce à l'imprimé. Daillé souhaite exercer une censure sur ce que Chartier nomme « l'imprimé mensonger[2] », en résumant par cette formule l'attitude méfiante des hommes du premier XVIIe siècle face au support imprimé, que le contenu en soit ou non transgressif[3]. Cet Ana constitue clairement une charnière entre les habitudes ésotériques des savants d'antan et la nouvelle culture de l'imprimé moderne.

POUR UN CONTRÔLE DE L'*ETHOS* AUCTORIAL
Du geste épidictique au discours critique

À la fin du XVIIe siècle, quand paraît une nouvelle série d'Ana, les problèmes de censure et de critique ne se posent manifestement plus dans les mêmes termes. Les auteurs ont tendance à anticiper sur des disciples indiscrets et à confectionner eux-mêmes leur propre volume d'Ana, comme le *Sorberiana* de Samuel Sorbière ou le *Chevræana*, ouvrage testamentaire d'Urbain Chevreau. Les auteurs ont compris à la fois les gloires et les périls que pouvait rapporter ce genre d'entreprises. Le *Menagiana* conserve la procédure des premiers Ana savants, puisqu'il est

1 *Id.*
2 R. Chartier, « Nouvelles à la main, gazettes imprimées. Cymbal et Butter », *Inscrire et effacer*, *op. cit.*, p. 79-100 ; ici p. 85-87.
3 Le manuscrit « permet une diffusion contrôlée et limitée de textes qui ne risquent pas de tomber entre les mains de lecteurs ignorants puisqu'ils circulent à l'intérieur d'un monde social défini par les liens familiaux, une même condition ou une commune sociabilité » (R. Chartier, « Livres parlants et manuscrits clandestins. Les voyages de Dyrcona », art. cité, p. 117-118).

conçu immédiatement après la mort de Gilles Ménage en 1693, par des proches qui avaient goûté au plaisir de sa conversation et souhaitaient en diffuser la mémoire. C'est du moins ce qu'affirme la préface que donne Antoine Galland à ce recueil. Il y prend position contre l'ésotérisme des savants d'autrefois :

> Il ne faut donc pas s'étonner qu'en ce siécle on se soit attaché à recueillir les paroles de quelques grands Hommes, comme de Scaliger [...]. Je trouve même qu'on s'y est pris trop tard et qu'on y a apporté trop de négligence [...]. Encore que nous aions leurs ouvrages, il est certain que l'imagination & la mémoire excitées par la chaleur de l'entretien, fournissent bien des choses que la lecture ne fournit pas dans le cabinet. [...] [si les Ana sont rares, il faut en] attribuer la faute aux Savans, *parce qu'ils n'ont pas été assez communicatifs*[1].

À la fin du XVIIe siècle, l'autocensure ésotérique de l'imprimé n'a plus lieu d'être, puisque l'ouverture des sociétés savantes s'opère avant même la diffusion écrite, dans des cercles où les milieux érudits et mondains s'interpénètrent, tel, précisément, l'entourage de Ménage. Cette volonté d'exotérisme est implicitement revendiquée par Galland, qui entame dès la préface le travail de construction de l'*ethos* du savant mis en scène dans le recueil :

> M. Ménage ne se piquoit pas de savoir toutes choses comme Scaliger qui vouloit qu'on crût qu'il n'ignoroit rien et qu'il étoit infaillible[2].

De fait, l'image de Ménage apparaît comme bien plus lisse, à travers des propos expurgés de ce qui pourrait sembler pédant ou grossier :

> Ce n'est pas que M. Ménage n'ait dit plusieurs choses assez gaies & même libres mais il les disoit pour être redites de la même manière, c'est-à-dire entre des amis, & non pas pour être divulguées ou imprimées. Ainsi on ne doute pas que ceux qui en savent de cette sorte [n'ont pas transmis les propos indignes du maître], & ne fassent voir qu'ils étoient de véritables amis de l'illustre défunt, & non pas ses espions[3].

Tout se passe comme si les éditeurs du *Menagiana* avaient réalisé le projet de Daillé, à savoir l'éviction des paroles jugées non conformes

1 A. Galland, « Avertissement », *Menagiana, sive excerpta ex ore Aegidii Menagii*, éd. A. Galland, Paris, F. et P. Delaulne, 1693, n. p. Nous soulignons.

2 *Id.*

3 *Id.*

aux codes socio-discursifs du temps. Pour cet Ana à la finalité épidictique, les éditeurs ont fait leur travail de censure amicale qui consiste en l'occurrence à montrer une image mondaine et bienséante de l'auteur. L'entreprise est révélatrice, d'une part, de la pression des codes galants sur l'image que les savants donnent alors d'eux-mêmes, et de l'autre, du degré d'autonomie croissant qu'a la figure de l'auteur en ce tournant de la fin du XVIIe siècle.

Les rééditions du *Menagiana* présentent des enjeux chaque fois spécifiques, qui permettent de suivre l'évolution des conceptions de la critique textuelle, voire de la censure au début du XVIIIe siècle. L'éditeur de la version de 1715, Bernard de La Monnoye, prend des libertés avec le texte de base, caractérisé, on l'a vu, par une certaine prudence. Il s'attache à défaire le travail de censure des premiers éditeurs notamment en donnant les clés de personnages réels, cachés par des surnoms, ou dont le nom avait été étoilé dans les premières éditions. Cette nouvelle version déclenche les foudres dans la société parisienne de l'époque, où certaines personnalités concernées par les secrets auparavant mis sous clés sont révoltées qu'on les démasque ainsi. À tel point que cette troisième édition ne passe pas la censure, et se trouve cette fois cartonnée. La censure officielle vient ici cacher ce que la censure préalable et privée avait, la première, pudiquement scellé.

Surtout, cette troisième version du texte témoigne d'opérations intellectuelles spécifiques : très annoté par La Monnoye, ce recueil présente un certain nombre de procédures de commentaire et de critique originales par rapport aux éditions précédentes. En effet, ce savant s'attache à rétablir la vérité de faits approximatifs ou faux tels qu'ils sont relatés dans le recueil originel, se prêtant ainsi à une critique des sources qui évoque la démarche exactement contemporaine de Bayle – l'édition de La Monnoye paraît en 1715, l'année de la troisième édition du *Dictionnaire historique et critique*. Ce sont les mêmes notes qui prolifèrent à la suite ou en marge du texte principal, témoignant d'une polyphonie emblématique de la critique historique du début du XVIIIe siècle. La Monnoye sépare nettement ses très nombreux commentaires du corps du texte par l'insertion de manicules (☞), incarnation typographique de sa *manipulation* du texte d'origine.

La comparaison avec les allongeails bayliens mérite d'être menée un peu plus avant. Bayle cite fréquemment le *Menagiana* dans son

Dictionnaire historique et critique; il va y puiser des faits et des opinions qu'il s'attache souvent à critiquer. Bayle recopie par exemple ce qu'il appelle un *conte* au sujet de la mort de Spinoza, qu'il a trouvé dans le *Menagiana*[1] ; le mot conte dénonce assez le caractère controuvé du récit, que Bayle commente ainsi :

> Ce qu'on dit de lui dans la suite du *Menagiana* est si faux que je m'étonne que les Amis de Monsr. Menage ne s'en soient pas aperçus. M. de Vigneul-Marville leur aurait fait supprimer cela s'il eût part à l'édition de l'ouvrage, car il a fait sçavoir au public qu'il a sujet de douter de la vérité de ce fait[2].

Bayle agit comme s'il voulait lui aussi, comme La Monnoye, contribuer, vingt après la mort de Ménage, à l'édition critique du premier *Menagiana* : il s'étonne que les premiers éditeurs (les « amis ») de Ménage aient laissé passer des mensonges, et s'attache à les rectifier. Outre la seule critique factuelle, l'enjeu est de défaire le lien entre nom d'auteur et propos rapportés : il est abusif d'attribuer à une seule personne, et sans son aval, des propos conversationnels, par définition caractérisés par le partage et le mélange des voix. S'agissant des interventions sur le contenu lui-même cette fois, la mise en page de ces deux ouvrages si différents donne à voir une forme de censure proprement critique, c'est-à-dire qui distingue le vrai du faux, qui convoque les propos de l'autre pour mieux polémiquer avec lui : manicules qui montrent les fautes du doigt, marges et notes de bas de pages prolixes qui viennent amender point par point les assertions. Censurer n'est donc pas toujours

---

1 « Ce qu'on dit de lui dans la suite du *Menagiana* est si faux (Z) que je m'étonne que les Amis de Monsr. Menage ne s'en soient pas aperçus. [...] [Rem. Z] Voici le Conte : "J'ai oui dire que Spinoza étoit mort de la peur qu'il avoit eue d'être mis à la Bastille. [...] Spinoza qui en eut avis, se sauva en habit de Cordelier; mais je ne garantis pas cette dernière circonstance; ce qui est certain, est que bien des personnes, qui l'ont vû, m'ont assuré qu'il étoit petit, jaunatre, qu'il avoit quelque chose de noir dans la physionomie, & qu'il portoit sur le visage un caractère de reprobation". La dernière partie de ce Récit peut passer pour très-certaine [...]. Mais quant à la première partie du Conte, c'est une fausseté pitoiable, & l'on peut juger par là combien il se débite de mensonges dans les Assemblées qui ressemblent à la Mercuriale de Monsr. Menage, & qui sont en fort grand nombre à Paris, & dans d'autres villes » (*Dictionnaire historique et critique*, Amsterdam, P. Brunel, 1730, 4e éd., t. IV, « Spinoza », rem. Z).

2 *Id.* Vigneul-Marville est le pseudonyme sous lequel le savant Bonaventure d'Argonne fait paraître un recueil assimilable aux Ana, où il dialogue avec les Ana précédents, souvent pour rectifier tel ou tel propos. Voir N. Bonaventure d'Argonne, *Mélanges d'histoire et de littérature recueillis par M. de Vigneul-Marville*, Paris, Augustin Besoigne, 1699-1700.

réduire au silence : la critique polyphonique passe par la reproduction de l'énoncé pour mieux le mettre à distance, le citer à comparaître, en quelque sorte. Les rééditions des Ana participent alors du même mouvement que le *Dictionnaire* de Bayle : on contribue à diffuser une parole, qu'il s'agit en même temps de critiquer comme fausse. Cette forme de censure laisse entendre la voix qu'elle veut pourtant couvrir : de même que la dénégation d'une rumeur produit sa dissémination, de même la réfutation d'une histoire fausse en assure, paradoxalement, la diffusion. On voit enfin que la nature orale des propos continue à être vecteur d'un type particulier de critique, de l'ordre de la réfutation : l'expression « conte de conversation » revient souvent chez Bayle pour assimiler ces propos mal assurés à des rumeurs. Le conflit entre oral et écrit est donc toujours bien présent dans l'idée qu'une censure est nécessaire, que ce soit pour l'intégrité de la figure de l'auteur, ou pour la recherche de la vérité historique.

L'intervention des éditeurs successifs dans les Ana est un témoin, parmi d'autres, de la manière dont les acteurs de la République des Lettres post-humaniste ont négocié avec les marges de liberté dans la diffusion imprimée de discours privés. L'examen de ce corpus a pour avantage de lier ces opérations critiques et censoriales avec l'émergence d'une figure d'autorité moderne, mise en scène dans le cadre des académies, des cercles savants ou des salons, où se cristallise, on le sait, son autonomisation[1]. Les censures (ratées dans le *Scaligerana*, effectives dans le *Menagiana*) témoignent de manière décisive du souci croissant de l'intégrité de la parole auctoriale dans les nouvelles pratiques de l'imprimé, et dans le champ littéraire en cours de constitution.

Karine ABIVEN
Université Paris-Sorbonne

1 Voir A. Viala, *Naissance de l'écrivain. Sociologie de la littérature à l'âge classique*, Paris, Éditions de Minuit, 1985.

CENSURES ET RÉFUTATIONS DE L'*ÉMILE*

La censure et la critique entretiennent des liens complexes tout au long de l'Ancien Régime : pour examiner et éventuellement corriger ou condamner les ouvrages, les censeurs doivent exercer des compétences critiques ; quant aux critiques, leur analyse des défauts d'un ouvrage peut les conduire à proposer des réécritures, ou à user d'une grande liberté dans des traductions ou des éditions de façon à améliorer le texte original. Cette alliance entre censure et critique est particulièrement forte, comme l'a montré Jean-Dominique Mellot[1], à la fin du règne de Louis XIV : la censure royale est alors considérée comme le prolongement d'une démarche critique, les censeurs devant non seulement lutter contre des thèses pernicieuses sur un plan politique ou religieux, mais garantir la qualité des livres : les censeurs et les critiques apparaissent ainsi comme les défenseurs de la République des lettres[2]. Les uns comme les autres luttent contre les « méchants livres » qui sont autant d'obstacles aux progrès de la connaissance : livres mal écrits, encombrés de puérilités ou de superstitions. Marmontel indique dans l'*Encyclopédie* que le critique doit permettre aux hommes de comprendre ce qu'est le beau et de reconnaître ce qu'est le vrai ; Rousseau valorise souvent la censure en remontant à ses origines romaines : le censeur est un gardien des mœurs qui permet de maintenir leur intégrité.

Cette tâche commune des censeurs et des critiques – protéger la République des lettres de l'invasion des « méchants livres » – s'est révélée de plus en plus difficile à mettre en œuvre sous le règne de Louis XV. Vont se poser alors constamment des problèmes d'interférences entre les fonctions de censeur et celles de critique, chacun prétendant détenir

1 Voir dans ce volume la contribution de J.-D. Mellot p. 33.

2 Sur le lien entre cette défense et l'émergence de la figure auctoriale, voir plus haut la contribution de K. Abiven, p. 173.

certaines des prérogatives de l'autre. Les censeurs royaux sont chargés d'examiner un certain type d'ouvrages en raison de leurs compétences, or ces compétences les conduisent souvent à jouer le rôle de critique et à refuser des livres pour des raisons strictement littéraires, ou parce qu'ils contiennent des thèses qui pourraient déplaire à tel ou tel spécialiste : la ligne de partage entre préjugé et vérité nouvelle n'est pas claire, comme si la reconnaissance de ce qu'est le vrai était loin d'être évidente, ou en tout cas d'être immédiate. Les censeurs, inquiets des conséquences possibles de leurs approbations, recourent à un principe de précaution qui rend quasiment tout livre soutenant des thèses un peu nouvelles impossible à publier avec une permission officielle. Quant aux critiques, ils ont beaucoup de mal à limiter leurs analyses des défauts d'un ouvrage et à se restreindre à la stricte critique littéraire : régulièrement leurs textes comportent des formes d'attaques personnelles, des accusations dénonçant l'auteur et non le seul livre. Ces interférences sont d'autant plus fortes que les rapports de censure peuvent être critiqués, et que les textes de critique peuvent évidemment faire l'objet d'une censure[1]. Malesherbes, qui n'a cessé de chercher à définir des règles claires, a le plus grand mal à les faire appliquer : il demande à la fois aux censeurs d'autoriser des livres, dont les thèses peuvent leur sembler contestables, s'ils ne touchent pas à des questions religieuses, morales ou politiques ; il rappelle à Fréron que si la critique littéraire est permise, les attaques personnelles ne le sont pas et qu'il doit mesurer ses propos dans l'*Année littéraire* ; mais il doit aussi expliquer à d'Alembert que les philosophes doivent accepter que les critiques littéraires ne soient pas enthousiasmés par leurs écrits et que quand bien même les articles de Fréron seraient amers ou injustes, il y aurait une forme de despotisme à les censurer[2].

Ces interférences entre censure et critique se sont manifestées de façon particulièrement forte lorsque censeurs et critiques ont dû juger des livres qui étaient à la limite de ce qui pouvait être publié en France[3]. Ces

1 Sur la censure de la critique périodique, voir plus haut l'article de C. Cave dans ce volume p. 139 et pour une approche plus contemporaine, la contribution de T. Hochmann, p. 157.

2 J'ai étudié ces différentes questions dans *Lectures interdites. Le travail des censeurs au XVIIIe siècle*, Albin Michel, 1995, en particulier dans le chapitre 2 de la 1re partie. La lettre de Malesherbes à d'Alembert est citée p. 60-61.

3 Les livres que tout le monde considère comme impubliables ne sont jamais soumis à la censure préalable – on ne soumet que ce qui a une chance d'obtenir une autorisation ; et

livres qui ne sont ni entièrement bons, ni complètement « méchants », qui ont des qualités indéniables et des défauts insupportables, offrent un angle d'observation efficace de la censure et de la critique : ils donnent des sueurs froides aux censeurs qui ont peur de se compromettre en les autorisant, ils permettent aux critiques de manifester leur vigilance et la finesse de leurs jugements, leur capacité à reconnaître des qualités tout en dénonçant des défauts, voire, de manière plus subtile, à montrer que l'ampleur des qualités rend les défauts encore plus inquiétants.

Faute de pouvoir faire ici une analyse générale de ce problème, nous présenterons ici un exemple qui nous semble particulièrement significatif : les débats qui ont entouré la publication de l'*Émile*. Les censeurs comme les critiques savent que ce livre risque de séduire les lecteurs : Rousseau est devenu un auteur à succès depuis la publication de *La Nouvelle Héloïse* (1761). Traité d'éducation, l'*Émile* (1762) soulève des difficultés tant sur un plan pédagogique que sur un plan religieux et politique. En proposant une façon très nouvelle d'élever un enfant, l'*Émile* dénonce de nombreux préjugés, or il n'est pas simple de faire prendre aux lecteurs le contrepied d'usages qui leur semblent d'autant plus respectables qu'ils sont anciens ; le plan d'éducation proposé peut sembler compliqué à mettre en œuvre et être donc facilement accusé d'être chimérique. Le vicaire savoyard défend dans la quatrième partie du livre une conception de la religion naturelle et une forme de déisme pour laquelle la révélation n'est pas une nécessité. Faut-il, à une époque où bien des philosophes critiquent toute forme de religion et prêchent ouvertement l'athéisme, considérer que le déisme vaut mieux que l'athéisme ? ou voir dans la philosophie le chemin glissant qui en conduisant au déisme aboutit à l'athéisme[1] ? Enfin le livre V soutient des thèses clairement républicaines. Il n'est donc pas étonnant que l'*Émile* ait fait l'objet d'un très grand nombre de censures et de critiques ; nous allons travailler sur un échantillon des textes qui ont suivi immédiatement la publication de l'ouvrage de Rousseau.

Les circonstances de la publication de l'*Émile* sont extrêmement complexes ; il est clair que Malesherbes souhaitait la publication de ce

bien souvent ce sont des textes dont les critiques ne vont même pas commenter, en ne les trouvant pas dignes de leur intérêt. Symétriquement, les livres qui ne posent aucun problème, qui développent une orthodoxie dépourvue de toute originalité, font l'objet de rapports de censeurs laconiques et de peu de critiques.

1 Sur ces débats, voir plus loin dans ce volume l'article de C. Maire, p. 353.

livre, en estimant qu'il défendait des thèses importantes, en particulier sur un plan religieux[1] ; il n'était évidemment pas possible d'accorder à l'*Émile* une permission officielle, mais seulement de laisser entrer en France une édition hollandaise. Or l'*Émile* a été simultanément imprimé à La Haye par Néaulme, et par un libraire français, qui reproduisait l'édition hollandaise, en conservant en particulier la page de titre, et qui devait apparaître officiellement comme un simple vendeur de cette édition. Le livre est édité en quatre volumes, le volume III commençant quasiment par la *Profession de foi du vicaire savoyard.*

Puisque le livre avait l'air d'être imprimé à l'étranger, la censure préalable ne pouvait s'exercer que sur des feuilles déjà imprimées et non sur un manuscrit. Un censeur, qui souhaite que des modifications soient effectuées sur un livre imprimé, doit demander des cartons. Un carton est un feuillet imprimé après coup, posé sur un petit onglet qui remplace une page d'un livre. Si on examine l'édition française de l'*Émile*, on constate que quatre cartons ont été posés dans les deux premiers volumes : trois à la demande d'un censeur, le quatrième à celle de Rousseau qui voulait corriger une erreur. Ces cartons permettent de supprimer deux allusions précises à la politique de Louis XV et de modifier un passage théologique sur les anges. Rousseau, qui a accepté ces cartons a donc réécrit son texte en fonction des demandes qui lui étaient faites, en supprimant une note sur les guerres des monarchies, en substituant à un exemple politique contemporain – le Prétendant – un exemple emprunté à l'histoire de l'Antiquité, et en modifiant une phrase sur les anges de façon à ne pas remettre en cause leur existence[2].

Les deux derniers volumes n'ont fait l'objet d'aucun carton : cela s'explique à notre avis par le fait que les corrections qu'on pouvait y effectuer ne relevaient pas du carton : ce ne sont pas quelques lignes de la *Profession de foi du vicaire savoyard* qui sont critiquables par un censeur, c'est au moins la moitié du texte qui peut être considérée comme posant problème.

1 La publication de l'*Émile* a lieu à un moment où le gouvernement est particulièrement préoccupé par la question de l'état-civil des protestants français ; défendre une plus grande tolérance pouvait donc sembler utile. Voir mon édition de la *Correspondance de Rousseau et de Malesherbes*, Paris, Flammarion, 1991, p. 123-130.

2 La phrase originale est : « Ce sont les erreurs de l'imagination qui transforment les passions de tous les êtres bornés, même des anges, s'il y en a » ; la version réécrite, transforme les derniers mots en : « même des anges, s'ils en ont ».

La publication était risquée, le livre, une fois mis en vente, a fait aussitôt scandale, ou plus exactement les différentes autorités politiques et religieuses ont immédiatement exploité l'occasion qu'il leur offrait de se faire de la publicité en le dénonçant[1]. De très nombreux censeurs vont alors se déchaîner contre ce texte, en soulignant à la fois son caractère scandaleux et l'insuffisance des services de la librairie qui n'était pas capable d'empêcher la publication de tels livres, voire qui pouvait l'encourager. Le Parlement de Paris, la Sorbonne, l'archevêque de Paris et bien d'autres ecclésiastiques vont rendre des arrêts, des censures, des mandements dénonçant la doctrine atroce, contraire à la religion, à la politique et aux bonnes mœurs, distillée par Rousseau.

Ces censures, dans la mesure où elles sont argumentées, doivent recourir à une forme de critique. Or, elles vont pour cela mêler deux types d'arguments qui semblent difficiles à concilier : d'un côté elles dénoncent les détails indécents du texte, le caractère faux et odieux qu'il donne à l'autorité souveraine, le système criminel de la religion naturelle ; de l'autre elles mettent en évidence le caractère chimérique de la pédagogie de Rousseau, un système aussi « impraticable dans son exécution qu'absurde et condamnable dans son projet[2] ». Des enfants élevés selon de tels principes, qui « font également horreur au chrétien et au citoyen[3] » deviendront des hommes préoccupés « du scepticisme et de la tolérance, abandonnés à leurs passions, livrés aux plaisirs des sens [...] qui au noble désir de la solide gloire, substitueraient la pernicieuse manie de la singularité[4] ».

Il reste cependant à se demander si l'excès même de la critique ne risque pas ici d'affaiblir le discours du censeur. Comment un livre pourrait-il à la fois présenter d'aussi graves défauts et être véritablement dangereux ? Si les défauts sont aussi flagrants que le dénonce le censeur, comment est-ce qu'un lecteur peut alors être séduit par le livre ? Plus les défauts du texte sont mis en évidence, moins le livre devrait être pernicieux. Un système chimérique n'a aucune chance d'être mis en application, il ne présente donc pas de véritable risque et il n'y a pas de raison de s'alarmer à son sujet.

---

1 Sur la publicité donnée aux œuvres par les censures, voir l'article de C. Cave dans ce volume p. 139.

2 *Arrêt du Parlement de Paris du 9 juin 1762 condamnant l'Émile à être lacéré et brûlé.*

3 *Ibid.*

4 *Ibid.*

C'est la raison pour laquelle les censeurs ont souvent analysé le caractère séduisant et trompeur du livre. Ils disaient indirectement qu'il ne contient pas que des erreurs, qu'il a au moins quelque apparence de vérité. Le censeur de la Sorbonne, qui parle de Rousseau comme d'un grand maître de corruption et d'erreur dont « nos petits maîtres et nos demi-savants font leurs délices[1] », doit, pour souligner le danger de cette corruption, concéder que le livre contient quelques passages qui ne sont pas faux. Le censeur après avoir qualifié un certain nombre de propositions de « scandaleuses et impies » ; « impies et blasphématoires » ; « fausses, inouïes, contraires aux préceptes et à la pratique de tous les sages » ; « méprisables et sans solidité[2] » termine son analyse en réussissant à la fois à reconnaître certaines qualités au livre et à généraliser à toutes les propositions du livre les condamnations précises qu'il a formulées : « excepté quelques instructions utiles qu'un sage instituteur n'ignore point, excepté encore quelques principes sur la loi naturelle et quelques faits qui regardent la révélation, faits et principes que l'évidence a forcé l'auteur d'établir en quelques endroits et qu'il contredit dans d'autres, on ne trouve dans les quatre tomes que comprend cet ouvrage presque rien qu'on puisse adopter sans danger et qui soit exempt de toute censure[3] ». Christophe de Beaumont, dans son *Mandement*[4], dénonce lui aussi les diverses formes que peut prendre l'incrédulité ; il joue des variations sur le thème du mélange développé par Bossuet dans le *Sermon sur la Providence* et explique comment dans l'*Émile* on trouve à la fois des maximes pures et des obscénités, de grandes vérités et de grandes erreurs : Rousseau prétend accorder la lumière avec les ténèbres, Jésus-Christ avec Bélial. Le livre est alors dénoncé comme d'autant plus dangereux qu'il contient des vérités, et que le lecteur pourrait, en admirant ces vérités, assimiler en même temps des erreurs. Certes Rousseau reconnaît dans la *Profession de foi du vicaire savoyard* la majesté des Écritures et la sainteté des Évangiles, mais cette reconnaissance, faute d'être articulée à l'ensemble des dogmes catholiques, ne peut pas le préserver de graves erreurs. Le danger de l'*Émile* est dissimulé dans la trame du texte ; c'est sa logique sourde que Christophe de Beaumont dévoile en

1 *Censure de la faculté de théologie de Paris contre le livre qui a pour titre Émile ou de l'éducation*, Paris, 1762, p. 8.

2 *Ibid.*, p. 19, 20, 50, 208.

3 *Ibid.*, p. 310-311.

4 *Mandement de Monseigneur l'archevêque de Paris portant condamnation d'un livre qui a pour titre Émile ou de l'éducation*, Paris, 1762 (rééd. dans les *Cahiers philosophiques*, n° 84, sept. 2000).

montrant comment s'articulent le rejet du péché originel, la critique de la révélation et le refus de la soumission. Le danger est d'autant plus grand qu'on a affaire à un traité d'éducation : Rousseau s'empare de l'esprit d'un enfant pour y établir l'empire de l'irréligion, c'est-à-dire un esprit d'indépendance et de révolte. C'est la raison pour laquelle en dépit des beaux passages du livre, ou peut-être plus encore en raison de ces beaux passages[1], Christophe de Beaumont en défend complètement la lecture.

Si on compare maintenant ces différentes censures aux textes de critiques, on constate qu'on y retrouve le même type de qualificatifs et que les critiques soulignent aussi le mélange de vrai et de faux recélé par le texte et insistent sur tous les dangers du livre. D'un côté ils montrent comment les arguments du vicaire contre les matérialistes sont satisfaisants, de l'autre ils dénoncent la critique de la révélation et l'idée d'une suffisance de la religion naturelle. Les critiques donnent alors à leurs œuvres la forme d'une réfutation[2] ; les plus habiles d'entre eux réfutent en juxtaposant différentes thèses de l'*Émile* de façon à dénoncer des contradictions internes à l'œuvre. L'abbé André publie une *Réfutation du nouvel ouvrage de Jean-Jacques Rousseau intitulé Émile ou de l'éducation* où il remarque que tout ce qui est écrit « contre les matérialistes est excellent » mais que ce que Rousseau avance contre la religion « n'en est pas moins indigne d'un philosophe chrétien et moins contraire au bien public[3] » ; Rousseau est un auteur qui a deux poids et deux mesures qui, lorsqu'il s'agit de combattre la religion, « abandonne tous les principes qu'il avait d'abord soutenus contre certains philosophes[4] ». L'abbé Bergier, dans *Le Déisme réfuté par lui-même*, souligne les dangers du livre : les libertins y puiseront des armes faciles contre la religion révélée sans prendre la peine de méditer les démonstrations sur la religion naturelle[5]. Les

1 Sur le style comme circonstance aggravante, voir dans ce volume l'article de J.-B. Amadieu, p. 297.

2 Sur la réfutation comme forme de réponse (anticipée ou pas) à la censure, voir plus loin dans ce volume la contribution de G. Imbruglia, p. 333.

3 Abbé André, *Réfutation du nouvel ouvrage de Jean-Jacques Rousseau intitulé Émile ou de l'éducation*, Paris, 1762, p. 87-88.

4 Abbé André, *La Divinité de la religion chrétienne vengée des sophismes de Jean-Jacques Rousseau, seconde partie de la Réfutation d'Émile ou l'éducation*, Paris, 1763, p. 119.

5 Abbé Bergier, *Le Déisme réfuté par lui-même*, Paris, Humblot, 1968. Sur l'abbé Bergier, voir S. Albertan-Coppola, *L'Abbé Nicolas-Sylvestre Bergier, 1718-1790, Des Monts-Jura à Versailles, le parcours d'un apologiste du XVIII*[e] *siècle*, Paris, Champion, 2010.

critiques prétendent ainsi non seulement fournir un antidote au texte de Rousseau mais réussir à se substituer à sa lecture, en rendant cette dernière inutile. Faire apparaître la contradiction interne de l'ouvrage doit suffire à empêcher le lecteur d'aller le lire.

Or, paradoxalement, plus un critique reconnaît de qualités à Rousseau, plus il voit aussi un danger à conjurer dans son œuvre. Les belles analyses risquent de séduire et de conduire à ne pas voir les erreurs ; un texte déiste semble à certains critiques bien plus pernicieux qu'un texte athée : l'athéisme est d'une telle absurdité qu'il n'a même pas besoin d'être réfuté, le déisme en revanche et la religion naturelle ont une apparence de vérité qui risquent de tromper bien des hommes. Le critique se trouve alors dans une position délicate : comment réussir à conserver ce qu'il y a de bon dans le texte en éliminant ce qu'il y a de mauvais ? C'est le rôle que Formey, qui a consacré une grande partie de son œuvre à des commentaires et des réécritures de *La Nouvelle Héloïse* et de l'*Émile*, s'est efforcé de jouer. Deux livres sont ici particulièrement intéressants : l'*Anti-Émile* et le *Véritable Émile* ou *Émile chrétien*[1].

L'Anti-Émile est une sorte de recueil de propositions choquantes ou absurdes du texte de Rousseau, accompagnées d'un commentaire qui en dénonce les faiblesses et qui en rectifie les erreurs. C'est un livre curieux, complètement décousu, qui énumère les remarques effectuées au fil des pages, sans qu'il y ait d'autre fil conducteur d'une remarque à l'autre que le texte qui les a suscitées. Formey peut critiquer aussi bien la façon dont Émile commence à dessiner ou à faire de la géométrie, que la longueur des passages sur l'éducation des sens, ou les distributions trop fréquentes de gâteaux ou de bonbons. Ce livre étrange fait songer au premier projet que conçut Bayle d'un *Dictionnaire historique et critique*. Dans la *Dissertation concernant le projet d'un Dictionnaire critique à M. du Rondel*, Bayle remarque qu'un dictionnaire des erreurs serait un livre serait fort utile qui servirait de pierre de touche à tous les autres : si un tel dictionnaire avait recueilli toutes les erreurs publiées sur Sénèque, il permettrait à un lecteur de savoir ce qu'il doit croire quand il consulte un livre sur Sénèque[2]. De la même façon, le lecteur de l'*Émile* pourrait

1 Formey, *L'Anti-Émile*, Berlin, Joachim Pauli, 1763 et *L'Émile chrétien, consacré à l'utilité publique*, Berlin [Amsterdam, Néaulme], 1764.

2 Sur le premier projet de *Dictionnaire historique et critique* conçu par Bayle, voir plus haut l'article de L. Bianchi, p. 81.

considérer comme vrai tout passage du texte qui n'est pas cité par Formey. Il reste que ce type de livres soulève deux difficultés : on imagine mal un lecteur naviguant constamment entre Rousseau et Formey pour contrôler sa lecture et être sûr qu'il n'est pas en train d'absorber un poison insidieux ; de plus les critiques ponctuelles effectuées par Formey sont insuffisantes quand c'est l'ensemble du raisonnement de Rousseau qui est dénoncé : la méthode de l'*Anti-Émile* ne permet pas de réfuter les longs passages sur la religion et la politique des livres IV et V.

C'est la raison pour laquelle Formey publie un second livre intitulé le *Véritable Émile*, titre auquel son éditeur, Néaulme[1], substitue celui d'*Émile chrétien*. La publication est ici beaucoup plus subtile : c'est apparemment le texte entier de Rousseau qui est publié, même si seul le nom de Formey figure sur la page de titre. Formey intervient de deux façons sur le texte de Rousseau. Il fait d'abord figurer en notes de bas de page toutes les remarques de l'*Anti-Émile* qui deviennent alors très faciles à lire puisqu'elles sont directement rattachées au texte qu'elles commentent. Il opère ensuite des réécritures de certains passages de la *Profession de foi du vicaire savoyard* et du résumé du *Contrat social* qui se trouve dans le livre V. Dans le livre de Rousseau, le vicaire commence par analyser les principales vérités qu'il importe à l'homme de connaître en dégageant en particulier trois articles de foi – il y a une volonté qui meut l'univers et anime la nature, la matière mue selon certaines lois atteste d'une intelligence, l'homme est libre et animé d'une substance immatérielle – ; il tire de ces articles de foi plusieurs maximes morales qu'il découvre au fond de son cœur, gravées en caractères ineffaçables et connues par l'instinct divin de la conscience. Tous ces points sont repris par Formey, avec simplement quelques notes de rectification ou de complément. Le vicaire s'exclame ensuite : « Vous ne voyez dans mon

1 Néaulme est l'éditeur de l'*Émile* ; dans le *Projet de souscription* du *Véritable Émile* (qui porte encore ce titre à ce moment-là), il rappelle les circonstances de la publication de l'œuvre de Rousseau et explique comment il a été abusé à la fois sur un plan économique – puisqu'une édition a été imprimée en France en même temps que la sienne – et sur un plan idéologique : il a découvert avec horreur la Confession de foi du vicaire, il ne pouvait s'imaginer que « dans un traité sur la manière d'élever les enfants, il s'agirait de jeter les doutes sur toutes les croyances. » (*Projet de souscription…*, s. l. n. d., p. 7). Et feignant de s'adressant à Rousseau, il ajoute que ce dernier n'aurait aucune raison de se plaindre de cette réédition corrigée : « Si les bonnes choses, étant réunies et dégagées de ce qui peut blesser, ont droit de contribuer à l'utilité et à l'agrément du public, est-il d'un ami de l'humanité, tel que vous l'êtes, d'en témoigner du ressentiment ? » (*ibid.*, p. 14).

exposé que la religion naturelle. Il est bien étrange qu'il en faille une autre[1] ! » ; il critique alors la révélation, la façon dont les hommes ont fait parler Dieu à leur mode, la diversité des religions, le mauvais argument des miracles. À partir de là, Rousseau fait dialoguer un Inspiré et un Raisonneur : le Raisonneur recourt contre l'Inspiré à des arguments qui n'auraient aucune prise sur la religion naturelle. Formey ne se contente plus ici de commenter le texte, il le réécrit. Le changement d'auteur est signalé par une simple remarque au début et à la fin des passages de Formey – « ici commence M. Formey », « ici finit M. Formey » –; l'apparence matérielle du texte est la même – ni guillemets, ni changement de typographie ou de mise en forme –; Formey reprend la trame du texte de Rousseau et suit quasiment l'ordre de ses arguments en les retournant comme un gant. Il commence son analyse par « vous ne voyez dans mon exposé que la religion naturelle mais vous devez avoir senti qu'elle ne suffit pas, et qu'il faut à l'homme un guide plus assuré. Il n'y a qu'une révélation qui puisse tirer l'homme du danger d'offenser Dieu[2] », met en évidence la vérité des Écritures, les véritables miracles du christianisme qu'il oppose aux faux miracles des imposteurs, les effets divins de la religion chrétienne. Le dialogue entre l'Inspiré et le Raisonneur devient un dialogue entre l'Incrédule et le Chrétien, et bien évidemment le vicaire incarne le personnage de l'Incrédule.

Formey opère exactement le même type de travail sur les passages politiques du livre V en conservant l'ordre du texte, comme si les erreurs de Rousseau suivaient un chemin parallèle à la vérité. Rousseau partait de l'état de nature, Formey montre que le berceau des sociétés commence avec le monde ; Rousseau opérait une critique du droit divin en rappelant que toute maladie vient de Dieu et en demandant « s'il s'ensuit pour cela que ce soit un crime d'appeler le médecin[3] » et si nous sommes en conscience obligés de donner notre bourse à un bandit qui nous la demande sur le grand chemin ; Formey retourne les images de Rousseau, en notant que « de toutes les maladies d'un État, la plus dangereuse serait celle qui inspirerait aux particuliers le désir d'appeler des médecins au secours » et que « c'est tuer l'État pour le guérir que

1 *Émile*, dans Rousseau, *Œuvres complètes*, Paris, Gallimard, coll. « Bibliothèque de la Pléiade », t. 4, p. 607.
2 *Émile chrétien*, Berlin, 1764, t. 3, p. 73.
3 *Émile*, *op. cit.*, p. 838.

d'y mettre le poignard dans la main des assassins[1] ». Le même type de retournement est effectué sur le pouvoir paternel, la définition de la loi, les gouvernements. Et on aboutit à deux conclusions bien divergentes : Rousseau terminait son texte par : « à présent que nos fondements sont posés, venez examiner ce que les hommes ont bâti dessus et vous verrez de belles choses[2] ! » ; Formey conclut quant à lui : « Laissons agir les souverains, renvoyons-les au tribunal de leur maître qui les jugera en même temps que nous ; soyons soumis, tranquilles, honnêtes gens, et nous trouverons notre sort supportable, si tant est qu'il ne soit pas meilleur que nous le méritons[3]. »

Ces différents exemples montrent donc, par une sorte de schéma en chiasme, qu'il y a des censures invisibles et des censures explicites, des censures qui réécrivent et d'autres qui interdisent ; qu'il y a de même des critiques qui réfutent et exposent leurs propres thèses en s'occupant fort peu de celles de l'auteur, et des critiques qui citent et réécrivent. Cette comparaison de l'écriture des textes peut conduire également à comparer les effets respectifs qu'ils produisent sur le lecteur[4]. Les censures qui interdisent et les critiques qui réfutent en donnant leur propre exposé des choses ne permettent pas au lecteur d'avoir une véritable idée du texte original. Leur efficacité directe – empêcher une lecture – a été faible : on sait bien que les censures les plus efficaces ont retardé seulement de quelques mois l'entrée d'un livre en France, et les ouvrages de

1 *Émile chrétien*, *op. cit.*, t. 4, p. 196 et 197.

2 *Émile*, *op. cit.*, p. 849.

3 *Émile chrétien*, *op. cit.*, t. 4, p. 205.

4 Je laisse de côté, faute de place, la question des effets sur l'auteur : le censeur a une position hiérarchique qui rend impossible tout dialogue. Un auteur peut répondre à un livre de critique en se situant sur le même terrain ; il ne peut pas répondre sur un plan juridique à un acte de censure, il peut seulement en contester la légitimité. Rousseau remet en question le droit du parlement à condamner son livre ; il conteste également le droit de Christophe de Beaumont à dénoncer ses thèses, mais il ne peut faire de procès ni à l'un ni à l'autre. La *Lettre à Christophe de Beaumont* se conclut par : « Monseigneur, vous m'avez insulté publiquement ; je viens de prouver que vous m'avez calomnié. Si vous étiez un particulier comme moi, que je pusse vous citer devant un tribunal équitable, et que nous y comparussions tous deux, moi avec mon livre, et vous avec votre mandement ; vous y seriez certainement déclaré coupable et condamné à me faire une réparation aussi publique que l'offense l'a été. Mais vous tenez un rang où l'on est dispensé d'être juste ; et je ne suis rien. Cependant, vous qui professez l'Évangile ; vous prélat fait pour apprendre aux autres leur devoir, vous savez le vôtre en pareil cas. Pour moi, j'ai fait le mien, je n'ai plus rien à vous dire, et je me tais ». (dans *Œuvres complètes*, *op. cit.*, t. 4, p. 1007.)

l'abbé André ou de Bergier n'ont pas supplanté ceux de Rousseau. Ces textes attestent surtout l'importance que se donnent les censeurs et les critiques : la censure fait partie des sourdes luttes du pouvoir sous le règne de Louis XV et est exploitée pour prouver le rôle indispensable de ceux qui l'exercent ; les critiques attestent leur intelligence et leur vigilance en publiant des réfutations où ils se donnent une position de supériorité par rapport à un auteur célèbre.

Les choses sont très différentes quand il est question ou de censure préalable, ou d'un livre comme l'*Émile chrétien*. Un carton bien fait ne doit pas être remarqué par le lecteur, l'onglet sur lequel il est posé est dissimulé par la page collée dessus, le texte a été recomposé de façon à ce que n'apparaisse aucun blanc. L'auteur qui réécrit doit substituer au passage censuré un texte de la même longueur. L'unique signe de la présence d'un carton est une petite indication – un astérisque et une référence de page dans la signature du livre –, mais seul un lecteur particulièrement vigilant surveille toutes les signatures pour détecter d'éventuels cartons. De telles corrections ponctuelles ne sont remarquées que par les lecteurs qui les cherchent et qui comparent pour cela différentes éditions ligne à ligne. De la même façon le lecteur de l'*Émile chrétien* peut ne pas remarquer certaines réécritures : s'il n'a aucun doute lorsqu'il voit les notes ajoutées par Formey, il doit en revanche être très attentif lorsqu'il lit les livres IV et V de l'*Émile* et vérifier qui est l'auteur du passage qu'il est en train de lire. Le lecteur n'a plus alors deux textes en parallèle, il a affaire aux seuls arguments de Formey, qui reprennent des formules ou des exemples de Rousseau, qu'on ne peut rétablir dans leur version originale qu'en prenant le livre de Rousseau et en comparant les textes ligne à ligne. Or autant les cartons offrent des corrections d'une importance limitées et qui ne déforment pas l'ouvrage, autant l'*Émile chrétien* en modifie fondamentalement les thèses.

Formey écrit l'*Anti-Émile* pour un lecteur motivé, sentant ce qui ne va pas dans le texte de Rousseau, ayant envie qu'on l'aide à le réfuter : un tel lecteur devrait, écrit Formey, relire Rousseau, « s'arrêter aux passages que concernent mes remarques, les comparer avec elles, et juger eux-mêmes de leur solidité[1] ». L'*Émile chrétien* risque, lui, d'insinuer progressivement dans l'esprit du lecteur des thèses déformées (qui

1 *Anti-Émile*, *op. cit.*, p. 17-18.

évidemment sont pour Formey des thèses rectifiées). Il faut croire que ce livre a eu certains effets à son époque puisque Rousseau a noté sur un exemplaire de l'édition originale de l'*Émile* des notes à ajouter au texte qui répondent aux remarques de Formey[1]. À l'exception d'une erreur qu'il reconnaît – l'ordre des deux premières fables de La Fontaine – Rousseau traite ces remarques avec la plus grande ironie, et les utilise pour montrer comment on peut mal lire son livre et ne rien y comprendre : « Puisque M. de Formey voulait de mon vivant s'emparer de mon livre et le faire imprimer sans autre façon que d'en ôter mon nom pour y mettre le sien ; il devait du moins prendre la peine, je ne dis pas de le composer, mais de le lire[2]. »

Ce qui laisse penser que la critique peut avoir des effets de censure beaucoup plus redoutables que ceux opérés par la censure. On songe à Tocqueville analysant dans *De la démocratie en Amérique* la nouvelle forme de censure mise en place dans les pays démocratiques qui recourt à des moyens beaucoup plus raffinés que les chaînes et les bourreaux : « L'inquisition n'a jamais pu empêcher qu'il ne circulât en Espagne des livres contraires à la religion du plus grand nombre. L'empire de la majorité fait mieux aux États-Unis : elle a ôté jusqu'à la pensée d'en publier[3]. » Si Formey avait eu du succès, nous risquerions d'avoir une image singulièrement déformée de l'œuvre de Rousseau.

Barbara DE NEGRONI

1 Ces notes se trouvent dans les variantes de l'édition de la Pléiade de l'*Émile*.

2 *Ibid.*

3 *De la démocratie en Amérique*, IIe partie, chap. 7, Paris, Flammarion, coll. « GF », 1981, t. 1, p. 354.

CONSENSUS ENTRE CENSEURS ET CRITIQUES DRAMATIQUES AU XIXe SIÈCLE

Les rapports entre censure et critique constituent un vaste sujet et les preuves d'une communauté d'idées entre censeurs et critiques dramatiques ne sont pas aisées à rassembler. Pourtant, on peut penser qu'il exista bien, durant tout le XIXe siècle, un consensus formulé ou non, inconscient même peut-être, entre tous les participants à la création dramatique : censeurs, dramaturges, directeurs, critiques et public. Sans ce consensus, le maintien de la censure théâtrale tout au long du siècle, en dépit de la liberté de la presse et de la librairie acquise en 1830, en dépit des changements de régimes et des révolutions, serait inexplicable. Seul le fait que la censure répondait chez tous ces professionnels du spectacle à un besoin, à une peur, à un accord profond sur la morale et la société, avec pour seule discorde le champ politique, semble pouvoir expliquer cette permanence.

L'existence d'un tel consensus paraît assez évidente sous la Restauration, époque où les censeurs sont aussi des dramaturges, des journalistes et des critiques qui, dans leurs procès-verbaux, se préoccupent de la valeur littéraire, du style des pièces qui leur étaient soumises, tout autant que des dangers éventuels présentés par le texte. La preuve de ce double rôle des censeurs est aisée à fournir si l'on examine les rapports de censure ; encore faut-il pour cette période trouver, dans les journaux et revues concernés par le théâtre, des articles dont les conclusions concordent avec celles des procès-verbaux. Pareil consensus entre censeurs et critiques est plus difficile à prouver encore sous la monarchie de Juillet, car le censeur n'est plus, à partir de 1835, qu'un fonctionnaire contraint de garder pour lui tout jugement personnel, avec l'obligation d'apprécier désormais les œuvres sur des critères moraux, sociaux ou politiques qui sont en général ceux du gouvernement aux ordres duquel il travaille, tout autant que les siens. Ces critères sont formulés à partir d'une évaluation supposée de la réaction du public. Le critique, de son côté, juge la même pièce en toute connaissance de cette réaction du public qu'il a sous les yeux, et surtout, à la différence du censeur, il ne se préoccupe pas uniquement du texte, du fond de l'œuvre mais d'abord et avant tout du spectacle lui-même, de la mise en scène, des acteurs, des circonstances et de l'ambiance des représentations, au point d'oublier – faute de place – de rendre compte du style, de la valeur littéraire, du thème et de l'idéologie de la pièce critiquée.

Pour repérer des critiques préoccupés, comme les censeurs, par le message des pièces, par le fond avant la forme, par le texte avant la représentation, d'importants dépouillements s'imposent. Les revues comme celles des *Deux Mondes*, la *Revue hebdomadaire*, la *Gazette de France*, fournissent, pour les créations comme pour les reprises, des articles présentant de longs développements sur la valeur littéraire, morale, dramatique des œuvres. Ceux-ci sont rédigés par des critiques cherchant à convaincre leurs lecteurs et développant des arguments plus ou moins proches de ceux des censeurs, tels que ceux-ci les exprimaient dans leurs procès-verbaux, où ils tentaient d'être tout aussi persuasifs, mais dans le souci d'amener leur ministre à adopter le même avis qu'eux.

Compte tenu du petit nombre de revues disponibles encore sous la Restauration et la première partie de la monarchie de Juillet, on examinera d'abord le sort d'une seule œuvre, *Marino Faliero* de Delavigne créée en 1829, en cette fin de régime où l'on sentait frémir la révolution et la prochaine installation d'une autre forme de gouvernement et où, dans le même temps, la vieille école dramatique cédait le pas au romantisme naissant. On s'intéressera ensuite au Second Empire où les revues se multiplient et témoignent souvent des mêmes rejets, des mêmes réserves que les censeurs : elles s'indignent tout aussi violemment et reflètent, sans le savoir ni probablement le vouloir, le même désir d'ordre, les mêmes critères moraux et politiques que ceux développés dans les rapports des censeurs. De fait, jusqu'en 1867 au moins, ceux-ci continuent de présenter leurs jugements en de longs procès-verbaux remis à leurs ministres, petits chefs-d'œuvre qui ne se soucient que du texte de la pièce et de sa portée idéologique.

À LA VEILLE DE LA RÉVOLUTION DE 1830
Un consensus apparent mais des préoccupations différentes

Œuvre typique de cette année d'incertitude que fut 1829, *Marino Faliero* de Casimir Delavigne est un drame qui a particulièrement rassemblé contre lui les craintes et les blâmes des censeurs et des critiques, et soulevé en sa faveur l'enthousiasme du public et des dramaturges[1]. On a pu la voir comme paradigmatique de la transition entre tragédie classique et drame romantique en ce que, derrière une forme traditionnelle en cinq actes et alexandrins, le sujet, les sentiments, les tableaux de révolte annonçaient la nouvelle école. Outre ces relatives audaces, les difficultés que rencontra le dramaturge pour l'autorisation et des censeurs et des directeurs de théâtres, l'enthousiasme et l'adhésion que suscita au contraire la pièce dans le public (tels qu'on vit dans cette pièce l'une des causes de la révolution de 1830), la solidarité de nombreux dramaturges enfin, qui s'empressèrent de produire des drames à la même teneur historico-politique, à mi-chemin entre classicisme et romantisme, font de *Marino Faliero* une pièce fondamentale, quoiqu'aujourd'hui bien oubliée. Suprême audace du dramaturge, qui servit d'exemple à la génération des romantiques : Delavigne, profitant de la relative tolérance de Martignac, confia en 1829, peu avant la chute du ministère, son drame à la Porte Saint-Martin.

Les censeurs, en particulier Laya, dramaturge et journaliste, furent plus intéressés que scandalisés par cette pièce « nouvelle », et se montrèrent relativement ouverts et tolérants. Laya alla même jusqu'à comparer le mélodrame de Delavigne avec les pièces de Byron et Gossé. Il n'en fut pas de même de Delaforest, un inspecteur connu pour sa rigidité qui sera même dénoncée par son confrère, Hallays-Dabot, sous le Second Empire. En 1829, Delaforest éructa un énorme rapport[2]. S'attribua-t-il cette mis-

---

1 O. Krakovitch, « Casimir Delavigne, réformiste tranquille, honni des censeurs », dans *Casimir Delavigne en son temps*, dir. Sylvain Ledda et Florence Naugrette, Paris, Eurédit, 2012, p. 145-174.

2 Les rapports des censeurs sur *Marino Faliero* sont consultables aux Archives nationales, F 21 975 (Porte Saint-Martin, 1829) et AJ 13 1050 (Porte Saint-Martin).

sion de censure alors qu'il était inspecteur et plus spécialement chargé de surveiller les représentations que les textes ? Ou bien en fut-il chargé par le chef du bureau Coupart, contrarié par la bienveillance des censeurs ? Difficile à savoir. Toujours est-il que l'inspecteur se chargea d'attaquer la pièce sur tous les plans, politique, religieux, social, dramatique. Il commence par dénoncer l'absurdité « d'élever à la dignité tragique un vieux fou qui médite de renverser l'État dont il est le chef ». Il reproche ensuite à Delavigne qu'

> ayant senti lui-même l'ingratitude et la stérilité de son sujet, il [a] cru pouvoir le fortifier et le féconder par des sentimens et des idées que non seulement il regarde comme sans danger, mais qu'il juge salutaires et appropriées à ce que l'on appelle l'opinion [...]. Le peu de citations que j'ai faites me semblent suffisantes pour prouver que la légitimité, la religion, la noblesse y sont vivement attaquées, [...] que la rébellion s'y montre non seulement justifiée par le succès, mais préconisée et honorée.

Le danger de *Marino Faliero* est d'autant plus grand que son auteur a du talent, ce que lui reconnaît l'inspecteur :

> Si l'on m'objecte que nous avons au théâtre un grand nombre de pièces fondées sur des révoltes et des conspirations, et dans lesquelles les conjurés justifient également tous leurs projets en les couvrant d'un vernis tour à tour séduisant et imposant, je répondrai que l'on pourrait jouer tous les jours impunément les *Manlius*, les *Rienzi*, les *Procida* et les *Spartacus*, dont l'intérêt est totalement usé, mais qu'il n'en serait pas de même d'un ouvrage non moins vivement recommandé à la curiosité publique par le nom et les talents de son auteur que par toutes les circonstances qui auront précédé sa réputation. Si l'on ne peut se dissimuler que nous sommes encore loin de cet accord parfait si désirable entre les opinions, nous devons au moins veiller à ce qu'elles ne franchissent pas les bornes que l'ordre public nous prescrit de leur imposer.

Cette crainte du double débordement de la scène et du parterre va trouver un écho chez certains critiques. Aux censeurs tolérants et intéressés comme Laya, répondent tout d'abord de nombreux journalistes enthousiasmés, comme le public, par ce drame nouveau. À l'indignation de Delaforest adhère cependant le critique de *La Gazette de France* qui écrit le 31 mai 1829, au lendemain de la première, un mois après l'inspecteur : « quand on a spéculé sur des passions françaises, il faut bien se rapprocher d'elles ». Le journaliste, après ce début, se laisse aller à la colère :

> Qui faut-il accuser si les théâtres ont été mis à la disposition de la faction révolutionnaire, si chaque jour l'ordre social y est menacé d'une subversion totale ? Déjà, on y a établi une école de massacres, et hier, tous les genres d'aristocratie y ont été livrés à la brutale frénésie d'un parterre d'ouvriers [...]. Des trépignements déjà ont accueilli l'image d'une conjuration ayant pour but l'égorgement de tous les nobles *sans en excepter un seul*[1], un ramassis d'assassins et de brigands ont fait retentir la scène d'épouvantables cris de vengeance et dans la salle, on y a répondu par un tonnerre d'applaudissements.

Cet exemple montre bien la communauté d'idées, de pensées, de vocabulaires entre certains censeurs dramatiques et certains journalistes de droite, gens du même monde et de professions semblables sous la Restauration. Les censeurs prévoient les réactions du public, tandis que les critiques témoignent. Grâce à cette complémentarité de témoignages s'appuyant sur une communauté d'écriture et de pensée entre journalistes et censeurs, on peut reconnaître les options politiques des fonctionnaires chargés du contrôle des pièces, assez diverses en cette fin de Restauration : par exemple, pour Laya et Lacretelle, écrivains dramaturges, membres de l'Académie Française, connus pour leur opposition à la censure de la presse et de la librairie, contradictoire avec leur soutien au maintien de la surveillance des théâtres, il faudrait dépouiller les journaux libéraux comme *Le Constitutionnel.* À Brifaut, censeur connu pour sa bataille contre *Hernani*, et Delaforest, en revanche, correspondraient plutôt les critiques des journaux légitimistes comme *La Gazette de France.* Outre l'appartenance politique, il faut tenir compte également des moments dans la création et la représentation des œuvres : les censeurs jugent la pièce à partir du manuscrit, de la seule lecture, tandis que le journaliste au contraire s'appuie plus sur la mise en scène, le jeu des acteurs, les turbulences du public particulièrement fortes en ces années de fin de règne. N'en demeurent pas moins des réactions, des jugements semblables, fondés sur une même appartenance politique et sociale.

1 Le passage en italiques est souligné dans le texte.

LE SECOND EMPIRE : L'UNANIMITÉ DES CENSEURS ET CRITIQUES CONTRE DUMAS FILS D'ABORD

Les choses changent avec l'instauration du Second Empire et ces changements mettent mieux en lumière les similitudes de pensée entre censeurs et critiques : la censure et la rédaction de longs rapports justificatifs pour chaque pièce sont rétablies dès juin 1850 d'une part ; les revues qui n'hésitent pas à consacrer de nombreuses pages et même des numéros entiers à la critique, aux jugements littéraires, dramatiques, politiques et sociaux des créations théâtrales se multiplient d'autre part. *La Revue française* ressuscite en 1855, après une longue éclipse. *La Revue des Deux Mondes* prend son essor, assure son assise financière en ce début du Second Empire. *La Revue de Paris*, littéraire avant tout, attire les grands écrivains, critiques littéraires : Gautier, Houssaye, Ulbach. *La Revue contemporaine* est créée en 1851, *La Revue et gazette des théâtres* fusionne, en un hebdomadaire plus solide, *La Gazette des théâtres* et *La Revue des théâtres.* Cette liste des revues témoigne d'un engouement de l'Empire pour une presse qui propose des articles de fond, à lire tranquillement dans un fauteuil, et permet ainsi une étude parallèle plus aisée des censeurs et critiques.

Il convient de commencer par *La Dame aux camélias* qui fut le premier et l'un des plus grands scandales du théâtre sous le Second Empire. Ce fut « l'affaire, [...] l'œuvre capitale de toute cette période » de l'aveu même du censeur et historien de la censure, Hallays-Dabot[1]. L'affaire, puisqu'affaire il y eut, ne fut conclue qu'en janvier 1852, au bout de deux ans de conflit entre les censeurs et le dramaturge, et après l'intervention personnelle du duc de Morny, alors ministre de l'Intérieur.

Après une interdiction pure et simple, sans commentaire ni explication, dès la restauration de la censure, le 30 juin 1850, les censeurs furent bien obligés par la suite de mettre par écrit les raisons de leur refus. Le premier rapport, rédigé un an plus tard, le 28 août 1851, commence ainsi : « Cette pièce est la mise en scène de la vie fiévreuse, sans retenue

1 V. Hallays-Dabot, *La Censure dramatique et le théâtre*, Paris, Dentu, 1871, p. 14.

et sans pudeur, de ces femmes galantes, sacrifiant tout, même leur santé, aux événements du plaisir, du luxe et de la vanité. » Après un tel début, la conclusion ne peut être qu'une condamnation sans appel :

> C'est un tableau dans lequel le choix des personnages et la cruauté des couleurs dépassent les limites les plus avancées de la tolérance théâtrale [...]. Ce qui ajoute encore à l'inconvénient du sujet et de sa mise en scène, c'est qu'ils ne font que reproduire la vie d'une femme galante, morte récemment.

La référence à un fait divers récent aggravait la nocivité de la pièce pour les censeurs. Second rapport, trois jours plus tard, le 1er septembre, après que Dumas fils a consenti à modifier de nombreux passages, notamment toutes les scènes où Marguerite énumère l'argent que lui verse le comte et où elle rappelle à Armand « qu'elle ne s'appartient pas [...] et dépense cent mille francs par an[1] » ; les censeurs jugent les changements insuffisants : « Une seconde lecture de la pièce nous a convaincus qu'elle restait la même, quant au fond et aux principaux développements ; c'est toujours la même peinture des mœurs et de la vie intime des femmes entretenues. ». Un mois plus tard, malgré de plus grands changements encore, toujours acceptés, mais opérés moins rapidement par Dumas fils, notamment deux tableaux fondus en un seul, de nombreuses suppressions et raccourcis, les censeurs persistent et signent : « Les suppressions de détails laissent subsister les inconvénients [...] quant au fond de l'ouvrage. » Ce fut donc contre l'avis de la Commission, par une décision personnelle que Morny autorisa la pièce, jouée triomphalement au théâtre du Vaudeville, le 2 février 1852.

Pour ne pas nous appesantir trop sur les griefs énumérés dans ces trois rapports répétitifs, résumons-les : les deux reproches principaux des censeurs sont d'une part « la peinture crue » de femmes galantes que l'on n'a pas le droit de montrer sur scène (à moins que l'action ne se situe dans des temps reculés), et d'autre part, ce qui faisait la nouveauté de *La Dame aux camélias*, son actualité, la représentation de faits réels arrivés récemment à Paris. Et ce sont cette même crudité de la description et cette actualité qui vont également marquer les contemporains : dans l'article de Bigot publié par *La Revue des Deux Mondes*, par exemple, le critique commence par l'impudeur du thème traité, en agrémentant son

1 Archives nationales, F 21 971 (Vaudeville, année 1851).

propos d'une injure raciste : « Dumas est un nègre trempé tout jeune dans le Styx parisien. [...] C'est une pauvre et triste poésie que celle de la Dame aux camélias[1]. » Dans son analyse, plus subtile parce que plus distanciée, parue toujours dans *La Revue des Deux Mondes*, Antoine Benoist insiste, lui, sur la réalité contemporaine du fait divers raconté : « Le grand effet que produisit la pièce et le scandale qu'elle excita s'expliquent [...] par l'impression de réalité vivante qui s'en dégage[2] ». Désapprobation toujours, chez le critique Weiss, de la trivialité et de l'actualité du propos : « Si la reproduction stricte de la réalité est possible quelque part, ce n'est pas au théâtre ». Le réalisme, que l'auteur du *Théâtre et des mœurs* reproche à Dumas fils, « c'est privilégier le vulgaire, [...] mettre les signes à la place des sentiments[3] ».

Le 15 novembre 1853, Dumas fils créait ensuite *Diane de Lys*, une pièce écrite pour le Gymnase qui devait devenir son théâtre attitré. Au grand scandale des censeurs et des critiques, le dramaturge y passait du monde des femmes galantes aux dames de la bonne société... mais adultères, thème également insupportable aux censeurs et aux critiques, issus du même milieu. Après un résumé très détaillé qui montre toute l'importance qu'ils accordent à la pièce, les censeurs, dans un premier rapport daté du 10 janvier 1853, analysent, longuement encore, le caractère de Diane, que « rien n'arrête, ni la conscience, ni son enfant (elle est mère !), ni le pardon de son mari, ni même l'oubli de Paul. Elle poursuit sans relâche, et jusqu'au dernier moment, la satisfaction d'un amour qui ne lui cause ni hésitation, ni remords[4] ». L'indignation est à l'évidence celle d'une classe sociale, la leur, car les censeurs ajoutent :

> De pareils mœurs sont présentées comme la fidèle peinture de la vie du grand monde. L'opinion de Boursac, un des personnages épisodiques de la pièce, est que *toutes les grandes dames trompent leurs maris. Toutes*, lui dit Mme de Lussieu ; *toutes*, reprend de Boursac, *exceptées les femmes veuves*[5].

Les censeurs n'ont pas de mots assez durs pour fustiger ce tableau de la déchéance d'une femme du monde. Et, à leurs yeux, la fin morale, le

1 Bigot, « La Dame aux camélias » dans *Revue des Deux Mondes*, reproduit dans A. Benoist, *Essais de critique dramatique*, Paris, Hachette, 1898, p. 270.

2 *Ibid.*, p. 285.

3 J.-J. Weiss, *Le Théâtre et les mœurs*. Paris, Calmann-Lévy, 1889.

4 Archives nationales, F 21 973 (Gymnase, année 1853).

5 Les passages en italiques sont soulignés dans le texte.

châtiment de la « coupable », ne rétablissent pas l'ordre social nécessaire, le respect des mœurs, du code et de la hiérarchie des classes, pas plus que la mort de Marguerite à la fin de *La Dame aux camélias* n'est suffisante pour restaurer la bienséance. « Le drame », continuent les censeurs,

> est écrit tout entier sur ce ton ; quand la passion n'y prêche pas l'adultère, le vice élégant y raconte son immoralité. Les dangers que pourrait présenter à la scène un ouvrage de cette nature, nous ont paru de trois sortes : il atteint la famille, en attaquant les devoirs du mariage ; en peignant sous de fausses couleurs les mœurs du grand monde, il fournit un texte aux déclamations contre les classes élevées de la société. Enfin, il fait revivre sur la scène ces théories corruptrices qui avaient envahi le drame et le roman moderne après 1830.

La pièce, à nouveau, est interdite pendant huit mois, et Dumas fils, tout en proclamant qu'il ne ferait que « les changemens qu['il] croirait devoir faire[1] », se plie néanmoins aux ordres des censeurs, et entame une longue série de corrections, dont un nouveau rapport, daté du 14 novembre 1853, atteste l'importance :

> Diane de Lys n'est plus présentée comme le type des grandes dames, mais au contraire comme une exception qui n'entraîne ni comparaison, ni solidarité avec les femmes du monde [...]. De plus, elle n'a pas d'enfant, et l'auteur a supprimé tous les passages où elle semblait, par des théories générales, vouloir justifier sa passion adultère. [...] En définitive, elle est cruellement punie d'avoir méconnu les lois de la morale et même les convenances de la société où elle vit[2]...

Les censeurs, sans se faire trop d'illusions, comme ils le disent eux-mêmes, pensent néanmoins que la classe sociale au pouvoir est protégée, sa morale respectée, et donnent l'autorisation la veille de la « première », le 14 novembre 1853, probablement un peu contraints et forcés par le successeur du duc de Morny, le comte de Persigny, lassé de ces affaires trop nombreuses.

À cette peinture réaliste de l'immoralité de la classe au pouvoir, de la dégradation des mœurs, les critiques opposent le même refus, la même indignation. Citons seulement l'analyse d'Émile Montégut tirée d'une étude globale sur le « Théâtre réaliste », publiée par *La Revue des Deux Mondes* :

1 A. Dumas fils, *Théâtre complet avec préfaces inédites*, Paris, Calmann Lévy, 1893, t. 1, p. 202.
2 Archives nationales, F 21 973 (Gymnase, année 1853).

> M. Alexandre Dumas fils [...] connaît à merveille les mauvais instincts de son public, les penchans par lesquels on peut le séduire, et il s'entend comme pas un à chatouiller les fibres qui peuvent le faire rire ou lui procurer une pâmoison sentimentale. [...] Ce jeune et vigoureux esprit n'est dupe d'aucun sentiment, d'aucune passion, d'aucune convention sociale. [...] Une intelligence qui n'est dupe de rien. [...] La pièce de *Diane de Lys* est une preuve irréfutable de ce que j'avance. M. Dumas, qui ne se trompe guère sur le choix de ses sujets, s'il se trompe sur la manière de les traiter, a eu la main heureuse. [...] Diane de Lys aurait pu être à la fois une individualité et un type[1].

Mais, poursuit plus loin le critique : « Avec M. Dumas, on ne reste pas longtemps sur le terrain des sentimens honnêtes, et on glisse aisément dans la barbarie des passions coupables [...] ».

Dumas fils était désormais tellement en accord avec le public et la société de son temps, si bien défendu et protégé en haut lieu, que les censeurs n'osèrent plus y toucher. Ils se contentèrent, à partir du *Fils naturel* (1858), d'autoriser ses pièces sans aucune demande de transformations, en reconnaissant explicitement l'importance du dramaturge par la rédaction de longs résumés des pièces et en complimentant même la moralité des sujets ! Ainsi le rapport du *Fils naturel* daté du 14 janvier 1858[2] (la pièce fut créée au Gymnase le 16 janvier 1858) se termine, après une longue description de l'intrigue, par ce paragraphe :

> Nous ne nous dissimulons pas que cet ouvrage, *remarquable à tant de titres*[3], touche à des questions sociales d'une certaine gravité. Mais comme il est conçu et écrit dans un excellent esprit, comme les bons sentimens et surtout celui de la famille y dominent, comme enfin on n'y trouve rien qui ne soit honnête, rien qui offense la morale, nous proposons l'autorisation.

Les censeurs, on le voit, malgré leurs goûts et options réactionnaires, savaient tenir compte de l'évolution des mentalités. Le style, la « crudité », pour reprendre le mot si souvent employé par les censeurs et critiques, les situations osées peintes par Dumas, étaient en effet entrés dans les mœurs. L'auteur était partout fêté, écouté, suivi. Les critiques furent, de leur côté, rapidement tous d'accord pour qualifier Dumas fils de meilleur dramaturge de l'époque. Il y eut vite unanimité dans les

---

1 É. Montégut, « Le Théâtre réaliste », *Revue des Deux Mondes*, 1853, p. 702 *sq.*
2 Archives nationales, F 21 973 (Gymnase, année 1858).
3 C'est moi qui souligne.

louanges, comme il y avait eu, durant les premières années du Second Empire, unanimité dans le refus de ce théâtre dit « réaliste », « regardé comme très audacieux, parce qu'il est quelquefois brutal. Mais », comme le remarqua si bien Zola, « rien n'allèche notre bourgeoisie comme cette prétendue audace qui se termine généralement par un sermon[1] ».

… ET CONTRE ÉMILE AUGIER ENSUITE

Autre auteur à scandale, autre dramaturge censuré, fustigé en même temps qu'adulé, autre chef de file du théâtre, autre maître incontesté régnant sur les salons parisiens, la pensée et la mode sous le Second Empire, Émile Augier. À la différence de Dumas fils cependant qui commença sa carrière par le plus grand scandale théâtral du Second Empire, Émile Augier débuta par un succès de bon aloi, *La Ciguë*, écrite à vingt-quatre ans, en 1844, et créée à l'Odéon, œuvre à la Ponsart, classique par le sujet et la versification, dont la morale bourgeoise ne présageait en rien des scandales et des succès à venir. Les choses commencèrent à moins bien aller pour Émile Augier, avec *Le Mariage d'Olympe* qui reprend le thème de la femme galante, déjà traité dans *La Dame aux camélias*, *Le Demi-Monde* de Dumas fils, et *Les Filles de marbre* de Théodore Barrière. Les censeurs commencent justement leur long rapport, daté du 8 juin 1855[2], en exprimant leur lassitude face à la fréquence du sujet :

> *Le Mariage d'Olympe* met encore une fois en scène une de ces femmes perdues qui, depuis *La Dame aux camélias*, ne fournissent que trop de sujets au théâtre. En regrettant un pareil entraînement, nous devons toutefois reconnaître que le sens des récents ouvrages où ces sujets sont traités aboutit à une condamnation sévère des mauvaises mœurs. *Les Filles de marbre* [de Théodore Barrière] et *Le Demi-Monde* [d'Alexandre Dumas fils] présentent les aventuriers et les femmes galantes sous des couleurs qui les flétrissent et les vouent au mépris. *Le Mariage d'Olympe* est une sorte de conclusion à ces diverses pièces, en particulier à celle du *Demi-Monde*. Il montre quels malheurs peut apporter dans une honnête famille une femme aux mœurs perdues, au

1 É. Zola, *Nos auteurs dramatiques*, cité par M. Descotes, *Le Public de théâtre et son histoire*, Paris, PUF, 1964, p. 330.

2 Archives nationales, F 21 971 (Vaudeville, année 1855).

> cœur gâté [...]. Il nous a donc semblé que le fond de l'ouvrage pouvait être admis. Les détails vont beaucoup trop loin et voici les points principaux sur lesquels portent nos réserves :
> 1°) le personnage de la mère, [...] partageant et exaltant les mauvaises passions de sa fille, ne doit pas figurer à ce titre dans une pareille scène.
> 2°) le dénouement ne saurait être admis sous le double point de vue moral et religieux. Un vieillard représentant l'idéal de l'honneur et de la vertu ne peut être montré se suicidant après s'être fait justice par un meurtre, pendant que sa femme, qui l'a poussé à cette action coupable comme à un devoir, assiste, à genoux et en priant Dieu, à la catastrophe.

Les censeurs indiquent nettement deux thèmes à abolir du théâtre : le rôle des mères, personnages sacrés, qui doivent toujours être nobles et courageux ; l'impossibilité de se faire justice soi-même, individuellement ou collectivement. Le meurtre par le vieux marquis, même commis pour la défense de son honneur, est inconcevable sur scène, à l'instar de celui ourdi par Lorenzaccio contre le duc de Médicis, même dans le but de défendre l'honneur de son peuple et de sa patrie. La pièce est pourtant finalement autorisée, après les corrections exécutées avec obéissance par Augier, sauf dans la scène « de dégradation », pour reprendre l'expression des censeurs, du dîner pris en commun par la mère et la fille. Le dramaturge, pour cette seule scène, ne céda pas, même après les ordres donnés par les censeurs dans un second rapport. Les critiques, après la « première » qui eut lieu au Vaudeville en juillet 1855, firent chorus avec les censeurs sur tous les points signalés. Contre le thème des « femmes galantes » trop souvent traité, tout d'abord : Albéric Second, dans *L'Artiste* paru au lendemain de la création, fulmina plus ouvertement encore que les censeurs : « Après celle-là, il faut tirer l'échelle [...] *La Dame aux camélias* [...] avait donné le *la* ; *Les Filles de marbre*, *Diane de Lys*, *Le Demi-Monde* ont successivement haussé le diapason d'un demi ton ». Il dénonça d'autre part, comme les censeurs, la trop grande audace de la pièce : « Il est impossible que la comédie réaliste dépasse les témérités et les audaces de cette œuvre... », pour conclure, de façon ironique, sur le peu d'influence que pourrait avoir la pièce sur les jeunes, et donc sur la relative inutilité de cette triste leçon de morale. Cette conclusion cependant n'est pas exprimée aussi nettement chez les censeurs, mais elle est bien sous-entendue dans leurs rapports. « Triste comédie et comédie triste », conclut de son côté Albéric Second : « Je suis sorti de cette représentation le cœur serré, l'âme navrée. S'il se rencontre des jeunes gens assez peu soucieux de leur dignité, assez idiots pour épouser des Olympes, tant pis pour eux. » Malgré la présence de l'Empereur et du ministre de l'Intérieur à la « première », la pièce fut aussi mal accueillie par le public que par les critiques, sifflée, insultée pendant les quarante représentations qui se maintinrent néanmoins grâce à un succès de scandale typique de l'époque. « La fille de joie a fait son temps au théâtre, il est temps qu'elle se repose », se moqua alors Jules Janin[1], en écho avec la lassitude exprimée par un autre censeur, Hallays-Dabot, dans son histoire de la censure[2]. *Le Siècle* résuma bien l'impression générale partagée par les censeurs, les critiques et le public :

> Je vous avoue que je ne me rappelle pas avoir assisté à une histoire qui m'ait causé autant de dégoût. Vingt fois, j'ai senti tout ce qu'il y a d'honnête en moi se révolter. La commission de censure avait refusé son visa à cette pièce ; [...] la pensée de l'œuvre est morale, c'est incontestable[3].

Sautons une dizaine d'années pour voir si les opinions évoluèrent ou si l'expression des censeurs et critiques fut la même, et aussi unanime, face à une nouvelle comédie d'Augier, *La Contagion*, où était à nouveau traitée la perversion d'une famille « contaminée » par l'introduction d'une courtisane. La pièce fut créée en mars 1866 à l'Odéon. Elle choqua profondément les censeurs, elle choqua tout autant les critiques et le public qui ne l'accueillit pas bien. « Sans entrer dans l'analyse de la pièce », commentèrent les censeurs dans leur rapport du 9 mars,

> nous arriverons immédiatement [...] sur le ton de certaines parties de la pièce et notamment du quatrième acte qui se passe chez Navarette [la courtisane, héroïne de la pièce]. Certes nous reconnaissons qu'un auteur, ayant l'autorité d'un talent éprouvé et d'un nom populaire, a connu certains privilèges et peut revendiquer une responsabilité plus grande. Cependant il ne nous appartient pas d'accepter, sans les faire remarquer :
>
> – d'abord les conversations telles que celles d'Annette [une jeune veuve] et son frère Lucien qui, par leur liberté d'allure, peuvent blesser le sentiment public ;

1 J. Janin dans *Débats* du 23 juillet 1855, cité par H. Gaillard de Champris, *Émile Augier et la comédie sociale*, Genève, Slatkine Reprint, 1973 [1re édition : 1910], p. 12.

2 V. Hallays-Dabot, *La Censure dramatique et le théâtre*, *op. cit.*, p. 26.

3 *Le Siècle* du 23 juillet 1855, cité par H. Gaillard de Champris, *Émile Augier [...]*, *op. cit.*, p. 36.

- puis au quatrième acte, un tableau de mauvaises mœurs où le cynisme du langage et la crudité des détails dépassent ce qui a paru de plus osé au théâtre ;
- enfin les théories profondément immorales que professe d'Estrigaud [baron, époux de la courtisane].

> Nous reconnaissons que la peinture de ces mœurs et ces audaces de langage marchent vers un but honnête, mais nous ne pouvons nous dissimuler que, malgré les atténuations que nous demanderons, il restera un ensemble de nature à choquer des susceptibilités respectables[1].

Reconnaissance par les censeurs du talent et de la renommée du dramaturge, de ses intentions morales, identique à celle accordée à Dumas fils, mais les thèmes et le style, tout en n'étant pas acceptés, continuaient d'éveiller chez eux, comme chez les critiques et le public, un intérêt malsain. La lassitude face au sujet éternel des femmes galantes pesait de plus en plus cependant, si l'on en croit les critiques : « On a reproché », selon *L'Indépendance belge*[2], « [à Émile Augier] de mettre toujours en scène des types de coquins. [...] On a soif de sentiments généreux, de pensées élevées, de types chevaleresques, pour se reposer un peu de l'argot en vogue et des plates gredineries d'alentour. » Charles Monselet, dans *Le Monde illustré*[3], juge

> le public un peu lassé des comédies de mauvaises mœurs. Il faudrait un temps d'arrêt. Ce qu'on a le plus applaudi dans *La Contagion*, ce sont les mouvements honnêtes, les paroles venues du cœur. Le reste réveille mille réminiscences malsaines. Comme satiriste et comme moraliste, Émile Augier arrive après tout le monde et n'apporte aucun élément nouveau. Sa morale n'est que de l'insistance.

On pourrait multiplier les citations comme celle du feuilleton de *La Patrie*, qui disent toutes souhaiter une moralisation de la société qui ne soit pas promue sur scène par des pièces dénonçant *a contrario* l'immoralité générale, présentant des scènes d'orgies et une « contagion [...] mettant en péril les forces vives de la France nouvelle, celle qui entame la bourgeoisie à tous ses degrés, c'est-à-dire la nation même[4] ».

---

1 Archives nationales, F 21 967 (Odéon, année 1866).

2 *L'Indépendance belge* du 26 avril 1866.

3 Ch. Monselet, dans *Le Monde illustré* du 24 mars 1866.

4 R. Taillandier, dans *La Revue des Deux Mondes* du 1er avril 1866.

Même si la démonstration nécessiterait un dépouillement plus important des journaux de droite comme de gauche et une étude plus exhaustive, on peut affirmer que sur la moralité nécessaire au théâtre, le consensus était général. Le besoin d'une « saine morale », demandée par les censeurs, n'était contestée ni par les dramaturges, ni par les critiques, ni par le public, même si, de façon hypocrite, les auteurs s'appuyaient sur des tableaux dits « immoraux », intitulés « réalistes », pour attirer les foules, tout en affirmant que ces tableaux étaient nécessaires à leur combat pour la moralisation de la société.

Autour de la dénonciation du pouvoir de l'argent et de la coalition entre bourse, religion et presse, thèmes de prédilection des dramaturges du Second Empire et d'Émile Augier en particulier, un même consensus apparaît. On ne traitera pas de la critique de la presse ici, d'abord parce que *Le Fils de Giboyer*, comédie d'Augier, qui provoqua l'un des plus grands scandales dramatiques du XIXe siècle, précisément parce qu'elle traitait du cynisme et de l'immoralité de la presse alliée et soutenue par la finance, doit faire l'objet d'une réédition prochaine par Jean-Claude Yon, qui l'accompagnera du dossier complet des articles, journaux, comptes rendus du procès, rapports de police et de censure parus à la suite de la création de la pièce ; et surtout parce que la pièce attaquait tellement les journaux catholiques qu'il eût été par trop facile de prouver un consensus défavorable, général et unanime. La désapprobation des censeurs s'étendit d'ailleurs à tous les sujets abordés dans *Le Fils de Giboyer*, touchant « la morale publique, [...] l'ordre social, [...] la politique du gouvernement, [...] la religion, [...] les convenances et le goût[1] ». Rien de moins, tandis que la presse, qui ne pouvait être objective face à une telle attaque, se déchaîna en priorité en une défense corporatiste. Pourtant l'étude de la pièce, facilitée par le rapport des censeurs, remarquable en son genre, et un ouvrage recensant tous les articles parus lors de la création[2] de la pièce au Théâtre Français, le 1er décembre 1862, aurait suffi pour démontrer l'indignation générale au lendemain des premières représentations de l'œuvre.

1 Archives nationales, F 21 966 (Théâtre Français, année 1862).

2 Une compilation de tous les articles de presse parus sur les représentations du *Fils de Giboyer* au Théâtre Français, de sa création, le 1er décembre 1862, jusqu'au 30 juin 1863, a été reproduite dans *Le Tour de France du* Fils de Giboyer, *critiques, procès verbaux, avertissements...*, Paris, Gosselin, 1864.

Envisageons donc, pour attester un autre consensus réel entre censeurs et critiques, portant sur les questions économiques et politiques, d'examiner le sort réservé aux *Effrontés*, la pièce d'Augier qui précéda *Le Fils de Giboyer*, dans laquelle figuraient déjà quelques personnages de la pièce à venir, Giboyer notamment. Là encore, la critique fut la même, qu'elle émanât des dramaturges, des critiques et des censeurs. Le refus de l'argent vite gagné, des spéculations, du système boursier et capitaliste en plein essor devint un thème de prédilection du théâtre. Comme avec *La Dame aux camélias*, Dumas fils le premier s'en empara avec *La Question d'argent*. La critique de l'argent vite gagné était un autre thème sur lequel les censeurs étaient a priori d'accord : ils dénonçaient, comme les dramaturges, « l'influence sur les mœurs de l'essor imprimé à la spéculation, [...] la Bourse [qui devenait] le centre de Paris », et par là-même, un risque éventuel pour l'ordre social[1]. C'est sans doute la raison pour laquelle non seulement ils autorisèrent sans réserve *La Question d'argent*, mais ils en louèrent la moralité. Ils attaquèrent en revanche, bille en tête, *Les Effrontés*, car la critique économique, sociale et politique se doublait chez Augier d'une étude des mœurs tout-à-fait contemporaine, même si le dramaturge avait pris soin de placer l'action de la pièce sous la monarchie de Juillet. Les censeurs, en bourgeois formés sous ce régime précisément, pouvaient être satisfaits par une critique de l'évolution trop rapide de l'économie, mais ils ne supportaient pas que cette critique s'étende au système social et politique. *La Question d'argent* fut créée au Gymnase en mars 1857, *Les Effrontés*, trois ans et demi plus tard, en janvier 1861, au Théâtre Français. On aurait pu penser que ce délai aurait permis une tolérance plus grande chez les censeurs, accoutumés désormais à voir ces questions traitées sur les scènes parisiennes, mais Augier eut la maladresse de faire connaître à l'avance et ouvertement le sujet de sa pièce, et notamment son intention d'y attaquer la presse. L'ouvrage était célèbre avant d'avoir été créé, et les censeurs ne se donnèrent même pas la peine de le résumer. « La comédie des *Effrontés* », annoncent-ils dans leur rapport[2], avec un mépris évident pour cette publicité,

> autour de laquelle il se fait beaucoup de bruit dans un certain monde, avant son apparition dont on semble s'émouvoir, ne nous paraît pas justifier, quant

1 V. Hallays-Dabot, *La Censure dramatique et le théâtre*, *op. cit.*, p. 22.

2 Archives nationales, F 21 966 (Théâtre Français, année 1861, rapport du 4 janvier).

> au fond du sujet, les craintes qu'elle inspire. La donnée ne sort nullement de ce qui a été jusqu'ici admis au théâtre. Dans *Les Effrontés*, ce qui nous paraît de nature à préoccuper l'administration, ce sont les détails : le développement, la peinture des caractères et la lutte des opinions amènent dans la bouche des personnages des théories politiques, des doctrines sociales ou socialistes, des attaques contre les spéculateurs qui se rendent acquéreurs de journaux, des diatribes contre l'aristocratie de l'argent substituée à l'aristocratie nobiliaire que nous ne pouvons nous dispenser de signaler particulièrement. L'auteur a voulu sans doute aller au-devant de plusieurs objections en plaçant l'action sous le gouvernement de Juillet. Tout en tenant compte, dans une certaine mesure, de cette précaution, nous ferons observer que, pour le spectateur, un ouvrage n'a réellement d'autre date que le moment de sa représentation.

Les censeurs, on le voit, ne furent pas dupes du côté faussement historique des *Effrontés*, pas plus que ne l'avaient été leurs prédécesseurs à l'occasion du *Roi s'amuse*, lorsque Victor Hugo avait inutilement tenté d'atténuer son portrait d'un roi perverti, en situant sa pièce à l'époque de la Renaissance[1]. C'est bien la presse et les spéculateurs de 1861 qu'Augier dénonce. Mais le dramaturge, comme son confrère Dumas fils, au sommet de sa popularité, considéré comme un martyr après la répression exercée contre *Le Mariage d'Olympe* et *Les Lionnes pauvres*, était intouchable : la pièce fut jouée sans correction, mais non sans critiques des journalistes qui se déchaînèrent. Brassac, dans *La Mode nouvelle*, paru en janvier 1861, commente *Les Effrontés*, avec un titre qui est déjà tout un programme : « mœurs contemporaines ». Tout en reconnaissant le succès éclatant et la qualité des *Effrontés* qualifiés d'ouvrage le plus remarquable du dramaturge, Brassac, à l'égal des censeurs, ne ménage pas ses critiques et son aigreur. Il reproche d'abord à Augier de « s'attaquer beaucoup à la presse, aujourd'hui trop enchaînée pour qu'on ne soit pas tenté de penser et de dire que ces attaques manquent quelque peu de générosité, lorsqu'on s'en tient aux apparences », ensuite d'émettre

> certaines opinions [...] et certains sentiments [...] dans cette comédie, entre autre l'éloge mille fois répété du passé, et après cet éloge, la virulente accusation portée contre la moralité des hommes d'argent, à une époque qui a tout fait pour surexciter leur ambition, fonder leur influence et asseoir leur domination.

De Mars, à son tour, dans le numéro de *La Revue dramatique* daté de janvier 1861, souligne, de façon encore plus ironique, le décalage entre

1 Sur la censure du *Roi s'amuse*, voir la contribution de S. Mentzel dans ce volume, p. 221.

l'annonce d'un grand scandale dramatique, d'un nouveau *Mariage de Figaro*, et la médiocrité de l'attaque :

> Nous avons été quelque peu désappointé en constatant que les ravages étaient moins grands qu'on ne nous l'avait assuré, et nous n'avons pu attribuer qu'à une sorte de colère panique les émotions orageuses et contradictoires que le public avait rapportées de la première représentation.

Plus loin le critique dénonce, comme les censeurs, les discours et discussions sur des doctrines sociales et politiques que le public « écoutait avec une attention un peu triste, mais sans étonnement ».

> Tout l'intérêt de la pièce est dans ces discussions qui remplissent le premier et le troisième acte, lesquels ne sont que de longues conversations qu'on pourrait appeler : Dialogues des vivans sur quelques questions politiques et quelques anecdotes du jour. Il y a des mots heureux et brillants dans ces discussions, mais pleins de trivialité et quelquefois d'un goût douteux.

Brenier, enfin, dans *La Revue nationale* de janvier 1861, est encore plus sévère : à propos du noble d'Auberive, trompé par sa femme, le discours dénonciateur sur l'inégalité des classes et les privilèges de la noblesse est malvenu :

> Il y aurait bien des choses à dire à ce sujet, mais l'auteur voulant battre l'aristocratie moderne s'est servi de l'aristocratie ancienne ; c'est un procédé auquel il ne faut pas accorder grande attention ; il paraît commode peut-être, mais il est faux. Réhabiliter l'ancien régime pour faire son procès à notre aristocratie financière, c'est employer des armes mauvaises et dont elle peut se défendre aisément.

Plus loin, le critique s'en prend, comme ses confrères et comme les censeurs, aux trop longs discours sur la société, la presse et l'aristocratie d'argent, qui rendent la pièce bavarde, sans action :

> À quoi sert, par exemple, le troisième acte de la comédie nouvelle ? Il ne se rattache en rien à l'action générale, il n'amène aucune péripétie, il n'est là que pour fournir à l'auteur l'occasion d'émettre un certain nombre de théories sur l'état actuel de la société, sur l'organisation de la presse, et sur la nécessité de remplacer l'aristocratie d'argent par l'aristocratie de l'intelligence ; questions importantes, j'en conviens, mais questions de premier-Paris. [...] Trouvez-vous que la discussion entre le marquis d'Auberive et le socialiste Giboyer sur la propriété, sur l'héritage, sur l'instruction publique, sur l'aristocratie

> d'argent, sur l'aristocratie de naissance et l'aristocratie d'intelligence soit quelque chose de bien amusant ?

Lors des représentations des *Effrontés*, puis du *Fils de Giboyer*, les censeurs, les journalistes, le public, la population entière, dans toutes les villes de France, témoignèrent, par des manifestations dans les salles de spectacles et dans la rue, leur refus d'une critique en règle de la morale, de la religion, de la politique, leur rejet de tableaux trop réalistes sur les inégalités de la société impériale. On refusait cette vision pessimiste et critique, mais on courait la voir dans tous les théâtres de Paris et de province. Les répertoires des grands dramaturges du Second Empire et leur réception, tant du côté des censeurs que de celui des critiques et du public, servent cependant la démonstration de la thèse présentée ici : le théâtre n'a été censuré aussi longtemps, trois quarts de siècle, après la disparition du contrôle préalable des livres et de la presse, que parce que la société du XIXe siècle était d'accord toute entière pour que les spectacles restent dans les limites de la bienséance et d'une critique douce des mœurs et de la réalité quotidienne, pour que la politique et la classe au pouvoir n'y figurent au contraire que très peu. La censure théâtrale n'aurait pu se maintenir jusqu'en 1906, à travers même les révolutions et changements de régime, s'il n'y avait pas eu un accord tacite entre censeurs, d'une part, dramaturges, directeurs de théâtre, critiques et opinions publiques, d'autre part, pour que la surveillance préventive subsiste. Les grandes enquêtes menées sur la question par le Conseil d'État en 1849, puis par la Chambre des députés en 1891, en portent témoignage : elles ont publié toutes deux des communications des censeurs comme des critiques et des dramaturges de l'époque qui sont révélatrices de cette peur partagée d'une entière liberté des théâtres.

Le consensus semble en tout cas évident sur le plan de la morale et des mœurs. Jacques Rancière a bien montré[1] que la grande victoire de la bourgeoisie au XIXe siècle fut l'adoption de sa morale et de son mode de vie par toutes les classes de la société. D'ailleurs, les dramaturges savaient parfaitement qu'en cas d'atteinte à cette morale et aux mœurs, ils seraient inévitablement censurés et ne se sont presque jamais révoltés contre une telle répression, preuve qu'ils l'acceptaient implicitement.

1 J. Rancière, *La Nuit des prolétaires*, Paris, Hachette, « Pluriel », 1997 ; *Les Scènes du peuple*, Lyon, Horlieu éditions, 2003.

Une étude plus approfondie et une comparaison plus poussée des procès-verbaux de censure avec les articles des critiques dramatiques pourraient démontrer l'existence d'un même accord sur les questions sociales et religieuses, même si celui-ci ne fut pas aussi total que sur les questions de morale et de mœurs. Les premières étaient trop évidentes pour ne pas faire l'objet d'un consensus : les censeurs, comme les dramaturges et les critiques, n'étaient pas indifférents à la misère visible quotidiennement à Paris ; ils l'ont bien montré dans leurs rapports et écrits, surtout dans ceux publiés avant 1848, avant 1870. Les tableaux montrant les difficultés de la classe ouvrière étaient acceptés dans la mesure où ils ne tendaient pas à la révolte. Quant à la censure des questions religieuses, les articles des critiques comme les procès-verbaux des censeurs semblent montrer une acceptation progressive d'une société toujours plus laïque, toujours plus hostile à l'ultramontanisme, tolérante et refusant tout excès. Les censeurs, à partir de 1830, se contentèrent d'interdire tout signe religieux dans la mise en scène, tout irrespect envers les églises quelles qu'elles fussent, aussi bien catholique que protestante ou juive. Tout au plus se contentaient-ils de porter une attention plus grande envers le respect dû à la religion mère. Les critiques semblent avoir été en totale concordance, là encore, avec les censeurs, montrant une tolérance mêlée d'une relative indifférence et ne s'indignant que face à ce qu'ils considéraient comme calomnie ou irrespect. Quant au plan politique, plus qu'en tout autre domaine, le consensus entre censeurs, critiques et dramaturges s'effritait et même disparaissait complètement, si les critiques émanaient de journaux anti-gouvernementaux.

La preuve d'un réel consensus entre censeurs et critiques est difficile à trouver en ce que les censeurs ne jugeaient que le texte et ne se préoccupaient de rien d'autre que des idées exprimées, du fond en résumé. Les journalistes, critiques de quotidiens ou d'hebdomadaires se souciaient de l'actualité et rendaient compte essentiellement des décors et des acteurs, de la mise en scène, des réactions du public, de la forme en un mot. On ne trouve chez les journalistes de longs commentaires sur les thèmes des pièces créées qu'assez tard, à partir des années 1840, dans les quotidiens ou les hebdomadaires, sous la forme de chroniques paraissant à des jours dits de la semaine, et surtout dans les revues. Celles-ci prirent l'habitude, surtout sous le Second Empire, de publier de vrais articles de critique théâtrale, des études savantes sur l'écriture et les thèmes des pièces et des auteurs à la mode, sur la dramaturgie, le passé et l'avenir du théâtre, rejoignant ainsi certaines des préoccupations des censeurs. Là encore, l'accord avec ces derniers dépendait beaucoup de l'orientation politique des organes de presse, mais je crois néanmoins que presque tous, critiques, censeurs et dramaturges, partageaient la profonde conviction, émise aussi bien à droite qu'à gauche, des dangers du théâtre quand il s'adressait à un public peu cultivé, de la nécessité d'une surveillance préventive du texte et de la parole, et répressive de ces lieux de réunion, de rencontre des classes qu'étaient les spectacles. La plupart des critiques, censeurs, auteurs, croyaient en la mission pédagogique et moralisatrice du théâtre, mais aussi dans ses dangers, dans ses messages porteurs de révoltes et de désordres, donc en la nécessité de son contrôle. Les discours à ce propos se sont répétés de la Révolution à la Troisième République, et la censure, en fonction de ce consensus plus ou moins exprimé, fut maintenue, même longtemps après qu'elle se fut déconsidérée par ses erreurs et son inefficacité.

Odile KRAKOVITCH
Archives nationales

CRITIQUES ET CENSURES DE LA REPRÉSENTATION DU POUVOIR ROYAL SUR LA SCÈNE ROMANTIQUE (1820-1840)

De l'assassinat du duc de Berry en 1820[1], à l'attentat de Darmès contre Louis-Philippe en 1840, les bouleversements historiques présents et passés malmènent la royauté. Sous la Restauration et la monarchie de Juillet, le spectre de la Révolution n'est jamais très loin et le pouvoir se méfie du théâtre, lieu de contestation susceptible d'offrir au peuple une tribune pour s'en prendre à la monarchie[2]. C'est pourquoi, avant 1830 et après 1835, la censure traque impitoyablement sur scène toute atteinte à l'image sacrée du souverain.

Le 29 juin 1835, dans son drame *Ango*, Félix Pyat fait paraître sur scène un François Ier bien différent de son portrait traditionnel en chevalier glorieux, et amoureux des arts et des lettres. Déjà, en 1832, *Le roi s'amuse* de Hugo avait ouvert la voie et dessiné les contours d'un souverain jouisseur et sans scrupule. *Ango*, avec encore plus de violence, en fait un poltron. Lâche et ridicule, le roi s'évanouit de peur devant les menaces d'un marin courageux. Après une série de représentations triomphales, le drame est interdit en août, juste avant le rétablissement officiel de la censure par les lois de septembre[3]. Tout comme *Le roi s'amuse*, suspendu trois ans plus tôt après une unique représentation, le drame de Pyat devient le symbole de la liberté théâtrale bafouée par la monarchie de Juillet dont la Charte promettait pourtant que « la censure ne pourra[it]

1 L'héritier du trône tombe le 13 février 1820 sous les coups de l'ouvrier Louvel qui déclare avoir voulu éteindre en lui la race des Bourbons.

2 Voir plus haut la contribution d'O. Krakovitch, p. 199-219.

3 Le 28 juillet 1835, Fieschi fait exploser une machine infernale sur le passage du cortège royal. Si le roi et sa famille sortent miraculeusement indemnes de l'attentat, on dénombre cependant dix-huit morts. L'indignation est générale. Le gouvernement, considérant que les calomnies contre le régime ont encouragé l'attentat, en profite pour faire voter trois lois qui restreignent considérablement la liberté d'expression en septembre de la même année.

jamais être rétablie[1] ». Or, si dans l'« explication » qui accompagne sa pièce pour la publication, l'auteur s'en prend au pouvoir et à sa censure, « cette vaincue de juillet qui se relève comme tout ce que 1830 n'a fait qu'abattre sans tuer[2] », il incrimine aussi et surtout la presse, qu'il considère comme le relais officieux du régime :

> Nous avons attaqué la royauté dans la personne royale la plus brillante et la plus aimable, aux dires des critiques subventionnés, et il paraît que nous avons touché juste ; car, à la manière dont le monstre a hurlé par la gueule de ses journaux, il fallait qu'il se fût senti blessé au vif ; il fallait que nous l'eussions frappé à coup sûr bien près de la mamelle gauche. [...] après avoir fait si fidèlement son métier, la censure dut être bien malheureuse de se trouver dépassée en indignation et en inquisition par le feuilleton ministériel[3] !

L'idée véhiculée par cette « explication » est celle d'une collusion entre la critique et la censure lorsqu'est remise en cause la personne du roi. Et, de fait, si la scène romantique se plaît à faire vaciller la royauté et à déconstruire l'image hiératique du roi de la scène classique, la censure et la presse, y compris libérale, n'admettent pas facilement cette évolution : elle est perçue comme un attentat non seulement contre le pouvoir en place, mais aussi contre les bonnes mœurs. La presse fonctionne alors parfois comme une seconde Anastasie, et devient un relais de la censure officielle, chargé de faire respecter une certaine idée de la France, du pouvoir, et de s'ériger contre la décadence qui transparaît sur la scène. Le pouvoir de l'État et le contre-pouvoir de la presse, supposés lutter l'un contre l'autre, s'unissent paradoxalement dans la défense d'un ordre du monde attaché à la représentation royale.

---

1 *Charte de 1830*, article 7.

2 Auguste Luchet et Félix Pyat, *Ango*, « Explication », Paris, Ambroise Dupont, 1835, p. V.

3 *Ibid.*, p. II, III et VII.

UNE INQUIÉTUDE COMMUNE
L'icône royale en péril

À l'époque romantique, malgré les tentatives de la Restauration puis de la monarchie de Juillet pour redorer la légende du souverain, on sait que la légitimité et la place du monarque ne vont pas de soi. La révolution politique de 1789 et le régicide de 1793 entraînent un bouleversement anthropologique et ontologique : le lien qui unissait le peuple, le roi et Dieu est brisé. La continuité rassurante des temps, les principes hiérarchiques de la société s'en trouvent affectés. Ces assauts contre la royauté sont un traumatisme dont la scène ne cesse de rendre compte : sur les tréteaux des théâtres se rejoue obsessionnellement le drame de l'Histoire et le souverain, personnage intangible et grandiose de la tragédie classique y est inquiété. Il avoue sa faiblesse, son humanité, perd son trône et sa superbe. Au moment où la monarchie veut « renouer la chaîne des temps que de sinistres écarts avaient interrompue[1] » comme le décrète la Charte fondatrice de la Restauration et comme le désire rapidement à son tour la monarchie de Juillet, cette remise en cause inquiète. Elle ravive les souvenirs, les angoisses et les questionnements que la royauté s'évertue à oublier, dans un espace d'expression collective – le théâtre – considéré comme dangereusement imprévisible et libertaire.

C'est pourquoi la censure est particulièrement vigilante envers les pièces qui lui paraissent attenter à la représentation du roi. C'est également pourquoi la critique dramatique relaie souvent cette vigilance. Par-delà l'antagonisme de façade qui voudrait que s'opposent les pouvoirs de l'État et le quatrième pouvoir de la presse, s'organise en réalité une union sacrée visant à protéger l'icône royale en danger. Contre les représentations déviantes de la royauté sur scène s'exerce ainsi une censure polymorphe tout à la fois préventive et répressive. La critique redouble en effet la répression qui s'exerce à l'encontre des pièces jugées dangereuses. Si elle s'oppose parfois aux pratiques des censeurs, elle se substitue à eux lorsque la répression s'atténue. On assiste ainsi à un mouvement de balancier – intensité de la censure politique, opposition

1 Charte constitutionnelle du 4 juin 1814, Préambule.

de la presse ; censure politique moins forte, essor de la critique censoriale – qui révèle à quel point la représentation de la royauté est un tabou autour duquel se crispe la société.

Pour évaluer la porosité entre ces deux instances de contrôle, un bref rappel historique de l'évolution de la censure théâtrale entre 1820 et 1840 est nécessaire[1]. On peut distinguer trois grandes étapes : la répression censoriale est intense jusqu'en 1828 et les allusions aux défaillances de la royauté sont impitoyablement traquées et soumises aux ciseaux d'Anastasie. À partir de 1828, époque du ministère Martignac, on observe une libéralisation relative qui s'amplifie sous la monarchie de Juillet puisque le nouveau régime abolit officiellement la censure répressive jusqu'en 1835. Dans cet interstice de liberté est représentée la majorité des grands drames romantiques qui remettent en cause l'image royale : *Henri III et sa cour* en 1829, *Hernani* en 1830, *Marion de Lorme* en 1831, *La Tour de Nesle* en 1832, *Le roi s'amuse* en 1832, *Les Enfants d'Édouard* en 1833, *Ango* en 1835… Après l'attentat de Fieschi et le scandale d'*Ango*, en 1835, les lois de septembre organisent un retour de bâton répressif et rétablissent la censure préventive.

Durant cette période d'efflorescence dramatique et d'explosion critique envers le roi – autour de 1830 et jusqu'en 1835 – la presse dramatique se constitue en censeur alternatif[2], diffusant et amplifiant la série de scandales que cette liberté soudaine ne manque pas d'occasionner : après la Restauration qui interdisait les tragédies de Voltaire jugées trop séditieuses ou qui s'interrogeait sur l'opportunité de la représentation de la fin d'une dynastie médiévale dans *Blanche d'Aquitaine ou le dernier des Carlovingiens* d'Hippolyte Bis[3], on peut en effet imaginer l'émoi provoqué par les pièces de Dumas, Pyat, Hugo, Delavigne, et leur cohorte de rois sanguinaires et pleutres, de reines sanglantes et incestueuses. Succédant à l'image partiellement édulcorée et rassurante de la

1 Voir à ce propos les travaux d'O. Krakovitch, *Hugo censuré. La liberté du théâtre au XIXe siècle*, Paris, Calmann-Lévy, 1985 et sa contribution dans ce volume, p. 201-203.

2 Pour un effet similaire pendant la période révolutionnaire, voir plus loin la contribution de M. Biard, p. 371-383.

3 Voir C. Legoy, « Ce que le Roi ne peut dire. Les interdits de la censure théâtrale sous la Restauration », dans *Paroles d'en haut*, actes du colloque organisé par l'université d'Orléans les 6-7 décembre 2012, à paraître. L'historienne cite notamment le rapport du censeur Royou qui écrit en 1827 que « c'est un spectacle très impolitique (pour ce qu'il donne trop à réfléchir et à disserter) que celui des derniers moments d'une dynastie ».

monarchie dessinée par les censeurs de la Restauration, on assiste à un véritable retour du refoulé scénique. La royauté violente et noire suscite l'effroi des bien-pensants, aux côtés desquels la critique dramatique se range le plus souvent. L'idée qui prévaut est celle d'un ordre moral à défendre et d'une parole ordonnatrice à faire entendre. La censure et la critique s'attribuent en effet un but éducatif commun : le théâtre doit être l'école du bon sens[1], un recueil d'*exempla* et non le catalogue des débauches sordides des rois. Lorsque la censure est absente, c'est donc au critique de conduire le troupeau sur le chemin semé d'embuches de la représentation théâtrale, ainsi que l'explique Gustave Planche dans la *Revue des Deux Mondes* :

> À cette foule demi-savante qui remplit les loges de nos salles [...] il faut une autorité vigilante qui leur crie à toute heure, en présence de la plus belle création du génie humain : N'ayez pas peur, applaudissez sans crainte. [...] Je goûte en fidèle sommelier les vins servis sur votre table. Buvez et enivrez-vous, la joie est sans danger et le réveil sans déshonneur[2].

À la critique, donc, de pallier les absences des censeurs lorsque le contexte politique les empêche d'agir. Pour ce faire, le journaliste dramatique use de diverses stratégies argumentatives. Il peut par exemple traduire l'irreprésentable par l'indicible et refuser d'évoquer le détail d'une pièce jugée odieuse et sur laquelle il jette l'anathème. Ainsi, à propos du *Roi s'amuse*, *Le Régisseur des théâtres* du 25 novembre 1832 refuse d'étudier cette « œuvre de déraison », cette « œuvre de littérature baroque » car « il y aurait conscience [*sic*] à parler sérieusement d'un tel tripotage de mots[3] ». De même, *La Mode*, heurtée par *Le Fils de l'émigré* de Dumas qui fait du bâtard d'un aristocrate émigré un traître odieux condamné à la guillotine de la Restauration, décrète simplement qu'il s'agit là d'« un ouvrage que tout honnête homme refusera de voir, et dont tout écrivain qui se respecte ne peut pas consentir à rendre compte[4] ». À son tour, le journaliste du périodique légitimiste *La Quotidienne* déclare à propos d'*Ango* qu'il n'a

1 Sur l'émergence de cette fonction morale, voir plus haut la contribution de C. Dornier, p. 134-137.

2 « De la critique française en 1835 », *Revue des Deux Mondes*, 1835, t. 1, 1er janvier 1835, p. 5-22.

3 Cité par P. Berthier, dans *La Presse littéraire et dramatique au début de la monarchie de Juillet* (1830-1836), Lille, A.N.R.T., « Thèse à la carte », 1997, vol. 3, p. 1590.

4 *La Mode*, 1er septembre 1832, p. 218, cité par P. Berthier, dans *op. cit.*, *loc. cit.*

« pas à rendre compte d'un ouvrage, qui sort par la pensée qui l'a inspirée de toutes les convenances de l'histoire et du drame, un ouvrage où l'une des plus belles gloires royales de la France est *outragée, souillée et calomniée* depuis la première scène jusqu'à la dernière[1] ». Le rythme ternaire le dit bien : l'analyse est impossible tant sont grandes la colère et l'indignation du critique, que le lecteur du journal est appelé à relayer.

Le scandale est parfois si intense aux yeux des journalistes que leurs propres armes répressives – refus d'analyse, dénigrement, appels au boycott – ne suffisent plus, et qu'ils réclament la censure politique. Celle-ci est ainsi évoquée avec nostalgie en 1834 dans le *Panorama littéraire de l'Europe* :

> Bonne censure, excellente censure, c'était dans notre siècle l'héritière présomptive du goût. Elle était là, assise comme un farfadet sur la table de travail de Dumas et de Hugo, et chaque fois que leur imagination enfantait un cauchemar trop noir, elle avançait ses ciseaux pour lui couper les ailes. Alors les écrivains, contraints de revenir sur leur idée, [...] creusaient leur sujet par nécessité, réfléchissaient malgré eux, et nous gagnions à cela deux ou trois beautés de plus, sans compter que nous y perdions cinq ou six crimes[2].

Ces cauchemars et ces crimes sont bien sûr l'exaltation des bassesses morales dont le romantisme est jugé coupable, notamment lorsqu'il s'agit de représenter le roi. Plus grand est le crime de lèse-majesté, plus pressant est l'appel à la répression. Les sulfureuses représentations de François Ier dans *Le roi s'amuse* et *Ango* en sont victimes : il n'est pas rare que les journaux, tous bords confondus, réclament leur censure. Ainsi, le critique de *La Quotidienne*, précédemment mentionné, suggère « une censure dans [le] goût et [l']intérêt [des] auteurs[3] » du drame. Plus surprenant, Jules Janin, dans son feuilleton du *Journal des débats*, s'insurge contre les auteurs qui prennent « un malheureux plaisir de briser la statue des grands rois » et auraient dû « demander un conseil au ministre pour rendre leur drame plus vraisemblable[4] ».

En revanche, le retour de la censure replace la critique dramatique dans le camp de l'opposition. C'est ainsi que *La Quotidienne* se défend de

---

1 *La Quotidienne*, « Ango », 6 juillet 1832. Nous soulignons.

2 « Une dissertation autour d'un bol de punch », *Panorama littéraire de l'Europe*, juin 1834, p. 325, cité par P. Berthier, dans *op. cit.*, vol. 1, p. 433.

3 *La Quotidienne*, art. cité.

4 *Journal des débats*, 6 juillet 1835, p. 5.

« venir en aide à la censure brutale, illégale et arbitraire de M. Thiers[1] » pour *Ango*, et que l'interdiction du *Roi s'amuse* est l'occasion d'une levée de boucliers dans les journaux qui avaient étrillé le drame la veille. On lit ainsi dans « La quinzaine » de la *Revue des Deux Mondes* :

> [...] nous avons eu, rue Richelieu, la grande bataille rangée du *Roi s'amuse*. [...] La mêlée fut terrible, la lutte longue et acharnée. [...] Mais voici que M. d'Argout, sans respect pour le droit sacré de non-intervention, s'est avisé de s'immiscer dans la querelle et d'interdire toute représentation du *Roi s'amuse*. [...] En ce siècle de suprême liberté, n'est-ce pas le moins qu'on nous laisse celle de nous déchirer paisiblement dans le champ clos du drame et de la poésie[2] ?

Entre la presse et la censure s'établit un jeu d'équilibre, une oscillation révélatrice : il s'agit de défendre à toute force une image de la royauté. La nécessité d'une régulation se fait sentir car toucher au roi c'est attenter à travers « le maître de la société de son temps[3] » à l'ordre établi, ce que ne peuvent tolérer ni les censeurs idéologues de la Restauration ni les critiques et les censeurs bourgeois de la monarchie de Juillet.

C'est pourquoi les deux instances constituent une communauté unie dans la défense d'un ordre moral, esthétique et politique qui s'appuie sur la représentation royale[4] : le refus du mélange et le maintien des hiérarchies contre lesquelles justement lutte le romantisme est un combat obsessionnel que l'on rencontre sous la plume des censeurs comme des critiques. *Ango* et *Le roi s'amuse* sont notamment intolérables parce qu'ils exaltent la grandeur du peuple – Triboulet le fou du roi, Ango le marin – autant qu'ils révèlent la petitesse du roi. Les choses ne sont donc pas à leur place. Le goût du mélange, de l'hybride, qui est aux sources mêmes du théâtre romantique engendre un « monstre » – c'est-à-dire un assemblage contre-nature – comme l'indique le rapport de censure de *La Maréchale d'Ancre* de Lacroix[5]. Le même reproche est fait à propos d'*Hernani*. D'après le censeur Brifaut, « le roi s'exprime souvent comme un bandit, le bandit

1 *La Quotidienne*, art. cité.

2 *Revue des Deux Mondes*, décembre 1832, t. 1, 30 novembre 1832, p. 603. Sur la question de l'autonomie de la littérature, voir la contribution de G. Sapiro dans ce volume, p. 267-280.

3 *Journal des débats*, art. cité.

4 Pour un constat analogue, au-delà du corpus étudié dans cet article, voir plus haut la contribution d'O. Krakovitch, p. 199-219.

5 Le rapport du censeur Brifaut (F 21 967) se conclut ainsi : « J'ai l'honneur de proposer, bien malgré moi, à son excellence l'admission de ce monstre honoré du nom de drame ».

traite le roi comme un brigand. La fille d'un grand d'Espagne n'est qu'une dévergondée[1] ». Et l'accusation est relayée par la critique, puisque Rémusat attribue les « tristes résultats » scéniques de la pièce au rejet du « despotisme des règles », à la recherche inconséquente de « l'indépendance et l'égalité littéraires[2] ». L'isotopie politique des discours dit bien la volonté de préserver un théâtre et un monde où le roi est en surplomb. Ce désir est d'ailleurs perceptible non seulement dans l'examen des pièces volontairement iconoclastes mais aussi dans les rapports de censure des pièces les plus insoupçonnables : celles du théâtre de circonstance à la gloire du régime. Ainsi, à propos du *Bouquet des poissardes*, composé en 1824 pour la fête du roi Louis XVIII et dont l'intrigue se résume à une célébration des vertus royales par les commerçants de la Halle, voici ce qu'on peut lire :

> On peut affirmer que l'effet en serait heureux, que les spectateurs feraient grâce même aux traits les plus médiocres en faveur de l'intention. Mais convient-il que le nom le plus auguste soit entremêlé sur la scène aux quolibets des halles ? Il est toujours pénible de descendre des idées les plus élevées et les plus touchantes aux disputes et aux amours des poissardes[3].

Le roi n'a rien à faire au milieu des poissardes. Il représente le point de fuite de la société à laquelle sa supériorité donne ordre et sens. Censure et critique entendent préserver son caractère glorieux.

UN POSTULAT COMMUN
Le roi sacré

Ce qui transparaît, lisible en ce double miroir de la censure et de la critique, est une vision rassurante de l'Histoire, respectant les principes de l'intangibilité royale. Ce postulat commun prend différentes formes en fonction des organes de répression utilisés et évolue selon les régimes politiques. On peut esquisser cependant quelques traits communs.

---

1 Cité par O. Krakovitch dans *Les Pièces de théâtre soumises à la censure 1800-1830*, Paris, Archives Nationales, 1982, p. 37.

2 Rémusat, *Revue française*, n° 14, mars 1830, p. 292.

3 F 21 987.

Tout d'abord, il s'agit de préserver l'histoire de France à travers le roi, garant de sa linéarité rassurante. La censure, ainsi, se fait miroir grossissant de l'inquiétude existentielle que procurent les soubresauts révolutionnaires, en tentant à toute force de les dissimuler : « union et oubli[1] » sont les principes de la monarchie restaurée. C'est pourquoi il importe de ne pas laisser rejouer sur scène les troubles qui ont interrompu « la chaîne des temps » monarchiques : les allusions à 1789 sont proscrites des scènes de la Restauration, tout comme les évocations de la période impériale. L'étude des procès-verbaux de censure permet de prendre la mesure de cette relecture négationniste du passé qui a été étudiée par Sheryl Kroen[2]. Ainsi *La Couronne de fleurs*, pièce de circonstance donnée aux Variétés à l'occasion du sacre de Charles X en 1825, doit revoir sa copie. L'intrigue n'en est pourtant guère iconoclaste : des jeunes filles y composent un bouquet vivant à la gloire du monarque, chacune d'entre elles incarnant une fleur dont elle offrira un bouquet au roi. Or l'une de ces jeunes filles est une violette et les censeurs réclament la suppression de cette fleur problématique : symbole de l'Empire, elle ne doit pas être mise en présence des lys royaux, comme l'écrit le censeur Royou :

> On [...] parle de la violette qui n'ose paraître parmi les fleurs destinées à la couronne ; et on l'y introduit en disant : n'est-elle pas la fleur adoptive de nos rois ? Quoique Louis XVIII ait dit, avec une ingénieuse gaité, qu'elle était amnistiée aussi, je pense que ce souvenir, dans une pareille fête, ne peut qu'attrister. *Je propose de l'étouffer*[3].

Bâillonner l'Histoire : tel est bien le but de la Restauration. La monarchie de Juillet, après avoir temporairement permis la représentation du passé proche, revient sur cette liberté et contrôle à son tour sa mise en scène. C'est ainsi que dès 1831 le gouvernement fait interdire, avant même sa première représentation, *Le Procès d'un maréchal de France* de Fontan et Dupeuty, qui retrace la vie et la mort du maréchal Ney[4]. Premier retour de la censure préventive prétendument abolie. Premier scandale. La visée du pouvoir est sous Louis-Philippe moins idéologique que pragmatique : il s'agit de traquer tout ce qui pourrait occasionner un

1 Telle est la devise de Louis XVIII lorsqu'il accède au trône.

2 Sh. Kroen, *Politics and Theater : the Crisis of Legitimacy in Restoration France, 1815-1830*, Berkeley, University of California Press, 2000.

3 F 21 987. Nous soulignons.

4 Voir à ce propos O. Krakovitch, *Hugo censuré [...], op. cit.*, p. 45.

désordre. Or, l'évocation glorieuse d'un régime alternatif à la royauté est bien entendu une cause potentielle d'agitation.

Si le déni du passé par la monarchie n'est pas cautionné par la presse, en revanche la critique s'insurge volontiers contre ce qu'elle considère comme une lecture sélective et fautive de l'Histoire sur scène : elle condamne, tout comme la censure, le choix systématique d'intrigues construites autour de rois cruels ou lâches. Elle se plaît aussi à relever les « invraisemblances » qui concernent le plus souvent la part d'humanité du monarque : comment François Ier peut-il être obsédé par le plaisir ? Comment Charles-Quint peut-il être devenu dans *Don Juan d'Autriche* de Delavigne un vieillard perclus de rhumatismes et oublieux de sa gloire passée ? C'est la question que pose Gustave Planche lorsqu'il se demande à propos de cette dernière pièce « comment comprendre, non pas l'abdication impériale, mais l'abdication intellectuelle du vainqueur de Pavie[1] ? » Les propositions scéniques des dramaturges contreviennent à une vision rassurante du passé, partant, de l'avenir.

Le cas essentiel de convergence qui voit se dresser contre la scène le front uni des censeurs et des critiques est l'attaque des grands rois. S'en prendre à Henri IV ou à François Ier, c'est s'en prendre à la France tout entière. En ces rois se perpétue l'idée des deux corps du roi, fondatrice de la théologie politique, selon laquelle le souverain élu de Dieu possède deux corps, l'un mortel et l'autre pérenne, intangible, qui coïncide avec l'ensemble de la Nation[2]. *La Quotidienne* se dit blessée par *Ango* dans son « amour-propre national[3] », *Le Journal des débats* proteste contre la destruction d'« une de nos gloires nationales[4] ». Ce sentiment d'atteinte à la Nation donne d'ailleurs lieu à un curieux exercice de style, auquel se livre un chroniqueur anonyme de la *Gazette des théâtres* à propos du *Roi s'amuse*. Une « correspondance de l'autre monde » permet d'y lire une lettre prétendument rédigée par François Ier pour protester contre son image donnée sur scène. La lettre commence en ces termes :

> Monsieur le rédacteur,
> Depuis l'an de grâce 1547, époque de ma mort à Rambouillet, je reposais bien tranquille à l'ombre du passé [...]. Je ne pensais pas je l'avoue devoir y être

1 G. Planche, *Revue des Deux Mondes*, 1835, t. 4, p. 315.

2 Cette théorie a été étudiée par E. Kantorowicz, dans *Les Deux Corps du roi*, [1957], Paris, Gallimard, 1989.

3 *La Quotidienne*, art. cité.

4 *Le Journal des débats*, art. cité.

troublé ; mais il est encore chez vous maints esprits qui se plaisant à remuer la cendre des morts et ressaisissant nos pourritures humaines sans toucher aux fleurs qui nous embaument, infectent leurs contemporains d'images hideuses et de spectacles ignobles et immoraux.

Après avoir dénoncé les faussetés et les inconvenances de l'Histoire représentée et après avoir égrené tous les actes de bravoures de François Ier, la lettre se conclut ainsi :

> Telle est, Monsieur, ma gothique manière de sentir ; à laquelle je n'ajouterai qu'un mot à M. U. Go et ses amis : c'est que s'il ne tient pas à la fortune de dégrader les rois en les accablant, il ne tient pas davantage, et surtout il sied mal à un auteur national de chercher à les avilir en les dénigrant.
> François Ier[1].

Comment mieux montrer que dans cette prosopopée qui offre à l'icône royale une tribune, combien la presse se fait l'écho d'un pouvoir monarchique supposé intangible ?

Le caractère sacré du souverain provoque un autre point de convergence entre la presse et la censure : le monarque représenté peut être cruel et sanguinaire, c'est encore se comporter en roi. Il ne peut en revanche être ridicule, c'est-à-dire essuyer la moquerie du spectateur et lui être, de ce fait, considéré comme inférieur. Il est un protagoniste de tragédie, non un personnage de comédie ou de farce. C'est pourquoi sont censurées *Dagobert ou la Culotte à l'envers* en 1838, de Saint-Georges, Deslandes et Leuven, au titre révélateur de comique iconoclaste, et *Le Roi en vacances* en 1835, pièce où le roi et sa femme sont victimes d'une série de mésaventures dégradantes. Arrêtées à la frontière, les deux majestés sont fouillées et insultées, dépouillées par des brigands qui menacent de les tuer. Ensuite, pris pour un voleur, le roi est jeté en prison et considéré comme fou. Quand enfin il arrive à sa cour, celle-ci ne s'intéresse qu'à des conspirations imaginaires et aux jeux de la Bourse. Après une première interdiction, les auteurs représentent la pièce corrigée à la censure. Malgré les modifications qui situent désormais la pièce dans une principauté d'Allemagne et rendent donc les allusions à la France moins évidentes, la comédie est interdite. Les censeurs s'en expliquent ainsi :

> Quant à l'inconvénient de mettre en scène la personne du souverain et de l'exposer à une série de mésaventures plus ou moins triviales, cette situation

1 *Gazette des théâtres*, 16 décembre 1832, p. 5-6.

> générale, tenant au fonds de la pièce, n'a pas été changée. [...] La royauté n'est pas directement ni intentionnellement attaquée. Mais, de fait, elle est placée dans des conditions vulgaires, dans des situations malencontreuses, dans des mésaventures grotesques, qui tendent à jeter sur elle la déconsidération et le ridicule[1].

Cette peur du ridicule royal provoque également une censure répressive de la presse sur le jeu des comédiens. Ainsi Michelot, qui incarne le rôle-titre dans *Henri III et sa cour*, est étrillé dans *Figaro* :

> Michelot [...] nous a semblé mal comprendre ou mal exprimer la figure de Henri III ; il l'a chargée de gestes courts et précipités, d'une diction incertaine et saccadée. Michelot a cru sans doute rendre par-là plus sensible la faiblesse et l'incertitude du caractère de Henri III ; mais il est allé au-delà du but qu'il cherchait : ce n'est pas un roi faible qu'il nous a montré, c'est un roi... Je ne trouve pas l'épithète[2].

De même, Gustave Planche se plaint de l'interprétation de Philippe II par Geoffroy dans *Don Juan d'Autriche* :

> Geoffroy avait un rôle ingrat entre tous. Le personnage de Philippe II, dans la pièce de M. Delavigne, n'est terrible que par son nom [...]. Il est méchant et il n'est pas roi [...]. Au lieu de commander d'un geste ou d'un sourire, il déploie une pompe de colère qui ne signifie que l'impuissance. [...] Ce n'est pas ainsi que se conduisent les rois absolus. [...] Les rois, obéis sur un signe de tête, ne sont pas habitués à parler aussi haut qu'un chef d'escadron[3].

Dans les deux cas, on reproche au roi de jouer comme un acteur de comédie, non comme un tragédien terrible et puissant : l'*ethos* royal censé être « plus terrible que ridicule[4] » se voit remis en cause de façon inacceptable.

Mais le sourd mouvement de contestation à l'œuvre sur la scène romantique ne saurait être endigué par ces efforts pour reconstituer une image d'un autre temps. Si censure et critique tentent de figer la mise en scène de la royauté et peinent à admettre le changement, les spectateurs, qui n'ont rien oublié des leçons de 1789, finissent pourtant par les y obliger.

---

1 F 21 974.

2 *Figaro*, 12 février 1829, p. 3.

3 *Revue des Deux Mondes*, 1835, t. 4, p. 321.

4 *Ibid.*

UN ÉCHEC COMMUN
Le public roi

Dans l'analyse des liens entre censure et critique, on ne saurait oublier une troisième instance de réception que les deux premières tentent en vain de réguler : le public qui fait et défait le spectacle et devant lequel finissent par s'incliner les organes de répression.

Le contrôle de l'image royale à l'époque romantique est voué à l'échec, car les censeurs ne peuvent neutraliser toutes les « applications », c'est-à-dire toutes les captations par la salle de phrases qu'elle applique à l'actualité. Ainsi, la description de l'empereur Claude comme « gros, gras et bête[1] » dans *Une révolution d'autrefois* de Pyat en 1832 fait hurler le public qui y reconnaît un portrait de Louis-Philippe ; de même *Tartuffe*, avant les Trois Glorieuses, récupéré par le public comme un miroir du règne de Charles X, provoque des émeutes conduisant à l'évacuation de l'Odéon en juin 1825.

De l'autre côté du miroir de la représentation royale, la censure de la Restauration est obligée d'admettre progressivement le rôle contre-productif des pièces de circonstance. Huées dans les dernières années du règne de Charles X[2], elles finissent par être partiellement interdites. Ainsi, on peut lire dans le rapport de censure de *La Saint-Charles au Polet* en 1828 :

> Cette pièce a déjà été jouée l'année dernière au théâtre de Madame, sans aucun succès ; je crains qu'elle ne soit traitée cette année encore plus défavorablement [...]. Je ne serais pas même surpris que [le] mécontentement [du public] allât jusqu'aux sifflets, et c'est ce qu'il faut surtout éviter pour une pareille solennité. D'après cette considération, je crois devoir proposer à votre excellence de ne pas autoriser la représentation de cette pièce[3].

La volonté politique, contrainte de plier devant les goûts du public, en vient même à s'y conformer. Le rapport de censure concernant *Le Roi*

1 F. Pyat, *Une révolution d'autrefois ou Les Romains chez eux*, Paulin, 1832, acte III, sc. 3, p. 62.

2 Voir à ce propos C. Legoy, « Sous la plume du pouvoir, le public de théâtre entre 1815 et 1830 : l'embarrassant miroir d'une nation souveraine », *Parlement[s], Revue d'histoire politique*, 2012-3, n° hors-série 8, p. 95-108.

3 F 21 987.

et le Batelier, donné à l'Opéra-Comique en 1827 pour la fête du roi, est révélateur de cette surprenante évolution :

> [...] Par une inconséquence sans compensation, tout est si niais, si faux, si saugrenu dans le système des pièces de circonstances faites exprès pour les anniversaires que si on les siffle ce ne sera pas parce qu'elles sont mauvaises ; mais l'opinion publique, travaillée par la malveillance, croira que c'est le nom du roi qui a été repoussé.
> Aux grands théâtres le Chant Français, aux petits spectacles des couplets [...] voilà tout ce qu'il faudrait pour les fêtes de nos Rois qui ne sont pas des circonstances, qui ne sont pas des événements, mais qui sont simplement le retour annuel et périodique du même fait.
> Quant au *Roi et le Batelier*, c'est un ouvrage qui n'est ni meilleur ni pire que les pièces de ce funeste genre : il est supportable. Sera-t-il supporté[1] ?

Cette critique des pièces de circonstance a des accents d'article de presse, et c'est dans l'alliance avec le public contestataire que, paradoxalement, presse et censure finissent une nouvelle fois par se rejoindre. Témoin le *Figaro* du 5 novembre 1827, concernant les représentations gratis données à l'occasion de la fête du souverain :

> L'éclipse de lune que le public a vue avant-hier soir est un de ces petits événemens qui arrivent presque tous les ans et auxquels on attache peu d'importance [...]. Ce que nous disons de l'éclipse de lune peut parfaitement s'appliquer à la plupart des pièces de circonstance qui l'ont précédée de quelques heures, et qui ne lui survivront pas une minute. Il semble que les auteurs croient se compromettre ce jour-là en faisant appel à leur imagination, supposé qu'ils en aient (ce qui est un point contestable).
> [...] Mais s'ils savaient que [le] peuple hausse les épaules à chacun de ces traits surannés, à chacune de ces phrases banales et ressassées [...] ils s'occuperaient de leur production avec plus de conscience [...] ou bien ils garderaient le silence ce qui vaudrait encore mieux[2].

Même lassitude, même image d'éternel et fastidieux retour dans les deux propos. Ainsi, la porosité entre censure et critique se vérifie également dans le rejet du mauvais théâtre, dans la recherche d'une cohésion salle/scène, même si elle implique d'abandonner des discours politiques éculés.

Mais une différence de taille se fait cependant jour entre les deux instances critiques, à l'ère du romantisme et de la naissance de la mise en

1 F 21 968.
2 *Figaro*, 5 novembre 1827, p. 2.

scène : si le censeur se contente de déplorer l'effet délétère du spectacle raté sur le peuple, le critique dramatique se laisse éblouir par le spectaculaire. L'esthétique scénique permet la réconciliation de la critique dramatique et de la salle, obligeant le journaliste à contempler – si ce n'est toujours à admettre – l'inexorable rupture de la chaîne des temps qui lui est présentée sur scène. C'est pourquoi, dans l'analyse de la représentation d'*Ango* par la presse, les idées républicaines sont souvent honnies, mais les beautés du spectacle sont saluées[1] ; c'est pourquoi après l'échec du *Roi s'amuse*, les autres pièces séditieuses de Hugo sont des succès.

Par-delà les représentations sclérosées de la royauté que tente d'imposer le pouvoir, le théâtre romantique marque ainsi la victoire du spectacle et des spectateurs sur la frilosité et les résistances bourgeoises, incarnées par la censure et une frange de la critique. Il avère la suprématie du peuple-spectateur salué par Hugo dans sa préface d'*Angelo*, et qui est également l'horizon d'attente des pièces de Pyat ; le peuple, garant de la liberté scénique et politique, attentif aux beautés du spectacle autant qu'il est hostile au conformisme idéologique. Laissons le dernier mot à Jules Janin, le « prince des critiques », dont les propos sur *Ruy Blas* indiquent bien qu'en 1838, pour le pouvoir royal et ses séides, tout est perdu sur scène, fors le théâtre :

> Allons ! puisque le sort en est jeté, enivrons-nous du paradoxe ; jetons aux vents la plus belle poésie, servons-nous du drame comme d'une torche ardente sur des gerbes de blé, renversons tout sur notre passage, les lois, les temples, l'histoire, les reines, les rois et tous les grands de ce monde. Qu'importent toutes ces choses ? elles seront payées et au-delà, par une larme, par un frisson, par un simple battement de cœur[2] !

Sophie MENTZEL
Université de Nantes

1 On peut lire ainsi par exemple dans *La Quotidienne*, art. cité : « La mise en scène a jeté un grand éclat sur ce drame dont la représentation est éblouissante de pompe, de luxe, et de spectacle ».

2 *Journal des débats*, 12 novembre 1838, p. 5.

LA BALANCE, LA FÉRULE ET LE CISEAU

Portrait du critique en chien de garde (1844-1870)

Comment se nouent les rapports entre critique et censure au milieu du XIXe siècle ? La période choisie, entre la fin de la monarchie de Juillet et la fin du Second Empire, m'a semblé une période clé pour les voir à l'œuvre. Côté censure, la période est faste : ennuis judiciaires de Baudelaire, de Flaubert et de tant d'autres ; censure théâtrale (rétablie en 1835, supprimée en mars 1848, puis rétablie de nouveau en 1850), qui s'en prend aussi bien au *Faiseur* de Balzac, au *Chandelier* de Musset qu'à *La Dame aux Camélias* de Dumas[1] ; lancement, en 1843, d'un périodique spécialisé, le *Bulletin de censure*, témoignant d'un état d'esprit qui dépasse le cercle du pouvoir ; grande enquête du Conseil d'État sur les théâtres, en 1849, avec pour conséquence le rétablissement de la censure théâtrale, légitimé par un dramaturge tel que Scribe, un feuilletoniste tel que Janin, une revue littéraire telle que la *Revue de Paris*[2] ; amendement Riancey en 1850, pour museler le roman-feuilleton[3] ; surveillance du colportage, etc. Mais plutôt que dans l'histoire judiciaire de la censure, relativement mieux connue, c'est dans l'arène de la critique, un peu moins fréquentée en la matière, que j'ai placé l'objectif. Pour chercher à savoir dans quelle mesure elle a pu servir, non d'instrument direct, mais de légitimation à la censure.

---

1 Pour la décennie antérieure (1835-1844), voir la statistique que dresse un collaborateur de la *Revue des Deux Mondes* : « En sept années, 4 119 ouvrages, composés de 7 452 actes, ont été censurés ; 2 045 ont obtenu une autorisation pure et simple, 1 945 ont dû subir des changements, et 129 ont été frappés d'interdiction », Vivien, « Études administratives. Les Théâtres », *Revue des Deux Mondes*, 1er mai 1844, p. 381. Voir O. Krakovitch, « La mise en pièces des théâtres : la censure des spectacles au XIXe siècle », dans *Maintien de l'ordre et polices en France et en Europe au XIXe siècle*, Paris, Créaphis, 1987, p. 287-300 et sa contribution plus haut dans ce volume, p. 199-203. Sur la période 1820-1840, voir aussi la contribution de S. Mentzel, p. 221-235.

2 Voir *Revue de Paris*, mars 1850, t. III, p. 269.

3 L'amendement Riancey à la loi sur la presse votée le 16 juillet 1850 imposait aux journaux politiques, déjà soumis au payement d'un timbre de cinq centimes par numéro, un timbre supplémentaire d'un centime s'ils publiaient des romans feuilletons.

La critique ? Point certes toute la critique en ces années de révolution du genre, où sa montée en puissance, liée à la montée en puissance de la presse, est souvent liée aussi par les commentateurs au retour de l'esprit critique à la française et à la décadence du romantisme. La critique alors, à la voir de Sirius, c'est la critique biographique à la Sainte-Beuve, mais aussi, avant elle, le premier élan de l'histoire littéraire, promue par Villemain ; plus tard, les premiers pas de la critique scientifique, avec Taine. C'est l'époque aussi où fleurissent les panoramas de la critique[1], témoignant de la surface sociale et de la dignité du genre, signes d'une institutionnalisation.

Quant à la critique liée au plus près à la censure, c'est celle qu'on appelle alors, au choix, « dogmatique », « conservatrice », « autoritaire », « scholastique[2] », « rétrograde », « défensive », « réactionnaire », sans que ces termes s'équivalent tout à fait, puisqu'ils font référence, on va le voir, à diverses nuances, parfois hostiles entre elles, de cette florissante école de critique bien-pensante que symbolisent les noms de Désiré Nisard, Saint-Marc Girardin, Cuvillier-Fleury, Paulin Limayrac, François Pérennès, Eugène Poitou, Armand de Pontmartin, Louis Veuillot, Alfred Nettement, Sylvestre de Sacy, Elme Caro, etc. Cette meute de critiques *réactionnaires* détient alors de puissantes citadelles médiatiques : la *Revue des Deux Mondes*[3], *le Journal des Débats*, *Le Correspondant* (où écrit Armand de Pontmartin), *Le Pays*, où Barbey d'Aurevilly tient la férule, *L'Univers* de Louis Veuillot, la presse catholique dans son ensemble. Elle influe

1 En 1849, celui que propose Nisard (« De la critique et de la destinée des ouvrages contemporains. *Cours de littérature dramatique, ou de l'usage de passions dans le drame*, par M. Saint-Marc Girardin », *Revue des Deux Mondes*, 15 août 1849, t. III, p. 571-584). En 1857, celui de Jacques Demogeot, dans *La Critique et les critiques en France au XIX*e *siècle, discours*, Hachette. En 1868, nouveau panorama, celui de Sylvestre de Sacy dans la partie concernant la critique de son « Rapport sur la marche et les progrès de la littérature » (*Rapport sur le progrès des lettres. Recueil de rapports sur les progrès des lettres et des sciences en France*, par MM. Sylvestre de Sacy, Paul Féval, Théophile Gautier et Ed. Thierry, Paris, impr. impériale, 1868, p. 1-32) ; en 1890, c'est au tour d'Ernest Tissot dans *L'Évolution de la critique française*, Paris, Perrin, 1890 ; en 1896, celui d'Achille Ricardou : *La Critique littéraire. Étude philosophique*, Paris, Hachette, 1896.

2 Tous ces termes se retrouveront ci-dessous, avec des nuances qu'il faudra interpréter. Mais ils sont en partie interchangeables, en particulier dans la bouche des adversaires. Dénonçant la « critique défensive » que revendique Cuvillier-Fleury, Eugène Véron l'affuble de trois autres dénominations dévalorisantes : « critique conservatrice », « critique autoritaire » et « critique scholastique » (*Supériorité des arts modernes sur les arts anciens : poésie, sculpture, peinture, musique*, Paris, Guillaumin et Cie, 1862, p. 418-419).

3 Sur le rôle de cette revue dans la lutte contre « l'esprit de désordre », voir mon étude : « La *Revue des Deux Mondes* et les canons littéraires (1831-1852) », *Revue d'histoire littéraire de la France*, 2014-1, p. 67-88.

sur l'Académie des sciences morales et politiques[1] et sur l'Académie française[2]. Une analyse de son fonctionnement mental m'a semblé propice à éclairer les rapports entre critique et censure pendant ces deux vagues de « réaction », de part et d'autre de 1848.

Après avoir cadré la période et rappelé la vision de la littérature contemporaine que ces critiques « réactionnaires » avaient pour cible, il conviendra de rappeler leurs diverses nuances mais surtout leur commune vision de la critique et de sa fonction sociale *défensive*, afin d'être en mesure d'aborder la question des rapports entre critique et censure.

CONTRE LA « LITTÉRATURE MALSAINE »

Avant même le Second Empire, c'est déjà la deuxième moitié des années 1840, puis les années de réaction, qui mènent au coup d'État de décembre 1851, qui voient monter en puissance une telle critique. L'ennemi qu'elle se donne, ce n'est plus tant la « littérature facile » que dénonçait Nisard en 1833, ou la « littérature industrielle », cible de Sainte-Beuve en 1839 ; c'est encore le « feuilleton-roman », contre lequel une campagne a été orchestrée depuis le début des années 1840[3]. Mais c'est plus précisément ce qu'on appelle, dès avant 1848, la « littérature

1 Qui met au concours la question de l'influence – postulée nocive… – du roman et du théâtre sur les mœurs, et qui couronnera Eugène Poitou en mai 1857. En ce qui concerne la place d'honneur attribuée à cette Académie dans les palmarès des critiques conservateurs, voir *infra*.

2 La revue salue les réceptions académiques des critiques selon son cœur, Saint-Marc Girardin en 1845, Nisard en 1851. À l'occasion de la réception de ce dernier, un des critiques maison, Charles de Mazade, se félicite qu'un « redoublement de faveur et de déférence entoure les travaux de l'Académie ». Il le légitime par la crise sociale en cours : « C'est que l'Académie est une vieille chose dans un temps où la fureur d'innover se change par degrés en lassitude universelle, en besoin de se rattacher à tout ce qui porte un certain cachet de durée. C'est une tradition et une institution encore debout sur un sol où les ruines s'accumulent depuis un demi-siècle, où les révolutions viennent périodiquement raser tout ce qui germe, s'élève ou tend à s'affermir », Charles de Mazade, « Académie française. Réception de M. Nisard », *Revue des Deux Mondes*, 1er juin 1851, t. X, p. 976.

3 Voir L. Dumasy, *La Querelle du roman-feuilleton. Littérature, presse et politique, un débat précurseur (1836-1848)*, textes réunis et présentés par L. Dumasy, Grenoble, Ellug, 1999. Sur la concurrence entre critique et roman-feuilleton, voir ci-après la contribution de G. Sapiro, p. 268 et de D. Ribard, p. 331.

malsaine[1] », et parfois la « littérature délétère[2] ». Malsaine du fait de ses évocations sordides des bas-fonds, de sa prédilection pour le monde du bagne et de la prostitution, des « filles de marbre[3] » aux « lionnes pauvres[4] ». Malsaine surtout en tant qu'elle mine l'ordre social, du fait de l'idéologie subversive ou permissive qu'elle répand. Malsaine parce qu'elle déréalise ses lecteurs populaires, atteints par les « petits livres à bon marché[5] » – qui leur instillent le virus du romanesque en leur proposant pour modèle les conduites déviantes de leurs héros. Malsaine enfin, et le mot est faible alors, parce qu'elle provoque à la révolte et au crime.

À la *Revue des Deux Mondes*, la « réaction » – c'est bien déjà alors le mot convenu – prélude par quatre grands articles de Sainte-Beuve en 1839-1845[6], qui, non contents de dénoncer la littérature industrielle et les reniements du romantisme, dénoncent aussi l'influence nocive de la littérature sur la vie sociale. Mais Sainte-Beuve trouve dès 1843 que « la réaction » exagère un peu[7]. C'est donc à une génération de critiques plus jeunes, « réactionnaires » sans états d'âme (Charles Louandre (1812-1882), Paulin Limayrac (1817-1868), Saint-René Taillandier (1817-1879), Charles de Mazade (1820-1893), Paul Gaschon de Molènes (1821-1862), Émile Montégut (1825-1896), qu'il reviendra de lancer à partir de 1844[8]

1 Voir *infra* nos citations concernant la réception de la circulaire du ministre de l'Intérieur Billault de 1860 contre la « littérature malsaine ». L'expression est présente dès 1845 dans deux publications médicales : M. Lévy, *Traité d'hygiène publique et privée* (Paris, Baillère, 1845, t. II, p. 707) et la *Gazette médicale de Paris* (11 octobre 1845, t. XIII, p. 646).

2 Voir J. Cherbulliez, *Revue critique des livres nouveaux*, 1860, t. XXVIII, p. 573.

3 *Les Filles de marbre, drame en cinq actes, mêlé de chant*, de Théodore Barrière et Lambert Thiboust (mai 1855) a été censuré, avant d'être permis au prix de modifications, ce qui avait eu lieu déjà pour *La Dame aux Camélias*, lorsque Morny devint ministre de l'Intérieur.

4 *Les Lionnes pauvres, pièce en cinq actes en prose* d'Émile Augier (1858), a été poursuivi par la censure.

5 Comme le rappelle J. Favier, « le feuilleton est progressivement remplacé, sous le Second Empire, *par les publications à bon marché* que sont le journal-roman, puis le roman publié par petits fascicules sur papier de mauvaise qualité », *Paris. Deux mille ans d'histoire*, Paris, Fayard, 1997, p. 297.

6 « De la littérature industrielle », en 1839 ; « Dix ans après en littérature », en 1840 ; « Quelques vérités sur la situation en littérature », en 1843 ; « La *Revue des Deux Mondes* en 1845 », en 1845.

7 Sainte-Beuve comprend bien la nécessité de la réaction littéraire à d'autres époques, moins sous le Second Empire, « après le triomphe encore plus complet qu'espéré d'une politique conservatrice », « Quelques vérités sur la situation en littérature », *Revue des Deux Mondes*, 1er juillet 1843, nouv. série, t. III, p. 9.

8 Paulin Limayrac la lance en juin 1844 dans « De l'esprit de désordre en littérature ». Voir *infra*.

une véritable campagne, appuyée par Buloz en personne en 1849[1], tant contre le roman feuilleton, les idées socialisantes et leurs versions romanesques[2] que contre la « littérature malsaine ».

Dès 1844, Paulin Limayrac dénonce « l'esprit de désordre » qui de la littérature glisse vers la société. « L'orgie monte, la saturnale s'étend[3] », écrit-il dans un registre métaphorique sexué auquel se complaisent aussi ses confrères en résistance morale. Le mal, selon lui, vient de loin, et il a une origine sociale : « Il date du jour où l'alliance entre la littérature et l'État fut détruite[4]. » Aussi, dans la période présente, quand « la société se trouve dans un état révolutionnaire, [...] la littérature n'est plus un passe-temps, et elle a charge d'intelligences[5] ». Et c'est à la critique que revient le rôle de mener une guerre défensive. Seule, selon Limayrac, une réaction peut « nous sauver d'une décadence, et cette réaction ne peut s'opérer que par un grand mouvement critique[6] ». Du fait de la crise sociale qui menace, « le rôle et le devoir de la critique s'agrandit car il ne s'agit plus seulement pour elle de questions d'art, il s'agit aussi de morale[7] ». Et Limayrac de conclure : « Qui peut beaucoup dans la guérison, c'est la critique. Qu'elle ne cesse d'attaquer avec modération et énergie l'esprit de désordre sous toutes ses formes, et les débauches diminueront peu à peu, l'air se purifiera[8]. »

Voici le ton donné, de ce qui sera, pendant un quart de siècle, le combat de toute cette critique réactionnaire. La voici qui abandonne le terrain esthétique, qui était le sien tant qu'il s'était agi de combattre le romantisme ; le terrain éditorial et médiatique qu'elle avait investi

1 « 1er janvier 1849. Introduction à la nouvelle période de la *Revue*. – Tableau de la situation », *Revue des Deux Mondes*, 1er janvier 1849, p. 5-21.

2 Voir entre autres : L. Reybaud, « La société et le socialisme. La statistique, la philosophie, le roman », *Revue des Deux Mondes*, 1er mars 1843, nouv. série, t. I, p. 774-810 ; P. Limayrac, « Simples essais d'histoire littéraire. IV. Le roman philanthrope et moraliste. *Les Mystères de Paris* de M. Eugène Sue », *Revue des Deux Mondes*, 1er janvier 1844, nouv. série, t. V, p. 75-97.

3 P. Limayrac, « De l'esprit de désordre en littérature », *Revue des Deux Mondes*, 15 juin 1844, nouv. série, t. VI, p. 797.

4 *Ibid.*

5 P. Limayrac, « De l'esprit critique en France », *Revue des Deux Mondes*, 1er septembre 1847, t. XIX, p. 920.

6 *Ibid.*, p. 923.

7 *Ibid.*, p. 919.

8 P. Limayrac, « De l'esprit de désordre en littérature », *op. cit.*, p. 816. Pour la métaphore de la maladie et sa contrepartie médicale, voir dans ce volume les contributions de G. Sapiro et de J.-B. Amadieu, respectivement p. 278 et p. 296.

ensuite, quand il s'était agi de condamner la littérature industrielle et le feuilleton-roman. Désormais, il est urgent de se préoccuper de résistance politique et d'action morale. Avec pour mission de défendre un ordre social menacé de dissolution, et par la littérature au premier chef.

CRITIQUE CONSERVATRICE, CRITIQUE DÉFENSIVE, CRITIQUE « RÉACTIONNAIRE »

Impossible de suivre, année par année, périodique par périodique, la montée en puissance d'une telle conception policière de la critique. Contentons-nous ici de distinguer quelques-unes des stratégies mises en batterie par cet imposant bastion critique, tout en mettant au jour ses *impensés* communs.

Comme les différents meneurs se disputent le premier rang, ils ne cessent de remettre sur le tapis leurs différences, par des articles de critique des uns sur les autres : Nisard sur Saint-Marc Girardin en 1849 ; Pontmartin sur Veuillot la même année[1], sur Hippolyte Rigault et Cuvillier-Fleury en 1859[2] ; Cuvillier-Fleury sur Nettement en 1856[3], sur Pontmartin en 1859[4] ; Sainte-Beuve sur Nisard en 1836 et en 1861, sur Pontmartin en 1862[5], Nisard sur Sainte-Beuve en 1857[6], etc. Tous pratiquent aussi des parallèles voire des panoramas de la critique, où chacun a tendance à se donner le beau rôle. Mais, à eux seuls, les noms de baptême qu'ils donnent à leur critique sont parlants.

1 A. de Pontmartin, « Revue littéraire. Les livres. – Les Théâtres », *Revue des Deux Mondes*, 1er avril 1849, t. II, p. 166-174.

2 A. de Pontmartin, « De la critique contemporaine. M. Hippolyte Rigault. – M. Cuvillier-Fleury », *Le Correspondant*, nouv. série, février 1860, t. XIII, p. 295.

3 « La littérature sous le gouvernement de Juillet », *Journal des Débats*, 27 janvier, 17 février, 2 mars 1856, repris dans *Dernières études historiques et littéraires*, Paris, Michel Lévy, 1859, t. I, p. 137-176.

4 Cuvillier-Fleury, « De la prétendue décadence de l'esprit littéraire en France », *Journal des Débats*, 6 février 1859, repris dans *Historiens, poètes et romanciers*, Paris, Michel Lévy, 1863, t. II, p. 125-134.

5 « M. de Pontmartin, *Causeries littéraires*, *Causeries du samedi*, *Les Semaines littéraires*, etc. », *Le Constitutionnel*, 3 février 1862, *Nouveaux Lundis*, 3e éd., Paris, Garnier, t. II, 1870, p. 1.

6 « De la critique dans M. Sainte-Beuve. À propos des Lettres du maréchal Saint-Arnaud », juin 1857, repris dans ses *Études d'histoire et de littérature*, Paris, Michel Lévy, 1859.

Trois sortes de critiques se dégagent : la « critique conservatrice », la « critique défensive », et la critique « réactionnaire » dite aussi « offensive » (il y a *action* dans *réaction*).

Nisard est le premier à désigner sa critique d'un nom de guerre, dans son discours de réception à l'Académie française en 1851. Il la nomme, et ce nom lui reste[1], la « critique conservatrice[2] ». Ce qui lui permet de se distinguer de Planche, à qui est assigné le royaume voisin de la « critique dogmatique », dont l'aristotélisme esthétique prime sur le conservatisme politique. Le conservatisme de Nisard, professeur à la Sorbonne, collaborateur des *Débats* et de la *Revue des Deux Mondes*, bientôt directeur de l'École normale, est lui, en revanche, ouvertement politique, comme il est facile d'en juger par le parallèle qu'il établit entre la « critique conservatrice » et la « politique de conservation », « désormais l'unique politique de la société menacée[3] ».

En 1859, à l'occasion d'un hommage funèbre à un critique de son bord, Hippolyte Rigault, Cuvillier-Fleury lance dans les *Débats* son propre étendard critique : la « critique défensive », « critique de conservation, de défense et de protection », – décisive « quand la société elle-même est attaquée par la littérature, non plus dans ses mœurs seulement, dans ses goûts d'esprit [...] mais dans les principes mêmes sur lesquels toute association nationale est fondée[4] ».

Pourtant, cet orléaniste modéré tient à se différencier des « matamores de la critique », des « capitaines-Fracasse de la critique[5] », ou encore de la « critique enragée[6] », Veuillot sans doute, et peut-être aussi, dans un style plus urbain, Pontmartin, lequel s'en est pris à lui, parce qu'il tient à se démarquer de cette critique « *défensive* », trop *juste-milieu* à ses yeux, que représente le rédacteur des *Débats*[7].

1 Voir G. Merlet, « La critique conservatrice », *Journal général de l'Instruction publique et des cultes*, 10 septembre 1859, p. 592-594.

2 « Académie française. Réception de M. Nisard », *Journal général de l'instruction publique et des cultes*, 24 mai 1851, t. XX, n° 42, p. 241-244.

3 Discours de réception de Nisard, 22 mai 1851.

4 Cuvillier-Fleury, « Hippolyte Rigault », *Journal des Débats*, 25 décembre 1859, *Historiens, poètes et romanciers*, *op. cit.*, t. I, p. 339-340.

5 *Ibid.*, p. 334.

6 *Ibid.*

7 A. de Pontmartin, « De la critique contemporaine. M. Hippolyte Rigault. M. Cuvillier-Fleury », art. cité, p. 295.

À cette fin, Pontmartin met l'accent quant à lui sur le côté « d'avant-garde[1] » de sa propre critique, qu'il baptise « *critique offensive*[2] ». Il se pare aussi du drapeau de la « *critique réactionnaire* », en mettant le mot en italiques, tout en se plaignant amèrement que le fidèle servant qu'il en est manque à recevoir, de la part de la société qu'il entend sauver, le tribut d'admiration qu'il s'estime en droit d'attendre[3].

LA « DÉFENSE DE LA SOCIÉTÉ PAR LA CRITIQUE »

Mais si les drapeaux sont distincts, et les *ethoi* eux aussi variés, les scénarios auctoriaux sur lesquels s'appuient tous ces critiques sont semblables, et semblables aussi leurs idées de la critique. Non sans quelque ironie, c'est l'un d'entre eux, appartenant à l'aile modérée, Hippolyte Rigault, qui observe, dès 1853, le changement en cours. Il voit s'imposer une « nouvelle espèce de critique », qui « respire mal à son aise dans une atmosphère purement littéraire », et ne se croit tout à fait chez elle que « lorsqu'elle peut s'intituler politique ou religieuse[4] ». « Avec un sans-gêne incomparable », une telle critique « sait le fort et le faible de la société, qui serait prise infailliblement de folie, si cette sage conseillère l'abandonnait à son malheureux sort[5] ». L'attaque vise surtout *L'Univers*, mais c'est bien l'ensemble des critiques de ce bord qui partage un tel programme : depuis Limayrac jusqu'à Veuillot en

1 « Sérieusement, nous croyons qu'à des époques troublées comme la nôtre, [...] il faut des critiques d'avant-garde et de bonne volonté, décidés [...] à prendre une initiative hardie contre des œuvres dangereuses et de fausses gloires ; de même que, dans une armée, il faut des soldats prêts à marcher en avant et à se faire tuer pour établir un point d'attaque ou enlever un poste important », *ibid.*, p. 283.

2 « La critique défensive ne s'émeut que quand le malade est en danger ; la critique offensive commence à s'agiter dès qu'elle aperçoit les premiers symptômes », *ibid.*, p. 297.

3 Il se plaint que la société mondaine ne soutienne pas assez ses efforts : « Les aberrations de l'art contemporain éveillent un moment sa curiosité, rien de plus ; les efforts de la critique *réactionnaire* obtiennent un instant sa bienveillance, voilà tout », A. de Pontmartin, « IX. M. Eugène Poitou, *Du roman et du théâtre contemporains, et de leur influence sur les mœurs* », *Causeries littéraires*, Paris, Michel Lévy, 1855, p. 213.

4 H. Rigault, « Variétés. D'une nouvelle espèce de critique littéraire », *Revue de l'instruction publique*, 10 novembre 1853, t. XIII, p. 467.

5 *Ibid.*, p. 467-468.

passant par Nisard, Cuvillier-Fleury, Saint-Marc Girardin, Saint-René Taillandier, Mazade, Émile Montégut.

Leur accord est parfait sur l'état social de crise qui requiert leur intervention. « La révolution est partout[1] », écrit Cuvillier-Fleury en 1859 : « Nous vivons sur un terrain miné jusque dans ses fondements par une série de révolutions [...] : révolutions dans l'État, dans l'économie politique, dans la législation civile, dans la littérature, dans les arts, dans les mœurs, dans la liturgie elle-même[2]. ». Unanime aussi leur idée que la littérature contribue à la décomposition de la société, à ce que Poitou nomme « l'orgie sociale[3] ». Unanime leur dénonciation de l'« infatuation » de ces écrivains imbus de leur pouvoir qui continuent de chanter leur propre apothéose tandis que Rome brûle. Accord aussi quant à leur méfiance systématique envers la littérature contemporaine. Accord surtout quant à leur redéfinition de la critique, ce qui implique la dévaluation systématique des autres écoles présentes sur le marché : la critique scientifique de Taine et de Renan ; la « critique fantaisiste » irresponsable, à la Janin ou Gautier ; la critique passée au rang de simple réclame[4], et jusqu'à la critique de Sainte-Beuve, jugée parfois trop souple, trop sceptique, peu fiable donc en sa mission sociale[5].

Délaissant les questions purement littéraires, cette nouvelle critique doit, vu l'urgence, descendre dans l'arène, et y organiser une « défense de la société par la critique » (Cuvillier-Fleury[6]). En effet, « quand la démagogie a ses romanciers et ses publicistes, quand le socialisme a ses chaires retentissantes et ses disciples enrégimentés, à ce moment là

1 Cuvillier-Fleury, « Hippolyte Rigault », art. cité, p. 351.

2 *Ibid.*

3 *Du roman et du théâtre contemporains et de leur influence sur les mœurs*, Paris, A. Durand, 1857, p. 391.

4 « Dans les journaux, les critiques sont devenues d'audacieuses ou d'imprudentes réclames », « Histoire curieuse et édifiante », *Revue de l'ordre social. Bulletin de censure*, février 1850, 7e année, p. 42.

5 « Il s'en faut bien [...] que la critique ait toujours rempli son devoir. Soit mobilité d'esprit, soit dédain, soit découragement, elle a paru souvent abandonner son poste au moment du péril. Les juges les plus autorisés, ceux dont les décisions pouvaient le mieux agir sur la pensée publique, ont manqué à ce qu'on attendait de leurs conseils ». Sont nommément désignés Sainte-Beuve et Planche (Saint-René Taillandier, « Simples essais d'histoire littéraire. La littérature et les écrivains en France depuis dix ans », *Revue des Deux Mondes*, 15 juin 1847, t. XVIII, p. 97).

6 Cuvillier-Fleury, « Hippolyte Rigault », art. cité, p. 339.

l'action défensive de la critique est la meilleure politique qui puisse être pratiquée, après celle du législateur, du général d'armée et du juge[1] ».

C'est donc de manière délibérée que la critique prend rang aux côtés des diverses formes coercitives de la *potestas*, pense son action en synergie avec elles, quitte à affaiblir son *auctoritas* et à sacrifier son *aura*. Ce qui ne manque pas d'en peiner certains : ainsi de Pontmartin qui, du fait de ses courageuses croisades, se plaint d'être considéré comme « un rétrograde, un détracteur systématique, *un chevalier de l'éteignoir*[2] ».

On parle alors souvent de la « mission » de la critique, des « devoirs et de droits de la critique[3] ». En détournant le langage du romantisme humanitaire, on en vient même à affirmer que « l'exercice de la critique [...] est une espèce de sacerdoce qui a charge d'âmes[4] ». Mais nos critiques préfèrent d'ordinaire avoir recours à la métaphore militaro-religieuse de la « croisade[5] ». Le mot de passe, c'est que le critique est un juge et que la critique doit être une « magistrature[6] ». Plus marquées encore, les métaphores militaires : la critique est une « sentinelle vigilante[7] », montant « sur la brèche pour défendre l'ordre moral et social si audacieusement attaqué[8] ». On la compare à des « centurions romains du premier siècle », faisant barrage aux invasions germaines[9]. Sur le registre policier, elle est tout bonnement la « police de la littérature[10] » et la « police des mœurs[11] ». Selon Limayrac, sa tâche c'est le maintien de

1 *Ibid.*, p. 340.
2 « De la critique contemporaine », *Le Correspondant*, février 1860, t. XLIX, p. 287.
3 J. d'Argis, *Étude sur la guerre de la succession d'Espagne : conférences de Verdun*, Verdun, Ch. Laurent, 1866, p. 280.
4 *Ibid.*
5 Sirtema de Grovestins évoque sa « croisade contre la mauvaise littérature » (voir *infra*).
6 Pontmartin, « De l'esprit littéraire en 1858 », *Le Correspondant*, avril 1858, nouv. série, t. VII, p. 630.
7 « L'œuvre de la critique, ce n'est pas seulement de combattre, c'est de conserver. Toute critique s'appuie à la tradition. Si elle n'est pas une sentinelle vigilante, elle n'est qu'une coureuse dans le domaine de la fantaisie », Cuvillier-Fleury, *Études historiques et littéraires*, « Introduction », Paris, Michel Lévy, 1854, t. I, p. VII.
8 Ch.-Fr Sirtema de Grovestins, « Dix-septième lettre : Ce qui peut sortir d'un paradoxe absurde, ou La littérature malsaine et le journalisme », *Suite à l'Éloge de la folie d'Érasme ou Lettres sur l'école romantique par un bénédictin (Baron Sirtema de Grovestins), faisant suite aux Gloires du romantisme*, Saint-Germain-en-Laye, L. Toinon, 1860, p. 5.
9 Cuvillier-Fleury, « Hippolyte Rigault », art. cité, p. 339.
10 « Le Feuilleton de M. Jules Janin », *Bibliothèque universelle de Genève*, 1855, t. XXIX, p. 137.
11 A. de Broglie, « Introduction », *Études morales et littéraires*, Paris, Michel Lévy, 1853, p. IX.

l'ordre, contre les révolutionnaires et les émeutiers de la littérature[1]. Et lorsqu'un *Dictionnaire de littérature chrétienne* la définit en 1861, elle devient « l'application des lois littéraires aux produits de la littérature », tandis que de son côté le critique « exerce les fonctions de juge : pièces en main, il absout, approuve ou condamne ; faire une critique c'est dresser en quelque sorte, un procès-verbal de contravention [...]. » De là un parallèle entre la justice d'État et la critique, qui insiste sur la force séculière que la critique doit exercer : « Il n'y a pas de critique sans autorité, parce que la critique est l'application des lois en littérature, comme la justice en politique[2]. »

LA FÉRULE, LA TRIQUE ET LE CISEAU

Nous voici loin de la balance du juge impartial, et plus proches de la férule du critique, dont après 1849 Sainte-Beuve ne veut toujours pas quant à lui comme emblème, après s'être pourtant exclamé, au seuil des *Lundis* : « En critique, j'ai assez fait l'avocat, faisons maintenant le juge[3]. » Mais tandis que Sainte-Beuve continue de dire que la critique, « c'est de connaître, et non de régenter ; un lorgnon, et non une férule[4] », d'autres emploient la férule de la critique à diriger le ciseau du censeur.

Il revient à d'autres contributions réunies dans le présent volume de montrer sur pièces comment, aux divers moments du siècle, s'est concrètement faite cette collaboration. Aussi me contenterai-je ici de

1 « N'est-ce pas, en effet, la critique qui est appelée à maintenir l'ordre dans ce pays de l'imagination où les troubles pénètrent si facilement, et où, pour un grand et véritable révolutionnaire qui apparaît de loin en loin, on rencontre à chaque coin de rue des centaines d'émeutiers ? », P. Limayrac, « De l'esprit critique en France », *Revue des Deux Mondes*, 1er septembre 1847, t. XIX, p. 910.

2 A.-L. Constant, article « Critique », *Dictionnaire de littérature chrétienne*, Paris, Migne, 1851, p. 342-343.

3 *Derniers Portraits littéraires*, Paris, Didier, 1858, p. 534.

4 Version du *Cahier vert*, éd. Molho, Gallimard, 1973, p. 45 : « La critique, pour moi, c'est de connaître, et non de régenter ; un lorgnon, et non une férule. » Ailleurs, Sainte-Beuve, compliquant la métaphore, explique qu'il en a coûté cher à La Harpe d'« avoir visé au sceptre-férule » et d'en « avoir trop joué » (« Charles Magnin. 1843 », *Portraits contemporains*, Paris, Didier, 1847, t. II, p. 326).

considérer comment cette critique réactionnaire, appuyée dans certains cas par les institutions d'État, a œuvré pour légitimer la censure, rendant ainsi plus aisés ses coups.

Certes, peu de mentions explicites de la censure chez des militants de la critique défensive tels que Cuvillier-Fleury ou même Pontmartin, qui rêvent pourtant d'exercer une action prohibitrice et coercitive. Comme si, gendarmes eux-mêmes, ils craignaient que leur propre action se trouvât minimisée si, après leur couperet, il fallait avoir recours aux licteurs. Ou bien, à l'inverse, comme si certains avaient quand même quelque mal à collaborer ouvertement à ce crime contre l'esprit. C'est ce qu'on devine lorsque Pontmartin se plaint de se voir attribuer « la ridicule pensée de réduire le critique moderne au rôle d'exécuteur public, chargé de frapper sans pitié toute œuvre suspecte de la plus légère atteinte aux plus sévères lois de l'orthodoxie religieuse, morale et littéraire[1] ».

Mais n'allons pas penser que la censure éprouve le besoin d'avancer masquée dans ce redoutable palladium critique. Un *Dictionnaire de littérature chrétienne* met explicitement censure et critique en rapport : « La censure peut rendre la critique inutile, mais la critique peut éclairer et diriger la censure[2]. » Épigraphe possible pour le présent volume... Si la première solution répugne à ces critiques (qui se retrouveraient sans emploi...), la seconde est leur mot d'ordre : « éclairer et diriger la censure ». Placer la férule au bon endroit pour que le ciseau puisse couper...

En 1853, un autre critique du même bord, Albert de Broglie, dit à quel point les événements de 1848 l'ont fait changer d'opinion en la matière. S'il ne lui était pas venu à l'idée avant, que sa critique pût servir à dénoncer les contrevenants à la censure, il est urgent selon lui d'y penser : « Nous faisions souvent appel au bon vouloir des citoyens, rarement à l'action des lois, jamais à la main ou à l'épée du pouvoir », regrette-t-il. Désormais, dans « une société aux abois[3] », pas question de se contenter de « faire hardiment la police des mœurs » ; il est temps « de faire intervenir dans la critique littéraire les avertissements de cette police extérieure qui veille au repos matériel[4] ». Tout un programme, et qui s'inscrit dans une grande « croisade contre le mal[5] », destinée à

1 « De la critique contemporaine », *Le Correspondant*, février 1860, t. XLIX, p. 282.
2 *Op. cit.*, p. 341.
3 A. de Broglie, « Introduction », *Études morales et littéraires*, *op. cit.*, p. IX.
4 *Ibid.*, p. IX-X.
5 « M. de Chateaubriand. Juillet 1850 », *ibid.*, p. 323.

« crever ces outres de vanités littéraires d'où sortent par intervalles les orages des révolutions[1] ». Car, « dans un temps où la littérature fait les révolutions, pourquoi la critique ne se croirait-elle pas, pour sa part, chargée de les prévenir[2] ? »

Même détermination de la part de l'éditorialiste du *Figaro*, qui salue en juillet 1860 l'intervention officielle du ministre de l'Intérieur contre la « littérature malsaine ». Il est normal que « la Littérature, officialité compétente, juge les siens, les passe au creuset du libre examen, car c'est pour les mœurs publiques la meilleure des sauvegardes ». Mais « livrons au bras séculier les rebutantes productions de la littérature malsaine[3] ». Voici donc une division du travail bien organisée : entre la critique et le « bras séculier » de la censure, entre la férule et le ciseau, les partages sont clairs, et la collaboration évidente. D'autant plus que, dans le cas d'espèce, il y a collusion entre le journaliste (d'un organe de presse pourtant en principe satirique et mondain) et la politique répressive du pouvoir d'État, menée par le ministre chargé de l'ordre public.

De telles complicités sont alors courantes. Car ce qui caractérise la période, c'est que le personnel judiciaire et policier collabore lui-même, comme on va le voir, à la réflexion de fond sur l'influence nocive de la littérature. En connivence avec les professionnels de la critique, ce sont les cadres de la magistrature et de la police qui contribuent en première ligne à la légitimation de la censure, en attendant que le ministre de l'Intérieur en personne, Billault, ne mette, par une circulaire du 1er juillet 1860, le pouvoir d'État au service du combat contre la « littérature malsaine[4] ».

Visant le roman et le théâtre, une longue campagne dénonce l'influence antisociale de la littérature. Dès 1847, François Pérennès s'en prend au roman, genre antisocial, qui prend selon lui « un caractère de protestation de plus en plus impérieux et universel » : contre le mariage, contre la famille, contre la propriété. Obscène, le roman « s'égare à la découverte des bouges les plus infects et des existences les plus immondes ». Résultat : « Les registres des tribunaux et des cours d'assises sont pleins

1 *Ibid.*, p. 324.

2 A. de Broglie, « M. de Chateaubriand. *Mémoires d'Outre-Tombe*, étude morale et politique », *Revue des Deux Mondes*, 1er juillet 1850, t. VII, p. 113.

3 A. Duchesne, « Lettres critiques. La littérature malsaine. à M. le vicomte de La Gueronnière », *Le Figaro*, 22 juillet 1860, p. 5.

4 Voir M.-C. Haro, « Un épisode de la querelle du roman populaire : la circulaire Billault de 1860 », *Romantisme*, 1986, n° 53, « Littérature populaire », p. 49-58.

des aveux des accusés qui, pour la plupart, ont puisé la première idée du crime qui les a conduits devant leurs juges, dans un roman ou dans un drame[1]. » Et comme l'avouent les criminels célèbres lorsqu'on les interroge, c'est bien dans leurs lectures romanesques qu'ils ont trouvé l'inspiration de leurs méfaits :

> Demandez à ces grands coupables qui épouvantent la société par l'assassinat, par l'empoisonnement, par le viol et l'incendie, quelles étaient leurs lectures les plus habituelles. Ils ne manquent jamais de répondre, ou bien les dépositions témoignent qu'ils se nourrissaient de ces productions déplorables où les lois divines et humaines sont foulées aux pieds, et où l'auteur a mis tout son talent à concevoir quelque héros phénoménal plus grand que nature par ses crimes[2].

De telles dénonciations sont encouragées par deux concours académiques invitant à démontrer l'influence dissolvante de la littérature, l'un organisé en 1851 par l'Académie de Châlons-sur-Marne, l'autre en 1856 par l'Académie des sciences morales et politiques[3]. Ce n'est pas seulement l'insistance du thème qui est à noter, mais plus encore la nature de la commande, de la part d'institutions conservatrices, et l'identité sociale des auteurs primés. Jules Jolly, médaillé d'or à Châlons, est procureur de la République à Vitry-le-François[4]. Menche de Loisne, couronné lors du même concours, est secrétaire général de la police à Lyon[5]. Quant à Ernest Poitou, couronné à Paris en 1857, il est

---

1 *Les Noviciats littéraires, ou Coup d'œil historique sur la condition des hommes de lettres en France depuis environ cinquante ans, précédé de l'Éloge de Charles Nodier… et suivi de Lettres sur la littérature contemporaine*, Paris, Comptoir des imprimeurs unis, 1847, p. 21.

2 *Ibid.*, p. 213.

3 « L'Académie des Sciences morales et politiques avait proposé pour 1856 la question suivante : "Exposer et apprécier l'influence qu'a pu avoir en France, sur les mœurs, la littérature contemporaine, considérée surtout au théâtre et dans le roman." L'Académie expliquait que l'examen provoqué par elle devait particulièrement porter sur les erreurs morales et les fausses doctrines qu'avait pu émettre ou propager la littérature. C'est pour répondre à cette question qu'a été écrit le livre qu'on va lire », *Du roman et du théâtre contemporains et de leur influence sur les mœurs*, *op. cit.*, p. I-II.

4 J. Jolly, *De l'influence de la littérature et du théâtre sur l'esprit public et les mœurs, pendant les vingt dernières années. Mémoire qui a obtenu une médaille d'or à l'Académie de Châlons-sur-Marne dans sa séance publique du 25 septembre 1851, par Jules Jolly, procureur de la république à Vitry-le-François (Marne)*, Paris, Amyot, 1851.

5 A.-C.-H. Menche de Loisne, *Influence de la littérature française de 1830 à 1850 sur l'esprit public et les mœurs, ouvrage couronné par l'Académie de Châlons-sur-Marne dans sa séance du 25 septembre 1851, par Ch. Menche de Loisne, secrétaire général de police à Lyon, membre de plusieurs sociétés savantes*, Paris, Garnier frères, 1852.

conseiller à la cour impériale d'Angers[1]. Mais comme ces dénonciations n'ont pas été suffisantes, c'est le ministre de l'Intérieur lui-même qui, le 1er juillet 1860, lance sa circulaire aux préfets contre la « littérature malsaine », à laquelle ne manquent pas d'applaudir les journaux amis de l'ordre. Ainsi de l'éditorialiste du *Figaro*, qui, lui aussi, accuse « le roman popularisé par les publications à bon marché d'être un dissolvant social pire encore » que le roman-feuilleton[2]. Poitou se félicite que l'État ait pris l'affaire en main, par diverses mesures coercitives dont il rappelle la panoplie :

> Les pouvoirs publics, cédant en cela même au mouvement de l'opinion, ont essayé de faire digue aux excès de la presse et du théâtre. La censure s'est montrée plus sévère. Une loi préventive a donné le coup de grâce au roman-feuilleton qui se mourait. Le colportage enfin, ce dangereux auxiliaire de la mauvaise littérature, a été soumis à une réglementation rigoureuse[3].

Le 5 novembre 1860 enfin, le magistrat chargé de l'allocution à l'audience de rentrée de la cour impériale d'Orléans traite ès-qualités *De l'influence de la littérature contemporaine sur la moralité publique, au point de vue judiciaire*[4] : autre signe de l'intervention directe de l'instance juridico-policière dans le débat critique. De nouveau est dénoncée la littérature « malsaine », voire pornographique :

> Ce n'est plus partout que filles entretenues, dames aux Camélias, hommes de bourse ruinés, escrocs de haut ou de bas étage, chevaliers du demi-monde et de la police correctionnelle : littérature malsaine, plate, basse, absurde, indigne d'un peuple qui se respecte[5].

De nouveau sont pointées les « infractions à la loi pénale » dues à cette littérature « *délétère* », invitant au crime. Ce qui est démontré par trois cas d'anthologie : Lacenaire, Peytel, Mme Lafarge.

1 E. Poitou, *Du roman et du théâtre contemporains et de leur influence sur les mœurs, par M. Eugène Poitou, Conseiller à la Cour impériale d'Angers, ouvrage couronné par l'Institut (Académie des sciences morales et politiques), séance du 5 mai 1857*, Paris, A. Durand, 1857.

2 A. Duchesne, « Lettres critiques. La littérature malsaine. à M. le vicomte de La Gueronnière », art. cité, p. 5.

3 E. Poitou, *Du roman et du théâtre [...]*, *op. cit.*, p. 316.

4 *Cour impériale d'Orléans. – Discours prononcé à l'audience solennelle de rentrée du 3 novembre 1860, par M. Ludovic de Vauzelles. De l'influence de la littérature contemporaine sur la moralité publique, au point de vue judiciaire*, Orléans, impr. de Pagnerre, 1860.

5 *Ibid.*, p. 16.

Voici donc comment, entre la férule et le ciseau, s'instituent alors des médiateurs : des magistrats et des policiers se faisant critiques, tout comme les critiques s'imaginent magistrats ou policiers. Tout ce beau monde est acclamé ensemble par des journalistes désireux de s'adjoindre à la « croisade » et désignant à l'admiration publique l'ensemble de ses meneurs, critiques, magistrats et ministres. Ainsi dans une brochure intitulée « La littérature malsaine et le journalisme[1] », c'est pour son auteur un « devoir de reconnaissance » que de « rappeler les noms de ceux qui montèrent sur la brèche, pour défendre l'ordre moral et social si audacieusement attaqué » :

> Signalons donc ici, les noms de MM. Alexis Dumesnil, Alfred Nettement, Eugène Poitou, Louis Reybaud. Signalons encore l'Académie des sciences morales et politiques, le journal la *Bibliographie catholique*, la *Revue de Bretagne*, etc., etc.[2].

En revanche, impossible de « signaler dans cette croisade contre la mauvaise littérature, les noms des grands journaux qui se publient à Paris », car « ces feuilles, plus avides de lucre que touchées de leur dignité et de leur mission d'éclairer le public, ne balancèrent pas à ouvrir leurs feuilletons à cette littérature de bas étage et de mauvais lieux[3] »…

COMMENT LA CRITIQUE RÉACTIONNAIRE INSPIRAIT LA CENSURE

Maintenant qu'on connaît un peu mieux la conception de la critique que se font nos chiens de garde, resterait à étudier non plus leur légitimation de la censure, mais leurs divers degrés d'action et de compromission à cet égard. Il conviendrait alors de distinguer entre les plus décidés d'entre eux, et ceux qui, tels Hippolyte Rigault, tiennent

1 C.-F. Sirtema de Grovestins, « Dix-septième lettre : Ce qui peut sortir d'un paradoxe absurde, ou La littérature malsaine et le journalisme », *Suite à l'Éloge de la folie d'Érasme ou Lettres sur l'école romantique par un bénédictin, faisant suite aux Gloires du romantisme*, Saint-Germain-en-Laye, L. Toinon, 1860, p. 1-16.

2 *Ibid.*

3 *Ibid.*, p. 5.

à se démarquer de ces gendarmes critiques qui « heurtent avec violence à la porte des écrivains comme de vrais agents de l'autorité publique, pour leur dire brusquement que leur esprit n'est pas en bon état ni leur style bien tenu[1] ». Mais d'autres, on l'a aperçu, n'ont pas hésité à servir de licteurs à la censure, en lui désignant les œuvres délictueuses ou bien en légitimant après coup ses arrêts.

Resterait à les montrer à l'œuvre, la férule, le ciseau mais aussi la trique à la main, – tout en continuant de se couvrir de l'emblème de la balance, qui est celui de la critique mais d'abord celui de la justice.

Finissons-en plutôt par la réciproque de ce qui a été ici montré : car si les critiques ont légitimé la censure, les censeurs ont entendu leurs analyses quant à la nocivité sociale de la littérature en temps de crise. Pour s'en convaincre, il suffit de prêter l'oreille à un censeur, Victor Hallays-Dabot, congédié à la chute de l'Empire, et prolongeant du coup son histoire de la censure[2] d'un dernier volume concernant les années 1850-1870. L'introduction de son ouvrage, paru en 1871, marque son effroi face à l'abolition de la censure théâtrale que le nouveau régime vient de décréter :

> La société française, depuis plusieurs années, traverse une des crises les plus terribles qu'elle ait jamais subies. Faible et énervée, elle oscille et chancelle sur sa base ; elle peut être à jamais compromise si, par un effort énergique, elle ne se redresse et ne se reconstitue. [...] Ce but suprême que chacun saisit, comprend, proclame, croira-t-on longtemps encore y parvenir en laissant un théâtre absolument livré à lui-même miner chaque jour par des spéculations licencieuses ou par des appels à la haine sociale ce grand travail de reconstitution ? laissera-t-on [...] la gangrène morale continuer [...] son travail de décomposition[3] ?

1 Cuvillier-Fleury, « Hippolyte Rigault », art. cité, p. 337. Et Cuvillier-Fleury, qui est du même camp, de préciser : « On s'exagère beaucoup, en effet, par le temps qui court, soit les droits, soit les pouvoirs de la critique dans les journaux. La critique n'est pas une puissance ; on lui demande trop. Elle joue, en présence de la littérature, le rôle d'une opposition sage dans un gouvernement fourvoyé. Elle conseille, elle avertit, elle discute », *ibid.*

2 V. Hallays-Dabot, *Histoire de la censure théâtrale en France*, Paris, Dentu, 1862. Voir l'article de C. Anfray, « Comment peut-on être censeur ? L'exemple de Victor Hallays-Dabot », *Nineteenth-Century French Studies*, vol. 39, n° 3 et 4, Spring-Summer 2011, p. 259-270 et sa contribution dans ce volume, p. 402-404.

3 V. Hallays-Dabot, *La Censure dramatique et le théâtre : histoire des vingt dernières années (1850-1870)*, Paris, Dentu, 1871, p. 9.

« Crise des plus terribles », société qui risque de « chanceler » sur ses bases, danger de « gangrène morale », « travail de décomposition »… Visiblement, la chanson des critiques réactionnaires a été entendue par messieurs les censeurs.

José-Luis Diaz
Université Paris-Diderot – Paris 7

ERNEST PINARD, CRITIQUE LITTÉRAIRE

« Toutes les fois qu'il est question de censure, le nom d'Ernest Pinard resurgit, symbole d'obscurantisme, et de bêtise », lit-on sur la quatrième de couverture du *Procureur de l'Empire*, la biographie qu'Alexandre Najjar consacra au dit procureur, symbole d'obscurantisme et de bêtise[1]. Dans son introduction, Najjar se demande s'il faut aimer son personnage pour lui consacrer une biographie, ajoutant qu'« écrire la biographie d'un être détestable est sans doute plus difficile que de se faire l'hagiographe d'un saint », puisque

> la tentation est grande de jeter un pavé dans la mare en allant à contre-courant de tout ce qui a été dit sur le sujet, d'essayer de réhabiliter le personnage en lui inventant des circonstances atténuantes. [...] La vérité sur Pinard dérange, poursuit-il, elle dérange, oui, parce qu'elle nous révèle un homme qui ne regrette rien, qui voit le vice partout, allant même jusqu'à refuser une statue à Voltaire sous prétexte qu'il était « anticlérical[2] »...

Le biographe poursuit son introduction, en citant le mot de Flaubert dans ses carnets de 1874 – « *Ne pas oublier Pinard* » –, puis il évoque les nombreux cas de « censure » qui faisaient grand bruit au moment de la parution de son ouvrage : *Baise-moi* (le film, bien entendu), le *Procès de Jean-Marie Le Pen* de Mathieu Lindon ; *Le Grand cahier* d'Agota Kristof qu'un professeur avait fait lire à ses élèves, *L'Origine du monde* de Courbet ornant la couverture d'un livre de Jacques Henric[3], etc. Et il conclut en affirmant qu'il « est absolument essentiel, aujourd'hui, de "*ne pas oublier Pinard*". Pour dénoncer, à travers lui, les nouveaux censeurs[4] ». Et Ajjar de citer les nombreuses fois où Pinard figure comme une sorte

1 A. Najjar, *Le Procureur de l'Empire*, Paris, Balland, 2001.

2 *Ibid.*, p. 13-14. « Mais il ne s'agit pas non plus de noircir gratuitement le personnage », continue-t-il.

3 Aucun de ces cas ne relève cependant juridiquement de la censure, sauf peut-être Lindon condamné pour diffamation.

4 Qu'il évoque à propos de l'affaire Lewinsky aux États-Unis...

d'épouvantail dans le discours des commentateurs sur ces nouveaux cas de « censure ».

Ernest Pinard, semble-t-il, a fini par incarner en France, plus pertinemment encore que l'image d'Anastasie avec ses grands ciseaux, la censure. Mon propos est ici de faire un bilan de la carrière littéraire, pour ainsi dire, de maître Pinard, c'est-à-dire d'examiner, ou plutôt de réexaminer la place étrange qu'il occupe dans l'histoire littéraire. Le nom de Pinard est pour toujours indissolublement lié à celui de Flaubert, encore plus qu'à ceux de Baudelaire et d'Eugène Sue qu'il poursuivit aussi durant cette même année 1857. Ces procès, surtout celui de *Madame Bovary* dont la transcription nous a été transmise par les soins de Flaubert lui-même, sont trop bien connus de tous pour que je m'y attarde trop : on les a souvent et longuement commentés, et Yvan Leclerc notamment, en a dit sans doute le dernier mot dans son excellent ouvrage *Crimes écrits*[1]. Or – et c'est en partie ce qui m'intéresse – les opinions sur son cas ont beaucoup évolué depuis que Flaubert a recommandé (ou tout au moins s'est recommandé) de ne pas l'oublier. Je propose donc d'abord d'examiner brièvement les changements d'attitude envers Pinard depuis l'époque de son réquisitoire contre *Madame Bovary*, pour interroger ensuite sa postérité juridico-littéraire dans le contexte d'une affaire qui a été beaucoup moins commentée et où il est lui-même intervenu pour essayer de défendre sa réputation.

Comme chacun sait, Flaubert garde une rancune teintée d'ironie (féroce) envers Pinard pour tout le reste de sa vie. Il ne l'oublie jamais et Edma Roger des Genettes fait sa joie lorsqu'en 1877, elle lui annonce que l'ancien substitut du procureur, dont la carrière a été respectable voire assez brillante depuis le cas *Bovary*, du moins tant que dura l'Empire[2], a publié un recueil de vers salaces. Il semble probable qu'Edma Roger des Genettes ait inventé l'existence du volume en question puisqu'aucun exemplaire n'a jamais, que je sache, été repéré, mais ce que Flaubert appelle dans une lettre « l'histoire de Pinard, auteur obscène[3] » est tellement croustillante que cette image demeure une idée reçue dans la mythologie flaubertienne, presque aussi increvable que le « Madame

1 Y. Leclerc, *Crimes écrits. La littérature en procès au* XIX*e siècle*, Paris, Plon, 1991.

2 Il fut nommé au conseil d'État et devint brièvement ministre de l'intérieur en 1867-1868.

3 Lettre du 12 janvier 1878, Flaubert, *Correspondance*, éd. J. Bruneau et Y. Leclerc, Paris, Gallimard, « Bibliothèque de la Pléiade », 2007, t. V, p. 347.

Bovary, c'est moi » que l'on cite aussi régulièrement, malgré sa provenance douteuse et son caractère abrégé[1].

Or si l'histoire littéraire s'est obstinée à retenir l'image de maître Pinard, auteur obscène, ce n'est probablement pas seulement parce qu'on n'a pas pris la peine de vérifier ce que Flaubert en dit dans sa correspondance, malgré l'absence de preuve. Ce serait plutôt parce que l'idée d'un Pinard auteur d'un recueil de vers lubriques est à peu près irrésistible, et je me souviens bien de ma propre jubilation à la découverte de ce prétendu fait : c'est exactement le genre de chose dont il faut dire que « *se non è vero è ben trovato* ». Malheureusement, il semblerait que le fait ne soit pas vrai, mais il est assurément très bien trouvé, pour les raisons que décrit Flaubert dans sa lettre à Edma Roger des Genettes le 3 août 1877 :

> [...] je remercie la Providence pour les Poésies lubriques du sieur Pinard ! – *Ça ne m'étonne pas.* Mais en êtes-vous bien sûre ? qui vous l'a dit ? [...]. Voyez-vous ma joie si un de ces jours on gobait Pinard dans l'intimité du jeune Chouard[2] !

Et de poursuivre :

> Il ne me resterait plus qu'à m'en aller remercier Notre-Dame de Lourdes ! [...] Et quand je songe que Pinard s'indignait des descriptions de la *Bovary* ! – Quel abîme que la Bêtise Humaine[3] !

Ça ne l'étonne pas, parce que c'est comme dans un roman, un de ses propres romans. Pour nous autant que pour Flaubert lui-même, il faut bien que Pinard – « *mon* Pinard », comme Flaubert l'appelle dans une autre lettre[4] – ait produit un volume de poésies lubriques, tout comme il fallait que Homais reçût la croix d'honneur. René Descharmes et René Dumesnil ont déjà écrit à plusieurs reprises que le réquisitoire « semble avoir été écrit par un Homais qui de voltairien serait devenu jésuite » ou

1 Comme on le sait, cette phrase a été rapportée de troisième main, et sous la forme : « Madame Bovary, c'est moi, d'après moi », ce qui n'est pas la même chose.

2 Allusion à l'affaire Germiny qui avait eu lieu l'année précédente : le jeune Chouard en question était un apprenti bijoutier avec lequel le comte Lebègue de Germiny, figure du parti conservateur, catholique militant et président de la ligue de l'ordre moral, fut surpris dans des toilettes publiques, dans une attitude compromettante (bien entendu), dans une scène qui anticipe l'intrigue de *La Cage aux folles*. Flaubert commente à plusieurs reprises cet événement dans sa correspondance, affirmant qu'il prouve que Dieu existe.

3 *Correspondance*, éd. citée, t. V, p. 270-271.

4 Lettre à Maxime du Camp, 16 avril 1879, *ibid.*, p. 610.

Tartuffe[1]. L'idée d'un recueil de vers salaces écrit par l'ancien procureur prouve que Dieu existe dans le sens où le romancier l'aurait remplacé : Pinard auteur obscène, tout comme l'affaire Germiny, met Flaubert (et nous aussi) en joie parce que cela suggère que sa vision du monde est exacte, plus exacte que la version officielle, laquelle cacherait tant mal que bien une vérité flaubertienne sous-jacente.

Pendant bien longtemps, donc, Pinard est resté le Pinard de Flaubert : Pinard-Homais-Tartuffe, un hypocrite suffisant et ridicule, preuve que Flaubert avait mieux décrit les choses que n'importe qui. Pour Maxime du Camp, le substitut du procureur est non seulement hypocrite mais incompétent de surcroît : « Si c'est là ce qu'on appelle l'éloquence judiciaire, l'éloquence judiciaire est peu de chose », écrit-il dans ses *Souvenirs littéraires*, publiés peu après le décès de son ami[2]. De l'avis de Maxime du Camp, son réquisitoire a été risible de faiblesse. Les générations suivantes sont d'accord : pour Léon Daudet, Pinard est « le dernier mot de l'abrutissement », et Pierre Louÿs considère son réquisitoire contre Flaubert comme étant un « monument de bêtise humaine[3] ». En 1912, Remy de Gourmont publie un petit hommage à Pinard, peu après le décès de ce dernier en 1909, dans la quatrième série de ses *Promenades littéraires*, où il essaie de nuancer un peu les choses. Dans cet article, Gourmont estime que Flaubert aurait dû éprouver plus de reconnaissance que de rancune envers celui qu'il nomme (avec inexactitude) « L'accoucheur de *Madame Bovary* » – c'est le titre de son article. Selon Gourmont, toutefois, c'est la plaidoirie de maître Sénard qui représente « un modèle de verve et d'ironie », alors que

> le réquisitoire eut peu de succès, même près du tribunal, quoiqu'il dût paraître alors bien moins mauvais qu'il ne nous paraît aujourd'hui. Je lui trouve même une petite valeur littéraire ; il serait convenable, si les idées n'étaient pas si sottes. Le malheureux n'a rien compris, rien, au personnage d'Emma Bovary[4].

Gourmont ne précise pas en quoi consisterait le soupçon de littérarité qu'il discerne dans le réquisitoire, en dépit des idées fort sottes et de

1 *Autour de Flaubert*, Paris, Mercure de France, 1912, t. I, p. 36 ; R. Dumesnil, *Gustave Flaubert, l'homme et l'œuvre*, Paris, Desclée de Brouwer et Cie, 1932, p. 226. On trouve d'autres variantes de cette même formule dans sa *Publication de Madame Bovary*, Edgar Malfère, 1928, etc.

2 *Souvenirs littéraires* (1882-1883), Paris, Aubier, 1994, p. 453.

3 Cités par A. Najjar, *Le Procureur de l'Empire*, *op. cit.*, p. 85 (qui suit lui-même A. Pasquet).

4 *Promenades littéraires. Quatrième série*, Paris, Mercure de France, 1912, p. 186.

l'incompréhension totale du sujet. Seul le style du procureur peut paraître littéraire au point de rendre l'ensemble presque convenable[1]. En 1912, en tout cas, voilà la première fois, à ma connaissance, qu'on voit poindre une idée qui deviendra une sorte de poncif : Pinard homme de lettres (quoique, pour Gourmont, mauvais lecteur ou du moins incapable de comprendre le roman de Flaubert). Or, en 1949, André Pasquet publie un petit pamphlet intitulé *Ernest Pinard et le procès de Madame Bovary*[2]. Pasquet y fait sans vergogne l'apologie du procureur – notons en passant que la publication de son ouvrage coïncide avec la réhabilitation juridique des pièces condamnées des *Fleurs du mal* – et il le fait d'un point de vue catholique. Selon lui, Pinard aurait agi pour soutenir les idéaux de la morale chrétienne et non pas seulement pour défendre les normes de la société bourgeoise de l'époque (ce qui était sa tâche professionnelle). Contrairement à Gourmont, Pasquet dresse un portrait de Pinard en lecteur sensible, c'est-à-dire troublé par les séductions d'Emma Bovary et du roman, conscient des vrais dangers que cela représente[3], ce que n'était pas Sénard, l'avocat de Flaubert. Bien que Pasquet, par la perspective chrétienne qu'il adopte, diffère considérablement des opinions qui vont suivre, son pamphlet est à notre connaissance le premier à mettre en exergue une figure qui va dominer les représentations du substitut du procureur jusqu'à la fin du XXe siècle et même au-delà : celle d'Ernest Pinard, fin lecteur.

C'est sans doute l'écrivain péruvien Mario Vargas Llosa qui inaugure cette tendance (sans bien entendu le moralisme chrétien de Pasquet), dans son *Orgie perpétuelle*, essai sur *Madame Bovary* publié en espagnol en 1975[4]. Vargas Llosa ne parle pas directement du procès, mais il l'aborde en passant, pour observer que la plaidoirie de maître Sénard le gêne, « aussi pharisienne que le réquisitoire du procureur Pinard[5] ». La

1 L'on pourrait d'ailleurs se demander si ce n'était pas les mémoires du procureur plutôt que le réquisitoire lui-même qui avaient plu à Gourmont, puisqu'il reproduit les erreurs de chronologie qu'on trouve dans le *Journal* de Pinard.

2 A. Pasquet, *Ernest Pinard et le procès de Madame Bovary*, Paris, Éditions Savoir, Vouloir, Pouvoir, 1949.

3 Sur la séduction comme motif de la censure de l'Index, voir plus loin la contribution de J.-B. Amadieu, p. 303-306.

4 M. Vargas Llosa, *La Orgia perpetua : Flaubert y « Madame Bovary »*, Madrid, Taurus, 1975, traduit en français par A. Bensoussan, sous le titre *L'Orgie perpétuelle. Flaubert et « Madame Bovary »*, Paris, Gallimard, 1978.

5 Cité par A. Najjar, *Le Procureur de l'Empire*, *op. cit.*, p. 86.

défense dans ce genre de cas, explique-t-il, est par définition hypocrite et inexacte, puisqu'elle refuse nécessairement de reconnaître l'intérêt crucial de l'érotisme dans de telles œuvres. L'interprétation de Vargas Llosa sera reprise par presque tous les commentateurs qui ont suivi ; sans en dresser une liste exhaustive, il faudrait d'abord mentionner l'ouvrage de Dominick LaCapra, *Madame Bovary on Trial*[1]. Pour LaCapra, historien à tendance déconstructrice (du moins ici), le propos consiste à démontrer à quel point le roman « lit » le procès au moins autant que l'inverse. Dans cette optique, l'avocat de Flaubert s'avérerait paradoxalement plus « conservateur » que le procureur, puisque sa plaidoirie fait briller un roman moralement irréprochable voire normatif, alors que le réquisitoire souligne tout ce qui est subversif dans l'œuvre. À la morale chrétienne près, LaCapra reprend donc les catégories de Pasquet, qu'il cite d'ailleurs.

Depuis les années 1970-1980, c'est ce portrait qui est presque immanquablement resservi lorsqu'il est question du procès de *Madame Bovary* et du procureur Pinard[2] : ce serait donc ce dernier, et non pas Sénard, qui lit « bien » le roman, puisque c'est dans le réquisitoire qu'on voit une Bovary vraiment dangereuse et subversive. Pinard devient dès lors le héros improbable de l'histoire du procès, puisque c'est lui qui trouve le roman troublant alors que Sénard estime qu'il ne présente aucun danger. Au contraire, on devrait le distribuer à toutes les jeunes filles pour compléter leur éducation, ce qui est en fait notre pratique actuelle depuis longtemps, mais non point pour les mêmes raisons, paraît-il…

Ce qui me semble particulièrement remarquable dans ce portrait de Pinard fin lecteur troublé par les séductions d'Emma Bovary (dans les deux sens), et dans son pendant le portrait de Sénard grossier réactionnaire insensible aux implications des nuances du style indirect libre flaubertien, est l'idée sous-jacente que ces deux messieurs parlent en tant que critiques littéraires, pour ainsi dire, plutôt que comme les avocats qu'ils sont. L'une des raisons en serait la suivante : en tant que critique littéraire, maître Sénard adhère rigoureusement à la méthode de Sainte-Beuve si bruyamment dénoncée tout au long du XXe siècle, par et après Marcel Proust. En montrant que Flaubert vient d'une bonne

1 D. LaCapra, *Madame Bovary on Trial*, Ithaca-Londres, Cornell University Press, 1982.

2 Une exception toutefois : Jean d'Ormesson trouve la plaidoirie de Sénard magistrale ; il lui impute le jugement favorable, et omet toute mention de Pinard (*Une autre histoire de la littérature française*, Paris, Gallimard, « Folio », 2005).

famille irréprochable, au-dessus de tout soupçon, que lui-même connaît et fréquente personnellement depuis toujours et que par conséquent il ne peut avoir enfreint les règles de la bienséance littéraire, etc., Sénard insiste en effet sur la coïncidence de l'homme et de l'œuvre avec une telle conviction que l'on ne peut guère faire autrement, surtout depuis Barthes, que de préférer le réquisitoire de Pinard et de trouver que le procureur rejoint la nouvelle critique. Bref, aussi insolite que cela puisse paraître, Pinard, au terme des relectures du procès, apparaît du côté des « modernes » contre les « anciens ».

Pinard, lecteur prousto-barthésien donc. Laissons de côté les éventuels paradoxes d'une telle lecture. Soulignons plutôt que ni Pinard ni Sénard ne sont des critiques mais des avocats, et que leurs lectures du roman pour le procès ne sont aucunement littéraires, mais en fait purement juridiques[1]. Chacun des deux lit le roman pour appuyer sa cause ; ils n'ont cure des nuances littéraires du roman de Flaubert ; ils font tout simplement leur travail. Pour preuve, on peut citer les mémoires de Pinard, en trois gros volumes publiés en 1892-1893, lesquels accordent très peu d'espace, quelques pages seulement, aux procès de 1857[2]. Selon ces mémoires, voici la façon dont le procureur impérial, maître Cordoën, lui présente le cas Bovary :

> Il tint à m'exposer les motifs de sa décision : le roman de *Madame Bovary*, me dit-il, révèle un vrai talent, mais la description de certaines scènes dépasse toute mesure. Si nous fermons les yeux, Flaubert aura beaucoup d'imitateurs qui iront autrement loin sur cette pente. Puis la chambre correctionnelle vient de condamner les *Fleurs du mal*, de Baudelaire. Elle a infligé une amende à Baudelaire et ordonné la suppression de certains passages. Si nous nous abstenons, on dira que nous ménageons les forts et les chefs d'école, que nous sommes complaisants pour les nôtres et inflexibles pour les opposants. Baudelaire, en effet, avait beaucoup d'amis dans le camp républicain. Flaubert était l'hôte assidu et fêté des salons de la princesse Mathilde[3].

Comme l'ont observé plusieurs commentateurs, à commencer par Pasquet[4], il est difficile de trouver un amas d'erreurs plus concentré. 1. Le procès des

1 Sur la nature juridique des documents de censure et autres pièces de procès, voir les contributions de Th. Hochmann et J.-B. Amadieu dans ce volume, p. 157-170 et p. 299-300.

2 *Mon Journal*, Paris, Dentu, 1892.

3 *Ibid.*, t. I, p. 55.

4 *Ernest Pinard et le procès de « Madame Bovary »*, *op. cit.*, p. 11.

Fleurs du mal a eu lieu six mois après celui de *Madame Bovary* et donc n'a pas pu influencer le cours de ce dernier ; 2. loin d'être « l'hôte assidu et fêté des salons de la princesse Mathilde » à l'époque où il fut poursuivi, Flaubert n'a fait la connaissance de celle-ci qu'après son procès et grâce à la renommée qu'il acquiert (sans d'ailleurs jamais pour autant devenir un grand amateur politique de l'Empire) ; et finalement, 3. Flaubert n'avait rien publié avant ce roman et ne pouvait donc aucunement être qualifié de chef d'école, encore moins que Baudelaire lui-même.

En commentant ce passage du *Journal* de Pinard, les critiques ont bien entendu eu tendance à évoquer des fautes de mémoire servant à justifier un procès qui apparaît, à la lumière de la postérité, comme injustifiable. Il ne faut cependant pas oublier que ce n'était pas Pinard lui-même, jeune substitut de procureur[1], mais le gouvernement qui avait décidé de poursuivre le roman. Pinard n'avait donc été que le porte-parole de la justice. Les nombreuses et importantes erreurs dans son récit de ces événements servent la vision des choses qu'il veut imposer rétrospectivement. Or il faut sans doute tenir compte du fait que, s'il reste surtout pour nous « l'homme qui persécuta Flaubert, Baudelaire, Sue » (d'après la couverture de sa biographie), Pinard lui-même se voit sous un autre jour. Si les procès de 1857 occupent une place minime dans son autobiographie, ce serait tout simplement parce que pour lui, il s'agit d'un détail dans sa carrière juridico-politique. Comme le résume Gourmont en 1912 :

> Pinard s'éleva par ses complaisances au sommet de la hiérarchie : il fut procureur général, conseiller d'État, ministre de quelque chose. Mais la postérité, qui tient peu compte de ses fonctions, ne retiendra que le tortionnaire de la littérature française[2].

Bref, Pinard est tout sauf un critique littéraire. Cependant, de son vivant ainsi que pour la postérité, et quels que fussent ses exploits ministériels, son nom est resté lié aux procès de 1857. Il n'a jamais pu surmonter sa réputation de « tortionnaire de la littérature française » comme le qualifie Gourmont, et de persécuteur de Flaubert en particulier. En 1882, soit deux ans après la mort de ce dernier, un scandale éclata à propos de *Pot-Bouille* de Zola, publié en feuilleton dès le début de cette même année dans *Le Gaulois*. Dans *Pot-Bouille*, parmi les résidents de l'immeuble,

1 Il avait un an de moins que Flaubert.
2 *Promenades littéraires*, *op. cit.*, p. 184.

figure un certain M. Duveyrier, gendre de M. Vabre, le propriétaire. M. Duveyrier, dont l'épouse passe son temps à jouer du piano car elle met toute sa passion dans la musique et méprise son mari, est conseiller à la cour d'appel. Il est follement épris de sa maîtresse, qu'il estime à tort être une femme vertueuse (du moins relativement vertueuse). Dans une lettre à un critique qui avait été sévère pour le roman, Zola caractérise son personnage de la façon suivante : « Duveyrier n'est pas un fou, mais il a en morale des idées d'imbécile, ce qui est fréquent[1]. »

Lorsque les premiers chapitres du roman parurent dans *Le Gaulois*, le personnage s'appelait Duverdy. Or il existait un certain Charles Duverdy, avocat à la cour d'appel, auteur de plusieurs écrits juridiques, et directeur de la *Gazette des Tribunaux*. M. Duverdy (le réel) habitait de surcroît très près de l'emplacement (fictif), rue de Choiseul, de l'immeuble (fictif) dont il est question dans *Pot-Bouille*. Mécontent de constater qu'il avait désormais un sosie fictif, il adressa une lettre à Zola en lui signalant les ressemblances entre le Duverdy du roman et lui-même, et en lui demandant de changer le nom du personnage. Zola refusa catégoriquement. S'ensuivit un échange de lettres, le romancier persista dans son refus, et maître Duverdy finit par intenter un procès à l'auteur, pour le contraindre à changer le nom du personnage. *Le Gaulois* imprima *in extenso* le compte rendu de la première audience et Zola publia une lettre ouverte dans le même journal, où il répondait à l'avocat de Duverdy, en le comparant à Pinard : « Maître Rousse, écrit Zola, a osé parler du procès fait à *Madame Bovary* : ignore-t-il donc que le réquisitoire de Me Pinard où il semble avoir pris ses phrases sur notre littérature contemporaine est devenu un document d'impérissable drôlerie ? » Et Zola de poursuivre, dans le style de maître Sénard : « Pas une page, pas une ligne de *Pot-Bouille* n'a été écrite par moi sans que ma volonté fût d'y mettre une intention morale[2]. »

Zola et *Le Gaulois* perdirent le procès le 15 février 1882. Le nom de Duverdy fut alors remplacé par « Trois-Étoiles » dans le reste du feuilleton, pour devenir Duveyrier quand le roman fut publié en volume. Zola n'en fut pas satisfait, même si on peut se demander s'il ne prit pas un peu de plaisir à l'idée de se voir attaqué en justice aux côtés de Flaubert, tant il ne cesse de faire référence au procès de *Madame Bovary* tout au long de cette

---

1 Zola, *Les Rougon-Macquart*, édité par H. Mitterand, Paris, Gallimard, « Bibliothèque de la Pléiade », 1964, t. III, p. 1633.

2 Cité par A. Najjar, *Le Procureur de l'Empire*, *op. cit.*, p. 323.

affaire. La rédaction du *Gaulois* fut plus heureuse, sans doute, puisque cette affaire attira l'attention des lecteurs sur le feuilleton, et la feuille. Quant à Ernest Pinard, l'ancien procureur n'apprécia point de voir son réquisitoire présenté comme « un document d'impérissable drôlerie ». Il écrivit une lettre à l'avocat de Zola, protestant que le texte de son réquisitoire, publié dans l'édition de *Madame Bovary* (1874) par Charpentier, éditeur de Zola, l'avait été sans lui avoir été jamais soumis, et que cette version était inexacte, qu'on n'y trouvait pas le réquisitoire tel qu'il l'avait prononcé mais plutôt une version remaniée de façon à le rendre ridicule et à glorifier la défense. La lettre de Pinard fut publiée dans *Le Gaulois* et Maxime Du Camp répondit par une autre lettre ouverte, affirmant qu'au contraire la transcription du sténographe était exacte, qu'il avait lui-même assisté au procès, que la version du réquisitoire publiée par Charpentier avait été vérifiée par Flaubert et par lui-même et qu'elle était tout à fait fidèle dans tous ses détails à ce qui avait été prononcé par le substitut du procureur. Pinard riposta en ironisant sur la mémoire remarquable de Maxime Du Camp, qui prétendait se souvenir avec une exactitude infaillible d'un discours prononcé contre son ami et sa revue vingt-cinq ans plus tôt[1].

Zola, entre temps, essayait de faire de l'affaire Duverdy le procès du roman moderne en général. Il publia plusieurs tribunes polémiques dans *Le Gaulois*, insistant pour dire que si le tribunal donnait raison à Duverdy, « autant [valait] nous défendre tout de suite de publier des romans ! [...] Qu'on nomme tout de suite une censure pour les noms. [...] Qu'on crée, au Palais, un cadre où les romanciers devront afficher leurs listes de noms, avant d'être autorisés à les employer », etc. Malgré les sombres prédictions de Zola, l'affaire Duverdy, qui préoccupa les milieux littéraires et juridiques en France pendant un mois entier et dont on parla jusque dans le *New York Times*, n'entraîna point la chute de la littérature, pas plus qu'elle ne « rend[it] impossible notre roman moderne d'observation[2] ».

Par contre, l'affaire Duverdy eut des séquelles assez comiques, puisqu'à la suite du jugement, plusieurs individus portant les noms d'autres personnages de *Pot-Bouille* surgirent : trois Josserand, une Marie Pichon, et un Vabre réclamèrent tous le changement des noms des personnages qui coïncidaient avec les leurs (un certain M. Mouret, toutefois, tint à signaler son existence

1 Voir A. Najjar, *Le Procureur de l'Empire*, *op. cit.*, p. 325 *sq.*

2 Les références des articles de Zola sont données dans l'édition des *Rougon-Macquart*, *op. cit.*, t. III, p. 1636.

au romancier pour lui indiquer qu'il n'avait rien contre le personnage qui porte son nom de famille). Zola, excédé, consentit à changer (brièvement) le nom de M. Vabre en « M. Sans-Nom », pour ensuite rétablir « Vabre » ; Duverdy, en revanche, resta « Trois-Étoiles » durant toute la publication du roman en feuilleton avant de devenir définitivement Duveyrier lors de la parution en volume. Étant donné les constantes références à Flaubert tout au long de cette histoire, rappelons que ce dernier a toujours affirmé que les noms des personnages sont essentiels et que vouloir changer leur nom serait comme vouloir changer la couleur de leur peau[1]. Pourtant, lorsqu'un ami lui demanda de ne pas mentionner le nom du *Journal de Rouen* dans *Madame Bovary*, il refusa d'abord – invoquant des raisons de rythme – pour accepter ensuite de le nommer *Le Fanal de Rouen*[2].

En fait, pas plus que dans les procès de Flaubert, de Baudelaire ou d'Eugène Sue, il ne faut se fier à ce à quoi on pourrait s'attendre. C'est précisément pour cette raison que l'affaire Duverdy a retenu notre attention si longuement et que nous nous sommes attachée à nuancer un peu la postérité littéraire de maître Pinard. Il est assurément facile de le tourner en ridicule mais il est tout aussi facile de l'ériger en modèle improbable d'une sensibilité littéraire, telle qu'il aurait perçu le premier, à l'inverse des défenseurs de Flaubert comme maître Sénard et Maxime du Camp, la portée subversive de *Madame Bovary*. Dans l'affaire Duverdy, en revanche, rien n'est aussi clair : les journalistes de l'époque se sont moqués de Duverdy et de son avocat, maître Rousse, dont la plaidoirie remit en effet en question le genre du roman naturaliste :

> J'adjure ceux qui m'entendent [...] de se demander sérieusement, sincèrement, la main sur la conscience, ce qu'ils penseraient s'ils voyaient leur nom, [...] le nom de leur femme, de leur fille, de leur sœur, roulé, traîné dans une pareille fange, attaché à de pareils tableaux, accroché à de semblables scènes[3].

Zola, de son côté, a défendu son droit à rendre son roman aussi véridique que possible en prenant les noms de ses personnages dans le Bottin. Or, l'avocat à la cour d'appel était le seul Duverdy qui figurât dans le Bottin à l'époque où Zola emprunta son nom pour le personnage du conseiller à

1 Lettre à Louis Bonenfant, 13 août 1868, *Correspondance*, t. III, p. 788.

2 Lettre à Louis Bouilhet, 5 octobre 1856, *Correspondance*, t. II, p. 639.

3 Cité par H. Mitterand, *Zola*, Paris, Fayard, 1999-2001, t. II, p. 618. Sur l'ensemble de l'affaire Duverdy, voir les pages 616-621.

la cour d'appel. Quant à Pinard, on comprend très bien pourquoi il s'irrita de voir son nom évoqué en tant qu'auteur d'« un document d'impérissable drôlerie ». On comprend facilement aussi, par ailleurs, pourquoi il n'aurait pas aimé qu'on le ridiculisât à partir d'une version de son réquisitoire qui ne lui avait pas été soumise, qu'il ne reconnaissait pas et qu'il estimait avoir été déformée pour soutenir la défense. Il serait sans doute plus facile de nuancer les choses si Pinard lui-même n'avait pas reproduit dans ses *Œuvres judiciaires* en 1885, soit trois ans après les revendications qu'il adressa à Maxime du Camp dans le cas Duverdy, le texte de son réquisitoire contre Flaubert tel qu'il avait été publié par Charpentier en 1874, à quelques détails stylistiques près (des alinéas et de la ponctuation)...

L'affaire Duverdy est donc intéressante parce que tout le monde y a tort, et pas seulement le procureur. Qui plus est, elle est riche de conséquences (contrairement aux cas de Flaubert, de Baudelaire, et d'Eugène Sue et quoi qu'on puisse en croire) pour ce qui se passe actuellement. Christine Angot, par exemple, comme l'indique Clélia Anfray dans ce volume, s'est vue traînée en justice en raison des accusations portées par l'un de ses personnages, dans un cas qui semble être à peu près le contraire du cas Duverdy puisqu'elle aurait cette fois tout reproduit fidèlement, rendant la personne entièrement reconnaissable à l'exception de son nom.

Laissons le dernier mot à Guy de Maupassant qui l'eut dans l'affaire Duverdy en publiant dans la *Revue littéraire et artistique* de février 1882 un article intitulé « Les théories littéraires de maître Rousse (à propos du procès Duverdy) ». Ce qu'il écrit suggère à quel point le procureur occupe une place importante dans la postérité littéraire :

> C'est une fatalité, chaque fois qu'en un procès la littérature sera mise en jeu, il se rencontrera toujours un avocat pour venir jouer les Pinard. Avec moins d'éclat que son stupéfiant confrère, maître Rousse s'est cependant acquitté d'une façon suffisamment étonnante de son rôle de réformateur littéraire et il nous a servi quelques arguments dignes de l'immortel accusateur de la non moins immortelle *Madame Bovary*[1].

Elisabeth LADENSON
Columbia University

1 Cité par A. Najjar, *Le Procureur de l'Empire*, *op. cit.*, p. 329.

JUGER LA LITTÉRATURE

Les transformations des rapports entre critique et censure (XIXe-XXe siècles)

Les rapports entre critique et censure constituent un objet privilégié pour étudier le processus d'autonomisation du champ littéraire. Ce processus, qui n'est ni linéaire, ni irréversible, s'inscrit dans un mouvement de différenciation des espaces d'activité intellectuelle à partir du début du XIXe siècle : les sciences d'abord, puis la philosophie se spécialisent, dépossédant la littérature de nombre de ses domaines de compétence. C'est le moment où le terme de « littérature » prend son sens moderne, restreint à ce qu'on appelait auparavant les « belles-lettres », et où l'écrivain se rapproche de la figure de « l'artiste ». Le développement de la critique littéraire accompagne cette évolution dans une conjoncture d'essor de la presse et de l'imprimé qui offre des possibilités sans précédent de vivre de sa plume à de nouveaux producteurs intellectuels appartenant à l'élite lettrée mais ne disposant pas de rentes et n'exerçant pas une profession[1]. Cette activité connaît un processus de professionnalisation, même si une partie des critiques demeurent des producteurs et non seulement des commentateurs, car la critique (littéraire ou d'art) est une ressource aussi pour les écrivains qui peinent à vivre de leurs œuvres. Ce corps de spécialistes qui s'arroge le monopole du jugement esthétique va jouer désormais un rôle de médiation majeur entre l'auteur et le public pour un certain type d'œuvres. Si ce rôle d'intermédiation semble répondre à un besoin créé par l'industrialisation de la production éditoriale, qui ne tarde pas à entraîner un phénomène de surproduction de l'offre par rapport à la demande[2], il faut se garder des interprétations fonctionnalistes.

1 Sur le développement de la presse au XIXe siècle, voir l'ouvrage de synthèse de Ch. Charle, *Le Siècle de la presse (1830-1939)*, Paris, Seuil, 2004.

2 R. Chartier et H.-J. Martin, *Histoire de l'édition française*, Paris, Fayard/Promodis, 1991 (en particulier les tomes 2 et 3).

En effet, dès la monarchie de Juillet, la critique entre en concurrence avec les nouveaux modes de diffusion de productions littéraires elles-mêmes, plus particulièrement avec le roman-feuilleton, qui va occuper le rez-de-chaussée des journaux jusque-là réservé à la critique, ce qui explique en partie la levée de bouclier qu'il suscite et la stigmatisation de la « littérature industrielle », selon le terme de Sainte-Beuve[1].

Et de fait, le commentaire critique, inscrit dans la tradition lettrée, s'est d'emblée consacré presque exclusivement (à quelques exceptions près) à des œuvres considérées comme relevant de la culture légitime. Mais on peut également dire qu'en les prenant en considération, en les considérant dignes d'être commentées, discutées, la critique les inscrit dans la culture légitime. Sous ce rapport, la critique contribue à instaurer dès le XIXe siècle la coupure entre culture « légitime » et culture populaire ou culture de masse.

Au moment de l'élargissement du public des consommateurs culturels aux fractions non dotées en capital culturel, la critique contribue ainsi à constituer l'opposition qui va désormais structurer le champ littéraire entre un pôle de grande production et un pôle de production restreinte[2]. La focalisation sur la forme plutôt que sur le contenu est un moyen de marquer sa distance par rapport à un mode de consommation utilitaire qu'on impute aux classes populaires : la définition kantienne du jugement esthétique comme un jugement désintéressé met l'accent sur cette dimension non utilitaire qui caractérise le rapport cultivé aux œuvres, l'utilitarisme incluant aussi bien la satisfaction immédiate des besoins (la fonction de divertissement) que la recherche de modèles (la fonction didactique).

En retour, dès l'origine les grandes industries culturelles, celles de l'édition puis celles du cinéma, ont développé des stratégies pour contourner la critique – notamment des stratégies de marketing (études de marché, etc.) –, en se prévalant du goût du grand public et en accusant la critique d'élitisme, ou, à défaut, pour la contrôler, voire l'« acheter ». S'il faut « acheter » la critique, ce n'est pas seulement parce que la publicité coûte cher : c'est aussi parce qu'elle contribue à la chaîne de légitimation des œuvres.

---

1 Ch.-A. Sainte-Beuve, « De la littérature industrielle », *Revue des deux mondes*, 1er septembre 1839, p. 675-691.

2 P. Bourdieu, *Les Règles de l'art. Genèse et structure du champ littéraire*, Paris, Seuil, 1992.

La critique participe de ce que Bourdieu a appelé la « production de la croyance », laquelle dépend, comme dans la magie telle que l'a analysée Marcel Mauss, de la croyance dans le magicien et du circuit de légitimation[1]. Or plus le circuit est long et en apparence désintéressé, plus il conforte la croyance. Mais la critique doit garantir son désintéressement, c'est pourquoi il lui faudra se démarquer clairement de la publicité lorsqu'elle s'organise professionnellement au début du XXe siècle[2].

De même, la critique va progressivement affirmer son autonomie par rapport aux attentes morales, politiques et sociales, et entrer en concurrence avec la censure étatique. Cette évolution n'a rien d'automatique. C'est sur elle que je vais centrer mon propos ici, en proposant dans un premier temps de différencier les types de discours critiques et leur rapport à la censure, puis, dans un second temps, d'introduire une perspective diachronique pour comprendre l'évolution des rapports entre critique et censure.

LES TYPES DE DISCOURS CRITIQUES

Si le développement critique accompagne le processus d'autonomisation du champ littéraire, cela ne signifie pas, contrairement à certaines reconstructions anhistoriques, que la critique a toujours revendiqué les principes de l'autonomie de la littérature face aux attentes et aux contraintes extra-littéraires, loin de là. Au XIXe siècle, la critique s'arme même souvent des formes du discours lettré pour euphémiser des attentes inscrites dans le « bon goût » des classes dominantes, voire relayer les porte-parole de la morale publique, et donc exercer une censure[3], quand elle ne sert pas la censure étatique ou religieuse, laquelle s'est souvent appuyée sur la critique pour donner corps aux poursuites intentées

1 P. Bourdieu, *ibid.* ; Marcel Mauss, « Esquisse pour une théorie de la magie », *Sociologie et anthropologie*, Paris, PUF, 1950.

2 M. Carbonnel, « Profession critique ? Les défis de l'Association syndicale professionnelle de la critique littéraire (1902-1937) », dans *Le Mouvement social*, n° 214, 2006, p. 93-111.

3 Voir par exemple plus haut dans ce volume les contributions d'O. Krakovitch, p. 204-217.

contre des œuvres ou pour dresser des listes de proscription. Car si ces instances ont leurs propres critiques, à l'instar de l'abbé Jean Mutin, nommé chef de la nouvelle division créée au ministère de l'Intérieur en 1827 suite à un durcissement du contrôle des publications, et dont les fiches furent rendues publiques après la révolution de 1830 par *La Gazette littéraire*, ou de l'abbé Brémond au siècle suivant, nombre de critiques indépendants se font le relais des diverses attentes sociales concernant l'art et la littérature.

Sous ce rapport, les discours critiques se polarisent, sur un premier axe, entre deux extrêmes, selon leur degré d'autonomie par rapport aux attentes extra-littéraires. À un pôle, ceux qui, traduisant les attentes de la société ou plutôt de certaines instances qui prétendent parler en son nom (Église, ligues de moralité, mouvements politiques), jugent la littérature principalement en fonction de critères hétéronomes tels que le message ou la conformité au bon goût. C'est à ce pôle que la critique fonctionne comme une censure et peut servir les instances officielles préposées à la censure. Ainsi, la critique des *Chansons* de Béranger publiée par Martainville dans *Le Drapeau blanc* du 27 octobre 1821, qui expliquait que si Béranger avait dit en prose ce qu'il a écrit en rimes, il « aurait eu certainement maille à partir avec M. le procureur du roi », va être utilisée par le parquet pour poursuivre le livre : le réquisitoire du procureur Marchangy s'ouvre sur le même constat du privilège dont jouit la chanson en France[1]. Ce cas-limite de la dénonciation par la critique n'avait rien d'exceptionnel au XIXe siècle, et le parquet n'hésitait pas à susciter une critique qui justifierait les poursuites.

Au pôle opposé se situent les discours critiques qui expriment les exigences propres aux univers littéraires et artistiques, selon des critères de jugement esthétiques avant tout, critères dont ils revendiquent l'autonomie par rapport aux attentes morales, politiques ou sociales (sans parler des attentes économiques en termes de chiffres de vente). Ce type de discours critique est développé principalement par les écrivains eux-mêmes, notamment contre les attaques et les poursuites que subissent leurs œuvres ou celles de leurs proches. Un exemple idéal-typique est le dossier constitué par Baudelaire pour son avocat lors de son procès et centré sur la défense de l'art pour l'art, ou

1 *Procès fait aux chansons de P.-J. Béranger*, Paris, Baudouin frères, 1828, p. 29.

son article sur *Madame Bovary*, dans *L'Artiste* du 18 octobre 1857, dans lequel il explique que « si les magistrats avaient découvert quelque chose de vraiment reprochable dans le livre, ils l'auraient néanmoins amnistié, en faveur et en reconnaissance de la BEAUTÉ dont il est revêtu. » Et il félicite Flaubert d'avoir ainsi prouvé « que tous les sujets sont indifféremment bons ou mauvais, selon la manière dont ils sont traités, et que les plus vulgaires peuvent devenir les meilleurs[1] ». On trouve évidemment l'antécédent de cette revendication du primat de l'esthétique sur la morale dans la fameuse préface de Théophile Gautier à *Mademoiselle de Maupin* (1834).

Les discours critiques se différencient également selon un deuxième axe en fonction de leur degré de politisation (ou de dépolitisation). Les critiques situés au pôle dominant du sous-champ de la critique, ceux qui écrivent dans la grande presse littéraire et politique, tendent à euphémiser leur discours selon les normes du « bon goût » et de l'académisme, tandis que ceux qui se situent au pôle dominé tendent à le politiser en dénonçant le conformisme et l'académisme des points de vue dominants. Les attaques de Brunetière contre Zola, dont il qualifie le projet créateur d'« ignoble[2] », se faisant le porte-parole du « bon goût » des classes dominantes contre la « vulgarité » de la littérature naturaliste, illustre bien le premier type, tandis que le pamphlet surréaliste contre Anatole France, intitulé « Un cadavre » (1920), est représentatif du second :

> Loti, Barrès, France, marquons tout de même d'un beau signe blanc l'année qui coucha ces trois sinistres bonhommes : l'idiot, le traître et le policier. Ayons, je ne m'y oppose pas, pour le troisième, un mot de mépris particulier. Avec France, c'est un peu de la servilité humaine qui s'en va. Que ce soit fête le jour où l'on enterre la ruse, le traditionalisme, le patriotisme, l'opportunisme, le scepticisme, le réalisme et le manque de cœur ! (André Breton)

Le croisement de ces deux axes, degré d'autonomie et de degré de politisation, conduit à distinguer quatre types idéaux de jugements sur la littérature : moral, esthète, politique et social, critique ou subversif :

---

1 Reproduit dans Ch. Baudelaire, *Œuvres complètes*, texte établi, présenté et annoté par Claude Pichois, Paris, Gallimard, coll. « Bibliothèque de la Pléiade », t. II, 1975, rééd. 2008, p. 77 et 81.

2 Cité par A. Compagnon, *Connaissez-vous Brunetière. Enquête sur un antidreyfusard et ses amis*, Paris, Seuil, coll. « L'Univers historique », 1997, p. 113.

DOMINANT
Orthodoxie
Académique

AUTONOMIE *Forme, style* *Formalisation*	**esthétique**	**moral**	HÉTÉRONOMIE *Contenu*
	subversif	**politique**	

DOMINÉ
Hétérodoxie
Politisé

Types idéaux de discours critiques

Au pôle hétéronome dominant prévaut le jugement moral porté sur les œuvres, la morale étant la forme dépolitisée et euphémisée que revêt l'idéologie. À ce pôle s'inscrivent non seulement les défenseurs officiels de la morale publique qui entendent la protéger des outrages que lui font les œuvres littéraires, de *Madame Bovary* à *Rose Bonbon* – roman de Nicolas Johns-Gorlin, paru chez Gallimard en 2002, et dont le narrateur à la première personne est un pédophile –, mais aussi des critiques qui se font les représentants de la morale au sein du monde des lettres et sont souvent les premiers, on l'a vu, à signaler à la justice les œuvres à poursuivre (il faudrait saisir toutes les implications de cette fonction de « délateurs » qu'ils conçoivent comme une responsabilité).

Tout comme le procureur impérial Ernest Pinard[1], les critiques officiels reprochèrent, par exemple, à Flaubert son parti pris impersonnel, le choix de ne pas juger Emma Bovary, voire de lui témoigner de la sympathie. Selon le procureur, le roman magnifiait l'adultère, interprétation qui reposait sur une erreur d'interprétation due au recours de Flaubert à une technique novatrice, le discours indirect libre, qui exprimait le point de vue de l'héroïne et non celui du narrateur, mais elle ne fut pas comprise, d'où le scandale. Les critiques s'offusquèrent également du traitement égalitaire des personnages, alors que la norme classique voulait que ce traitement corresponde aux hiérarchies sociales. Le projet

1 Sur Pinard, voir la contribution d'E. Ladenson dans le présent volume, p. 255-265.

même de Flaubert de « bien écrire le médiocre » constituait une faute de goût, pire une hérésie qui comportait une dimension politiquement subversive. Si cette critique ne pouvait être invoquée devant la justice, car il n'y avait pas de loi interdisant la faute de goût, elle montre bien l'effet de censure morale que les classes dominantes peuvent exercer sur le champ littéraire à travers le pôle hétéronome de la critique.

On peut évoquer comme autre illustration de la rhétorique propre au pôle hétéronome de la critique les attaques d'Henri Massis contre André Gide. Le critique catholique ne voyait en effet dans le classicisme de Gide qu'un subterfuge formel « pour mieux faire triompher l'individualisme du fond, pour que croissent en dignité les monstres qui s'y tiennent cachés ». Le classicisme n'était, chez l'auteur des *Caves du Vatican*, qu'hypocrisie, le masque derrière lequel il abritait sa « nature morbide ». C'est pourquoi il considérait Gide comme « démoniaque[1] ».

Au pôle autonome, c'est, on l'a vu, le jugement esthète qui est de mise, jugement désintéressé selon la définition kantienne, faisant sien le principe de l'art comme finalité sans fin. Ce type de discours qui se développe avec le romantisme se radicalise avec la théorie de l'art pour l'art, s'affirmant à la fois contre l'art bourgeois représenté par l'école du « Bon sens » et contre l'art social. Il opère un renversement des rapports entre l'art et la morale : comme l'exprime à l'excès Théophile Gautier dans la préface à *Mademoiselle de Maupin* (1834) : « Il n'y a de vraiment beau que ce qui ne peut servir à rien ; tout ce qui est utile est laid, car c'est l'expression de quelque besoin, et ceux de l'homme sont ignobles[2]. » La littérature moralisatrice ne peut, de ce fait, être que mauvaise, car l'art qui récompense la vertu renvoie à une morale inférieure, qui fait appel à l'intérêt. D'abord situé au pôle dominé du champ littéraire, l'idée que les bons sentiments ne sont pas matière à littérature, qui s'est transmise au pôle esthète du champ littéraire de Gautier à Gide et à Paulhan en passant par Baudelaire et Flaubert, va devenir symboliquement dominante sous la Troisième République. Désormais, non seulement on récuse le jugement moral porté sur la littérature, mais on

1 H. Massis, *Jugements*, Paris, Plon, t. II, 1924, p. 20 *sq.* Sur ce débat, voir mon livre, *La Guerre des écrivains, 1940-1953*, Paris, Fayard, 1999, chap. 2. Sur les enjeux de la critique catholique, voir H. Serry, *Naissance de l'intellectuel catholique*, Paris, La Découverte, 2004, chap. 5.

2 Th. Gautier, Préface de *Mademoiselle de Maupin*, Paris, Garnier-Flammarion, coll. « GF », 1966, p. 45.

pratique une sorte de censure esthète qui consiste à jeter la suspicion contre toute œuvre dont le message idéologique serait trop évident.

Un exemple extrême du travail de dépolitisation que peut opérer le jugement esthète est la lecture que Gide a proposée de *Bagatelles pour un massacre* (1937) de Céline, et dans laquelle il affirmait que les juifs n'étaient qu'une métaphore, à rebours du jugement moraliste du philosophe catholique Jacques Maritain, lequel dénonçait l'antisémitisme du pamphlet peu avant l'adoption du décret Marchandeau de 1939 qui allait condamner les incitations à la haine raciale[1]. Gide tentait ainsi de maintenir Céline au pôle de l'autonomie littéraire, alors même que le choix du genre pamphlétaire tout comme les sources journalistiques sur lesquelles Céline s'appuyait marquaient son évolution vers une hétéronomie croissante[2].

Au pôle dominé, le plus ouvertement politisé, il faut distinguer le jugement qui appréhende les œuvres exclusivement dans leur dimension socio-politique de celui des avant-gardes qui valorisent la fonction subversive de la littérature contre l'ordre établi sans la réduire à son contenu.

Dans le premier cas, celui du pôle dominé hétéronome, on peut citer en exemple les attaques, à partir de 1920, de l'écrivain populiste Henri Béraud contre les auteurs-phare des Éditions de la Nouvelle Revue française, qui seront bientôt rebaptisées les éditions Gallimard (notamment André Gide et Jean Schlumberger). Béraud leur reproche pêle-mêle leur snobisme, leur protestantisme, leur ascétisme scolaire et livresque, leurs préférences sexuelles (l'homosexualité), autant de traits qui les placent selon lui hors du « génie français[3] ». La dénonciation du caractère « malsain », « obscène », de l'œuvre de François Mauriac par Lucien Rebatet sous l'Occupation allemande en France, qui vise à la faire interdire par les autorités d'occupation, s'inscrit dans la même veine : il lui reproche notamment de juxtaposer deux champs sémantiques, celui du religieux et celui du scatologique, et d'y insinuer des allusions sexuelles :

> [...] le bourgeois riche, avec sa torve gueule de faux Gréco, ses décoctions de Paul Bourget macérées dans le foutre rance et l'eau bénite, ces oscillations entre l'eucharistie et le bordel à pédérastes qui forment l'unique drame de

1 Sur ce débat, voir P. Vidal-Naquet, « Jacques Maritain et les Juifs », dans Jacques Maritain, *L'Impossible Antisémitisme*, Paris, Desclée de Brower, 1994, p. 7-60.

2 A. Kaplan, *Relevé des sources et citations dans « Bagatelles pour un massacre »*, Tusson, Éditions du Lérot. 1987.

3 H. Béraud, *La Croisade des longues figures*, Paris, Éditions du siècle, 1924, p. 36.

> sa prose aussi bien que de sa conscience, est l'un des plus obscènes coquins qui aient poussé dans les fumiers chrétiens de notre époque[1].

À ce pôle, la critique n'hésite pas à faire intervenir des instances extra-littéraires pour arbitrer les rapports de force au sein du champ littéraire. Toute proportion gardée, on en trouve l'équivalent structural à l'extrême-gauche, des jugements très conservateurs de Proudhon, qui ne considérait les œuvres d'art que du point de vue de leur vertu didactique pour le peuple, à la critique communiste au XXe siècle, avec par exemple les attaques contre la littérature bourgeoise ou encore le subjectivisme pessimiste de « la littérature de l'absurde et du désespoir » incarnée par l'existentialisme[2]. La mise en application des directives jdanoviennes à partir de 1947 et la tendance ouvriériste qui s'impose au sein du Parti exacerbe les attentes politiques de la littérature, au point qu'Aragon lui-même se trouve mis en cause en 1948 et en vient à réclamer une véritable critique, fondée sur une compétence lettrée dont ses juges militants sont dépourvus[3].

En revanche, si les jugements esthétiques des avant-gardes sont souvent associés à la dénonciation de l'ordre établi, du pouvoir, ou de l'air du temps et prennent la forme du manifeste ou du pamphlet, à l'instar du *Traité du style* d'Aragon (1928) ou encore du pamphlet surréaliste « Un cadavre », déjà cité, ils n'en restent pas moins tournés avant tout vers le renouvellement des formes littéraires. Et s'ils dénoncent l'institution littéraire dans son ensemble à travers les écrivains qui occupent des positions dominantes comme Anatole France, André Gide ou Jacques de Lacretelle, c'est pour leur reprocher d'avoir trahi leur mission[4]. Ils leur opposent une pureté originelle et, bien que prétendant souvent faire table rase du passé, se réclament toujours d'un ancêtre ou d'une figure tutélaire – comme Lautréamont pour les surréalistes ou Flaubert pour le nouveau roman – qui exprime la dimension réflexive du champ

1 L. Rebatet, *Les Décombres*, Paris, Denoël, 1942, p. 49.

2 C. Morgan, « Ce que nous sommes », *Les Lettres françaises*, n° 87, 21 décembre 1945. Voir aussi, par exemple, L. Casanova, « Le Parti et les intellectuels » [1er novembre 1947], dans Laurent Casanova, *Le Parti communiste, les intellectuels et la nation*. Paris, Éditions Sociales, 1949, p. 16.

3 Voir G. Sapiro « Formes et structures de l'engagement des écrivains communistes en France », *Sociétés & Représentations*, n° 15, 2003, p. 154-176.

4 Sur la genèse de ce reproche, voir plus loin l'article de T. Roger, p. ### et, sur Anatole France, celui de P. Durand, p. ###.

littéraire par la référence constante à son histoire. S'ils veulent faire de la littérature une arme subversive contre l'ordre social, ils n'en récusent pas moins toute forme de censure, comme l'illustre la prise de position d'André Breton en faveur d'Aragon lorsqu'il est poursuivi pour appel au meurtre dans son poème « Front rouge » (« Feu sur Léon Blum ») : pour Breton, la poésie émanant de l'inconscient, on ne peut tenir son auteur pour responsable de ses écrits.

Ce constat de la formation d'un pôle de la critique orienté vers l'affirmation de l'autonomie de la littérature conduit à s'interroger sur l'évolution des rapports de force entre critique et censure étatique, et en particulier sur leur renversement à partir du Second Empire.

LA CONQUÊTE DE L'AUTONOMIE

L'article cité de Baudelaire sur *Madame Bovary* célébrait une victoire de la critique contre la censure étatique que marquait l'acquittement de Flaubert, malgré la plaidoirie de connivence de son avocat, Me Sénard, qui semblait se soumettre aux normes incarnées par le tribunal en interprétant *Madame Bovary* comme un roman à thèse avant la lettre, montrant les effets nocifs des mauvaises lectures sur une jeune fille d'origine modeste, à laquelle elles auraient donné des ambitions à s'élever au-dessus de sa condition[1]. Cette victoire fut saluée par une partie la critique. Sainte-Beuve loua la « sagesse des juges » dans un article qui lui valut d'être écarté du *Moniteur* : « L'ouvrage appartient désormais à l'art, seulement à l'art, il n'est justiciable que de la critique, et celle-ci peut user de toute son indépendance en en parlant[2]. »

Ce renversement du rapport de force entre la critique et la justice n'est encore que symbolique à cette date. Il faut attendre la Troisième République et la lutte ouverte qui s'engage autour des nouvelles lois sur la presse pour voir reconnaître – partiellement – sinon le monopole, du moins la

---

1 Sur les arguments de Sénard, voir *La responsabilité de l'écrivain. Littérature, droit et mode en France (XIXe-XXIe siècles)*, Paris, Seuil, 2011, p. 205 *sqq.*.

2 Ch.-A. Sainte-Beuve, *Panorama de la littérature française (portraits & causeries)*, Paris, LGF, coll. « Le livre de poche », 2004, p. 1429.

supériorité du jugement littéraire des critiques sur celui des magistrats[1]. Au cours du débat parlementaire sur la loi de 1882 qui amende celle de 1881 sur la liberté de presse, le député d'extrême-gauche Gaillard invoqua ainsi l'incompétence des magistrats en matière littéraire pour s'opposer au transfert de compétence du jury d'assises au tribunal de police correctionnelle dans les délits commis par voie de presse. Il donna à l'appui lecture du jugement prononcé par le tribunal de correctionnel sur *Madame Bovary*. Un jugement qui, « après avoir montré ce que doit être la mission de la littérature et des littérateurs », n'avait pas craint « d'indiquer quel est le devoir de l'écrivain, ce qu'il faut qu'il fasse [...] ». Le tribunal de police correctionnelle s'était érigé en « directeur de notre littérature ». Or, ironisa le député, l'Académie suffit à ce rôle, qu'elle remplit du reste elle-même de manière qui laisse à désirer, ayant cru bon de préférer Casimir Bonjour à Victor Hugo[2].

La réflexion sur les limites de la compétence des tribunaux dans le domaine des lettres s'intensifie autour des procès engagés contre les naturalistes, donnant lieu à des formes de défense corporative. À l'annonce des poursuites engagées contre Paul Bonnetain pour *Charlot s'amuse* et contre Henri Fèvre et Louis Desprez pour *Autour d'un clocher*[3], le critique Gustave Geffroy, qui incarnait le pôle autonome de la critique, décréta ainsi l'incompétence absolue des juges en matière littéraire et invita ses pairs à refuser toute forme de coopération avec la justice, fût-ce pour obtenir des circonstances atténuantes. Publié dans la chronique judiciaire de *La Justice*, son article résonnait comme un manifeste :

> Pour notre part, nous nous refusons à lire, en compagnie d'un magistrat, un livre dénoncé ; nous nous refusons à engager une discussion de littérature ou de morale avec le monsieur qui est sûr de clore la controverse en énonçant seulement le numéro d'un article du Code. Il ne s'agit pas ici de critique littéraire ; pourquoi examiner l'œuvre poursuivie, fournir des explications sur les passages soulignés par la censure judiciaire, demander des circonstances atténuantes ? ce serait reconnaître le bien fondé de procès de ce genre[4] [...].

1 Ce qui suit reprend de façon synthétique des analyses développées dans la troisième partie de mon livre *La Responsabilité de l'écrivain. op. cit.*

2 « Discussion du projet de loi concernant la répression des outrages aux bonnes mœurs », *Débats parlementaires*, 25 juin 1882, p. 1019-1022.

3 Sur ces procès, voir Y. Leclerc, *Crimes écrits. La littérature en procès au XIXe siècle*, Paris, Plon, 1991.

4 Gustave Geffroy, *La Justice*, 7 septembre 1884.

Durant l'instruction du dossier d'*Autour d'un clocher*, l'éditeur Kistermaeckers contesta, dans une lettre au juge, la compétence du jury en matière littéraire : il trouvait « absurde de faire résoudre une question artistique par un jury composé de pharmaciens et de marchands de bonnets de coton[1] ». Cet argument fut développé par Louis Desprez lors de son procès, dans son plaidoyer en défense. Comparant la littérature à la médecine et à l'architecture, Desprez faisait valoir la nécessité de recourir à des experts :

> Si vous étiez appelés à trancher le différend entre M. Koch et M. Pasteur sur la cause du choléra, vous vous avoueriez incompétents, et vous affirmeriez que, seul, un tribunal composé de médecins et de chimistes, une faculté de médecine toute entière, peut donner son avis dans une question aussi controversée. Si une ville qui a fait bâtir était en procès avec l'architecte, si l'on vous mettait sous les yeux des devis et des plans contradictoires, vous renverriez la ville et l'architecte à une commission d'experts.
>
> Eh bien, messieurs, la littérature n'est ni moins compliquée ni moins abstruse que la médecine ou l'architecture. Vos affaires, vos devoirs, vos graves occupations de tous les jours ne vous ont pas permis d'étudier à fond la philosophie de l'art et les littératures comparées. Et vous avez trop le sentiment de votre mission actuelle, vous avez trop le souci de juger équitablement, c'est-à-dire en pleine connaissance de cause, vous êtes trop sincères pour vous dissimuler votre incompétence, pas un de vous peut-être n'ayant lu le livre incriminé.

Selon Desprez, « un seul jury pourrait prononcer, un jury composé des maîtres de notre littérature contemporaine. Nous y appellerions M. Victor Hugo, M. Ernest Renan, M. Taine, M. Edmond de Goncourt, MM. Erckmann-Chatrian, M. Jules Vallès, M. Émile Zola, M. Alphonse Daudet et M. Henry Becque[2] ». À défaut de ce jury idéal, il s'en référait à l'autorité de trois de ses illustres aînés, Sainte-Beuve, Balzac et Zola. Sainte-Beuve et Balzac étaient convoqués pour contester la définition même du crime d'offense aux mœurs : ils pointaient les abus d'accusation d'immoralisme à défaut de reproches plus précis, à l'instar de Balzac, dans sa préface à *La Comédie humaine* : « Le reproche d'immoralité qui n'a jamais failli à l'écrivain courageux, est d'ailleurs le dernier qui reste à faire quand on n'a plus rien à dire à un poète[3]. »

---

1 Cité d'après le « Bulletin judiciaire » du *Journal des débats*, 21 décembre 1884.

2 L. Desprez, « Pour la liberté d'écrire », dans R.-P. Colin et J.-F. Nivet, *Louis Desprez (1861-1885). Pour la liberté d'écrire*, biographie suivie de « Pour la liberté d'écrire » et de « Mes prisons, par un naturaliste », Tusson, Éditions du Lérot, 1992, p. 230-231.

3 Cité par L. Desprez, *ibid.*, p. 232.

La critique de tous bords profita de l'occasion pour se proclamer seule experte en matière de jugement littéraire. « [L]e parquet n'est pas fait pour exercer une magistrature de critique littéraire ni pour réformer ou maintenir le goût », déclare Nestor *alias* Henry Fouquier[1]. Il n'avait aucune compétence dans ce domaine, comme l'expliquait Gustave Geffroy :

> Où est-il l'expert en art et en pornographie qui saura apprécier la sincérité d'un écrivain et la basse crapulerie d'un spéculateur, qui saura sonder la phrase, régler le dosage de l'expression, dire dans quelle mesure la réalité doit passer dans la page écrite ? [...] Où est-il, cet arbitre ? Où est-il, ce critique littéraire[2] ?

Et Geffroy d'appeler « tous ceux qui ont l'honneur de tenir une plume » à s'unir « quelles que soient leurs différences d'opinions, pour récuser l'arrêt », sans quoi c'en est fait de la liberté d'écrire. Il faut sans doute voir dans cet appel comme dans l'idée du contre-jury suggérée par Desprez une des origines de la pétition en soutien de Lucien Descaves, poursuivi pour son roman antimilitariste, ou plus exactement critique de l'armée, *Sous-Offs* (1889), pétition qui préfigurait la nouvelle forme de mobilisation des « intellectuels » pendant l'affaire Dreyfus. Signée par cinquante-quatre écrivains, elle parut dans *Le Figaro* du 24 décembre 1889, avec un chapeau de Francis Magnard qui l'introduisait dans ces termes : « dans les questions de littérature, le jugement de l'auteur par ses pairs est le seul raisonnable, le seul admissible, à une époque qui a tout discuté, tout analysé, tout nié. »

Le problème restait que cette compétence lettrée n'était pas certifiée par un diplôme, à la différence des professions libérales ou des professeurs. En outre, tous les critiques étaient loin d'être alignés sur cette défense de l'autonomie de la littérature. Nombre d'entre eux continuaient de se faire les porte-parole des entreprises de morale qui tentaient de contrôler la littérature, de l'Église aux ligues de moralité. L'intérêt national devient à cette époque la nouvelle valeur suprême au nom de laquelle on peut imposer des limites à la littérature. L'opposition normal/pathologique, empruntée au registre médical, se substitue à celle, religieuse, du bien et du mal à une époque de laïcisation de la morale publique.

---

1 Nestor [H. Fouquier], « La justice et les lettres », *Gil Blas*, 24 décembre 1884.

2 G. Geffroy, « Chronique : la littérature en cour d'assises », *La Justice*, 21 décembre 1884.

On constate néanmoins que, désormais, la critique moralisatrice ou idéologique devra tenir compte des règles de l'autonomie du discours critique et euphémiser son propos sous des arguments formels et non seulement moraux sous peine de se disqualifier – contrainte qui se manifeste même dans des moments de perte d'autonomie comme sous l'Occupation allemande[1]. C'est ainsi que la critique aura contribué à l'autonomisation du champ littéraire – comme à celui du champ artistique – face à la censure.

Gisèle SAPIRO
CNRS-EHESS
CESSP-CSE

1 Sur cette période, voir mon livre *La Guerre des écrivains*, *op. cit.* et, dans le présent volume la contribution de B. Curatolo, p. 281-296.

CENSURE ET AUTOCENSURE DANS LA PRESSE LITTÉRAIRE SOUS L'OCCUPATION

Dans le cadre d'une réflexion sur la censure, il est inévitable de s'intéresser aux périodes où une occupation politique et militaire réduit un territoire à une privation de parole à laquelle il n'était pas accoutumé : ce fut, on le sait, le cas de la France entre 1940 et 1944, d'abord pour la zone occupée, puis, à partir de novembre 1942, pour la zone dite « libre » jusque-là. Malgré les guerres précédentes, celles de 1870 et de 1914-1918, et les occupations partielles, jamais la France républicaine n'avait connu un tel assujettissement concernant sa liberté de pensée et d'expression. Aussi l'Occupation allemande, relayée par le régime de Vichy, représente-t-elle une expérience particulièrement traumatisante pour tous les principaux acteurs de la vie littéraire et intellectuelle, écrivains, éditeurs, journalistes et chroniqueurs de la presse spécialisée, lesquels ont préféré parfois se censurer eux-mêmes plutôt que de l'être par d'autres. Mais nous devons également nous interroger sur la pratique de la censure et de l'autocensure du côté de ceux qui sont en mesure de devenir des censeurs, directeurs de journaux et critiques littéraires qui savent jusqu'où il ne faut pas aller dans le maniement des ciseaux, sans oublier que, souvent, le silence fait sur une œuvre est la meilleure façon de l'interdire.

On se doute que l'objet d'étude est énorme – les travaux déjà nombreux qui lui ont été consacrés suffisent à le prouver – et, plutôt que de proposer ici une véritable « synthèse » qui, en si peu de lignes, s'avèrerait décevante, nous avons choisi de donner quelques exemples symptomatiques de ce que peuvent signifier la censure et l'autocensure dans la presse littéraire française au cours de cette période qu'avec Jean Guéhenno, on a pris l'habitude d'appeler les « années noires[1] ». Le cor-

1 J. Guéhenno, *Journal des années noires (1940-1944)* [1947], Paris, Gallimard, « Folio », 2002.

pus retenu tend à refléter les sensibilités politiques les plus affirmées pour ce qui est de la presse autorisée, de façon plus ou moins durable, les parutions clandestines relevant d'une autre approche[1] ; ainsi seront évoqués quatre titres, *Le Figaro*, *La Gerbe*, *Comœdia*, *Le Rouge et le Bleu*.

Le premier, créé en 1826, refondé en 1854 – ce qui en fait le plus ancien quotidien français –, finalement installé à Lyon au lendemain de l'invasion allemande et, dirigé de façon fort intelligente par Pierre Brisson, sut trouver en ses fidèles contributeurs d'avant-guerre des voix justes pour défendre la pure littérature en ces temps troublés. Le journal, par décision de son directeur, ne parut plus dès le 11 novembre 1942, avant de renaître le 25 août 1944, avec un éditorial de François Mauriac.

La Gerbe, journal fondé en juillet 1940 par Alphonse de Châteaubriant, ouvertement collaborationniste, disparut en 1944 ; sa page littéraire accueillit ainsi des articles d'Abel Bonnard, Jean de La Varende ou Claude Farrère mais également d'écrivains dont les choix politiques, par leur complexité, font encore discussion, Marcel Aymé, Jean Giono, Paul Morand.

Comœdia, dont le titre apparaît dès 1907, devint après plusieurs transformations, un hebdomadaire publié de juin 1941 à août 1944, autorisé, voire encouragé, par les autorités de tutelle ; sa partie littéraire, dirigée par Marcel Arland, est sans doute l'une des plus remarquables pour l'époque, contenant, par exemple, des recensions signées par Jean Grenier sur les ouvrages de Sartre ou de Camus.

Enfin, *Le Rouge et le Bleu*, qui parut brièvement entre novembre 1941 et août 1942, révèle le plus grand nombre d'ambiguïtés, du fait de son fondateur/directeur, Charles Spinasse, de son sous-titre, « Revue de la pensée socialiste française », de son engagement plutôt pétainiste, voire maréchaliste, mais interdit par la censure sans qu'on en connaisse précisément les raisons[2].

---

1 Voir O. Cariguel, *Panorama des revues littéraires sous l'Occupation (juillet 1940-août 1944)*, Paris, IMEC, « Inventaires », 2007.

2 La collection complète, très rare, en est conservée au Musée de la Résistance et de la Déportation à Besançon, accompagnée d'une lettre de C. Spinasse à un abonné l'informant de l'interdiction du titre.

RECENSION DES ÉCRIVAINS CHRONIQUÉS

Autant que faire se peut, selon le dépouillement opéré, on a tenté de classer les auteurs dont l'œuvre a fait l'objet d'une recension au cours de la période concernée. Ce classement se veut le moins arbitraire possible mais il est bien évident que certaines catégories, du point de vue politique, offrent un profil mal cerné, compte tenu des nuances d'un tableau dont les ombres l'emportent sur la lumière.

1. *Écrivains disparus* : Charles-Louis Philippe (1874-1909) ; Eugène Dabit (1898-1936)
2. *Écrivains intronisés* : Paul Valéry (1871-1945) ; Colette (1873-1954) ; Léon-Paul Fargue (1876-1947) ; Henri Pourrat (1887-1959)
3. *Écrivains collaborationnistes* : Pierre Drieu La Rochelle (1893-1945) ; Louis-Ferdinand Céline (1894-1961) ; Henry de Montherlant (1896-1972)
4. *Écrivains sympathisants* : Jean Giono (1895-1970) ; Marcel Arland (1899-1986)
5. *Écrivains « neutres »* : Joe Bousquet (1897-1951) ; Jean Grenier (1898-1971)
6. *Écrivains de gauche et/ou résistants* : Marc Bernard (1900-1983) ; Jean-Paul Sartre (1905-1980) ; Jean Blanzat (1906-1977)
7. *Écrivains nouveaux* : Marius Grout (1903-1946) ; Raymond Guérin (1905-1955) ; Paul Gadenne (1907-1956) ; Georges Magnane (1907-1985) ; Luc Dietrich (1913-1944) ; Albert Camus (1913-1960)

Les catégories 1 à 3 ne posent pas de problème majeur, pas plus que la 7, les jeunes auteurs s'y côtoyant n'ayant pas encore déclaré une opinion politique ou morale, si tant est qu'elle apparût par la suite : Luc Dietrich et Marius Grout, inspirés par la foi chrétienne, moururent trop tôt, Raymond Guérin et Paul Gadenne, indéniablement les plus doués de ces romanciers nouvellement découverts, ne leur survécurent pas longtemps, tous deux hantés par la noirceur de la condition humaine malgré leur sensibilité différente[1] ; viennent ensuite Georges Magnane, dont le roman, *La Bête à concours*, fut en lice pour le Goncourt 1941, moins pour ses qualités littéraires que pour son parti-pris anti-intellectualiste, bien conforme quoique non avoué, à l'idéologie vichyste[2], et Albert Camus dont *L'Étranger* devait connaître le succès que l'on sait mais sans que personne ne sût vraiment lui donner en 1942 une coloration politique tant sa réception fut controversée[3]. Les catégories 4, 5 et 6 sont plus poreuses, concernant surtout Giono, Arland et Grenier : le premier se compromit dans des entreprises peu recommandables – raisons alimentaires, dit-il – qui lui valurent quelques difficultés à la Libération ; le deuxième, pour des motivations peut-être aussi matérielles, se plia aux exigences de l'occupant, avec prudence toutefois grâce aux conseils de Jean Paulhan qui le dissuada de faire le voyage à Weimar et d'accepter la direction de *La NRF*, échouée à Drieu La Rochelle. Jean Grenier, quant à lui, est sans doute le plus inclassable de ces écrivains de l'entre-deux : professeur de philosophie en poste dans différents pays du pourtour méditerranéen avant la guerre, il « occupa » la chaire de Jankélévitch, banni comme juif, à l'université de Lille mais de façon fortuite, sans que cela le dédouane complètement d'une attitude pour le moins opportuniste[4]. Comme son ami Arland, et compagnon au comité de lecture de *La NRF* depuis les années 1930, il revêtit ce double rôle, au fond confortable, de l'écrivain publiant et du critique jugeant l'œuvre d'autrui : le cas n'est pas rare dans l'activité littéraire, force est de reconnaître pourtant que, dans des périodes comme celle de l'Occupation, la situation ne manque pas d'avantages. Restent ces écrivains dont l'appartenance à la gauche politique ne pouvait être ignorée, au moins pour Marc Bernard[5] et, surtout, Jean Blanzat qui fut un résistant très actif, le

1 Voir B. Curatolo, *Raymond Guérin. Une écriture de la dérision*, Paris, L'Harmattan, 1996 ; id., *Paul Gadenne. L'écriture et les signes*, Paris, L'Harmattan, 2000.

2 Pour l'historique du prix Goncourt 1941, voir B. Curatolo, « De quelques journaux sous l'Occupation », dans *La Chronique littéraire*, dir. B. Curatolo et J. Poirier, Éditions Universitaires de Dijon, 2006, p. 157-169.

3 Voir D. Rabaté, « *L'Étranger* », *Dictionnaire Albert Camus*, dir. J. Guérin, Paris, Laffont, « Bouquins », 2010, p. 289-295 et la notice du roman par André Abbou dans *Œuvres complètes*, Paris, Gallimard, « Bibliothèque de la Pléiade », t. I, 2006.

4 Voir J. Grenier, *Sous l'Occupation*, Paris, Éditions Claire Paulhan, 1997, p. 269 *sq.*

5 Voir la préface de S. Bonnefoi au recueil d'articles de Marc Bernard, *À l'attaque !*, Paris, Le Dilettante, 2004.

cas de Sartre étant plus controversé[1]. Blanzat reçut, en juin 1942, le Grand prix du roman de l'Académie française pour *L'Orage du matin* (Gallimard), grâce au soutien du secrétaire perpétuel Georges Duhamel et de François Mauriac qui marquèrent par là leur opposition à Vichy ; Bernard, lui, se vit attribuer à l'automne suivant le prix Goncourt pour *Pareils à des enfants...* (Gallimard), la solidarité entre Nîmois ayant sans doute encouragé Jean Paulhan, à la fois résistant et néanmoins cheville ouvrière des éditions de *La NRF*, à militer en faveur d'un romancier qui, certes, avant-guerre avait été très proche des communistes mais qui, avec ce récit autobiographique, donnait à lire une ode à sa mère veuve et un plaidoyer pour le travail manuel : ce qu'on pourrait appeler un acte de maréchalisme involontaire. Il n'est pas rare, en effet, que certaines œuvres aient ainsi fait l'objet, par la censure et la critique orthodoxe, d'une récupération idéologique que leurs auteurs étaient loin de soupçonner. Ainsi Paul Gadenne note dans ses carnets (inédits), peu après le succès de *Siloé* (Gallimard, 1941) :

> S. m'apporte la traduction de l'article de *Das Reich* au cours duquel mon livre est nommé. Il y est dit que les intellectuels sont responsables de la défaite française. C'est à l'appui de cette idée qu'on cite mon livre, avec celui de Magnane : ces deux livres dénonçant d'après l'auteur le vice dont la France a été victime.

La Bête à concours, on l'a suggéré plus haut, se présente comme une charge contre la Sorbonne et le Quartier-Latin alors que *Siloé*, de manière beaucoup plus subtile, compare les vertus régénératrices de la montagne – de la nature en général – à l'atmosphère urbaine, mais son héros finit par revenir parmi les hommes des grandes villes, comme chantait le poète, alors que celui de Magnane, fils d'agriculteur, après avoir été admis à l'agrégation, s'en retourne à la terre qui l'a vu naître. Cette « jeune » littérature suffit à montrer que, pour la censure, la question est plus morale que politique, ce que confirmera le fait que Raymond Guérin, avec l'appui de Jean Paulhan et de Marcel Arland, fut à deux doigts de remporter le Goncourt avec *Quand vient la fin* (Gallimard, 1941) mais Vichy estima que la description, cliniquement très détaillée, d'un cancer

1 Pour ces deux auteurs, voir G. Sapiro, *La Guerre des écrivains (1940-1953)*, Paris, Fayard, 1999, et sa notice « Intellectuels et artistiques (milieux) » dans le *Dictionnaire historique de la Résistance*, dir. Fr. Marcot, Paris, Laffont, « Bouquins », 2006, p. 891-893.

en phase terminale était de nature à démoraliser le public ; les comptes rendus, jusque dans *La Gerbe*, furent toutefois élogieux.

EXEMPLA

Il est impossible de commenter ici tous les cas, auteur par auteur, titre par titre, aussi n'en retiendrons-nous que les plus exemplaires dans telle ou telle catégorie.

Parmi les écrivains *intronisés*, Colette est la figure typique de l'auteur « intouchable » devant qui la seule attitude possible est la révérence. À moins de n'en rien dire, ce que fit *Le Figaro*, sans doute parce que, pour Pierre Brisson et son équipe, la dame du Palais-Royal, voisine et amie de Jean Cocteau qui l'évoque volontiers dans son *Journal*[1], n'avait pas besoin de sa publicité. Pour les autres titres, voici ce que l'on trouve :

- *La Gerbe*, 12 juin 1941 : G. R., « Portrait de Colette » [sur *Madame Colette*, de Gonzague Truc] ;
- *Comœdia*, 13 décembre 1941 : Marcel Arland, « *Julie de Carneilhan* et *Mes Cahiers* de madame Colette » ; 15 mai 1943 : id., « *Le Képi* de Colette » ;
- *Le Rouge et le Bleu*, 10 janvier 1942 : Maurice Saillet, « *Julie de Carneilhan* de Colette (Fayard) ».

Rien d'étonnant que le livre du maurrassien Gonzague Truc soit recensé dans *La Gerbe* mais il ne faut pas oublier que « Madame Colette » était mariée, à cette époque, avec Maurice Goudeket, qui sera arrêté comme juif et interné près de Compiègne à l'hiver 1942[2] avant d'être libéré grâce à de sérieux appuis auprès des autorités allemandes. L'antisémitisme proclamé du journal de Châteaubriant n'aura donc pas été la raison suffisante pour censurer un écrivain « enjuivé », selon la terminologie

1 J. Cocteau, *Journal (1942-1945)*, Paris, Gallimard, 1989.

2 Voir *ibid.*, p. 49 et B. Curatolo, « L'année 1942 dans les journaux intimes des écrivains français », dans *Écrire sous l'Occupation*, dir. B. Curatolo et Fr. Marcot, Presses Universitaires de Rennes, 2011, p. 75-76.

de l'époque, et on peut trouver là une forme d'autocensure idéologique. Du côté d'Arland et de Saillet, animés par des motifs strictement littéraires, l'accueil ne pouvait être qu'admiratif tant la maîtrise stylistique de Colette paraît incontestable.

Signalons que, dans la même catégorie, Paul Valéry, entre le début d'août et la fin de septembre 1941, eut droit à trois recensions, dans *Le Figaro*, *Comœdia* et *La Gerbe*, Fargue une dans *Comœdia*, Pourrat une dans ce dernier et une autre dans *Le Rouge et le Bleu*, à l'occasion du Goncourt 1941.

Parmi les écrivains *collaborationnistes*, le cas le plus étrange est celui de Céline qui est totalement absent de la presse consultée, à l'exception de *La Gerbe* qui donne, en octobre 1940, un article sur *L'École des cadavres* (1938), intitulé « En relisant Céline » et signé par François de La Mésanchère, puis, en mars 1941, une étude de Lucien Combelle, « Céline et notre temps ». À croire que, selon une habitude prise depuis 1936, avec la parution de *Mort à crédit*, puis, en 1937 de *Bagatelles pour un massacre*, les journalistes littéraires ne savent trop que faire d'un auteur aussi peu « assimilable », aussi bien en termes d'idéologie politique que de normes stylistiques. Il y a là une assez flagrante illustration de l'autocensure pratiquée par une presse, quel que soit son bord, qui ne sait ni ne veut s'encombrer d'un pamphlet aussi incommode que *Les Beaux Draps* (1941) ou d'un roman aussi déroutant que *Guignol's Band* (1944).

Drieu La Rochelle fut moins dérangeant, sans doute, bénéficiant d'un accueil favorable dans la presse modérée, *Le Figaro* et *Comœdia*, en février 1941 et janvier 1942. Mais, incontestablement, ce fut Montherlant qui bénéficia de la meilleure réception, surtout dans *Comœdia*, notamment à l'occasion de la biographie que lui avait consacrée, en 1941, Jean-Noël Faure-Biguet, *Les Enfances de Montherlant*, sorte d'hagiographie capable d'exalter une figure emblématique de la grandeur morale et de la force physique, image entièrement usurpée, comme on le sait, mais coïncidant bien avec les « valeurs » d'une époque où les faux-semblants masquaient les « vraies richesses », malgré l'ambiguïté de cette expression qui nous conduit à celle de son inventeur.

Le cas Giono est, de fait, l'un des plus controversés autant aux jours de l'Occupation que des nôtres, personne ne sachant au juste ce que ce diable d'homme pouvait penser en son for intérieur, attitude qui le conduisit par deux fois à l'intérieur d'un fort, au début de la guerre, pour propagande pacifiste, à la fin de celle-ci pour « collaboration », même si, d'après ce que certains prétendent, ce fut plutôt pour le soustraire à la justice expéditive de quelques « résistants » manosquins un peu trop zélés[1]. Quoi qu'il en soit, les attaques, en forme de censure si l'on veut, vinrent très tôt ; ainsi sous la plume de Jacques Chardonne, dans *Le Figaro littéraire* du 5 août 1939[2], ulcéré par la *Lettre aux paysans sur la pauvreté et la paix* que Grasset avait publiée en décembre 1938 ; le riche producteur de cognac, héritier de la famille Boutelleau, le copropriétaire de la librairie Stock avait quelque mal à comprendre que l'on pût prêcher la simplicité autarcique :

> Jean Giono a écrit une lettre très sage aux paysans. Il leur dit de ne plus chercher à gagner de l'argent qui ne vaut rien, d'entretenir autour de leurs maisons des cultures variées et de vivre de leurs produits, libres dans la pauvreté et pourvus de vraies richesses.
> Subsister par soi-même, reposer tout entier sur soi, c'est un privilège, certes, dans notre société asservie. Mais la société désirée par Giono, une société sans argent, sans commerce, où l'homme vit des produits de ses cultures a existé vers le neuvième siècle. C'est l'époque la plus sombre de notre histoire[3].

Et de retracer l'histoire d'une civilisation, polie par le commerce, dont l'un des fleurons est le négoce en vins… de Bordeaux[4]. Le chantre de la ruralité la plus rustique passait donc pour un barbare aux yeux de celui qui, quelques mois plus tard, devait se complaire sans scrupule aux principes d'un Ordre Nouveau faisant de la brutalité une loi, sans foi. Curieux caractère que celui d'un écrivain aussi délicat, auteur, entre autres romans remarquables, des *Destinées sentimentales* (Grasset, 1934-1936), capable de subir néanmoins l'attrait de l'uniforme[5] ; mais on pourrait en dire autant de Paul Morand ou de Marcel Jouhandeau. Après cela, il ne sera plus question de Giono dans *Le Figaro Littéraire*.

L'uniforme, c'est justement celui que ne voulait pas revêtir Giono une deuxième fois, sa mobilisation entre 1915 et 1919 l'ayant définitivement

1 Voir P. Citron, *Giono*, Paris, Seuil, « Écrivains de toujours », 1995, p. 99.
2 Rappelons que *Le Figaro littéraire* parut comme supplément hebdomadaire au quotidien, le samedi, jusqu'à la fin 1942.
3 J. Chardonne, « Vins de Bordeaux », *Le Figaro littéraire*, 5 août 1939.
4 Fr. Mauriac en fait une peinture impitoyable dans ses romans.
5 Voir la biographie que lui a consacrée G. Guitard-Auviste, *Jacques Chardonne*, Paris, Albin Michel, 2000.

découragé de participer à nouveau aux massacres qu'il évoque dans *Le Grand Troupeau* (Gallimard, 1931) avant d'appeler à un *Refus d'obéissance* (Gallimard, 1937[1]) qui a pu faire craindre à son entourage[2] qu'il déserterait. Or, en septembre 1940, Raymond Asso donne dans *La Gerbe* une « Lettre à Jean Giono » qui entrerait sans peine, comme pièce à conviction, dans un procès en béatification. Un an plus tôt, le jeune poète était employé à Digne au recensement des hommes mobilisables :

> [...] un matin, sur le carton de couleur, j'ai vu ton nom. Je voulais te voir, mais avant de lever la tête, j'ai eu peur.
> Comment tu allais me paraître ? [...]
> Et puis ma main a touché un livre qui était sur la table. C'était ton *Chant du Monde*[3]. Je l'avais acheté le matin.
> Alors je me suis décidé. D'un coup j'ai levé les yeux et j'ai vu la Lumière. [...]
> Après, on t'a mis en prison. À cause de ta Lumière. Et je ne t'ai plus vu[4].

Cet éloge du pacifisme pourrait sembler assez curieux dans un journal comme *La Gerbe* si, sous une métaphore évangélique, ne pointait la critique du régime politique d'avant-guerre : « Tu le sais, que les bergers que nous avions ne connaissaient pas les pâturages. Tu le sais que le troupeau est fatigué. Que la route a été dure. Alors montre le chemin aux brebis et aux agneaux. » Il y a aussi que Giono, à cause de son pacifisme, justement, n'était pas opposé à un rapprochement franco-allemand et cela, ajouté aux difficultés économiques, fait qu'il se laissa persuader par Alphonse de Châteaubriant, en 1941, de lui donner un roman : ce sera *Deux Cavaliers de l'orage*, publié dans *La Gerbe* de décembre 1942 à mars 1943. Cas typique d'un écrivain que la presse de l'Occupation aurait *dû* censurer, à cause de son action passée, et qui, n'ayant pas *su* s'autocensurer, est récupéré par la propagande collaborationniste. Son voyage à Paris, en mars 1942, pour la sortie de *Triomphe de la vie*,

1 Il faut noter que de tous ces textes pacifistes, beaucoup de prépublications parurent dans *Europe*, ce qui a pu donner à d'aucuns l'idée que Giono fût communiste : voir sa réponse au Père Varillon, jésuite – un proche de Claudel – dans *Récits et essais*, Paris, Gallimard, « Bibliothèque de la Pléiade », 1988. Cette lettre, datée de novembre 1936 (*Cahiers du Contadour*, n°s 3/4), très anti-cléricale, comporte cette formule : « Je suis un peu plus que communiste. »

2 Voir, en particulier, P. Magnan, *Pour saluer Giono*, Paris, [Denoël, 1990], Gallimard, « Folio », 1993.

3 Paris, Gallimard, 1934.

4 R. Asso, « Lettre à Jean Giono », *La Gerbe*, 19 septembre 1940.

alors que sa pièce, *Le Bout de la route*, est jouée depuis quelques mois avec succès au Théâtre des Noctambules, est présenté, dans *Comœdia* comme un événement : « Retour de Manosque, voici Giono sous le ciel parisien[1] », photo à l'appui. Mais ce sont d'autres photographies qui vont définitivement le compromettre, celles parues le 1er janvier 1943 dans *Signal*, édition française d'un bimensuel allemand[2]. Les attaques les plus dures viennent, bien sûr, de la presse clandestine mais c'est dans *Le Rouge et le Bleu*, hebdomadaire maréchaliste comme on l'a vu, que Giono se fait éreinter, non pas seulement au plan politique mais surtout littéraire, ce qui est pire pour lui. Dans une chronique intitulée « Limites de Giono », Maurice Saillet assène ces dures réalités :

> Je ne lirai probablement jamais les cent dernières pages du *Triomphe de la vie*. [...] Sans coup férir, et sans, du reste, avoir jamais cherché, il possède, que dis-je ? il monopolise le lieu et la formule. Le lieu étant naturellement Manosque et la formule une certaine *exploitation* de la terre dont il se fait moins le servant que... l'impresario[3].

Et, avec une subtilité qui n'appartient qu'à lui, Saillet ajoute :

> Et voilà ce qui m'émerveille : que Giono se permette d'appuyer sur une telle plaisanterie un édifice théorique qui tient debout parce que c'est la mode et parce que la mode est justement ce « retour à la terre » qu'il préconise depuis tant d'années. [...]
> Son installation au plateau du Contadour rappelle les entreprises « naturistes » d'un Gourdjieff on d'un Raymond Duncan. [...] Mais cela ne constitue pas, à proprement parler, un « retour à la terre ». Il s'agit tout au plus d'un détour, d'une cure.

Il y avait belle lurette que plus personne n'allait au Contadour mais, de la ferveur d'Asso à l'ironie de Saillet, on mesure l'imprudence de Giono à s'être voulu un « guide » pour les intellectuels en mal de ruralité. Imprudence également de la part du journaliste se permettant de considérer le retour à la terre comme une « mode », alors qu'il s'agissait d'un pilier de la politique pétainiste : on suppose que l'interdiction du *Rouge...* n'est pas entièrement étrangère à ce type d'opinion.

---

1 *Comœdia*, 7 mars 1942 ; le 21 juin 1941, Roland Purnal y signait un compte rendu très élogieux de la pièce *Le Bout de la route*.

2 Voir P. Citron, *op. cit.*, p. 89.

3 M. Saillet, « Limites de Giono », *Le Rouge et le Bleu*, 23 mai 1942.

Pour conclure cette partie, il convient de relever deux phénomènes. Le premier tient à ce qu'on appellerait aujourd'hui des « réseaux » : force est de constater qu'un écrivain comme Marcel Arland est servi par de généreux comptes rendus dans la presse autorisée pendant que Jean Grenier est salué à la fois dans *Le Figaro*, par André Rousseaux, et dans *Comœdia* par… Marcel Arland, mais aussi dans *Le Rouge et le Bleu* par le franc-tireur Maurice Saillet. Les auteurs de la maison Gallimard, à l'évidence, bénéficiaient d'une censure favorable. Le second participe d'une attention réelle portée aux jeunes talents – pas forcément selon l'âge mais l'entrée véritable en littérature – par tous les journaux de notre corpus : c'est ainsi que Marius Grout est remarqué pour *Musique d'Avent* (1942) dans *F*, *C* et *RB*[1], *Raymond Guérin dans G*, *C* et *RB* pour *Quand vient la fin* (1941), Georges Magnane dans *G*, *C*, *RB* pour *La Bête à concours* (1941), Luc Dietrich dans *F*, *G*, *RB* pour *L'apprentissage de la ville* (1942), Paul Gadenne et Albert Camus devant se contenter de deux recensions chacun dans *C* et *RB*, le premier, pour *Siloé* (1941), le second pour *L'Étranger* (1942). Mais ce deuxième phénomène, à l'évidence, croise le précédent puisque *tous* les ouvrages mentionnés ont paru chez Gallimard, sauf celui de Dietrich pris en charge par l'éditeur collaborationniste que fut Robert Denoël et qui, faut-il le rappeler, avait sous contrat Louis-Ferdinand Céline depuis *Voyage au bout de la nuit* (1932), refusé alors par… Gallimard.

LES PARADOXES DU *CROCHETEUR BORGNE*

Selon toute vraisemblance, c'est Maurice Saillet qui se dissimule derrière le cryptonyme « Le Crocheteur borgne » signant un billet littéraire en vis-à-vis de la chronique qu'il donne sous son véritable nom. Les sujets traités sont assez voisins pour qu'on puisse s'en convaincre, le ton et le style également[2] et puis, l'attaque contre *Les Parents terribles* de Cocteau (8 novembre 1941) préfigure celle que Justin Saget

1 *F* pour *Le Figaro*, *G* pour *La Gerbe*, *C* pour *Comœdia*, *RB* pour *Le Rouge et le Bleu.*

2 M. Nadeau témoigne : « Il collabora aux premiers numéros de *La Quinzaine littéraire* où quelques-uns de ses articles firent sensation : sa plume était devenue encore plus acérée.

– pseudonyme connu celui-ci – livrera dans *Combat*[1]. Pourquoi avoir choisi cette signature en clin d'œil, si l'on ose dire, au fameux conte de Voltaire portant ce titre ? Non pas pour l'histoire narrée, certes, mais plutôt pour sa morale qui veut que le héros, Mesrour, « n'avait point l'œil qui voit le mauvais côté des choses ». À lire, du 1er novembre 1941 au 15 août 1942, les 18 « encadrés », dont la longueur ne dépasse guère les cinquante lignes, on se prend à douter de ce parti-pris tant notre Crocheteur se veut lucide quant à la perversion de la chose littéraire en temps d'Occupation mais il faut aussi lui reconnaître, en plusieurs occasions, un don d'émerveillement capable de nuancer son ironie coutumière[2]. Nous en prendrons pour preuve la moitié des billets afin d'y suivre les méandres d'une ligne politique pour le moins sinueuse. Viennent en premier lieu les diatribes contre la « décadence » des pratiques mondaines comme la course aux prix littéraires, le Goncourt en tête :

> Le scrutin annuel légué à la postérité par deux aimables intoxiqués du jus de l'encrier, anxieux de perpétuer leur espèce stérile – le prix des frères Goncourt – n'intéresse que les académiciens du même nom et les sommeliers du restaurant Drouant.

Et le polémiste de poursuivre :

> La mode des prix littéraires a fait beaucoup de mal à la littérature. Elle fut un des signes de décrépitude d'une société qui ne tenait plus debout que par la force de l'habitude. [...] Il y a des ruines qui sont fort bien par terre, et les prix littéraires sont de celles-là[3].

Voilà qui consonne assez bien avec le discours officiel sur les raisons de la défaite d'une France républicaine, rongée des pires vices moraux et sociaux : il n'est pas anodin que les auteurs de *Germinie Lacerteux* (1865), roman de la déchéance, soient stigmatisés pour représenter une fin de race alors que la guerre offre l'occasion propice à son renouveau. Ainsi sont

---

Il comprit de lui-même qu'il ne pouvait pas nous obliger à nous brouiller avec la terre entière », *La Quinzaine littéraire*, 16-30 septembre 1990.

1 « La santé de Cocteau », 6 décembre 1947 ; repris dans J. Saget, *Billets doux*, Paris, Mercure de France, 1952, p. 51-52.

2 Il faut rappeler, d'autre part, que « Le Crocheteur borgne » était le pseudonyme de Guillaume Apollinaire dans les *Soirées de Paris* (1912-1914), mais rien n'assure que Saillet l'ait connu.

3 1er novembre 1941. Précisons que, pour la plupart, les billets ne comportent pas de titre.

censurées, dans le microcosme littéraire, ces « combines » qui reflètent une habitude plus générale consistant à faire du favoritisme, contre le mérite, une loi scélérate. De même, la pénurie de papier apparaît-elle comme une excellente raison d'« épurer » la production livresque de titres inutiles, fût-ce par des méthodes que Jean Paulhan n'avait pas imaginées quand il parlait de « Terreur dans les lettres[1] » :

> Il ne doit pas être bien difficile de recruter quatre ou cinq douzaines de jurés pour le tribunal révolutionnaire de la littérature. Sérieusement, la France aurait le droit de choisir ce qu'elle produira.

Ce qui a un parfum de Révolution nationale et s'inspire, encore une fois, du dégoût pour le frelaté :

> L'a-t-elle demandée, la pauvre *[France]*, l'eau tiède, fade, et qui sent l'hôpital, de ces romans sans romanesque, de cette histoire sans histoire, de ces poèmes sans poésie, de ces méditations sans pensée, qui, à côté de tant de bons livres, mangent d'avance le pain des grands livres[2] ?

S'esquisse le thème du parasitisme dans une métaphore alimentaire dont la résonance n'est pas anodine en un temps de restriction ; nous la retrouvons à propos de l'adaptation de *La Duchesse de Langeais*[3] que Giraudoux fit publier en volume :

> Mais quand donc aussi nos plus notoires écrivains, ces amis de notre esprit, tour à tour consolateurs de nos heures mornes et compagnons de nos plaisirs impunis, quand donc comprendront-ils qu'ils ne nous doivent pas leurs moindres rogatons, et que nous leur faisons grâce du trop-plein de leur corbeille à papier ? [...] Mais non : romanciers, essayistes, ne posent la plume que pour saisir les ciseaux ; dès qu'ils ne fabriquent pas de l'inédit, ils découpent, ils rognent, ils se font les compilateurs, les scoliastes, les anthologistes de leurs œuvres passées. Quand l'appétit manque devant le morceau, en avant les morceaux choisis[4] !

Surtout célébré comme dramaturge, en ces années d'Occupation où le théâtre, tout comme le cinéma, bat son plein[5], Giraudoux entre, peu

1 J. Paulhan, *Les Fleurs de Tarbes ou la Terreur dans les lettres*, Paris, Gallimard, 1941. M. Saillet lui consacre une chronique le 20 décembre 1941, « Jean Paulhan ou l'intelligence des lettres ».

2 14 mars 1942.

3 Film de Jacques de Baroncelli (1942), d'après le roman de Balzac, avec Edwige Feuillère et Pierre-Richard Willm ; musique de Francis Poulenc.

4 « Giraudoux 32 », 4 juillet 1942 ; l'œuvre de l'auteur comptait jusque-là 31 titres.

5 Voir J. Guérin, « Jouons sous l'Occupation », dans *Écrire sous l'Occupation*, *op. cit.*, p. 209-221.

ou prou, dans la catégorie de ces écrivains mondains, menacés donc de frivolité, mais aux dons incontestables ; loin s'en faut de Cocteau, on l'a annoncé, que le Crocheteur n'épargne pas : « Son talent est le prisunic du génie. Son nom même est un pluriel : un cocktail, des cocktaux. » Suit une description de la posture adoptée par « l'esthète décadent », « le dandy du modernisme », champion du « scandale – cette forme exaspérée du snobisme[1]. » Et, sans surprise, la troisième cible, dans cette famille de dilettantes, est Paul Morand, l'auteur de *L'Homme pressé* (Gallimard, 1941), roman de « trois cent cinquante pages, d'ailleurs fort brillantes, consacrées à nous détailler tout doucement une de ces existences d'avant-guerre qui ne se composaient que de moments perdus. » Le héros, Pierre Niox, « ignore le travail et les soucis d'argent » contrairement au véritable *homme pressé*, « pressé par le temps, pressé par son travail, pressé par ses fins de mois. Pressé par l'épicier, le pharmacien et le percepteur. Pressé comme un citron[2]. » Si le travail, comme l'une des valeurs de la devise vichyssoise, est ici opposé au *farniente*, il faut observer que le Crocheteur s'en prend à des écrivains tenus en odeur de sainteté, bien qu'à des degrés divers, par le régime et l'occupant : la situation de Giraudoux est la plus floue, notamment à cause de la présence de son fils Jean-Pierre auprès du général de Gaulle à Londres, mais il fait toutefois partie des proches du Maréchal et de la Kommandantur ; Morand, son ami de longue date, est ambassadeur en Roumanie, pays d'origine de sa femme, la princesse Soutzo, collaboratrice et antisémite notoire ; quant à Cocteau, on sait que son zèle auprès des autorités allemandes fut l'un des plus affichés dans le Tout-Paris et son enthousiasme pour les athlètes d'Arno Brecker, le sculpteur officiel du Reich, connu jusqu'à Berlin. On peut en déduire que le souci du critique est moins de complaire au pouvoir que de défendre une « morale » de la littérature qui, pourtant, par bien des aspects, rejoint la ligne idéologique de Vichy, entre populisme et ruralité. Ainsi d'une chronique sur la mort du roman « bourgeois » :

> La bulle de verre irisée, où les héros du roman contemporain vivaient d'une vie miraculeusement distincte de la nôtre est brisée. [...] Le milieu social

1 8 novembre 1941. La pièce *Les Parents terribles*, fondée sur une relation incestueuse, avait été créée le 14 novembre 1938 aux Ambassadeurs ; interdite le 3 janvier 1939, elle fut reprise au Gymnase à l'automne 1941.

2 22 novembre 1941. Maurice Saillet lui préfère nettement *Quand vient la fin* de Raymond Guérin.

> où ils évoluaient n'avait plus guère d'existence que dans l'imagination des romanciers. [...] Il n'y avait plus que dans les romans où il fût normal de vivre de ses rentes ou d'« avoir une situation[1] ».

À quoi s'oppose la « geste champêtre » des *Esprits de Garonne*, roman rimé d'André Berry, grâce à qui « la poésie aura élevé le premier monument durable de la nouvelle renaissance française », sa pastorale ayant « la nudité simple des grands thèmes[2] ». Cet éloge de la simplicité fait également le sujet d'un billet sur le nécessaire retour, dans le roman, aux « joies simples[3] », telles qu'on les rencontrait naguère chez Charles-Louis Philippe, Marguerite Audoux[4], entre autres, et que le Crocheteur croit retrouver chez de jeunes romanciers comme René Béhaine ou Louis Artus – dont les œuvres n'ont cependant pas survécu à la guerre.

En revenant au sous-titre de l'hebdomadaire *Le Rouge et le Bleu*, « Revue de la pensée socialiste française », on peut rappeler la polysémie de certains termes du vocabulaire politique, ici « socialiste », dans un contexte trouble – le parti nazi était également socialiste – où les mots ne veulent pas dire toujours ce que les choses sont ou semblent être : les couleurs retenues par Charles Spinasse sont celles de la Révolution et de la République, au détriment du blanc monarchique, et les billets du Crocheteur borgne fustigent, on l'a vu, tout ce qui peut, en littérature, représenter une sorte d'aristocratie esthétisante alors qu'ils prônent des valeurs plus populaires, côté ville ou côté champs. Toutefois, cette préférence ne va pas sans ambiguïté dans la mesure où la défense du peuple tend à se confondre avec l'orientation d'un régime qui n'est rien moins qu'égalitaire et favorise toutes les injustices. C'est peut-être la conscience de ce malentendu qui fait écrire au chroniqueur :

> Avorton monstrueux mis en bocal pour l'éternité dans le liquide sanglant de son dernier bain, Jean-Paul Marat, l'Ami du Peuple, demeure le tragique exemple du plus grand péché contre l'esprit – « qui ne sera point pardonné » - celui du journaliste qui abuse de sa plume pour réclamer du sang, provoquer au meurtre, à la proscription, au massacre, et, tapi dans l'ombre inaccessible

1 15 novembre 1941.
2 28 février 1942.
3 « Simplicité », 13 juin 1942.
4 Ces deux écrivains sont célébrés par Maurice Saillet dans ses chroniques du 15 novembre 1941 et du 2 mai 1942.

> d'une cave, tirer infatigablement de son encrier des larmes, de la douleur et de la mort[1].

Voilà qui, en pleine Occupation, n'était certes pas pour sourire aux collaborateurs de *La Gerbe*, *Je suis partout*, *Au Pilori* et autres journaux ayant fait de la dénonciation publique des « ennemis » de la France une ligne éditoriale. Cette condamnation du *crimen calami* qu'en retour les jurés du Comité national des écrivains, à la Libération, sanctionneront parfois très lourdement, a pu constituer, avec d'autres motifs déjà évoqués, une raison suffisante pour que *Le Rouge et le Bleu* tombe sous le couperet la *Militärbefelshaber*. D'une censure l'autre…

Bruno CURATOLO
Université de Franche-Comté

1 14 février 1942, à propos de deux biographies consacrées à Charlotte Corday et Marat.

LA CRITIQUE LITTÉRAIRE PRATIQUÉE PAR LE CENSEUR ECCLÉSIASTIQUE

Voici un jugement sur Barbey d'Aurevilly : « Je tâte le pouls au malade, et je reconnais en lui des désordres graves : il y a eu ici abus de mysticisme et abus de passion ; le corps brûle et l'âme est folle ; cet être exalté a des besoins de chair et des besoins d'encens. En un mot, le cas est celui-ci : un saint Antoine jeté en pleine orgie, les mains jointes, les yeux au ciel, ayant aux lèvres des baisers féroces et de fanatiques prières. ». Et en voici un autre sur Léon Bloy : « au bout de quelques pages, on a la certitude de se trouver devant un anormal. [...] Léon Bloy [...] est manifestement un déséquilibré et un être absolument antipathique [...] Il se réjouit de toutes les catastrophes. [...] Il peut ridiculiser son épicier et son boulanger qui réclament ce qui leur est dû, mais la sympathie du public va plutôt aux fournisseurs qui ont le malheur de rencontrer de tels clients. Il se plaint de ses amis qui l'abandonnent, mais c'est lui qui se rend insupportable. Il est surpris que les habitants de Lagny soient irrités contre lui ; mais il les a livrés collectivement et individuellement à la dérision universelle dans *Quatre ans de captivité à Cochons-sur-Marne*. Enfin, dernière caractéristique qui le rend odieux, c'est un *tapeur* endurci. » Bien malin qui identifiera au premier coup d'œil lequel est une censure et lequel une critique littéraire ; lequel provient de Zola, dont *Rome* brosse un portrait à charge de la Congrégation de l'Index, et lequel sort des collections *Censura librorum* conservées au Saint-Office romain[1]. La distinction entre censure et critique a longtemps

1 Le premier jugement est extrait de l'article de Zola intitulé « Le Catholique hystérique » pour *Le Salut public* du 10 mai 1865 (repris dans le recueil *Mes haines*) ; le second reprend des extraits du *votum* dû au Père Léonard Lehu « Sur un mouvement de la littérature religieuse en France », consulteur du Saint-Office : *Archivio della Congregazione per la Dottrina della fede* (Archives de la Congrégation pour la doctrine de la foi, Palazzo del Santo Officio, 00120 Città del Vaticano. En abrégé : ACDF), SO, Voti, 1922, 1922-VI-14, doc. 3, p. 24-26. Sur la métaphore médicale, voir dans ce volume les contributions de J.-L. Diaz et de G. Sapiro, respectivement p. 241 et p. 278.

défié le travail des lexicographes[1]. Le dictionnaire de Furetière fournit des définitions suffisamment proches pour qu'on s'interroge sur la différence entre ces deux formes de jugement. Et à qui voudrait faire du censeur un critique obtus, et du critique un censeur délié, les acceptions données apportent un démenti, puisqu'un *critique* est aussi défini comme « un homme bourru, un censeur importun qui trouve à redire à tout ce qu'on fait », et un *censeur*, au contraire, « un critique sçavant qui fait l'examen d'un livre sans passion, et pour y remarquer ce qu'il y a de mauvais et de condamnable[2] ». Au siècle suivant, l'*Encyclopédie* a cru résoudre la difficulté par un critérium définitoire clair : « Critique, censure, (*Synonymes.*) *Critique* s'applique aux ouvrages littéraires ; *censure* aux ouvrages théologiques, ou aux propositions de doctrine, ou aux mœurs[3]. » Mais ce serait interdire à la critique littéraire de s'aventurer dans les considérations religieuses ou morales, et donc dénier leur statut à nombre de critiques littéraires (Barbey d'Aurevilly par exemple), et passer sous silence les observations littéraires pourtant présentes dans les rapports de censure. Une distinction incontestable entre les deux phénomènes paraît se dérober ; les tentatives de les séparer selon une opposition esthétique/idéologique ou obtus/savant tournent aux lieux communs sans validité factuelle.

Pourtant, nier toute différence substantielle entre la censure et la critique virerait à la déconstruction maniaque des stéréotypes sans plus de validité factuelle. Où se situe la borne exacte entre ces deux formes de recension et d'évaluation des livres ? Et que partagent-elles ? La présente étude se limitera aux fonds d'archives de l'Index romain et du Saint-Office pour la littérature française des XIXe et XXe siècles. La comparaison entre la critique littéraire et la censure varie selon le sens que l'on donne à censure ; elle est ici envisagée comme le rapport que rédige un consulteur de l'Index ou du Saint-Office à destination du tribunal ecclésiastique. Ce qui pourrait spécifier la critique, à savoir les considérations littéraires, imprègne pourtant les rapports censoriaux, non

1 Pour une approche lexicographique des termes de censure et de critique, voir également dans ce volume les contributions de J.-C. Abramovici et L. Bianchi, respectivement p. 25 et p. 81.

2 Furetière, *Dictionnaire universel*, La Haye, A. et R. Leers, 1690, t. I (A-E), 4e art. « critique » et 3e art. « censeur ».

3 *Encyclopédie, ou dictionnaire raisonné des sciences, des arts et des métiers*, Paris, Briasson, David, Le Breton et Durand, 1754, t. IV, p. 490.

pas comme des digressions, mais de façon plus structurelle, soit comme une étape dans la démonstration censoriale, soit comme un outillage pour mieux comprendre le sens et la portée de la fiction soumise à l'examen.

EN QUEL SENS DE *CENSURE* LA COMPARAISON AVEC LA CRITIQUE EST-ELLE POSSIBLE ?

Selon l'acception de *censure*, la comparaison avec la critique varie. Évacuons d'emblée deux définitions, hors de propos ici, d'abord le sens large d'« examen » ou de « jugement », dont Boileau se sert par exemple dans son *Art poétique* pour recommander à l'écrivain de soumettre ses textes à un lecteur sévère, ensuite le sens juridique *stricto sensu* de la censure *a priori* ou préventive, c'est-à-dire l'autorisation préalable délivrée par une institution avant la publication. La comparaison abordée ici, parce qu'elle porte sur les mises à l'Index, entend la censure comme un processus judiciaire postérieur à la publication dont la sentence finale vise à en interdire la lecture. Malgré les restrictions de sens, le terme recouvre trois significations distinctes :

1. une sentence d'interdiction, le décret de mise à l'Index : un livre « censuré » est alors synonyme de livre « interdit » ;
2. une recension d'œuvre dans une institution de censure : le rapport censorial, nommé *votum* dans les congrégations romaines, examine en détail le texte poursuivi pour en mesurer l'écart avec les normes théologiques et morales. De même qu'un réquisitoire précède l'arrêt des juges, le *votum* prépare la décision de mise à l'Index par l'autorité ecclésiastique ;
3. le dispositif d'ensemble : la « censure » désigne la procédure judiciaire, depuis la plainte jusqu'à la sentence finale, les acteurs du procès et ses effets.

Chacun des trois sens présente des analogies avec la critique littéraire. Au premier sens, la censure comme décision administrative et judiciaire autorise ou interdit une œuvre, alors que les « arrêts » de la critique persuadent ou dissuadent le lecteur de l'aborder. Mais les sentences de l'Index, elles, occupent une position intermédiaire. Elles ressemblent à un boycott en ce qu'elles ne bénéficient pas de la coercition étatique. La congrégation ne peut en effet compter que sur l'assentiment du lecteur.

Il est aussi possible de comparer la censure conçue comme dispositif institutionnel et social avec la critique littéraire ; la confrontation paraît moins judicieuse pour l'Index romain que pour la censure royale en France au XVIIIe siècle, où des gens de lettres, en particulier critiques littéraires, exerçaient aussi comme censeurs, ainsi que certaines contributions à ce volume le montrent[1]. Les deux dispositifs, critique et censorial, ne sont pas totalement étanches. En ce qui concerne l'Index et le Saint-Office, la relative perméabilité de la censure ecclésiastique avec la critique tient surtout à la citation de la critique au sein des *vota* romains. La censure puise parfois dans les commentaires littéraires de quoi alimenter ses jugements. La procédure de 1927 contre *Corydon* de Gide, commencée au Conseil de vigilance de Paris puis continuée au Saint-Office, illustre l'utilisation de la critique littéraire dans les rapports censoriaux. Le rapport établi par le Conseil de vigilance cite des jugements d'écrivains et de critiques, parfois même sans en préciser la source. On y lit par exemple : « GIDE nous présente la morale pédérastique comme la plus haute et la plus noble, et pousse le sophisme jusqu'à nous offrir l'homosexualité comme la préservation de la morale familiale[2]. » La phrase est directement reprise, sans le citer, d'un jugement émis par Jean de Gourmont dans la revue littéraire *Les Marges* :

> Dans ce petit livre, l'auteur de la *Porte Étroite* a tenté de créer contre la morale sexuelle normale, une morale pédérastique qu'il nous offre comme la plus haute et la plus noble qui soit. Il pousse même le sophisme jusqu'à nous présenter hypocritement la pédérastie comme une préservation de la morale familiale[3].

Lorsque le cardinal-archevêque de Paris envoie le rapport du Conseil de vigilance au cardinal Merry del Val, préfet du Saint-Office, et qu'il y « ajoute, pour mieux renseigner [Son] Éminence, un livre de M. MASSIS

1 Voir notamment les contributions de J.-D. Mellot et C. Cave, respectivement p. 33 et p. 139.

2 AHAP (Archives Historiques de l'Archevêché de Paris), série 4E1, carton 3.2, dossier « Conseil de vigilance. Documents », n° 8, doc. 2.

3 J. de Gourmont, *Les Marges*, 23e année, t. XXXV, n. 142, 15 avril 1926, p. 244.

intitulé : "Jugements", et qui contient une étude sur la tentative immorale de M. André Gide[1] », il considère les observations critiques de Massis aussi probantes qu'une analyse censoriale. À Rome, le maître du Sacré-Palais, chargé de rédiger le rapport pour le Saint-Office, s'accapare de certaines remarques non avancées par le Conseil de vigilance mais formulées dans les *Jugements*. Massis citait en effet une phrase de Malraux : « Il ne faut peut-être pas considérer André Gide comme un philosophe. Je le crois tout autre chose : *un directeur de conscience*[2]. » L'idée est réutilisée par le rapporteur romain : « il a une grande influence sur un grand nombre de jeunes gens par son attitude à se faire maître ou directeur de conscience[3]. » Le frère de Remy de Gourmont et Malraux auraient sans doute été surpris d'apprendre que leurs vues critiques eussent apporté de l'eau au moulin de la censure catholique.

Mais le point de comparaison développé ici porte sur la censure entendue comme évaluation argumentée d'un ouvrage. Un *votum* de l'Index, ou même un réquisitoire de procureur, s'apparente-t-il à un article de critique littéraire ? Un rapport censorial interprète en effet le sens de l'œuvre poursuivie, en fait une recension, interroge les effets potentiels sur les lecteurs et surtout juge, sépare le bon grain de l'ivraie[4]. La critique littéraire, réduite à sa plus simple expression, procède de la sorte.

On a pourtant pris l'habitude d'attribuer à la censure un discours idéologique alors que la critique littéraire serait de nature esthétique. Néanmoins, celle-ci a pratiqué et continue de pratiquer des jugements dans lesquels la morale ou l'idéologie tiennent quelque part. Les études confessionnelles d'un Veuillot, d'un Barbey d'Aurevilly ou d'un Armand de Pontmartin, illustrent une rhétorique que n'aurait pas toujours reniée la Congrégation de l'Index. Ce genre de critique, s'il paraît à première vue daté, évolue au gré des variations idéologiques propres aux cultures contemporaines. Certaines études récentes sur Céline n'accordent-elles pas une large part aux considérations politiques ? Les études de genre poursuivent cette tradition critique d'analyse des œuvres selon des conceptions sociétales. Inversement, la censure ne s'interdit pas d'insérer

1 ACDF, Saint-Office, Censura Librorum, 1927, Protoc. n° 650, doc. 1.

2 Malraux cité dans H. Massis, *Jugements*, Paris, Plon-Nourrit et Cie, coll. « La Critique », t. II, 1924, p. 6.

3 Trad. des ACDF, Saint-Office, Censura Librorum, 1927, Protoc. n° 650, doc. 4.

4 Pour une approche judiciaire de la censure, voir plus haut la contribution de T. Hochmann, p. 157.

dans ses jugements des observations esthétiques, moins conjoncturelles qu'une vue étroite pourrait le laisser supposer, puisqu'elles structurent parfois l'argumentation du censeur.

À défaut d'une distinction entre l'idéologie et l'esthétique, ne pourrait-on pas différencier les deux discours selon leur finalité ? Un souci descriptif orienterait la critique, quand la censure serait normative. Sainte-Beuve donnait ainsi à son travail une finalité didactique : « La critique pour moi (comme pour M. Joubert), c'est le plaisir de connaître les esprits, non de les régenter : un lorgnon et point de férule[1]. » L'antithèse pourrait servir à distinguer le discours critique, orienté vers l'éclaircissement du sens d'une œuvre, du rapport censorial, qui évalue au regard de normes à respecter. La séparation des deux discours selon cette optique, toute séduisante qu'elle est, ne rend pas compte des manières diverses de concevoir la critique. Si Sainte-Beuve déclare ne pas pratiquer la « férule », l'image désigne néanmoins une forme de critique littéraire qui distribue des bons points et des cartons rouges, non seulement au regard de la facture littéraire des textes, mais encore de leur valeur morale. La distinction entre un ordre positif et un ordre normatif manque elle aussi de perspicacité.

Un troisième critère pourrait distinguer le texte critique du rapport censorial : l'effet sur la lecture. Le rapport censorial conduit le juge à se prononcer sur une autorisation ou sur une interdiction de l'ouvrage examiné ; la censure a donc une incidence directe sur le marché du livre. Mais si la censure d'État s'exerce par la coercition, celle de l'Église romaine ne bénéficie pas de la contrainte publique dans les nations sécularisées ni même de l'obligation canonique lorsque les Églises locales prétendent observer un droit canonique coutumier propre. La France du XIXe siècle n'accorde pas de valeur légale ou judiciaire aux décisions de la Congrégation de l'Index ; et les institutions ecclésiastiques françaises, au moins pendant la première moitié du siècle, suivent des coutumes « gallicanes » selon lesquelles les décisions romaines de l'Index n'obligent pas en conscience. Comme les conseils de lecture formulés par la critique, les sentences de l'Index ne prennent effet qu'autant que le public leur apporte son assentiment. L'idée d'une séparation nette entre une censure qui contraint le public et une critique qui le laisse

1 Sainte-Beuve, *Mes poisons. Cahiers intimes inédits*, éd. V. Giraud, Paris, Plon-Nourrit, 1926, p. 129.

libre, caricature les réalités éditoriales. D'une part, il existe une forme de critique prétendant conseiller sinon régenter les choix de lecture, ou du moins un certain public se sert de la critique à cet usage ; d'autre part, certaines formes de censure, comme les mises à l'Index, ne contraignent ni physiquement ni en conscience. Si l'on s'en tient au rapport censorial, la frontière entre la censure et un article de critique littéraire ne paraît pas bien établie. Les observations littéraires présentes dans les censures ne sont-elles cependant pas accessoires alors qu'elles sont essentielles à la critique ?

LES CONSIDÉRATIONS LITTÉRAIRES COMME LIEUX ARGUMENTATIFS DE LA CENSURE

Les considérations littéraires présentes dans les *vota* servent à l'argumentation censoriale. Elles suivent l'analyse doctrinale et morale. L'écart constaté entre l'œuvre poursuivie d'une part et la doctrine de la foi ou les règles morales d'autre part aboutit à qualifier le texte d'*irréligieux* ou d'*immoral*. De telles qualifications ne suffisent cependant pas toujours à justifier une mise à l'Index. La Congrégation interdit en priorité les œuvres jugées *dangereuses*. Dans le domaine des textes littéraires, le passage de l'immoralité au danger s'effectue à travers l'idée de *séduction* : une œuvre immorale est dangereuse si elle est susceptible d'exercer une séduction sur le lecteur[1]. Afin de déterminer la séduction, les censeurs évaluent le style de l'ouvrage : la beauté des images, l'intérêt des récits tenant en haleine le lecteur, les descriptions saisissantes rendent un roman séduisant (et séducteur – nous dirions aujourd'hui « manipulateur »). L'articulation rhétorique entre l'immoralité, la séduction et le danger est résumé dans cette appréciation tirée du *votum* sur *Le Lys dans la vallée* : « la beauté du style, les anecdotes et toutes les circonstances jusqu'à mettre en scène les personnages du plus haut rang, et la plus monstrueuse conjonction d'incrédulité et d'hypocrisie rendent le livre plus dangereux et séduisant[2]. » Après le constat de l'irréligion du *Jésuite*,

1 Sur Pinard en lecteur séduit, voir plus haut l'article d'E. Ladenson, p. 255.
2 Trad. des ACDF, Index, Protocolli 1838-1841, f° 555 v°.

roman anonyme dû à l'abbé Michon, le censeur conclut : « Dans tout le roman, l'artifice est grand, le style agréable, les touches magistrales, les images si colorées qu'on les croirait flamandes, le récit séduisant. Pour ces raisons, je crois que l'on doit interdire la lecture de ce roman[1]. »

À l'inverse, une œuvre hérétique et immorale, mais non pourvue des mérites littéraires susceptibles d'entraîner l'adhésion du lecteur, ne mérite pas de condamnation. *Chatterton* de Vigny est épargné d'une mise à l'Index pour ce motif :

> Mais après cet exposé des idées immorales, irréligieuses et révolutionnaires qu'à chaque pas on rencontre autant dans le drame que dans la préface, et qui composent l'un et l'autre un mauvais livre, sera-t-il pour autant un livre à interdire par la Sacrée Congrégation ? C'est au jugement très savant de Leurs Éminences Révérendissimes qu'il appartiendra de le décider. J'avoue que je me trouve très embarrassé pour prononcer un avis, quel qu'il soit, par rapport à une telle demande. Le but qu'avec beaucoup de sainteté les Pères du saint concile de Trente se sont fixé à l'esprit en créant le premier *Index librorum prohibitorum*, et qu'a toujours devant les yeux la Sacrée Congrégation dans tous ses décrets, n'est pas tant celui d'interdire les livres mauvais, que celui d'interdire les livres qui, par leur malignité, peuvent porter préjudice aux âmes des fidèles. Il peut y en avoir beaucoup, dont il est improbable, quoique mauvais, qu'ils portassent préjudice parce qu'ils ne sont pas à la portée de tous, comme le seraient de nombreux classiques grecs et latins, qui, en dépit des nombreuses obscénités qu'ils contiennent, ne sont pas interdits pour cette raison ou parce que, bien qu'ils soient à la portée de tous, leur nullité, pour ainsi dire, est si grande qu'il n'est pas croyable qu'ils puissent porter préjudice, et ils tombent dans l'oubli dès leur première parution, parce que remplis d'inepties et dépourvus de tout mérite littéraire, ce qui est précisément le cas du livre dont on traite ici. C'est pour sûr, comme je l'ai dit au début, un livre d'aucun prix, qui n'a aucun mérite poétique, ni en ce qui concerne l'invention, ni en ce qui concerne l'exposition, qui ne traite que d'un très obscur rimailleur tout-à-fait inconnu de tous, et qui se suicide à cause de la misère et par amour ; c'est pourquoi ne pouvant d'aucune manière intéresser les lecteurs, il ne peut devenir célèbre, ni acquérir du crédit auprès de qui que ce soit ; et qu'il va nécessairement tomber dans l'oubli, si toutefois il n'y est pas déjà tombé à cette heure[2].

Une telle forme de raisonnement, « instrumentalisant » les procédés esthétiques pour un discours éthique, singularise-t-elle la censure de

1 Trad. des ACDF, Index, Protocolli 1865-1869, doc. 113, p. 7.

2 Trad. des ACDF, Index, Protocolli 1836-1838, f° 137 r°.

la critique littéraire ? Il ne semble pas. Rousseau procède ainsi dans sa lettre à d'Alembert pour défendre les mesures prises à Genève contre la comédie : Molière, explique Jean-Jacques, ruine les inclinations vertueuses, en particulier la franchise et la piété filiale, avec un talent propre à séduire les esprits frivoles[1]. Plus près de nous, le critique universitaire Jean-Pierre Martin, dans son *Contre Céline* de 1997, montre que la petite musique célinienne est une ruse pour endormir les défenses immunitaires du lecteur face à l'idéologie dangereuse contenue dans ses pamphlets[2].

Dans le cas de l'Index, ce type de démonstration ne va pas de soi. Les règles énoncées au moment du concile de Trente envisagent le style comme une circonstance atténuante des censures. Si les livres obscènes sont en effet interdits, la septième règle de l'Index prévoit une clause dérogatoire : « Les ouvrages antiques païens sont permis, en raison de l'élégance et de la propriété du style [*propter sermonis elegantiam et proprietatem*] ; en revanche, sous aucun prétexte, on ne les expliquera aux enfants[3]. » La démonstration censoriale usant du style réussi comme aggravation de la simple immoralité en danger, s'oppose à l'esprit de la norme. Une telle pratique jurisprudentielle paraît considérer la norme tridentine comme caduque. Pourtant, Léon XIII, lors de sa réforme de l'Index en 1887, réaffirme ce principe et l'étend même aux « classiques modernes ». Les censeurs s'adaptent alors à la volonté léonine. L'année suivante, le *votum* sur *Paris* de Zola distingue deux types d'analyses littéraires. D'une part, Zola, au dire du censeur, n'est pas un styliste ; ses métaphores, en particulier, sont inappropriées. Le rapport en dresse une liste, comme : « une grande tache de nuit, qui peu à peu mangeait tout l'espace[4] » ; une tache ne mange pas. Le style ne répond donc pas à la qualité classique de *propriété* ; il n'entre donc pas dans les cas envisagés par la clause dérogatoire. D'autre part, Zola s'avère un très bon conteur, qui tient en haleine son lecteur ; son œuvre est séduisante donc dangereuse.

1 Voir Rousseau, *Lettre à d'Alembert* [1758], éd. M. Launay, Paris, GF Flammarion, 1967, p. 96-114.

2 J.-P. Martin, *Contre Céline, ou D'une gêne persistante à l'égard de la fascination exercée par Louis Destouches sur papier bible, avec Quelques Propositions de sujets pour le baccalauréat d'une fin de millénaire*, Paris, José Corti, 1997. Voir en particulier p. 50, 89, 113, 147-148, 163 et 173.

3 Trad. de *Index librorum prohibitorum sanctissimi domini nostri Leonis XIII Pont. Max. iussu editus*, Romae, Ex typographia polyglotta, 1887, p. xv.

4 Zola, *Paris*, *Les Trois Villes*, Paris, Charpentier et Fasquelle, 1898, p. 451. Cité dans ACDF, Index, Protocolli 1897-1899, doc. 178, p. 29.

Dans l'esprit du censeur de *Paris*, seul le style, entendu selon les canons classiques, sert à atténuer les rigueurs de l'Index. Les autres qualités littéraires aggravent au contraire le danger de l'œuvre. Au XXe siècle, quand l'ancienne rhétorique tombe progressivement en désuétude, les documents d'Église suppriment la clause dérogatoire. Elle ne figure plus dans le Code de droit canonique de 1917, pourtant censé mettre en forme les actes pontificaux antérieurs. Ne reste que le concept de « valeur littéraire », sans qu'il serve de circonstance atténuante, bien au contraire. La préface de l'*Index librorum prohibitorum* de 1929 valide ce changement :

> la valeur littéraire ou scientifique, à supposer qu'elle soit réelle, ne saurait aucunement légitimer la diffusion d'un livre contraire à la religion ou aux bonnes mœurs. Bien mieux, dans ce cas, il est à désirer que la mesure répressive soit d'autant plus efficace que plus fines sont les mailles de l'erreur, plus séduisants les attraits du mal[1].

Deux ans plutôt, l'instruction du Saint-Office sur la littérature « mystico-sensuelle » (mai 1927) condamnait déjà sans détours les qualités littéraires comme un danger supplémentaire aux récits immoraux :

> il existe une très grave perte pour les âmes par suite de l'affluence des livres dans lesquels, avec une grande séduction, on trouve autant d'inepties que de scandales. En effet, la plus grande partie des auteurs de ce genre dépeignent des faits impudiques avec les images les plus brillantes, et racontent les pires obscénités tantôt à mots couverts, tantôt explicitement et avec impudence, faisant fi de toute règle de chasteté ; ils détaillent par une analyse subtile les vices charnels, même les pires, et les embellissent de tous les éclats et séductions du discours, au point qu'il ne reste plus rien dans les mœurs qui ne soit violé. Il n'est personne qui ne voie combien tout cela est pernicieux, surtout pour les jeunes gens chez qui la chaleur de l'âge rend plus difficile la continence[2].

Les considérations littéraires émaillant les rapports censoriaux ne se réduisent cependant pas à l'articulation « l'œuvre est immorale ; or son style est séduisant ; donc elle est dangereuse ». Les censeurs usent aussi d'un certain outillage esthétique pour mieux comprendre le texte qu'ils ont à juger.

1 Cardinal Raphaël Merry del Val, « Préface » à l'Index (9 juin 1929), *Index des livres prohibés, revu et publié par ordre de Sa Sainteté le pape Pie XI*, Rome, Imprimerie polyglotte vaticane, 1930, p. XI.

2 Trad. d'un extrait de l'instruction *De sensuali et de sensuali-mystico litterarum genere* du Saint-Office du 3 mai 1927 : *Acta Apostolicae Sedis*, 1927, p. 186-189.

LES CONSIDÉRATIONS LITTÉRAIRES DES CENSURES

Saisir le sens du texte

Censurer un texte littéraire est plus simple qu'une censure théologique ; l'écart avec les normes ecclésiastiques s'y manifeste sans détours. Les romans de Balzac, Dumas, Flaubert, Sue ou Zola n'entrent pas, en effet, dans les débats subtils sur la coopération entre la grâce et le libre-arbitre. Les écarts portent sur les passions adultères, suicidaires, homicides ou sur les religiosités romantiques clairement hétérodoxes. D'un autre côté, la censure des romans est aussi plus difficile : l'œuvre de fiction déploie des énoncés au sens moins immédiat et univoque qu'une proposition spéculative assumée par un théologien. La narration d'un adultère circonstancié revient-il à une apologie de l'adultère ? Raconter des duels héroïques signifie-t-il que l'auteur prône une telle méthode pour vider les querelles ? Les censeurs les plus soucieux d'apprécier à leur juste mesure les romans déférés devant l'Index, introduisent dans leurs rapports des remarques esthétiques afin d'éclairer l'intention opaque du texte littéraire.

Divers facteurs littéraires compliquent la juste appréciation du sens, comme le genre de l'œuvre (en particulier la catégorie du roman historique) et surtout l'autorité des personnages. Les simples protagonistes de l'histoire, le narrateur et l'auteur exercent-ils la même autorité, et donc la même influence, sur le lecteur ? Faut-il prendre en compte le degré d'héroïsme de chaque personnage pour mesurer son crédit ou son exemplarité ? Les pratiques varient d'un censeur à l'autre. Certains simplifient à l'extrême le problème : peu importe la nature de l'énonciateur pour juger d'un énoncé. L'exemple le plus frappant de cette attitude reste sans doute le *votum* sur *Madame Bovary*. Il cite à charge une déclamation anticléricale de Homais, sans mention de l'ironie qui s'attache à cette figure ridicule et aux inepties qu'il profère. L'énoncé vaut par lui-même, indépendamment du dispositif énonciatif dans lequel il s'insère. Le censeur juge ici le roman comme un essai où toute assertion est assumée par l'auteur et vise à convaincre le lecteur. À l'opposé, les *vota* sur *Les Trois Villes* de Zola considèrent l'ethos propre au personnage et à l'auteur. Non seulement le censeur distingue le crédit respectif de l'un et de l'autre, mais il affirme encore que le lecteur subit plus l'influence du héros que de l'auteur lui-même. Le premier volume de la trilogie, *Lourdes*, dépeint Pierre Froment « comme un abbé rempli d'humilité, de charité, d'amour pour les malheureux, comme un maître et un apôtre de l'esprit de vertu, d'un christianisme primitif, très pur, céleste[1]. » Le personnage rayonne ainsi aux yeux du lecteur, jusqu'au troisième volume, *Paris* :

> De tout cela, on donnera quelques citations, en commençant par les *impiétés* et en passant ensuite aux *immoralités*, et en avertissant au préalable que les expressions des *impiétés* et des *immoralités* revêtent un caractère encore plus grave du fait qu'elles sont souvent signifiées, enseignées et propagées, non pas directement par l'auteur, mais par des paroles et des actions du protagoniste, l'abbé Froment, et d'autres personnages, vers lesquels l'auteur a fait en sorte précédemment d'exciter l'estime et l'admiration[2].

Mal vu par le public catholique, Zola ne bénéficie pas d'une autorité crédible auprès de ces lecteurs ; en revanche, un héros sacerdotal, admirable et charitable exerce un meilleur magistère sur eux.

Le roman historique complique aussi l'appréciation des censeurs. Deux romans historiques de Dumas, *La Régence et Louis XV* et *La Guerre des femmes*, sont jugés par un même censeur : le premier titre lui paraît immoral mais non dangereux, en raison de la notoriété des événements racontés et de l'impartialité (et parfois de la désapprobation) dont fait preuve le narrateur. Que l'œuvre soit un roman historique, nuance donc les rigueurs censoriales. La même démonstration aurait pu servir pour le second roman. Pourtant le *votum* sur *La Guerre des femmes* aboutit à un tout autre avis :

> Bien qu'on puisse l'appeler roman historique [...], l'auteur y a déployé une vivacité dans la description et une abondance de dialogues telles qu'il sied à ce genre de littérature. Et un tel artifice de l'auteur n'est pas du tout inoffensif, si on considère spécialement la classe des lecteurs auxquels sont destinés ces livres. Si l'on me demandait : ce roman est-il immoral ? Je répondrais négativement, disant que c'est le récit des guerres civiles et des amours qui sont habituelles dans ces temps de grande galanterie, traité à la manière de Walter Scott et d'autres romanciers, spécialement de l'école française. Si l'on me demande : la lecture de ce roman est-elle inoffensive ? Je dois répondre qu'elle est dangereuse pour les raisons suivantes[3].

---

1 Trad. des ACDF, Index, Protocolli 1894-1896, n° 282, p. 20.

2 Trad. des ACDF, Index, Protocolli 1897-1899, doc. 178, p. 9.

3 Trad. des ACDF, Index, Protocolli 1862-1864, dossier de la session du 22 juin 1863, doc. IV.5, p. 1-2.

Même moral, le roman est rendu dangereux par sa facture littéraire, ses descriptions et l'artifice romanesque ajoutés par Dumas aux faits historiques. Les exemples que le censeur fournit ensuite relatent des tableaux sensuels : « Ces descriptions fleuries sont aptes à bouleverser et pervertir n'importe quel sentiment de piété religieuse et de culte, spécialement dans les âmes inexpertes des jeunes[1]. » Les deux censures tournent aux paradoxes : l'immoralité ne vire pas au danger pour des raisons littéraires (genre du roman historique, non-approbation du narrateur), et, inversement, sans immoralité de fond, les procédés esthétiques rendent le roman dangereux. La forme littéraire détermine ainsi le danger ou l'innocuité de l'œuvre.

La différence entre description et justification, sentence d'auteur et parole circonstanciée de personnage, la diversité des opinions du narrateur et de ses protagonistes, le mélange de réalité historique et de fiction assumée par l'écrivain, compliquent le sens de l'œuvre, parfois au point de rendre sa signification morale indécidable. Dès lors, des points de vue contradictoires entre censeurs peuvent surgir. Les deux censures des *Mystères de Paris* en fournissent une illustration remarquable. Le premier *votum*, lors d'une procédure de 1845, considère le roman de Sue comme « toujours vertueux et moral et même remarquablement tel », qu'il « respire une religion très saine et de bonnes mœurs » ; l'auteur y « dévoile les excès de ce grand nombre de gens de toutes conditions, et il parle ouvertement des défauts dans les lois, et de la correction qui n'est pas très bien adaptée à une telle variété d'immoralités et d'irréligion[2] ». Convaincus par cette analyse, les cardinaux abandonnent les poursuites. Six ans plus tard, le roman est réexaminé à l'occasion d'une procédure contre les *opera omnia* de Sue. Un nouveau censeur rédige une appréciation diamétralement opposée : *Les Mystères de Paris* y apparaissent comme « un tissu de délits commis dans l'ombre [...], avec toutes les circonstances les plus laides et les plus odieuses, adoptant même des phrases grossières », gorgé « d'historiettes très obscènes ». Le censeur termine son rapport par un extrait d'un article de critique littéraire daté de 1842, donc antérieur à la première censure : « dans ces *Mystères de Paris*, l'intention irréligieuse est manifeste ; on la surprend partout dans

1 *Ibid.*, p. 4.
2 Trad. des ACDF, Index, Protocolli 1842-1845, f° 559 r°-v°.

ce roman : on dirait un système[1] ». Les cardinaux votent l'interdiction à l'issu de ce second rapport. Face à la polyphonie du roman, le censeur est réduit à fournir une interprétation personnelle, à défaut d'une saisie exacte du sens moral. Celui-ci se dérobe et conduit les membres d'une même communauté de valeurs à se contredire dans leurs rapports. La contradiction ne tient pas à une divergence éthique, mais bien à des conceptions esthétiques différentes. Pour le premier censeur, le narrateur mène une entreprise de dévoilement critique des excès et des lois défaillantes car non suffisamment chrétiennes, alors que le second censeur juge le narrateur trop passif, silencieux sinon complaisant à l'égard des vices décrits. La première censure fait l'éloge du protagoniste du roman, le grand-duc de Gerolstein, qu'il juge héroïque et vertueux (« il se proposa d'expier vertueusement et héroïquement la faute commise[2] »). Sa voix domine les autres paroles. En revanche, le second censeur se refuse à hiérarchiser les voix et cite les propos de personnages immoraux et antihéroïques, en particulier du mauvais prêtre et « mauvais mentor », l'abbé Polidori. Enfin, les deux censures divergent sur l'analyse du style. La première considère l'œuvre comme non destinée à une prestigieuse postérité puisque son style « n'attire ni l'esprit ni le cœur ». Pour la seconde, au contraire, le roman est séducteur en dépit des grossièretés de langage et réussit à « tenir en haleine le curieux ». Les procédés littéraires, analysés de façon aussi contraire, confèrent au roman des sens moraux inconciliables.

La critique littéraire et la censure entendue comme recension argumentée d'une œuvre présentent deux modes de jugement entre lesquels les frontières ne sont guère perceptibles, si l'on s'en tient aux énoncés. Les critères avancés afin de les distinguer (jugement moral *vs* jugement esthétique ; souci descriptif *vs* normatif ; action ou non sur le marché du livre) s'avèrent inopérants. Loin de repousser les considérations esthétiques comme d'inutiles digressions, les censeurs en usent soit pour mieux saisir le sens et la portée de la fiction, soit pour mesurer le degré de séduction et d'influence dont l'œuvre est susceptible. Au demeurant, ces deux pratiques ne sont pas étrangères à la critique littéraire.

1 Trad. des ACDF, Index, Protocolli 1852-1853, f° 10 v°-11 v°. L'article cité est extrait de la *Bibliographie catholique*, 2e année, 1842, p. 287.

2 Trad. des ACDF, Index, Protocolli 1842-1845, f° 559 r°.

La distinction la plus claire entre censure et critique se situe moins dans la forme de l'énoncé que dans l'énonciation. Un même énoncé, selon qu'il est proféré dans un tribunal par un censeur à destination de juges compétents pour interdire une lecture, ou bien, au contraire, par un homme de lettres dans une publication littéraire, change de sens. C'est l'énonciation censoriale qui crée la censure, plutôt que l'argumentation contenue dans le rapport.

Jean-Baptiste AMADIEU
République des Savoirs
(CNRS, Collège de France, ENS)

TROISIÈME PARTIE

PRATIQUES, USAGES ET ESPACE PUBLIC

ADMINISTRER LA LITTÉRATURE, TRAVAILLER LA CENSURE

Le pouvoir de la critique

Quelles que soient ses formes, le fait qu'existe une censure des livres, des écrits, implique que l'appareil institutionnel reconnaît une puissance d'action à l'écriture – une puissance d'action sur la société dans laquelle s'exerce le pouvoir exprimé par cet appareil, autrement dit une puissance politique. Un autre lieu, plus circonscrit historiquement, où apercevoir cette reconnaissance est ce qu'on pourrait appeler l'administration de la littérature, au sens où l'on parle d'administration de la justice. À partir du XVIIe siècle, le pouvoir politique français a fortement participé à la visibilité de certains écrits qui se donnaient pour objectif la satisfaction (la seule satisfaction) du public des lecteurs, ainsi anticipée et comme préemptée par l'éclat de celle des plus distingués et des plus puissants. Ses agents, dans le cadre puis à la suite d'une politique qui fut d'abord celle de Richelieu, ont souvent marqué leur intérêt – pensons, parmi tant d'épisodes, à la querelle du *Cid* – pour les débats proprement littéraires, c'est-à-dire pour la délimitation, publiquement discutée, d'un ensemble de questions, de normes et d'objets de goût ou de plaisir[1]. Cet intérêt, incorporé dans des créations d'allure institutionnelle comme celle de l'Académie française, a contribué à définir cet ensemble, et la possibilité de la faveur à inciter nombre d'auteurs à accorder, voire à consacrer leurs pratiques à la littérarisation de la culture de l'écrit. Le pouvoir d'Ancien Régime a ainsi donné la littérature à son public, lecteurs, spectateurs, scripteurs – comme un spectacle, un moyen de parvenir, un territoire, un champ peut-être. Au moins a-t-il avec assez

1 Sur la référence que constitue encore la querelle du *Cid* au début du XVIIIe siècle, voir plus haut la contribution de C. Dornier, p. 129-135 ; et plus généralement sur l'administration de la littérature, celle de J.-D. Mellot, p. 33-59.

de constance fait comme s'il la donnait, et un tel investissement n'a pas pu être sans importance[1].

À cette action de dépolitisation de la scène des écrits publics, spectaculaire sinon continue, beaucoup d'auteurs ont effectivement participé. Ils l'ont fait dans la durée, et dans des conjonctures diverses ; mais dans des conjonctures précises, ils ont au contraire pu user de la visibilité de la littérature de manière à repolitiser d'autant plus fortement cette scène, comme la possibilité leur en était en quelque sorte mécaniquement offerte. Pas forcément d'ailleurs parce qu'ils auraient eu des opinions à défendre ou une pensée politique à exposer. Pour comprendre le travail de la censure d'Ancien Régime avec le fait littéraire, il faut mesurer la prégnance du savoir que ses responsables avaient du fonctionnement des clientèles auxquelles appartenaient les auteurs de toutes catégories, avec bien d'autres acteurs sociaux : censeurs et ministres compris. Ces liens de clientèle pouvaient amener des littérateurs habituellement spécialisés dans la poésie amoureuse ou dramatique à participer au désordre par la rédaction de pamphlets, libelles, chansons, brûlots divers. Leur prise en compte est au fondement de l'analyse proposée par Malesherbes dans ses célèbres Mémoires sur la librairie, l'élaboration sûrement la plus aboutie de la pensée suscitée par la responsabilité de la censure[2]. Ces liens expliquent en effet la permanence du désordre dans l'écrit, la « nuée de pièces satiriques, auxquelles on a donné le nom générique de *Mazarinades* » après les libelles contre Richelieu, « qui faisait tout trembler » pourtant ou, plus proches du directeur de la librairie, les « brochures » dont « nous avons été inondés [...] sous la Régence » et

1 Ch. Jouhaud, *Les Pouvoirs de la littérature. Histoire d'un paradoxe*, Paris, Gallimard, 2000. Sur le premier champ littéraire, voir A. Viala, *Naissance de l'écrivain. Sociologie de la littérature à l'âge classique*, Paris, Minuit, 1985 et plus généralement, pour une approche des liens entre censure et critique à travers cette question du champ, voir notamment dans le présent volume les contributions de C. Cave, p. 141-143 et de G. Sapiro, p. 267-280.

2 Sur Malesherbes, voir l'analyse de R. Chartier dans Malesherbes, *Mémoires sur la librairie. Mémoires sur la liberté de la presse*, présentation par R. Chartier, Paris, Imprimerie Nationale Éditions, 1994, p. 7-41 ; voir aussi la bibliographie p. 51-53 et, dans ce volume, les contributions de C. Cave, p. 150 *sqq.* et de B. de Negroni, p. 186-187. Sur la censure, signalons deux ouvrages généraux importants, postérieurs à cette bibliographie, B. de Negroni, *Lectures interdites. Le travail des censeurs au XVIIIe siècle 1723-1774*, Paris, Albin Michel, 1995 ; R. Birn, *La Censure royale des livres dans la France des Lumières*, Paris, Odile Jacob, 2007. Sur la censure doctrinale, qui est une autre question, voir B. Neveu, *L'Erreur et son juge. Remarques sur les censures doctrinales à l'époque moderne*, Naples, Bibliopolis, 1993.

lors de ce qu'il appelle « les affaires du Parlement et du clergé en 1731, 1732 et 1733 », au temps d'*Unigenitus*[1]. La défense de l'ordre politique d'Ancien Régime devait toujours compter avec la capacité des puissants, et particulièrement (selon Malesherbes) de parlementaires pourtant chargés de veiller à la juste punition des crimes y compris politiques, y compris de librairie, à faire écrire au service de leurs propres politiques.

Un autre aspect de cette configuration historique est l'importance acquise par la critique des ouvrages nouveaux dans la production imprimée des derniers règnes de l'Ancien Régime, laquelle explique que le terme critique, s'agissant d'écrits, en soit venu à ne plus renvoyer principalement au travail des savants sur les textes anciens. Ce type d'écriture rapidement proliférant, rapidement identifié aux ouvrages périodiques, bien que jamais cantonné à la presse[2], a contribué à naturaliser la catégorie de littérature, devenue comme évidente dans l'accumulation de pages consacrées au classement de ces ouvrages nouveaux et à l'évaluation de leur qualité à l'aune du plaisir, de l'intérêt, de l'admiration des lecteurs[3]. Un épisode comme la polémique contre la recension dans le *Journal des Savants* de ses *Epistolae* (1665), menée en 1666 par le célèbre philologue Tanneguy Le Fèvre dans deux petits pamphlets, le *Journal du Journal* et la *Seconde Journaline*, montre du reste que la critique des ouvrages de critique a pu devenir un lieu d'élaboration de la critique littéraire. Je mentionne cette précoce polémique, au cours de laquelle le terme « journaliste » a semble-t-il été employé pour la première fois pour désigner celui que Le Fèvre appelle aussi « le Secrétaire des Nouveaux Critiques » (l'abbé Gallois, rédacteur du *Journal des Savants*), parce qu'elle dresse en quelque sorte la scène sociale de la critique. « Qui vous a donné », écrit le philologue,

1 *Mémoires sur la librairie*, *op. cit.*, troisième mémoire sur la librairie, p. 118. Le développement historique de Malesherbes marque une différence entre les moments de désordre intense et généralisé, Fronde ou Régence, et les périodes d'ordre, sous Louis XIV par exemple, « le mieux obéi » des monarques, dont l'autorité fut pourtant battue en brèche par la parution des *Provinciales*. Sur les mazarinades, voir Ch. Jouhaud, *Mazarinades. La Fronde des mots*, rééd. Paris, Aubier, 2009. Sur le temps d'*Unigenitus*, voir plus loin l'article de C. Maire, p. 353.

2 Sur le lien entre critique et presse périodique au XVIIIe siècle, voir l'article de C. Cave dans le présent volume, p. 139-155.

3 J. Lyon-Caen et D. Ribard, « Historiographies. L'activité et l'écriture critiques entre presse et littérature, XVIIIe et XIXe siècles », *COnTEXTES*, 2012, n° 11. URL : http://contextes.revues.org/5303.

> le droit de censurer par écrit les ouvrages qu'on donne au public ? Je vous l'avais déjà demandé : mais vous ne répondez pas. Pensez-vous que cette Critique soit fort belle ? Et ne croyez-vous pas qu'à la fin les honnêtes gens s'en scandaliseront ? Pour moi je crois que cela est déjà fait, & les lettres que l'on m'écrit de Paris, m'en ont assuré plus d'une fois. Louez, à la bonne heure, louez, Monsieur, tant qu'il vous plaira, & les uns & les autres : Cela vous peut être utile : Les Libraires ne laissent pas d'être quelquefois honnêtes & reconnaissants [...]. Louez donc, encore une fois, ainsi soit-il, faites largesse ou trafic de votre approbation & de vos louanges, mais surtout ne jugez point de peur d'être jugé[1].

Je passe sur l'emploi de l'expression « censurer par écrit », qui n'est pas de mon propos. Ce passage présente un autre intérêt : il donne à voir la participation de la critique à la socialisation des formes littéraires de la pratique de l'écriture. Les pages qui suivent vont porter sur des traces d'un intérêt politique pour elle qui montrent que c'est bien cette littérarité, pour ainsi dire, de la critique qui pouvait intéresser le pouvoir – au-delà même de la fin de l'Ancien Régime.

LOCALISATION DE LA CRITIQUE

Au début du troisième Mémoire sur la librairie, Malesherbes distingue avec netteté la censure, mode d'intervention du gouvernement sur les livres, moyen d'administration de la librairie, et la critique. Il se moque de ceux qui

> croient que les Censeurs doivent être chargés, non seulement de veiller à ce qu'il ne s'imprime rien de contraire à la Religion ou aux bonnes mœurs, mais encore d'empêcher que le goût ne se déprave par trop de mauvais ouvrages ;

1 Je cite d'après la réédition d'Utrecht : *Seconde Journaline de M. Le Fèvre* dans *Journal du Journal, ou Censure de la Censure*, Utrecht, Pierre Elzevier, 1670, p. 62-63. Le « Secrétaire des Nouveaux Critiques » apparaît p. 13. Dans la préface (janvier 1666) du premier numéro du *Journal des Savants* à reparaître après la suspension qui avait suivi de peu sa création (1665), l'abbé Gallois avait annoncé qu'il allait désormais rendre « un compte plus exact » des ouvrages et éviter les propos critiques. Sur Gallois, voir l'article de J.-P. Vittu dans le *Dictionnaires des journalistes* (http://dictionnaire-journalistes.gazettes18e.fr/journaliste/327-jean-gallois) qui mentionne l'attaque de Le Fèvre et la première occurrence du mot « journaliste » dans son *Journal du Journal*.

> en sorte que j'ai entendu dire sérieusement qu'il est contre le bon ordre de laisser imprimer, que *la musique italienne est la seule bonne*, et que je trouve des gens qui s'en prennent au Gouvernement de ce que tel poème ou tel roman imprimé est détestable[1].

Ces Mémoires, on le sait depuis leur édition en 1809 (par Alexandre Barbier, le bibliothécaire de l'empereur, à un moment où il était question de revenir à la censure préalable), étaient destinés à repenser en totalité le rapport du gouvernement à l'imprimé, en réplique à l'événement constitué par l'arrêt pris le 6 février 1759 par le parlement de Paris en condamnation de plusieurs livres, dont *De l'Esprit* et l'*Encyclopédie*, deux ouvrages revêtus d'un privilège, donc tout à fait autorisés par l'administration que dirigeait Malesherbes[2]. Le fils du chancelier Guillaume de Lamoignon, chargé par celui-ci, lors de son entrée en fonction (1750), du « détail » de la librairie, selon une expression de Malesherbes lui-même, s'y emploie à opposer à ce coup de théâtre, à ce coup de force, un autre événement, une autre force : la formalisation d'une politique et même d'une règlementation nouvelles et, selon lui, enfin cohérentes et efficaces[3]. Autrement dit, les Mémoires sur la librairie sont une action théorique : de l'action par la théorie.

Dans le deuxième, Malesherbes explique que si l'intervention de la justice dans la librairie finit par terroriser les censeurs, menacés d'être entraînés dans la condamnation des livres qu'ils auraient autorisés, on aboutira à une situation où ne paraîtront plus que des ouvrages protégés par des protecteurs puissants, qu'on ne pourra pas critiquer. Les

1 *Mémoires sur la librairie*, *op. cit.*, p. 98. Pour un exemple d'une telle pensée, voir plus haut la contribution de C. Dornier, p. 127 *sqq.*

2 B. de Negroni, *Lectures interdites*, *op. cit.*, p. 201-212 ; D. Ozanam, « La disgrâce d'un premier commis : Tercier et l'affaire de *De l'Esprit* (1758-1759) », *Bibliothèque de l'École des Chartes*, CXIII, 1955, p. 140-170. Devant le scandale naissant, Malesherbes avait fait révoquer le privilège du livre d'Helvétius par arrêt du conseil du roi, en août 1758 ; il fait révoquer de même celui de l'*Encyclopédie* en mars 1759, sans attendre les résultats de l'examen des sept volumes déjà parus par les censeurs désignés par le parlement.

3 Le terme « détail » apparaît dans une lettre à Voltaire de 1754, citée par R. Chartier (*Mémoires sur la librairie*, *op. cit.*, p. 8) d'après P. Grosclaude, *Malesherbes. Témoin et interprète de son temps*, Paris, Librairie Fischbacher, 1961, p. 81-82 : « M. le Chancelier est chargé de la librairie, c'est-à-dire que c'est sur son attache que se donnent les privilèges ou permissions d'imprimer. Il m'a confié ce détail, non pour y décider arbitrairement, mais pour lui rendre compte de tous les ordres que je donnerais. Ce n'est ni une charge ni même une commission, c'est une pure marque de confiance dont il n'existe ni provision ni brevet, et que je tiens uniquement de sa volonté. »

plus importants de ces protecteurs seront du reste, dans un tel état de choses, les juges eux-mêmes, les parlementaires. « Dès lors la critique littéraire, si nécessaire au progrès des sciences, sera tout à fait bannie », continue Malesherbes : « Toute façon de penser, quelque fausse et quelque dangereuse qu'elle soit, n'éprouvera aucune contradiction si elle a des protecteurs accrédités[1]. » Si le gouvernement, si la censure n'a pas à s'occuper de critique littéraire, donc, l'administrateur de la librairie, lui, est intéressé à ce qu'existe une critique littéraire. Il y est intéressé pour le progrès des sciences – c'est Malesherbes qui écrit. Il y est aussi intéressé pour ce qu'il appelle le « bon ordre », dont ses écrits sur la librairie ont pour visée de montrer qu'il est compatible avec, et même plus profondément lié à l'élargissement de la liberté d'écrire et donc à ce « progrès des sciences ». On va voir que l'action théorique n'est pas dissociable du travail du responsable de la censure pour faire advenir ce qu'il appelle la critique littéraire.

QU'EST-CE QU'UNE DISPUTE LITTÉRAIRE ?

On peut partir d'un échange daté de novembre 1758 avec Coqueley de Chaussepierre, le censeur de l'*Année littéraire* de Fréron à ce moment-là ; Jean Balcou l'a publié dans *Le Dossier Fréron*, avec l'ensemble de la documentation concernant le journaliste dans les papiers de la librairie[2].

1 *Mémoires sur la librairie*, *op. cit.*, p. 93. Malesherbes a commencé par indiquer que les bons livres sont dus au fait qu'« un auteur conduit par l'appât de la gloire, et quelquefois par celui du gain, cherche ce qui peut plaire au public, et le donne sans s'embarrasser des petites considérations personnelles », alors que le censeur « qui n'a aucun intérêt à l'ouvrage, ne mettra son attache à rien qui puisse déplaire à personne, parce qu'il craindra de se faire des ennemis ; il refusera même son suffrage à la vérité si elle est offensante pour des gens qu'il aime ou qu'il a intérêt de ménager [...]. Voilà ce qui arrive dès à présent, et ce qui arrivera encore bien plus souvent quand les censeurs craindront un tribunal dont l'animadversion est toujours sévère, devant qui il est humiliant d'avoir été traduit même quand on a le bonheur de se justifier, et dont le censeur ne peut pressentir le sentiment dans les cas douteux [...] Ce sera, si on veut, une terreur panique de la part du censeur ; mais qu'elle soit réelle ou qu'elle soit imaginaire, elle l'engagera toujours à une trop grande rigueur, puisqu'en donnant son approbation il a quelque chose à craindre et rien à gagner », p. 92-93.

2 J. Balcou, *Le Dossier Fréron ; correspondances et documents*, Saint-Brieuc/Genève, Presses universitaires de Bretagne/Droz, 1975. Je prends la liberté de moderniser l'orthographe.

Les périodiques de Fréron, l'*Année littéraire* comme précédemment les *Lettres sur quelques écrits de ce temps*, étaient en effet visés par un censeur, bien qu'ils ne fussent autorisés que par une permission tacite révocable du jour au lendemain : le fait est connu[1]. Fréron ne cesse de s'en plaindre dans ses lettres à Malesherbes, mais un tel traitement d'exception marquait précisément le fort intérêt du gouvernement pour lui, l'ennemi des philosophes par excellence[2].

L'échange a pour point de départ une protestation – on ne sait pas de qui – contre deux passages du journal de Fréron, l'un sur la figure équivoque de Mlle Maupin, l'autre sur un mémoire d'avocat concernant une affaire d'adultère dans laquelle La Morlière était impliqué. Le censeur, alerté par un mot adressé à l'imprimeur de l'*Année littéraire*, écrit à Malesherbes qu'il a bien lu les articles concernés, et les a laissé passer « sciemment[3] ». S'agissant des pages sur Mlle Maupin, Coqueley de Chaussepierre rappelle au directeur de la Librairie que tout ce qui est dit de scandaleux dans *l'Année littéraire* est déjà dans un livre « dont vous avez permis ou toléré l'impression[4] ». Le factum lui aussi

> est public par le débit de ce mémoire avec profusion. Si on le regarde comme affaire de palais à interdire à Fréron, il répondra que l'abbé Desfontaines en a 20 exemples dans ses *Observations sur les écrits modernes* et que lui-même, ainsi que l'abbé de la Porte ont en dernier lieu donné l'extrait des mémoires de M. de Gesnes pour messieurs les Chirurgiens [...]. Dira-t-on que c'est rendre publique l'affaire de M. de la Morlière mais 1° cette publicité est l'ouvrage

---

1 Pour un exemple de périodique clandestin car non autorisé, voir plus haut la contribution de C. Cave, p. 140.

2 J. Balcou, *Fréron contre les philosophes*, Genève, Droz, 1975 ; D. Masseau, *Les Ennemis des philosophes. L'antiphilosophie au temps des Lumières*, Paris, Albin Michel, 2000 ; D. M. McMahon, *Enemies of the Enlightenment. The French Counter-Enlightenment and the Making of Modernity*, New York, Oxford University Press, 2001 ; O. Ferret, *La Fureur de nuire : échanges pamphlétaires entre philosophes et antiphilosophes (1750-1770)*, *Studies on Voltaire and the Eighteenth Century*, *SVEC* 2007 :03, Oxford, Voltaire Foundation, 2007. Fréron est d'abord l'ennemi de Voltaire.

3 *Le Dossier Fréron*, *op. cit.*, p. 251.

4 Le récit détaillé de l'histoire de la célèbre Mlle (de) Maupin se trouve dans un article sur le *Recueil de différentes pièces de littérature par M. L. P. D. G.* (Amsterdam, 1758) où il est appelé par un poème (déjà publié plusieurs fois, sous différents noms d'auteur dont celui de Benserade) dans lequel elle parle comme maîtresse du comte d'Albert de Luynes, devenu le prince de Grimberghen du recueil. Fréron emprunte effectivement ce récit au *Dictionnaire des théâtres de Paris* des frères Parfaict, paru en 1756 chez son propre libraire, Lambert (*L'Année littéraire*, année 1758, t. VI, p. 84-90).

> de M. de Gravière avocat avant d'être celui des feuilles 2° le héros est connu et personne ne prendra son parti 3° enfin malgré la haine personnelle de Fréron contre lui, il n'en dira rien de son chef et qui ne soit dans le mémoire. Si l'on considère ce mémoire comme un ouvrage d'esprit et de littérature, alors il semblera permis d'en porter son jugement et dans ce cas je vous jure que tout homme sensé qui l'aura lu trouvera que Fréron est demeuré bien en deçà de la critique qu'il pouvait y mettre, car c'est un ouvrage qui est le comble de l'indécence, du déraisonnement et de l'excès du style ampoulé. J'ajoute même que les épreuves de la feuille de Fréron m'ayant été envoyées à Fleury où j'étais je communiquai mes doutes au Lieutenant général[1]. Je lui montrai l'endroit que j'en ai retranché concernant les classes des Parlements et que le reste nous parut très tolérable.
> C'est donc Monsieur en très grande connaissance de cause et après avoir tout lu que je l'ai laissé (car je lis tout sans omettre une syllabe), d'où il faut tirer la conséquence que je ne suis pas en état de sentir ce qui est admissible et ce qu'on doit rejeter. Au surplus il est impossible que personne ne se plaigne. Cela sera toujours tant que les hommes ne penseront pas d'une manière uniforme[2].

Malesherbes répond au censeur, qui finit en protestant de son « exactitude », de son « indifférence » à l'ouvrage de Fréron, de son « peu d'intérêt » à en être le censeur, et « surtout de [son] envie de faire le bien en [sa] docilité[3] » aux ordres du directeur de la librairie, par une lettre, longue et détaillée, datée du 6 novembre. Cette lettre produit pour le besoin pratique du moment, pour préciser le « petit billet[4] » d'abord envoyé à l'imprimeur de l'*Année littéraire*, Lambert, une théorie de la critique littéraire dans la presse :

> Quant aux deux feuilles de Fréron je ne les ai pas lues mais plusieurs personnes m'en ont paru scandalisées. L'article de la Maupin n'a point choqué par le tort qu'il peut faire à la mémoire de cette fille mais parce qu'on l'a trouvé indécent. Ce n'est pas une seule personne qui m'en a parlé. On regarde les feuilles de Fréron comme un ouvrage qui passe dans les mains de tout le monde, les dévotes, des jeunes filles, etc., et on ne s'attend pas à y trouver des détails de ce genre. L'ouvrage dont Fréron a donné l'extrait n'est pas lu aussi généralement que ces feuilles. Les contes de La Fontaine par exemple sont sinon permis au moins tolérés généralement. Cependant il ne serait pas convenable d'en donner un extrait détaillé dans les feuilles périodiques ou au moins faudrait-il avoir attention de n'en citer que certains extraits. Voilà ce que j'ai entendu dire à ce sujet.

1 Le lieutenant général de police de Paris est à ce moment-là Henri-Léonard Bertin.
2 *Ibid.*
3 *Ibid.*, p. 252.
4 *Ibid.*, p. 251.

> Pour le mémoire de M. de Gravière ce ne sont point les plaintes de M. le Chevalier de la Morlière qui m'ont ému. [...] Je sais aussi que si jamais auteur a mérité d'être turlupiné c'est celui de ce mémoire. Je crois même que s'il y avait une police sur les mémoires des avocats[1], celui-là mériterait une note et qu'il est indécent de traiter des objets aussi tristes dans un style comique et ampoulé. J'ai été encore plus indigné de voir qu'un auteur livrât sa partie même dont il est le défenseur à la risée publique dans l'espérance de s'attirer quelques applaudissements mais il ne s'ensuit pas que M. Fréron doive quadrupler la publicité de ce mémoire scandaleux par celle de ses feuilles. C'est assez fâcheux pour des familles qu'un avocat ait le droit de dévoiler impunément et sans ménagement leur honte aux yeux du public et il est contraire au bon ordre que de pareils libelles diffamatoires soient exposés de nouveau à des lecteurs qui ne lisent souvent pas les factums et n'auraient jamais entendu parler de cette affaire sans Fréron.
> L'avocat a le prétexte d'avoir à instruire ses juges mais le journaliste n'en a aucun. D'ailleurs des mémoires comme celui de M. de Gravière s'oublient ou sont conservés dans un petit nombre de collections au lieu que des feuilles sont un corps d'ouvrages qui se conserve. Vous savez que c'est par toutes ces considérations qu'on n'a pas permis le journal de jurisprudence.
> Je ne sais pas quels sont les exemples contraires du temps de l'abbé Desfontaines. Je sais seulement que celui de la querelle des Médecins et des Chirurgiens ne prouve rien. Cette contestation entre deux corps était presque une dispute littéraire au moins était une question de droit ou d'administration publique. L'abbé Desfontaines pouvait s'égayer sur cette matière sans flétrir une famille[2].

Notons au passage la fort intéressante pesée de la publicité différentielle des livres, des factums et des périodiques, et en particulier la réflexion sur la temporalité de l'existence des « feuilles » et de celle des mémoires d'avocat comme objets publics. Est à retenir ici le constat que fait le directeur de la librairie : les feuilles de Fréron sont « un ouvrage qui passe par les mains de tout le monde, les dévotes, les jeunes filles ». Ce constat, savoir commun ou croyance comme le marque le « on regarde » qui l'introduit, est au fondement de son travail avec le phénomène Fréron. S'il peut bien écrire dans d'autres lettres à tel ou tel philosophe ou censeur qui lui répond sur le même ton des choses fort méprisantes sur cette canaille de journaliste[3], reste qu'il partage

1 Rappelons que les factums d'avocats n'étaient pas sujets à la censure ; Malesherbes évoque du reste cette question dans les *Mémoires sur la librairie.*

2 *Le Dossier Fréron*, *op. cit.*, p. 252-253.

3 Dans une lettre à Turgot de mai 1759, à propos d'une plainte de Marmontel, par exemple : « Comment peut-il dire que cette brochure périodique paraît avec ma protection, parce

avec l'auteur de l'*Année littéraire* la certitude de son statut-clé sur la scène des écrits imprimés. Ce que Fréron lui-même ne cesse de clamer dans ses propres lettres à Malesherbes, mais aussi dans la seule qu'il ait écrite à Voltaire, en 1750, à savoir qu'il est « lu », est même précisé ici : il est en particulier lu par des lecteurs qui ne lisent pas les livres qu'il critique[1]. Ce qu'il écrit est ainsi réputé toucher un public de lecteurs particulièrement important et divers : le public des lecteurs. Le public de la littérature.

On doit aussi retenir de cet échange l'affirmation que des discussions même extrêmement violentes, même menées dans des factums, entre deux corps (en l'occurrence les médecins et les chirurgiens), en tant qu'elles agitent « une question de droit ou d'administration publique », sont (« presque », écrit Malesherbes), une « dispute littéraire », donc que la critique qui en parle est de la critique littéraire, autorisée, utile[2]. Est littéraire, on le voit, ce que le pouvoir dit public, à destination, *via* le mécanisme de la censure, des publications qui sont susceptibles d'activer cette caractérisation et pour ainsi dire de la performer.

---

que je ne l'empêche pas ? Ne voit-il pas que c'est la même chose que si on rendait le lieutenant de police responsable de toutes les véroles qui se distribuent dans un B... parce qu'il les tolère et qu'il réserve la rigueur de la police pour empêcher autant qu'il se peut qu'il y ait des coupe jarrets ? », *ibid.*, p. 262.

1 *Ibid.*, Fréron à Voltaire, 7 décembre 1750, p. 29-31 (également Best. 3707). La revendication se lit à la fin de la lettre, p. 31 : « Si Boileau eut le courage de composer des satires, et des satires souvent personnelles, et si ce courage ne fut pas désapprouvé, pourrait-on blâmer en moi celui de faire des critiques sages et polies des écrits qui peuvent être à ma portée ? Mais ce n'est pas d'aujourd'hui que les auteurs sont intéressés à ériger en satire odieuse la censure la plus légère. Tous les gens sensés en savent faire la différence. Ayez, monsieur une assez bonne opinion des hommes, pour croire qu'un critique qui ne chercherait qu'à nuire à ses compatriotes, qu'à divertir un public malin, qu'à déshonorer les lettres et ceux qui les cultivent, serait peu lu, encore moins protégé. »

2 Sur médecins et chirurgiens, voir T. Gelfand, *Professionalizing Modern Medicine : Paris surgeons and medical science and institutions in the Eighteenth Century*, Wesport, Greenwood Press, 1980 ; Ch. Rabier, « Surgery, Professional Conflicts and Legal Powers in Paris and London Courtrooms, 1760–1790 », dans *Fields of Expertise. A Comparative History of Expert Procedures in Paris and London, 1600 to present*, éd. Ch. Rabier (Newcastle-upon-Tyne, Cambridge Scholars Publishing, 2007), p. 85-114 et « La disparition du barbier-chirurgien : analyse d'une mutation professionnelle au XVIIIe siècle », *Annales HSS*, 3-2010, p. 679–711.

L'ADMINISTRATION DE LA LITTÉRATURE AU TRAVAIL

On a beaucoup écrit sur les rapports entre Malesherbes et Fréron, pour évaluer la partialité ou l'impartialité du premier pour les philosophes, ou s'il était coupable de ce dont il ne cesse d'être accusé par ceux-ci et dont la correspondance de Voltaire ne cesse de bruire comme d'un scandale, à savoir qu'il protégeait Fréron[1]. Les échanges entre le rédacteur de l'*Année littéraire*, le directeur de la librairie et ses propres correspondants ont un autre intérêt. Ils permettent de suivre la progression d'une définition efficace de la critique littéraire – efficace au sens où les actes de définition de ce qui est critique littéraire et donc de ce qui est littéraire, et de ce qui ne l'est pas, passent par les mécanismes de l'autorisation et de l'interdiction de paraître, intégrés mais aussi interprétés par le journaliste. On y voit bien Malesherbes administrer la critique littéraire et par là la littérature, dans une négociation forte avec Fréron. Car si Malesherbes n'écrit jamais directement à Fréron, ou du moins n'a pas conservé ce qu'il a pu lui écrire, Fréron en revanche écrit beaucoup à Malesherbes, pour se plaindre de son censeur du moment, pour se défendre lorsque la suspension de son journal menace ou est avérée, pour se battre contre ses libraires successifs. Chacune de ces lettres, très longues, très argumentées, est à la fois une analyse de l'épisode en cours et un retravail des expériences précédentes, pour en tirer une interprétation de la pensée du responsable de la censure et une ligne de conduite qui y corresponde. La « protection » dont il le remercie constamment doit être comprise comme un élément de cette pensée de Malesherbes que Fréron produit, de cette pensée gouvernementale de la critique qu'il met en écriture pour la lui donner à approuver ; comme un élément de la négociation, donc.

1 Dans un article en forme de mise au point (« Fréron et Malesherbes » dans J. Balcou, S. Barthélemy et A. Cariou (dir.), *Élie Fréron polémiste et critique d'art*, Rennes, PUR, 2001, p. 53-61), Jean Balcou rappelle la divergence des positions de Brunetière, qui affirmait dans la *Revue des deux mondes*, en 1882 (« La direction de la librairie sous Malesherbes », repris dans *Études critiques*, 2e série, Paris, Hachette, 1897, p. 144-223), « Tout est permis contre Fréron, rien n'est permis à Fréron » et du biographe de Malesherbes, Pierre Grosclaude. Voir également J. Balcou, *Fréron contre les philosophes*, *op. cit.* ; J. Biard-Millérioux, *L'Esthétique d'Élie Catherine Fréron 1739-1776. Littérature et critique au XVIIIe siècle*, Paris, PUF, 1985, p. 90-98.

Le journaliste et le directeur de la librairie se mettent ainsi d'accord par écrit sur le fait que la critique des auteurs à propos de leurs livres est littéraire, par opposition aux critiques personnelles (aux « personnalités ») qui sont évidemment interdites. On peut voir ce travail d'élaboration dans la manière dont Malesherbes le répercute à d'autres correspondants. En voici un résultat, dans une lettre à d'Alembert datée de janvier 1758 :

> Je suis très affligé des chagrins que vous causent les critiques tant de Fréron que des autres. Je voudrais que rien ne troublât la satisfaction que vous donnent vos succès et que vous pussiez jouir en paix de votre réputation, la seule récompense digne de vos talents. Je vois encore avec plus de regret que des traits semés avec imprudence dans l'ouvrage dont vous avez été un des éditeurs donnent lieu à des accusations dont les suites sont toujours fâcheuses, mais je mets une grande différence entre ce qui me déplaît ou même ce que je désapprouve comme particulier et ce que je dois empêcher comme homme public.
>
> Mes principes sont qu'en général la critique littéraire est permise et que toute critique qui n'a pour objet que le livre critiqué et dans laquelle l'auteur n'est jugé que d'après son ouvrage, est critique littéraire.
>
> Ce n'est pas que si un auteur abusait de cette permission jusqu'à diffamer ses adversaires en matière grave ceux qui se croiraient lésés ne pussent se pourvoir devant les tribunaux réglés, comme il est arrivé plusieurs fois, mais les fonctions de l'administrateur de la librairie et celle de censeur ne consistent point à prévenir de pareils abus. Sans quoi il serait à craindre que sous prétexte d'empêcher la diffamation personnelle on n'empêchât les critiques qu'on trouverait trop dures et qu'on ne vînt par degrés à interdire toute espèce de critique ou à y mettre de telles gênes qu'on les réduisît presque à rien.
>
> L'accusation d'irréligion sort, me direz-vous, des bornes de la critique littéraire mais on vous répondra qu'il est impossible de défendre la cause de la religion sans démasquer ceux qui l'attaquent, que cette accusation ne peut jamais être réputée personnelle quand ce n'est ni sur les discours ni sur les actions de l'auteur qu'on le taxe d'irréligion mais seulement sur les ouvrages qu'il a donnés volontairement au public, et que c'est surtout sur cette matière qu'il serait à craindre que les ménagements qu'un censeur voudrait avoir pour un auteur n'empêchassent la vérité de se faire jour.
>
> Ces principes vous paraîtront sûrement fort durs et je connais trop la sensibilité des auteurs sur ce qui intéresse leur amour-propre pour me flatter que ni vous ni aucun homme de lettres maltraité dans les brochures les adopte. Mais après y avoir longtemps réfléchi j'ai trouvé que ce sont les seuls que je puisse suivre avec justice et sans m'exposer moi-même à tomber dans la partialité.
>
> L'étendue de vos lumières et la justesse de votre esprit ne me permettent pas de douter que vous ne jugiez aussi sainement des objets de législation et d'administration que tous les autres si vous vouliez vous en occuper.

> Ainsi vous aurez peut-être des objections puissantes à faire aux principes que je viens d'établir, communiquez-les moi et je les recevrai avec reconnaissance, parce que je cherche la vérité de bonne foi.
> S'il arrivait au contraire, ce dont je ne me flatte pas, que le fruit de vos réflexions fût de vous les faire approuver malgré l'intérêt que vous avez à les rejeter, je vous croirais aussi supérieur à la plupart des hommes par le courage et la justice que vous l'êtes par les talents et le génie[1].

Accuser d'irréligion tel auteur d'un livre qui parle de religion, c'est faire de la critique littéraire puisque c'est s'adresser au public des lecteurs (« tout le monde », « dévotes » et « jeunes filles » compris) sollicité par le livre lui-même, « donné volontairement au public ». Les « principes » énoncés par Malesherbes semblent généraliser ce qui est la position constante de Fréron dans les lettres qu'il lui adresse à chaque coup de semonce : qu'il ne parle jamais d'un homme, mais toujours d'un auteur, d'une figure rendue publique par ses livres lorsqu'il pointe fautes morales, dangerosité et ridicules[2]. Mais l'important, me

---

1 *Le Dossier Fréron*, *op. cit.*, p. 232-233. Malesherbes commence sa lettre en redéfinissant l'objet de l'indignation de d'Alembert, qui lui a écrit le 23 janvier pour protester contre une note de l'article de Fréron sur la campagne des Cacouacs : « je serais fort à plaindre si j'étais obligé de discuter toutes les inductions et les allusions qui peuvent déplaire aux auteurs critiqués. Ainsi, Monsieur, ne nous arrêtons pas à cette note qui est au bas d'une page de l'*Année littéraire* et qui n'est pas digne de votre ressentiment. Convenons que ce qui excite vos plaintes est l'histoire même des *Cacouacs*, l'extrait que Fréron en a fait, celui que le même auteur a donné de votre traduction de Tacite dans une autre feuille, les *Petites lettres sur de grands philosophes*, et en général le grand nombre de critiques, satires ou libelles comme il vous plaira de les nommer dans lesquels l'*Encyclopédie* est attaquée, et surtout le reproche d'irréligion et d'autres imputations aussi graves qui vous paraissent tomber tant sur vous que sur vos amis », p. 231-232. Sur les Cacouacs, voir G. Stenger (éd.), *L'Affaire des cacouacs : trois pamphlets contre les Philosophes des Lumières*, Saint-Étienne, Publications de l'université de Saint-Étienne-Jean Monnet, 2004. Sur la pratique de l'extrait, voir plus loin, dans un contexte beaucoup plus tardif et judiciaire, la contribution de T. Roger, p. 416-419.

2 Par exemple, au moment où ses feuilles sont suspendues à la suite de moqueries sur la réception de d'Alembert à l'Académie française, où d'après Fréron ses seules compétences, celles d'un géomètre, sont tout à fait déplacées : « J'ose réclamer votre équité, Monsieur, par rapport à l'article qui regarde l'Académie. Vous m'avez permis les critiques littéraires. Y en a-t-il une seule dans cette feuille qui ne le soit pas ? Y a-t-il quelque personnalité contre l'Académie en corps ou contre quelques-uns de ses membres en particulier ? Je n'ai rien dit que de juste, que de sensé, que de mûrement réfléchi ; et je le dirai encore demain, si vous me rendiez la liberté de ma plume. Soyez persuadé, Monsieur, que le long usage du métier que je fais, la maturité où je suis parvenu, les suppressions et suspensions que j'ai éprouvées avec justice, m'ont parfaitement et pour toujours éclairé sur ce que je puis me permettre, sur ce que je dois dire ou taire dans mes écrits. Je n'ai point cherché à rendre

semble-t-il, est que l'action de Fréron serve à faire entrer d'Alembert dans les raisons de l'administrateur, en élevant la lettre qui lui est adressée à un niveau de réflexion qui est celui des « objets de législation et d'administration ». Ce que le journaliste a fait, ce qu'il fait de mois en mois donne à Malesherbes le moyen d'écrire comme pour faire comprendre au philosophe, en l'appelant à regarder les choses depuis le point de vue de la législation et de l'administration, que la critique doit être perçue comme un garde-fou contre les dérives de la littérature susceptible de remplacer la censure, ou du moins de la réduire à très peu d'objets, ainsi que le proposent précisément les *Mémoires sur la librairie* dont la rédaction commence en même temps que cette lettre ou peu après. Qui écrit ou s'associe à des gens qui écrivent des « imprudences » sur la religion s'expose à l'accusation d'irréligion dans les « brochures » et autres « feuilles » : à d'Alembert de saisir la leçon de l'expérience et de ne plus faire d'imprudences, au philosophe de participer avec l'administrateur philosophe à la régulation littéraire, à l'apaisement littéraire de la production imprimée. La critique la plus méprisable, pour le responsable de la censure, est bien plus qu'un mal nécessaire : c'est un outil pédagogique pensé *en tant que tel* comme instrument de gestion de la librairie.

Cette lettre à d'Alembert, conservée par Malesherbes, est qualifiée de « traité » dans une autre lettre, adressée cette fois à Turgot, en 1759, dans le contexte d'une autre affaire Fréron concernant cette fois Marmontel[1].

l'Académie ni aucun Académicien méprisable, pas même M. d'Alembert ; ce m'eût été très facile, par rapport à ce dernier, si l'idée m'en était venue [...] Je l'ai ménagé, non à cause de lui, Monsieur, que j'estime fort peu, mais à cause de vous, mais à cause de l'Académie qui l'a adopté, mais à cause de la prévention du public qui dans six mois rendra justice à la médiocrité de ses talents et de ses connaissances comme homme de lettres, mais à cause de moi-même », *Le Dossier Fréron*, *op. cit.*, p. 153, Fréron à Malesherbes, janvier 1755.

1 Marmontel avait écrit à Malesherbes en mai 1759 pour se plaindre d'un article de Fréron contre sa modernisation du *Venceslas* de Rotrou, en rappelant à mots couverts qu'il s'agissait d'une commande de Mme de Pompadour et qu'il était donc en mesure de se faire justice autrement. Malesherbes écrit à Turgot qu'il ne va certainement pas sévir contre Fréron parce qu'il a fait une critique « amère et peut-être injuste » de la pièce de Marmontel : « comment un homme qui a de l'esprit et des lumières et qui depuis bien des années ne cesse de parler avec le public de principes de gouvernement et de législation veut-il que je me charge de réformer cette injustice ? Ne voit-il pas à quel *despotisme* (puisque c'est le mot à la mode) une pareille administration donnerait lieu ? », *Le Dossier Fréron*, *op. cit.*, p. 262. Dans un billet au même Turgot, il précise qu'il se souvient « que j'ai écrit à peu près au même sujet et certainement à l'occasion du même Fréron une lettre raisonnée à

Elle doit être comprise comme un lieu où la théorie présentée dans les *Mémoires sur la librairie* est travaillée et mise au travail, éprouvée dans son action sur les auteurs. Elle est d'ailleurs doublée par une lettre à Morellet où Malesherbes évoque ces mémoires pour le Chancelier sur « les livres qui doivent être permis ou défendus » en cours de rédaction et dont son correspondant a lu des parties. Il y passe de la religion à la politique, en affirmant que les questions d'administration et même, écrit-il, les actes du ministère, devraient pouvoir être l'objet de discussions écrites sans restriction, avec pour seul risque pour les auteurs, donc, celui d'être la cible de critiques littéraires. Cette réflexion s'inscrit dans un retour sur sa volonté de servir les gens de lettres :

> Vous savez que pendant des années je me suis occupé uniquement de littérature et je n'ai vécu qu'avec des gens de lettres. Quand je me suis trouvé entraîné par des circonstances imprévues et peut-être contre mon gré dans une sphère différente, je n'ai rien tant désiré que de pouvoir rendre quelques services à ceux avec qui j'avais passé ma vie. J'ai cru en trouver l'occasion lorsque j'ai été chargé de la Librairie puisque je me trouvais à portée de leur procurer la liberté d'écrire après laquelle je les ai toujours vus soupirer et de les affranchir de beaucoup de gênes dans lesquelles ils paraissaient gémir et dont ils se plaignaient continuellement. Je croyais aussi rendre un service à l'État, parce que cette liberté m'a toujours paru avoir beaucoup plus d'avantages que d'inconvénients. Mes principes sont toujours les mêmes quant au bien de l'État. Pour les gens de lettres l'expérience m'a appris que quiconque a à statuer sur les intérêts de leur amour-propre doit renoncer à leur amitié s'il ne veut affecter une partialité qui le rende indigne de leur estime[1].

Malesherbes est certes, on le sait, une figure de la défense de la liberté d'écrire et de la philosophie des Lumières, mais cette lettre, ressaisie dans les échanges qui l'entourent, montre que l'action qu'il revendique ici consistait à tenter de littérariser l'écriture sur l'administration, la législation, la religion, et même la politique du gouvernement : d'en faire une matière littéraire, une matière de dispute littéraire et de critique littéraire, c'est-à-dire une matière publique, sortie du jeu des

---

M. d'Alembert. J'ai eu tort de vous dire qu'on ne pouvait pas se flatter de faire entendre raison sur cette matière aux gens de lettres car M. d'Alembert m'a paru se rendre à ce que je lui mandai. Je ne l'espérai pas et il me trompa. Si vous croyez utile de nommer la copie de cette lettre à M. de Marmontel, je vous en envoyerai une copie. Mais je n'ai rien de plus à dire et je ne veux pas faire deux fois un traité sur la même matière », p. 263.

1 *Ibid.*, p. 233-234.

protections et des clientèles, sortie des mains de ceux qui pouvaient en user comme instrument de leur propre action politique. La littérature est ici une voie pour opposer le débat politique au combat des factions, en tant qu'il se menait par l'écrit ; la pensée et la pratique de la censure par Malesherbes sont des conduites de mise en ordre par l'ouverture d'un espace de discussion, d'échange – de critique.

Il n'est peut-être pas sans intérêt de noter que dans ses activités bien connues par ailleurs d'informateur de la police, rédacteur de notes et de rapports pré-rédigés pour l'inspecteur de la librairie Joseph d'Hémery, Fréron informe aussi celui-ci, en quelque sorte, de la pensée gouvernementale sur la critique des auteurs. Un passage des « nouvelles d'auteurs » dans le rapport de d'Hémery du 4 mai 1754, conservé dans son journal manuscrit, contient ainsi un développement écrit de la main de Fréron qui vient compléter une première phrase notée par l'inspecteur (« Les Comédiens français ont refusé la Comédie de Mme Denis intitulée *La Petite Maîtresse ou la Femme à la mode* ») :

> Elle en a été extrêmement mortifiée. La dernière feuille de Fréron où son oncle est malmené a ajouté à sa mauvaise humeur. Elle a été se plaindre chez M. de Malesherbes qui, par condescendance pour elle a supprimé les feuilles de Fréron. Il a écrit à David l'aîné adjoint d'avertir Duchesne qu'il n'eût plus à les faire paraître. Il n'a rien dit par rapport à La Porte[1] qui va toujours son train. La découverte du Plagiat est ce qui pique le plus la veuve Denys et ses adhérents ; mais elle s'est donné de garde de parler de cela ; le fondement ou plutôt le prétexte de ses plaintes est le caractère de Voltaire : caractère vague où Voltaire n'est point nommé. Il est malheureux pour lui qu'on l'y reconnaisse. D'ailleurs cette feuille a passé par les mains de *Desessarts* qui est le censeur que M. de Malesherbes a donné à Fréron : ce censeur a vu la feuille avant qu'on l'ait tirée et a tout approuvé[2].

1 Il s'agit du journaliste Joseph de La Porte, déjà rencontré plus haut, rédacteur des *Observations sur la littérature moderne* de 1749 à 1752, collaborateur de Fréron (aux *Lettres sur quelques écrits de ce temps* puis à l'*Année littéraire*), jusqu'à une rupture éclatante qui eut lieu en 1758. Depuis 1751, il fait imprimer par Duchesne l'*Almanach historique et chronologique de tous les spectacles*, dont le titre a changé en 1754 : ce périodique s'intitule alors *Les Spectacles de Paris*.

2 Passage cité dans l'article fondateur de M. R. Bruno, « Fréron, police spy », *SVEC* 148 (1976), p. 177-199, p. 191. Sur Fréron indicateur, voir également L. L. Bongie, *La Bastille des pauvres diables. L'histoire lamentable de Charles de Julie*, trad. D. Baudouin revue par Fr. Moureau, Paris, PUPS, 2010. Sur la carrière de J. d'Hémery, voir R. Darnton, *Le Diable dans un bénitier. L'art de la calomnie en France, 1650-1800*, trad. J-Fr. Sené, Paris, Gallimard, 2010.

Malesherbes se trouve un peu égratigné par cette « information ». Reste que l'agent de la répression en matière de librairie reprend ici, écrit ici, par la main de Fréron, la distinction entre critique littéraire et « personnalité », et le relai de la censure par la critique, tels qu'ils sont produits dans le travail du directeur de la librairie avec le journaliste. Et que c'est par la critique que l'administration gouvernementale de la littérature vient à la police.

ÉPILOGUE[1]

En juillet 1850, un amendement est déposé à la chambre des députés par un député conservateur, Riancey, pour interdire le roman-feuilleton dans la presse. Cet amendement sera adopté. Riancey et les partisans de sa mesure, mais aussi beaucoup d'autres députés, défendent à cette occasion une vision tribunicienne de la presse, consacrée à la seule expression des opinions politiques, chaque feuille s'identifiant clairement à la bannière d'un parti. Ils affirment préférer aux romans-feuilletons les « immoralités reliées », et par là bien visibles des *in-octavo* ou des in-douze, et assurent que l'élimination des romans-feuilletons donnera un nouvel élan à la critique littéraire, étouffée par la concurrence[2]. Il est

1 Je dois les connaissances et les analyses qui suivent à J. Lyon-Caen, et l'élaboration de la perspective présentée dans le présent article au séminaire sur « Figure et activité du critique, XVIIIe et XIXe siècles » que nous avons animé ensemble entre 2008 et 2010 à l'École des hautes études en sciences sociales. Voir J. Lyon-Caen, « Remettre le monde en ordre : les académies et la question de l'influence de la littérature sur les mœurs dans les années 1850 » dans *1848, une révolution du discours*, sous la direction d'H. Millot et C. Saminadayar, Saint-Étienne, Éditions des Cahiers intempestifs, 2001, p. 27-45, et surtout *La Lecture et la vie. Les usages du roman au temps de Balzac*, Paris, Tallandier, 2006.

2 Le roman-feuilleton et la critique se partageaient le même espace, le rez-de-chaussée, dans les journaux du XIXe siècle ; mais le roman-feuilleton faisait mieux vendre un titre que les feuilletons critiques. Il me semble que le travail du pouvoir, au XVIIIe siècle et au XIXe siècle, avec ce qu'Alain Vaillant appelle la « littérature médiatique », avec la presse et sa puissance de publication, est un élément à ajouter au récit historique qui découle de sa théorie de la communication médiatique comme forme de la communication littéraire (voir A. Vaillant, « De la *littérature médiatique* » dans *Interférences littéraires/Literaire interferenties*, nouvelle série, n° 6, « Postures journalistiques et littéraires », dir. L. Van Nuijs, mai 2011, p. 21-33). Voir aussi plus loin, dans le présent volume, l'article d'A. Vaillant, p. 385-399.

frappant de voir dans cet épisode un même geste censurer la littérature parce qu'elle se mélange à la politique, en tant qu'elle se mélange à la politique, démocratiquement entendue comme expression partisane, et protéger la critique littéraire. Dans cette apparente disjonction, dans cette différence de traitement en tout cas, on lit la naturalisation du fait littéraire, l'évidence qui veut que la littérature n'ait rien à voir avec la politique tant qu'elle ne se politise pas, ou tant qu'elle ne vient pas contaminer la politique. On y lit aussi la persistance d'un intérêt gouvernemental, ou en l'occurrence d'un intérêt du législateur pour la gestion de sa présence grâce à l'outil de la critique. Censure et critique, ou comment se conjoignent et s'entrelacent, dans l'histoire du pouvoir, politique de la littérature et croyance à la littérature.

Dinah RIBARD
EHESS
Centre de recherches historiques
– GRIHL

TRIBUNAL DE LA FOI ET TRIBUNAL DE L'OPINION PUBLIQUE AU SIÈCLE DES LUMIÈRES

Giannone, Montesquieu, Beccaria

L'analyse de l'espace public et de l'opinion publique a suscité nombre de recherches sur les mécanismes de la censure qui fournissent l'essentiel du présent volume[1]. Le point de vue adopté ici est légèrement latéral. Plus que le fonctionnement de la censure, il s'agit d'analyser de quelle manière certains auteurs qui redoutaient, à juste titre, d'être frappés par la censure religieuse, ont décidé de répondre aux critiques qui les assaillaient, critiques qui préparaient de fait l'intervention de la Congrégation de l'Index. La relation qu'ils ont entretenue avec l'opinion publique a eu un poids décisif dans leur stratégie. Puisqu'on ne saurait réduire l'espace public à des mécanismes mais qu'en son sein circulent aussi des idées, il s'agira de montrer ici, à travers les cas de Giannone, de Montesquieu et de Beccaria, comment en quarante ans environ, les rapports entre religion et politique, d'un côté, et entre religion et société, de l'autre, changèrent profondément.

Ces trois auteurs ont pour point commun d'avoir été mis en accusation, d'abord par des gens d'Église, puis par la Congrégation de l'Index, pour avoir écrit des textes ne relevant pas directement de la théologie ou de l'histoire sacrée. Leurs ouvrages étaient de « pure politique et pure jurisprudence », pour reprendre les termes de Montesquieu dans sa *Défense*[2], mais ils furent jugés dangereux pour la religion car susceptibles

1 Voir par exemple R. Chartier, *Espace public et opinion publique*, dans *Les Origines intellectuelles de la Révolution française*, Paris, Seuil, 1990, p. 32-52 ; M. Ozouf, *Le Concept d'opinion publique au* XVIIIe *siècle*, dans *L'Homme régénéré. Essais sur la Révolution française*, Paris, Gallimard, 1989, p. 21-53 et *La Censura nel secolo dei lumi*, éd. E. Tortarolo, Turin, Utet, 2011.

2 Montesquieu, *Défense de l'Esprit des lois*, dans *Œuvres complètes de Montesquieu*, Lyon/Paris, ENS/Classiques Garnier, 2010 (dorénavant abrégé : *Défense*), t. 7, éd. P. Rétat, p. 71.

de remettre en question aussi bien l'essence du sacré (à savoir la vérité selon laquelle une seule religion était possible) que la distinction et la hiérarchie entre sacré et profane, domaine où fausses religions et dynamiques sociales coexistaient. La crainte des gens d'Église était que la logique *philosophique* que l'on imposait ainsi eût pour effet de dissoudre cette distinction. En effet, cette logique niait l'existence d'*une* seule vérité religieuse et affirmait la fausseté indistincte – ou la vérité – de toutes les religions. En conséquence, le monde profane aurait eu comme propre loi interne non plus la foi mais la raison. L'affirmation de la tolérance, défendue par les trois penseurs, offre un bon exemple de ce renversement.

Bien que le chef d'accusation fût identique pour les trois auteurs, il fut présenté sur la base d'arguments différents pour chacun d'eux. En outre, plusieurs institutions et/ou sensibilités de l'Église intervinrent, laquelle se montre ainsi sous des angles différents. Les trois philosophes ne réagirent pas de la même manière : Montesquieu et Beccaria répondirent avec prudence alors que la réaction de Giannone avait été virulente et provocatrice. Le sort terrible qui lui fut réservé servit d'avertissement. Enfin, les *Défenses* des trois auteurs ont pour point commun de répondre à des ouvrages qui furent rédigés par des religieux en amont de l'intervention imminente de l'Index : c'est bien la menace du pouvoir institutionnel de l'Index en tant que tribunal de la conscience que Giannone, Montesquieu et Beccaria voulurent combattre et, pour se défendre et s'opposer à l'Index, ils cherchèrent le soutien de l'opinion publique. En publiant le texte qui était mis en accusation – l'*Istoria civile del regno di Napoli* (1723), l'*Esprit des lois* (1748), le traité *Des délits et des lois* (1764) –, chacun des trois auteurs s'était adressé à l'opinion publique dans une relation verticale ou, pour mieux dire, extérieure[1]. À l'inverse, lorsque Giannone, Montesquieu ou Beccaria publièrent leur réponse au critique (en l'espèce religieux) qui s'était emparé de leur écrit, ils adoptèrent une autre posture, commentant et illustrant leur texte, non plus en tant qu'auteur du dit livre, mais comme l'un de ses lecteurs, en soulignant les contresens du critique et la juste interprétation qu'en avait donnée, au contraire, l'opinion publique. Le débat prit ainsi l'allure d'une polémique entre

1 Voir M. Foucault, « Qu'est-ce qu'un auteur ? », dans *Bulletin de la Société française de philosophie*, LXIII (1969), p. 75-104, théorie discutée dans le sens que nous lui donnons par B. Neveu, *L'Erreur et son juge. Remarques sur les censures doctrinales à l'époque moderne*, Naples, Bibliopolis, 1993, chap. 5.

lecteurs, interne à l'espace de l'opinion publique[1]. L'auteur y opposait, en quelque sorte, le tribunal de l'opinion publique[2], interne à la conscience de chaque individu, au tribunal de la conscience géré par l'institution ecclésiastique. Le tribunal de la raison libre s'opposait au tribunal autoritaire de la foi. C'était nier la légitimité de ce dernier et la possibilité de recourir à son autorité dans la libre discussion orientée vers l'affirmation de la vérité. Par leurs *Défense(s)*, donc, Giannone, Montesquieu et Beccaria défendirent certes leurs propres ouvrages mais plus encore le droit à la liberté comme élément essentiel de l'espace public et ils affirmèrent son autonomie par rapport au contrôle que la religion prétendait exercer sur la conscience. On peut dès lors affirmer que l'espace de l'opinion publique n'émergea pas seulement des débats critiques et intellectuels, selon le schéma proposé par l'important ouvrage de Jürgen Habermas, mais aussi d'une évolution interne à la sphère religieuse.

PASCAL

Plusieurs ordres et sensibilités religieuses (les jansénistes notamment) et différentes institutions (la Sorbonne notamment) intervenaient en matière de censure mais la Congrégation de l'Index demeurait un modèle et un point de repère. L'affaire Galilée, mentionnée du reste par Pascal[3], avait marqué les esprits, et pas seulement celui de Descartes. De fait, un livre condamné ne pouvait avoir de lecteurs : comme son auteur, il devait disparaître (même si le sort de l'auteur était protégé en France où l'Index n'avait aucune autorité, à la différence de l'Italie où l'auteur pouvait craindre pour sa liberté voire pour sa vie). Rédiger des défenses pouvait adoucir le jugement porté sur le texte mais la défense restait un acte individuel et privé. Seule la condamnation était publique. En 1758, Benoît XIV élargit certes l'espace de dialogue avec les auteurs en modifiant

1 F. de Vivo, *Information and Communication in Venice. Rethinking Early Modern Politics*, Oxford, Oxford University Press, 2007 (trad. it., *Patrizi, informatori, barbieri. Politica e comunicazione a Venezia*, Milano, Feltrinelli, 2012).

2 K. M. Baker, *Au tribunal de l'opinion. Essais sur l'imaginaire politique au XVIII*^e^ *siècle*, Paris, Payot, 1993.

3 B. Pascal, *Lettres provinciales*, XVIII, dans *Œuvres complètes*, Paris, Seuil, 1963, p. 467.

les normes de l'*Index* mais cet espace demeura un espace soustrait au public et secret. Le secret, cependant, était désormais impossible à tenir.

En effet, un autre espace, public celui-ci, s'était ouvert, au sein duquel se déroulait le conflit. Le cas exceptionnel des *Lettres provinciales* l'avait déjà montré :

> Vos deux lettres n'ont pas été pour moi seul. Tout le monde les voit, tout le monde les entend, tout le monde les croit. Elles ne sont pas seulement estimées par les théologiens ; elles sont encore agréables aux gens du monde, et intelligibles aux femmes mêmes[1].

Le cas des *Lettres provinciales* apparaît emblématique à plusieurs points de vue. Pascal y reconnaît d'une part que dans le débat théologique, la question du vrai et du faux ne peut être résolue par la violence et la force, la vérité et la force étant deux grandeurs incommensurables[2]. Le lieu de la vérité réside dans la conscience isolée de chaque croyant, « car il n'est pas vraisemblable qu'étant seul comme je suis, sans force et sans aucun appui humain contre un si grand corps, et n'étant soutenu que par la vérité et la sincérité, je me sois exposé à tout perdre, en m'exposant à être convaincu d'impostures[3] ». En ce sens, « la belle liberté de conscience[4] » accordée par le probabilisme était fausse, précisément parce qu'elle niait la vérité de la conscience et qu'elle la faisait naître du pouvoir des jésuites, qui en dessinaient les contours selon leurs propres intérêts et leurs propres lois. Le conflit d'idées ne pouvait au contraire se résoudre que dans la libre discussion[5], le seul lieu où l'authentique religion chrétienne était susceptible de se déployer, en dehors des mécanismes du pouvoir ecclésiastique. Pareille discussion était soustraite à la prise de la violence institutionnelle puisque, comme l'admet Pascal, la caractéristique de l'espace public est d'être le lieu d'expression de voix dispersées et insaisissables[6]. On peut voir un écho

1 *Ibid.*, *Réponse du Provincial*, p. 379.

2 *Ibid.*, XII, p. 429 : « Vous croyez avoir la force et l'impunité, mais je crois avoir la vérité de l'innocence [...] la violence et la vérité ne peuvent rien l'une sur l'autre ».

3 *Ibid.*, XII, p. 424.

4 *Ibid.*, V, p. 390.

5 Ch. Jouhaud, *Les Écrits polémiques*, dans *Histoire de la France littéraire*, édité par J.-Ch. Darmon et M. Delon, Paris, PUF, 2006, t. 2, p. 732-761.

6 B. Pascal, *Lettres provinciales*, dans *op. cit.*, XVII, p. 455 : « Vous pouvez bien préparer des violences contre des prêtres et des docteurs, mais non pas contre moi, qui n'ai point ces qualités. Et ainsi peut-être n'eûtes-vous jamais affaire à une personne qui fût si hors

de l'image calviniste de l'*Église invisible*, reprise et déformée ici, avant d'être magistralement récupérée par Diderot comme on le verra plus loin. Mais il faut rappeler d'autre part que les *Lettres provinciales* furent rédigées alors que la Sorbonne menaçait Antoine Arnauld de se voir retirer son titre de docteur[1]. Dans ses premières lettres, Pascal ne se préoccupe donc pas de défendre sa propre cause mais le cercle restreint des amis qui l'entourent, avant de porter ses attaques contre la religion jésuite dans les lettres suivantes. Le recours à la langue vulgaire dans le débat théologique, surprenant en soi, répond à une stratégie d'ensemble des jansénistes consistant à contester l'autorité et le pouvoir des jésuites et à diffuser un point de vue qu'ils savaient minoritaire[2].

GIANNONE

La diffusion du jansénisme et de la pensée de Pascal constitua, à partir de la fin du XVIIe siècle, l'une des dynamiques qui participèrent du renouveau culturel de Naples en mettant la ville en relation avec les principaux courants de pensée européens. L'érudition, l'histoire, la physique newtonienne et le spinozisme, de même que l'empirisme lockéen circulèrent largement dans les milieux napolitains qui concevaient la culture non pas comme l'exhibition rhétorique d'un conformisme lié à la tradition, mais comme une exigence morale de renouvellement intérieur. Un groupe de « clercs ouverts au rationalisme » s'était ainsi formé, qui fondait sur une morale rigoureuse sa volonté de participer aux « luttes de la société civile » tout en affirmant avec orgueil sa « distance par rapport à la foule ». Ce groupe fut qualifié de « janséniste », écrit Franco Venturi,

> non sans raison puisque le jansénisme fut l'hérésie d'une élite, la morale secrète d'un groupe dominant en cours de transformation. [...] Attachés indéfectiblement à une religion qui leur était propre, à une conception de la

---

de vos atteintes, et si propre à combattre vos erreurs, étant libre, sans engagement, sans attachement, sans liaison, sans relation, sans affaires ».

1 Voir B. Neveu, *L'Erreur*, *op. cit.*, p. 217 *sqq.*

2 B. Pascal, *Lettres provinciales*, dans *op. cit.*, VIII, p. 407 : « Car je vous assure que celui à qui je les envoie les fait voir à bien des gens [...] c'est qu'en effet nous pensons qu'il sera utile que le monde en soit bien informé ».

> morale réservée, celle de gens de bien, de savants compétents, d'hommes qui, dans leur for intérieur, savaient ce qu'était le bien et ce qu'était le faux, ces « intellectuels » commencèrent à essayer d'agir pour transformer les choses sur le plan culturel et sur le plan politique[1].

C'est à ces hommes que Giannone, qui était l'un d'eux, s'adressa et sa dramatique expérience leur servit d'avertissement et d'exemple.

L'*Istoria civile del regno di Napoli* parut en 1723. Son originalité résidait dans le fait qu'elle s'appuyait non seulement sur l'histoire érudite mais aussi sur un discours politique très consciemment revendiqué. Giannone y décrivait en effet comment, depuis les Lombards, une nouvelle société s'était construite dans l'Italie méridionale, en dehors de tout modèle universel et sans la médiation de l'Église ou de l'Empire : une « nation » s'était formée[2]. L'introduction, magistrale, soulignait le fait que la relation entre le roi et le corps social était le cœur de cette nation, le corps social obéissant au roi mais lui indiquant aussi la voie à suivre pour augmenter la prospérité du royaume. Le règne de Frédéric II de Sicile avait constitué le moment fondamental de ce processus, après quoi cette énergie s'était dispersée. Toutefois, l'exemple de Frédéric demeurait, proposant, bien plus qu'un mythe, un projet tout à fait actuel. Le mouvement économique des villes, les échanges commerciaux en Méditerranée avaient conféré mobilité et dynamisme économique et social au royaume lequel, de son côté, avait trouvé dans le pouvoir absolu du grand roi la force politique capable de diriger les forces vives de la société et de protéger l'indépendance du royaume des visées papales. La situation était donc la suivante : d'un côté, la Papauté revendiquait le royaume de Naples en tant que fief lui appartenant ; de l'autre, l'Église exigeait des privilèges et des droits qui faisaient d'elle un État dans l'État, nuisant à l'autonomie politique de l'État en drainant d'énormes richesses hors Naples. Pour Giannone, l'obstacle principal à la croissance civile du royaume résidait donc dans la présence de l'Église qui revendiquait sans cesse un pouvoir politique incompatible avec la religion chrétienne. Mais en proposant une telle reconstruction de l'histoire civile du royaume de Naples, Giannone écrivait aussi une extraordinaire histoire de l'Église. Sous Grégoire VII puis lors du concile de Trente, l'Église romaine avait selon lui trahi

1 Fr. Venturi, *Settecento riformatore. Da Muratori a Beccaria*, Turin, Einaudi, 1969, p. 22.

2 P. Giannone, *Istoria civile del Regno di Napoli*, éd. A. Marongiu, Milan, Marzorati, 1970, p. 243.

l'Église primitive. Cette trahison, amorcée au VIIe siècle, n'avait cessé de s'aggraver, l'enseignement apostolique des origines disparaissant au profit d'une machine visant à affirmer le pouvoir spirituel et le pouvoir politique de Rome. Le lien ainsi établi par Giannone entre histoire et droit jetait une lumière radicalement nouvelle sur le passé et il ouvrait des perspectives nouvelles pour concevoir une nouvelle forme d'État. L'*Istoria* connut un succès extraordinaire. Elle fut lue avec admiration par Gibbon et Voltaire et constitua un modèle explicite pour Montesquieu. « Pourrai-je, à l'exemple de Giannone, qui a fait l'*Histoire civile du Royaume de Naples*, donner ici celle du royaume d'Alger ? », écrit ce dernier dans ses *Pensées*[1], avant de former un projet plus ambitieux encore, celui d'« une histoire civile du royaume de France comme Giannone a fait l'*Histoire civile du royaume de Naples*[2] ».

L'Église ne pouvait pas ne pas riposter. Elle lança d'abord la rumeur parmi la populace (les *lazzari*) que le miracle de saint Janvier n'avait pas eu lieu à cause « du livre impie de Giannone, qui pensa être lapidé, fut obligé de se cacher et quitter le royaume[3] ». Par l'intermédiaire de l'archevêque, elle excommunia ensuite Giannone et son imprimeur. Giannone fut donc contraint de se réfugier à Vienne où l'empereur prit sa défense. Il ne devait plus jamais revenir à Naples. En 1736, en vertu d'un pacte honteux noué entre Victor-Amédée et la Papauté, Giannone fut arrêté et emprisonné à la demande de la Curie dans les prisons piémontaises où il mourut en 1748 après douze ans de captivité[4]. Dès le début de son exil à Vienne, toutefois, l'écrivain napolitain avait pu se plonger dans les textes et les idées de la crise de la conscience européenne, approfondir l'histoire et la philosophie de Spinoza, étudier l'érudition biblique. Alors qu'il était à Vienne, il avait appris qu'un jésuite, Sanfelice, avait fait paraître à Naples en 1728, sous le pseudonyme d'Eusèbe Filopatro, des *Riflessioni morali e teologiche sull'Istoria civile del Regno di Napoli*[5]. Giannone, qui avait déjà rédigé une *Apologie* qui circulait sous forme manuscrite, tenta d'abord de dissuader Sanfelice de publier son texte avant de lui donner une réponse articulée et dévastatrice.

1 Montesquieu, *Mes Pensées*, 353, dans *Œuvres complètes de Montesquieu*, *op. cit.*, p. 891.
2 *Ibid.*, 954, p. 981.
3 Id., *Voyages*, p. 281.
4 G. Ricuperati, *L'Esperienza civile e religiosa di Pietro Giannone*, Milan, Naples, Ricciardi, 1970.
5 *Riflessioni morali e teologiche sull'Istoria civile del regno di Napoli*, 1728.

D'un côté, il répondit sur le plan judiciaire en attaquant Sanfelice pour diffamation, obtenant le séquestre du livre à Naples ; de l'autre, sur le plan de l'érudition, il chargea l'abbé Biagio Garofalo de répondre aux critiques du jésuite, réplique qui fut introduite dans les *Opere postume.* Sur le plan théorique et religieux, enfin, il répondit lui-même aux *Réflexions* du jésuite[1]. Celles-ci n'étaient pas si stupides mais la *Professione di fede*, publiée sous fausse adresse après 1734-1735 mais très rare[2], circula principalement sous forme manuscrite. Le texte exhibait les signes de la culture nouvelle à laquelle Giannone était en train de se confronter et qui allait le porter à écrire le *Triregno* et les autres œuvres écrites en captivité. L'Église interdit d'en faire circuler les manuscrits qui ne furent publiés qu'au XIXe siècle.

De même que Pascal s'était fait jésuite pour mieux démasquer la Compagnie de Jésus, de même Giannone se feignit convaincu et converti par Sanfelice pour montrer de l'intérieur la doctrine et la morale de l'Église romaine dans sa vraie nature[3]. Dans l'*Istoria*, son histoire avait été reconstruite à travers le regard extérieur et polémique de l'historiographe ; dans la *Professione di fede*, au contraire, Giannone entrait dans le point de vue de l'Église. Le procédé de dépaysement déjà utilisé par Montesquieu dans les *Lettres persanes* y fait émerger en pleine lumière les contradictions de l'Église, sa vraie nature, sa « nouvelle morale » qui est à la fois le résultat et l'exercice de son imposture.

---

1 Voir S. Bertelli, *Introduction* à la *Professione di fede*, dans P. Giannone, *Opere*, éd. S. Bertelli, Milan, Naples, Ricciardi, 1971, p. 477-478 ; G. Ricuperati, *La Città terrena di Pietro Giannone*, Florence, Olschski, 2001, p. 12-21.

2 S. Bertelli, *Bibliografia*, dans P. Giannone, *op. cit.*, p. XXVIII.

3 « Je crois que le Pontife romain est le seigneur du monde entier, aussi bien sur le plan spirituel que sur le plan temporel, et qu'il exerce l'autorité directe et indirecte sur toute la terre et sur tout ce qui y remue et comprend ; et qu'il a le droit d'utiliser tous les moyens, qu'ils soient spirituels, temporels, sous forme d'amendes, de condamnations à la prison ou à l'exil, à la relégation, à la réclusion à perpétuité, aux flammes et feu, puisqu'ils sont tous adoptés dans l'unique but de faire atteindre le salut éternel au genre humain » (Pietro Giannone, *Professione di fede, scritta da P. Giannone al p. G. Sanfelice gesuita dimorante in Roma, per la cui santità, fervoroso zelo, e calde esortazioni si è il medesimo convertito a quella credenza, che egli inculca nelle sue riflessioni Morali e teologiche, co' dubbi propostigli intorno alla sua morale*, p. 395 : « *io credo il pontefice romano essere signore di tutto il mondo, non meno nello spirituale che nel temporale, e che non solo indirettamente ma direttamente abbia autorità sopra tutta la terra e quanto in quella si move ed intende ; e di potersi valere di tutti i mezzi, sieno spirituali, sieno temporali, di multe, carceri, esilii, relegazioni, ergastoli, fiamme infine e fuoco, perché non sono adoperati se non per fine della salute eterna del genere umano* »).

La rupture de Giannone avec l'Église illustre celle intervenue entre la culture des Lumières et le christianisme. L'exigence morale de regénération de la culture, l'engagement dans la lutte civile, la volonté de se détacher des plèbes superstitieuses et subordonnées à l'Église – tous traits communs à Giannone et au groupe des « jansénistes » italiens auquel il appartenait – l'avaient rendu étranger (comme Muratori) au public auquel le catholicisme s'adressait.

> Et puisque votre société [*i. e.* la Compagnie de Jésus] vous a bien enseigné que dans le monde il faut plutôt s'intéresser à la quantité représentée par le plus grand nombre qu'à la qualité présentée par le petit nombre, vous savez par expérience que pour ce qui est de ceux-là, on les attrape par les oreilles avec des cris et du vacarme, et encore avec des images voyantes et extravagantes, et non avec des preuves et des arguments qu'ils ne sont pas capables [d'entendre][1].

Le modèle de Pascal était dépassé, en partie du moins. Pour Giannone, tout plein de la nouvelle culture de la libre pensée européenne, la vérité n'est plus seulement ce que la conscience de chacun conquiert individuellement contre l'alliance du tribunal de l'Inquisition et de la plèbe pour la défense des superstitions, c'est une vérité de raison qui circule et que l'opinion discute librement dans un espace public qui existe réellement. Seule la *Défense* de Montesquieu, toutefois, devait permettre à l'opinion publique de s'affirmer pleinement comme un espace opposé à celui que le tribunal de l'Index défendait, et désormais plus fort que lui.

MONTESQUIEU

Après la publication de l'*Esprit des lois* en 1748, Montesquieu fit paraître une *Défense de l'Esprit des lois* en février 1750. Sa défense était aussi prudente que celle de Giannone avait été virulente[2]. En effet, la *Professione* de Giannone trouvait son ancrage dans la culture de la crise

1 *Ibid.*, p. 466 (« *E poiché avete ben appreso dalla vostra Società* (*i. e.* la Compagnie de Jésus) *che bisogna badar più nel mondo al numero de' più che alla qualità de' pochi, sapete con esperienza che que' si tirano per le orecchie non già con prove e ragioni, delle quali non son capaci, ma con gridi e chiamazzi, e con altre apparenti e strepitose immagini* »).

2 P. Rétat, *Introduction*, dans *Défense*, éd. citée, p. 47.

de la conscience européenne mais aussi dans la situation napolitaine où des conflits couvaient entre l'Église et l'État mais aussi au sein de chacun des deux corps. La *Professione* de Giannone était donc à la fois un ouvrage de critique religieuse et un ouvrage de critique politique, aspect qui semble absent du texte de la *Défense* de Montesquieu. Celui-ci rédigea sa propre apologie[1] parce qu'il avait peur d'être accusé par l'Index, et condamné par lui. Peut-être avait-il à l'esprit le sort réservé à Giannone, qu'il connaissait au moins autant que son œuvre d'historien. Ces préoccupations expliquent sans doute la conduite de Montesquieu et son refus de se laisser emporter dans une polémique ouverte et acharnée contre l'Église. Peut-être est-il possible d'y reconnaître aussi quelque chose de l'attitude contemporaine de Voltaire, qui avait lui aussi cherché longtemps de possibles convergences, avec les jésuites notamment, autour de l'idée commune d'une réhabilitation de la nature humaine. L'illusion devait vite être dissipée.

Même si elle apparaît plus prudente que celle de Giannone dans sa forme, la *Défense* de Montesquieu relève pleinement des Lumières dans sa structure argumentative comme dans sa stratégie de communication. L'affrontement n'oppose plus un auteur, qui en appelle à la raison, à des représentants du clergé qui se revendiquent de l'institution ecclésiastique et du public inculte et superstitieux qui la suit. Montesquieu, en effet, est parfaitement conscient de représenter l'opinion publique, sortie victorieuse et dominante de sa lutte contre les gens d'Église. Le tribunal de la raison est désormais le seul tribunal qui vaille aux yeux l'opinion publique.

En outre, Montesquieu exploita le fait qu'il avait été attaqué (quoiqu'avec des arguments différents) aussi bien par les jésuites que par les jansénistes à un moment où les milieux ecclésiastiques français continuaient de s'intéresser davantage aux positions régaliennes des *Lettres* de Daniel Bargeton qu'à la nouveauté portée par la culture des Lumières. Quoique l'attaque provînt de plusieurs fronts (les jésuites, les jansénistes, la Sorbonne, la Congrégation de l'Index), Montesquieu comprit clairement que le danger était celui d'être accusé d'hérésie, raison pour laquelle il ne suivit pas l'exemple de Buffon qui, dans les mêmes mois, avait mis fin à la dispute qui l'opposait à la Sorbonne en faisant amende

1 *Défense*, p. XXII.

honorable. Montesquieu prit donc le parti de rédiger une *Défense* qui visait à répondre directement aux *Nouvelles ecclésiastiques* tout en parant les contestations encore possibles (et qui arrivèrent en effet) de la part de la Sorbonne et de Rome[1]. Une fois sa *Défense* publiée, Montesquieu se tut et n'intervint plus, comptant que la question tomberait dans l'oubli. Sa stratégie réussit. La Sorbonne ne censura pas l'*Esprit des lois* et la Congrégation romaine noya son jugement dans la condamnation générale d'une vingtaine d'ouvrages en novembre 1751. Montesquieu, cependant, avait eu raison de craindre que les *Nouvelles ecclésiastiques* ne poussassent l'Index à intervenir et que Rome ne rejetât le cœur de sa *Défense*, à savoir la séparation entre politique « pure » et théologie. Dans le rapport qu'il rédigea pour l'Index, le censeur Bottari constate en effet que Montesquieu aurait dû « se rappeler qu'il était un jurisconsulte *catholique*[2] ». Montesquieu pouvait donc être un bon croyant et même faire montre d'un « esprit de docilité » mais il était indéniable que son livre ne montrait pas le même esprit et qu'il demeurait par conséquent dangereux. La distinction entre l'œuvre et l'auteur que Montesquieu avait voulu nier était réaffirmée par Bottari.

Trois thèmes se distinguent dans la *Défense de l'Esprit des lois*. L'idée que la théologie doit être séparée des « sciences humaines » – idée que Montesquieu expose d'une manière inégalable dans la troisième partie de son texte[3] – s'affirme comme le principe-force des Lumières à venir. La théologie appartient au passé, les sciences humaines à l'avenir, et elles n'admettent pas que la liberté soit niée. « Notre siècle a formé des Académies, on voudra nous faire rentrer dans les Écoles des siècles ténébreux[4]. » La critique aussi doit suivre cette logique. Auteur et lecteur ont le même intérêt à « être éclairés eux-mêmes », à chercher comme « confédérés » la vérité[5]. « On ne doit pas statuer par les lois divines ce qui doit l'être par les lois humaines », avait écrit Montesquieu (XXVI,

1 Sur la critique des *Nouvelles ecclésiastiques* contre « le complot des philosophes », voir ci-après la contribution de C. Maire, p. 343 *sqq.*

2 *Ibid.*, p. 197.

3 *Ibid.*, p. 112 : « La Théologie a ses bornes, elle a ses formules, [...] c'est là qu'il ne faut pas que le génie prenne l'essor : on le circonscrit, pour ainsi dire, dans une enceinte. Mais c'est se moquer du monde de vouloir mettre cette même enceinte, autour de ceux qui traitent les sciences humaines ».

4 *Ibid.*, p. 113.

5 *Ibid.*

2) et pareille distinction était en effet au cœur de l'*Esprit des lois*. Le critique janséniste n'avait donc pas compris l'œuvre qu'il avait attaquée pour cette raison même que cette « faculté de séparer » lui faisait défaut[1]. Montesquieu renvoyait explicitement à un passage célèbre de l'*Esprit des lois* (XXVI, 1) où il avait écrit :

> il y a donc différents ordres de lois. [...] La sublimité de la raison humaine consiste à savoir bien auquel de ces ordres se rapportent principalement les choses sur lesquelles on doit statuer, et à ne point mettre de confusion dans les principes qui doivent gouverner les hommes[2].

Dans la *Défense*, l'accusation adressée de manière répétée au janséniste d'avoir confondu ces principes apparaît à la fois comme un instrument rhétorique destiné à affaiblir la critique de l'adversaire et comme le résultat d'un principe général, qui est précisément celui que la *Défense* cherche à réaffirmer de manière assez radicale. Dans l'*Esprit des lois*, en utilisant ce concept de distinction, Montesquieu avait en effet mis en œuvre deux mouvements à la fois complémentaires et opposés repris dans la *Défense* : 1°. il reléguait la religion hors de l'histoire pratique des hommes, comme l'avait bien compris le janséniste qui remettait en cause la distinction entre préceptes et conseils[3] ; 2°. il faisait entrer la religion dans l'histoire en l'intégrant plus généralement aux croyances, qu'elles fussent vraies ou fausses[4]. La *vraie* religion, une religion qui serait différente de toutes les autres, n'existait pas. Il est intéressant d'observer que les deux opérations furent toutes deux critiquées, mais séparément : la première par les jansénistes, plus sensibles à la dialectique entre les dimensions interne et externe de la religion ; la seconde par les jésuites principalement[5]. La complémentarité des deux mouvements échappa néanmoins aux uns comme aux autres.

Dans sa *Défense*, Montesquieu réaffirmait d'autre part qu'il avait soutenu, contre Bayle, l'impossibilité où l'homme était de se passer de

1 *Ibid.*, p. 86.

2 B. Binoche, *Les Lois divines sont-elles des lois divines ? (De l'Esprit des lois, XXVI, 2)*, « Dix-huitième siècle », 41, 2009, p. 613 *sqq.*

3 Voir la critique des « Nouvelles ecclésiastiques » du 16 octobre 1749, dans *Défense*, éd. citée, p. 33. Voir aussi l'*Esprit des lois*, livre XXIV, chap. 6 et 7.

4 *Défense*, éd. citée, p. 95, 99 et 102.

5 Voir la critique des « Mémoires de Trévoux », avril 1749, art. XL, dans *Défense*, éd. citée, p. 14.

croyances[1]. Mais cette impossibilité signifiait uniquement pour lui la nécessité sociale de la religion, idée qu'il avait présentée dès sa *Dissertation sur la politique des Romains* en 1716[2]. Dans la *Défense*, il cherchait un équilibre difficile en s'efforçant de ne réduire le christianisme ni à un ensemble de prescriptions fondé sur des pratiques arbitraires, ni à un simple sentiment dépourvu d'institutions spécifiques.

Le troisième thème du texte, qui apparaît dès l'exorde à travers l'anaphore (« il est donc spinoziste »), concerne la définition même du terme de religion. Montesquieu apparaît ici singulièrement proche du jeune Diderot qui, dans les *Pensées philosophiques*[3], distingue le déisme, c'est-à-dire la religion naturelle, et l'athéisme. C'était l'autre volet de la polémique qui opposait Montesquieu à Bayle et elle obligeait le Président à définir sa propre position par rapport à Spinoza. Aussi Montesquieu commence-t-il sa *Défense* en soulignant ce qui le distingue du spinozisme, bien que dans la première intervention critique des *Nouvelles ecclésiastiques* le nom de Spinoza n'apparaisse qu'une seule fois. Montesquieu avait eu habilement recours à la tradition religieuse opposée au rigorisme – tradition qu'on peut définir comme jésuite au sens large – et plus précisément à la théologie missionnaire de la Compagnie de Jésus. Selon cette conception, la religion était un sentiment naturel[4] qui pouvait apparaître sous des formes disparates, lesquelles allaient du polythéisme au christianisme. Pour Montesquieu, il fallait donc distinguer d'un côté une religion originelle définie comme un sentiment dégagé de toute idée de contrainte et caractérisé par une effervescence qui lui était propre[5], et de l'autre une religion primitive, assimilable au polythéisme. Aucune de ces deux formes ne relevait de la raison, la première parce qu'elle était un sentiment, la seconde parce qu'elle était un ensemble de normes positives à travers lesquelles ce sentiment devenait réel. Or pour les jansénistes (et pour Bayle avec eux !), le christianisme unifiait ces deux définitions de la religion. La difficulté résidait donc dans la définition que Spinoza avait donnée de la religion dans le *Tractatus*, non seulement sur le plan rhétorique, pour la *Défense*, mais plus profondément sur un plan

1 *Esprit des lois*, livre XXIV, chap. 2.
2 *Œuvres*, p. 39.
3 La thèse de Gehrardt Stenger, selon laquelle Diderot affirmerait s'opposer à l'athéisme pour pouvoir soutenir son propre athéisme, n'est pas soutenable.
4 *Défense*, p. 85.
5 *Ibid.*, p. 87.

théorique pour Montesquieu lui-même. On comprend dès lors pourquoi ce ne fut pas lui qui affronta cette difficulté, mais La Beaumelle dans la *Suite de la Défense* publiée quelques mois après la *Défense de l'Esprit des lois.* Entre temps, les *Nouvelles ecclésiastiques* étaient intervenues une seconde fois dans le débat.

LA *SUITE DE LA DÉFENSE*

Comme on l'a déjà dit, Montesquieu préféra ne pas répondre aux nouvelles attaques pour conserver la cohérence de sa stratégie. La *Défense* fut son dernier mot. Les réactions qu'elle suscita démontrèrent que la voie du dialogue était en train de se fermer. L'affirmation qui ouvre la *Suite* de La Beaumelle semble sortie de la plume de Montesquieu. « Il faut l'avouer : le parti janséniste est aujourd'hui le plus ferme appui de la religion. » De fait, non seulement le parti janséniste exerçait une veille sur les idées, il s'inquiétait aussi de ce que « le public » pût être séduit par les nouveaux protagonistes du débat public et qu'il abandonnât « les illustres disciples du docteur de la grâce[6] ».

Pourtant, dans sa dernière intervention, le périodique janséniste, dans le but de démontrer la présence de Spinoza dans l'*Esprit des lois*, était remonté aux sources spinoziennes. Sans nous attarder sur cette polémique importante pour la diffusion du spinozisme au XVIIIe siècle[7], il faut souligner qu'en abordant la question de la croyance et celle de la nécessité de la croyance religieuse, La Beaumelle prit une position qui n'était pas celle de Montesquieu[8]. La *Suite* offrit donc une interprétation de l'*Esprit des lois* qui n'était pas complètement fidèle au texte qu'elle prétendait défendre et qui ne fut pas utile pour empêcher la condamnation de l'*Esprit des lois* par l'Index.

---

6 La Beaumelle, *Suite de la Défense de l'Esprit des lois*, texte établi par Cl. Lauriol et annoté par G. Susong, dans *La Beaumelle et le « Montesquieusisme »*, Naples, Paris, Oxford, 1996, p. 113.

7 Voir l'introduction de G. Susong, *Introduction à la Suite de la Défense de l'Esprit des lois*, p. 98 *sqq.*

8 *Ibid.*, p. 132.

BECCARIA

Une situation analogue se présenta pour la *Risposta* que les frères Verri[1] publièrent pour défendre Beccaria des accusations du moine Facchinei[2]. Ce dernier avait publié une réfutation du *Dei delitti* grossière mais pas tout à fait privée d'habileté en tant qu'elle soulignait combien certains aspects du *Dei delitti* étaient incompatibles avec l'orthodoxie catholique. Pour Facchinei, Beccaria, qui s'était inspiré des écrivains protestants, était un hérétique et la distinction qu'il établissait entre péché et délit confirmait sa volonté d'hérésie. La réfutation inquiéta Beccaria. À la lecture de Facchinei, « il soupirait et pleurait », rapporte Alessandro Verri[3], redoutant que l'attaque du moine ne fût le signe d'une condamnation romaine imminente qui, de fait, ne tarda pas. La *Risposta ad un libro che s'intitola Note ed osservazioni sul libro intitolato dei Delitti e delle pene*, rédigée par Alessandro et Pietro Verri, parut en février 1765 à Lugano. Elle était anonyme mais la plupart des lecteurs l'attribuèrent immédiatement à Beccaria. Celui-ci l'apprécia beaucoup et il en tira réconfort et confiance. Arrivé à Paris, il accepta les compliments qu'on lui en faisait comme s'il en était l'auteur[4]. La *Risposta* n'empêcha pas la condamnation de l'*Index* mais elle l'adoucit : on sait maintenant que le « consulteur » Pietro Lazzeri l'avait à l'esprit quand il rédigea son rapport et qu'il tenait lui aussi ce texte comme un ouvrage de Beccaria.

---

1 Girolamo Imbruglia, « Illuminismo e religione. Il *Dei delitti e delle pene* e la difesa dei Verri dinanzi alla censura inquisitoriale », *Studi settecenteschi*, 25-26 (2005-2006), p. 119-162.

2 Fr. Facchinei, *Note e osservazioni sul libro intitolato Dei delitti e delle pene*, Venise, Zatta, 1765.

3 G. Gaspari (éd.), *Viaggio a Parigi e a Londra (1766-1767). Carteggio di Pietro e Alessandro Verri*, lettre parisienne d'Alessandro à Pietro, 4 mars 1767, Milan, Adelphi, 1980, p. 346 (« *sospirava e piangeva* »).

4 « Ce n'est pas vrai qu'il [Beccaria] recevait les éloges réservés à l'*Apologia* de son œuvre sans nous reconnaître aucun mérite, nous qui sommes les vrais auteurs ? J'ai pu entendre personnellement une centaine de fois quelqu'un lui en parler en la louant, une seule fois je l'ai entendu dire : *Je dois avouer que mes amis m'ont aidé à la faire* », lettre d'Alessandro Verri à son frère Pietro, de Londres, 29 décembre 1766, *ibid.*, p. 180-181 (« *non riceveva egli [Beccaria] a Parigi le lodi che venivano date all'Apologia della sua opera senza mai darne alcun pregio a te e a me, che ne siamo i veri autori ? Di cento volte ch'io ho sentito a lodargliela in mia presenza, una sola volta l'ho sentito dire :* Bisogna che confessi che i miei amici mi hanno aiutato a farla »).

L'infidélité des frères Verri, si on peut la qualifier ainsi, consiste à avoir partiellement modifié la tractation liée à l'intentionnalité du délit et à avoir peut-être atténué l'application de l'abolition de la peine de mort, plus circonscrite dans leur texte que dans le traité *Dei Delitti*. L'intention des Verri n'était cependant pas de présenter le contenu de l'œuvre de Beccaria mais seulement de répondre à Facchinei et c'est pourquoi ils abordèrent la question religieuse, comme l'imposait la distinction établie entre délit et péché[1]. Les actions morales, « pour qui parle de politique » et n'est pas casuiste, « ne sont pas des péchés[2] », écrivaient les Verri. La *Risposta* résumait ainsi habilement la laïcisation de la vie humaine à l'œuvre dans le traité de Beccaria. « Comment peut-on parler d'hérésie là où il est question d'une division théorique et purement humaine des délits, commune à tout le genre humain, et mahométan et idolâtre, en tout indépendante de la religion[3] ! » Ainsi, les Verri surent-ils préserver Beccaria du grief d'hérésie qui inquiétait aussi Montesquieu. Le passage le plus délicat concernait le paragraphe XXXIX du *Dei Delitti*, intitulé « *Di un genere particolare di delitti* », qui traitait de manière voilée mais claire du rapport entre religion et politique. Quoique bref, le chapitre n'avait pas échappé à Facchinei qui l'avait critiqué. Les Verri lui répondirent longuement, conscients de l'importance de la critique. Ils observèrent que Facchinei avait falsifié le texte et qu'il était nécessaire de distinguer entre deux affirmations : la première, sans aucun doute athée mais absente du texte de *Dei Delitti*, selon laquelle « la religion est une simple loi politique » ; la seconde, chrétienne et formulée comme telle dans l'œuvre, selon laquelle « la religion possède de l'influence dans le système politique d'une nation, [...] on parle donc de l'influence purement politique de la religion, et de la religion, non pas d'une religion quelconque[4] ». La conclusion des Verri était évidente : « Ce livre ne doit pas traiter des péchés dont les punitions même temporelles

---

1 Fr. Facchinei, *Note*, *op. cit.*, p. 217 : « qu'il [Beccaria] sache que la politique n'a jamais bien existé, ni pourra jamais exister, séparée de la religion » (« *sappia finalmente che la Politica disgiunta dalla religione non ha mai bene sussistito, né mai potrà sussistere* »).

2 *Risposta*, *op. cit.*, p. 35 (« *per chi parli di politica* », « *non sono peccati* »).

3 *Ibid.*, p. 27 (« *Come mai può venire in mente che si parli di eresia dove si stabilisce una teorica e puramente umana divisione dei delitti, universale a tutto l'uman genere, e maomettano e idolatra e eterodosso, indipendentemente affatto dalla religione !* »).

4 Dans les *Note* on avait ajouté « c'est-à-dire de religion », expression qui manquait dans *DP*, mais parfaitement cohérente avec le sens du discours, voir C. Beccaria, *Dei delitti e delle pene*, éd. Gianni Francioni, dans *Edizione nazionale delle Opere di C. Beccaria*, vol. 1, Milano, Mediobanca, 1984, p. 117-118 et notes (« la religione è una semplice legge politica », « la

ne sont pas du ressort de la raison humaine ; et je me suis donné comme loi de ne parler que des actions dont le principe est purement humain[1]. » Les Verri voulaient donc défendre une théorie de la politique qu'on pourrait qualifier de philosophique, dans le sens que le XVIIIe siècle donne à l'adjectif. Or cette approche pouvait facilement passer à son tour pour une critique de la religion. Le passage avait été distingué dans les *Note* de Facchinei pour qui le traité *Dei Delitti* refusait le consensus universel touchant la peine de mort[2]. Le moine l'interprétait comme le refus du consensus universel en matière religieuse, plus largement. Facchinei avait ainsi soutenu que Beccaria, en niant les règles fondamentales et « la force du consensus universel[3] », avait nié la certitude de la religion et la vérité des miracles. Ce n'est donc pas par hasard que les Verri se concentrèrent sur ce point, attentifs encore une fois à séparer la politique de la religion. Pour cette raison précisément, ils préférèrent conserver cette séparation et ne pas se mêler de questions propres aux « auteurs métaphysiques ».

Pour faire face à l'accusation de Facchinei selon laquelle le *Dei Delitti* s'opposait aux Saintes Écritures, la conclusion élargit la réflexion, touchant au nœud du problème. Observer que le régime politique de l'Ancien Testament n'était pas monarchique, aristocratique, démocratique ou mixte mais bien plutôt théocratique ou encore (ironiquement) qu'un gouvernement pouvait subsister sans pratiquer la peine de mort ne suffisait pas. La question que le moine posait était claire : c'était celle de la liberté de la critique.

> Il me reste encore deux mots à dire sur le respect dû aux lois et aux souverains ; l'écriture sainte nous l'enseigne, et en outre, le bon sens et la raison l'enseignent à tout homme, de quelque religion qu'il soit [...]. Lorsqu'un citoyen est fidèle et soumis aux lois de sa patrie, lui sera-t-il interdit d'essayer, par ses vœux et ses écrits, d'engager le législateur à corriger celles qui sont défectueuses, à expliquer celles qui sont obscures et à tempérer la rigueur de celles qui sont trop sévères ? Sera-ce un crime de raisonner sur les abus généraux qui se sont introduits chez tous les peuples et de désirer qu'on les réforme[4] ?

---

religione ha influenza nel sistema politico d'una nazione *[...] si parla dunque della influenza puramente politica della religione, e della religione, non già d'una tal religione* »).

1 *Risposta*, p. 61 (« *In questo libro non parlo dei peccati : le pene temporali dei peccati debbono regolarsi con principj che non dipendono dalla ragione umana, ed io mi sono prefisso di non parlare che delle azioni che emanano dalla ragione puramente umana* »).

2 C. Beccaria, *Dei delitti*, éd. citée, p. 94 (« *la forza del consenso universale* »).

3 Fr. Facchinei, *Note*, éd. citée, p. 155 *sqq.*

4 *Risposta*, éd. citée, p. 94-95 (« *Finalmente alcuna cosa convien pur dire intorno il rispettar le leggi ed i sovrani, cosa che insegna la Scrittura, ed oltre la Scrittura l'insegna il buon senso e la*

La séparation complète de la religion donnait une autonomie critique et de projet à la politique inspirée par la raison. Cette laïcisation de la vie humaine était résumée, on l'a vu, dans la *Risposta*.

La *Risposta* des Verri donna donc de puissants instruments pour comprendre le *Dei Delitti*. D'un côté, comme on vient de le voir, elle clarifia ce que le fait d'éliminer la religion de la politique impliquait[1]. De l'autre, elle affirma que, dès lors qu'on éliminait la raison, la religion elle-même devenait une simple question de croyances[2]. La religion n'appartenait pas au vaste monde de l'homme, complexe et varié, le seul à partir duquel il était nécessaire de mesurer la raison humaine. Beccaria avait démontré qu'il était nécessaire de penser une politique purement humaine, dépourvue d'hypothèques religieuses ; après l'intervention malveillante du moine, qui avait réaffirmé la subordination de la politique à la religion, les Verri conclurent, de façon inattendue mais somme toute conforme au texte de Beccaria, que si la religion restait seule, si elle devenait une simple croyance, dépourvue de toute référence à la raison et au droit naturel, elle devenait un élément hostile et même dangereux pour la vie sociale. Qui sait si Verri pensait au culte marial et aux polémiques qu'il suscitait depuis l'époque de Muratori ? Le *Dei Delitti* n'avait pas parlé de religion ; la *Risposta* montrait, elle, que la défense de la religion orthodoxe contre l'hérésie se retournait contre elle-même. À suivre Facchinei, la religion se révélait, selon toute logique, comme un facteur de désagrégation de l'édifice social. C'était une conclusion qui complétait la thèse générale du *Dei Delitti* selon laquelle la raison était une force autonome. Toutes les horreurs des époques dépourvues de raison et dominées par l'Église et la religion pouvaient réapparaître si la raison venait à disparaître à nouveau. La raison était bien la seule à pouvoir endiguer la force négative de l'irrationalité.

La défense des Verri suivit donc le modèle de Montesquieu, non pas tant du point de vue du style qui nous semble redevable plutôt à Voltaire

---

ragione ad ogni uomo di qualunque religione [...]. Sarà forse proibito ad un cittadino intanto che ubbidisce alle leggi presentanee il far de' voti e lo scrivere perché se ne formino di più adattate, di più chiare, di più dolci ! Sarà forse delitto il ragionare su gl'inconvenienti universali di tutte le nazioni perché si riformino ! »).

1 *Ibid.*, p. 61. Les *Note* opposent l'état de nature de la théorie jésuite de Suarez à l'état de nature des Lumières, surtout dans les conceptions élaborées par Rousseau et Helvétius, synthétisées dans le terme de *socialiste*. Dans la *Risposta*, ce terme n'est jamais utilisé.

2 *Ibid.*, p. 30.

ou, plus lointainement, à Giannone, que du point de vue du principe : celui d'une distinction entre religion et politique.

Pascal nous a d'abord montré comment l'espace public pouvait être le lieu dans lequel les consciences individuelles étaient capables de trouver leur propre autonomie et la liberté de critiquer l'autorité. Les cas de Giannone, Montesquieu et Beccaria illustrent combien les réponses adressées aux censures religieuses sont exemplaires pour comprendre le mouvement de formation de l'opinion publique. Il est bien évident qu'il n'était pas question pour ces auteurs de refuser la critique. Il s'agissait au contraire d'inventer pour la critique des règles telles que, d'un côté, elles excluassent l'intervention du principe d'autorité porté par la tradition et l'institution répressive et, de l'autre, elles pussent émerger du sein même du débat d'idées. Près de dix ans après la condamnation de Beccaria, Malesherbes développa des réflexions qui illustraient clairement la transformation à l'œuvre :

> Le Public porte une curiosité avide sur les objets qui autrefois étaient les plus indifférents. Il s'est élevé un tribunal indépendant de toutes les puissances et que toutes les puissances respectent, qui apprécie tous les talents, qui prononce sur tous les gens de mérite. Et dans un siècle éclairé, où chaque citoyen peut parler à la Nation entière par la voie de l'impression, ceux qui ont le talent d'instruire les hommes et le don de l'émouvoir, les Gens de Lettres en un mot, sont au milieu du Public dispersé ce qu'étaient les Orateurs de Rome et d'Athènes au milieu du public assemblé[1].

Cette dispersion observée du haut par Malesherbes fut décrite de l'intérieur par Diderot qui eut à nouveau recours à l'image de la « petite église invisible d'élus[2] » dans une lettre à Falconet :

> Quand je parle de la voix publique, il ne s'agit pas de cette cohue mêlée de toute espèce, qui va tumultueusement au parterre siffler un chef d'œuvre, élever la poussière au Salon, et chercher sur le livret si elle doit admirer ou blâmer. Je parle de ce petit troupeau, de cette église invisible qui écoute, qui regarde, qui médite, qui parle bas, et dont la voix prédomine à la longue et forme l'opinion générale[3].

---

1 Malesherbes, *Discours prononcé dans l'Académie française, le 16 février 1775*, Paris, 177*, cité par R. Chartier, « Présentation » dans Malesherbes, *Mémoires sur la librairie* et *Mémoires sur la liberté de presse*, Paris, Imprimerie Nationale, 1994, p. 32-33.

2 Diderot, *Salon de 1765*, éd. E. M. Bukdahl et A. Lorenceau, Paris, Hermann, 1984, p. 150.

3 Diderot, *Correspondance*, éd. G. Roth et J. Varloot, Paris, Éditions de Minuit, 1955-1970, t. 6, septembre 1766, p. 306.

La réfutation de la censure religieuse avait permis à l'opinion publique de conquérir une autonomie non seulement critique mais également politique.

Girolamo IMBRUGLIA
Università degli Studi di Napoli
« L'Orientale »

LE COMPLOT DES PHILOSOPHES SELON LES JANSÉNISTES

Le rôle des jansénistes comme « victimes » aussi bien de l'Inquisition romaine que de Louis XIV est d'autant mieux connu qu'ils ont pris eux-mêmes la peine de construire leur mémoire martyrologique. On sait moins, en revanche, qu'ils ont été les critiques les plus acérés et les délateurs les plus influents des philosophes des Lumières tant auprès des congrégations de l'Index et du Saint-Office que du Parlement de Paris ou même du Châtelet. Ce sont eux qui, les premiers, ont inventé un paradigme de lecture d'une rare influence : le « complot des philosophes ».

À partir du milieu du siècle, de persécutés, les jansénistes organisés en parti clandestin et pourvus d'un hebdomadaire à grand écho social, les *Nouvelles ecclésiastiques*, passent en position de persécuteurs tant des philosophes que des jésuites. Nous soutenons qu'ils ont largement contribué à creuser le fossé entre le catholicisme et les Lumières, fossé si particulier à la France. Pourtant, eux aussi avaient bien pris le tournant des Lumières avec l'abbé Jacques Joseph Duguet au début du siècle. Mais en France, ses disciples du séminaire de Saint-Magloire ne suivront pas les traces de la voie conciliante avec l'esprit du siècle qu'il avait amorcée, sans doute en raison des nécessités de leur combat contre la bulle *Unigenitus* et d'une construction identitaire de la mémoire de Port-Royal[1].

Dès 1751, le terme de « critique » a été utilisé à dessein par Montesquieu dans sa *Défense de l'Esprit des lois* pour qualifier son réfutateur janséniste anonyme, l'auteur des articles des *Nouvelles ecclésiastiques*, en réalité Jean-Baptiste Gaultier, un membre du noyau dur du parti janséniste[2]. Il tenait

1 Nous nous permettons de renvoyer à notre livre, *De la cause de Dieu à la cause de la Nation. Le Jansénisme au XVIIIe siècle*, Paris, Bibliothèque des histoires, Gallimard, 1998.

2 Voir l'édition des *Œuvres complètes*, dir. C. Volpilhac-Auger, Oxford, Voltaire Foundation, en particulier le volume 7 qui contient le dossier des censures et des critiques de l'*Esprit*

à bien marquer qu'il ne le considérait pas comme un théologien et que lui-même ne se situait pas dans le registre de la théologie. L'argument n'est pas seulement polémique, il porte sur une réalité. Il existe bel et bien un corpus de critiques jansénistes des philosophes qui commence à se distinguer du genre de l'apologétique proprement dite. Notre étude ne porte que sur les critiques jansénistes qui ont élaboré la thématique du complot et qui ont directement influencé la censure de certains philosophes. La lecture janséniste des Lumières est évidemment plus large et plus complexe[1].

PRÉLUDE
Le poème de Pope convaincu d'impiété, 1746

Jean-Baptiste Gaultier (1685-1755) est sans doute le membre du noyau dur du parti janséniste le moins connu et pourtant le plus influent sur le cours du développement de la philosophie des Lumières en France[2]. Non content de percevoir, très tôt, dans ses *Lettres* « pour prévenir les fidèles de l'irréligion » publiées en 1746[3], une antinomie totale entre le déisme des Lumières émergentes et la Religion révélée, c'est lui qui crée et diffuse la grille de lecture qui rendra possible les premières censures romaines de Montesquieu et de Voltaire : le déisme conduit en réalité à l'athéisme, il n'y a pas de différence. Cette assimilation n'est cependant pas son invention. Le piétiste Johan Franz Buddeus la met en place dès 1717 dans son *Traité de l'athéisme et de la superstition* qui est précisément traduit en France en 1740[4].

---

des lois ainsi que la *Défense*, dir. P. Rétat. Sur la réponse de Montesquieu à son réfutateur janséniste, voir plus haut l'article de G. Imbruglia, p. 343 *sqq.*

1 L'ancienne thèse de J. C. A. Havinga, *Les Nouvelles ecclésiastiques dans leur lutte contre l'esprit philosophique*, Boekdrukkerij S. W. Melchior, 1925 est malheureusement lacunaire. Monique Cottret n'a pas donné la parole aux critiques jansénistes des Lumières dans son livre, *Jansénismes et Lumières*, Paris, Albin Michel, 1998.

2 *NNEE*, 1756, p. 81-84.

3 J.-B. Gaultier, *Le Poëme de Pope intitulé « Essay sur l'homme », convaincu d'impiété*, La Haye, 1747.

4 J. Fr. Buddeus, *Traité de l'athéisme et de la superstition*, Amsterdam, Pierre Mortier, 1740.

Ce sont les critiques du *Journal de Trévoux*, en mai et avril 1737, à l'encontre du « théologien » qui se cache derrière le poème de l'*Essai sur l'homme* qui l'ont poussé à lire ce texte, ainsi qu'il l'explique lui-même[1]. Mais elles ne sont pas assez fortes à son goût. Il ne s'agit pas seulement de « semences d'impiété » comme les critiques jésuites le disent, mais du « dessein formé de substituer à la Religion chrétienne une prétendue Religion naturelle[2] ». L'irréligion a fait selon lui un progrès considérable dans le sens que désormais « c'est la religion toute entière que l'on attaque[3] ». Sa démonstration se fonde sur deux ouvrages qu'il s'ingénie à mettre constamment en parallèle avec le *Poème* de Pope : un manuscrit intitulé *Examen sur la religion en général*[4], daté de 1741, dont on sait aujourd'hui qu'il est en grande partie de l'ex-oratorien César Chesneau Dumarsais, l'auteur de l'article « Philosophe » de l'*Encyclopédie*, et les *Lettres philosophiques* de Voltaire. Le manuscrit clandestin contient, selon lui, un véritable programme à l'œuvre dans une multitude d'écrits : 1) le rejet des miracles, des prophéties, de l'Écriture sainte, de Jésus-Christ, des mystères, de l'Église, 2) la négation du culte révélé, 3) l'incompatibilité de la religion chrétienne avec la société civile et avec les bonnes mœurs, 4) l'existence d'un Être supérieur dont le dessein est de conduire l'honnête homme en cette vie, 5) la valorisation de la raison et de la nature comme l'ouvrage de Dieu au détriment des religions rabaissées au rang d'œuvres humaines. Au travers des *Lettres philosophiques* de Voltaire contre Pascal, le « misanthrope sublime », Gaultier prend conscience des conséquences de la réhabilitation de la nature humaine, c'est-à-dire de l'anéantissement du dogme du péché originel[5]. Il en attribue la paternité philosophique à Spinoza, dont le principe fondamental est que « tout est dans la nature et que tout désordre apparent est un ordre réel[6] ». Si l'« amour-propre », qui n'est autre que la « cupidité » pour Gaultier, est le fondement de la société, le « lien

1 Sur le contexte polémique voir A. Zanconatola, *La Dispute du fatalisme en France, (1730-1760)*, PUPS, 2004, p. 287 *sq.*

2 J.-B. Gaultier, *Le Poëme de Pope*, *op. cit.*, p. 1.

3 *Ibid.*

4 Voir l'édition établie par G. Mori et C. Chesneau Dumarsais, *Examen de la religion ou Doutes sur la religion dont on cherche l'éclaircissement de bonne foi*, Voltaire Foundation, Oxford, 1998.

5 J.-B. Gaultier, *Le Poëme de Pope*, *op. cit.*, p. 51.

6 *Ibid.*, p. 54

de la société[1] », il en résulte logiquement que la religion chrétienne est « l'ennemie de la société », puisqu'elle est « l'ennemie de la cupidité[2] ». Sous cette perspective, le déisme des « sectateurs de la religion naturelle », comme il les appelle, prend une dimension extrêmement inquiétante parce qu'il a la propriété de se répandre partout[3]. De plus, il constate que cette « société » dispose déjà en Angleterre d'où sortent la plupart des mauvais livres, d'un corps constitué : « les Framassons » [sic]. Le symbole de la truelle qu'ils adoptent prouve bien à ses yeux, qu'ils veulent élever un édifice et qu'« il se forme une conspiration générale contre la Religion[4] ». Gaultier doit concéder cependant que les doctrines de la nébuleuse des « réformateurs, des faiseurs d'obligations et des inventeurs de systèmes » sont différentes. Il est parfaitement conscient que Bayle vient d'une autre tradition[5]. Mais il anticipe l'objection pour mieux y répondre. Si Bayle n'attaque pas la religion à visage découvert, au final son pyrrhonisme le rend néanmoins ennemi des dogmes[6]. Le défenseur de la toute-puissance du Christ ne peut concevoir une religion sans culte extérieur, sans Dieu révélé.

L'ARRÊT DES LUMIÈRES RELIGIEUSES
Les censures de Montesquieu et de l'abbé de Prades

La longue et sévère critique de l'*Esprit des lois* publiée dans les livraisons des *Nouvelles ecclésiastiques* des 9 et 16 octobre 1749 dont on sait, aujourd'hui, qu'elle est de Jean-Baptiste Gaultier marque une date importante dans la perception de la montée d'une forme nouvelle d'incrédulité[7]. Fondée sur une raison radicalement opposée aux « Lumières dans la religion chrétienne », cette incrédulité plongerait ses racines aussi bien chez les déistes anglais, en particulier Pope, que chez les « athées »

1 *Ibid.*, p. 63.
2 *Ibid.*, p. 65.
3 *Ibid.*, p. 106.
4 *Ibid.*, p. 109.
5 *Ibid.*, p. 100.
6 *Ibid.*, p. 101.
7 Montesquieu, *Œuvres complètes*, *op. cit.*, t. 7, p. 17-37.

comme Spinoza ou les sceptiques comme Bayle. Il faut prendre au sérieux selon nous le double grief contradictoire de « déisme » et de « spinozisme » contre lequel Montesquieu a pourtant organisé ironiquement toute sa *Défense*. Le janséniste entend en effet mettre à nu les subterfuges d'un auteur « qui s'avance masqué », selon lui. La manière même de raisonner « en philosophe et en politique » lui semble une ruse typique des « sectateurs de la religion naturelle » qui n'écrivent en réalité que pour combattre la religion. Tout le livre vient à l'appui de leur système dont il énumère les dénominateurs communs : regarder les religions comme des choses de police, reconnaître en général un premier Être, se conformer indifféremment au culte du pays où l'on se trouve. Même la définition des lois comme des « rapports » n'a pour but que de reproduire le « Grand Tout » de Pope, l'enchaînement nécessaire qui conduit au premier Être et par conséquent le système de Spinoza.

Gaultier veut encore obtenir la censure des *Lettres persanes* dont il s'étonne qu'elles n'aient reçu aucune flétrissure jusqu'à présent. Cet oubli, il l'attribue aux troubles relatifs à la bulle *Unigenitus* qui ont focalisé l'attention des jansénistes et qui ont permis aux impies de gagner du terrain[1]. L'esprit que Montesquieu met à jeter du ridicule sur « des choses qui le méritent », reconnaît-il, est particulièrement pernicieux car il y mêle des principes d'impiété, « artifice » typique des formes de l'impiété qui s'avance masquée depuis trente ans. Dans les propos du Persan, il dénonce non seulement l'athéisme mais des idées qui fédèrent, selon lui, aussi bien l'*Esprit des lois*, les *Lettres Ne repugnate* de l'avocat Daniel Bargeton contre les immunités du clergé, les *Mœurs* de Toussaint, ainsi qu'une « multitude d'écrits composés par les déistes et les disciples de Spinoza[2] ». Dans le système de tous ces « impies », il remarque que c'est « la société qui est la fin de l'homme ». La politique et l'intérêt de l'État priment sur le « fondement » que constitue la religion.

Parmi les écrits de la controverse sur les immunités ecclésiastiques, Gaultier choisit de répondre à la *Voix du sage et du peuple* publié anonymement par Voltaire mais qu'il attribue à un déiste et qui soutient selon lui un principe essentiel de Spinoza : « le culte extérieur est une

1 J.-B. Gaultier, *Les Lettres persanes convaincues d'impiété*, s. l., 1751, avertissement. Voir L. Macé, « Les *Lettres persanes* à l'Index : une censure posthume », *Studies on Voltaire and the Eighteenth Century*, 2005:05, p. 48-59.

2 *Ibid.*, p. 83.

affaire de police[1] ». Il explique que Spinoza a employé le chapitre 19 de son *Traité théologique et politique* à établir que « l'administration des choses saintes doit dépendre des souverains » et qu'il faut accommoder « le culte extérieur de la Religion à la paix de la République[2] ».

La thèse de l'abbé de Prades, soutenue à la faculté de théologie le 18 novembre 1751, puis censurée par la même le 27 janvier 1752 et par l'archevêque de Paris deux jours plus tard, en raison du « scandale public » qu'elle a provoqué, augmente encore la crainte obsidionale de la montée de l'impiété chez les jansénistes et la nécessité de s'y opposer par tous les moyens. Cette peur est ressentie d'autant plus fortement que la religion est affaiblie, à la base, selon eux, par le « funeste décret » que constitue la constitution *Unigenitus*. Le « philosophe superbe », « jaloux de la divinité même », profite des « dissensions qui règnent entre les ministres de la religion, pour attaquer la religion même » expliquent les magistrats jansénistes dans les remontrances du 15 avril 1752 sur les refus de sacrements[3]. C'est au sein même de la faculté de théologie que s'est glissée ce que les *Nouvelles ecclésiastiques* appellent désormais « la conspiration formée par les prétendus esprits forts[4] ». C'est sans doute à ce moment que se diffuse largement la thèse d'un complot des philosophes. Prades, aidé par Diderot, s'en défend explicitement dans son *Apologie* : « Le complot d'impiété qu'on m'a prêté, bien moins pour avoir fait ma thèse que pour avoir travaillé à l'*Encyclopédie*, est une de ces malheureuses circonstances que la prudence humaine ne saurait prévoir[5] ». Dans ses *Observations importantes au sujet de la thèse de M. de Prades*, Pierre-Étienne Gourlin, un des stratèges du parti janséniste, pointe tout à la fois l'influence de Locke[6] et celle du discours préliminaire de

1 J.-B. Gaultier, *Réfutation d'un libelle intitulé : « la Voix du sage et du peuple »*, s. l., 1751, p. 16.

2 *Id.* Voir L. Macé, « Les premières censures romaines de Voltaire », *Revue d'Histoire Littéraire de la France*, 1998-4, p. 531-551 et « Séries politiques : autour de La Voix du sage et du peuple de Voltaire », *Séries et variations. Études littéraires offertes à Sylvain Menant*, dir. L. Fraisse, Paris, PUPS, 2010, p. 189-197.

3 J. Flammermont, *Les Remontrances du Parlement de Paris au XVIIIe siècle*, Paris, Imprimerie Nationale, 1888, t. I, p. 490.

4 *NNEE* 1752, p. 33.

5 J.-M. Prades, D. Diderot, *Apologie de M. l'abbé de Prades*, Amsterdam, Marc Michel Rey, 1752, p. 5.

6 P.-É. Gourlin, *Observations importantes au sujet de la thèse de M. de Prades, soutenue en Sorbonne le 18 novembre 1751, censurée par la Faculté de théologie le 27 janvier 1752 et condamnée par M. l'archevêque de Paris le 29 du même mois*, s. l., p. 102-133.

l'*Encyclopédie*[1]. Selon sa lecture, la thèse fondamentale de l'ouvrage tend à bâtir « un système de religion naturelle sur les ruines de la religion surnaturelle et chrétienne[2] ». De plus, il souligne que « c'est un bruit publique que ce bachelier a d'intimes liaisons avec les auteurs de ce dictionnaire[3] » et qu'un arrêt du Conseil vient d'en supprimer les deux premiers volumes. Pour l'évêque janséniste d'Auxerre, Mgr de Caylus, ou la plume janséniste qui a rédigé son *Instruction pastorale*, Prades s'est familiarisé avec Montesquieu et Buffon qui défendent la loi naturelle, voie royale de l'athéisme, en ôtant à Dieu sa souveraine raison et en niant la providence[4]. C'est pourquoi il y rattache encore le système de *Telliamed*[5]. Leurs « sectateurs » sont les auteurs de l'*Encyclopédie*, en particulier l'article « autorité », typique des « efforts pour prouver que toute autorité et toute puissance ne vient pas de Dieu[6] », et le discours préliminaire qui cite avec éloge Bayle, « magasin inépuisable d'impiétés et d'obscénité[7] ».

LE TOURNANT DES ANNÉES 1758-1759
Les censures de l'*Esprit* et de l'*Encyclopédie*

Le discours préliminaire du troisième volume de l'*Encyclopédie* et l'éloge de Montesquieu par d'Alembert dans le cinquième établissent définitivement le lien entre la querelle de l'*Esprit des lois* et les encyclopédistes. Mais c'est la parution de l'ouvrage d'Helvétius *De l'Esprit* qui permet aux critiques jansénistes de parachever la construction du « complot » des encyclopédistes. Ce qui effraie le rédacteur des deux livraisons des *Nouvelles ecclésiastiques* de novembre 1758, c'est moins la

1 *Ibid.*, p. 149.
2 *Ibid.*, p. 101.
3 *Ibid.*, p. 149.
4 *Instruction pastorale de Monseigneur l'Évêque d'Auxerre* [C.-D. de Caylus] *sur la vérité et la sainteté de la religion méconnue et attaquée en plusieurs chefs par la thèse soutenue en Sorbonne le 18 novembre 1751*, 29 mai 1752, p. 92.
5 *Ibid.*, p. 158.
6 *Ibid.*, p. 82.
7 *Ibid.*, p. 158.

théorie sensualiste développée par Helvétius que son affirmation que les lois et le principe « d'utilité publique » suffisent pour contenir les hommes. Cela revient en réalité, à ses yeux, à se délivrer du joug de la religion, jugée ainsi incompatible avec la législation. Le gazetier perçoit parfaitement le désir mimétique de se substituer à la morale religieuse, avec « l'objet de la passion » pour fin, le « bien public » pour moyen et « l'instruction des hommes » pour pastorale. Helvétius est relu à la lumière de la querelle avec Montesquieu : « Ils se sont crus quittes de tout, en déclarant qu'ils faisaient abstraction de l'ordre surnaturel et qu'ils n'entendaient considérer l'homme et ses devoirs, que relativement à l'ordre naturel et à la religion naturelle[1] ». C'est grâce à cet abri que les philosophes portent en réalité leurs coups contre la religion révélée et c'est précisément chez les jésuites que remonte l'origine de cette distinction entre l'ordre naturel et l'ordre surnaturel relativement à l'âme[2].

Ce n'est pas à un théologien mais à un philosophe janséniste, un homme de lettres protégé par le dauphin qui a travaillé dans les pensions jansénistes et fait partie du réseau convulsionnaire, Abraham Chaumeix, que revient le mérite d'avoir élaboré la machine de guerre la plus efficace contre l'*Encyclopédie* : les *Préjugés légitimes contre l'Encyclopédie*, très longuement rapportés dans les colonnes de la gazette janséniste[3]. Mais il le paiera cher puisqu'il sera, à son tour, la victime d'une véritable campagne de diffamation des philosophes contre lui, tout à fait typique de la fureur de nuire étudiée par Olivier Ferret[4]. Il en sortira très affligé, voyant des hommes cachés à tous les coins de rue, armés de poignards ou d'épées, et se réfugiera auprès de Catherine II en Russie[5].

Le dessein principal de la démonstration de Chaumeix est de faire apparaître le système d'Helvétius comme la source des encyclopédistes. Il s'ingénie, au-delà des contradictions, à fabriquer une pensée commune

1 *NNEE*, 1758, p. 184.

2 Voir en particulier l'ouvrage posthume de Gaultier, *Lettres théologiques... contre le système impie et socinien des PP. Berruyer et Hardouin, jésuites*, s. l., 1756.

3 A. Chaumeix, *Préjugés légitimes contre l'Encyclopédie et essai de réfutation de ce dictionnaire*, 8 vol., Bruxelles et Paris, Hérissant, 1758-1759.

4 O. Ferret, *La Fureur de nuire : échanges pamphlétaires entre philosophes et antiphilosophes, 1750-1770*, Oxford, Voltaire Foundation, 2007.

5 Sur Chaumeix, voir la thèse d'E. E. Kessler, « The Role of Abraham Chaumeix' Préjugés in the Official Condemnation of the Encyclopédie », University of California, Irvine, 1970 et surtout l'article de S. Albertan-Coppola, « Les Préjugés légitimes de Chaumeix ou l'Encyclopédie sous la loupe d'un apologiste », *Recherches sur Diderot et l'Encyclopédie*, 1996, 20, p. 149-158.

aux articles, grâce aux renvois qu'il dénonce précisément comme un subterfuge, « un moyen de paraître respecter la religion, en la renversant en effet[1] ». L'*Encyclopédie* est conçue avec adresse dans le but de « changer la façon de penser des français sur la religion[2] ». Sorte d'histoire des idées, le traité retrace les étapes de la diffusion du matérialisme et du sensualisme depuis Locke jusqu'à l'*Encyclopédie*, en passant par l'abbé de Prades et surtout Helvétius, intermédiaires décisifs du renversement de la conception chrétienne de la nature de l'homme, de sa fin et de ses devoirs, au profit de l'amour propre et de l'intérêt personnel. Il rend intelligible l'élargissement de ce qui n'est au départ qu'une hérésie bien répertoriée en un projet plus vaste dirigé contre le christianisme même. On sait par une lettre de Passionei datée du 24 janvier 1759 et par le billet du Pape que Chaumeix exhibe fièrement au tome II de ses *Préjugés*, qu'il est personnellement en contact avec le principal conseiller théologique de Clément XIII. Le traité est explicitement cité par le consulteur Joseph Bettoni dans son examen de l'édition de Lucques de l'*Encyclopédie* et il a, de toute évidence, inspiré la censure du qualificateur Mauro Sarti au Saint-Office, toutes personnalités jansénistes par ailleurs[3].

La lecture proposée par Chaumeix va trouver un relai officiel et prendre de ce fait un tour plus politique avec l'*Arrêt de la Cour du Parlement*, daté du 23 janvier 1759[4], « portant condamnation de plusieurs livres et autres ouvrages imprimés dont l'*Encyclopédie* ». Le rôle des avocats jansénistes ou jansénisants dans la préparation de cette décision, Omer Joly de Fleury et sans doute derrière lui Louis Adrien Le Paige, qui figurent parmi les commissaires chargés d'examiner les sept volumes, n'a sûrement pas été mince[5].

L'avocat général Omer Joly de Fleury dévoile dans son *Discours* aux Chambres assemblées le sens de la trame ourdie par les « philosophes », qu'il ne confond cependant pas avec « tous ceux qui ont travaillé à la rédaction » de l'*Encyclopédie*, celle « d'attaquer les fondements de l'État

1 A. Chaumeix, *Préjugés légitimes…*, *op. cit.*, t. IV, p. 53.

2 *Ibid.*

3 Voir C. Maire, « L'entrée des "Lumières" à l'Index : le tournant de la double censure de l'*Encyclopédie* en 1759 », *Recherches sur Diderot et sur l'Encyclopédie*, 2007, 42, p. 107-139.

4 *Arrêt de la cour de Parlement portant condamnation de huit ouvrages (parmi lesquels « De l'Esprit » d'Helvétius, « L'Encyclopédie » etc.)*, Paris, P.-G. Simon, s. d.

5 Ce point a été établi par J. Rogister, « Louis-Adrien Lepaige and the attack on *De l'Esprit* and *the Encyclopédie*, *English Historical Review*, 92, 1977, p. 522-539.

et de la Religion[1] ». Il utilise explicitement, soulignons-le, le terme de « complot » pour qualifier ce dessein[2]. Ce texte est sans doute l'une des premières expressions publiques de la prise de conscience en haut lieu de l'existence d'« écrivains dangereux, hommes sans pudeur, ennemis de l'autorité et du christianisme dont ils ont vraiment juré la perte[3] », formant quelque chose comme un réseau sciemment organisé contre l'Église et l'État : « c'est avec douleur que nous sommes contraint de le dire, peut-on se dissimuler qu'il n'y ait un projet conçu, une société formée pour soutenir le matérialisme, pour détruire la religion, pour inspirer l'indépendance et nourrir la corruption des mœurs[4] ». Omer Joly de Fleury perçoit parfaitement l'enjeu du terme de « Lumières » dans le système des « esprits forts » qui refusent la révélation, « lumière naturelle[5] », et qui ne veulent être éclairés que par « la raison humaine livrée à elle-même[6] ». Il s'agit d'une lutte à mort pour substituer à l'antique ordre chrétien, inspiré d'en haut, une morale entièrement fondée sur l'autonomie humaine. Il est choqué par le prosélytisme de « ces prétendus philosophes qui osent se donner aujourd'hui pour des génies du premier ordre, pour la gloire de la nation, pour les restaurateurs de la vraie science, et les bienfaiteurs de l'humanité[7] ».

Nous avons au moins une attestation sûre de la circulation de ce *Discours* à Rome. Il a manifestement joué un rôle direct dans la censure du livre d'Helvétius par le Saint-Office puisqu'il figure, intégralement traduit en italien, dans le dossier du qualificateur, le servite Benedict Baldoriotti, qui se trouve être, par ailleurs, l'un des théologiens de l'entourage janséniste du cardinal Passionei, secrétaire des brefs et grand opposant à la béatification de Bellarmin[8]. Ainsi, il n'est pas exagéré de soutenir que les critiques jansénistes ont exercé une influence directe sur le changement des mentalités à l'intérieur des congrégations de l'Index et du Saint-Office dans les années décisives 1758-1759.

---

1 *Arrêt de la cour de Parlement portant condamnation de plusieurs livres et autres ouvrages imprimés*, Paris, P.-G. Simon, 1759.

2 *Ibid.*, p. 16.

3 *Ibid.*

4 *Ibid.*, p. 2.

5 *Ibid.*, p. 22.

6 *Ibid.*, p. 4.

7 *Ibid.*, p. 20.

8 A.C.D.F., Sant'Uffizio, Censurae Librorum, 1757-1759, liasse 2 (censure du servite Benedict Baldoriotti).

LE COMPLOT CAUTIONNÉ *A POSTERIORI* PAR LE *SYSTÈME DE LA NATURE*

La thèse du complot des philosophes atteint sa forme pleine deux mois après la parution du *Système de la Nature*. Dès le 24 octobre 1770, plusieurs livraisons de la gazette janséniste donnent des comptes rendus et des commentaires du réquisitoire d'Antoine-Louis Séguier et de la *Nouvelle philosophie dévoilée* du janséniste convulsionnaire Pierre-Olivier Pinault, dit frère Pierre[1]. Le rédacteur des feuilles jansénistes n'en revient pas, d'Holbach lui-même apporte de l'eau à son moulin. Le baron encourage à parler clairement, à « quitter le ton pusillanime et les mots couverts », pour affirmer que « l'Athéisme est le seul système qui puisse conduire l'homme à la liberté, au bonheur, à la vertu[2] ». Ainsi, commente le gazetier presque soulagé, « c'est l'Athéisme qui forme la vraie doctrine de ces Messieurs de la Prétendue Religion naturelle[3] ». Mais il découvre que ce n'est là que la moitié de leur plan. Non content de vouloir délivrer les hommes de la « terreur des Jugemens de Dieu », le *Système de la Nature*, entend également les « délivrer de la crainte des Rois » et ainsi inspirer l'esprit de révolte après avoir inspiré l'esprit d'impiété[4]. Leur prétention à travailler pour la « félicité publique » et à vouloir substituer une « Science des mœurs » à la morale de la religion lui paraît une « folie[5] ». Le livre de Pinault lui permet de souligner que le *Système de la Nature* « ne contient rien que n'aient dit avant lui les autres Philosophes ses confrères ». Le livre abominable n'est que la « récapitulation » d'une infinité d'autres qui inondent Paris et la France depuis trente ans : « ce n'est point un seul particulier qui commet de si grands crimes. C'est une multitude d'hommes qui s'augmente tous les jours, et qui conspire ouvertement pour anéantir toute majesté divine et humaine[6]. » Le *Système de la nature* ne

1 A.-L. Séguier, *Réquisitoire sur lequel est intervenu l'Arrêt du Parlement du 18 août 1770*, imprimerie royale, 1770 ; P.-O. Pinault, *La Nouvelle Philosophie dévoilée et pleinement convaincue de lése-majesté divine et humaine au premier chef*, s. l., 1770.

2 *NNEE*, 1770, p. 169.

3 *Ibid.*

4 *Ibid.*

5 *Ibid.*, p. 170.

6 Pinault, *La Nouvelle Philosophie dévoilée*..., *op. cit.*, p. 5.

diffère des autres qu'en ce qu'il fait tomber complètement « le masque du déisme » tandis que les ouvrages précédents paraissaient avouer l'existence de Dieu et même parfois affectionnaient de faire « de cet Être suprême les éloges les plus magnifiques[1] ». À partir d'un corpus de textes qui va des *Lettres philosophiques* à la *Philosophie du bon sens* en passant par l'*Émile* et le *Contrat social*, *De l'Esprit* et l'*Encyclopédie*, Pinault a compilé, en effet, tous les extraits qui selon lui « laissaient de temps en temps échapper leurs desseins et leur conformité » avec le *Système de la Nature*[2].

Le rédacteur des Nouvelles ecclésiastiques retourne ensuite au réquisitoire de Séguier le 7 novembre 1770 car il lui semble bien expliciter le « but uniforme de tous les ouvrages des incrédules : point de rois, point de dieux, point de prêtres, de temples, ni de cultes ». Il ajoute que « cette conspiration ouverte contre la religion et contre le trône est un fait constant ; tous les jours elle se fortifie et s'accroit[3] ». Alors que Séguier n'utilise que le terme de « secte impie et audacieuse », le gazetier janséniste accentue l'idée de complot : « une espèce de confédération qui réunit presque tous les autres en tout genre, contre la Religion et le Gouvernement, de cette ligue criminelle qui trahit elle-même son secret, en manifestant que son but principal est de détruire l'harmonie établie entre tous les ordres de l'État[4] ». Il dramatise le « danger imminent d'un mal dont il est temps que la Loi s'occupe » et préconise une « sévérité salutaire[5] ». On ne peut attaquer la religion sans attaquer l'ordre public selon lui et il prévoit « d'affreuses révolutions » consécutives à l'abus de la liberté de penser et de la multiplication des sectes, des opinions, des partis. C'est précisément « cet esprit d'indépendance » qui a amené de « sinistres révoltes notamment en Angleterre et dans les pays du Nord[6] ».

1 *Ibid.*, p. 7.
2 *Ibid.*
3 *NNEE*, 1770, p. 174.
4 *Ibid.*, p. 177.
5 *Ibid.*
6 *Ibid.*

APOGÉE ET DÉCLIN DU COMPLOT

C'est contre la seconde édition du livre de Delisle de Sales qui circule déjà depuis 1770 avec approbation et privilège : *Essai pour la morale ou de la philosophie de la nature*, publiée en 1774 chez le libraire Charles Saillant en 6 volumes, que le dernier reste du parti janséniste va mettre en œuvre des moyens techniques, institutionnels et financiers d'une ampleur jusque-là inégalée, dans le but d'obtenir sa censure. Grâce à une véritable conspiration tout à fait réelle celle-là et qui sera racontée par sa victime pour notre plus grand plaisir, les jansénistes finissent par obtenir une sentence de condamnation de l'ouvrage par le Châtelet le 9 septembre 1775 comme « impie, blasphématoire, séditieux, tendant à renverser tous les principes de la sûreté et de l'honnêteté publique » ainsi qu'une information contre l'auteur comme « coupable de lèse-majesté divine et humaine. » Mais ce n'était pas encore assez, une seconde sentence de bannissement à perpétuité de l'auteur est encore prononcée le 21 mars 1777 mais elle sera cassée par un arrêt du Parlement de Paris quelques mois plus tard.

L'affaire est d'autant plus étrange que Delisle de Sales est un oratorien qui a sucé à la mamelle le lait de Port-Royal et qui entendait bien réfuter l'athéisme de d'Holbach. Son ouvrage est une réponse apologétique au *Système de la Nature* qui en a suscité du reste beaucoup. Ce n'est donc certainement pas le goût du lucre qui explique le choix du libraire janséniste Charles Saillant d'en donner une seconde édition. Ce qui est moins compréhensible en revanche est que l'un des principaux délateurs de la *Philosophie de la Nature* soit son propre fils, Charles Jacques Saillant, futur régent de la faculté de médecine, passionné d'acupuncture chinoise et millénariste convaincu. C'est ce désordre des familles qui doit nous questionner[1].

Les Lettres de l'Inquisiteur de Goa et *L'Histoire du procès de la philosophie de la nature*, malgré leur emphase persifleuse sur l'injustice faite au « nouveau Calas de la philosophie », victime du Châtelet transformé en Saint-Office par les « bâtards de Port-Royal », n'en sont pas moins très

1 Voir la thèse très complète de P. Malandain, *Delisle de Sales philosophe de la nature (1741-1816)*, Oxford, The Voltaire Foundation, 1982, 2 vol.

riches d'informations sur les pratiques des derniers membres influents du parti janséniste[1].

On apprend ainsi que la grande famille des Clément, pilier du parti, dont l'hôtel se situe effectivement rue d'Enfer sans jeu de mots, est en perte d'influence depuis l'expulsion des jésuites. Des pressions ont été exercées sur l'archevêque de Paris, Mgr de Beaumont pour faire condamner l'ouvrage, en vain. Même échec du côté de la Sorbonne qui tergiverse et se perd en discussions depuis plus d'une année. Du côté du Parlement de Paris, des conciliabules secrets se sont déroulés chez le vieux patriarche Clément de Feillet avec les présidents de Voisins et de Salaberry. Mais les jansénistes n'exercent plus aucune domination hégémonique sur l'esprit des jeunes magistrats. Une occasion inespérée s'offre alors d'agir concrètement pour empêcher la diffusion de la seconde édition de 1774. Le libraire Charles Saillant qui a édité l'ouvrage se retire du commerce et fait vendre une partie de son fonds à la Chambre syndicale. Une colporteuse du parti, la veuve Mecquignon est chargée d'acquérir l'ouvrage avec les fonds secrets de la boîte à Perette. Mais les enchères atteignent une somme exorbitante. Une délégation composée de l'avocat général à la Cour des aides Clément de Barville, du conseiller à la deuxième des Enquêtes Dupré de Saint-Maur et du propre fils du libraire Jacques Charles Saillant se rendent en délégation auprès du vieux libraire pour qu'il accepte un rabais de 1000 écus. Le fils Saillant aurait même proposé à son père de se rembourser sur sa part d'héritage. Les hommes du *triumvir* s'arrangent pour voler le manuscrit qu'ils déposent au greffe du Châtelet car le jeune Saillant a déjà conçu le plan de recourir à ce tribunal subalterne. Le parti y compte en effet encore beaucoup d'amis issus du réseau des convulsionnaires et des imprimeurs des *Nouvelles ecclésiastiques*. Pour accompagner le procès qui suit la condamnation du 9 septembre 1775, le parti a commandité des réfutations de la *Philosophie de la Nature* à Marc-Antoine Reynaud, de la tendance anti-secouriste et à Hervieux de la Boissière, l'apologète des miracles[2]. Ce que les critiques jansénistes

1 Delisle de Sales, *Lettres (trois) de l'Inquisiteur de Goa*, Goa, 1776 et *L'Histoire du procès de la Philosophie de la nature (1775-1777) contenue dans la 2e édition de la Philosophie du Bonheur*, Paris, Moutardier, 1800. Voir également du même auteur, *Précis des faits pour l'auteur de la Philosophie de la nature, appelant d'une sentence rendue au Châtelet le 21 mars 1777*, Paris, imprimerie de Clousier, 1777.

2 M.-A. Reynaud, *Le Délire de la nouvelle philosophie ou Errata du livre intitulé : La Philosophie de la nature*, s. l. n. d. ; S. Hervieux de la Boissière, *Les Contradictions du livre intitulé : « de*

ainsi que les magistrats accusateurs, Prosper Gabriel Audran et Dédelay d'Achères, reprochent à Delisle de Sales, c'est d'être un hypocrite pire que l'abbé de Prades : il se cache derrière le voile de protestations réitérées de respect pour la « religion de la patrie » mais en réalité, c'est pour mieux se précipiter dans l'abîme du matérialisme et du spinozisme[1]. Fondamentalement, ils condamnent la voie des Lumières religieuses comme la plus grande perversité du complot des philosophes. Sans doute sentent-ils que le ver est dans le fruit ! Pour Reynaud, la conduite de Delisle de Sales est tellement incompréhensible, qu'il en abandonne la grille de lecture complotiste pour reléguer l'ouvrage au rang du « délire » d'un « fanfaron ».

Les irrégularités juridiques relevées par celui qui aime désormais s'appeler « le martyr du Châtelet » sont assez typiques des pressions manipulatrices exercées sur le cours des assemblées par les magistrats jansénistes. Le jugement du Châtelet du 21 mars 1777 semble avoir été pour Delisle de Sales son jour de gloire car les philosophes se sont mobilisés pour sa cause. Voltaire a même déboursé la somme de 480 livres pour une souscription destinée à le protéger de la censure janséniste. Un appel est interjeté devant le Parlement de Paris et le 14 mai, un arrêt transforme le bannissement en simple admonestation. Les Lumières se sont infiltrées dans les mentalités de nombreux magistrats, le parti janséniste a définitivement perdu le contrôle du bastion qui avait assuré sa force de frappe.

Ce n'est pas seulement au Parlement que la perte d'influence des jansénistes se fait sentir. Bon-François Rivière, dit Pelvert, le dernier grand théologien et apologète du parti, est à la traîne des condamnations des philosophes. Avec les *Nouvelles ecclésiastiques*, il passe son temps à critiquer les censures de la Sorbonne, les instructions pastorales de l'archevêque de Paris et les travaux apologétiques des jésuites, notamment à propos du *Bélisaire* de Marmontel et de l'*Histoire des deux Indes* de l'abbé Raynal[2]. À ses yeux, l'erreur pernicieuse dont la principale caractéris-

la Philosophie de la Nature », s. l., 1775.

1 Les *NNEE* du12 mars 1776 citent les passages les plus violents des deux magistrats.

2 *NNEE*, 1768 et *NNEE*, 1782 ; Pelvert, *Lettres d'un théologien sur la distinction de religion naturelle et de religion révélée*, s. l., 1769-1770, 2 vol. et *Lettres d'un théologien où l'on examine la doctrine de quelques écrivains modernes contre les incrédules*, s. l., 1776 (contre les jésuites Delamare, Floris, Paulian et Nonnotte).

tique d'origine jésuite est la distinction entre la religion naturelle et la religion révélée, s'est infiltrée jusque dans la censure officielle. En 1787, il publie encore une *Exposition succincte et comparaison de la doctrine des anciens et des nouveaux philosophes*, une somme érudite dans laquelle il détaille les différents systèmes des nouveaux philosophes théistes, déistes, athées purs matérialistes et pyrrhoniens[1]. Dans la filiation de Gaultier, il continue de rappeler que « Spinoza a été le précurseur et le chef de cette multitude de philosophes impies, qui, depuis soixante ans font les progrès les plus rapides, et qui se sont déclarés ouvertement, les uns contre la divinité même, les autres contre toutes les Religions, et principalement contre celle de Jésus-Christ[2] ». Le traité en deux volumes est sans doute la version la plus raffinée de la thèse de l'influence spinoziste sur les Lumières[3] mais en même temps elle se perd dans les méandres de la démonstration érudite et surtout élimine le concept de complot.

Contrairement à ce qu'on aurait attendre, ce ne sont pas les derniers jansénistes qui attribueront la Révolution à la responsabilité des philosophes, mais le jésuite Augustin Barruel[4]. En réalité, ils ont été dépossédés de la théorie du complot dès avant la Révolution, au moment de l'Édit de 1787 sur les « non catholiques ». Dans son *Discours à lire au Conseil*, le jésuite Jacques Julien Bonnaud sonne le tocsin du complot infernal qui se prépare avec le rappel des protestants. Telle une ligue, le « jansénisme », le « philosophisme » et le « calvinisme » vont se confédérer pour opérer la plus terrible des révolutions[5].

L'embarras qu'éprouve le petit reste du parti au moment du transport des cendres de Voltaire au Panthéon, est des plus significatifs de cette marche en crabe qui caractérise peut-être toute la trajectoire du jansénisme : une tentative d'adaptation à la modernité dans la dénégation et l'aveuglement. Pour protester contre la cérémonie de translation du grand homme organisée comme une « fête d'un ordre nouveau », un

---

1 Pelvert, *Exposition succinte et comparaison de la doctrine des anciens et des nouveaux philosophes*, Paris, veuve Mecquignon, 1787, 2 vol.

2 *Ibid.*, t. I, p. 431.

3 Cette thèse a été soutenue par J. Israel dans son ouvrage *Les Lumières radicales. La philosophie, Spinoza et la naissance de la modernité (1650-1750)*, Paris, Éditions Amsterdam, 2005, donnant lieu à une importante controverse.

4 Barruel, *Mémoires pour servir à l'histoire du jacobinisme*, Hambourg, 5 vol., P. Fauche, 1798-1799.

5 Bonnaud, *Discours à lire au Conseil*, 1787, p. 220.

« véritable culte », selon leurs expressions, les successeurs des appelants, les collecteurs de signatures contre la constitution *Unigenitus*, ont organisé cette fois une vraie pétition (au sens propre et sans anachronisme) à l'Assemblée nationale. On peut y repérer les noms du vieux Le Paige et surtout du médecin Saillant, alors électeur à Sainte-Geneviève. Les pétitionnaires sont conscients que la thèse renversée désormais en anticipation positive du complot risque de leur être objectée : « Peut-être on dira qu'il faut de l'extraordinaire pour un philosophe extraordinaire lui-même, qui a prédit la Révolution[1]. » Mais avant le « génie » qui a pu « calculer et prévoir la Constitution nouvelle », ce qu'ils retiennent de Voltaire, avant tout, c'est « sa jalousie, sa prétention de rivaliser avec le Fondateur du Christianisme[2] ». Pour cette raison, ils craignent que les auteurs de cette fête n'offrent aux non-assermentés la confirmation de leur interprétation de la Révolution : « Les amis de la Constitution ne le sont pas de la Religion[3] ». La terreur déchristianisatrice viendra confirmer cette assertion. Même le jésuite Barruel ne croira pas devoir inclure ses vieux frères ennemis dans le complot des fauteurs de Révolution[4] !

Catherine MAIRE
CNRS

1 *Pétition à l'assemblée nationale relative au transport de Voltaire, nouvelle édition revue et corrigée*, s. l. n. d., [4 juillet 1791], p. 4.

2 *Ibid.*

3 *Ibid.*, p. 8.

4 Il n'y a aucun chapitre sur les jansénistes dans les *Mémoires pour servir à l'histoire du jacobinisme*, *op. cit.*

LA DISPARITION DE LA CENSURE TRANSFORMA-T-ELLE LA CRITIQUE THÉÂTRALE AU TEMPS DE LA RÉVOLUTION FRANÇAISE ?

À partir de l'automne 1789, avec notamment la première représentation tant réclamée du *Charles IX* de Marie-Joseph Chénier[1] devenu de fait l'un des symboles forts de la lutte réclamant la liberté pour le monde du théâtre, la censure d'État est vite réduite à l'impuissance. De la même manière qu'elle ne parvenait plus à contrôler efficacement le flot des publications depuis l'été 1788, en dépit de quelques interdictions de journaux parisiens au printemps 1789 (notamment *Le Patriote français* de Brissot[2] et *Les États généraux* de Mirabeau[3]), elle se retrouve dans l'incapacité de remplir sa mission de surveillance des théâtres. Certes,

1 Chénier commence à écrire cette pièce en 1787. En septembre 1788, elle est acceptée par les Comédiens-Français, mais interdite par Suard, le même censeur royal qui a déjà bataillé contre Beaumarchais quelques années plus tôt. À l'imitation de ce dernier, Chénier contourne la censure et fait jouer sa pièce dans différents salons puis devant le duc d'Orléans. En août 1789, un groupe de « Patriotes » (le nom que se donnent les partisans de la Révolution) réclame la représentation de *Charles IX* au Théâtre-Français, déclenchant ainsi une vive querelle. Même si l'Assemblée constituante approuve l'idée de sa représentation, Suard persiste dans son opposition, tandis qu'une délégation d'évêques et de représentants de la Sorbonne se rend à la Cour pour exiger le maintien de l'interdiction. Après le tournant des journées d'octobre, qui voient le roi et sa famille ramenés sous la contrainte de Versailles à Paris, la pièce est enfin jouée le 4 novembre 1789. Tout aussi peu passionnant qu'en soit le texte, elle est devenue *le* symbole du combat pour la liberté du théâtre.

2 Un seul numéro sort le 7 mai 1789, puis les mots de Brissot sont embastillés jusqu'à la nouvelle parution du journal le 28 juillet, deux semaines après la prise de la Bastille.

3 Mirabeau, à la différence de Brissot, peut jouer de son statut de député aux États généraux. En effet, il publie d'abord deux numéros de son journal, datés des 4 et 5 mai 1789 ; puis, devant les exigences de la censure, il modifie sa feuille en la faisant paraître le 20 sous un autre titre : *Lettres du Comte de Mirabeau à ses commettants*. La librairie, l'institution qui organise la censure, n'a pas cette fois à donner son autorisation, car ce sont des lettres d'un député à ses électeurs, qu'elle n'a donc pas à contrôler. Ce qui n'empêche pas le lieutenant de police de Paris d'ordonner des perquisitions chez l'imprimeur.

il faut attendre les premières semaines de 1791 pour que la censure des entreprises de spectacle et son maître d'œuvre Suard disparaissent de la scène, tandis qu'un décret consacre le 13 janvier la liberté de tout citoyen à créer un théâtre[1] et à y faire jouer le répertoire de son choix[2], toutefois dès août 1789 un tournant majeur se produit. En effet, alors que le directeur de la librairie, Poitevin de Maissemy, démissionne, la Déclaration des droits de l'homme et du citoyen expose en son article 11 que, en vertu de la « libre communication des pensées et des opinions », « tout citoyen peut donc parler, écrire, imprimer librement, sauf à répondre de l'abus de cette liberté, dans les cas déterminés par la loi ». Naturellement, le monde des théâtres ne peut en aucun cas rester à l'écart du champ des possibles soudainement ouvert par cet article. N'en reste pas moins l'ambiguïté originelle de la Déclaration, qui ne précise en rien lesdits abus. D'ailleurs, dès l'été 1789 les autorités municipales de Paris font arrêter des colporteurs sous prétexte qu'ils excitent une « fermentation dangereuse » ; puis, après les journées d'octobre, Marat, tenu pour l'un des responsables, ne cesse d'être poursuivi sur ordre de la municipalité. Il faut en fait attendre un décret du 22 août 1791 pour que soient enfin définies les bornes à ne pas franchir pour éviter d'avoir à répondre « de l'abus de cette liberté » : ne pas désobéir à la loi, ne pas calomnier des fonctionnaires publics ni des personnes privées, ne pas « avilir » les autorités. Mais, pour peu que cela soit évité, un journaliste et un homme de théâtre ont désormais devant eux une totale liberté de penser et d'écrire, tout au moins jusqu'à l'été 1792. Comme, en ces années 1789-1792, les théâtres se multiplient[3] et le nombre de journaux explose[4], la critique théâtrale jouit elle aussi d'une liberté en apparence illimitée et surtout d'une place accrue même si tous les nouveaux

1 Seul impératif, il convient de déposer au préalable une déclaration auprès de la municipalité. Cette liberté d'entreprendre, simple adaptation au monde du théâtre du libéralisme alors imposé par les Constituants, marque la fin des monopoles jusque-là attribués aux grands théâtres privilégiés.

2 La question du répertoire et celle des droits attribués aux auteurs, morts ou vivants, sont réglées par ce même décret et celui du 19 juillet 1791, cependant qu'en mars 1791 se crée un « bureau de perception » chargé de percevoir puis de répartir les droits entre les auteurs.

3 En quelques années, le nombre des théâtres est doublé à Paris et certains choisissent des noms hautement symboliques (Théâtre de l'Égalité, Théâtre de la Montagne, Théâtre de la République, etc.). Quant à la province, entre 1789 et 1799, une quarantaine de salles nouvelles y font leur apparition.

4 Rien qu'en 1789, un lecteur parisien a à sa disposition un seul quotidien en début d'année (le *Journal de Paris*), mais vingt-quatre en décembre, auxquels s'ajoute un nombre à peu près équivalent de feuilles qui paraissent une à trois fois par semaine.

journaux n'entretiennent pas une rubrique « Spectacles » régulière, loin s'en faut. Aussi ces premières années de la Révolution représentent-elles un observatoire de tout premier choix pour saisir les évolutions de ceux qui, le plus souvent dans l'anonymat, prêtent leur plume à cet exercice littéraire si particulier qu'est la critique théâtrale. Dans une logique similaire, le retour d'abord insidieux de la censure en 1792-1793 puis de fait en l'an II permettent de suivre les évolutions de leur prose. Enfin, après une période de transition en l'an III, l'adoption de la nouvelle Constitution et la création du Directoire font entrer la France dans une autre époque, où une sorte de liberté sous surveillance est désormais de rigueur. L'article 353 de la Constitution de l'an III annonce-t-il à son tour une totale liberté d'expression et d'écriture ?... De son côté, l'article 355 permet de suspendre cette liberté pendant un an, avec possibilité de proroger la suspension en cas de péril « extrême ». Le simple examen du sort réservé aux journaux d'opposition sous le Directoire atteste les limites concrètes de la liberté d'expression, limites auxquelles sont évidemment soumis eux aussi les critiques de théâtre.

Bien avant la Révolution, Malesherbes, alors directeur de la librairie (1750-1763), avait suggéré[1] que les interdictions seraient respectées si elles étaient rares et qu'il convenait donc de les réserver pour des cas importants[2]. En 1791, auteurs de théâtre et acteurs peuvent en principe tout dire et tout jouer sur scène sans craindre les foudres de la censure, même si la surveillance des salles de spectacle par la police ne disparaît pas pour autant. En l'an II, *a contrario*, mieux vaut ne pas évoquer tout ce qui pourrait devenir « suspect » et même l'évocation d'un roi des temps passés peut vite sentir le soufre[3]. Sous le Directoire, il convient de jeter un voile sur les événements de 1793 et de l'an II, tout en écartant de la

1 Dans des Mémoires rédigés en 1759, mais publiés seulement en 1809.

2 Parmi les nombreux travaux sur la censure sous l'Ancien Régime, outre les ouvrages devenus classiques de Robert Darnton, on pourra consulter avec profit : B. de Negroni, *Lectures interdites. Le travail des censeurs au XVIIIe siècle, 1723-1774*, Paris, Albin Michel, 1995 ; G. Minois, *Censure et culture sous l'Ancien Régime*, Paris, Fayard, 1995 ; R. Birn, *La Censure royale des livres dans la France des Lumières*, Paris, Odile Jacob, 2007.

3 En mars 1793, *Mérope* de Voltaire est interdite, car les spectateurs peuvent y voir une reine en deuil qui pleure son mari et souhaite le retour de deux frères absents... la tête de Louis XVI étant tombée le 21 janvier précédent, Marie-Antoinette étant alors toujours emprisonnée et les deux frères du ci-devant roi réfugiés à l'étranger, on imagine sans peine les craintes des autorités, alors même que cette pièce date de 1743 et que Voltaire risquait fort peu de prévoir pareilles applications !

scène politique aussi bien que de la scène théâtrale les « extrêmes » réels ou supposés de l'échiquier politique. Face à ces séquences successives, avec une censure morte puis ressuscitée et ce sous des formes différentes, comment se comportent les critiques dramatiques ? Déplorent-ils ces changements et l'évolution concomitante du répertoire ? Et, à la clef, se pose une question bien sûr fondamentale : l'absence de toute censure entraîne-t-elle une qualité littéraire maintenue en dépit du considérable accroissement quantitatif des pièces représentées ?

Au cours de la première période, soit les années 1789-1792, les critiques doivent tout d'abord adapter leur manière de travailler à la multiplication des représentations et à la concurrence accrue entre les divers supports de leur prose. Là où elle prenait place dans un nombre restreint de journaux, la critique théâtrale figure dans des feuilles de plus en plus nombreuses et dans divers almanachs consacrés aux spectacles[1], tous cherchant à conquérir puis fidéliser un lectorat, gage de leur survie financière. Dès lors, il devient difficile de donner un avis mûrement réfléchi, *a fortiori* d'attendre pour le livrer non la première représentation d'une pièce mais son impression, dans la mesure où l'essentiel est de rendre compte dans l'urgence d'une actualité théâtrale de plus en plus mouvante. Qui plus est, là où avant 1789 les regards se portaient surtout vers les grands théâtres privilégiés de Paris, désormais un critique doit embrasser toute l'étendue de la programmation, nouveaux théâtres inclus. Enfin, comme le monde des théâtres se transforme en espace public à conquérir pour y faire cheminer des idées en phase avec la Révolution, cette volonté d'acculturation politique suscite aussi des changements de fond des critiques théâtrales. Lorsque, au tout début de 1791, *La Liberté conquise, ou le Despotisme renversé* rappelle le souvenir de la prise de la Bastille et joue comme d'autres pièces sur le thème du monde bouleversé par la Révolution à tel point qu'un citoyen longtemps absent et de retour ne reconnaîtrait plus son propre pays, un critique va plus loin et écrit : « Si défunt Fréron revenait au monde, il serait fort surpris ainsi que beaucoup d'autres morts[2]. » Surpris d'une France entrée en Révolution ? Assurément, mais aussi de ce qu'est devenue une

1 *Les Spectacles de Paris [...]*, l'*Almanach général de tous les Spectacles de Paris [...]*, l'*Almanach du Théâtre du Palais-Royal [...]*, etc.

2 *Chronique de Paris*, n° du 6 janvier 1791.

critique théâtrale, désormais dans la quasi-impossibilité de ne pas juger les œuvres sur leur contenu politique en sus de leur forme littéraire.

Le *Moniteur*, journal créé en novembre 1789 et qui allait devenir à terme presque une sorte de journal officiel avant la lettre, témoigne de cette évolution. Ainsi, en février 1790, alors que *Louis XII, père du Peuple*, tragédie de Ronsin, connaît un cuisant échec au Théâtre de la Nation (nouveau nom porté par le Théâtre-Français), le *Moniteur* dénonce à son propos « un style plus que négligé, des dialogues longs, verbeux et bien tristes, sans action, sans marche, sans intérêt [...] ». Pour autant, le critique ajoute : « Malheureux comme écrivain, l'auteur s'est fait connaître comme un bon citoyen. *Au temps où nous sommes* [souligné par moi], ce dernier avantage peut équivaloir à un succès[1]. » Quelques trois semaines plus tôt, le même journal publiait une autre critique attestant déjà qu'une orientation politique pouvait balancer une mauvaise construction littéraire : « Cet ouvrage est plus en discours qu'en action et la marche dramatique en est un peu chancelante ; mais il y a de la sensibilité, de la philosophie, de la vérité, souvent de la chaleur, et presque toujours un intérêt qui attache l'esprit et l'âme[2]. » L'année suivante vient confirmer ce type de constat. Ainsi, au printemps 1791, une source de querelles politiques s'impose sur les scènes et donc dans les comptes rendus critiques : les oppositions religieuses nées de la prestation du serment par les membres du clergé et la vague anticléricale qui déferle contre le clergé régulier. Un journal hostile à la Révolution donne le ton en évoquant « la mode des pièces de couvent[3] [...] ». Plusieurs petites pièces ayant mis en scène des religieuses et religieux cloîtrés, soumis à mille maux et fort heureusement bientôt libérés par la Révolution, les comptes rendus critiques mêlent aussitôt jugements littéraires et considérations politiques. Dans un premier temps, la condamnation peut paraître sans appel : « Les premiers ont été suivis avec une sorte d'enthousiasme ; maintenant ils font peu d'effet. [...] Des guimpes, des soupirs, des vœux, des amants déguisés en jardiniers, un langage apprêté, mielleux, hypocrite ou mystique, voilà tout ce que peuvent nous présenter ces sortes d'ouvrages[4] [...] » ; « Les couvents

1 *Le Moniteur*, n° du 14 février 1790.

2 À propos d'une pièce de Laya, *Les Dangers de l'opinion*, drame qui évoque le préjugé des peines infâmantes et donc la nécessité pour l'Assemblée constituante de décréter l'abolition des flétrissures touchant les familles de condamnés (*Le Moniteur*, n° du 21 janvier 1790).

3 *Sabbats jacobites*, n° 7, mars 1791.

4 *Petites Affiches de Paris*, n° du 5 mars 1791.

ne peuvent tarder à paraître bien sués sur notre scène [...] on finira par en être totalement dégoûté[1]. » En revanche, lorsque le Théâtre de la Nation donne *Les Victimes cloîtrées*, drame de Monvel[2], les critiques se divisent selon des lignes de fracture partisanes qui ont peu à voir avec la qualité de plume de l'auteur, les plus indignés allant jusqu'à faire disparaître tout commentaire sur la forme pour mieux stigmatiser le fond. D'un côté, ceux qui, avec les « Patriotes », félicitent Monvel[3] et s'en prennent aux spectateurs qui ont osé troubler les représentations d'une pièce « [...] qu'il est utile de représenter, malgré les cris des hommes, connus par leur corruption, qui criaient dans le foyer que la religion est perdue[4] ». De l'autre, ceux qui entendent continuer à défendre tout à la fois le trône et l'autel : « Voilà l'ouvrage indécent que vient de nous donner Monvel, on se doute bien que les spectateurs ne manquent pas, à chaque représentation de cette pièce, de crier contre les religieux. Leur haine aiguisée altère tous leurs traits, des cris de fureur se font entendre et c'est ainsi qu'on anime le peuple contre des infortunés[5] ». Cris antagonistes que ceux rapportés ici par deux critiques de bords politiques opposés, mais qui attestent un phénomène identique, ce que le *Moniteur* présente comme « ce désir de vouloir tout ramener au cours des idées présentes[6] [...] », tandis que le *Journal des Théâtres* dénonce, un an plus tard environ, « [...] cette fureur de toujours parler de la Révolution sur les théâtres, à propos de tout et à propos de rien[7] ».

Certes, cris antagonistes et jugements critiques opposés existaient dans le monde du théâtre bien avant 1789, plusieurs cabales fameuses en portent témoignage, mais la nouveauté introduite par la Révolution réside dans la faculté du critique à se transformer en « journaliste catéchiste[8] » afin d'apporter sa contribution à une vaste opération de conquête de l'opinion publique dont les enjeux politiques sont cruciaux. Les scènes de théâtre

1 *Journal de Paris*, n° du 5 mars 1791.

2 Voir Monvel, *Théâtre, discours politiques et réflexions diverses*, éd. Roselyne Laplace, Paris, Honoré Champion, 2001.

3 « [...] les principes de l'ouvrage sont d'un ami de l'ordre, et d'un bon citoyen », note ainsi la *Chronique de Paris*, qui donne une longue critique du drame de Monvel dans son numéro du 30 mars 1791.

4 *Ibid.*

5 *Journal Général de France*, n° du 15 avril 1791.

6 *Le Moniteur*, n° du 13 mars 1791.

7 *Journal des Théâtres*, n° du 3 février 1792.

8 Pour reprendre ici une formule de Cl. Labrosse et P. Rétat, *Naissance du journal révolutionnaire 1789*, Lyon, Presses Universitaires de Lyon, 1989, p. 174-183.

deviennent en effet, comme les clubs, les cafés, les rues et places publiques, des lieux hautement stratégiques où les applaudissements finissent parfois par perturber des critiques qui y perdent leurs repères (« Cette pièce a eu peu de succès malgré les bravo bruyants qui l'ont terminée et qui ne prouvent plus rien[1]. ») Un homme comme Le Vacher de Charnois illustre mieux que quiconque tout à la fois ce désarroi devant les évolutions du théâtre et le refus de la politisation des représentations[2]. Rédacteur de critiques théâtrales depuis 1777, il crée son propre journal en décembre 1789 (*Le Spectateur National*), puis lance à l'automne 1791 une feuille spécifiquement consacrée aux spectacles : le *Journal des Théâtres*[3]. Dès le tout premier numéro de ce second journal, daté du 4 novembre 1791, il met l'accent sur ce qui, à ses yeux, menace de corrompre le théâtre, en l'occurrence le décret du 13 janvier 1791 : « En un moment tout a changé ; le système de la liberté naissante s'est étendu des droits de l'homme au droit d'élever à grands frais des entreprises de spectacles ; droit contre lequel on n'aurait à faire aucune réclamation, s'il ne menaçait pas de conduire à celui d'achever la ruine de l'art dramatique et d'empoisonner tout à fait le goût [...] les théâtres sont donc devenus presque aussi nombreux que les clubs [...]. » À l'en croire, la liberté de création (y compris des entreprises), doublée de la disparition de la censure, aurait donc ouvert la voie à une irruption du politique aussi néfaste sur les scènes que dans l'espace public. Pire, comme d'autres opposants à la Révolution, il raisonne en termes de complot[4], preuve sinon de sa totale incapacité à comprendre les bouleversements en cours, à tout le moins de son refus d'en analyser les véritables origines. *Le Moniteur* a pu aller jusqu'à se risquer à dénoncer timidement un « despotisme du public[5] », Le Vacher de Charnois, lui, ne s'embarrasse pas de nuances.

1 *Le Moniteur*, n° du 31 juillet 1792.

2 Je me permets de renvoyer ici à l'une de mes contributions : M. Biard, « Le Vacher de Charnois, du juge de la bâtardise théâtrale au juge de la bâtardise politique », dans Ph. Bourdin et G. Loubinoux (dir.), *La Scène bâtarde entre Lumières et romantisme*, Clermont-Ferrand, Service Universités Culture, 2004, p. 189-201.

3 Le titre reprend celui d'un journal auquel Le Vacher de Charnois a collaboré avant la Révolution.

4 « On se plaignait, avant la Révolution, du ravage que causait dans l'art dramatique l'amour exclusif des choses exagérées ; c'est bien pis aujourd'hui que toutes nos idées sont à l'esprit de vin et que, depuis le matin jusqu'au soir, nous sommes dans une irritation perpétuelle au philosophique comme au moral [...] Il semblerait que les auteurs eussent conjuré avec les factieux pour nous tenir sans cesse dans un état d'agitation, d'angoisse et de fureur » (*Journal des Théâtres*, n° du 6 mars 1792).

5 *Le Moniteur*, n° du 1er décembre 1791.

D'une part, il radicalise ses commentaires, sur le fond tout autant que dans le vocabulaire choisi, ainsi avec cette critique abrupte de la pièce *Mutius Scaevola* donnée au Théâtre de Molière : « Ce gâchis, soi-disant dramatique, est rempli des maximes que les républicains, de nos jacobinières, vomissent journellement contre les rois et la royauté ; la doctrine du régicide y est développée d'une manière qui fait horreur et applaudie à faire frémir[1] ». D'autre part, il est l'un des premiers à suggérer que l'autocensure remplace d'ores et déjà la censure disparue, dès lors qu'auteurs et acteurs doivent veiller à plaire au public en ce premier semestre de 1792 où les royalistes les plus militants commencent à se faire plus discrets dans les salles de spectacle parisiennes (« [...] les comédiens épluchent ce qu'ils ont à dire[2] [...] »). L'assaut contre les Tuileries le 10 août 1792 et le renversement de la monarchie mettent un terme aux critiques de Le Vacher de Charnois. Alors que les journaux ouvertement hostiles à la Révolution sont *de facto* interdits et que la guillotine sert désormais à mettre à mort des citoyens condamnés sur des inculpations politiques, Le Vacher de Charnois entre à la prison de l'Abbaye. Il s'y trouve encore au début de septembre et fait partie des prisonniers alors tirés des prisons, sommairement jugés par une foule émeutière et exécutés sur place.

Il va sans dire que cette autocensure mise au jour par Le Vacher de Charnois non seulement ne disparaît pas, mais se renforce et touche à leur tour les critiques. En effet, une fois les publications royalistes disparues et alors que les électeurs doivent désormais, avant toute opération électorale, prêter un serment de haine au roi et à la royauté, comment peut-il être possible de rédiger une critique théâtrale vraiment libre ? Pour autant, il faut attendre janvier 1793 avant qu'une censure de fait ne refasse son apparition dans le monde des théâtres, et encore ne vient-elle pas de la Convention nationale, mais de la Commune de Paris. *L'Ami des lois*, de Laya, étant alors accusé de caricaturer implicitement plusieurs révolutionnaires de premier plan (dont Robespierre et Marat), la Commune ordonne en effet de ne laisser jouer aucune pièce susceptible de troubler la « tranquillité publique ». Cela déclenche de vifs débats et des affrontements politiques liés notamment au clivage entre Montagnards et Girondins, mais ce qui frappe surtout est l'omniprésence du politique dans les critiques parues

1 *Journal des Théâtres*, n° du 27 avril 1792.
2 *Ibid.*, n° du 20 avril 1792.

à ce moment dans la presse[1]. Même si certains journalistes commentent *a minima* la trame de la pièce, voire en appellent au *Tartuffe* de Molière comme exemple de pièce destinée à dénoncer des « hypocrites[2] », voire aux satires de Palissot et d'Aristophane, la grande majorité d'entre eux insiste d'abord et avant tout sur les implications partisanes du texte et des réactions qu'il déclenche. Les *Annales patriotiques et littéraires de la France* osent même un raisonnement que n'aurait peut-être pas désavoué un Le Vacher de Charnois tant la radicalisation de la Révolution l'inquiétait toujours plus chaque jour : « Sans trop s'extasier sur le mérite littéraire de ce drame, on vante beaucoup son but moral parce que les factieux, les agitateurs, les anarchistes y sont joués, et qu'on ne manque pas de faire d'heureuses applications à tel ou tel personnage ; mais une chose digne d'être remarquée, c'est que ceux qui applaudissent le plus à l'intention civique de l'auteur auraient été les premiers à pousser les hauts-cris si la pièce avait été jouée sept à huit mois plus tôt, parce qu'alors *ils étaient* [souligné par moi] les factieux, les agitateurs, les anarchistes : en prenant la place de ceux qui les qualifiaient ainsi, devaient-ils en adopter le langage[3] ? » Si l'on ajoute que les deux principaux rédacteurs de cette feuille, Carra et Mercier, se rattachent alors plus ou moins à la mouvance girondine, force est de constater à quel point l'exercice de la critique théâtrale devient de plus en plus étroitement lié à un contexte politique précis et comment ce dernier peut changer d'une semaine à l'autre. Plus grave, certains journalistes revendiquent haut et fort un retour de la censure, sans pour autant prononcer le mot, tel Hébert qui, dans son *Père Duchesne*, entend d'évidence limiter le répertoire à des pièces susceptibles d'« instruire » les citoyens et surtout lance un appel sans ambiguïté à une action musclée contre *L'Ami des lois* : « Toutes les coquines de Paris, tous les escrocs vont en foule applaudir ce prétendu Ami des lois, qui n'est dans le fond que l'ennemi du peuple et de la liberté. Mille noms d'un foutre, pouvons-nous souffrir qu'à notre barbe et à notre nez on insulte ainsi les patriotes ? N'avons-nous plus de sang dans les veines ? Où sont donc vos sifflets, braves sans-culottes, ou plutôt n'avez-vous pas de bons gourdins et des nerfs de bœuf pour apprendre à vivre à des foutus baladins qui cherchent

1 Voir le dossier très complet rassemblé sur ce sujet par M. Darlow et Y. Robert, *Laya. L'Ami des lois*, Londres, Modern Humanities Research Association, 2011.

2 *Affiches, Annonces et Avis divers*, n° du 4 janvier 1793.

3 *Annales patriotiques et littéraires de la France*, numéro du 8 janvier 1793.

à corrompre l'opinion publique ? Devrait-on jouer maintenant d'autres pièces sur nos théâtres que *Brutus* et *La Mort de César*[1] ? »

Au début d'août 1793, alors que les Girondins ont été politiquement éliminés et que la Convention dominée par les Montagnards doit faire face à de multiples révoltes intérieures et aux diverses armées étrangères attaquant la République sur plusieurs fronts, la censure effectue son véritable retour. Un décret, voté le 2 sur un rapport présenté par Couthon, ordonne en effet la fermeture immédiate de tout théâtre qui tendrait « [...] à réveiller la honteuse superstition de la royauté[2] [...] ». En présentant le texte du décret, Couthon invoque la nécessité de ne plus souffrir « [...] une infinité de pièces remplies d'allusions injurieuses à la liberté, et qui n'ont d'autre but que de dépraver l'esprit et les mœurs publiques [...] ». À l'opposé de ces pièces proscrites dont une liste doit être dressée, le même décret ordonne aux théâtres de faire représenter « [...] les tragédies de *Brutus*, *Guillaume Tell*, *Caïus Gracchus*, et autres pièces dramatiques qui retracent les glorieux événements de la Révolution et les vertus des défenseurs de la liberté [...] ». Mieux, il leur impose au moins une représentation de celles-ci « [...] chaque semaine aux frais de la République[3] [...] ». À peine le décret est-il voté que Carra, membre de la Convention, paraît à la tribune de celle-ci pour tenter de se défendre contre une accusation portée à son encontre. Il suffit de lire les propos de ses accusateurs, notamment de Maximilien Robespierre, pour comprendre que, au-delà du député lié à la mouvance girondine, c'est le journaliste qui est visé à travers les divers articles parus sous sa plume. Naturellement, le fait que cet échange verbal intervienne immédiatement à l'issue du décret rétablissant une censure théâtrale est sans doute dû à un hasard des circonstances. Pour autant, le symbole n'en est pas moins fort et nombre de critiques dramatiques saisissent alors forcément le lien. Dans les trois mois qui suivent le décret du 2 août, environ 160 pièces sont soumises à l'examen du comité d'Instruction publique, chargé de vérifier si elles peuvent être jouées ou non. 33 sont interdites et 25 doivent être corrigées avant de pouvoir le cas échéant être finalement autorisées, soit au total un tiers d'entre elles. Pour les critiques, contraints eux aussi de

1 *Le Père Duchesne*, n° 208, janvier 1793. Sur le vocabulaire d'Hébert, voir M. Biard, *Parlez-vous sans-culotte ? Dictionnaire du Père Duchesne (1790-1794)*, Paris, Tallandier, 2009.

2 *Archives parlementaires [...]*, t. LXX, p. 134-135.

3 *Ibid.*

confier leur prose à des journaux tout aussi soumis à une surveillance, dès lors que le décret du 17 septembre 1793 connu sous le nom de « loi des suspects » a étendu le champ de la suspicion aux propos, aux écrits et aux relations, la prudence s'impose désormais. Plus question de disserter en toute liberté sur le fond politique des œuvres, lesquelles célèbrent de toute façon unanimement, tout au moins en apparence, la République, les Montagnards et les Jacobins, les vertus révolutionnaires et les héros qui ont sacrifié leur vie pour la défense de la Révolution.

Le retour à une pleine et entière liberté de parole se produit-il après les 9 et 10 thermidor an II, puisque Maximilien Robespierre et ses amis sont alors réputés avoir été les seuls artisans (prétendus) de ce qui est nommé un « système de Terreur », tandis que la Convention nationale s'autoamnistie de ses propres responsabilités ? En réalité, aucune rupture immédiate n'est décelable en dépit des divers discours sur les nécessités de la liberté de la presse, et le contrôle exercé sur le répertoire théâtral prend d'autres formes de la même façon que la censure de la presse d'opposition survit en l'an III puis sous le Directoire. Quant à la censure des théâtres elle-même, Odile Krakovitch a pu récemment souligner à quel point elle était toujours omniprésente sous le Directoire[1]. Il faut attendre la mise en place de ce dernier, à partir de l'automne 1795, pour voir se développer un nouveau comportement des critiques de théâtre. Entre l'été 1793 et l'été 1794, leur plume avait dû faire étalage d'un conformisme politique de bon aloi, désormais la tendance s'oriente plutôt vers un désir d'occulter le récent passé pour éviter de faire revivre le souvenir de l'an II. Même si les critiques prêtent encore une grande attention aux divisions qui se produisent parmi les spectateurs à l'occasion de telle ou telle représentation, car les théâtres sont redevenus des lieux où partisans et adversaires du gouvernement aiment à s'affronter, ils tendent de plus en plus à livrer aux lecteurs des comptes rendus politiquement aseptisés[2]. Certains soulignent d'ailleurs le caractère par nature éphémère des allusions politiques contenues dans les œuvres, et donc leur côté parfaitement inutile : « [...] les applications que l'on applaudissait si fort les années précédentes n'ont plus

1 O. Krakovitch, « Le Théâtre de la République et la censure sous le Directoire », dans M. Poirson (dir.), *Le Théâtre sous la Révolution : politique du répertoire (1789-1799)*, Paris, Desjonquères, 2008, p. 169-192.

2 Pour davantage de détails, voir M. Biard, « Thalie et Melpomène face à leurs juges (la critique théâtrale sous le Directoire) », dans Ph. Bourdin et B. Gainot (dir.), *La République directoriale*, Clermont-Ferrand, SER-CHEC-CRRR, 1998, t. II, p. 663-678.

la même force et cela est assez naturel ; les applications se faisaient contre les gouvernants d'alors, que l'on détestait généralement ; au lieu que dans ce moment, où tout semble vouloir nous rendre moins malheureux [...] les applications ne s'appliquent [*sic*] plus aux gouvernants actuels, ce qui leur ôte toute leur force[1] » ; « [...] ces plaisanteries sont aujourd'hui le signal le plus certain de l'applaudissement général, mais bientôt elles perdront tout leur sel[2] [...] ». Soucieux d'éviter les références trop politiques, les critiques finissent somme toute par revenir aux principes que défendait Le Vacher de Charnois : juger une pièce sur ses qualités littéraires, sur sa mise en espace, sur le jeu des acteurs, et non pas sur le fait de savoir si son message adhère ou non à la Révolution. Aussi certaines prises de position ayant prêté à débat bien avant 1789 resurgissent-elles sous le Directoire. Rire au cours de la représentation d'une comédie est certes une excellente chose, mais encore convient-il de ne pas « dégrader » l'art de la comédie « [...] en représentant dans une salle de spectacle de ces farces crapuleuses qu'on exposait jadis sur les quais[3] [...] ». Non contente de dénigrer ainsi explicitement la multiplication des théâtres née du décret du 13 janvier 1791, source d'après elle de catastrophe certaine pour un « bon goût » que le système des privilèges théâtraux avait permis de préserver avant la Révolution, la même feuille suggère quelques jours plus tard (via un courrier de lecteur) d'interdire les petits théâtres et de créer un jury dramatique chargé de séparer le bon grain de l'ivraie[4]. Quant aux drames, genre théâtral au cœur de querelles littéraires là encore bien avant 1789, ils sont eux aussi pris à partie, ici accusés d'avoir « [...] favorisé la paresse des auteurs, corrompu le goût du public et introduit dans le jeu des acteurs un mélange aussi bizarre que celui de [leur] composition[5] » ; là considérés « [...] comme les fléaux du goût, comme la perte du bon genre [...] tableaux de crimes, de meurtres et d'atrocités, dont on empoisonnera bientôt jusqu'aux vaudevilles mêmes[6] ».

Les critiques sont-ils redevenus sous le Directoire ces juges du « bon goût », fins connaisseurs du théâtre, censeurs suprêmes des auteurs et

---

1 *Courrier des spectacles*, n° du 24 floréal an V-13 mai 1797.

2 *La Décade philosophique, littéraire et politique*, n° du 10 thermidor an V-28 juillet 1797.

3 *Courrier des spectacles*, n° du 24 fructidor an VI-10 septembre 1798.

4 *Ibid.*, n° du 10 vendémiaire an VII-1er octobre 1798.

5 *Ibid.*, n° du 7 fructidor an VI-24 août 1798.

6 *La Décade philosophique, littéraire et politique*, n° du 20 ventôse an VI-10 mars 1798.

des acteurs[1], guides autoproclamés du public, tels qu'aurait pu les rêver Le Vacher de Charnois ? Comme j'ai pu le suggérer il y a une quinzaine d'années déjà[2], leurs écrits reflètent en tout cas une réaction contre un passé politique qu'ils cherchent à faire oublier au temps d'une « République sans Révolution », mais aussi une réaction contre les effets des libertés nouvelles accordées aux théâtres en 1791. En plaidant pour l'instauration d'un jury qui permettrait d'éliminer les « avortons dramatiques », le critique du *Courrier des spectacles* ne suggère-t-il pas également, fût-ce de manière implicite, qu'une production théâtrale contrôlée et filtrée regagnerait en qualité ce que la quantité née des décisions de 1791 lui avait fait perdre ? On ne se lancera pas ici dans des raisonnements hasardeux et totalement vains sur une semblable question tant il est vrai qu'elle appelle à coup sûr ce que des critiques du temps auraient pu nommer « le pour et le contre ». En revanche, par contrecoup, se trouvent soulevées deux interrogations fondamentales qui ne sont somme toute que les deux faces d'une seule et unique question : la censure, quelque nom et quelques formes qu'elle prenne, peut-elle avoir pour effet contradictoire de susciter des œuvres fortes ? Et sa disparition est-elle à même d'affadir le génie créateur ? Loin de moi l'idée perverse de plaider ici en faveur d'une quelconque censure, mais nombre d'exemples à travers l'histoire, y compris récente, peuvent illustrer le phénomène[3].

Michel BIARD
Université de Rouen
GRHis – EA 3831

1 Ce qui renvoie bien entendu à la possible synonymie entre censure et critique évoquée dans plusieurs des communications (voir les articles de J. le Blanc et C. Cave dans le présent volume, respectivement p. 113 et p. 141).

2 M. Biard, « Thalie et Melpomène [...] », art. cité.

3 Sur ce point, voir récemment Robert Darnton, *De la censure*, Paris, Gallimard, 2014. Pour quitter le monde du théâtre pour celui du cinéma, combien de réalisateurs ont-ils créé des chefs-d'œuvre sous des régimes politiques qui pratiquaient la censure, pour ensuite, une fois ces régimes effondrés, commettre des films mineurs ou qui en tout état de cause n'atteignaient pas l'importance des précédents, loin s'en faut ? Pour ne citer que deux exemples, volontairement choisis dans deux pays très différents (et qu'il ne s'agit donc en aucun cas de rapprocher au-delà du cas de ces cinéastes), qui oserait prétendre que Carlos Saura a réalisé ses meilleurs films après la chute de Franco et qui prétendrait que les chefs-d'œuvre d'Andrzej Wajda datent des années postérieures à la fin de la Pologne « socialiste » ?

THÉORIE DE LA LITTÉRATURE ET PRATIQUE DE LA CENSURE AU TEMPS DU ROMANTISME

Pour les spécialistes de la « modernité » du XIXe siècle, ayant Baudelaire comme statue du Commandeur, les relations entre la censure et la littérature prennent le plus volontiers l'apparence d'un face-à-face héroïque, opposant à la répression tatillonne et finalement impuissante de l'autorité politique la force de subversion dont serait doté, par la force singulière et exclusive de son art, l'écrivain. Au bout du compte, la violence de la répression ne ferait ainsi que manifester la puissance mystérieuse, presque magique, qu'on attribue alors à la littérature. Ce serait finalement moins ce que disent les textes qui inquiéterait le pouvoir officiel que la « charge transgressive d'inconnu, d'inassignable » propre à « l'œuvre moderne ». Ces mots sont repris d'un article de Patrick Née[1], consacré au double procès de 1857 et très représentatif de l'habituel panégyrique de la modernité, à grand renfort de chronique judiciaire. Bien sûr, cette épopée littéraire a d'ailleurs sa version sociologique, qui conclut à l'autonomisation et à la légitimation de la littérature, sur fond de structuration du champ littéraire[2]. L'une et l'autre version ont leur martyrologe, où certains des plus grands noms du XIXe siècle figurent en bonne place : Hugo et Balzac pour le théâtre ; Flaubert et Barbey pour le roman (il est d'ailleurs significatif qu'on tienne souvent pour un détail le fait que le premier ait été finalement relaxé) ; Baudelaire, bien sûr, pour la poésie.

1 Patrick Née, « 1857 : le double procès de *Madame Bovary* et des *Fleurs du Mal* », dans *La Censure en France*, dir. P. Ory, Bruxelles, éditions Complexe, 1997, p. 122. Sur ces deux procès, l'ouvrage de référence reste Y. Leclerc, *Crimes écrits. La littérature en procès au XIXe siècle*, Paris, Plon, 1991.

2 Voir notamment G. Sapiro, *La Responsabilité de l'écrivain. Littérature, droit et morale en France (XIXe-XXIe siècle)*, Paris, Seuil, 2011.

Or cette vision mythologique, qui semble opposer en un combat singulier la littérature et la censure, gomme un fait capital, qui distingue radicalement la culture d'Ancien Régime de la répression post-révolutionnaire : au XIXe siècle, la véritable cible du censeur n'est pas la littérature, mais bien la libre expression des opinions politiques. C'est précisément cette réorientation du contrôle de l'écrit vers l'arène politique qui explique la vraie singularité de la littérature, au moins jusqu'à la Troisième République et la grande loi de 1881 qui consacre définitivement la liberté de la presse.

En effet, on n'a jamais assez insisté sur une anomalie très remarquable du XIXe siècle français, qui découle d'un décalage persistant entre l'évolution de l'opinion publique et les atermoiements des institutions politiques. Une nouveauté absolue et définitive est acquise dès 1789 : le principe de liberté individuelle, sur le plan juridique et dans l'exercice de la citoyenneté, est consacré par les Constitutions successives, à l'exception de celles du Consulat et de l'Empire, décidément le premier régime totalitaire de l'Europe contemporaine. En 1814, la Charte de la Restauration, dès son article 4, consacre donc la « liberté individuelle » ; en 1852, la Constitution du Second Empire, elle-même, « reconnaît, confirme et garantit les grands principes proclamés en 1789 », il est vrai sans autre précision. Mais cette liberté, admise par l'opinion et entérinée par les déclarations officielles, est le plus souvent réduite, contrariée, suspendue, au nom de l'ordre public et de la paix sociale, en un siècle où se sont succédé trois règnes, deux empires, deux républiques, trois révolutions avec leurs inévitables cortèges répressifs. La contradiction est donc à peu près permanente, à l'exception des brèves parenthèses révolutionnaires, entre le principe de liberté (et le consensus idéologique qui s'installe progressivement en sa faveur) et les strictes limites imposées à sa mise en œuvre[1]. Le statut de la censure s'en trouve fondamentalement modifié. Sous l'Ancien Régime, son exercice, lié au système des privilèges de librairie, fait partie intégrante du processus éditorial : l'auteur s'en remet au jugement pour obtenir le droit d'être publié et faire protéger

1 Et ce dès l'époque révolutionnaire, voir plus haut la contribution de M. Biard, p. 371-383. Pour un panorama de l'action législative et administrative en matière de censure, le plus commode est encore de se reporter à J. Godechot, *Les Institutions de la France sous la Révolution et l'Empire*, Paris, PUF, 1951 ; F. Ponteil, *Les Institutions de la France de 1814 à 1870*, Paris, PUF, 1965.

ce droit par un privilège d'exploitation ; ou, s'il veut s'en exempter, il doit alors recourir à des éditeurs étrangers, en Hollande ou en Suisse. Après 1789, la censure, qui obéit désormais à une logique judiciaire ou policière, contrôle l'exercice d'une liberté que, dans la pratique, elle a pour mission de contrecarrer.

Pendant trois quarts de siècle, la liberté d'expression, l'exercice du débat démocratique, le droit à la contestation sont très sévèrement encadrés, pour empêcher la cristallisation de l'opposition politique que, pourtant, implique l'existence de chambres parlementaires. De cette situation paradoxale, la « littérature » va tirer profit, en devenant le lieu où s'exercera, de manière indirecte et pour ainsi dire par délégation, une liberté qui est privée de son véritable espace institutionnel. L'intense réflexion sur la littérature, sur ses formes et ses missions, qui est commencée dès la fin de la Révolution, les ambitions à bien des égards démesurées qu'on lui assigne à l'époque romantique, l'extraordinaire éclat des écrivains français dans toute l'Europe, toutes ces circonstances s'expliquent en grande partie par les frottements continuels entre liberté et censure, au cours du XIXe siècle. Telle est du moins l'hypothèse qui sera ici esquissée. Il conviendra d'abord de se confronter aux réalités de la censure, dont le mot est trop souvent galvaudé en histoire littéraire. Puis on vérifiera que la « littérature », désignant alors, suivant l'usage des Lumières, l'ensemble des « ouvrages de l'esprit », fait l'objet d'un surinvestissement de la part des « intellectuels » (avant la lettre) et devient une sorte de parlement de substitution, mais réservé à une élite de lecteurs cultivés. Enfin, nous verrons que la vraie parade contre la censure n'est finalement pas venue de cette littérature sérieuse et éloquente qui fait les beaux jours de la Restauration et dont on attendait le plus, mais, au contraire, de l'allure persifleuse et mystificatrice, instaurée, non par les milieux littéraires, mais par la petite presse apparue à la fin de la Restauration : et c'est ce nouveau journalisme, le plus souvent méprisé par les intellectuels mais prospérant sous la monarchie de Juillet puis sous le Second Empire, instituant une liberté de forme plutôt que de fond, qui, d'une part, parvient à déstabiliser efficacement tous les régimes peu ou prou répressifs et, d'autre part, prépare le terrain à cet art de l'implicitation ironique auxquels sont attachés les noms de Baudelaire ou de Flaubert, ainsi que la notion même de modernité.

LES INTERMITTENCES DE LA CENSURE

L'emploi indifférencié du terme de censure, avec l'imaginaire idéologique qu'il charrie et que l'actualité ne cesse de raviver, est souvent source de confusion, en matière d'histoire littéraire. Avant toute chose, il convient donc au moins de distinguer clairement ses modalités d'exercice et ses domaines d'application.

Sur le plan des modalités, la censure peut être préalable – c'est-à-dire impliquer un examen du texte avant publication, comme sous l'Ancien Régime – ou intervenir après coup. La différence est considérable : la censure *a posteriori* intervient de façon plus solennelle et a des conséquences économiques plus lourdes pour l'éditeur ; elle favorise donc les mécanismes d'autocensure, qui conduisent auteurs ou libraires à intérioriser les interdits idéologiques ou moraux. La censure peut aussi s'exercer indirectement, par toute une palette de restrictions, administratives et économiques, à la liberté d'expression : réglementation des professions, obligation de dépôt et de déclaration, droits de timbre et cautionnement, amendes diverses menaçant les contrevenants. Enfin, soit la censure est mise en œuvre directement par l'administration, relevant alors du ministère de l'Intérieur, soit elle passe par les institutions judiciaires : cette deuxième formule, qu'adoptent tous les États démocratiques, évite les formes les plus scandaleuses d'arbitraire.

Venons-en aux domaines d'application. La censure peut viser le théâtre, la presse périodique ou le livre. À travers le théâtre[1], c'est bien sûr le danger des manifestations publiques et des débordements populaires qui est visé. Indépendamment des rassemblements religieux, des cérémonies officielles ou des enterrements, le spectacle fournit les seules occasions autorisées de réunions publiques ; un mot, un geste, un accoutrement peuvent provoquer des réactions aussi imprévisibles que redoutées. C'est d'ailleurs pourquoi le contrôle est double et s'exerce aussi bien pendant les représentations que, en amont, au niveau du texte : il obéit plus à une logique d'ordre public qu'à une censure littéraire à proprement parler.

1 Sur la censure théâtrale, voir O. Krakovitch, *Hugo censuré : la liberté au théâtre au XIXe siècle*, Paris, Calmann-Lévy, 1985 et dans ce volume, les contributions de J. le Blanc, M. Biard, O. Krakovitch et S. Mentzel, respectivement p. 111-125, p. 371-383, p. 199-219 et p. 221-234.

Quant aux journaux[1], ils apparaissent, bien davantage qu'aujourd'hui, comme les porte-parole des partis politiques qui eux, n'existent pas encore sous la forme structurée et institutionnalisée que nous leur connaissons aujourd'hui. La presse joue en fait le rôle d'une chambre d'écho médiatique : en la réprimant, le pouvoir cherche d'abord à museler son opposition et à contenir autant qu'il lui est possible sa puissance de nuisance, qui se mesure aussi à l'insolente santé de la presse satirique. Seul le contrôle de l'édition de livres se rapproche donc de la censure littéraire, telle qu'elle pouvait être pratiquée sous l'Ancien Régime.

Avec ces distinctions en tête, examinons la réalité des pratiques censoriales durant le XIXe siècle, qui fait apparaître de très fortes disparités.

Le théâtre, dont la liberté avait été solennellement proclamée par la loi des 13-19 janvier 1791, est soumis à une censure préalable à peu près constante à partir de son rétablissement officiel, le 14 mai 1794. Les seules exceptions sont les années 1830-1835, où la censure est considérablement assouplie, et les années 1848-1850, terminées par la loi répressive du 30 juillet 1850. Il faudra par ailleurs attendre 1864 pour que, enfin, l'ouverture et l'exploitation d'un théâtre soient libéralisées. Cependant, on sait que la censure dramatique ne sera supprimée qu'en 1906, en catimini et par la simple disparition de ses crédits de fonctionnement au moment du vote du budget. Encore faut-il ajouter à ces mesures la destruction du Boulevard du Crime et la fermeture des goguettes, sous le Second Empire : la répression des spectacles en tout genre est indiscutablement, dans le domaine culturel, la grande obsession policière du XIXe siècle.

Le contrôle des journaux n'est guère plus léger, mais il s'exerce de manière erratique, au gré de réglementations ou de législations changeantes. Après la Révolution, où la liberté est totale de 1789 jusqu'au 10 août 1792 puis connaît ensuite quelques fluctuations, aux risques et périls des journalistes, la presse entre dans son âge sombre sous le Consulat et l'Empire, où la censure préalable est progressivement imposée à tous les titres parisiens – aux rares qui subsistent ! –, le censeur, nommé par le ministère de la police, exécutant sa mission dans les locaux mêmes des journaux. Sous la Restauration et malgré quelques tentatives libérales,

1 Pour la presse périodique, voir V. Robert, « Lois, censure et liberté », dans *La Civilisation du journal*, dir. D. Kalifa, Ph. Régnier, M.-È. Thérenty et A. Vaillant, Paris, Nouveau Monde éditions, 2011, p. 61-96.

notamment en 1818-1819, la censure revient épisodiquement jusqu'à la chute de Charles X – surtout pendant les sessions parlementaires, ce qui prouve sa nature essentiellement politique. À partir de 1830, la censure préalable est définitivement supprimée mais, à l'exception d'une brève période de liberté de février à juin 1848, la presse reste efficacement contrôlée grâce à une série de mesures touchant au cautionnement, au timbre et à l'élargissement des délits de presse : en septembre 1835 (à la suite de l'attentat de Fieschi contre le roi), en 1849-1850 (contrecoup des journées de juin 1848) et, surtout, à l'occasion des décrets des 17 et 23 février 1852, qui, après le coup d'État du 2 décembre, soumettent la suppression des journaux à une simple décision administrative et qui ramènent de fait la presse à son pire régime répressif, depuis le Premier Empire – du moins jusqu'en 1868, où la réglementation est considérablement assouplie.

En revanche, le contrôle de la presse non périodique est sensiblement plus léger, et l'essentiel est assuré grâce à l'étroit encadrement réglementaire des professions de libraire et d'imprimeur, tel qu'il est mis en place par le décret impérial du 5 février 1810. Pour les livres eux-mêmes, le même décret, dans sa nouvelle organisation du Dépôt légal, prévoit seulement une déclaration préalable de l'imprimeur avant publication. Le Premier Empire, une nouvelle fois, se signale par sa rigueur répressive ; en effet, un autre décret, institué le 14 décembre 1810, prévoit l'examen des livres litigieux par des censeurs impériaux. Il est d'ailleurs conseillé, pour les auteurs qui voudraient éviter des contretemps ou des frais inutiles, de soumettre d'eux-mêmes à l'avance leurs manuscrits : *de facto*, cette procédure signifiait le retour à la censure préalable d'Ancien Régime. Mais celle-ci sera supprimée dès 1819 et ne sera rétablie, en 1849, que pour les ouvrages de politique ou d'économie sociale ayant moins de dix feuilles d'impression (soit 160 pages in-8°). On s'en tient donc, désormais, à l'arsenal judiciaire qui, après publication et devant les tribunaux, permet de poursuivre les auteurs : en recourant, notamment, à la loi du 17 mai 1819 sur les outrages à la morale publique ou religieuse et aux bonnes mœurs, qui permettra la condamnation de Baudelaire.

Après ce bref survol, un premier constat s'impose. Si la culture est constamment sous le regard attentif des pouvoirs successifs, qui craignent les débordements de l'opinion publique, leur contrôle s'exerce principalement à l'égard des salles de spectacle ou des journaux, qui sont, de deux manières différentes, de puissants vecteurs de la contestation politique. En revanche, la littérature, celle du moins qui est véhiculée par les livres, est maintenue dans les limites qu'impose la morale sociale et religieuse de l'époque ; mais on ne peut pas dire que, en tant que telle, elle soit la cible spécifique d'une censure d'État[1].

LA LITTÉRATURE, PAR DÉFAUT

La chronologie en fournit d'ailleurs la preuve : en avril 1800, quelques mois à peine après le Coup d'État du 18 Brumaire, Madame de Staël, qui avait contribué à porter au pouvoir le général Bonaparte mais que le tournant autoritaire du nouveau régime avait presque immédiatement détourné de l'action concrète, publiait un essai capital, *De la littérature considérée dans ses rapports avec les institutions sociales*. Par cet acte fondateur, elle marquait sa volonté de déplacer désormais sur le terrain de la littérature le débat politique, ou plutôt de le reformuler en termes esthétiques, historiques, philosophiques, sociologiques. Dans l'autre camp, en 1802, Chateaubriand, avec son *Génie du christianisme* téléguidé par l'entourage du Premier Consul, procédera d'ailleurs exactement à la même manœuvre, en riposte directe à l'essai de Madame de Staël : il s'agit bien, dans les deux cas, de tirer les conséquences proprement littéraires de l'alternative politique – en l'occurrence, le choix entre, d'une part, une république libre et démocratique et, d'autre part, un régime fort et moderne mais éclairé par la tradition historico-religieuse de la France. Car il ne faut pas comprendre que la littérature ne serait que le faux-nez de la politique, un masque élégant posé sur des enjeux purement partisans. C'est au contraire de façon parfaitement claire, explicite et assumée que la littérature se voit assigner une mission civilisatrice qui, en retour, doit conduire à redéfinir la nature même de la chose littéraire : elle entre ainsi, résolument, dans son « moment intellectuel », qui caractérise la culture postrévolutionnaire.

Bien sûr, cette conception expressément argumentative de la littérature s'inscrit dans le droit fil des Lumières. Au XVIIIe siècle déjà, le progressif

1 Ce constat historique m'amène donc à une conclusion très différente de la thèse défendue par G. Sapiro dans *La Responsabilité de l'écrivain*, *op. cit.*

remplacement des « belles-lettres » par la « littérature », alors même que le mot était encore employé en son sens ancien et général de savoir lettré, marquait le souhait que l'art d'écrire ne fût pas seulement une simple compétence formelle, mais un outil mis au service de la connaissance et de la philosophie[1]. Mais il y a davantage, car, avec la Révolution, on a désormais fait l'expérience du vrai débat démocratique – dans les assemblées, les clubs, les journaux. La littérature ne peut plus apparaître seulement ni comme une forme vulgarisée de la philosophie ni comme un instrument accessoire de la politique, mais, très exactement, comme la synthèse originale du philosophique et du politique, et pour cette raison supérieure à l'un comme à l'autre, grâce à l'universalité, la réflexivité, la distance critique et théorique, mais aussi la force de propagation émotionnelle et morale que confèrent les exigences propres au travail d'écriture.

Madame de Staël, dans son *De la littérature*, n'hésite donc pas à considérer la littérature « dans son acception la plus étendue ; c'est-à-dire, renfermant en elle les écrits philosophiques et les ouvrages d'imagination, tout ce qui concerne enfin l'exercice de la pensée dans les écrits, les sciences physiques exceptées[2] ». Puis, sur fond de censure politique, la conviction se généralise, sous la Restauration, que la « littérature » doit s'appliquer à la connaissance exacte et réfléchie du monde – de son histoire, de ses cultures, de ses peuples, de ses mécanismes politiques et sociaux. *La Minerve littéraire*, organe des intellectuels libéraux, s'emploie en 1820, dans un article intitulé « De la littérature distincte de la politique », à caractériser précisément cette position surplombante de la première sur la seconde :

> Rentrons donc dans le vrai, et revenons au simple bon sens. Oui, la littérature est distincte de la politique, comme elle l'est des sciences et des beaux-arts, auxquels elle se marie souvent. La littérature fait le style, et le style est le vêtement de la pensée [...]. L'erreur consiste à lui assigner pour emploi unique la moindre peut-être de ses nombreuses et brillantes fonctions. Lisez les écrivains célèbres, et vous verrez toutes les matières, toutes les idées, toutes les connaissances, toutes les situations la réclamer tour à tour[3].

1 Sur l'histoire de la notion de « littérature », voir Ph. Caron, *Des « Belles-Lettres » à la « Littérature ». Une archéologie des signes du savoir profane en langue française (1680-1760)*, Paris, Société pour l'information grammaticale, 1992.

2 Madame de Staël, *De la littérature considérée dans ses rapports avec les institutions sociales* [1800], éd. G. Gengembre et J. Goldzink, Paris, GF-Flammarion, 1991, p. 66.

3 « De la littérature distincte de la politique » [Ch. Darnin], *La Minerve littéraire*, t. 1, 1820, p. 24-25.

> [...] la littérature aujourd'hui doit embrasser des rapports nouveaux, non pour sortir de sa sphère, mais pour ne pas la parcourir d'une manière incomplète et futile[1].

Dans le même journal, Senancour risque pour sa part, toujours en 1820, l'assimilation entre la littérature et la philosophie : « Ainsi considérée dans son étendue, la littérature paraît généralement philosophique, puisqu'elle exerce l'intelligence ; et la littérature élevée est la philosophie même, pour ceux qui cherchent la vérité, *avec un cœur simple*, comme le voulait Bernardin de Saint-Pierre[2]. »

Le Mercure du XIXe siècle, qui prend la suite de *La Minerve littéraire*, en vient à adopter un ton presque lyrique pour évoquer, dans son prospectus de lancement en 1823, l'« école de vérité » qu'il entend promouvoir :

> Il s'est ouvert au sein de la France et de l'Europe une école de vérité, auprès de laquelle et la grande école de Pythagore et de Thalès de Milet, et celle de l'Académie ou du Portique, n'étaient que des institutions incomplètes. Grâces aux progrès des lumières qu'on ne vit jamais aussi également distribuées dans les parties civilisées du globe, tous les hommes qui ont exercé leur intelligence ou leur imagination, concourent à l'instruction du genre humain qui les écoute [...]. C'est aux Lettres à prêter à la vérité un langage simple comme elle ; l'homme est né pour tout comprendre, il ne faut que présenter un langage simple comme elle[3].

Malgré toutes les frustrations politiques, ce premier tiers du XIXe siècle restera ainsi un âge d'or pour la vie intellectuelle, qui a vu la progressive émergence des futures sciences humaines (sociologie, histoire, économie politique en tête) et a permis la formation ou l'épanouissement de deux générations de penseurs qui marqueront toute la pensée romantique (Cousin, Saint-Simon, Comte, Michelet, Leroux, Lamennais, Fourier, etc.)[4]. Mais, ce qui importe ici, c'est de noter que cette vision philosophico-politique de la littérature n'aurait pas été possible ni pensable sans la vigilance d'une censure qui, elle, visait directement le jeu des

1 *Ibid.*, p. 28.

2 « Du génie » [par Senancour], *La Minerve littéraire*, 1821, p. 296.

3 *Le Mercure du XIXe siècle*, Paris, Baudouin frères, 1823, t. 1, p. 13.

4 Victor Hugo n'hésitera pas à dire, dans *Les Misérables*, que « c'est sous Louis XVIII et Charles X que vint le tour de la parole de l'intelligence » (*Les Misérables*, IV, I, I, « Bien coupé », cité d'après le volume de la collection « Bouquins », éd. G. et A. Rosa, Paris, Laffont, 1985, p. 653).

partis politiques ou le champ de la contestation extra-parlementaire. Et il faut d'autant plus y insister que, aujourd'hui encore, ce formidable élan intellectuel reste oblitéré, dans l'histoire littéraire telle qu'elle a été construite *a posteriori*, par l'extraordinaire consécration d'un petit groupe de poètes romantiques, autour de 1820.

CENSURE ET LIBERTÉ DE TON

Si ce moment intellectuel de la littérature a été longtemps, sinon oublié, du moins considérablement sous-évalué, c'est en grande partie à cause d'un bouleversement culturel qu'on ne prévoyait pas. Contre toute attente, le principal ébranlement de la monarchie restaurée n'est pas venu de l'opposition policée que lui font, à coups d'articles ou d'essais solidement argumentés, les intellectuels de la Restauration, mais d'un tout nouveau protagoniste de l'espace public : d'une presse d'un genre original, apparue au cours du règne de Charles X, et en réaction évidente à la régression gouvernementale et cléricale qui se profile. Cette presse se prétend apolitique donc « littéraire » – ne serait-ce que pour ne pas tomber sous la coupe de la censure – mais, en réalité, par son recours systématique à la dérision, au second degré ironiquement dévastateur, à un esprit blagueur qui ne laisse intacte aucune forme de solennité, elle met au point la plus sûre manière de saper, sans relâche et sans retour, l'autorité de la monarchie de droit divin. Un titre est resté attaché à cette subversion souterraine opérée par la sphère médiatique : *Le Figaro*, créé le 15 janvier 1826 à la double initiative d'un écrivain du Boulevard, Maurice Alhoy, et d'un intellectuel républicain, Étienne Arago. Mais il y eut, avant la création du *Figaro*, *Le Miroir*, *La Pandore*, *La Lorgnette*, *Le Diable boîteux* et, surtout, *Le Corsaire*, remis en pleine lumière au moment de sa résurrection sous la monarchie de Juillet.

Pendant près d'un demi-siècle, les régimes successifs vont essayer de s'accommoder de ce ricanement perpétuel qui, faisant écho à leur propre propagande, la mine en sourdine et en gâche tous les effets[1].

1 Voir F. Erre et B. Tillier, « Du journal à l'illustré satirique », dans *La Civilisation du journal*, *op. cit.*, p. 417-436.

À trois moments seulement, ce journalisme rieur développera un discours explicitement contestataire : dans les années 1830-1835, des Trois Glorieuses à l'attentat de Fieschi qui provoque une brochette de restrictions légales à la liberté d'expression, la presse satirique participe, notamment à coups de caricatures, à la « campagne de l'irrespect » qui mène une bataille violente et continue contre Louis-Philippe. En 1848, la liberté est totale, on l'a dit ; mais l'ambiance est à l'engagement grave et passionné plutôt qu'à la dérision. Enfin, la libéralisation de la presse impériale, en 1868, déchaîne la presse satirique contre Napoléon III, au moins jusqu'à l'entrée en guerre[1]. À l'exception de ces quelques années, la dérision agit de manière toujours indirecte (en pointant les questions de société ou de mœurs en général) ou voilée (par toutes sortes de cryptage). Il n'empêche que rire, et faire rire, suffit à laisser flotter un air de dissidence et d'impertinence qui irrite d'autant plus les pouvoirs que les journaux se gardent bien, autant qu'ils le peuvent, de donner prise à une censure qui, pour s'exercer, a toujours besoin d'un minimum de preuves textuelles.

Au-delà de l'histoire érudite ou anecdotique, l'émergence de ce que l'on nomme alors de manière suggestive la « petite presse » a des conséquences décisives sur les relations entre littérature et censure ainsi que sur les nouvelles conceptions de la littérature qui émerge alors.

Tout d'abord, on n'y insistera jamais assez, le foyer de contestation est désormais médiatique, et non plus littéraire. C'est pourquoi les acteurs de cette guérilla journalistique (« petits romantiques », hommes à tout faire de la presse parisienne, polygraphes rédigeant selon les jours des chroniques, des calembours, des vaudevilles ou des chansons) ne prendront pas pied, sauf exceptions, dans l'histoire littéraire – du moins dans l'histoire de la littérature canonisée : le plus spectaculaire est en effet le double déplacement du centre de gravité de la contestation, de la « littérature-livre » vers la presse, de l'argumentation sérieuse vers la dérision et la parodie[2]. C'est aussi à cette époque que le rire médiatique est doté d'une *aura* héroïque qu'on verra désormais briller à chaque crispation des pouvoirs ou de l'opinion publique sur la question de la liberté

1 Sur la presse satirique du Second Empire, voir R. Bellet, *Pressse et journalisme sous le Second Empire*, Paris, Colin, 1967.

2 Sur ce journalisme de la dérision, voir J.-D. Wagneur et Fr. Cestor, *Les Bohèmes, 1840-1870*, Seyssel, Champ Vallon, 2012.

d'expression. Il faudra la répression brutale de la presse par le pouvoir, sous le Second Empire, pour que renaisse une contestation intellectuelle par le livre – avec le succès, à la fois extraordinaire et circonstanciel, des essais de Michelet ou Renan. Mais ce retour du livre au premier plan du combat idéologique apparaît plus comme une parenthèse que comme une concurrence durablement efficace à l'égard du système médiatique.

En effet – et c'est le second point sur lequel il faut insister –, la contestation n'est pas explicitée par des argumentations sérieusement développées sur le modèle staëlien, mais elle découle d'une allure générale, d'un ton mi-fantaisiste mi-moqueur : désormais, elle relève plus de la forme que du fond. Il suffit d'accumuler les blagues, les calembours, les allusions finement ironiques, pour suggérer l'intention mystificatrice qui est capable de rallier le public contre le pouvoir[1]. En outre, comme ce pouvoir est alors le plus souvent adossé à l'autorité de l'Église, implacablement sérieuse par nature, le rire, *considéré absolument*, est investi d'une signification politique du fait même de son pouvoir propre de désacralisation. Bien sûr, cette valeur idéologique du rire est encore plus nette lorsqu'il s'appuie sur des motifs irréligieux en eux-mêmes : d'où la prédilection des ironistes de la petite presse pour tout ce qui touche à la matérialité, à la dimension proprement physique et charnelle du vivant (l'animalité, les jouissances sensorielles, la sexualité). Comme toujours lorsque la liberté politique est restreinte, la provocation se déplace sur le terrain des mœurs et de la sexualité. Cette évolution est particulièrement sensible pour le roman qui, même s'il a besoin du livre, est en grande partie l'émanation de cette nouvelle culture médiatique[2]. Globalement, il y a, en quelques décennies, une très spectaculaire inversion de la forme et du fond. En 1820, l'écrivain contestataire donnait les gages les plus ostensibles de sérieux et de respectabilité pour mener son travail de sape idéologique ; en 1840, on affiche d'autant plus une impertinence de forme et d'allure que, sur le fond, la critique est moins consistante.

Il s'ensuit que la censure elle-même doit évoluer – c'est le troisième point – : à la vigilance essentiellement politique de la Restauration, proscrivant tous les énoncés pouvant être utilisés contre l'autorité du

1 Voir N. Preiss, *Pour de rire ! La blague au XIXe siècle*, Paris, PUF, 2002 ; *Le Rire moderne*, dir. A. Vaillant et R. de Villeneuve, Nanterre, Presses de Paris Ouest, « RITM », 2013.

2 Sur le lien entre le rire et l'animalité, voir A. Vaillant, *Le Veau de Flaubert*, Paris, Hermann, 2013.

roi, succède une répression plus attentive à repérer et à condamner les effets indirects de ce qui apparaît, au nom de la loi sur l'atteinte à la morale publique et aux bonnes mœurs, comme une manœuvre de dépravation pernicieuse et, surtout, tendancieuse. Cette répression manquant d'ailleurs d'arguments juridiques solides cherche le plus souvent à trouver des relais médiatiques : d'où le débat sans cesse renaissant, dans la presse de l'époque, sur l'immoralité littéraire. Baudelaire en sera la victime la plus célèbre, puisque l'action judiciaire est lancée à la suite d'un violent article de Gustave Bourdin, dans *Le Figaro* du 5 juillet 1857. Et on peut dire que, désormais, la question de la censure ne quittera plus ce terrain de la morale, en visant presque toujours telle ou telle forme de dérision.

Enfin, c'est la littérature elle-même qui se trouve brutalement déroutée de la voie qui semblait devoir être durablement la sienne. Sous la Restauration, la conception staëlienne, héritée des Lumières et du rousseauisme, semblait bien établie : la littérature devait être désormais la présentation éloquente de convictions fondées en raison et valait d'abord par sa puissance d'explicitation. Quelques décennies plus tard, le grand écrivain, sur le modèle de Baudelaire ou de Flaubert, apparaît comme un ironiste supérieur, doté d'un pouvoir *sui generis* d'implicitation donc d'ironisation. Ce pouvoir est censé permettre à la littérature de faire entendre infiniment plus que la prose ordinaire sans le dire vraiment – davantage même que la prose du journal fantaisiste, qui a le tort de ne pas savoir dissimuler son rictus de moquerie (donc d'être encore trop explicite). Avant 1830, le grand écrivain est celui qui sait dire éloquemment ce qu'il pense ; après, il devient, au terme de quelques décennies nécessaires à l'adaptation des stratégies textuelles, celui qui, au contraire, parvient à en dire le moins possible.

Dans les deux cas – c'est du moins l'idée qui est ici défendue –, la conception de la littérature a directement partie liée avec les formes de la censure au cours du XIXe siècle, c'est-à-dire, en dernière analyse, d'une part avec les évolutions de la liberté d'expression politique, d'autre part avec les conditions historiques de l'activité médiatique – les unes et les autres influant sur la littérature, pour ainsi dire par ricochet. Concluons d'une formule que, à partir de la Révolution, la censure est une question politique par nature, mais qu'elle devient une réalité littéraire par ricochet et en vertu de ses effets.

Or, il est l'un de ces effets qui touche le plus intimement à l'esthétique de la littérature et à ses représentations contemporaines. Depuis la panthéonisation de la modernité flaubertienne ou baudelairienne, le principe d'implicitation, qui a perdu avec l'instauration de la liberté républicaine sa raison d'être pragmatique, a curieusement été intégré à cette éthique de l'écriture qui fait corps, en France, avec la grande littérature : le grand écrivain est celui qui écrit sans avoir besoin de dire explicitement ce qu'il pense, renouant ainsi avec les préceptes de l'esthétique classique. On voit bien par exemple, la grande différence entre Rimbaud et Mallarmé : Rimbaud brouille le sens en grande partie pour des raisons de censure ou du moins, d'autocensure (religieuse, politique, morale) ; Mallarmé, lui, est le premier poète à proscrire l'explicite pour des raisons purement littéraires[1]. Or ce mutisme littéraire est une singularité française. Au moment où il s'impose en France, dans la deuxième moitié du XIXe siècle, les autres littératures européennes, l'anglaise et l'allemande notamment, restent en grande partie fondées sur un devoir assumé d'éloquente explicitation de la pensée. Les deux esthétiques ont d'ailleurs chacun son héros : Flaubert pour l'une, George Eliot pour l'autre[2].

Cependant, le désamour actuel à l'égard de la dérision postmoderne et, parallèlement, l'exténuation actuelle de la culture de l'ironie en pur divertissement de masse, indéfiniment amplifié par les nouveaux médias voire les réseaux sociaux, semblent annoncer un revirement significatif de l'histoire littéraire, un mouvement de retour vers la littérature d'idées du XIXe siècle, dont témoignent les rééditions récentes des grands massifs intellectuels que constituent les œuvres de Maistre, Constant, Madame de Staël, Tocqueville, Saint-Simon, Michelet. On parierait assez volontiers, à l'avenir, sur une reconfiguration progressive de l'espace littéraire du XIXe siècle, tel qu'il est représenté par le discours universitaire : un espace où l'art d'écrire, hérité de la tradition des belles-lettres et toujours vivace derrière l'appellation intransitive et modernisée de « Littérature », serait polarisé, non pas entre littérature légitime et littérature de grande diffusion, comme l'a popularisé une

1 Sur Mallarmé, voir plus loin dans ce volume les contributions de T. Roger et de P. Durand, respectivement p. 426-429 et p. 431 *sqq*.

2 Sur cette opposition entre Flaubert et Eliot, voir A. Thibaudet, *Réflexions sur le roman*, Paris, Gallimard, 1938.

certaine vulgate sociologique, mais entre un pôle médiatique, dont relèvent directement ou indirectement la plupart des œuvres du canon moderne[1], et un pôle intellectuel.

Alain VAILLANT
Université Paris Ouest

1 Sur ce lien consubstantiel entre littérature moderne et culture médiatique, voir A. Vaillant, « De la littérature médiatique », dans *Interférences littéraires/Literaire interferenties*, nouvelle série, n° 6, « Postures journalistiques et littéraires », dir. L. Van Nuijs, mai 2011, p. 21-33.

RESPONSABILITÉ DE L'AUTEUR DRAMATIQUE

La question de la responsabilité de l'écrivain est une question récurrente et les tribunaux regorgent de plaintes en ce sens. Le mardi 26 mars 2013 par exemple, comparaissait devant la 17e chambre la romancière Christine Angot pour atteinte à la vie privée et l'avocat de la plaignante achevait sa plaidoirie par la phrase suivante : « L'écrivain, c'est [*sic*] pas l'irresponsabilité juridique. La liberté doit céder devant la méchanceté et la malveillance[1] », confondant alors le droit et la morale et rappelant d'autres procès autrement célèbres[2].

La question que nous abordons ici est plus circonscrite : elle concerne la manière dont la censure a pu poser la question de la responsabilité de l'auteur dramatique au XIXe siècle.

Par responsabilité littéraire on entend souvent, notamment depuis Foucault, le fait pour un auteur de pouvoir être puni : écrire est un acte, on a édicté des règles de propriété, de droits d'auteur etc., si bien qu'être responsable d'un discours, c'est pouvoir être poursuivi pour ce qu'il est. Ce serait donc d'abord dans ses conséquences sociales ou juridiques que l'acte d'écrire serait imputable à l'auteur. La définition que Foucault propose de l'auteur rejoint au fond la finalité même de la censure dramatique qui punit à sa manière, par la censure préventive ou l'interdiction, l'auteur licencieux : chargé de superviser et de contrôler la réception de la pièce, le censeur est supposé prévenir les inquiétudes du public, anticiper celles du gouvernement et préserver la moralité de tous. Ce lecteur, par définition suspicieux, jamais acquis à la cause de l'auteur, lit pour nous, avant nous et pour notre bien. Et c'est cette antériorité de la lecture qui pose le problème de la responsabilité de l'auteur.

1 P. Robert-Diart, « Christine Angot et la vie des autres », *Le Monde*, mercredi 27 mars 2013.

2 Pour une mise en perspective de ce procès récent, voir aussi la contribution d'E. Ladenson dans ce volume, p. 266.

LA RESPONSABILITÉ SELON LA CENSURE

Ce que nous entendons ici par « punition » de la censure n'est qu'un déplacement voire un détournement des responsabilités : c'est moins pour « punir » que la pièce est interdite que pour ôter à l'auteur toute forme de responsabilité. La déresponsabilisation du public, voire son infantilisation (puisqu'on lui ôte toute capacité de juger ou d'exercer son esprit critique), s'accompagne aussi d'une déresponsabilisation de l'auteur dramatique.

Dans son histoire de la censure, le censeur Victor Hallays-Dabot ne théorise malheureusement pas la question de la responsabilité de l'auteur. En revanche, les vingt occurrences du mot « responsabilité » qui parcourent ses deux ouvrages *Histoire de la censure théâtrale en France* (1862) et *La Censure dramatique et le théâtre* (1871) en esquissent implicitement les grandes lignes. Aux yeux du censeur, la responsabilité au théâtre obéit à un système pyramidal :

– En bas de l'échelle des responsabilités, il y a le public. Le censeur est censé le protéger contre l'excès de licences morales, politiques ou religieuses. Il ne lui consent qu'une seule responsabilité dont il est lui-même dépossédé, celle de juger de la qualité esthétique d'une œuvre :

> Ce sont là, dit-il, des matières délicates dont le jugement appartient au public ; malheureusement il est apathique, et ses révoltes s'exhalant en récriminations tardives, rejettent, par une vieille habitude française, sur l'autorité une responsabilité qui incombe à lui seul[1].

– Au-dessus du public dont la responsabilité, on le voit, est très restreinte, il y a l'auteur. Selon la censure dramatique, la responsabilité de l'auteur dépend de son talent et du genre de théâtre qu'il compose. La censure, dit en effet Hallays-Dabot,

> ne craindra pas d'avoir un poids différent pour l'œuvre du poète qui parle aux intelligences d'élite, et pour le drame vulgaire qui s'adresse aux esprits encore mal éclairés. Si étrangère qu'elle reste à toute appréciation littéraire

1 V. Hallays-Dabot, *La Censure dramatique et le théâtre*, Paris, Dentu, 1871, p. 35.

> [ajoute-t-il], elle ne pourra s'empêcher de laisser plus de hardiesses à la responsabilité de l'homme d'un talent connu, qu'à celle de l'auteur ignoré[1].

Ce deuxième niveau de responsabilité appelle deux remarques : on peut d'abord souligner la contradiction intrinsèque à la notion même de responsabilité puisque le jugement artistique qui ne relève pas de la compétence du censeur, dont il est (il le rappelle à plusieurs reprises dans ses ouvrages) déontologiquement « irresponsable », serait précisément ce qui lui permettrait de faire la part entre les auteurs responsables – c'est-à-dire les grands – et les auteurs irresponsables et censurés – c'est-à-dire les petits, voire les médiocres. Or ce distinguo, et c'est notre seconde remarque, est chimérique puisque les plus grands auteurs ont eux aussi été censurés.

- Au-dessus des auteurs, il y a les censeurs. Leur responsabilité relève essentiellement des questions morales, politiques et religieuses à condition qu'elles ne soient pas subordonnées à une quelconque opportunité, aux circonstances ou à un moment politique particulier. Si tel est le cas, alors le censeur s'en remet à une dernière instance, le ministre de tutelle, tout en haut de la pyramide. Il en va ainsi par exemple du *Fils de Giboyer* d'Augier :

> En somme, toutes les questions politiques et religieuses abordées dans cette œuvre, nous le répétons, nous semblent telles qu'elles échappent véritablement à notre compétence. [...] nous avons l'honneur de soumettre la question à la haute appréciation de son Excellence[2].

Cependant, lorsque Napoléon III en personne autorise la pièce, la presse s'en émeut et, comme le rappelle Hallays-Dabot, le conseil des ministres « juge nécessaire de dégager la responsabilité de l'Empereur de l'autorisation[3] ». Aussi le dernier niveau de la pyramide pose-t-il un problème nouveau : celui de la responsabilité non assumée. La commission de censure est chargée d'endosser toute la responsabilité de l'autorisation ou de l'interdiction

1 V. Hallays-Dabot, *Histoire de la censure théâtrale en France*, Paris, Dentu, 1862, p. xi.
2 *La Censure sous Napoléon III. Rapports inédits et in extenso (1852-1866)*, Paris, Albert Savine, 1892, p. 194.
3 V. Hallays-Dabot, *La Censure dramatique...*, *op. cit.*, p. 78.

même lorsqu'elles n'émanent pas d'elle. C'est d'ailleurs ce dont se plaint Hallays-Dabot à la fin de son ouvrage, lui qui regrette que la commission d'examen n'ait jamais bénéficié de l'indépendance à l'égard du pouvoir en même temps que de l'entière responsabilité[1].

Tant que la censure existe, le système pyramidal prévaut. Dès qu'elle s'en écarte, c'est-à-dire qu'elle reconnaît à l'auteur la responsabilité de son œuvre, la légitimité même de la censure s'effondre. C'est le cas d'*Hernani* par exemple. Le censeur Charles Brifaut qui juge le drame hugolien extravagant[2], inconvenant, trivial et grossier, reproche au roi fictif de n'être qu'un bandit et à la fille d'un grand d'Espagne de n'être qu'une dévergondée, décide néanmoins de laisser à Hugo la responsabilité de son œuvre et au public le soin de la juger. Or Brifaut occupe une position incohérente, intenable par rapport au rôle supposé de la censure : ou bien le public est immature, comparable, comme le dit Hallays-Dabot « à une troupe d'enfants » et le censeur paternaliste doit prévenir tout débordement (et donc interdire *Hernani*), ou bien la censure ne fait au fond que refléter les attentes d'un public responsable et mature, et la censure n'a plus alors qu'une légitimité d'ordre temporel ou chronologique – celle de lire *avant* les autres – et non plus politique et moral. Autant dire aucune légitimité du tout[3].

Certains auteurs, comme Zola, contestent justement la légitimité d'une autorité visant à déresponsabiliser l'auteur :

> Quand on écrit un article, [écrit Zola] quand on écrit un roman, on est un citoyen comme les autres, responsable de ses actes devant le droit commun ;

1 « La commission d'examen, si on lui avait imposé l'indépendance et en même temps la responsabilité, se serait certes trouvée dans une position personnellement moins commode ; mais elle aurait eu tout à la fois une force qui lui aurait permis d'être ferme dans la sévérité et méthodique dans les décisions », *ibid.*, p. 109.

2 « L'analyse ne peut donner qu'une idée imparfaite de la bizarrerie de cette conception et des vices de son exécution. Elle m'a semblé un tissu d'extravagances auxquelles l'auteur s'efforce vainement de donner un caractère d'élévation, et qui ne sont que triviales et souvent grossières. Cette pièce abonde en inconvenances de toute nature. Le roi s'exprime souvent comme un bandit ; le bandit traite le roi comme un brigand. La fille d'un grand d'Espagne n'est qu'une dévergondée sans dignité ni pudeur, etc. Toutefois, malgré tant de vices capitaux, je suis d'avis qu'il n'y a aucun inconvénient à autoriser la représentation de cette pièce, mais qu'il est d'une bonne politique de n'en pas retrancher un mot. Il est bon que le public voie jusqu'à quel point d'égarement peut aller l'esprit humain, affranchi de toute règle et de toute bienséance », cité par V. Hallays-Dabot, *op. cit.*, 1862, p. 283-284.

3 Sur la censure d'*Hernani* et son contexte, voir aussi la contribution de S. Mentzel dans ce volume, p. 224.

> et quand on écrit une pièce, tout change, on devient le sujet d'un pouvoir absolu, on est soumis au bon plaisir de l'examen préalable[1].

D'autres réponses peuvent à bien des égards surprendre. Et en particulier celle de Victor Hugo. Celui-ci fait en effet un très étrange et très célèbre éloge de l'autocensure qu'il professe dans la préface de *Marion de Lorme :*

> C'est précisément quand il n'y a plus de censure qu'il faut que les auteurs se censurent eux-mêmes, honnêtement, consciencieusement, sévèrement. C'est ainsi qu'ils placeront haut la dignité de l'art. Quand on a toute liberté, il sied de garder toute mesure.

Cet éloge n'est pas sans ambiguïté : d'un côté l'autocensure est présumée constituer la preuve de la plus haute responsabilité de l'écrivain, preuve que l'auteur prend la mesure des devoirs qui lui incombent ; selon l'expression consacrée, il « prend ses responsabilités » c'est-à-dire qu'il l'intériorise, devance ou anticipe les conséquences imputées à l'acte d'écrire ; et d'un autre côté, l'autocensure impose en même temps une restriction à la liberté de l'écrivain, restriction dont on peut interroger les normes selon lesquelles elle s'applique ainsi que les contours : les idéaux moraux ? la bienséance morale ? le pouvoir politique ? Quoi qu'il en soit, l'autocensure selon Victor Hugo, parce qu'elle serait déterminée par l'auteur lui-même, semblerait préférable à la censure, extérieure et arbitraire.

Cette définition de la responsabilité n'est au fond que le miroir de celle qu'en donne la censure. En effet, la responsabilité de l'écrivain semble toujours être orientée en fonction de sa réception, des conséquences réelles ou fantasmées du texte. Ce qu'on entend généralement par responsabilité repose sur des bases virtuelles, celles des potentialités d'un texte, découvertes à partir de conséquences qui ne sont pas encore là.

La question que l'on peut alors se poser est la suivante : la responsabilité de l'auteur se situe-t-elle dans ses conséquences possibles ou dans l'acte d'écrire lui-même ?

1 É. Zola, *Le Figaro*, 29 janvier 1887.

LA RESPONSABILITÉ DE L'AUTEUR OU L'ACTE D'ÉCRIRE

La responsabilité de l'écrivain tient en effet d'abord au fait d'assumer la paternité ou l'authenticité d'une œuvre. C'est le sens même du mot « auteur » : il est celui qui se porte garant d'une œuvre. Or cette responsabilité-là a elle-même été interrogée indirectement par la censure.

Le premier moyen par lequel l'auteur assume la paternité de son œuvre est sa signature. Il s'agit certes d'un moyen minimal mais c'est le moyen le plus immédiat de rattacher un écrit à celui qui en est responsable. Le second est le style. Pour reprendre l'idée de Buffon les faits sont à tout le monde, le style, lui n'appartient qu'à l'auteur[1]. Ces deux questions de la signature et du style, témoignant de la responsabilité de l'écrivain face à son œuvre, ont été précisément soulevées par la censure et la critique.

L'exemple qui illustre sans doute le mieux cette question de la signature et du style est celui du théâtre de Zola, et notamment des adaptations pour le théâtre du cycle des *Rougon-Macquart*[2] : malgré sa collaboration active avec Busnach, Zola ne signe pas une seule de ses adaptations et ce dégagement pose la question de la responsabilité de l'écrivain devant son œuvre, et plus largement celle du statut de l'auteur. Ainsi, *L'Assommoir* montée en 1879 au théâtre de l'Ambigu est signée des seules mains de Busnach et Gastineau. Pourtant, le style et le ton semblent émaner de Zola. Busnach a tellement pastiché Zola que la pièce, sans être de sa main – en dehors de quelques scènes qu'il reconnaîtra très tardivement avoir lui-même réécrites –, est malgré tout de lui. Il le confesse d'ailleurs en privé à Gustave Flaubert :

> Ce sont deux braves garçons, Busnach et Gastineau, qui signeront *L'Assommoir* au théâtre. Mais, entre nous, je dois dire que j'ai beaucoup travaillé à la pièce, bien que j'aie mis comme condition formelle que je resterai dans les coulisses[3].

---

1 « Le style est l'homme même », dans son *Discours de réception à l'Académie française* prononcé le 25 août 1753.

2 Les *Rougon-Macquart* ont respectivement été adaptés en 1879 pour *L'Assommoir*, en 1881 pour *Nana*, en 1883 pour *Pot-Bouille*, en 1885 pour *Germinal* et en 1887 pour *Le Ventre de Paris*.

3 Lettre de Zola à Flaubert du 12 octobre 1877, *Correspondance*, Presses de l'université de Montréal/Éditions du CNRS, 1987, III, p. 139.

Et le fait est que la pièce semble avoir été écrite par Zola. Mais il s'en désolidarise un an plus tard pour de fallacieuses raisons. Le 22 janvier 1879, quatre jours après la première – l'angoisse d'un four le tenaille sans doute –, il adresse au même Flaubert cette lettre en guise de rectification mais aussi d'excuse :

> Entre nous, la pièce ne vaut pas grand'chose. À part quelques tableaux curieux. [...] Le roman a été massacré, la pièce tourne au mélodrame idiot, avec deux traîtres ; mais elle a le bonheur de rester assez simple, elle est bête d'une façon intelligente[1].

Or nous savons grâce à sa correspondance qu'il est directement responsable du caractère mélodramatique de ses personnages[2]. Un peu plus tard, dans la préface à l'adaptation de *L'Assommoir* qu'il rédige lui-même, il réaffirme pourtant qu'il est

> bien à l'aise pour parler de *L'Assommoir*, le drame que MM. Busnach et Gastineau ont tiré de [s]on roman ; car [il] ne les [a] autorisés à faire cette adaptation qu'à la condition absolue de n'avoir à [s]'occuper en rien de la pièce. Elle [lui] est donc étrangère, [il peut donc] la juger avec une entière liberté d'appréciation[3].

Cette distance, ce désintéressement, tiendraient, selon Zola, à plusieurs causes : d'une part, toute adaptation de roman est une « tentative grave et dangereuse », et lorsqu'elle est l'œuvre du romancier lui-même elle est toujours mauvaise. Par ailleurs, lui-même ayant essuyé plusieurs échecs au théâtre, il préférerait attendre de meilleures conditions avant de s'y relancer personnellement. Et de ponctuer sur cette phrase mensongère :

---

1 Lettre de Zola à Flaubert du 22 janvier 1879, *op. cit.*, p. 279.

2 Il faut attendre 1888 pour que Zola avoue publiquement la part de sa contribution à l'écriture des drames. Dans *Le Figaro* du 25 avril 1888, il écrit en effet : « Et, puisque je suis en veine de franchise, je vous dirai que les recettes de nos drames, à Busnach et à moi, ont baissé à mesure que je me suis occupé davantage de ces drames. Pour *L'Assommoir*, grand succès : je n'avais que récrit quelques scènes ; Lantier et Virginie étaient devenus des traîtres de mélodrame ; Mes-Bottes envahissaient tout, lui qui passait à peine dans le roman. Puis sont venus *Nana*, *Pot-Bouille*, *Le Ventre de Paris*, de moins en moins bien accueillis, comme si la critique y avait flairé mon influence de plus en plus prépondérante : et voilà que les huées éclatent à propos de *Germinal*, parce que Busnach s'est effacé. C'est un vrai triomphe pour lui, homme de théâtre, et je veux que cela soit dit, parce que, d'autre part, il ne me déplaît pas d'assumer la responsabilité tout entière. »

3 Préface de Zola dans W. Busnach et O. Gastineau. *L'Assommoir, drame en cinq actes et neuf tableaux*, Paris, G. Charpentier, 1880.

> C'est ainsi que j'ai été amené à autoriser MM. Busnach et Gastineau, et je les ai choisis entre beaucoup d'autres parce qu'ils voulaient bien me désintéresser complètement et accepter toute la responsabilité, sans réclamer en rien ma collaboration[1].

Non seulement il a collaboré à la pièce, comme en témoignent les lettres extrêmement détaillées qu'il a envoyées à Busnach ainsi que leurs fréquentes réunions de travail, mais il en a même écrit plusieurs scènes. La censure a demandé quelques corrections, mais personne n'a reconnu la présence massive de Zola derrière la pièce.

Dans la préface de *Nana*, c'est le même terme de « responsabilité » qui revient sous sa plume. Busnach a accepté de signer sa pièce, il doit donc en assumer les conséquences. Quand enfin, son collaborateur porte au Théâtre de Paris l'adaptation du *Ventre de Paris*, Zola confie à Van Santen Kolff, dans une lettre datée du 12 mars 1887, que « Busnach seul a la responsabilité devant le public et seul, il doit signer[2] ». Paradoxalement, Zola use ici de prétextes qui relèvent de la censure. Si la censure gomme sur le manuscrit tous les écarts moraux ou politiques, Zola en gomme de son côté la paternité intellectuelle et artistique. En outre, il s'inscrit dans un système pyramidal des responsabilités comparables à celui que nous avons esquissé tout à l'heure : en ne signant pas son œuvre, Zola s'abolit en tant qu'auteur, se dégage de toute forme de responsabilité, se dérobe par là-même au statut infantilisant que lui confère la censure, tout en demandant à un autre d'endosser le rôle d'auteur à la sa place.

Ce n'est qu'après l'interdiction effective de *Germinal* par la censure que Zola sera contraint, grâce à un critique particulièrement clairvoyant, de révéler la part qu'il prend à la composition et à la rédaction de ses pièces. Lorsque Dumas fils se range aux côtés de ses contemporains Dennery, Meilhac, Halévy, Sardou ou Augier, tous défenseurs de la commission d'examen, Zola répond pourtant dans un article du *Figaro* daté du 10 novembre 1885 :

> Laissez-moi simplement ajouter que la pièce n'est pas de moi, qu'elle a été tirée par M. Busnach de mon roman, et que pour c'est pour cela que je n'avais pas à apporter devant la censure les raideurs qu'on me suppose.

Le romancier naturaliste se décharge une nouvelle fois de cette responsabilité.

---

1 *Ibid.*

2 Lettre de Zola à Jacques Van Santen Kolff, *Correspondance*, *op. cit.*, VI, p. 100.

S'il ne signe pas la pièce, c'est pourtant lui qui, accompagné de Busnach, se charge de plaider sa cause auprès du ministre. Le 26 octobre 1885, les deux hommes rencontrent Goblet, alors ministre de l'Instruction publique. « Nous étions des malfaiteurs devant un juge », rapporte-t-il dans *Le Figaro* du 29 octobre 1885. La démarche, là encore, est intéressante. Si Zola ne signe pas lui-même ses pièces, se déresponsabilisant de son rôle d'auteur, il délégitimise celui de censeur en passant outre et en s'adressant directement au ministre de tutelle. C'était ce que Victor Hugo avait voulu tenter au moment d'*Hernani* en se rendant auprès de Martignac, chef du gouvernement, afin qu'il prenne connaissance du manuscrit et qu'il le « censure [...] lui-même ». Si les censeurs contestent aux auteurs la responsabilité de leurs œuvres, les auteurs en retour remettent en cause leur légitimité en s'adressant au sommet de la pyramide, c'est-à-dire au ministre.

Dans les deux cas, l'entreprise échoue et ce sont les censeurs eux-mêmes qui prendront la responsabilité pour *Hernani*, de ne pas censurer la pièce, pour *Germinal* de la censurer.

Si Zola trompe la censure – puisque la pièce a été classée aux Archives nationales sous le nom de Busnach –, il ne trompera pas la vigilance d'Albert Wolff, journaliste au *Figaro* qui, une fois que la pièce aura été finalement agréée par la censure trois ans après son interdiction, n'a pas de mots assez durs pour condamner l'ambiguïté de Zola :

> Cette fois, le maître ne s'en cachait pas ; il suivait les répétitions, il se chamaillait avec les artistes, il inspirait les décorateurs ; finalement il rentra sous sa tente, blessé au vif parce qu'un détail n'était pas au point. C'est donc bien Zola qui est l'auteur de cette lourde machine, et nous ne lui permettrons pas cette fois de se soustraire à sa responsabilité en poussant en avant le vaudevilliste Busnach, un aimable gros homme qui, philosophiquement, reçoit les gifles quand cela ne marche pas et qui s'éclipse derrière la gloire de Zola quand cela réussit[1].

Mis au défi, Zola répond à l'accusation de Wolff le lendemain en se reconnaissant comme seul auteur de la pièce :

> D'abord, je déclare que le drame est entièrement de moi, que Busnach n'en a pas écrit une seule ligne. Entendons-nous, Busnach et moi avons discuté et arrêté le plan ensemble ; mais pour cette fois, pour ce sujet spécial, j'ai

1 A. Wolff, « Courrier de Paris », *Le Figaro*, 24 avril 1888.

> tenu à tout écrire. [...] J'ai écrit la pièce, je l'ai prise dans le roman, et, si on la trouve mal écrite, c'est le roman qui a tort[1].

C'est donc tardivement et sous la contrainte que Zola finit par reconnaître la paternité de son drame *Germinal* que Busnach, forme de prête-nom ou de *faux-nègre*[2], a pourtant signé. On remarque d'ailleurs que cette responsabilité n'est pas pleinement assumée puisqu'il ne se reconnaît pas directement des torts : c'est le roman qui est en faute !

Cette question de la signature pose donc en creux celle de l'auteur : est-ce pour des raisons inavouables que Zola refuse de signer ? Afin de ne pas en assumer la responsabilité ? D'en rejeter la faute – en cas d'échec – sur son collaborateur ? C'est ce que pense en tout cas Albert Wolff qui, dans le même article, accuse l'écrivain d'être un « lâche en littérature » doublé d'un homme cupide. « Zola encaisse des droits d'auteur avec des pièces d'une catégorie inférieure auxquelles il travaille, mais dont il renie la paternité quand l'heure sonne des responsabilités ». Pourquoi en effet Zola dramaturge ne se revendique-t-il pas comme auteur de ses pièces qu'il a toutes partiellement ou complètement écrites ?

Comment comprendre cette déresponsabilisation de la part de celui qui a combattu avec tellement d'acharnement la censure ? Plusieurs hypothèses ont été avancées. Henri Mitterand pense que Zola devait trouver « indigne de lui le résultat du travail commun[3] » ; James Sanders, qui a édité la version censurée de *Germinal*, suppose quant à lui que Zola était à l'époque prisonnier des vingt romans et qu'il avait besoin à ce titre de se « désintéresser » de cette entreprise théâtrale. Mais faire des drames de *L'Assommoir* ou de *Germinal* des œuvres de Busnach, c'est aussi conférer aux œuvres une autre intention, et induire une autre lecture. Ce qu'Antoine Compagnon qui s'est intéressé à la question explique en établissant un lien entre auteur et intentionnalité : « [T]oute interprétation est une assertion sur une intention, et si l'intention d'auteur est niée, une autre intention prend sa place, comme dans le *Don Quichotte* de Pierre Ménard[4]. » D'où

1 É. Zola, *Le Figaro*, 25 avril 1888.

2 D'après Zola, cette pratique n'est pas rare : « [...] beaucoup de collaborateurs en sont là. MM. Meilhac et Halévy, entre autres, m'assure-t-on, agissaient ainsi : un seul des deux prenait la plume, après que les deux avaient construit la carcasse de la pièce », *Le Figaro*, 25 avril 1888.

3 É. Zola, *Œuvres Complètes*, Paris, Cercle du Livre précieux, 1966-1969, t. XV, p. 781.

4 A. Compagnon, *Le Démon de la théorie*, Paris, Seuil, coll. « Essais », 1998, p. 110.

les nombreux contresens au sujet des adaptations des romans de Zola : un subtil metteur en scène comme André Antoine, pourtant acquis à la cause du naturalisme, ne comprend pas que Zola ait laissé Busnach réécrire son chef-d'œuvre. Pourtant, les deux *Germinal* sont l'œuvre d'un seul. Et s'ils avaient porté tous deux la même signature, ils auraient été vus autrement : « [...] le roman tant admiré aujourd'hui, le roman avec lequel on écrase la pièce, n'est pas écrit d'un autre style, car des tableaux entiers y ont été pris textuellement[1] », confesse Zola.

En ne signant pas ses pièces, Zola semble peut-être avoir trouvé là un moyen de déjouer la censure mais aussi d'atténuer la sévérité de la critique. Peut-être a-t-il cru à la partialité de ces lecteurs professionnels, s'arc-boutant sur son seul nom et a-t-il misé sur une indulgence plus grande à l'égard d'un boulevardier bonhomme et sympathique tel que Busnach. Mais l'exemple de Victor Hugo tendrait à prouver le contraire : après l'interdiction du *Roi s'amuse*, les censeurs déclarent ne pas vouloir interdire *Marie Tudor* pour ne pas avoir l'air de s'acharner contre l'auteur.

En réalité, si Zola s'est effacé derrière Busnach, c'est probablement parce qu'au-delà de la responsabilité d'un auteur devant son texte, au-delà de son style et de sa signature, il a une responsabilité supérieure, qui est celle de faire passer ses idées naturalistes sur la scène théâtrale[2] puisqu'elles ne sont pas encore passées par le roman. Le signataire au fond importe peu. L'auteur s'efface au profit des idées qu'il défend, ce que Victor Hugo fera lui aussi dans une tribune contre la censure parue dans *Le Journal des Débats* et qu'il ne signera pas.

Clélia ANFRAY
ITEM/CNRS – UMR 8132

1 É. Zola, *Le Figaro*, 25 avril 1888.

2 J. B. Sanders considère à juste titre qu'« Antoine allait [...] donner lui-même la réponse qu'il tenait du maître, à savoir que ce dernier se rendait compte que des "braves garçons" comme Busnach et Gastineau, experts en matière de théâtre, faisaient effectuer à l'art dramatique plus de progrès que l'ensemble des auteurs dits "naturalistes" » (voir les chroniques théâtrales d'Antoine de *L'Information* du 9 mai 1921 et du 4 août 1924, citées par J. B. Sanders, « Busnach, Zola et le drame de *L'Assommoir* », *Les Cahiers naturalistes*, n° 52, 1978, p. 109).

LA DIALECTIQUE DU LIVRE ET DE LA BOMBE À L'ÉPOQUE DES « LOIS SCÉLÉRATES »

Autour du procès Jean Grave

> La question se pose comme Ravachol posait des bombes.
>
> René CHAR, « Le jour et la nuit de la liberté », *Le Surréalisme au service de la révolution*, 1930.

Revenons sur l'une des crises politiques majeures de la Troisième République, que Jean Maitron, dans son histoire du *Mouvement anarchiste en France*, a appelé « l'ère des attentats[1] », en l'articulant à la « crise de vers » décrite par Mallarmé. Dans les deux cas, à suivre l'interprétation mallarméenne de ce moment critique formulée dans *La Musique et les Lettres* (1894), la France connaît une crise, générale, de la représentation, aussi bien littéraire que parlementaire. Alors que la « propagande par le fait », avec Ravachol, Auguste Vaillant, ou Émile Henry, substitue l'efficace de l'acte à l'efficace de la parole, l'État impose un dispositif législatif qui limite considérablement la liberté d'expression octroyée par la grande loi de 1881. En février 1894, on fait le procès expéditif d'un livre jugé exemplaire pour son pouvoir de « contagion », *La Société mourante et l'anarchie* de Jean Grave. Le directeur de *La Révolte* envoie son livre à Mallarmé[2] ; de nombreux symbolistes, dont quelques-uns gravitent autour de la rue de Rome et de *La Revue blanche*, sympathisent avec les héritiers de Proudhon, de Bakounine et de Stirner, voire

1 J. Maitron, *Le Mouvement anarchiste en France. 1. Des origines à 1914* (1975), Gallimard, 1992, p. 206.

2 Une lettre de Grave du 5 juillet remercie le poète pour sa « bonne appréciation » (Mallarmé, *Correspondance*, éd. H. Mondor et L. J. Austin, Gallimard, 1981, t. VI, p. 115).

militent pour la cause anarchiste. On relie volontiers le vers libre à la libre pensée, l'individualisme artistique à l'individualisme anarchiste.

Avec ces lois dites « scélérates[1] » de 1893-1894, nous voudrions montrer que la censure politique, tout comme la lutte politique, connaissent un moment paradoxal de leur histoire, lié à la notion de « propagande par le fait ». D'un côté, le pouvoir du livre n'a jamais été aussi fort tandis que la répression contre la presse et l'imprimé frappe avec virulence le « délit d'opinion » : plus que jamais, la censure s'affirme comme « un hommage du pouvoir à la puissance[2] ». Au même moment, la critique universitaire rejette une certaine littérature symboliste, qu'elle lit à travers le prisme de l'anarchisme. De l'autre, quand le livre devient bombe en disparaissant dans l'acte performatif de l'explosion[3], la censure ne peut plus opérer, ou tout au moins le concept même de « censure » vole en éclats. C'est cette conjonction assez inédite entre le dire, le lire et le faire, que nous voudrions interroger ici, en simple poseur de questions.

1 Sur cette période, voir en particulier G. Loubat, *Code de la législation contre les anarchistes*, Chevalier-Marescq, 1895 ; H. Varennes, *De Ravachol à Caserio : notes d'audience*, Garnier frères, 1895 ; Fr. de Pressensé « Un Juriste » (L. Blum) et É. Pouget, *Les Lois scélérates de 1893-1894* ; Éditions de la « Revue blanche », 1899 ; E. Raynaud, *Souvenirs de police : au temps de Ravachol*, Payot, 1923 ; J. Maitron, « Le procès des Trente. Fin d'une époque », *Le Mouvement anarchiste en France. 1. Des origines à 1914* (1975), *op. cit.*, p. 251-261 ; J. P. Machelon, « La défense de l'ordre social. La répression de l'anarchie », *La République contre les libertés ?*, Presses de la Fondation nationale des sciences politiques, 1976, p. 399-447.

2 R. Debray, « Logique de la censure », *Cours de médiologie générale* (1991), Gallimard, 2001, p. 469.

3 Nous sommes en partie redevable pour cette analyse de la réflexion d'U. Eisenzweig qui, dans ses très stimulantes *Fictions de l'anarchisme* (Bourgois, 2001), met en relation la théorie linguistique des actes de langage et le concept de « propagande par le fait ». L'auteur défend la thèse d'une « nécessaire corrélation entre le refus de tout système politique représentatif et la mise en question de la nature dénotative du langage » (p. 120). Il soutient, marchant dans les pas de Kristeva, qu'il y a une convergence entre la violence terroriste et la crise du langage référentiel. Même si nous ne souscrivons pas à la totalité de ces analyses – en particulier la notion de « poétique de la bombe » (p. 188-205) chez Mallarmé, ou l'idée d'un rapprochement entre écrivains et anarchistes à cause des bombes et non à cause d'un idéal libertaire commun (p. 12) – il nous paraît fructueux de tenir ensemble la question linguistique et la question politique, les moyens d'expression et les moyens d'action.

UN LIVRE ACCUSÉ
La Société mourante et l'anarchie

Rappelons les faits[1]. Le gérant de l'hebdomadaire anarchiste *La Révolte* inaugure vraiment ses démêlés avec la justice en juin 1891 à cause d'un article anonyme intitulé « Viande à mitraille », publié dans le n° 36 du 16-22 mai[2]. Jean Grave est condamné, après un jugement expéditif[3], à 6 mois de prison et à 100 francs d'amende, pour « provocation à des militaires[4] ». C'est dans sa geôle de Sainte-Pélagie que le propagandiste écrit alors « La Société mourante et l'anarchie », qui paraît chez Tresse et Stock en mai 1893, accompagnée d'une courte préface d'Octave Mirbeau[5]. Grave, dans ses *Mémoires*, nous apprend que le titre lui a été suggéré par son maître et ami Élisée Reclus, qui aurait dû rédiger la préface, demande qu'il aurait déclinée par modestie[6].

Le livre, dont une deuxième édition populaire vient d'être imprimée en Belgique, comportant l'ajout d'un unique chapitre, sera saisi en janvier 1894 et jugé le 24 février en cour d'assises, avec les chefs d'accusation suivants : « provocation à des militaires dans le but de les détourner de leur devoir » ; « provocation au meurtre, au vol, au pillage, à l'incendie » ; « apologie des faits qualifiés crimes par la loi ». Le tribunal condamne son auteur à 2 ans de prison et à 1 000 francs d'amende. Ajoutons que Jean Grave sera jugé une seconde fois en août 1894 dans le cadre du procès des Trente, en vertu cette fois de la deuxième loi « scélérate », pour

1 Concernant ce procès, nous renvoyons en outre en premier lieu aux mémoires de l'intéressé : J. Grave, « La terreur » et « La bourrasque », *Quarante ans de propagande anarchiste*, L'Histoire/Flammarion, 1973, p. 280-326. On trouvera un compte rendu de l'audience dans *La Gazette des tribunaux* du 25 février 1894, comme chez H. Varennes, *De Ravachol à Caserio*, *op. cit.*, p. 155-159, ainsi que dans l'ouvrage de l'avocat de Grave, É. de Saint-Auban, « Le livre de Jean Grave », *Histoire sociale au Palais de Justice : plaidoyers philosophiques*, Pedone, 1895, p. 201-243.

2 Voir J. Grave, *Quarante ans de propagande anarchiste*, *op. cit.*, p. 240.

3 « L'interrogatoire fut de pure forme », *id.*

4 Voir *La Gazette des Tribunaux*, 25 février 1894.

5 Sur l'engagement anarchiste de Mirbeau, voir en particulier ses articles, recueillis dans ses *Combats politiques*, éd. J.-Fr. Nivet et P. Michel, Séguier, 1990 (« Du côté de l'anarchie », p. 117-168).

6 J. Grave, *Quarante ans de propagande anarchiste*, *op. cit.*, p. 253.

« association de malfaiteurs » ; il sera acquitté, en grande partie à cause de l'amalgame établi entre affaires de droit commun et affaires politiques.

Le réquisitoire de l'avocat général Bulot consiste à montrer que ce livre a pour objectif la « destruction de l'ordre social » et la « glorification de l'anarchie ». L'argumentation passe par la mise en avant de cinq extraits de l'œuvre dans lesquels transparaîtrait cette démarche criminelle de « provocation » et d'« apologie[1] ». On apprend par les mémoires de Grave que l'avocat général aurait lu l'entrefilet du directeur de *La Révolte* dirigé contre la magistrature, « qu'il n'avait pu digérer[2] ». Grave avait écrit en effet, peu après l'attentat de la rue de Clichy visant le domicile de Bulot, qu'un juge n'est rien d'autre qu'« un monsieur qui gagne sa vie à demander la tête des autres, et qui le fait sachant qu'il n'y a nul danger pour lui[3] ». Ces lignes seront à nouveau citées par le même Bulot lors du procès des Trente.

Voici les passages incriminés[4], dans l'ordre donné par Bulot, classés par chefs d'accusation :

« Provocation à des militaires etc. » :

> – Alors il faut y avoir séjourné dans cet enfer pour comprendre tout ce que peut y souffrir un homme de cœur, il faut avoir endossé l'uniforme pour savoir tout ce qu'il recouvre de bassesse et d'idiotie. (p. 160)
>
> – Alors il n'y a qu'un moyen : c'est de ne pas mettre les pieds dans ce bagne d'où vous ne devez sortir qu'avilis, abrutis, corrompus. Si vous voulez rester hommes, ne soyez pas soldats ; si vous ne savez pas digérer les humiliations, n'endossez pas l'uniforme. Mais pourtant, si vous avez commis l'imprudence de le revêtir, et qu'un jour vous vous trouviez dans cette situation de ne pouvoir vous contenir sous l'indignation… n'insultez ni ne frappez vos supérieurs… ! Crevez-leur la peau : vous n'en paierez pas davantage. (p. 170)

« Provocation au vol, etc. » :

> – Certainement, la première œuvre des anarchistes, pour faire réussir la révolution, sera de faire main basse sur la richesse sociale ; d'appeler les déshérités à s'emparer des magasins ; de l'outillage, du sol ; de s'installer dans les locaux salubres en détruisant les trous où on les force à pourrir aujourd'hui ;

1 Voir *La Gazette des Tribunaux*, 25 février 1894.
2 J. Grave, *Quarante ans de propagande anarchiste*, *op. cit.*, p. 306.
3 Cité par J. Grave, *ibid.*, p. 281.
4 Voir J. Grave, *La Société mourante et l'anarchie*, Tresse et Stock, 1893.

les révoltés devront détruire les paperasses qui assurent le fonctionnement de la propriété : études d'huissiers, de notaires, cadastre, enregistrement, état civil, devront être visités et « nettoyés ». (p. 25)

– La lutte devra se porter principalement à détruire les institutions, flamber les actes de propriété, plans de cadastre, procédures de notaires et avoués, registres de perceptions, renversement des bornes de partages, destruction des actes d'état-civil, etc. expropriation des capitalistes, prise de possession au nom de tous, mise à la libre disposition de la masse des objets de consommation, tout cela est l'œuvre de groupes restreints et éparpillés, œuvres d'escarmouche et non de batailles régulières. Et c'est cette guerre que les anarchistes devront chercher à développer partout, pour harceler les gouvernements, les contraindre à disperser leurs forces, les mettre sur les dents et les décimer en détail. (p. 221-222)

– Mais, supposons, au contraire, un état de lutte entre patrons et ouvriers, une grève quelconque. Dans cette grève il y a sûrement des patrons qui, plus féroces que les autres, ont, par leurs exactions, nécessité cette grève, ou par leurs intrigues la font durer, en amenant leurs collègues à résister aux demandes des grévistes ; certainement ces patrons attirent sur eux l'animadversion des travailleurs. Supposons un de ces patrons exécuté au coin d'une borne avec un écriteau expliquant qu'il a été tué comme exploiteur ou bien son usine incendiée pour les mêmes motifs. Là pas moyen de se tromper sur les raisons qui auraient fait agir les auteurs de ces actes, et nous pouvons être certains qu'ils seraient applaudis de tout le monde travailleur. Voilà l'acte raisonné ; ce qui prouve qu'ils doivent toujours découler d'un principe directeur. (p. 226)

Quant à la plaidoirie de maître de Saint-Auban, elle souligne d'abord l'incohérence d'une condamnation qui a tout l'air d'exploiter les effets rétroactifs de la loi en ne respectant pas la prescription de trois mois : « au début c'était un livre, ironise l'avocat, la durée le transforme en dynamite[1] ». Ensuite et surtout, Saint-Auban brandit l'héritage des Lumières et de la Révolution, en clamant haut et fort que la République « ne peut plus condamner une idée[2] », et que le « délit d'opinion » n'a plus lieu d'être. C'est la ligne de défense principale : on « condamne un homme qui a pensé[3] » ; « sous couvert de traquer l'Anarchie, vous traquez la Pensée humaine[4] » ; on fait ici « le procès de la pensée elle-même[5] ».

1 É. de Saint-Auban, *Histoire sociale au Palais de Justice*, *op. cit.*, p. 210.
2 *Ibid.*, p. 235.
3 *Ibid.*, p. 206.
4 *Ibid.*, p. 225.
5 *Ibid.*, p. 234.

Il convient en outre de dissocier le livre de l'attentat, en réaffirmant sa nature proprement verbale et discursive : « l'accusé d'aujourd'hui n'est pas un poignard, un révolver, une bombe. L'accusé d'aujourd'hui est un livre. C'est une œuvre de l'esprit[1] ». Il s'agit aussi de contester le pouvoir de nuisance de l'ouvrage, saisi et non mis en vente d'une part, élitiste dans son contenu – des « dissertations arides[2] » – d'autre part. Et s'il faut chercher des causes à cette fièvre terroriste, c'est la grande « maladie du siècle[3] » qu'il faudra invoquer, ce sont les grands penseurs libéraux, réformateurs et utopistes, en partie panthéonisés, qu'il faudrait juger et condamner. Et de citer le Rabelais de Thélème, le Voltaire de *Candide*, Rousseau, Heine, Lamennais, Hugo, Proudhon, Spencer, et même Baudelaire ou Flaubert. La seule manière de répondre à un tel livre qui ne fait d'ailleurs que soutenir une thèse « vieille de deux cents ans[4] », conclut Saint-Auban, c'est la réfutation, et non la censure, le débat contradictoire, et non le réquisitoire en cour d'assises. Il faut noter que l'avocat s'appuie sur l'autorité de Clémenceau, en citant l'extrait d'un article de soutien à Jean Grave, qui résume toute l'armature de la plaidoirie. L'ancien député notait en particulier ceci : « dans ce siècle, toute institution doit affronter la critique ». Il ajoutait : « ce livre est bon car il fait penser ». Clémenceau dénonçait aussi la manipulation du propos général par le jeu des citations : on ne peut le juger « sur des extraits habilement choisis », ajoutant qu'« avec pareil procédé, il n'y a pas un livre de médecine qui ne pût être condamné pour outrage à la pudeur[5] ».

Précisons maintenant les principaux ressorts de ce qu'Yvan Leclerc appelle « la lecture pénale[6] ».

1 *Ibid.*, p. 206.
2 *Ibid.*, p. 212.
3 *Ibid.*, p. 215.
4 *Ibid.*, p. 236.
5 Clémenceau cité par É. de Saint-Auban, *ibid.*, p. 207-208.
6 Y. Leclerc, *Crimes écrits. La littérature en procès*, Plon, 1991, p. 11.

LECTURE PARTIELLE
Les ciseaux de la citation

Tous les défenseurs de Jean Grave, on vient de le voir avec Clémenceau, n'ont pas manqué de noter combien cette lecture partiale reposait sur une lecture partielle, réduisant le livre à quelques fragments. La défense dénonce la mascarade d'un livre « découpé en tranches habilement présentées[1] ». Les témoins convoqués réagissent de même. Élisée Reclus se refuse à commenter la citation « Crevez-leur la peau avec des couteaux ! », déclarant : « Je ne connais pas le contexte du passage, et je ne puis ni l'expliquer, ni le défendre[2]. » Mirbeau lui aussi, à qui l'on soumet l'une de ses propres phrases tirée de sa préface, rappelant le précédent de la violence révolutionnaire, rétorque : « vous prenez une phrase isolée[3] ». Grave dénoncera plus tard l'usage du procédé à propos d'un article de *La Révolte* lu au cours du procès d'août 1894 : « quand je dis qu'il lut l'article, c'était, naturellement, des extraits habilement choisis et isolés du contexte[4]. » Par-delà le lieu commun de la dénonciation d'un tel mode de lecture, ce qui nous semble important ici concerne le statut de la « lecture pénale » par rapport à celui de la critique littéraire, et plus largement par rapport à l'acte même de lire. La censure ne fait que porter à son paroxysme l'opération de la lecture conçue étymologiquement comme activité d'*analyse* et activité *critique* : segmentation et prélèvement, tri et sélection, concentration exclusive sur les parties, forcément honteuses. Pour le dire vite, la censure brise le cercle herméneutique[5]. La « lecture pénale », éminemment instrumentale, s'affiche comme une lecture moins pointue que pointilleuse, qui fait primer les termes sur les relations : c'est l'envers de la lecture structurale. On se situe du côté de *l'utilisation* du texte et non de son *interprétation*, pour reprendre la distinction bien connue d'Umberto Eco[6].

1 H. Varennes, *De Ravachol à Caserio*, *op. cit.*, p. 158.
2 É. de Saint-Auban, *Histoire sociale au Palais de Justice*, *op. cit.*, p. 202.
3 *Ibid.*, p. 204.
4 J. Grave, *Quarante ans de propagande anarchiste*, *op. cit.*, p. 321.
5 Sur le cercle herméneutique, voir J. Starobinski, *La Relation critique*, édition revue et augmentée, Paris, Gallimard, 2001 ; voir aussi dans le présent volume, la contribution de T. Hochmann, p. 158.
6 U. Eco, *Les Limites de l'interprétation*, Paris, Grasset, 1992.

Remarquons alors que la Troisième République connaît l'essor d'un nouveau type de critique littéraire, qui entre, avec Taine et Bourget, Brunetière et Hennequin, dans « l'âge de la modernité scientifique[1] ». On cherche à se séparer de toutes les formes de subjectivisme quitte, comme chez Émile Hennequin, à remplacer le vieux mot de « critique » par un néologisme aux colorations objectives : « esthopsychologie ». Voici ce qu'il convient de bannir désormais : « l'examen d'un poème en vue de le trouver bon ou mauvais, besogne presque judiciaire et communication confidentielle qui consiste, en beaucoup de périphrases, à porter des arrêts et à avouer des préférences[2] ». Le jeune disciple de Taine, dans son essai programmatique de 1888, entend ainsi opposer son exigence de « critique scientifique » à toute forme de « critique judiciaire ». D'un point de vue scientiste, le discours sur les œuvres tenu dans les tribunaux constitue donc le modèle honni de cette vieille critique rhétorique, purement évaluative, normative et dogmatique. Puisque censure et critique s'équivalent comme dérive subjectiviste, il faut renommer, repenser et refonder la « critique ».

Il est alors intéressant de souligner l'un des aspects de la stratégie de la défense encore laissé dans l'ombre : la dépolitisation au profit de la science. Élisée Reclus commence son portrait de l'accusé en rappelant qu'« il s'est occupé d'anthropologie[3] ». L'avocat renchérit en insistant sur le fait qu'il s'agit d'un « livre de doctrine[4] » aux « allures scientifiques[5] », et non d'une brochure militante ou satirique. Mirbeau dira la même chose dans sa défense de février 1894 : c'est une « œuvre de critique sociale, de philosophie, et non un pamphlet[6] ». Nous retrouvons ici l'un des enjeux majeurs de toute « lecture pénale » : l'articulation d'un jugement et d'un classement, à savoir l'usage stratégique de la notion de *genre* envisagée dans son rapport à la réalité et à la vérité. Pour l'avocat général, *Sous-Offs* de Lucien Descaves n'est pas un « roman » mais un

1 J.-Th. Nordmann, *La Critique littéraire française au XIX*e *siècle (1800-1914)*, Le Livre de Poche, 2011, p. 94. Voir Th. Roger, « La pensée du dedans : É. Hennequin ou la refonte psychologique de la critique littéraire », *« L'anatomie du cœur humain n'est pas encore faite » : Littérature, psychologie, psychanalyse*, URL : http://www.fabula.org/colloques/document1636.php.

2 É. Hennequin *La Critique scientifique*, Perrin, 1888, p. 2-3.

3 É. de Saint-Auban, *Histoire sociale au Palais de Justice*, *op. cit.*, p. 202.

4 *Ibid.*, p. 205.

5 *Ibid.*, p. 206.

6 O. Mirbeau, « Pour Jean Grave » (*Le Journal*, 19 février 1894), *Combats politiques*, *op. cit.*, p. 145.

« libelle infâme[1] ». La censure, fondée sur le déni de la fiction, ne perçoit qu'une seule des grandes fonctions du langage, la fonction référentielle, en refusant l'existence littéraire des mondes possibles. Dans le cas du procès de Jean Grave, le débat portera en creux sur les modalités d'application de cette visée mimétique : énoncé scientifique, disent les uns, énoncé politique soutiennent les autres. Il est ainsi intéressant de noter que la justice d'État, sur fond de passion militariste et nationaliste, attaque sans distinction aussi bien un essai qu'un roman.

CENSURE ET ENGAGEMENT

Cette période régressive par rapport aux avancées de la pensée libérale sera donc marquée par le retour en force du « délit d'opinion ». Dans un tel contexte, comme le souligne Grave, « les anarchistes étaient toujours sûrs d'écoper le maximum[2] ». Pressensé souligne en effet combien ces lois qui frappent de « propos délibéré des délits ou des crimes d'opinion[3] », violent les fondements de la grande loi libérale de 1881, « l'une des rares lois républicaines de la République[4] ». De même, l'avocat et écrivain Jean Ajalbert, proche des milieux symbolistes qui, malade, n'a pu défendre Grave lors de son premier procès, écrit au gérant de *La Révolte* en 1893 : « Ce n'est pas le procès de l'anarchie que l'on instruit, mais celui de la pensée humaine tout entière, et dans des conditions particulières, avec des lois spéciales, toutes chaudes[5] ». L'avocat Saint-Auban choisira lui aussi cette ligne défensive, on l'a vu plus haut.

Soulignons ici que cette posture, disons voltairienne, ne sera pas celle de Zola, qui refusera de signer la protestation pour Jean Grave. On sait que l'auteur de *Paris* a toujours condamné l'activisme anarchiste,

1 Cité dans L. Descaves, *Sous-Offs, roman militaire*, suivi de *Misères du sabre*, et des plaidoiries prononcées devant la cour d'assises, le 15 mars 1890, par Mes Tézenas et Millerand, Tresse et Stock, 1892, p. 656.

2 J. Grave, *Quarante ans de propagande anarchiste*, *op. cit.*, p. 241.

3 Fr. de Pressensé, « Notre Loi des suspects », dans Fr. de Pressensé, « Un Juriste », et E. Pouget, *Les Lois scélérates de 1893-1894*, *op. cit.*, p. 4.

4 Un Juriste, « Comment elles ont été faites », *ibid.*, p. 9.

5 Lettre à J. Grave du 19 novembre 1893, cité par J. Grave, *Quarante ans de propagande anarchiste*, *op. cit.*, p. 308.

faisant prévaloir *l'évolution* sur la *révolution*, tout en exploitant à des fins romanesques le « rêve noir » de ces nouveaux anges exterminateurs. Dans le cas du procès intenté à *La Société mourante*, les arguments de Zola méritent d'être évoqués, indépendamment d'ailleurs de ses relations personnelles avec Jean Grave, fort obscurcies à cette date à cause du différend qui opposa *La Révolte* à la *Société des Gens de Lettres* entre 1890 et 1894[1]. Zola refuse la violence, qu'il dit percevoir dans le livre du directeur de *La Révolte* : « il y est fait exclusivement appel à la violence, je n'approuve pas ça du tout[2] ». En outre, il ne voit en Jean Grave qu'un idéologue, étranger au champ littéraire[3]. Voici un extrait de l'entretien entre Zola et un journaliste, reproduit dans *Le Figaro* du 8 mars 1894 :

> – Maître de Saint-Auban a très bien dit que l'accusé n'était pas un poignard, une bombe, mais un livre, une œuvre de l'esprit, et que, par application des lois de décembre, le gouvernement ne demande au jury pas autre chose que persécuter la liberté de penser.
>
> – C'est faux ! Et d'ailleurs Grave n'est pas un écrivain, un des nôtres, c'est un politique, un militant. Que les politiques se débrouillent ! Je ne fais pas de politique, moi. Lorsqu'on se jette dans la mêlée on doit s'attendre à recevoir des coups. Grave est frappé, eh bien, c'est le jeu de la guerre. Que voulez-vous ? On attaque la Société : la Société se défend, c'est bien son droit. Quant à vous, protestez si vous le voulez, c'est aussi votre droit. Toujours courageuse, la jeune littérature fait peut-être son devoir.

Pour Zola, on le voit, l'enjeu essentiel n'est pas la défense d'un principe, la liberté d'expression, mais l'adhésion éventuelle à une prise de position purement politique, qui n'est pas la sienne. L'historien Christophe Charle a bien montré à la fois l'importance de « l'affaire Jean Grave » dans le processus conduisant à la « naissance des intellectuels[4] », en

---

1 Sur cette question, voir J. Grave, *Quarante ans de propagande anarchiste*, *op. cit.*, p. 257-279 ; R. Ternois, *Zola et son temps : Lourdes, Rome, Paris*, les Belles lettres, 1961. Grave refuse de payer des droits pour avoir reproduit des extraits d'œuvres littéraires dans le *Supplément* de *La Révolte*. Il méprise les statuts de cette Société, qui ne trahissent à ses yeux qu'une logique bassement mercantile : « j'ai affaire à des marchands et non à des littérateurs » (*Quarante ans de propagande anarchiste*, *op. cit.*, p. 258), ou encore : « nous tâcherons de nous tenir à l'écart des pièges à loup de votre propriété » (*ibid.*, p. 259).

2 « M. Zola et l'anarchie », *Le Figaro*, 8 mars 1894. Voir aussi J. Grave, *Quarante ans de propagande anarchiste*, *op. cit.*, p. 277-278.

3 Sur la notion de champ, voir plus haut la contribution de G. Sapiro, p. 267-279.

4 Ch. Charle, « Une répétition générale : la protestation pour Jean Grave », *Naissance des « intellectuels » 1880-1890*, Les Éditions de Minuit, 1990, p. 126-133.

étudiant le statut des signataires de la protestation[1], qui sont en grande majorité, sauf Mirbeau et Richepin, de jeunes écrivains ou journalistes, plutôt « en marge[2] » comme le dira Zola lui-même, peu dotés en capital symbolique. Charle montre toute l'ambiguïté de la réponse de l'auteur de *Paris*, qui oscille entre « corporatisme égoïste et apolitique[3] », éloge de la jeunesse engagée, et préférence affichée en creux pour les combats destinés à défendre les valeurs absolues que sont la Vérité et la Justice, hors jeu ici selon lui.

La question anarchiste constitue donc un excellent révélateur des limites assignées aux concepts de *censure* d'un côté, et d'*engagement* ou de *responsabilité* de l'autre. Plus légaliste que réactionnaire[4], Zola perçoit le procès intenté à la *Société mourante et l'anarchie* moins comme un cas de censure que comme une mesure légitime visant à protéger la sécurité intérieure de la société. Il s'oppose en cela au radicalisme d'un Mirbeau, qui préface le livre, et témoigne au procès, aux côtés de Bernard-Lazare, d'Élisée Reclus et de Paul Adam.

LECTURE RECONTEXTUALISANTE
Une censure doublement *a posteriori*

On sait que l'attentat de Vaillant perpétré le 9 décembre 1893 contre la Chambre des députés – ce « sanctuaire de la loi[5] » dont parle ironiquement le « voleur » de Georges Darien – a conduit l'État à un durcissement rapide et violent du système préventif et répressif. Comme le note Jean-Pierre Machelon, « la répression fut exceptionnellement dure[6] ». Les deux premières « lois scélérates » sont promulguées dès la mi-décembre 1893 :

1 Elle est reproduite en annexe, *ibid.*, p. 252.
2 Cité par J. Grave, *Quarante ans de propagande anarchiste*, *op. cit.*, p. 278.
3 Ch. Charle, *Naissance des « intellectuels » 1880-1890*, *op. cit.*, p. 134.
4 Ch. Charle parle de « régression par rapport aux prises de position antérieures » de Zola, *id.*
5 « Ah ! j'ai été tellement ému, en pénétrant dans l'auguste enceinte, dans le sanctuaire de la loi ! », G. Darien, *Le Voleur* (1897), éd. P. Besnier, Gallimard, coll. « Folio », 1987, p. 39.
6 J.-P. Machelon, *La République contre les libertés ?*, *op. cit.*, p. 401.

loi sur la presse (11 et 12 décembre) concernant les « appels au meurtre, au pillage » ; loi sur « les associations de malfaiteurs » (18 et 19 décembre). L'ensemble de la presse anarchiste est alors réduite au silence, puisque l'on punit désormais la « provocation indirecte », à savoir « l'apologie », qui vient d'être rétablie comme « délit », et non pas seulement la « provocation directe » au crime[1]. Le 10 mars 1894, *La Révolte* cessait de paraître. Jean Grave commente ainsi ce changement de régime :

> C'est en rechignant, que les députés avaient consenti à voter les lois qui aggravaient les pénalités contre la presse. Jusque-là, les actes de révolte ne les concernaient pas. Mais du jour où l'on s'attaqua à eux, ils devinrent enragés. [...] Quant aux journaux, non seulement, gérants, écrivains pouvaient être poursuivis, les pénalités augmentées à nouveau, les portant à 5 ans de prison là où auparavant on pouvait attraper 6 mois ; mais l'imprimeur, le vendeur pouvaient être poursuivis. Nous retournions à l'Empire[2].

Bien évidemment, la dimension antilibérale de ces lois d'exception fera l'objet de vives critiques, et pas seulement au sein des milieux anarchistes ou anarchisants. Francis de Pressensé, futur président de La Ligue des Droits de l'Homme, dans les colonnes de *La Revue Blanche*, manifeste ainsi son profond désaccord vis-à-vis de cette nouvelle « Loi des Suspects ». Il stigmatise un gouvernement qui a su « savamment exploiter » les attentats, et qui fait ainsi « payer à la liberté les frais d'une sécurité menteuse[3] ».

C'est dans ce contexte que le livre de Grave se voit condamné, *bien après sa parution[4], ce que le principal intéressé n'a pas manqué de noter :*

> Comme je n'ai rien à retrancher de mon livre, tout le débat portera sur l'effet rétroactif que l'on donne à des lois d'exception alors que l'on ne m'avait pas poursuivi, quand le livre est paru, avec les lois ordinaires, et démontre que c'est un procès de haine que l'on me fait et rien de plus[5].

---

1 Voir G. Loubat, « De la provocation et de l'apologie », *Code de la législation contre les anarchistes*, *op. cit.*, p. 147-164. Ainsi un « Vive l'anarchie ! » pourra désormais tomber sous le coup de ce « délit d'apologie » (article 24), et ne sera pas considéré comme un simple « cri séditieux ».

2 J. Grave, *Quarante ans de propagande anarchiste*, *op. cit.*, p. 297-298.

3 Fr. de Pressensé, « Un Juriste », et E. Pouget, *Les Lois scélérates de 1893-1894*, *op. cit.*, p. 1.

4 Officiellement, on condamne en fait une deuxième édition du livre, parue en Belgique, comme nous l'apprend Grave (*Quarante ans de propagande anarchiste*, *op. cit.*, p. 322). Voir aussi J. Maitron, *Le Mouvement anarchiste en France. 1. Des origines à 1914* (1975), *op. cit.*, p. 253.

5 J. Grave, lettre à un camarade du 12 février 1894, cité dans J. Grave, *Quarante ans de propagande anarchiste*, *op. cit.*, p. 305.

En l'espace de quelques mois, un livre innocent se mue en livre coupable et interdit. Entre la publication (juin 1893) et le procès (février 1894) aura eu lieu l'attentat de Vaillant (décembre 1893). Ceci montre combien la censure politique, très volatile, directement liée au temps court de l'actualité, diffère quelque peu des mécanismes de la censure morale, davantage liée au temps long, plus anthropologique, des tabous et des interdits. La censure réagissant à l'événement convertit un livre-chose en livre-cause ; elle croit prendre acte des effets sociaux de la lecture.

La bombe de Vaillant rejaillit donc sur le livre de Grave qui apparaît dès lors pour les défenseurs de l'ordre social moins comme un discours argumentatif que comme un acte explosif. C'est toute l'ontologie du livre élaborée depuis le Kant des *Principes métaphysiques de la doctrine du droit* (1798) qui change radicalement. Le livre n'est plus seulement un produit matériel et un discours ; il devient acte pur. En effet, dans le cadre du procès d'un livre anarchiste, la « lecture pénale » peut cesser d'être une lecture partiale, pour se muer en *non-lecture*, selon une double entreprise connexe et inverse de *réification* du livre et de *personnalisation* du fait littéraire. D'une part en effet, le livre, amputé de sa face idéelle, rendu solidaire de ses effets, devient acte pur et pur objet, l'objet du délit. Il constitue l'envers de la bombe avec laquelle il fait système, à tel point que *rhétoriquement*, par le discours de l'accusation, la propagande par le livre en arrive à se confondre avec « la propagande par le fait ». Il ne reste plus qu'à faire coïncider le plan rhétorique et le plan pénal. Tel est le paradoxe de la « lecture » idéologique pure, parfaitement résumé par le réquisitoire, dont la rhétorique judiciaire en dit plus long qu'il n'y paraît : « l'accusé d'aujourd'hui est un livre [...] ce livre est un explosif ; frappez-le comme une bombe[1] ». D'autre part, le livre se trouve tout entier condensé autour de la personne de son signataire, réduite pénalement à la « fonction-auteur[2] ». Grave se voit attaqué sans doute ici autant, sinon davantage, comme directeur de *La Révolte* que comme auteur de *La Société mourante*, comme si le contenu de l'ouvrage importait finalement fort peu. Dans la France post-révolutionnaire du XIXe siècle, note Régis Debray, « la justice se montrera toujours plus tolérante à l'égard du livre qu'à l'égard du journal[3] ».

1 Cité par U. Eisenzweig, « Poétique de la bombe », *op. cit.*, p. 197.

2 M. Foucault, « Qu'est-ce qu'un auteur ? » [conférence prononcée le 22 février 1969], dans *Dits et écrits, 1954-1988*, éd. Daniel Defert et François Ewald, Paris, Gallimard, 1994.

3 R. Debray, « Logique de la censure », *Cours de médiologie générale*, *op. cit.*, p. 473.

Il n'en demeure pas moins que l'époque de Jules Ferry appartient à la *graphosphère*, dont le livre constitue l'un des piliers. On le sait, le vieux lieu commun hérité du XVIIIe siècle de « l'horrible danger de la lecture » connaît un essor immense sous la Troisième République. Une des principales nouveautés tient dans la caution scientifique que lui apportent la psychologie sociale d'un Gabriel Tarde ou d'un Jean-Marie Guyau, comme la psychologie pathologique d'un Théodule Ribot ou d'un Max Nordau. À une époque qui est aussi celle de la publication de l'essai de Jules de Gaultier sur le « bovarysme » (1892), celle de la querelle, au sein de la critique, entre Anatole France et Ferdinand Brunetière, autour du *Disciple* de Paul Bourget (1889), le pouvoir de « nuisance » de l'écrit n'a jamais été aussi fortement questionné. La promulgation des « Lois scélérates » fait système avec la recherche des « lois de l'imitation ». Ainsi, le Lantier de *Germinal* est l'homme des « lectures mal digérées », quand Émile Henry, lors de son procès, convoque l'exemple de Souvarine[1], dont l'autorité fictive vaut celle du très réel Kropotkine.

« PROPAGANDE PAR LE FAIT » ET « ACTION RESTREINTE »
D'une censure l'autre

C'est dans ce contexte propice à toutes les « intoxications littéraires[2] », pour reprendre la formule de Paul Bourget, que Gustave Lanson publie en juillet 1893, dans la *Revue universitaire*, un article qui fait de Mallarmé, poète ayant attenté aux lois du discours, un anarchiste par le poème[3]. Quand la « lecture pénale » *a posteriori* de Bulot rabat la bombe sur le livre, de même, la lecture critique de Lanson s'autorise de ce climat idéologique[4] et de cette actualité politique pour poser une analogie entre

---

1 Voir J. Maitron, *Ravachol et les anarchistes* (1964), Gallimard, 1992, p. 105.

2 L'auteur du *Disciple* use de cette formule bovaryenne qui résume l'ancrage généalogique de ses essais, dans une lettre de 1894 : voir P. Bourget, « Lettre autobiographique », *Essais de psychologie contemporaine*, éd. A. Guyaux, Gallimard, 1993, p. 453.

3 G. Lanson, « La poésie contemporaine. M. Stéphane Mallarmé » (1893), *Stéphane Mallarmé*, éd. B. Marchal, PUPS, coll. « Mémoire de la critique », 1998, p. 269-278.

4 Lanson cite en particulier Max Stirner, dont l'œuvre commence à être traduite par fragments dans les revues proches des milieux symbolistes.

la destruction de l'ordre social par la bombe et la destruction de l'ordre logico-syntaxique par le livre de poésie, le dénominateur commun résidant ici dans la notion d'« individualisme », cette grande affaire de toute la sociologie comme de toute la philosophie politique post-révolutionnaire : « son art est l'équivalent littéraire de l'anarchie. [...] [S]a doctrine représente le dernier terme où l'individualisme esthétique puisse aboutir[1]. » Cette critique vaut comme une forme de censure mais aussi comme une forme négative de première réception universitaire de l'œuvre. Brunetière ira encore plus loin dans la censure académique, écrivant en 1893 dans son cours sur « l'évolution de la poésie lyrique » : « d'autres raisons nous ont empêché de parler de M. Stéphane Mallarmé, dont la première est celle-ci, que nous n'avons pas pu réussir à le comprendre[2] ». L'essai de Jean Grave lu par la cour d'assises et le poème de Mallarmé lu par l'université constituent à cette date les deux pointes extrêmes du discours inaudible et condamné. L'un est trop lisible, l'autre trop illisible, mais les deux doivent affronter la censure institutionnelle.

Et Mallarmé de répondre dans le cadre d'une enquête journalistique menée en décembre 1893, confirmant souterrainement cette grille de lecture universitaire éminemment *datée*[3], qu'il ne saurait y avoir « d'autre bombe qu'un livre[4] ». Au même moment, lors d'un « Mardi » dont le contenu nous est rapporté par Régnier dans ses *Cahiers* à la date de mai 1894, Mallarmé, comme Zola et bien d'autres écrivains, dissocie la bombe du livre, et hiérarchise les formes de la révolte :

1 G. Lanson, « La poésie contemporaine. M. Stéphane Mallarmé » (1893), *Stéphane Mallarmé*, *op. cit.*, p. 277.

2 F. Brunetière, « L'évolution de la poésie lyrique au XIXe siècle (15e leçon). Le Symbolisme » (*Revue politique et littéraire*, 17 juin 1893), *Stéphane Mallarmé*, *op. cit.*, p. 267.

3 Cet ancrage historique marqué n'empêchera pas cette lecture anarchiste de Mallarmé de resurgir à d'autres *dates*, avec Sartre dans les années 1950, ou avec Kristeva dans les années 1970. Sur cette question, voir A. Compagnon, « La place des Fêtes : Mallarmé et la Troisième République des Lettres », *Mallarmé ou l'obscurité lumineuse*, dir. B. Marchal et J.-L. Steinmetz, Hermann, 1999, p. 59-66 ; P. Durand, « "La Destruction fut ma Béatrice". Mallarmé ou l'implosion poétique », *RHLF*, mai-juin 1999, p. 373-389 ; U. Eisenzweig, « Poétique de la bombe », *Fictions de l'anarchisme*, *op. cit.*, p. 188-205 ; J.-P. Lecercle, *Littérature, Anarchies*, Éditions Place d'armes, 2007, *passim* ; P. MacGuinness, « Mallarmé and the Poetics of Explosion », *MLN*, septembre 2009, p. 797-824 ; Th. Roger, « Art et anarchie à l'époque symboliste : Mallarmé et son groupe littéraire », *Fabula/Les colloques*, De l'absolu littéraire à la relégation : le poète hors les murs, décembre 2014, http://www.fabula.org/colloques/document2443.php.

4 Mallarmé, *Œuvres complètes*, éd. B. Marchal, Gallimard, coll. « Bibliothèque de la Pléiade », t. II, 2003, p. 660.

> Chez Mallarmé. Il s'étonne que les jeunes gens soient anarchistes, de ce goût chez eux pour des manifestations grossières, de cette condescendance à des moyens brutaux de la part de gens qui ont à leur disposition des moyens supérieurs de protestation comme le livre. Il ajoute qu'il n'y a pas lieu d'être anarchiste tant qu'on permettra d'écrire et, quelqu'un objectant des lois restrictives, il répond que savoir écrire c'est savoir tout dire malgré tout, et que le tyran oblige à la seule chose intéressante, l'allusion et la périphrase[1].

Le langage indirect, autrement dit la littérature, reste le seul moyen d'action légitime[2]. De même, Pierre Quillard par exemple, au même moment, soutient que « la bonne littérature est une forme éminente de la propagande par le fait[3] ». Ainsi, la vraie question n'est pas de *pouvoir* « tout dire » (question juridique), mais de *savoir* « tout dire » (question technique et esthétique). Allons plus loin : la censure politique est la condition de possibilité de la littérature, puisqu'elle fonde le style. Gide, en bon mallarméen, dira que « l'art meurt de liberté ».

Ce parti pris du livre passant par la seule idéalité efficace et durable de la pensée – le « Livre instrument spirituel » dira l'une des « variations sur un sujet » donnée à *La Revue Blanche* en 1895 – fera l'objet d'une analyse assez similaire dans la conférence de *La Musique et les Lettres*, prononcée en avril 1894. Mallarmé ironise sur tous ces malentendus suscités par les attentats :

> L'injure bégaie, en des journaux, faute de hardiesse : un soupçon prêt à poindre, pourquoi la réticence ? Les engins, dont le bris illumine les parlements d'une lueur sommaire, mais estropie, aussi à faire grand'pitié, des badauds, je m'y intéresserais, en raison de la lueur – sans la brièveté de son enseignement qui permet au législateur d'alléguer une définitive incompréhension ; mais j'y récuse l'adjonction de balles à tir et de clous. Tel un avis ; et, incriminer de tout dommage ceci uniquement qu'il y ait des écrivains à l'écart tenant, ou pas, pour le vers libre, me captive, surtout par de l'ingéniosité[4].

1 G. Millan, *Les « Mardis » de Stéphane Mallarmé. Mythes et réalités*, Nizet, 2008, p. 92. Sur cette affirmation qui pourrait sembler une provocation, voir notre introduction et, sur les scènes de théâtre pendant la période révolutionnaire, la contribution de M. Biard, p. 371-383.

2 Sur l'affirmation de l'autonomie/l'hétéronomie de la littérature comme l'un des deux axes des discours critiques, voir plus haut la contribution de G. Sapiro, p. 272.

3 P. Quillard, « L'anarchie par la littérature », *Les Entretiens politiques et littéraires*, avril 1892.

4 Mallarmé, *Œuvres complètes*, *op. cit.*, t. II, p. 72. Ce texte, extrait de la conférence, sera publié en 1897 dans *Divagations* dans la série des « Grands faits divers », sous le titre « Accusation ».

On sait que Mallarmé répondra finalement à cette question pressante par la notion d'« action restreinte », dans un article de 1895 qui avait pour titre premier, comme l'atteste un jeu d'épreuves, « À l'éloge du livre[1] ». La mythologie solaire mallarméenne ne retient de la bombe que sa dimension lumineuse. On sait que l'auteur d'*Offices* joue la fête contre l'attentat. Son utopie poético-religieuse repose sur le seul *feu d'artifice* du Livre mobile ou spatialisé[2]. On mesure là toute la proximité et la distance que son œuvre entretient avec l'imaginaire anarchiste du grand Soir ; on voit aussi comment Mallarmé instaure un jeu, dangereux, avec l'idée et l'image du livre-bombe.

En avril 1894, si l'on en croit Henri de Régnier, Mallarmé soutient l'idée suivante, où affleure le dialogue complexe qu'il tente d'établir au même moment avec le prolétaire dans « Confrontation » : « il n'y a qu'un homme qui ait droit d'être anarchiste, moi, le poète, parce que seul je fabrique un produit dont la société ne veut pas, en échange duquel elle ne me donne pas de quoi vivre[3] ». Le livre de poésie est cette « mentale denrée[4] » qui ne rentre pas dans l'économie générale. En régime capitaliste, la censure économique détrône la censure politique qui, on vient de le voir, pour l'adepte d'une esthétique de la « suggestion », n'est pas vraiment à redouter : la dialectique du livre et de la bombe émerge sur fond de cet « échange » impossible du livre contre le pain. De ce point de vue, le censeur n'est plus cet archi-lecteur subtil, ni ce micro-lecteur partial ; le voici devenu cet homme qui a cessé de lire, ou qui doit réapprendre l'alphabet : « des contemporains ne savent pas lire[5] ».

Thierry ROGER
Université de Rouen
CÉRÉdI – EA 3229

1 Cette précision est donnée par B. Marchal dans son appareil critique : voir Mallarmé, *Œuvres complètes*, *op. cit.*, t. II, p. 1644.

2 Sur ce point, nous renvoyons à B. Marchal, *La Religion de Mallarmé*, José Corti, 1988.

3 H. de Régnier, *Cahiers inédits*, Pygmalion, 2002, p. 385.

4 Mallarmé, « Étalages », *Œuvres complètes*, *op. cit.*, t. II, p. 219.

5 Mallarmé, « Le Mystère dans les Lettres », *Œuvres complètes*, *op. cit.*, t. II, p. 234.

DE L'OBSCURITÉ COMME CENSURE

Proust, Muhlfeld, Mallarmé

« Un critique est une personne qui se mêle de ce qui ne la regarde pas » : ce propos attribué à Mallarmé – auquel Sartre l'empruntera peut-être pour définir l'intellectuel[1] – prend un piquant tout particulier d'avoir été d'abord rapporté par Proust, et de surcroît comme « un de ses mots profonds et frivoles qui, dans son œuvre, en face de ses vers de ténèbres, sont comme la revanche délicieuse de la lumière[2] ». Ce mot et ce commentaire, c'est moins de dix ans après la polémique qui l'avait opposé à Mallarmé au sujet précisément de l'obscurité en poésie que Proust les place, en 1904, au seuil de l'une de ses notes de lecture du *Gil Blas*. En juillet 1896, n'ayant guère à son crédit que *Les Plaisirs et les Jours*, paru un mois plus tôt, l'écrivain en herbe avait donné à *La Revue blanche* un article très rude pour dénoncer dans l'obscurité chère aux poètes de la « jeune école » une « erreur d'esthétique » fondée sur un oubli des « lois générales de l'art » et du « génie permanent de la langue[3] ». Bien qu'aucun n'y fût nommé, l'article prenait explicitement pour cible le « symbolisme », envisagé sous les trois aspects de la poésie « en vers ou en prose » fédérée à son enseigne, de la métaphysique nuageuse professée par ses adeptes et de la posture aristocratique dont la plupart de ceux-ci se prévalent au sein d'un univers littéraire menacé, à les en croire, par « les atteintes du vulgaire ». Rien là qui résiste à l'examen,

1 « L'intellectuel, écrira-t-il, est quelqu'un qui se mêle de ce qui ne le regarde pas » (J.-P. Sartre, *Plaidoyer pour les intellectuels*, dans *Situations, VIII*, Paris, Gallimard, 1972, p. 377).

2 Marcel Proust, notule au sujet d'une *Étude sur Victor Hugo* par Fernand Gregh (*Gil Blas*, 14 décembre 1904, sous le pseudonyme de Marc Antoine), recueillie parmi ses *Essais et articles*, dans *Contre Sainte-Beuve*, éd. P. Clarac avec la collaboration d'Y. Sandre, Paris, Gallimard, « Bibliothèque de la Pléiade », 1971, p. 501.

3 M. Proust, « Contre l'obscurité » (*La Revue blanche*, n° 75, 15 juillet 1896), dans *La Revue blanche. Histoire, anthologie, portraits* (par O. Barrot et P. Ory), Paris, U.G.E., série « Fins de siècles », 1989, p. 65-71 (le texte en est aussi disponible dans le volume *Contre Sainte-Beuve*, éd. citée, p. 390-395).

expliquait un Proust abritant derrière une « franchise [...] méritoire peut-être dans la bouche d'un jeune homme » la cruelle ironie avec laquelle il exhortait ces « poètes obscurs » à se retremper au secret de la nature, qui « leur apprendra le dédain de l'obscurité », et à renoncer, pour leur propre bien, aux illusions à la fois naïves et vulgaires qu'ils nourrissent[1].

L'intéressant, dans cette charge, tient moins à sa fougue qu'à la position d'énonciation adoptée pour la cause, qui tranche à deux égards avec les polémiques dont l'esthétique symboliste a couramment fait l'objet dans la presse et sous la plume de tant d'adversaires déclarés. Son offensive « Contre l'obscurité », Proust la mène ou plutôt feint de la mener, non sans culot, au nom et au bénéfice des poètes auxquels il s'adresse, à la génération des plus jeunes desquels d'ailleurs il appartient ; et cela dans les pages de l'un des principaux organes du mouvement dont il disqualifie les valeurs caractéristiques. Le discours critique se double pour le coup d'une intrusion significative, à quoi la rédaction de *La Revue blanche* se devait de réagir. Elle n'y manqua pas, et sans tarder : dans la même livraison, Lucien Muhlfeld – auquel Proust, est-il précisé en note, avait « par avance communiqué son article » – versait au dossier un long texte « Sur la clarté » dans lequel l'ancien secrétaire de la rédaction s'employait à réfuter les objections de l'intrus sur un ton où la condescendance le disputait au dogmatisme[2].

Cette affaire présente un autre intérêt pour l'objet général du présent volume : à savoir que l'intrusion du jeune Proust au cœur de la forteresse symboliste aura été, au-delà, l'occasion pour un Mallarmé piqué au vif de prendre part à cette controverse en publiant dans le numéro suivant de *La*

1 Le comble en fait d'ironie est atteint lorsque Proust, considérant « l'argument le plus souvent invoqué par les poètes obscurs en faveur de leur obscurité, à savoir le désir de protéger leurs œuvres contre les atteintes du vulgaire », en vient en effet à déclarer qu'« ici le vulgaire ne me semble pas être où l'on pense » : « Celui qui se fait d'un poème une conception assez naïvement matérielle pour croire qu'il peut être atteint autrement que par la pensée et le sentiment (et si le vulgaire pouvait l'atteindre ainsi il ne serait pas le vulgaire), celui-là a de la poésie l'idée enfantine et grossière qu'on peut précisément reprocher au vulgaire » (*ibid.*, p. 69-70).

2 Lucien Muhlfeld (1870-1902) avait été, de 1891 à 1895, le secrétaire-gérant et le chroniqueur littéraire en titre de la revue des frères Natanson, devenue avec *Le Mercure de France* de Rachilde et Vallette l'un des deux principaux organes du symbolisme en phase de consécration et de luxueuse routinisation. Les morceaux choisis par O. Barrot et P. Ory ont été utilement prolongés par C. Barraud, *La Revue blanche. Une anthologie*, Houilles, Manucius, coll. « Littéra », 2010.

Revue blanche, avec « Le mystère dans les lettres », non seulement l'un de ses écrits théoriques majeurs, relatif aux mécanismes de la signification poétique telle qu'il la concevait, mais une réflexion touchant aux effets de censure de toute sorte, censure préventive autant que subie, suscités par la rencontre plus ou moins pertinente entre un texte à dimension poétique et le mode de lecture auquel il se voit destiné ou auquel il se trouve soumis. En rouvrant ici ce dossier, je voudrais montrer, pour le dire d'abord très vite, que ce débat sur l'obscurité en poésie, de Proust à Mallarmé en passant par Muhlfeld, aura été aussi, sous plusieurs angles, un débat sur la censure. Censure par l'obscurité (selon Proust). Censure de l'obscurité (selon Muhlfeld). Censure au moyen mais aussi au profit de l'obscurité (selon Mallarmé). Le tout placé sous le signe de la lecture ou de la lisibilité en général et sous celui de la critique en particulier.

« IL DIT CE QU'ON DIT »

Commençons par le retournement que l'article « Sur la clarté » fait subir au point de vue adopté par Proust dans son propre article « Contre l'obscurité ». Montant au créneau au nom de toute la rédaction d'« une revue qu'on considère, aux meilleurs salons, dit-il, comme un repaire de décadents » – bien qu'« en insérant [ledit article], dit-il encore, ladite revue marque une humilité tout à fait seyante[1] » –, Lucien Muhlfeld prend soin de mentionner que Proust lui en a transmis le texte avant publication « avec une courtoisie charmante ». Qu'il soit ainsi fait assaut de bonnes manières s'accorde sans doute à un canton de l'univers littéraire où dénégation et litote ont plus encore qu'ailleurs force de loi ; la chose n'en dit pas moins long sur les enjeux engagés dans cette polémique : enjeux territoriaux, pourrait-on dire, en ce qu'ils touchent en effet au droit d'intervenir ou de prévenir toute intrusion sur un terrain défini. C'est à fleuret bien peu moucheté en réalité que Muhlfeld réagit au « petit travail » de celui qu'il appelle « [son] jeune confrère[2] ». De

1 Lucien Muhlfeld, « Sur la clarté », dans *La Revue blanche. Histoire, anthologie, portraits*, éd. citée, p. 72.

2 *Ibid.*, p. 72.

même que l'article « Contre l'obscurité » frappait par son ton et son mode d'énonciation plus que par ses propositions, la réplique qui lui est immédiatement adressée fait moins sens par la teneur de ses arguments que par la vigueur très méthodique avec laquelle son auteur s'engage dans ce qui tient à l'évidence d'une guerre de positions. Là où Proust ne nommait aucun des « poètes obscurs » qu'il prenait à partie, ni aucun auteur vivant – hormis « M. Anatole France », à l'exemple duquel il les rappelait comme à « l'un des seuls qui veuille ou qui sache [se] servir encore » du « charme natal du parler de France[1] » –, Muhlfeld avance tout cuirassé de noms et de références (et aussi de concepts savants). Écrivains jeunes et moins jeunes mêlés au symbolisme, tels que Kahn, Griffin, Régnier, Moréas, Verhaeren, Gide, Coolus, Ponchon, Wyzewa ou Barrès. Grammairiens et philologues tels que Darmesteer, Littré, Noël et Chapsal, Gaston Paris et jusqu'à « [son] vieux maître de rhétorique, Eugène Réaume, l'éditeur d'Agrippa d'Aubigné[2] ». Représentants d'autres disciplines encore, tels un Élisée Reclus, un Jules Souris ou un Charles Seignobos. Ce n'est pas qu'il s'agisse de jouer cartes sur table, ni seulement de combler les non-dits d'un Proust soucieux peut-être de ménager quelques susceptibilités en les enveloppant dans une indifférenciation en vérité plus offensante. C'est qu'il s'agit plutôt de lui retourner en manivelle un discours d'autorité fort d'un savoir procuré par la fréquentation des maîtres et des livres autant que par une active participation au milieu littéraire mis en cause[3]. Ces noms, ces référents se multiplient donc, aussi bien, en fait de marqueurs de frontière et

1 M. Proust, « Contre l'obscurité », art. cité, p. 69. Que ledit Anatole France, institué de la sorte en parangon de la clarté française, ait préfacé *Les Plaisirs et les Jours* ajoute, avec un peu de flagornerie, du sel à la chose. Proust prend d'autre part à témoin, mais sans nommer leurs auteurs, « *la Guerre et la Paix, le Moulin sur la Floss* » en fait d'exemples d'un universel atteint à travers le particulier et l'individuel (*ibid.*, p. 70). Muhlfeld ne manquera pas de rappeler qu'Anatole France, l'« éminent maître » de Proust, « accusa successivement ces deux artistes [Mallarmé et Verlaine] d'être mal intelligibles » (« Sur la clarté », éd. citée, p. 78). Rappelons aussi qu'Anatole France avait figuré dans le jury établi par Lemerre pour le troisième *Parnasse contemporain*, qui devait refuser sous différents prétextes les contributions de Verlaine, Mallarmé et Charles Cros.

2 L. Muhlfeld, « Sur la clarté », éd. citée, p. 83.

3 Un discours d'autorité qui permettra, au détour d'une page, de faire tomber comme du haut d'une chaire l'énoncé d'une relation mathématique telle que celle-ci : « La clarté peut presque se nombrer comme le rapport du sujet qui comprend à l'objet qui s'offre. Elle augmente avec la lucidité du sujet et l'évidence de l'objet. Elle décroît selon l'inclairvoyance de l'un et, si je puis dire, "l'inclairvisibilité" de l'autre. On peut concevoir

de souveraineté à l'intérieur d'un espace littéraire structuré par de grandes oppositions, que l'ex-secrétaire de *La Revue blanche* réinstalle avec d'autant plus de fermeté que l'intervention de Proust les a ignorées et qu'il convient, somme toute, de remettre le jeune critique à sa place.

Au-delà du débat ouvert sur « l'obscurité », qu'il y ait lieu de la dissiper au nom d'un immémorial principe de « clarté », comme le voudrait Proust, ou de la défendre au nom de l'esthétique du moment et des principes qu'elle-même puise aux sources de l'intelligence, comme le veut son contradicteur, tout l'article de Muhlfeld peut être lu en effet comme une sorte de translation, à petite échelle, des structures du champ littéraire de la fin du siècle, à partir de la ligne de fracture qui s'y trouve tracée entre les symbolistes, au nombre desquels son auteur se range, et les parnassiens, « poètes mûrs » et plus ou moins respectés par la jeune génération, allant d'un Heredia à un Coppée en passant par Sully Prudhomme. Ligne de fracture réductible sans doute à des considérations d'esthétique et de génération, liées aux deux temporalités de l'évolution des formes (ou du vieillissement des doctrines) et du renouvellement du personnel littéraire, mais qui n'est guère qu'une espèce locale des grandes démarcations plus significatives que Muhlfeld établit à différents niveaux de généralité : entre la sphère du journalisme et celle des lettres ; entre la littérature des amateurs et celle des auteurs professionnels ; entre les écrivains industriels et les écrivains de vocation ; entre le monde de l'Académie et celui de la littérature vivante ; et enfin, au sein de celle-ci, entre les écrivains illettrés (ou médiocrement pourvus sous ce rapport) et les écrivains véritablement lettrés[1]. Occasion pour Muhlfeld de se livrer à une sorte de sociologie *pro domo* en reliant l'essor d'une « génération [...] particulièrement nantie de littérature et de science » au fait que, « devant la médiocrité des emplois administratifs », « d'anciens élèves d'Écoles, normale, même centrale et polytechnique, des archivistes, des agrégés de philosophie, pensèrent à gagner la vie littéraire » : ainsi, continue-t-il, « tandis que les notoires qui les précédèrent étaient éclos dans l'atmosphère des journaux et des théâtres légers, eux apprirent à penser dans les gymnastiques supérieures de Hume, de Bossuet, de

qu'il y a compréhension quand ce rapport atteint l'unité, incompréhension quand il est inférieur » (*ibid.*, p. 86).

1 Muhlfeld donnera l'année suivante un essai bien oublié sur ce thème : *Le Monde où l'on imprime : regards sur quelques lettrés et divers illettrés contemporains*, Paris, Perrin, 1897.

Schopenhauer, de Claude Bernard ». Et d'ajouter : « Dès lors le fossé se creusa profond et sombre, entre la petite troupe des intellectuels et la masse mal fortifiée par la préparation d'un baccalauréat pénible, puis débilitée par les soucis d'affaires ou mondains[1]. »

On voit quelle logique se trouve mise en jeu dans la manière dont Muhlfeld relance la polémique sur l'obscurité en littérature : amalgamer Proust et sa critique intempestive, sinon à la masse des illettrés (après tout Proust sort du même lycée Condorcet que son contradicteur et tant d'autres animateurs de *La Revue blanche*), du moins au monde des salons mondains (dont il est effectivement perçu comme l'un des phares avant que la *Recherche* n'en fasse, aux yeux des lettrés mêmes, son principal analyste en régime d'observation participante)[2]. Et, plus largement, opposer deux entre-soi, c'est-à-dire aussi deux ensembles d'intérêts partagés : l'entre-soi des écrivains symbolistes, voués aux arcanes subtils de l'art et de la vie dans la pensée, et l'entre-soi des gens du monde, voués aux subtils arbitrages de l'étiquette et de l'esprit[3]. S'étant mêlé de ce qui ne le regarde pas, Proust critique se trouve reconduit à la fois à son ignorance, quant aux choses dont il prétend juger, et à son milieu d'origine, quant au discours qu'il tient et quant aux cadres de réflexion qu'il a transportés à *La Revue blanche*. « Il sourit, écrit Muhlfeld, de "la rhétorique", "qui apprend à faire des vers libres" ». « Où est-elle cette rhétorique, lui est-il répondu, qui, aussi bien, serait une prosodie ? Je connais sur le vers libre des articles ingénieux ou forts ou niais, mais aucun ne donne de recettes[4]. » Le snob est ainsi repris de haut et l'entre-soi

1 L. Muhlfeld, « Sur la clarté », éd. citée, p. 82-83.

2 Lorsque Gide s'excusera auprès de Proust d'avoir refusé *Du côté de chez Swann* comme de « la plus grave erreur de la N. R. F. », c'est la doxa même synthétisée par Muhlfeld qu'il évoquera : « Je vous croyais – vous l'avouerai-je ? – "du côté de chez Verdurin". Un snob, un mondain amateur » (lettre à M. Proust, janvier 1914, dans *Autour de la Recherche*, Bruxelles, Complexe, coll. « Le regard littéraire », 1999, p. 9-11). Ce refus pourrait aussi apparaître comme un effet retard de la polémique contre l'obscurité lancée par Proust vingt ans plus tôt.

3 Il est frappant de constater que l'article « Sur la clarté », avec des enjeux évidemment tout différents, s'écrit sur un canevas préfigurant celui du *Qu'est-ce que la littérature ?* de Sartre. « Pour qui écrira-t-on ? », se demande Muhlfeld, p. 83, avant d'indiquer les destinataires privilégiés de la quintessence littéraire (« Pour soi d'abord », puis pour « une élite »). Les considérations de technique sur quoi s'ouvre l'article répondraient en ce sens à la question « Comment écrit-on ? » et les considérations parasociologiques qu'on a citées plus haut à cette autre : « Qui écrit ? ».

4 *Ibid.*, p. 72-73.

de ceux qui savent, parce qu'ils en sont, mis aussitôt à l'abri de tel qui croit en savoir sans y être. Proust surtout, notait d'entrée Muhlfeld, « résume l'opinion d'un lot honorable de lecteurs mondains : il leur fournit, avec un ou deux raisonnements, diverses métaphores excellentes à la conversation[1]. » Et c'est par là encore qu'il conclura son article : « Il y a des lumières fumeuses, issues pourtant de chandelles connues, salonnières et réputées ; mais l'œil instruit les jugera obscures. À chacun sa clarté. Et laissons dire[2]. » Dans l'intervalle, une forte formule aura cerné d'un trait ironique et la position et le discours de Proust : « Il dit ce qu'on dit[3]. » On ne saurait mieux résumer les choses et le rapport des forces en présence, ni mieux caractériser le cas de censure particulier ayant consisté à introduire dans un monde, afin d'en rendre compte, les lois d'un autre monde ou, pour le dire autrement, à appliquer sur un objet des catégories de perception et de jugement non pertinentes. Au nom de la clarté, que « l'obscurité » offusquerait, suivant Proust, c'est la « clarté » de « l'intelligence » qui, à suivre Muhlfeld, s'en serait trouvée obscurcie : « Il y a des lumières rares, dons des chimies nouvelles et savantes, pour qui la rétine vulgaire est un mauvais photomètre[4]. »

L'OBSCUR ET L'ABSCONS

L'entre-soi si âprement barricadé par Muhlfeld tourne autour de ce qu'il appelle un « cas spécial », celui de Mallarmé, cible de bien des polémiques mais aussi, précise-t-il, « arme de polémique » : « En réalité, derrière lui, on incrimine d'obscurité et Verlaine et Barrès et nous tous[5]. » Si Proust avait évité toute allusion en sa direction, voilà le maître de la rue de Rome embarqué du coup dans l'affaire. Ceci, compte tenu aussi du fait que l'attaque avait été portée depuis le saint des saints de l'école symboliste, contribue à expliquer pourquoi, dérogeant

1 *Ibid.*, p. 72.
2 *Ibid.*, p. 87.
3 *Ibid.*, p. 75.
4 *Ibid.*, p. 87.
5 *Ibid.*, p. 77.

à la règle qu'il semble s'être fixée de ne pas se mêler aux controverses le prenant à partie, Mallarmé a cru bon de reprendre, pour la cause, le fil interrompu des « Variations sur un sujet » qu'il avait données à *La Revue blanche* de février à novembre 1895, en rédigeant à son tour, sans non plus le nommer, une réponse à Proust. « Je vous enverrai si je le trouve passable », écrit-il de Valvins à Léopold Dauphin, un mois après la parution de l'article et de la réaction de Muhlfeld, « un morceau sur l'obscurité ; où je secoue en poux mes agresseurs qui deviennent légion[1]. » Le poète, qui laissait ordinairement ce soin à ses lieutenants, n'a guère répondu que deux autres fois publiquement aux « agressions » visant en lui le chef de file de l'école symboliste et le représentant le plus radical de l'hermétisme poétique. L'une en 1894, à la fin de sa conférence sur *La Musique et les Lettres* – pour renvoyer l'auteur de *Dégénérescence*, le sociologue allemand Max Nordau, aux « arcanes » de la science dont celui-ci usait avec « des mains [trop] grosses pour les manier » (« Le malheur, dans l'espèce, que la science s'en mêle ; ou qu'on l'y mêle[2] »). L'autre, avec plus de déférence, en 1898, dans une enquête relative au rôle de l'art selon Tolstoï – occasion de réaffirmer sa propre conception de l'Art comme « diffusion *à qui veut* par suite d'un retrait, ou isolement, d'abord », et aussi de se refuser à commettre, aux dépens de l'illustre écrivain russe, une « interprétation erronée » semblable à celle commise par ce dernier au sujet d'« un de [ses] poèmes[3] ». Le 1er septembre 1896, avec « Le mystère dans les lettres », c'est en termes de science littéraire ou de poétique fondamentale qu'il veut en remontrer à un critique s'étant appuyé sur les « lois de l'art » et le « génie de la langue » pour s'élever contre l'esthétique qu'il incarne par excellence sur la scène littéraire[4].

Ce qu'il appelle son « morceau sur l'obscurité », Mallarmé l'a composé en temps d'insomnie si aggravée qu'il lui aura fallu, confiait-il au même correspondant, « mettre, entre chaque phrase, la main devant les yeux

---

1 S. Mallarmé, lettre à Léopold Dauphin, 24 août 1896, dans *Correspondance*, éd. H. Mondor et L. James Austin, Paris, Gallimard, 1983, t. VIII, p. 214.

2 *La Musique et les Lettres* (1894), dans *Œuvres complètes*, éd. B. Marchal, Paris, Gallimard, « Bibliothèque de la Pléiade », 2003, t. II, p. 71. Le paragraphe suivant de la conférence répond d'autre part aux insinuations d'anarchisme « bégay[ées] » au sujet des symbolistes dans la grande presse.

3 « Sur le rôle de l'art selon Tolstoï » (propos recueillis par Ely Halpérine-Kaminsky en juin 1898, parus en mars 1899 dans *La Grande Revue*), dans *Œuvres complètes*, éd. citée, t. II, p. 671.

4 Sur le contexte des lois d'exception, voir plus haut la contribution de T. Roger, p. 423 *sqq.*

longtemps, pour y repuiser un peu de nuit[1] ». Ce n'en est pas moins un texte très vif, où Jean-Luc Steinmetz a raison de voir autant de « jets de pensée dirigés avec la plus grande concentration humoristique contre ceux qui s'empressent de dire à tout venant : "Comprends pas[2]" ». Et si la polémique n'est pas son fort, aime-t-il à laisser penser en laissant dire, c'est à mots pourtant bien cinglants que Mallarmé y développe son propos, à commencer par la démarcation qu'il établit à son tour, au nom des « pures prérogatives » imparties au poète selon ses vœux[3], entre trois types de lecteurs : d'une part, un lecteur « oisif » qui, au vu du « sens indifférent » présenté « extérieurement » par l'« écrit », passera son chemin sans s'y attarder[4] ; d'autre part et à l'inverse, un lecteur actif qui, lui, saura tirer profit du « trésor » scintillant sous « la surface concédée à la rétine[5] » ; et, à mi-chemin entre les deux, un lecteur « malin », représentant d'une sorte d'élite au sein du public vulgaire, qui, face à un mystère qu'il soupçonne sans y avoir accès, jugera aussitôt, avant d'en répandre l'opinion, que « la teneur » de cet écrit est « inintelligibile[6] ». Dans « [ces] malins, entre le public », qui contribuent si bien à « la vaste incompréhension humaine » que tout auteur tenu par eux pour incompréhensible apparaîtra comme tel quoi qu'il en vienne à énoncer (« le suppôt d'Ombre, d'eux désigné, ne placera un mot

1 Lettre à L. Dauphin, déjà citée, p. 213. Même confidence à Fénéon en lui annonçant l'envoi de l'article : « Je traverse une telle crise d'insomnie, la plus féroce, que je n'ai pu travailler à jour fixe. Il me faut mettre, un temps, la main sur les yeux pour y puiser de l'ombre et écrire quelques lignes » (lettre à Félix Fénéon, 21 août 1896, dans *Correspondance*, éd. citée, t. VIII, p. 211).

2 J.-L. Steinmetz, *Mallarmé. L'absolu au jour le jour*, Paris, Fayard, 1998, p. 430

3 « De pures prérogatives seraient, cette fois, à la merci des bas farceurs » : cette proposition, qui ouvre « Le mystère dans les lettres », répond à une ambiguïté très calculée. « Bas farceur » en son genre, se préoccupant de « prérogatives » qui ne lui appartiennent pas, Proust, dans son article, n'a-t-il pas en effet laissé entendre que les jeunes symbolistes, avec les justifications très discutables dont ils entourent leur goût de l'obscurité en poésie, pourraient bien être, à leur manière, autant de « bas farceurs » ? (« Le mystère dans les lettres », dans *Œuvres complètes*, éd. citée, t. II, p. 234.)

4 Ce que Mallarmé appelle plus loin la « couche suffisante d'intelligibilité » (*ibid.*, p. 230) tient à la fois d'un tribut payé à la langue commune, permettant de congédier courtoisement le lecteur naïf – « Salut, exact, de part et d'autre » (p. 229) –, et d'une forme très paradoxale de censure préventive, le sens littéral ou exotérique de l'œuvre ayant pour enjeu d'en occulter la signification symbolique et de mettre celle-ci à l'abri de toute intrusion profanatrice.

5 C'est ce lecteur, implicitement désigné par opposition au lecteur « oisif », que la fin de l'article montrera à l'œuvre en tant qu'acteur d'une véritable « pratique » (*ibid.*, p. 234).

6 *Ibid.*, p. 229.

dorénavant [qu'elle] ne tranche [...] : "Comprends pas !" – l'innocent annonçât-il se moucher[1] »), il est d'autant moins difficile d'inclure le jeune pamphlétaire ayant ferraillé « Contre l'obscurité » que Muhlfeld déjà l'avait entre-temps amalgamé à ces « Français » qui, ne « [sachant guère] lire mieux » leur propre langue qu'un Tolstoï, « ne songeront jamais à s'accuser d'insuffisance » : « Ils ne confesseront point : "je n'entends pas", ils ricaneront : "ça ne se comprend pas[2]". »

La suite ne dérogera ni à ce ton ni à ce raisonnement qui, se soutenant l'un l'autre, feront du cas présenté par Proust, implicite antonomase de la « légion » des « agresseurs » que Mallarmé s'attache à secouer, l'illustration tristement exemplaire d'une critique intempestive à plus d'un titre. Intempestive par ses effets, en ce qu'elle attribue au texte visé une obscurité qui, loin d'être une propriété de ce texte, résulte en réalité d'une projection sur celui-ci d'une incompréhension propre au lecteur, à la faveur mais aussi au prix d'une « posture » qui n'est « humiliante », à vrai dire, que pour ceux qui l'adoptent dans le discours dont ils font « parade » sur les tréteaux du journalisme ou du persiflage mondain : « Je sais, de fait, qu'ils se poussent en scène et assument, à la parade, la posture humiliante ; puisque arguer d'obscurité – ou, nul ne saisira s'ils ne saisissent et ils ne saisissent pas – implique un renoncement antérieur à juger[3]. » Intempestive, cette critique l'est aussi – et avant tout, parce que tout le reste en effet suit de là – par sa position d'extériorité, source des intrusions les plus grossières, par rapport à des œuvres et plus largement à un usage du langage dont ceux qui occupent ladite position prétendent « trancher » sans avoir aucune compétence à le faire. Position de journalistes ou d'auteurs dont l'« entreprise [...] ne compte pas littérairement », les uns et les autres s'attachant à « exhiber les choses [...] en camelots, activés par la pression de l'instant », à travers une écriture de l'« immédiat » et du « ressassement », aussi mal adaptée que leur lecture aux objets dont ils se saisissent en n'y saisissant pas grand-chose[4].

Cette volée de bois vert administrée à Proust et à ses pareils revient bien sûr à demander, d'abord implicitement, puis explicitement à la fin de l'article, pour ces œuvres et cet usage du langage, une critique

1 *Ibid.*, p. 230.
2 L. Muhlfeld, « Sur la clarté », éd. citée, p. 80.
3 « Le mystère dans les lettres », art. cité, p. 230.
4 *Ibid.*, p. 231.

appropriée. Une critique de lecteurs qui seraient aussi des écrivains à part entière et, mieux encore, une critique qui serait idéalement, ayant à rendre raison d'objets eux-mêmes idéaux, le fait d'écrivains appartenant au cercle dont procèdent ces objets à lire ; autrement dit encore, une critique faite par les pairs pour les pairs, à qui seuls appartiennent et les « prérogatives » et les secrets de leur art. De là que les incriminations et agressions dont Proust s'est fait le vecteur jusqu'au sein de *La Revue blanche*, choses bien importunes mais très périphériques au regard du « mystère » « dans » « les lettres », se voient contrebalancées, à différents niveaux de profondeur et de centralité, par une théorie générale de la signification (fondée sur l'opposition du « sens » et du « trésor », de l'inertie inhérente aux « mots de la tribu » et de la mobilité « [des] mots [qui], d'eux-mêmes, s'exaltent » dans le tissu miroitant du texte[1]) et, plus généralement encore, par un appel récurrent à « la Syntaxe », à « la Langue » ou à la « Musique » comme autant de moyens d'engendrement et de validation de l'esthétique des rapports – rapports formels au sein du texte autant que rapports entre ce texte et sa lecture, ces rapports étant eux-mêmes « preuves nuptiales de l'Idée[2] » –, à quoi Mallarmé associe ce qu'il nomme souvent « l'œuvre pure ». De là aussi que l'article, réaction au réquisitoire de Proust « Contre l'obscurité » et apologie du « Mystère dans les lettres », s'achève, sous le signe de l'invisibilité, par une scène de lecture mettant en rapport réciproque « l'air ou chant sous le texte » et la « transparence [d'un] regard adéquat[3] ». Il n'y va pas là simplement d'une provocation en douceur consistant à substituer, blanc après noir, invisibilité après opacité, la transparence du poème symboliste à l'obscurité que Proust a prêtée pour naïf enjeu aux symbolistes, ni seulement d'une mise en scène tout allégorique d'une démarche de lecture idéale. Il y va également, du point de vue où il faut bien se placer dans cette affaire, d'une double démonstration : démonstration par le contraire, et amenée par tout l'article, de ce qu'une critique exercée au moyen de critères ou à travers des cadres de lecture non pertinents

1 Je ne reviens pas sur cette théorie de la signification, qui a été très souvent commentée, et que j'ai tenté récemment d'articuler à l'ensemble du projet esthétique mallarméen. Voir P. Durand, « Sens et signification dans l'esthétique de Mallarmé », dans « Sémiotique et littérature : histoire et épistémologie » (dossier coordonné par J.-P. Bertrand, Fr. Provenzano et V. Stiénon), n° 5, *Signata. Annales des sémiotiques*, 2014, p. 41-51.

2 « Le mystère dans les lettres », art. cité, p. 234.

3 *Ibid.*, p. 234.

induit en effet une forme de censure spécifique (et c'est cette forme de censure que Mallarmé appelle, lui, l'obscurité) ; et démonstration en acte ou du moins indication d'une lecture si étroitement ajustée au texte même, c'est-à-dire à son écriture, que l'une et l'autre se confondront en un même processus de « divination ». Qui en effet serait simultanément à même, sinon les pairs du poète, de mettre en œuvre et de comprendre cette science de l'expression[1] ? Eux seuls ont aussi parmi leurs dispositions profondément incorporées la capacité d'adhérer à un mode d'existence des objets littéraires qui, d'un côté, les situe en dehors du trafic ordinaire de la parole sociale et dont tout l'enjeu, à travers le mystérieux système de leur signification, serait, d'un autre côté, de « conclure », comme le fait Mallarmé à la fin de son article, qu'il n'y a « rien au-delà » – à savoir que « l'œuvre pure », en son principe comme en fin de compte, ne vise aucune transcendance mondaine ni extra-mondaine : ni le « chœur de préoccupations[2] » politiques, sociales, économiques dont bruissent les journaux, ni une « Idée » en suspension qui serait extérieure à un « Mystère » n'ayant d'autre lieu, en réalité, que « dans » les « lettres[3] ». Appel est donc ainsi lancé, au total, à une critique indigène ou participante, relais spécifique apporté au double régime d'autonomie et d'autotélisme réglant l'existence et la forme des œuvres. Appel tout du moins à une critique veillant à se placer « [au] point de vue[4] » du poète, ainsi que le demandait dès 1829 un Hugo dans sa préface aux *Orientales*, avec une moindre radicalité certes, car accordée à un champ poétique en voie moins avancée d'autonomisation. Une critique qui pourra être également, sous un autre point de vue, celle des « scoliastes[5] » et autres professionnels de la lecture savante auxquels Mallarmé adressera, avec un brin d'ironie, la « Bibliographie » de l'édition Deman de ses *Poésies*.

1 C'est bien d'une telle disposition partagée qu'un Fénéon déjà se prévalait, avec quelques autres initiés, lorsque, non sans raison d'ailleurs, il soulignait en 1891 que « si un Mallarmé a voulu parfois imposer une sensation de mystère, ç'a été avec des mots de clarté qu'ordonnait une syntaxe impérieuse et cohésive » (dans *Le Chat noir*, 2 mai 1891).

2 « Le mystère dans les lettres », art. cité, p. 234.

3 Ce second aspect est, toutefois, celui qui a été longtemps le moins aperçu de l'esthétique propre à un poète chez qui l'idéalisme, surjoué, enveloppait, à bien y regarder, un matérialisme tout ensemble désespéré et enchanté.

4 V. Hugo, Préface aux *Orientales* (1829), dans *Œuvres poétiques*, éd. P. Albouy, Paris, Gallimard, « Bibliothèque de la Pléiade », 1964, t. I, p. 577.

5 « Bibliographie » (1894), des *Poésies*, dans *Œuvres complètes*, éd. B. Marchal, Paris, Gallimard, « Bibliothèque de la Pléiade », 1998, t. I, p. 48.

Bien des idées ainsi exprimées l'avaient déjà été par Lucien Muhlfeld avec plus de clarté (ou de candeur dogmatique)[1]. C'est dire qu'elles ne sont ni originales ni véritablement individuelles, mais qu'elles forment, en tant que lieux communs, le lot tout aussi commun d'une génération et d'une école. Encore n'est-ce pas simplement, si l'on peut dire, à une récriture sophistiquée de l'article de Muhlfeld que Mallarmé procède de son côté. Renouant pour la cause avec ses « Variations sur un sujet », vecteurs d'expérimentation, sur des thèmes d'actualité, de cette « forme » hybride qu'il appellera le « poème critique[2] », il s'y montre, avec un beau mélange de provocation, de cohérence et d'esprit de suite, soucieux de n'y rien céder quant à ses propres exigences ni à sa propre esthétique, quitte à livrer au sujet de « l'obscurité » dont on lui fait grief un texte aggravant son cas. C'est qu'on ne se refait pas sans doute, et aussi qu'il s'agit bien, dans et par ce texte, de livrer, contre la critique qui lui a été adressée d'un point de vue extérieur, quelque chose comme l'exemple en acte d'une critique ou plutôt d'une théorie critique exercée de l'intérieur, c'est-à-dire avec les moyens mêmes auxquels il entend faire droit. Occasion d'y installer le plus résistant des blocs d'opacité que ses écrits théoriques présentent à l'intelligence du lecteur et touchant, précisément, au rapport susceptible de s'établir entre cette intelligence et l'énigme que « tel écrit » lui présente :

> Il doit y avoir quelque chose d'occulte au fond de tous, je crois décidément à quelque chose d'abscons, signifiant fermé et caché, qui habite le commun : car, sitôt cette masse jetée vers quelque trace que c'est une réalité, existant par exemple sur une feuille de papier, dans tel écrit – pas en soi – cela qui est obscur : elle s'agite, ouragan jaloux d'attribuer les ténèbres à quoi que ce soit, profusément, flagramment[3].

Inutile de gloser aussitôt en termes de psychanalyse lacanienne ou de linguistique structurale ce vocable de « signifiant » – participe présent qui, par « fermé et caché », éclaire ici étymologiquement le sens de l'adjectif « abscons[4] ». Ce que recouvre ce « quelque chose d'abscons »

1 Notamment sous la forme, que l'on a vue plus haut, d'une proposition de mathématique littéraire nombrant l'obscurité et la clarté en fonction du rapport établi entre sujet lecteur et objet lu.

2 « Bibliographie » des *Divagations* (1897), dans *Œuvres complètes*, éd. citée, t. II, p. 277.

3 « Le mystère dans les lettres », éd. citée, p. 229-230.

4 Auquel, chose amusante, un Mercier avait songé à associer un verbe ainsi défini et illustré : « ABSCONDER. Ne pas montrer. Ce qu'une femme veut Absconder est bien caché »

demeure problématique, mais la principale difficulté de ce paragraphe si retors réside plutôt dans la syntaxe de la phrase suivante, qu'à ma connaissance aucun commentaire n'est parvenu encore à véritablement établir (chose assez exceptionnelle s'agissant d'un « syntaxier » dont les constructions verbales, si elliptiques ou réversibles qu'elles puissent être, restent rigoureuses en règle très générale). On n'en devine pas moins qu'il est bien question, dans ces lignes, de l'opération voulant qu'un lecteur, par une sorte de fatalité opaque logée au creux de l'humaine conscience, prête à l'écrit l'obscurité dont il est lui-même la source, désignant donc en un ceci, qui serait « tel écrit », un « cela qui est obscur », mais issu d'un « soi » inconscient de la projection qui est son propre fait. Cette proposition, comme il en va bien des fois chez Mallarmé, admet deux interprétations qui ne sont divergentes qu'en apparence : d'un côté, une interprétation spiritualiste, qui situerait cette chose « absconse », ce bloc d'opacité « jeté » en « masse » sur l'écrit, dans une sorte d'inconscient collectif immémorial dont chacun serait habité à son insu ; d'un autre côté, une interprétation touchant aux mécanismes concrets d'une lecture qui, non adéquate à l'objet, se montre non seulement incapable d'en percer à jour la signification, mais portée à lui surimposer, au prix d'une inintelligibilité redoublée, ses propres schémas de perception et de reconnaissance de la lisibilité[1]. Bertrand Marchal observe très justement que le poète s'emploie de la sorte à « déplacer la question de l'obscurité au mystère, un mystère essentiel, inhérent aux lettres et à l'homme même, un mystère qui est aussi le nom mallarméen de l'inconscient[2]. » Comment ne pas voir en outre, sous l'angle adopté ici, que ce sont deux censures – ou une même censure sous deux aspects – que Mallarmé donne à se figurer ? Censure du texte proprement poétique par impression sur celui-ci d'une obscurité inhérente au lecteur. Et censure, par cette obscurité même, du « mystère » qu'un lecteur plus clairvoyant pourrait apercevoir dans la crypte de ce texte, en tant que reflet d'un mystère anthropologique général.

(L. S. Mercier, *Néologie, ou Vocabulaire de mots nouveaux, à renouveler, ou pris dans des acceptions nouvelles*, Paris, Moussard et Maradan, 1801, t. I, p. 3).

1 Sur le cercle herméneutique brisé par pareille démarche, voir plus haut la contribution de T. Roger, p. 419.

2 En note à son édition du « Mystère dans les lettres », dans *Œuvres complètes*, éd. citée, t. II, p. 1649.

UNE RÉVOLUTION SYMBOLIQUE

Au sujet des « femmes si distinguées qui dans leurs ravissantes lettres cit[aient] avec tant de savoir et d'à-propos Sophocle, Schiller et l'*Imitation* », le narrateur du *Côté de Guermantes* dira, avec une tendresse amusée, qu'elles éprouvaient à lire « les premières poésies des romantiques » – et des vers aujourd'hui aussi transparents que « *Lorsque l'enfant paraît, le cercle de famille / Applaudit à grands cris…* » –, « cet effroi et cette fatigue inséparables pour [sa] grand-mère des derniers vers de Stéphane Mallarmé[1] ». Comme le suggère Proust, les contemporains des premiers volumes de la *Recherche* n'en étaient plus tout à fait là, et nous moins encore après plus d'un siècle d'infusion des textes mallarméens dans notre paysage littéraire. Si Mallarmé nous est devenu lisible (ce qui ne signifie pas qu'il nous soit devenu de part en part intelligible), ce n'est pas seulement que la lisibilité de bien des œuvres audacieuses se trouve liée à leur vieillissement et à leur consécration littéraire/scolaire ou, si l'on veut, à leur banalisation plus ou moins luxueuse : un vieillissement auquel tant d'œuvres autrefois lisibles doivent aussi d'avoir cessé de l'être. C'est aussi que cette lisibilité, pour le cas qui nous occupe, est inséparable de la « révolution du langage poétique » dont Mallarmé a été effectivement l'un des principaux vecteurs[2]. Cette révolution s'est si bien accomplie jusqu'à nous, à travers les relais divers dont elle a bénéficié dans une sphère élargie de la littérature à la philosophie[3], qu'elle donne rétrospectivement à voir un fait de nature et une sorte d'essence du poétique ou du littéraire dans l'artifice et la contingence d'une écriture ayant porté à son comble, autour de 1880, l'épaississement des signes de la littérarité avec quoi la marche du XIXe siècle s'est confondue du romantisme au symbolisme[4]. Le vocabulaire et la syntaxe de Mallarmé n'ont laissé sans doute que des traces résiduelles, malgré Valéry, malgré

1 M. Proust, *Le Côté de Guermantes*, Paris, Gallimard, 1992, p. 449-450.

2 J. Kristeva, *La Révolution du langage poétique. L'avant-garde à la fin du XIXe siècle : Lautréamont et Mallarmé*, Paris, Seuil, 1974.

3 Voir, sur ces relais, J.-Fr. Hamel, *Camarade Mallarmé. Une politique de la lecture*, Paris, Minuit, 2014.

4 Cela au prix d'une disqualification ou d'une marginalisation de formes et de pratiques littéraires qui n'en ont pas moins persisté et restent, quantitativement au moins, dominantes.

Lacan ; ses catégories de pensée, sa façon d'envisager la poéticité comme réflexivité en acte de l'œuvre et de son langage sont en revanche assez largement devenues les nôtres. Par différentes voies et sous différents facteurs, la théorisation *ad hoc* qu'il a fournie de sa propre pratique et de sa propre expérience s'en est comme détachée pour s'établir en théorie générale et fondamentale, commandant de nouveaux schémas de lisibilité. Ce que le jeune Proust et tant d'autres ne voulaient ou ne pouvaient pas lire est ce à travers quoi désormais nous lisons non seulement Mallarmé mais aussi, au risque d'autres aveuglements, la plupart des textes qui se sont écrits après lui, voire avant lui.

« La révolution du langage poétique » étudiée par Kristeva – révolution dont un article de combat tel que « Le mystère dans les lettres » pourrait fort bien être lu comme l'un des manifestes – aura été aussi, en définitive, une « révolution symbolique » au sens de Bourdieu[1] : révolution sur un plan plus large, coextensif aux zones les plus légitimes du champ littéraire, en ce qu'elle a installé dans les esprits, sinon institué dans les faits, de nouvelles formes de compréhension de la chose et de l'activité littéraires, à travers une vision radicalisée de la littérature sous les deux aspects d'une pratique de la « Langue » propre aux seuls écrivains, donc irréductible à tout autre usage de la langue commune, et appelant comme sa conséquence ou sa contrepartie nécessaire une pratique de la lecture envisagée elle-même, contre toute forme passive et utilitaire, en tant que « pratique » à part entière (ce que résume d'un trait très programmatique, par opposition à la lecture du « journal », la formule figurant à la dernière page du « Mystère dans les lettres » : « Lire – / Cette pratique[2] »). Du fait qu'elle touche aux formes symboliques elles-mêmes, le propre d'une telle révolution, quand elle est réussie, est d'effacer les conditions de sa propre genèse et la direction de ses effets.

1 Voir P. Bourdieu, *Méditations pascaliennes*, Paris, Seuil, coll. « Liber », 1997, p. 101-109.

2 « Le mystère dans les lettres », art. cité, p. 234. Ce n'est pas jouer sur les mots que d'envisager la vision de la littérature ainsi installée comme étant quelque chose d'*institué* ou à *instituer* : nombre de textes de Mallarmé et plusieurs de ses initiatives (notamment sa proposition de réforme du domaine public) montrent qu'il ne séparait pas chose littéraire et institutions de la vie sociale, en réclamant en particulier que l'État veille à réserver ou à préserver en son propre sein des poches de gratuité et d'inutilité, avec les cadres juridiques, économiques et politiques qui y sont nécessaires. L'État devant donner de quoi se mettre à l'abri de l'État au nom des valeurs les plus hautes de l'État : tel était le credo de cet anarchiste très républicain. Sur ce type de réflexion, dans un contexte antérieur, voir plus haut la contribution de C. Dornier, p. 127 *sqq*..

Ainsi, ce qui pour un Zola était, chez Mallarmé, le symptôme d'une « folie de la forme » et l'avatar esthétique peut-être prévisible de « la théorie des Parnassiens », « mais poussée, écrivait-il, jusqu'à ce point où une cervelle se fêle[1] », est devenu pour nous l'un des principaux codes, l'une des formes de rationalité partagée à travers quoi le visage de la littérature se présente à nous de la façon la plus reconnaissable.

Un autre Proust que le jeune pamphlétaire de « Contre l'obscurité » le dira bien mieux, en faisant observer que lorsque « les gens de goût nous disent aujourd'hui que Renoir est un grand peintre du XVIIIe siècle », « ils oublient le Temps et qu'il en a fallu beaucoup, même en plein XIXe, pour que Renoir fût salué grand artiste » :

> Pour réussir à être ainsi reconnus, le peintre original, l'artiste original procèdent à la façon des oculistes. Le traitement par leur peinture, par leur prose, n'est pas toujours agréable. Quand il est terminé, le praticien nous dit : « Maintenant regardez. » Et voici que le monde (qui n'a pas été créé une fois, mais aussi souvent qu'un artiste original est survenu) nous apparaît entièrement différent de l'ancien, mais parfaitement clair. Des femmes passent dans la rue, différentes de celles d'autrefois, puisque ce sont des Renoir, ces Renoir où nous nous refusions jadis à voir des femmes. [...] Tel est l'univers nouveau et périssable qui vient d'être créé. Il durera jusqu'à la prochaine catastrophe géologique que déchaîneront un nouveau peintre ou un nouvel écrivain originaux[2].

Proust, ce disant, surévaluait la part d'individualité et d'originalité jouée, dans de tels changements de paradigme esthétique, par tel écrivain ou tel artiste : ces « catastrophe[s] géologique[s] » sont des faits collectifs, où quelques-uns jouent, il est vrai, un rôle sans doute plus déterminant que d'autres. Sa métaphore, géologique et oculaire, n'en reste pas moins significative des cécités et des censures vaincues auxquelles succèdent de nouveaux espaces du visible et du lisible.

Pascal DURAND
Université de Liège

1 É. Zola, « Les poètes contemporains » (1878), dans *Œuvres critiques*, sous la dir. d'H. Mitterand, Paris, Cercle du Livre précieux, 1969, t. III, p. 379-380.

2 M. Proust, *Le Côté de Guermantes*, éd. citée, p. 302.

BIBLIOGRAPHIE

Cette bibliographie n'est pas exhaustive et prétend seulement permettre au lecteur de s'orienter dans la littérature critique consacrée à la question de la censure, de la critique et de leurs rapports, au-delà des ouvrages et articles cités dans ce volume qui ne sont pas tous repris.

ABRAMOVICI, Jean-Christophe, *Le Livre interdit*, Paris, Payot, 1996.

ABRAMOVICI, Jean-Christophe, *Obscénité et classicisme*, Paris, PUF, 2003.

ALBERTAN-COPPOLA, Sylviane, *L'Abbé Nicolas-Sylvestre Bergier, 1718-1790, Des Monts-Jura à Versailles, le parcours d'un apologiste du* XVIII*e siècle*, Paris, Champion, 2010.

AMADIEU, Jean-Baptiste, *Index romain et littérature française au* XIX*e siècle : les motifs de censure des œuvres de fiction, à la lumière des archives de la Congrégation de l'Index*, thèse de doctorat soutenue à l'université Paris IV-Sorbonne le 30 novembre 2007.

AMADIEU, Jean-Baptiste, « La mise à l'Index de *Madame Bovary*, le 20 juin 1864 », *Revue Flaubert*, « *Madame Bovary, encore* », n° 8, 2008, numéro réuni par Yvan Leclerc, avec la collaboration de Juliette Azoulai, [en ligne] http://flaubert.univ-rouen.fr/revue/article.php?id=73.

AMADIEU, Jean-Baptiste, « La censure comme exercice juridique et institutionnel de la critique littéraire » dans *L'Écrivain et son critique : une fratrie problématique*, dir. Philippe Chardin et Marjorie Rousseau, Paris, Éditions Kimé, coll. « Détours littéraires », 2014, p. 317-327.

AMADIEU, Jean-Baptiste, *La Littérature française du* XIX*e siècle à l'Index*, Paris, Éditions du Cerf, coll. « Alpha », 2015 (à paraître).

AMADIEU, Jean-Baptiste *Le Censeur comme critique littéraire*, Paris, Hermann, coll. « Littérature et morale », à paraître en 2016.

ANFRAY, Clélia, « *Germinal* en rouge : rhétorique de la censure dramatique », *Le Théâtre dans le débat politique, Théâtre/Public*, n° 181, avril 2006, p. 18-23.

ANFRAY, Clélia, « La scène surveillée. Censure des adaptations théâtrales des *Rougon-Macquart. Conférence sur* l'Assommoir : une saynète inédite d'Émile Zola ? », *Cahiers naturalistes*, n° 83, 2009, p. 223-244.

ANFRAY, Clélia, « Lecteur d'État. Une esthétique holiste de la réception », *Poétique*, n° 163, 2010, p. 349-359.

ANFRAY, Clélia, « Hugo et la censure : Charles Brifaut, censeur intime », Groupe Hugo, 5 février 2011, http://groupugo.div.jussieu.fr/Groupugo/11-02-05Anfray.htm.

ANFRAY, Clélia, « Comment peut-on être censeur ? L'exemple de Victor Hallays-Dabot », *Nineteenth-Century French Studies*, 39, n° 3-4, 2011, p. 57-68.

ANFRAY, Clélia, « Police de la langue. La langue à l'épreuve de la censure dramatique », *Le XIX*e *siècle et ses langues*, Ve congrès de la SERD, janvier 2012, à paraître.

ANFRAY, Clélia, Entrée « Censure » pour le *Dictionnaire encyclopédique des critiques dramatiques de 1877 à 1977*, sous la direction de Chantal Meyer-Plantureux, Caen, à paraître.

ANFRAY, Clélia, Entrée « Censure » pour le *Dictionnaire Victor Hugo*, sous la direction de Claude Millet et de David Charles, Paris, Classiques Garnier, à paraître.

BALCOU, Jean (éd.), *Le Dossier Fréron : correspondances et documents*, Genève, Droz, 1975.

BARBICHE, Bernard, « Le régime de l'édition » dans *Histoire de l'Édition française*, dir. R. Chartier et H.-J. Martin, Paris, Fayard/Cercle de la Librairie, 1989, t. I, p. 457-471.

BARON, Christine (dir.), *Transgression, littérature et droit*, Rennes, Presses universitaires de Rennes, coll. « La licorne », 2013.

BARTHES, Roland, « Le dernier des écrivains heureux », *Essais critiques* [1958], dans *Œuvres complètes*, éd. É. Marty, Paris, Seuil, 1993-1995, t. I, p. 1235-1240.

BELIN, Jean-Paul, *Le Commerce des livres prohibés à Paris de 1750 à 1789*, New York, B. Franklin, 1965.

BERNARD, Mathilde et LEVESQUE, Mathilde (dir.), *La Censure en France sous l'Ancien Régime*, actes de la journée d'étude du 19 janvier 2008, organisée par Mathilde Bernard et Mathilde Levesque, *Papers on the French Seventeenth Century Literature*, vol. XXXVI, n° 71, Tübingen, 2009, p. 325-503.

BIARD, Michel, « Thalie et Melpomène face à leurs juges (la critique théâtrale sous le Directoire) », dans Ph. Bourdin et B. Gainot (dir.), *La République directoriale*, Clermont-Ferrand, SER-CHEC-CRRR, 1998, t. II, p. 663-678.

BIARD, Michel, « Le Vacher de Charnois, du juge de la bâtardise théâtrale au juge de la bâtardise politique », dans Ph. Bourdin et G. Loubinoux (dir.), *La Scène bâtarde entre Lumières et romantisme*, Clermont-Ferrand, Service Universités Culture, 2004, p. 189-201.

BIRN, Raymond, « Book production and censorship in France, 1700-1715 » dans *Books and society in history*, éd. Kenneth E. Carpenter, New York, R. R. Bowker, 1983, p. 145-171.

BIRN, Raymond, *La Censure royale des livres dans la France des Lumières*, Paris,

Odile Jacob, 2007 (contenu enrichi dans la version anglaise : *Royal Censorship of books in eighteenth-century France*, Stanford, Stanford University Press, 2012).

BLANGONNET, Catherine, *Recherche sur les censeurs royaux et leur place dans la société au temps de Malesherbes, 1750-1763*, thèse soutenue à l'École nationale des Chartes, 1974-1975, mss. dactylographié.

BLÉCHET, Françoise, *Recherches sur l'abbé Bignon, 1662-1743, académicien et bibliothécaire du roi d'après sa correspondance*, thèse de l'École des Chartes, 1974[?].

BLÉCHET, Françoise, « L'abbé Bignon, président de l'Académie royale des sciences : un demi-siècle de direction scientifique » dans *Règlement, usages et science dans la France de l'absolutisme*, dir. C. Demeulenaere-Douyère et E. Brian, Londres-Paris-New York, Tec & Doc, 2002, chap. v.

BLÉCHET, Françoise, « Pouvoir et censure à la Librairie et à la Bibliothèque du Roi : règles et exceptions » dans *Siècle des Lumières. II. Censure et statut de l'imprimé en Russie et en France au siècle des Lumières*, dir. J.-D. Mellot et S. Karp, Moscou, Académie des sciences – Naouka, 2008, p. 26-53.

BOURDIEU, Pierre, *Ce que parler veut dire. L'économie des échanges linguistiques*, Paris, Fayard, 1982.

BOURDIEU, Pierre, *Les Règles de l'art. Genèse et structure du champ littéraire*, Paris, Seuil, 1992.

BRIX, Michel, « L'avocat du public », dans Charles-Augustin Sainte-Beuve, *Mes chers amis…*, Paris, Grasset, 2006.

BUJANDA, Jesús M. de (dir.), *Index des livres interdits*, vol. I, *Index de l'Université de Paris, 1544, 1545, 1547, 1549, 1551, 1556*, Genève, Droz, 1985.

BUJANDA, Jesús M. de (dir.), *Index des livres interdits*, vol. XI, *Index librorum prohibitorum 1600-1966*, avec l'assistance de Marcella Richter, Genève, Droz, 2002.

BURT, Richard (dir.), *The Administration of Aesthetics : Censorship, Political Criticism, and the Public Sphere*, Minneapolis, University of Minnesota Press, 1994.

BÜTTGEN, Philippe, « Yves Congar et la sémantique du magistère », *BUCEMA*, n° 7, 2013, mis en ligne le 23 avril 2013, consulté le 06 mars 2014. URL : http://cem.revues.org/12870 ; DOI : 10.4000/cem.12870.

CARBONNEL, Marie, « Profession critique ? Les défis de l'Association syndicale professionnelle de la critique littéraire (1902-1937) », *Le Mouvement social*, n° 214, 2006, p. 93-111.

CATTEUW, Laurie, *Censures et raisons d'État. Une histoire de la modernité politique (XVIe-XVIIe siècle)*, Paris, Albin Michel, 2013.

CAVE, Christophe (dir.), *Le « Règne de la critique »*, Paris, Champion, 2010.

Censures. De la Bible aux Larmes d'Éros, Paris, BPI, Centre Georges-Pompidou, 1987.

CHARTIER, Roger et MARTIN, Henri-Jean, *Histoire de l'édition française*, Paris, Fayard/Promodis, 1991.

CHARTIER, Roger, « Présentation » dans MALESHERBES, *Mémoires sur la librairie. Mémoires sur la liberté de la presse*, Paris, Imprimerie Nationale Éditions, 1994, p. 7-41.

CHARTIER, Roger, « Livres parlants et manuscrits clandestins. Les voyages de Dyrcona » dans *Inscrire et effacer : culture écrite et littérature, XIe-XVIIIe siècle*, Paris, Gallimard/Seuil, 2005, p. 101-125.

CITRON, Pierre, *Giono*, Paris, Seuil, coll. « Écrivains de toujours », 1995.

CLIGNET, Remi, « Madame Bovary and Lady Chatterley's lover as social problems : the *natural history* of *immoral novels* », *Social Problems*, vol. 28, n° 3, p. 290-307.

COMPAGNON, Antoine, *Le Démon de la théorie*, Seuil, Paris, 1998.

CONGAR, Yves, « Pour une histoire sémantique du terme "Magisterium" », *Revue des Sciences Philosophiques et Théologiques*, 60, 1976, p. 85-97.

CONGAR, Yves, « Bref historique des formes du "magistère" et de ses relations avec les docteurs », *Revue des Sciences Philosophiques et Théologiques*, 60, 1976, p. 99-112.

COUTURIER, Maurice, *Roman et censure ou La mauvaise foi d'Éros*, Seyssel, Champ Vallon, 1996.

COYECQUE, Ernest, *Inventaire de la Collection Anisson sur l'histoire de l'imprimerie et la librairie principalement à Paris (manuscrits français 22061-22193)*, Paris, E. Leroux, 1900.

CRONK, Nicholas, "Voltaire and the Uses of Censorship : The Example of the Lettres philosophiques", dans *An American Voltaire : Essays in Memory of J. Patrick Lee*, dir. E. Joe Johnson et Byron R. Wells, Newcastle-upon-Tyne, Cambridge Scholars Publishing, 2009, p. 36-61.

CURATOLO, Bruno, *Raymond Guérin. Une écriture de la dérision*, Paris, L'Harmattan, 1996.

CURATOLO, Bruno, *Paul Gadenne. L'écriture et les signes*, Paris, L'Harmattan, 2000.

CURATOLO, Bruno, « L'année 1942 dans les journaux intimes des écrivains français », dans *Écrire sous l'Occupation*, dir. B. Curatolo et Fr. Marcot, Presses Universitaires de Rennes, 2011.

DARLOW, Mark et ROBERT, Yann, *Laya. L'Ami des lois*, Londres, Modern Humanities Research Association, 2011.

DARNTON, Robert, "Reading, Writing, and Publishing in Eighteenth-Century France : A Case Study in the Sociology of Literature", *Daedalus*, hiver 1971, p. 214-256.

DARNTON, Robert, "Censorship, a Comparative View : France, 1789 – East Germany, 1989", *Historical Change and Human Rights. The Oxford Amnesty Lectures, 1994*, New York, Basic Books, 1994, p. 101-130.

DARNTON, Robert, *The forbidden best sellers of 18th Century France*, New York, Norton, 1995.

DARNTON, Robert, *Censors at work. How Censorship shapes literature*, New York, Norton, 2014.

DARNTON, Robert, *De la censure. Essai d'histoire comparée*, Paris, Gallimard, 2014.

DEBRAY, Régis, « Logique de la censure », *Cours de médiologie générale* (1991), Paris, Gallimard, 2001, leçon 11.

DELPIANO, Patrizia, *Il governo della lettura. Chiesa e libri nell'Italia del Settecento*, Bologna, Il Mulino, 2007.

DELPIANO, Patrizia, « La Censura ecclesiastica nel Settecento », dans *Permanenze e cambiamenti nella storia dell'Inquisizione. Per una discussione di Andrea Del Col, L'Inquisizione in Italia*, dir. Adriano Prosperi, Scuola Normale Superiore di Pisa, 9-10 settembre 2008, « Cromohs », 14 (2009), p. 1-6 ; URL : http://www.cromohs.unifi.it/14_2009/delpiano_censura.html.

DE SILVA, Isabelle, « Les conclusions, fragments d'un discours contentieux », dans *Le Dialogue des juges, Mélanges en l'honneur du président Bruno Genevois*, Paris, Dalloz, 2009.

DESPREZ, Louis, « Pour la liberté d'écrire », dans R.-P. Colin et J.-F. Nivet (dir.), *Louis Desprez (1861-1885). Pour la liberté d'écrire*, biographie suivie de « Pour la liberté d'écrire » et de « Mes prisons, par un naturaliste », Tusson, Éditions du Lérot, 1992, p. 230-231.

DE VIVO, Filipo, *Information and Communication in Venice. Rethinking Early Modern Politics*, Oxford, 2007 (trad. de l'italien : *Patrizi, informatori, barbieri. Politica e comunicazione a Venezia*, Milano, 2012).

DIAZ, José-Louis, *L'Écrivain imaginaire. Scénographies auctoriales à l'époque romantique*, Paris, Honoré Champion, 2007.

DUMASY, Lise (dir.), *La Querelle du roman-feuilleton. Littérature, presse et politique, un débat précurseur, 1836-1848*, Grenoble, ELLUG, 1999.

DUPRAY, Fabienne, « Madame Bovary et les juges. Enjeux d'un procès littéraire », *Association Française pour l'Histoire de la Justice*, 2007-1, n° 17, p. 227-245.

DURAND, Pascal (dir.), *Médias et censure. Figures de l'orthodoxie*, Liège, Éditions de l'Université de Liège, coll. « Sociopolis », 2004.

DURAND, Pascal, *La Censure invisible*, Arles, Actes Sud, 2006.

ECO, Umberto, *Les Limites de l'interprétation*, Paris, Grasset, 1992.

FABREN, Gérard, *Pour une sociologie du procès littéraire*, Paris, L'Harmattan, 2001.

FAGUET, Émile, *Flaubert*, Paris, Hachette, 1899.

FARGE, James K., *Le parti conservateur au XVIe siècle. Université et Parlement de Paris à l'époque de la Renaissance et de la Réforme*, Paris, Collège de France, 1992.

FISH, Stanley, *There's No Such Thing as Free Speech, and It's a Good Thing, too*, New York, Oxford University Press, 1994.

FOUCAULT, Michel, « Qu'est-ce qu'un auteur ? » [conférence prononcée le 22 février 1969], dans *Dits et écrits, 1954-1988*, éd. Daniel Defert et François Ewald, Paris, Gallimard, 1994.

FUMAROLI, Marc, « La Coupole », *Trois Institutions littéraires*, Paris, Gallimard, 1986.

FURETIÈRE, Antoine, *Dictionnaire universel*, La Haye, A. et R. Leers, 1690, t. I (A-E), 4e art. « critique » et 3e art. « censeur ».

GARÇON, Maurice, *Les Livres contraires aux bonnes mœurs*, Paris, Mercure de France, 1931.

GENETTE, Gérard, *Figures V*, Paris, Seuil, 2002

GODECHOT, Jacques, *Les Institutions de la France sous la Révolution et l'Empire*, Paris, PUF, 1951.

GOLDGAR, Anne, « The absolutism of taste : journalists as censors in 18th Century Paris », *Censorship of Print in England and France, 1600-1900*, éd. Robin Myers et Michael Harris, Winchester, St. Paul's Bibliographies, 1992, p. 87-110.

GOLDSTEIN, Robert J., *Political censorship of the Arts and the Press in the Nineteenth-century Europe*, London, MacMillan, 1989.

GOODMAN, Dena, *The Republic of Letters : A Cultural History of the French Enlightenment*, Ithaca, Cornell University Press, 1994

GRENIER, Jean, *Sous l'Occupation*, Paris, Éditions Claire Paulhan, 1997.

GRES-GAYER, Jacques M., *Jansénisme en Sorbonne 1643-1656*, Paris, Klincksieck, 1996.

GROSCLAUDE, Pierre, *Malesherbes, témoin et interprète de son temps*, Paris, Fischbacher, 1961.

GUNTHER, Gerald, *Learned Hand, The Man and the Judge*, New York, Alfred Knopf, 1994.

HABERMAS, Jürgen, *L'Espace public*, Paris, Payot, 1962.

HALLAYS-DABOT, Victor, *Histoire de la censure théâtrale en France*, Paris, E. Dentu, 1862.

HALLAYS-DABOT, Victor, *La Censure dramatique et le théâtre : histoire des vingt dernières années (1850-1870)*, Paris, Dentu, 1871.

HANLEY, William, "The Policing of Thought in Eighteenth-Century France", *Studies on Voltaire and the Eighteenth-Century*, 1980, p. 265-293.

HANLEY, William, *A biographical dictionary of French censors 1742-1789*, Ferney, Centre international d'étude du XVIIIe siècle, 2005.

HATIN, Eugène, *Histoire politique et littéraire de la presse en France*, Paris, Poulet-Malassis et De Broise, 1859.

HAYNES, Christine, « The Politics of Publishing during the Second Empire : The Trial of Madame Bovary revisited », *French Politics, Culture and Society*, vol. 23, n° 2, p. 1-27.

HERMANN-MASCARD, Nicole, *La Censure des livres à Paris à la fin de l'Ancien Régime, 1750-1789*, Paris, Presses Universitaires de France, 1968.

HIGMAN, Francis M., *Censorship and the Sorbonne : A bibliographical Study of Books in French censured by the Faculty of Theology of the University of Paris, 1520-1551*, Genève, Droz, 1979.

HOBOHM, Hans Christoph, « Le progrès de l'Encyclopédie. La censure face au discours encyclopédique », dans E. Mass et P.-E. Knabe (éd.), *L'Encyclopédie et Diderot*, Cologne, DME-Verlag, 1985, p. 69-96.

HOCHMANN, Thomas, « Fiction et liberté d'expression », dans N. Amrouche et *al.*, *Censures, Les violences du sens*, Aix-en-Provence, Presses de l'Université de Provence, 2011.

HOCHMANN, Thomas, « L'interprétation juridictionnelle d'un texte fictionnel », dans Christine Baron (dir.), *Transgression, littérature et droit*, Presses universitaires de Rennes, coll. « La Licorne », 2013, p. 23-34.

HOLQUIST, Michael, "Corrupt Originals : The Paradox of Censorship", *Publications of the Modern Languages Association*, 109, 1994, p. 14-25.

HOUDARD, Sophie, *Les Invasions mystiques. Spiritualités, hétérodoxies et censures au début de l'époque moderne*, Paris, Les Belles lettres, 2008.

Index des livres prohibés, revu et publié par ordre de Sa Sainteté le pape Pie XI, Rome, Imprimerie polyglotte vaticane, 1930.

INFELISE, Mario, *I libri proibiti*, Roma-Bari, Laterza, 1999.

JANSEN, Sue Curry, *Censorship : The Knot that Binds Power and Knowledge*, New York, Oxford University Press, 1988.

JONES, Derek (dir.), *Censorship : A World Encyclopedia*, Londres-Chicago, Fitzoy Dearborn Publishers, 2001, 4 vol.

JOUHAUD, Christian, *Les Pouvoirs de la littérature. Histoire d'un paradoxe*, Paris, Gallimard, 2000.

JOUHAUD, Christian et VIALA, Alain (dir.), *De la publication : entre Renaissance et Lumières*, Paris, Fayard, 2002.

JURT, Joseph, *La Réception de la littérature par la critique journalistique : lectures de Bernanos, 1926-1936*, Paris, J.-M. Place, 1980.

KAISER, Thomas, « The Abbé de Saint-Pierre, Public Opinion, and the Reconstitution of the French Monarchy », *Journal of Modern History*, LV, 1983, p. 618-643.

KALVEN JR., Harry, « The Metaphysics of the Law of Obscenity », *Supreme Court Review*, 1960, p. 1-45.

KEITH, Mickael Baker, *Au tribunal de l'opinion. Essais sur l'imaginaire politique au XVIIIe siècle*, trad. L. Évrard, Paris, Payot, coll. « Bibliothèque historique », 1993.

KEOHANE, Nannerl O., *Philosophy and the State in France – The Renaissance to the Enlightenment*, Princeton, Princeton University Press, 1980, chap. 11-13.

KOSELLECK, Reinhart, *Kritik und Krise. Eine Untersuchung der politischen Funktion des dualisten Weltbildes im 18. Jahrhundert (Critique et crise. Recherche sur la fonction politique de l'image dualiste du monde au XVIIIe siècle)*, Alber, Fribourg-en-Brisgau et Munich, 1959.

KOSELLECK, Reinhart, *Le Règne de la critique*, trad. H. Hildenbrand, Paris, Éditions de Minuit, coll. « Arguments », 1979.

KRAKOVITCH, Odile, *Les Pièces de théâtre soumises à la censure 1800-1830*, Paris, Archives Nationales, 1982, p. 37.

KRAKOVITCH, Odile, *Hugo censuré. La liberté au théâtre au XIXe siècle*, Paris, Calmann-Lévy, 1986.

KRAKOVITCH, Odile, « Le Théâtre de la République et la censure sous le Directoire », dans M. Poirson (dir.), *Le Théâtre sous la Révolution : politique du répertoire (1789-1799)*, Paris, Desjonquères, 2008, p. 169-192.

KRAKOVITCH, Odile, « Casimir Delavigne, réformiste tranquille, honni des censeurs », dans *Casimir Delavigne en son temps*, Sylvain Ledda et Florence Naugrette (dir.), Paris, Eurédit, 2012, p. 145-174.

KROEN, Sheryl, *Politics and Theater : the Crisis of Legitimacy in Restoration France, 1815-1830*, Berkeley, University of California Press, 2000.

LABROSSE, Claude, *L'Instrument périodique*, Lyon, Presses universitaires de Lyon, 1985.

LABROSSE, Claude et RÉTAT, Pierre, *Naissance du journal révolutionnaire 1789*, Lyon, Presses Universitaires de Lyon, 1989.

LACAPRA, Dominique, *Madame Bovary on trial*, New-York, Cornell University Press, 1982.

LACAPRA, Dominique, « Two trials » dans *A New History of French Literature*, Harvard, Harvard University Press, 1994, p. 726-730.

La Censure sous Napoléon III. Rapports inédits et in extenso (1852-1866), Paris, Albert Savine, 1892.

LADENSON, Elisabeth, *Dirt for Art's Sake, Books on Trial from* Madame Bovary *to* Lolita, Ithaca, Cornell University Press, 2007.

LAINGUI, André, « Les magistrats du XIXe siècle juges des écrivains de leur temps », *Cahiers de l'Association internationale des études françaises*, 1992, n° 44, p. 221-241.

LAMY, Bertrand de, *La Liberté d'opinion et le droit pénal*, Paris, L.G.D.J., 2000.

LANDI, Sandro, *Il governo delle opinioni. Censura e formazione del consenso nella Toscana del Settecento*, Bologna, Il Mulino, 2000.

LANDI, Sandro, *Stampa, censura e opinione pubblica in età moderna*, Bologna, Il Mulino, 2011.

LE BRUN, Jacques, « Censure préventive et littérature religieuse en France au début du XVIIIe siècle », *Revue d'histoire de l'Église de France*, 1975, p. 201-225.

LECLERC, Yvan, *Crimes écrits. La littérature en procès au* XIX*e siècle*, Paris, Plon, 1991.

LECLERC, Yvan, « En marge du naturalisme : le “théâtre réaliste” de Frédéric de Chirac », dans *Les Dérèglements de l'art*, Paul Popovic et Éric Vigneault (dir.), Les Presses de l'Université de Montréal, 2000, p. 247-263.

LECLERC, Yvan, « Flaubert et la littérature en procès au XIXe siècle. Avec la transcription des pièces d'un dossier inédit relatif au procès de *Madame Bovary* », dans *La Plume et le Prétoire. Quand les écrivains racontent la justice*, sous la direction de Daniel Delas, Paris, La Documentation française, coll. « Histoire de la justice », n° 23, 2014, p. 153-169.

Le Dossier Fréron : correspondances et documents, éd. J. Balcou, Genève, Droz, 1975.

LEGOY, Corinne, « Sous la plume du pouvoir, le public de théâtre entre 1815 et 1830 : l'embarrassant miroir d'une nation souveraine », *Parlement[s], Revue d'histoire politique*, 2012-3, n° hors-série 8, p. 95-108.

LEGOY, Corinne, « Ce que le Roi ne peut dire. Les interdits de la censure théâtrale sous la Restauration », dans *Paroles d'en haut*, actes du colloque organisé par l'université d'Orléans les 6-7 décembre 2012, à paraître.

LEPENIES, Wolf, *Sainte-Beuve, au seuil de la modernité*, trad. fr. J. Étoré et B. Lortholary, Paris, Gallimard, 2002 (1997).

LESSIG, Lawrence, *Free Culture : How Big Media Use Tecnology and the Law to lockdown Culture and Control Creativity*, New York, The Penguin Press, 2004.

LOCHAK, Danièle, « Le droit à l'épreuve des bonnes mœurs. Puissance et impuissance de la norme juridique » dans *Les Bonnes Mœurs*, Paris, CURAPP-PUF 1994, p. 15-53.

LYON-CAEN, Judith, *La Lecture et la Vie. Les usages du roman au temps de Balzac*, Taillandier, 2006.

MACÉ, Laurence, « Les premières censures romaines de Voltaire », *Revue d'Histoire Littéraire de la France*, 1998-4, p. 531-551.

MACÉ, Laurence, « Les Lumières françaises au tribunal de l'Index et du Saint-Office », *Dix-Huitième siècle*, 34, 2002, p. 12-35.

MACÉ, Laurence, « Les *Lettres persanes* à l'Index : une censure posthume », *Studies on Voltaire and the Eighteenth Century*, 2005, p. 48-59.

MACÉ, Laurence, *Voltaire en Italie, (1734-1815). Lecture et censure au siècle des Lumières*, thèse de doctorat soutenue à l'université Paris IV-Sorbonne le 1er décembre 2007.

MACÉ, Laurence, « Une *Pucelle* en Avignon. Inquisition romaine et édition clandestine dans la France des Lumières », *Revue Voltaire*, 9, 2009, p. 81-95.

MACÉ, Laurence, « Censure romaine et apologétique dans la seconde moitié du XVIIIe siècle : les enseignements du corpus voltairien », dans *Apologétique 1670-1802 : la nature et la grâce*, dir. Nicolas Brucker, Berne, Peter Lang, 2010, p. 283-306.

MACÉ, Laurence, « Séries politiques : autour de *La Voix du sage et du peuple* de Voltaire » dans *Séries et variations. Études littéraires offertes à Sylvain Menant*, dir. Luc Fraisse, Paris, PUPS, 2010, p. 189-197.

MACÉ, Laurence, « Immoralité et hétérodoxie : les Lumières françaises devant la censure romaine », dans *Littérature et immoralité*, dir. J.-Cl. Darmon, Ph. Desan et J.-B. Amadieu, à paraître en 2015.

MACÉ, Laurence, Entrée « Index/Saint-Office » du *Dictionnaire des anti-Lumières*, dir. D. Masseau, Paris, Champion, à paraître.

MACÉ, Laurence, *Voltaire en Italie. Lecture et censure au siècle des Lumières*, Paris, Champion, à paraître.

MAGNAN, Pierre, *Pour saluer Giono*, Paris, [Denoël, 1990], Gallimard, coll. « Folio », 1993.

MAIRE, Catherine, « L'Entrée des Lumières à l'Index : le tournant de la double censure de l'*Encyclopédie* en 1759 », *Recherches sur Diderot et sur l'Encyclopédie*, 2007, 42, p. 107-139.

MALESHERBES, Ch.-G. de Lamoignon de, *Mémoires sur la librairie, Mémoire sur la liberté de la presse*, éd. R. Chartier, Paris, Imprimerie nationale Éditions, 1994.

MALHIÈRE, Fanny, *La Brièveté des décisions de justice*, Paris, Dalloz, 2013.

MARTIN, Henri-Jean, *Livre, pouvoirs et société à Paris au XVIIe siècle, 1598-1701*, Genève, Droz, 1969.

MARTIN, Henri-Jean, « La direction des lettres » dans *Histoire de l'Édition française*, dir. R. Chartier et H.-J. Martin, Paris, Fayard/Cercle de la Librairie, 1990, t. II, p. 73-87.

MARX, William, *La Haine de la littérature*, Paris, Minuit, 2015.

MBONGO, Pascal, *La Liberté d'expression en France*, Paris, Mare et Martin, 2011.

MELLOT, Jean-Dominique, *L'Édition rouennaise et ses marchés (vers 1600-vers 1730) : dynamisme provincial et centralisme parisien*, Paris, École des Chartes, 1998, p. 484-498.

MELLOT, Jean-Dominique, « Fontenelle censeur royal ou approbateur éclairé ? », *Revue Fontenelle*, 6-7, 2011, p. 51-72.

MERLIN, Hélène, *Public et littérature en France au XVIIe siècle*, Paris, Les Belles Lettres, 1994.

MINOIS, Georges, *Censure et culture sous l'Ancien Régime*, Paris, Fayard, 1995.

MOLLIER, Jean-Yves (dir.), dossier « Censure et création littéraire », *CAIEF*, 62, 2010.

MORI, Gianluca, « Anonymat et stratégies de communication : le cas de Pierre Bayle », *La Lettre clandestine*, n° 8, 1999, p. 19-34.

MORI, Gianluca, « Persécution et art d'écrire : Strauss, Skinner et Pierre Bayle », dans *Leo Strauss : art d'écrire, politique, philosophie*, Paris, Vrin, 2001, p. 197-219.

MORTIER, Roland, « Les voies obliques de la propagande philosophique » [1985], dans *Le Cœur et la raison. Recueil d'études sur le XVIIIe siècle*, préf. R. Pomeau, Oxford, The Voltaire Foundation/Bruxelles, Éditions de l'Université de Bruxelles/Paris, Universitas, 1990, p. 414-426.

MOUREAU, François, *La Plume et le plomb. Espaces de l'imprimé et du manuscrit au siècle des Lumières*, Paris, PUPS, 2006.

NAJJAR, Alexandre, *Le Procureur de l'Empire* [Ernest Pinard], Paris, Balland, 2001.

NÉE, Pascal, « 1857. Le double procès de *Madame Bovary* et des *Fleurs du Mal* » dans *La Censure en France*, P. Ory (dir.), Bruxelles, Éditions Complexe, 1997, p. 119-143.

NEGRONI, Barbara de, *Lectures interdites. Le travail des censeurs au XVIIIe siècle (1723-1774)*, Paris, Albin Michel, coll. « Bibliothèque Albin Michel Histoire », 1995.

NEVEU, Bruno, *L'Erreur et son juge. Remarques sur les censures doctrinales à l'époque moderne*, Napoli, Bibliopolis, 1993.

NORO, Yasushi, « L'institution travaillée par l'obéissance : deux censeurs et leurs adversaires entre Sorbonne et chancellerie royale (1650) », dans *Écriture et action*, Paris, Éditions de l'EHESS, à paraître en 2016.

OLMSTED, William, « Emma versus the proprieties : censorship, self-censorship, and revision in *Madame Bovary* », *The Romantic Review*, vol. 101, n° 4, p. 765-779.

ORY, Pascal (dir.), *La Censure en France à l'ère démocratique*, Bruxelles, Complexe, 1997.

OST, François et VAN DE KERCHOVE, Michel, *Bonnes mœurs, discours pénal et rationalité juridique, essai d'analyse critique*, Bruxelles, Facultés Universitaires Saint-Louis, 1981.

OST, François et VAN DE KERCHOVE, Michel, « L'outrage public aux bonnes mœurs : révélateur d'une rationalité juridique de moins en moins assurée » [en ligne] http://www.upicardie.fr/labo/curapp/revues/root/32/francois_ost_al.pdf_4a07e26cb0684/francois_ost_al.pdf.

OZANAM Didier, « La disgrâce d'un premier commis : Tercier et l'affaire de De l'esprit (1758-1759) », *Bibliothèque de l'École des Chartes*, 113, 1955, p. 140-170.

PASQUET, André, *Ernest Pinard et le procès de Madame Bovary*, Paris, Éditions Savoir, Vouloir, Pouvoir, 1949.

PATTERSON, Annabel, *Censorship and Interpretation. The Conditions of Writing and Reading in Early Modern England*, Madison, University of Wisconsin Press, 1984.

PIERAZZO, Elena, « Nel laboratorio del censore : Girolamo Giovannini da Capugnano editore della Zucca del Doni ». *Storia della lingua e filologia. Per Alfredo Stussi nel suo sessantacinquesimo compleanno*, éd. M. Zaccarello et L. Tommasin, Firenze, Edizioni del Galluzzo, 2004, p. 291-311.

PONTEIL, Félix, *Les Institutions de la France de 1814 à 1870*, Paris, PUF, 1965.

POSNER, Richard, *Law and Literature*, Cambridge, Harvard University Press, 2009, 3e éd.

POST Robert C., *Censorship and Silencing : Practices of Cultural Regulation*, Los Angeles, Getty Research Institute, 1998.

POUGET, Émile, *Les Lois scélérates de 1893-1894*, Paris, Éditions de la « Revue blanche », 1899.

Procès fait aux chansons de P.-J. Béranger, Paris, Baudouin frères, 1828.

REBELLATO, Elisa, *La Fabbrica dei divieti. Gli indici dei libri proibiti da Clemente VIII a Benedetto XIV*, Milan, Sylvestre Bonard, 2008.

RIBARD, Dinah, *Raconter, vivre, penser. Histoires de philosophes 1650-1766*, Paris, Vrin-EHESS, 2003.

RIBARD, Dinah, « Radicales séparations. Ermitages et guerres de plume en France à la fin du XVIIe siècle », *Archives de sciences sociales des religions*, 2010/2, n° 150, p. 117-133.

RIBARD, Dinah, « La doctrine des curés de Paris au XVIIe siècle » dans Ph. Büttgen, Th. Kaufmann, U. J. Schneider, H. J. Selderhuis (dir.), *Sacra doctrina. Lehre, Konfession und Gesellschaft – Doctrine, confession et société, 1500-1800*, Wiesbaden, Harrassowitz (Wolfenbütteler Beiträge), à paraître.

ROBERT, Vincent, « Lois, censure et liberté », dans *La Civilisation du journal*, D. Kalifa, Ph. Régnier, M.-È. Thérenty et A. Vaillant (dir.), Paris, Nouveau Monde éditions, 2011, p. 61-96.

ROCHE, Daniel, *Les Républicains des lettres : gens de culture et Lumières au XVIIIe siècle*, Paris, Fayard, 1988.

ROCHE, Daniel, « La police du livre » dans *Histoire de l'Édition française*, dir. R. Chartier et H.-J. Martin, Paris, Fayard/Cercle de la Librairie, 1990, t. II, p. 88-94.

ROCHE, Daniel, « La censure », dans *Histoire de l'Édition française*, dir. R. Chartier et H.-J. Martin, Paris, Fayard/Cercle de la Librairie, 1990, t. II, p. 99-109.

ROGISTER, John, « Louis-Adrien Lepaige and the attack on *De l'Esprit* and *the Encyclopédie* », *English Historical Review*, 92, 1977, p. 522-539.

ROSENFELD Sophia, "Writing the History of Censorship in the Age of Enlightenment", dans *Postmodernism and the Enlightenment. New Perspectives in Eighteenth-Century French Intellectual History*, dir. Daniel Gordon, New York, Routledge, 2001, p. 117-145.

ROSS, Edward A., *Social Control, A Survey of the Foundation of Order*, New York, MacMillan Company, 1901.

SAILLET, Maurice, « Limites de Giono », *Le Rouge et le Bleu*, 23 mai 1942.

SAPIRO, Gisèle, *La Guerre des écrivains (1940-1953)*, Paris, Fayard, 1999.

SAPIRO, Gisèle, « Intellectuels et artistiques (milieux) » dans le *Dictionnaire historique de la Résistance*, dir. Fr. Marcot, Paris, Laffont, coll. « Bouquins », 2006.

SAPIRO, Gisèle, « De la responsabilité pénale à l'éthique de responsabilité. Le cas des écrivains », *Revue française de science politique*, 2008/6, vol. 58, p. 877-898.

SAPIRO, Gisèle, *La Responsabilité de l'écrivain. Littérature, droit et morale en France, XIX*e*-XXI*e* siècles*, Paris, Seuil, 2011.

SCHAPIRA, Nicolas, *Un professionnel des lettres au XVII*e* siècle : Valentin Conrart, une histoire sociale*, Seyssel, Champ Vallon, 2003.

SCHAPIRA, Nicolas, « Le monde dans le livre, le livre dans le monde : au-delà du paratexte. Sur le privilège de librairie dans la France du XVIIe siècle », *Histoire et civilisation du livre. Revue internationale*, VI, 2010, p. 79-96.

SMITH, David W, *Helvetius, a Study in Persecution*, Oxford, Clarendon Press, 1965.

SMITH, Everett E., « Constitutional aspects of book censorship », *Dicta*, 1955, p. 305-311.

STAROBINSKI, *La Relation critique*, éd. revue et augmentée, Paris, Gallimard, 2001.

STORA-LAMARRE, Annie, *L'Enfer de la III*e* République. Censeurs et pornographes (1881-1914)*, Paris, Imago, 1990.

STRAUSS, Léo, *La Persécution et l'art d'écrire* [1952], trad. Olivier Seyden, Paris, Gallimard, 2009.

THIBAUDET, Albert, *Réflexions sur la littérature*, Paris, Gallimard, 2007.

TODOROV, Tzvetan, *Critique de la critique*, Paris, Seuil, 1984.

TORTAROLO, Edoardo, *Invenzione della libertà di stampa. Censura e scrittori nel Settecento*, Rome, Carocci, 2011.

TORTAROLO, Edoardo, *La Censura nel secolo dei lumi*, Torino, Utet, 2011.

TREPPOZ, Édouard, « Pour une attention particulière du droit à la création : l'exemple des fictions littéraires », *Recueil Dalloz*, 2011.

VATAN, Florence, « Madame Bovary, l'autopsie d'un scandale » dans *Énonciation artistique et socialité*, éd. Sylvain Fagot et Jean-Philippe Uzel, Paris, L'Harmattan, coll. « Logiques Sociales », 2006, p. 73-86.

VATAN, Florence, « Outrage à la morale publique et aux bonnes mœurs ! Gustave Flaubert et la morale de l'Art » dans *Pensée morale et genres littéraires*, éd. Jean-Charles Darmon et Philippe Desan, Paris, PUF, 2009, p. 133-152.

VIALA, Alain, *Naissance de l'écrivain. Sociologie de la littérature à l'âge classique*, Paris, Éditions de Minuit, 1985.

WEIL, Françoise, *Livres interdits, livres persécutés : 1720-1770*, Oxford, Voltaire Foundation, 1999.

WOLF, Hubert (dir.), *Inquisition, Index, Zensur : Wissenskulturen der Neuzeit im Widerstreit*, Paderborn, F. Schöningh, coll. « Römische Inquisition und Indexkongregation », 2001.

WOLF, Hubert (dir.), *Prosopographie von Römischer Inquisition und Indexkongregation ; 1814-1917*, Paderborn, Müchen, Wien, Zürich, Ferdinand Schöningh, 2005, 2 vol.

WOLF, Hubert (dir.), *Prosopographie von Römischer Inquisition und Indexkongregation, 1701-1813*, Paderborn, München, Wien, Zürich, Ferdinand Schöningh, 2010, 2 vol.

WOODBRIDGE, John D., « Censure royale et censure épiscopale : le conflit de 1702 », *Dix-Huitième siècle*, VIII, 1976, p. 333-355.

ZÉVAÈS, Alexandre, *Les Procès littéraires au XIXe siècle*, Paris, Perrin, 1924.

INDEX

RÉSUMÉS/*ABSTRACTS*

Jean-Christophe ABRAMOVICI, « Une relecture de Koselleck »

Le Règne de la critique est la traduction en 1979 de la version remaniée de la thèse que Reinhart Koselleck avait soutenue en 1954, intitulée *Kritik und Krise*. L'historien allemand n'y parle pas à proprement parler de censure ni des écrits clandestins qui la contournèrent, mais plusieurs de ses thèses permettent de repenser ces phénomènes. Relire Kosseleck peut conduire à réviser certaines de ses affirmations ; c'est aussi une occasion pour porter un autre regard critique sur aujourd'hui.

Published in 1979, Le Règne de la critique *[The Reign of Criticism] is the translation of the redrafted version of the doctoral thesis entitled* Kritik und Krise *[Criticism and Crisis] that Reinhart Koselleck had supported in 1954. In this essay, the German historian does not deal exactly with state censorship, nor with the clandestine writings that got around it; but several key ideas that he develops are useful to rethink these phenomenon. To read again Kosseleck today, can lead us to revise some of his statements; it is also a stimulating opportunity to have at our time another critical look.*

Jean-Dominique MELLOT, « La centralisation censoriale et la critique à la fin du règne de Louis XIV »

Lors des deux derniers siècles de l'Ancien Régime, la censure royale franchit une étape majeure en s'imposant à l'ensemble de la production de livres et en excluant toute autre instance. Dès lors, la censure assume un rôle critique qui va bien au-delà du simple contrôle d'innocuité et devient le relais privilégié de la République européenne des lettres. Si paradoxal que cela paraisse, le travail assidu des censeurs de la monarchie absolue tient donc une place non négligeable dans l'avènement des Lumières.

During the last two centuries of the Ancien Régime, royal censorship took a major step and was imposed to the whole book production and excluded any other authority. From then on, royal censorship assumed a role that went far beyond a mere control on the innocuousness of writings. This position made royal censorship a prominent relay for the European République des lettres. *As paradoxical as it might appear, the painstaking work of the censors within the French absolute monarchy thus took a significant place in the coming of Enlightenment.*

Nicolas Schapira, « Approbation des censeurs et politique dévote par le livre (XVIIe siècle) »

Cet article étudie les formes prises par l'approbation et ses usages. Observée dans les ouvrages imprimés, elle n'apparaît en effet pas tant comme un instrument de contrôle ou de normalisation des discours que comme un dispositif propice à tout un ensemble d'actions menées avec des livres. L'étude porte enfin sur les transformations que ces opérations, réitérées de livres en livres, produisent sur les institutions au nom desquelles elles sont menées – institution de la censure et corps de l'Église.

This article analyzes the various forms and uses of approbations. Considered as an element of printed books, the approbation appears less as a tool of control, than as a means of action with books. I study the impact of these many actions on the institutions in the name of which they take place – royal and ecclesiastical censorship, and more broadly the Church itself.

Lorenzo Bianchi, « Critique et République des lettres. Critique et censure dans le *Dictionnaire* de Bayle »

Selon Bayle un « travail périlleux » mais indispensable au sein de la République des Lettres où règne une liberté totale de critique au nom de la raison. Le *Dictionnaire historique et critique* est aussi objet de censure de la part de Pierre Jurieu et de l'Église wallonne de Rotterdam. En 1702, dans la deuxième édition du *Dictionnaire*, Bayle publie une série de quatre « éclaircissements » où il se défend des accusations portées contre lui mettant en œuvre de véritables stratégies rhétoriques et philosophiques.

According to Bayle, criticism is a "dangerous work" but essential in the "Republic of Letters" where there is a complete freedom of criticism in the name of the reason. But the Historical and Critical Dictionary *is censored by Pierre Jurieu as well as by the Walloon Church of Rotterdam. In the second edition of his* Dictionary *(1702) Bayle publishes a series of four "explanations" in which he rejects the charges against him and shows genuine philosophical and rhetorical strategies.*

Simone MAZAURIC, « Censure et critique dans l'*Histoire de l'Académie royale des sciences* »

Cet article se propose de repérer, dans l'*Histoire de l'Académie royale des Sciences* de Fontenelle, les effets de censure relevant d'une intention critique. C'est essentiellement dans les « Éloges des savants » que ces effets de censure, qui demeurent hypothétiques, sont le plus aisément repérables. Il s'agit également de montrer comment ces pratiques censoriales ont revêtu des formes diverses tout en forgeant l'hypothèse qu'elles ont obéi à des motifs d'ordre aussi bien institutionnel que scientifique et politique.

This paper analyses the censorial effects that can be attributed to a critical intention in the Histoire de l'Académie Royale des Sciences *by Fontenelle. These effects which remain necessarily hypothetical can be identified more easily in the scientists' "Éloges". We also show how these censorial practices did have various forms that eventually came from institutional as well as from scientific or political grounds.*

Judith LE BLANC, « Censure, critique et parodie dans le théâtre musical de la première moitié du XVIIIe siècle »

Cet article aborde la porosité des frontières entre censure, critique et parodie dans le théâtre musical de la première moitié du XVIIIe siècle. Les parodies dramatiques se réclament de la censure morale au nom de leurs vertus critiques, mais se heurtent à la censure lorsqu'elles s'aventurent sur le terrain de la religion, des attaques *ad hominem* ou de la sexualité. Reste que c'est toujours le texte que les censeurs incriminent ; la musique, volatile et immatérielle, échappe dans une certaine mesure à la censure.

This article deals with the porous boundaries between censorship, critique and parody in musical theatre from the first part of the 18th century. Dramatic parodies claim their affiliation to moral censorship because they are critical, but they are stopped by censorship as soon as they start dealing with religion, ad hominem *attacks or sexuality. In the end, what censors aim at is always the text, but never the music: volatile and immaterial as it is, music is what, to some extent, escapes censorship.*

Carole DORNIER, « La critique académique au service du contrôle social dans les projets de l'abbé de Saint-Pierre »

Lorsque l'abbé de Saint-Pierre participe en 1712-1714 aux débats sur le renouvellement des activités de l'Académie française, il plaide pour la formulation de normes régissant les ouvrages de goût. Quand s'élabore son système politique et après son exclusion de l'Académie en 1718, il conçoit le théâtre et les belles lettres en fonction du « plus grand bonheur du plus grand nombre » et imagine à la fois leur contrôle par la censure et leur perfectionnement par la réécriture des œuvres des grands auteurs.

When the Abbé de Saint-Pierre participates in 1712-1714 in discussions on the renewal of the activities of French Academy, he advocates rules for literary works. As its political system is developed and after its exclusion of the Academy in 1718, Theatre and Letters, in his projects, must be subordinated to the objectives of the "greater happiness of the greatest number". He imagines their control by the censure and their improvement by rewriting the works of great authors.

Christophe CAVE, « Le "censeur périodique". Censure et critique dans la presse au XVIIIe siècle »

La critique de presse, lorsqu'elle est soustraite à la censure, se caractérise par une intense conscience critique des faits de censure pensés comme structurant l'espace public. Dans ce cadre, on peut se demander pourquoi des textes critiques écrits en dehors de la pression de la censure conservent (partiellement) une *stylistique du mode indirect*, si souvent utilisée dans le cadre de la censure. Il conviendrait sans doute d'envisager la censure comme un cadre stylistique et *comme une stratégie d'optimisation critique.*

The press criticism, when subtracted from censorship, is characterized by intense critical awareness of censorship issues conceived as structuring the public sphere. In this context, one may also wonder why critical texts written outside the pressure of censorship remain (partially) in a stylistic indirect mode, *so often used in the context of censorship. I should also consider censorship as a stylistic framework and* as a critical optimization strategy.

Thomas HOCHMANN, « Censure et critique. Quelques pistes de recherche en droit »

L'association des termes « censure » et « critique » évoque trois pistes qui méritent d'être explorées sous un angle juridique. La place manque ici pour approfondir ne serait-ce qu'une seule de ces questions, aussi se contentera-t-on d'en indiquer les grands traits. Ces domaines de recherche concernent la critique de la censure, la censure de la critique, et la censure comme critique.

The juxtaposition of the words "censorship" and "criticism" brings to mind three paths that deserve an analysis from a legal point of view: the criticism of censorship, the censorship of criticism, and censorship as criticism. This short essay does not deepen any of these topics, but tries to outline their main features for further research.

Karine ABIVEN, « Publication posthume et censure bienveillante. L'exemple des Ana (1666-1715) »

Cet article étudie les liens entre l'impression posthume d'écrits privés et la pratique de la *censure*, au sens de contrôle aussi bien que d'intervention critique : peut-on tout laisser dire à un texte dont la paternité n'a pas été reconnue par son « auteur » ? Il s'agit de penser les problèmes de censure et de critique textuelle dans le contexte spécifique de la culture encore jeune de l'imprimé, où le geste de révéler les secrets des savants n'a rien d'évident, ni l'idée moderne de responsabilité intellectuelle.

This paper sheds light on the link between censorship and posthumous printing of private writings or sayings: is it legitimate to bring out those texts whose paternity is unstated? This corpus allows to consider the operation of censorship in the specific context of early modern print culture, when nor the idea of printing scholars' arcanes, nor those of copyright or intellectual responsibility were usual.

Barbara DE NEGRONI, « Censures et réfutations de l'*Émile* »

Les censeurs et les critiques qui ont dénoncé les dangers de l'*Émile* ont recouru à deux techniques différentes. Ils ont supprimé ou transformé discrètement certains passages ; ils ont interdit la lecture du texte ou en ont écrit une réfutation. Si les arguments dénonçant une œuvre n'ont jamais empêché de la lire, sa modification peut être bien plus pernicieuse : si on ne la remarque pas, on risque de substituer à la pensée d'un auteur celle de son censeur ou de son critique.

The censors and critics who denounced the dangers engendered by Rousseau's Émile *resorted to two different techniques. One of them consisted in either cutting or slightly modifying some passages; the other in either forbidding one to read the text or writing a refutation of it. If the arguments used to denounce a work have never prevented anyone from reading it, the fact of altering the text can be much more pernicious, since if no one notices the modifications, the thought of the author may well be replaced by that of his censor or critic.*

Odile KRAKOVITCH, « Consensus entre censeurs et critiques dramatiques au XIXe siècle »

Cette étude démontre que la censure théâtrale n'a pu continuer à s'exercer, presque 80 ans après la disparition de toute répression des livres et de la presse, que parce que le consensus en faveur de son maintien a été général tout au long du XIXe siècle. En témoignent la ressemblance et la conformité des jugements et opinions exprimés dans les rapports des censeurs et dans les articles des journalistes, écrits à l'occasion des grands succès théâtraux sous la Restauration, la monarchie de Juillet et le Second Empire.

This study shows that the theatrical censorship has been maintained, nearly eighty years after the abolition of all kinds of repression on books and newspapers, only by a general consensus about its maintenance, along the 19th century. The proof rest on the likeness and agreement between censors' reports and journalists' articles, written when the theatrical success were created during Restauration, Monarchie de Juillet *and* Second Empire.

Sophie MENTZEL, « Critiques et censures de la représentation du pouvoir royal sur la scène romantique (1820-1840) »

Sur la scène romantique, après le séisme de la Révolution, l'aura du personnage royal pâlit, son pouvoir s'étiole et décline. La censure et la presse, y compris libérale, perçoivent cette évolution comme un attentat non seulement contre le pouvoir en place, mais aussi contre les bonnes mœurs. La presse fonctionne alors comme un relai de la censure officielle, chargée de faire respecter une certaine idée de la France, du pouvoir, et de s'ériger contre la décadence qui transparaît sur la scène.

After the tumult of French Revolution, the aura of royalty was waning, its power exhausted and on the decline. The censor and the press perceived this evolution as an attack not just against the power in place but also against the moral structure of the state. Therefore the press functioned as an ally of the official censor, put in place to respect a particular notion of France, of its power, and to rally against the decadence that was occurring in the society.

José-Luis DIAZ, « La balance, la férule et le ciseau. Portrait du critique en chien de garde (1844-1870) »

Cette étude analyse la contribution qu'en ces années du milieu du siècle ont apportée à la censure les divers tenants de la critique se revendiquant elle-même « conservatrice » (Nisard), « défensive » (Cuvillier-Fleury), « réactionnaire » (Pontmartin). Ces critiques et tous leurs pareils se donnent pour mission de défendre la société attaquée dans ses bases par la « littérature malsaine ». Sans œuvrer explicitement en faveur de la censure, ils n'en contribuent pas moins à sa légitimation.

This study analyzes the contributions that have brought to censorship, during the middle years of the century, the various proponents of criticism claiming itself "conservative" (Nisard), "defensive" (Cuvillier-Fleury), "reactionary" (Pontmartin). These critics and all their fellows are given the task of defending the contested foundations of society by the "unhealthy literature". Without explicitly work towards censorship, they do not contribute less to its legitimation.

Elisabeth LADENSON, « Ernest Pinard, critique littéraire »

Cet article interroge la postérité juridicolittéraire qui, contre le « Pinard-Homais-Tartuffe » qui prononça le réquisitoire contre *Madame Bovary*, construisit à partir de 1912 la figure d'un censeur fin lecteur, passé au fil du XXe siècle du côté des modernes pour avoir perçu la charge subversive du roman. Une autre affaire, celle de Duverdy permet de montrer par contraste que Pinard ne doit être ni ridiculisé ni érigé en modèle d'une improbable sensibilité littéraire, mais ramené à la fonction juridique qu'il occupa.

This paper deals with Pinard's political and literary posterity which, after 1912, elaborated the figure of Flaubert's censor as a canny reader, eventually perceived as a Modern for having emphasized the novel's subversive force. In a demonstration of a less familiar side of censorship history, the paper will also look at the 1882 Duverdy affair, in which Zola was accused of defamation of character during the serial publication of Pot-Bouille.

Gisèle SAPIRO, « Juger la littérature. Les transformations des rapports entre critique et censure (XIXe-XXe siècles) »

Cet article différencie les types de discours critiques et leur rapport à la censure, et aux attentes morales et idéologiques. Un premier axe les distingue selon leur degré d'autonomie ou d'hétéronomie, et un second selon leur degré d'euphémisation (pôle dominant) ou de politisation (pôle dominé). Cette étude adopte également une perspective diachronique pour comprendre l'évolution des rapports entre critique et censure à travers les réactions aux procès littéraires sous la Troisième République.

In this article, critical discourses and their relation to censorship and to moral or ideological expectation are differentiated according to their degree of autonomy or heteronomy, and to their degree of euphemization (dominant) or politicization (dominated). This study adopts a diachronic perspective too, in order to understand the evolution of the relationships between critical discourse and censorship through reactions to literary trials under the Third Republic.

Bruno CURATOLO, « Censure et autocensure dans la presse littéraire sous l'Occupation »

Les pages littéraires des journaux ou hebdomadaires ont joué un rôle essentiel entre 1940 et 1945 : lieux de recension critique, terrains de combat intellectuel et politique, elles sont l'espace naturel où parler des livres… ou n'en pas parler ; elles ont ainsi participé à une véritable « guerre des écrivains ». Cependant, il faut également considérer dans quelle mesure les *censeurs* ont été amenés à exercer une sorte d'autocensure, parfois plus significative que la sentence explicite.

Literary newspapers or weekly pages have played a key role between 1940 and 1945: as critical places for reviewing, land of intellectual and political combat, they are the natural space where one can talk about books… or not; indeed they participated in a real "war of writers". However, it must also be considered how censors *led to exercise a kind of self-censorship, sometimes more significant than explicit sentencing.*

Jean-Baptiste AMADIEU, « La critique littéraire pratiquée par le censeur ecclésiastique »

La distinction entre censure (au sens de *recension judiciaire d'une œuvre*) et critique littéraire soulève de réelles difficultés. L'article s'appuie sur les rapports de la censure exercée par l'Église romaine aux XIXe et XXe siècles. Ce qui pourrait spécifier la critique, à savoir les considérations littéraires, imprègne les rapports censoriaux, soit comme une étape dans la démonstration judiciaire, soit comme un outillage pour mieux saisir le sens et la portée de la fiction soumise à l'examen.

The distinction between censorship (as defined in judicial reporting of a text*) and Literary Criticism raises real difficulties. The article is based on censorial reports by the Roman Church during the nineteenth and twentieth centuries. What could specify Criticism, namely literary considerations, permeates the censorial reports either as a step in the judicial demonstration, either as a tool to better understand the meaning and scope of fiction submitted for examination.*

Dinah RIBARD, « Administrer la littérature, travailler la censure. Le pouvoir de la critique »

Cet article, centré sur le travail de Malesherbes, en tant que responsable et en tant que théoricien de la censure, avec la critique littéraire, a pour objet l'intérêt du pouvoir politique pour sa capacité à définir, à déclarer, à dire ce qui est littéraire : l'intérêt du pouvoir politique, autrement dit, pour la littérarité de la critique littéraire, comprise comme moyen de faire sortir du domaine d'application de la censure débats et écrits.

Based on the work of Malesherbes as a head and a theoretician of censorship, this paper deals with how the political power was interested in the ability of literary criticism to define, state and speak about what literary matters were: in other words, with its capacity to bring debates and writings out of the field of application of censorship.

Girolamo IMBRUGLIA, « Tribunal de la foi et tribunal de l'opinion publique au siècle des Lumières. Giannone, Montesquieu, Beccaria »

L'article analyse de quelle manière Giannone, Montesquieu, et Beccaria, qui redoutaient d'être frappés par la censure religieuse, ont répondu aux critiques qui les assaillaient et qui préparaient l'intervention de la Congrégation de l'Indice. À travers leurs défenses, on voit comment de 1723 à 1764 les idées de religion, politique et de société ont profondément changé et en même temps comment les auteurs ont réussi à associer le public dans leur bataille et dans la circulation de ces idées.

This essay shows how Giannone, Montesquieu and Beccaria have answered to their ecclesiastical critics in order to dodge the official censure of the Roman Congregation of Index. Discussing their defenses it will be shown how the same theme of relationship between politics and religion has changed from 1723 to 1764 and a peculiar strategy of the authors who through these texts wanted also to associate the public in their struggle.

Catherine MAIRE, « Le complot des philosophes selon les jansénistes »

L'article se propose de montrer comment les jansénistes, victimes de l'Inquisition romaine, ont été également les critiques les plus acérés et les délateurs les plus influents des philosophes des Lumières, tant auprès des congrégations de l'Index et du Saint-Office que du Parlement de Paris ou même du Châtelet. Ce sont eux qui, les premiers, ont inventé un paradigme de lecture d'une rare influence : le « complot des philosophes ».

The article describes how the Jansenists, victims of the Roman Inquisition, were also the sharpest critics and the most influential accusers of the philosophers of the Enlightenment, both among the congregations of the Index and the Holy Office as well as among the Parliament of Paris or even the Châtelet. For the first time ever, they did invent the idea of the "philosophers' conspiracy", which would become a really influential paradigm reading.

Michel BIARD, « La disparition de la censure transforma-t-elle la critique théâtrale au temps de la Révolution française ? »

Dès la Déclaration des droits de l'homme et du citoyen en août 1789, puis officiellement en 1791, la censure disparaît en France, ce qui autorise en principe une liberté totale pour la critique théâtrale. Cette étude entend exposer les conséquences de cette disparition, sur les auteurs, sur leurs œuvres, mais aussi sur le travail des critiques, entre une liberté de fait freinée par une autocensure puis le retour insidieux de la censure à partir de l'été 1792.

From the Declaration of the Rights of Man and Citizens in August 1789, then officially in 1791, the censorship disappears in France, what authorizes as a rule a total freedom for the theatrical criticism. This article intends to expose the consequences of this disappearance, on the authors, on their works, but also on the work of the critics, between a de facto freedom slowed down by a self-censorship then an insidious return of the censorship from the summer 1792.

Alain VAILLANT, « Théorie de la littérature et pratique de la censure au temps du romantisme »

Le véritable adversaire de la censure était la liberté d'expression (donc la presse politique) et nullement la littérature. Celle-ci, qui devenait par défaut le moyen indirect d'intervenir dans le champ idéologique, a donc gagné en dignité autant qu'elle perdait en liberté. De surcroît, cette censure latente a favorisé une poétique généralisée de l'implicitation et de l'ironie qui, depuis, caractérise l'esthétique de la « modernité ».

Censorship's real enemy is freedom of speech (thus political newspapers), not literature at all. Literature, which became by default an indirect way to take part in the ideological field, gained dignity more than it lost freedom. Furthermore, this underlying censorship favored a general poetics of implicit meaning and irony which have since characterized esthetics of "modernity".

Clélia ANFRAY, « Responsabilité de l'auteur dramatique »

Lorsque la censure interdit une pièce, c'est moins pour « punir » que pour ôter à l'auteur sa responsabilité et au public son discernement et sa maturité. La responsabilité de l'écrivain tient d'abord au fait d'assumer la paternité d'une œuvre. Or Zola en ne signant presque aucune de ses pièces, s'abolit en tant qu'auteur, se dégage de toute forme de responsabilité tout en se dérobant au statut infantilisant que lui confère la censure.

Censorship forbid plays not with the aim of exerting a punishment, but rather in order to release the author from his responsibility and the public from any discernment and claim to maturity. The playwright's responsibility consists in assuming his authorship. Zola, by signing almost none of his plays, cancels himself as author and releases himself from any kind of responsibility on the one hand, while on the other, he thereby escapes the infantilizing status bestowed by censure.

Thierry ROGER, « La dialectique du livre et de la bombe à l'époque des "lois scélérates". Autour du procès Jean Grave »

En 1894, on fait le procès expéditif d'un livre jugé exemplaire pour son pouvoir de « contagion », *La Société mourante et l'anarchie* de Jean Grave. Avec les lois dites « scélérates » de 1893-1894, la censure politique, tout comme la lutte politique, connaissent un moment paradoxal de leur histoire, lié à la notion de « propagande par le fait », qui semble annuler la distinction entre le dire et le faire.

In 1894, french society can see the summary trial of a book considered exemplary for its power of "contagion", La Société mourante et l'anarchie, *written by Jean Grave. By the way of these "Lois scélérates", promulgated in 1893-1894, political censorship, as political struggle, experiment a paradoxical moment in their history, linked to the notion of "propagande par le fait", which seems to cancel the distinction between saying and do it.*

Pascal DURAND, « De l'obscurité comme censure. Proust, Muhlfeld, Mallarmé »

En 1896, Marcel Proust publie l'article « Contre l'obscurité », qui donne lieu à une réponse très vive de Lucien Muhlfeld, « Sur la clarté », et à un article polémique de Mallarmé, « Le Mystère dans les Lettres ». Trois types de censure apparaissent : censure par l'obscurité (selon Proust), censure de l'obscurité (selon Muhlfeld), censure au moyen mais aussi au profit de l'obscurité (selon Mallarmé). Le tout placé sous le signe de la lecture ou de la lisibilité en général et sous celui de la critique en particulier.

Proust's paper "Contre l'obscurité" published in 1896 has been paid back with two rather rough answers: Lucien Muhlfeld's paper "Sur la clarté" and "Le Mystère dans les Lettres" by Mallarmé. Three kinds of censorship are at stake here: Censorship by the obscurity (Proust), Censorship of the obscurity (Muhlfeld), Censorship with and for the sake of obscurity (Mallarmé). The whole controversy being placed under the very sign of reading and critical evaluation.

TABLE DES MATIÈRES

TROISIÈME PARTIE

PRATIQUES, USAGES ET ESPACE PUBLIC